ALBRECHT GOLF GUIDE

GOLF

Golfurlaub in Österreich und Nord-Italien 2022

Darstellung der Golfanlagen in Österreich
und Nord-Italien (Südtirol bis Toskana)

Golf Guide Award
www.1Golf.eu
1
2
3
4
5
6

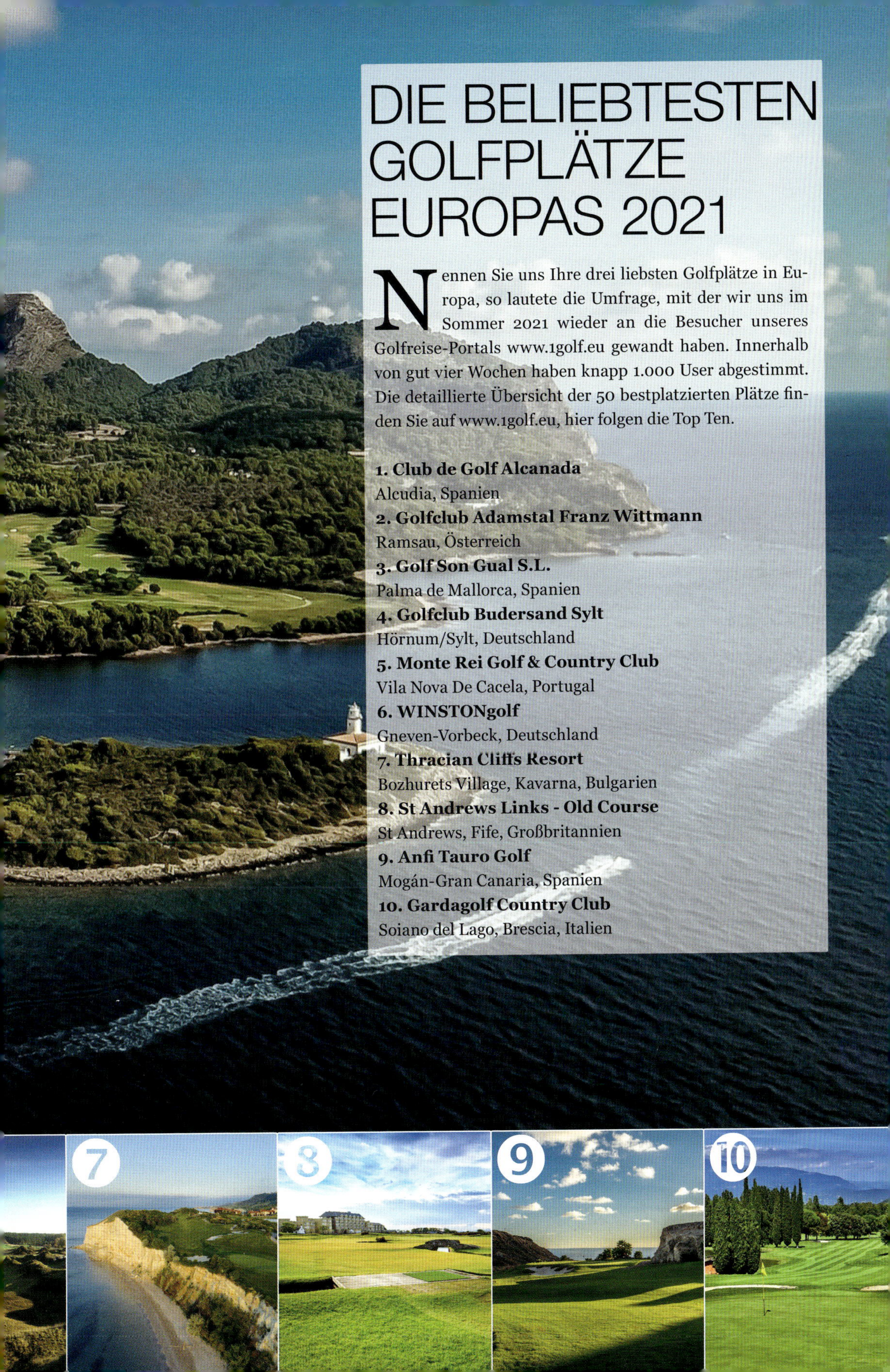

DIE BELIEBTESTEN GOLFPLÄTZE EUROPAS 2021

Nennen Sie uns Ihre drei liebsten Golfplätze in Europa, so lautete die Umfrage, mit der wir uns im Sommer 2021 wieder an die Besucher unseres Golfreise-Portals www.1golf.eu gewandt haben. Innerhalb von gut vier Wochen haben knapp 1.000 User abgestimmt. Die detaillierte Übersicht der 50 bestplatzierten Plätze finden Sie auf www.1golf.eu, hier folgen die Top Ten.

1. Club de Golf Alcanada
Alcudia, Spanien

2. Golfclub Adamstal Franz Wittmann
Ramsau, Österreich

3. Golf Son Gual S.L.
Palma de Mallorca, Spanien

4. Golfclub Budersand Sylt
Hörnum/Sylt, Deutschland

5. Monte Rei Golf & Country Club
Vila Nova De Cacela, Portugal

6. WINSTONgolf
Gneven-Vorbeck, Deutschland

7. Thracian Cliffs Resort
Bozhurets Village, Kavarna, Bulgarien

8. St Andrews Links - Old Course
St Andrews, Fife, Großbritannien

9. Anfi Tauro Golf
Mogán-Gran Canaria, Spanien

10. Gardagolf Country Club
Soiano del Lago, Brescia, Italien

IMPRESSUM

Herausgeber und Verlag:
Albrecht Golf Verlag GmbH
Klenzestrasse 23 (Rgb.)
D - 80469 München
Telefon (089) 85853-0
Telefax (089) 85853-197
E-Mail info@albrecht.de
www.1golf.eu

Herausgegeben im Februar 2022

Bei Zusammenstellung und Druck unseres Golf Guides lassen wir größte Sorgfalt walten. Dennoch müssen alle Angaben ohne Gewähr erfolgen, weil zwischenzeitliche Änderungen nicht auszuschließen sind. Dem Verlag ist es deshalb nicht möglich, für daraus resultierende Nachteile oder Schäden eine Haftung in irgendwelcher Art zu übernehmen. Hierfür bitten wir um Ihr Verständnis.

Die Albrecht Golf Verlag GmbH prüft Werbeanzeigen von Inserenten in diesem Medium nicht und haftet unter keinerlei rechtlichen, insbesondere unter keinen wettbewerbsrechtlichen Gesichtspunkten für den Inhalt sämtlicher in diesem Medium veröffentlichten Werbeanzeigen oder Promotionstrecken.

ISBN 978-3-87014-344-2

Titelbild:
Golf Club Gut Murstätten, Steiermark

Verleger:
Oliver Albrecht

Chefredakteur:
Thomas J. Mayr

Redaktion Österreich:
Brigitte Irmisch-Kreutz

Redaktion Golfplatzinformationen:
Albrecht Golf Verlag GmbH

Bildquellen:
Albrecht Golf Verlag GmbH
S. 5 und 70 unten: Bad Kleinkirchheimer Bergbahnen, Arno Gruber sen./S. 13, 21, 24 oben, 61, 64 oben, 103, 106, 127, 130 oben, 165, 167, 211, 217 unten, 249, 253, 257, 278, 279 oben, 281, 286, 287, 305, 314 unten, 316 oben, 319 oben, 331, 332, 333: 123rf.com/S. 14: Bregenzer Festspiele, Anja Köhler/S. 15 oben: Montafon Tourismus GmbH, Kevin Artho/S. 15 unten: 123rf.com, mindscapephotos/S. 17 unten und 20 unten: Golfclub Lech, Jürgen Schäper/S. 25 oben: Olympiaregion Seefeld, Stephan Elsler/S. 29 oben und 41 unten: GC Eichenheim, Media House/S. 29 unten: Kitzbühel Tourismus/S. 30 unten: Dolomitengolf, Martin Lugger/S. 39 unten: GC Schwarzsee, M. Werlberger/S. 41 oben: Kitzbühel Tourismus, J.Hölzl/S. 42: GCC Lärchenhof, defrancesco/ S. 45 oben und unten: Salzburg Tourismus, Günter Breitegger/ S. 45 unten: Salzburg Tourismus/S. 46 oben: Tourismusverband Eugendorf/S. 65 unten: Bad Kleinkirchheimer Tourismus Marketing GmbH/S. 65 Mitte: Kärnten Werbung GmbH, Adrian Hipp/S. 65 unten: Villach-Faaker See-Ossiacher See Tourismus, Gerdl/S. 66 oben, 69 oben, 77, 79 oben, 110 oben, 112, 121, 122, 126, 142 Mitte: GEPA Pictures/S. 66 unten: Kärnten Werbung GmbH, Gert Steinthaler/S. 67 unten und 70 oben: Kärnten Werbung, Tine Steinthaler/S. 69 unten: Kärnten Werbung GmbH, Jutta Schatz/S. 71 unten: Bad Kleinkirchheim Tourismus, Mathias Prägant/S. 73 unten: Kärnten Werbung GmbH, Edward Groeger/S. 77 und 80: Kärnten Werbung GmbH/S. 83: Oberösterreich Tourismus GmbH, Andreas Röbl/S. 91 oben: GC Schärding, Jello photography/S. 97 unten: Oberösterreich Tourismus GmbH/S. 107: www.schladming-dachstein.at, Raffalt/S. 114 oben: GC Murtal, Alois Kislik/S. 115 unten: GCC Schloss Pichlarn, Armin Walcher/S. 133 oben: Congress Casino Baden/ S. 133 Mitte: Congress Casino Baden, Romana Fürnkranz/S. 133 unten: Congress Casino Baden, Rainer Mirau/S. 138 oben: GC Enzesfeld, Gerhard Maly/S. 142 oben: Waldviertel Tourismus/S. 143, 144 unten, 146: Pressefoto Lackinger/S. 157: Fontana, Moritz Münkner/S. 163 oben: GC Wien Süßenbrunn, Ladmann/S. 171: 123RF, Jacek Nowak/S. 179: IDM Südtirol, Tiberio Sorvillo/S. 181 und 185 oben: IDM Südtirol, Kurverwaltung Meran, Alex Filz/S. 182 oben: IDM Südtirol, Helmuth Rier/S. 182 unten: IDM Südtirol, Marion Gelmini/S. 183 oben: IDM Südtirol, Clemens Zahn/S. 183 unten und 184 unten: IDM Südtirol, Andreas Mierswav/S. 184 oben und 185 unten: IDM Südtirol, Benjamin Pfitscher/S. 186 und 187 oben: IDM Südtirol, Harald Wisthaler/S. 186 Mitte: IDM Südtirol, Loic Lagarde/S. 186 unten: IDM Südtirol, Alex Filz/S. 197 unten: GC St Vigil, Markus Zadra/S. 201: Trentino Sviluppo S.p.A., Carlo Baroni/ S. 202 und 203: Trentino Sviluppo S.p.A., Marco Simonini/S. 209: 123rf.com, Susanne Bauernfeind/S. 212: Trentino Sviluppo S.p.A., Fabio Staropoli/S: 213: Veneto.to/S. 231: Turismo Padova/S. 237 unten, 239 oben, 241, 243: Promo Turismo FVG, Fabrice Gallina/S. 260: Como Tourist Office/S. 290 und 303: GC Rapallo, Thomas Krüger/S. 309-328: Emilia Romagna Golf/S. 314 oben: APT Emilia Romagna/S. 329: 123rf.com, Tomas Marek.

Kartographie:
© Albrecht Golf Verlag GmbH
CompuMapping, Dietmannsried

Datenorganisation:
Ladislav Picha

Gesamtherstellung:
Albrecht Golf Verlag GmbH

Druck:
Agentur Dalvit, D-85521 Ottobrunn,
printed in Italy

ÖSTERREICH

GOLFURLAUB IN ÖSTERREICH – WUNDERSCHÖNE LANDSCHAFTEN, HERZLICHE GASTFREUNDSCHAFT UND GROSSARTIGE GOLFPLÄTZE.

Inhalt:

Golfclub Bad Kleinkirchheim-Kaiserburg

Staatsname	Republik Österreich
Amtssprache	Deutsch
Einwohner	8,93 Millionen
Fläche	83.857 km²
Hauptstadt	Wien
Staatsform	Parlamentarisch-demokratische Bundesrepublik
Währung	1 Euro (e) = 100 Cent (ct)
Zeitzone	MEZ
Ländervorwahl:	0043
Promillegrenze:	0,5 ‰
Kfz-Zeichen	A

Geographische Lage

Südliches Mitteleuropa, grenzt an die Schweiz, Liechtenstein, Deutschland, Tschechien, Ungarn, Slowenien und Italien.

Klima

Das Klima liegt im Übergangsbereich vom ozeanischen zum kontinentalen Klima. Bedingt durch die unterschiedliche alpine Topografie ergibt sich kein einheitliches Klima. Die Bedingungen im Westen und Norden haben ozeanischere Einflüsse mit relativ milden Wintern und mäßig warmen Sommern. Die mittlere Tagestemperatur im Januar beträgt hier -2,5 °C, im Juli 18 °C. In den östlichen, klimatisch kontinentalen und niederschlagsärmeren Regionen sind die Sommer heißer und die Winter kälter. Die mittlere Tagestemperatur im Januar beträgt hier -4 °C, im Juli 20 °C. Das südliche Kärnten wird wiederum schon vom Mittelmeerklima beeinflusst.

Reisezeit

Österreich ist das ganze Jahr über ein attraktives Reiseland. Für Golfsportler eignen sich die Monate ab Ende April bis Ende Oktober. In manchen Regionen ist das Golfspiel auch ganzjährig möglich.

Auto-Verkehr

Die erlaubte Höchstgeschwindigkeit beträgt innerorts 50 km/h, auf Landstraßen 100 km/h und auf Autobahnen 130 km/h. Alpentunnels, einige Hochalpenstraßen sowie die Brenner- und Tauern-Autobahn sind mautpflichtig. Für die Benutzung der Autobahnen ist der vorherige Erwerb einer Autobahn-Vignette erforderlich (erhältlich über den ADAC und an den Grenzen). Das Alkohollimit liegt bei 0,5 ‰. Die Autohilfe ÖAMTC ist unter Telefon 120 landesweit zu erreichen.

Flug-Verkehr

Internationale Flughäfen gibt es in Innsbruck, Salzburg, Graz, Linz, Klagenfurt und Wien. Die Flughafenauskunft Wien ist unter Telefon (01) 70070 zu erreichen.

Unterkünfte

Die Auswahl an allen Übernachtungsmöglichkeiten von Ferienwohnungen, Gasthöfen, Pensionen und Hotels mit bis zu fünf Sternen ist sehr vielfältig.

Adressen

Golf-Federation
Österreichischer Golf Verband
Marxergasse 25
A-1030 Wien
Tel.: 0043-1-5053245
Fax: 0043-1-5054962
www.golf.at

Touristen-Information
Österreich Werbung Deutschland GmbH
Tel.: 00800-40020000
E-Mail: urlaub@austria.info
www.austria.info

Botschaften
Deutsche Botschaft (Wien)
Gauermanngasse 2-4
A-1010 Wien
Tel.: 0043-1-71154-0
Fax: 0043-1-7138366
E-Mail: info@wien.diplo.de
www.wien.diplo.de

Schweizer Botschaft (Wien)
Prinz Eugen Strasse 9a
A-1030 Wien
Tel.: 0043-1-79505
Fax: 0043-1-7950521
E-Mail: wien@eda.admin.ch
www.eda.admin.ch

A, B

C, D

E, F

G, H

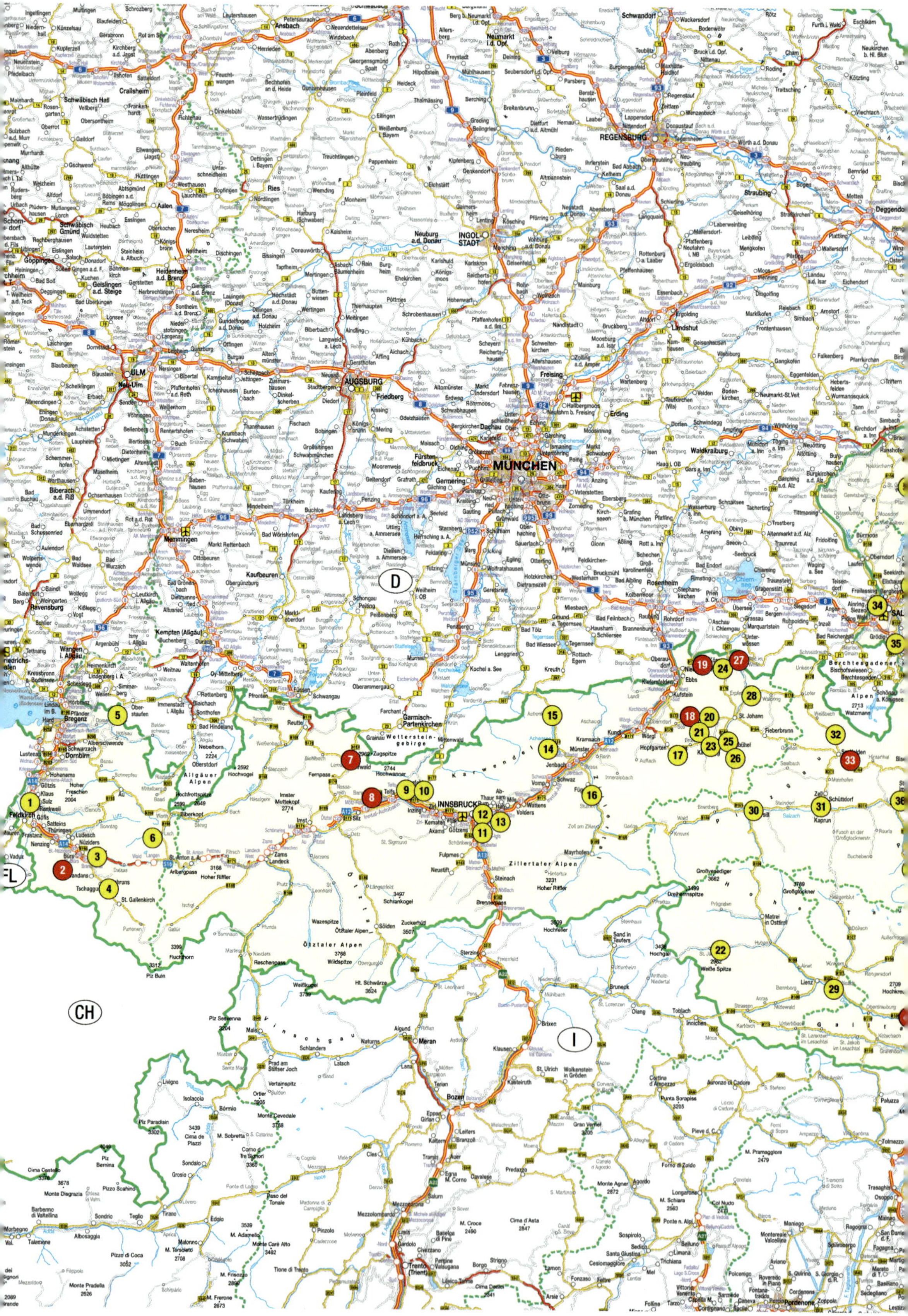
D
CH
I
FL
MÜNCHEN
AUGSBURG
REGENSBURG
INGOLSTADT
ULM
Neu-Ulm
INNSBRUCK
Landshut
Rosenheim
Kempten (Allgäu)
Memmingen
Bregenz
Dornbirn
Feldkirch
Garmisch-Partenkirchen
Kufstein
Bozen
Meran
Brixen
Trento (Trient)
Lienz
Zugspitze
Wetterstein-gebirge
Karwendel
Zillertaler Alpen
Ötztaler Alpen
Allgäuer Alpen
Vinschgau
1
2
3
4
5
6
7
8
9
10
11
12
13
14
15
16
17
18
19
20
21
22
23
24
25
26
27
28
29
30
31
32
33
34
35

CZ
SK
H
HR
SLO
BRA
WIEN
LINZ
Klagenfurt
Villach
Steyr
Wels
Gmunden
Krems a. d. D.
Wiener Neustadt
Neunkirchen
Liezen
Judenburg
Leoben
Donau
Neusiedler See
Karawanken
Gurktaler Alpen

I, J

K, L

M, N

■ = Partner Albrecht Greenfee-Aktion

O, P

R, S

T, U

V, W

Z

■ = Partner Albrecht Greenfee-Aktion

Frühsommer in Damuls

Golfclubs nach Kartennummern

Nr.	Golfclub		Seite
1	Golfclub Montfort Rankweil		18
2	Golf Club Brand	■ 355	18
3	Golfclub Bludenz-Braz		19
4	Golfclub Montafon		19
5	Golf Park Bregenzerwald		20
6	Golfclub Lech		20

■ = Partner Albrecht Greenfee-Aktion (Gutschein-Seite)

Ganz im Westen Österreichs ist das kleine Bundesland umgeben von den Nachbarn Deutschland, Liechtenstein und der Schweiz. Urlauber schätzen hier besonders die Kontraste auf kleinstem Raum. Denn vom fast mediterranen Ufer des Bodensees über die üppig grünen Voralpenhügel bis zu den imposanten Gipfeln im Hochgebirge rund um Arlberg und Silvretta sind es gerade mal 90 Kilometer. Dazu kommt ein gekonntes Wechselspiel von Traditionellem und Modernem. Wohl nirgends sonst in ganz Österreich ist die zeitgenössische Architektur so deutlich sichtbar. Hier das Holz geschindelte Bauernhaus mit seinen heimeligen Stuben, dort das moderne Bauwerk aus Glas und Holz – klar, schlicht und elegant. Altes und Neues ergänzen sich auf spannende Weise, sodass Interessierte aus nah und fern das „Architekturwunder Vorarlberg“ bestaunen – ob in den modern gestalteten Museen, vom modernen Kunsthaus Bregenz bis zum Tourismusmuseum in Gaschurn, von der Juppenwerkstatt in Riefensberg bis zu Österreichs erstem und einzigem Frauenmuseum in Hittisau im Bregenzerwald.

KULTUR UND NATURLANDSCHAFTEN

Von den Bregenzer Festspielen bis zum Walserherbst, vom Kunsthaus Bregenz bis zum alten Frühmesshaus am Bartholomäberg: Die Möglichkeiten für kulturelle Entdeckungen sind überaus zahlreich. Die Bregenzer Festspiele mit ihren Inszenierungen auf der einmaligen Seebühne faszinieren jedes Jahr aufs Neue. Immer von Ende Juli bis etwa Ende August lockt das kleine Städtchen Bregenz unzählige Opern- und Kon-

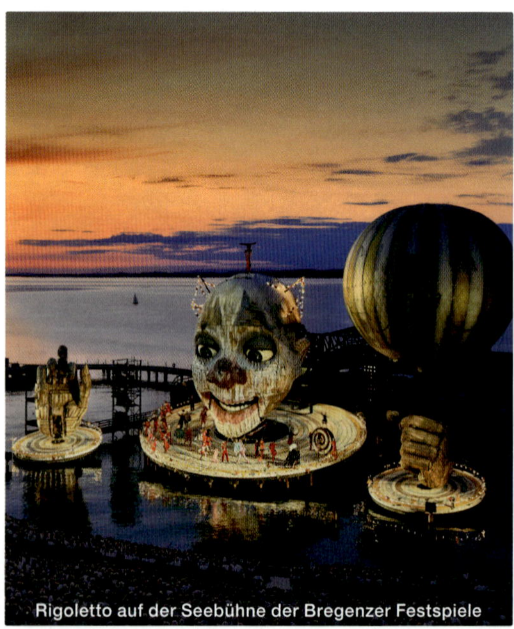
Rigoletto auf der Seebühne der Bregenzer Festspiele

Zimbaspitze und Saulakopf im Montafon

zertfans an den Bodensee. Doch das ist nicht alles was Bregenz kulturell zu bieten hat. Bereits ein paar Monate früher im Jahr zeigt der Bregenzer Frühling modernes Ballett und zeitgenössischen Tanz. Und das Kunsthaus Bregenz (KUB) ist eines der führenden Ausstellungshäuser für zeitgenössische Kunst in ganz Europa.

Alle zwei Jahre im September sollte unbedingt der Walserherbst miteingeplant werden. Dieses Festival in der imposanten Bergwelt des Biosphärenparks Großes Walsertal gilt als Geheimtipp. Im Zweijahresrhythmus gibt es drei Wochen lang literarische, musikalische und kulinarische Begegnungen, bei denen Tradition und Zeitgeist verknüpft werden. Weitere Empfehlungen sind die Schubertiade in Schwarzenberg und Hohenems, das renommierteste Schubertfestival weltweit, die Montafoner Resonanzen (ehemals Montafoner Sommer) oder die Kunstmesse Art Bodensee in Dornbirn.

Wanderfreunden erschließt sich ein rund 6.000 Kilometer langes Wanderwegenetz auch mit künstlerisch gestalteten Wegen wie die Energieportale-Wege in Langenegg.

Zahlreiche Attraktionen wie der flotte „Alpine Coaster", eine Allwetterrodelbahn am Golm im Montafon, oder das „Bärenland" am Sonnenkopf im Klostertal nahe bei Braz begeistern Jung und Alt. Schiffsrundfahrten auf dem Bodensee oder unvergessliche Reisen mit nostalgischen Bähnlis wie dem „Wälderbähnle" im Bregenzerwald und dem „Rheinbähnle" auf dem Rheindamm bescheren schöne Urlaubserlebnisse.

DIE KÄSEWIRTE IM LÄNDLE

Über 40 sogenannte Käsewirte kredenzen entlang der KäseStrasse Bregenzerwald schmackhafte Käseköstlichkeiten – von den traditionellen „Käsknöpfle" mit Bergkäse, Emmentaler und Räßkäse zubereitet, über die Käsesuppe bis zu fein Gratiniertem. Eine Besonderheit dazu ist der „Wäldar Win", der Festwein zum

Lechquellengebirge

Golf Park Bregenzerwald

Golfclub Montafon

Bregenzerwälder Käse, der von der Partnerregion Weinviertler Weinstraße und der Winzer-Initiative Probus jährlich neu ermittelt und für die KäseStrasse abgefüllt wird. 2005 wurde der Bregenzerwald offiziell ein Teil der „Genuss Region Österreich“, einer u.a. vom österreichischen Lebensministerium geschützten Marke, die die regionalen landwirtschaftlichen Produkte und Spezialitäten sichtbar macht und Konsumenten über die spezifischen kulinarischen Angebote in den einzelnen Regionen informiert.

GOLF UND GENUSS

Vorarlberg mag zwar das zweitkleinste Bundesland Österreichs sein, was Fläche und Bevölkerungsdichte angeht, Golfer, auf der Suche nach einzigartigem Naturerlebnis, kommen hier jedoch mehr als voll auf ihre Kosten. Panorama-Golf wohin das Auge blickt, lautet hier das Zauberwort.

SECHS GOLFANLAGEN FINDEN SICH IN DEN VORARLBERGER URLAUBSREGIONEN.

Im leicht gewellten Teil des Bregenzerwaldes liegt der 18-Loch-Golfplatz Bregenzerwald in Riefensberg. Zwischen Bodensee und Allgäu, mit bestem Ausblick auf die Bergwelt, gehört der Platz zu den attraktivsten Anlagen des Architekten Kurt Rossknecht. Auf dem sanft gewellten Platz wechseln Wäldchen und Gewässer mit raffiniert platzierten Bunkern, Roughs, Brücken und Stegen ab.

Sportlich kommt das Montafon daher, bekannt für die Silvretta-Hochalpenstraße, viele Wander- und Skiberge und herausfordernde Sportveranstaltungen. Der älteste Platz Vorarlbergs, der 9-Loch-Golfplatz Montafon in Schruns-Tschagguns, erhält seine sportliche Herausforderung durch die mit 542

Golfclub Bludenz-Braz

Metern längste Spielbahn West-Österreichs und das herrliche Bergpanorama.

Vorarlbergs höchst gelegener Golfplatz, der 9-Loch-Golfplatz Silvretta, auf 1.100 Metern Höhe am Ausgangspunkt der Silvretta Hochalpenstraße wurde leider 2020 geschlossen und nicht wieder in Betrieb genommen.

Familiär hingegen ist die Alpenregion Bludenz mit der gleichnamigen Alpenstadt, dem Brandnertal, dem Klostertal und dem Biosphärenpark Großes Walsertal. In Hanglage, umgeben von Bergen nahe Bludenz, erstreckt sich der 18-Loch-Platz des Golfclubs Bludenz-Braz, der mit viel Gefühl und Geschmack in die Landschaft integriert wurde. Man spielt vorbei an Heuscheunen, weidendem Vieh, an kleinen Bächen und wunderschönen Alp-Hütten, durch Wälder und an mächtigen Felsen entlang. Wahrlich traumhaft ist der Blick auf dem elften Loch über das Klostertal in Richtung Arlberg. Endlose Weiden, die direkt an den Golfplatz anschließen, verdeutlichen ebenso die Ursprünglichkeit des Platzes wie auch der gesamten Region.

Hochalpines Golferlebnis vom Feinsten bietet der Golf Club Brand seinen Besuchern. Doch der Schein trügt: Die 18 Bahnen ziehen sich, geschickt platziert, überwiegend flach durch den Naturpark des Brandnertals, werden dabei umrandet vom Gebirgspanorama und der Gletscherwelt des Rätikons, die bis auf 3.000 Meter reicht. Viel schöner – zumindest höher hinaus – geht es kaum.

Urban ist die Region Bodensee-Vorarlberg mit den Städten Bregenz, Dornbirn, Hohenems und Feldkirch. Auwälder, die Weite des Rheintals und ein atemberaubendes Bergpanorama kennzeichnen den zentral gelegenen 18-Loch-Golfplatz Montfort in Rankweil. Für alle wasserscheuen Golfer sorgen die Inselgrüns an Loch 14, ein Par 3, sowie die Spielbahn 18, ein Par 5, für einen erhöhten Adrenalinspiegel. Im Kleinwalsertal profitiert man von den angrenzenden Golfanlagen des Allgäus.

Wieder alpin wird es im bekannten Wintersportort Lech. Hier im idyllischen Zugertal, 1.500 Meter über Meeresspiegel, gingen im Sommer 2016 die neun Bahnen des Golfclub Lech in Betrieb, bei denen auf beiden Seiten immer wieder der Lech ins Spiel kommt. Die Natur hat hier die Routenführung vorgegeben. Flussaufwärts geht es in Richtung Rote Wand bis zum Zugertobel. Nach dem 3. Abschlag führt die Trasse entlang dem Lech bis zum Stierlochbach um anschließend am Fischteich vorbei wieder an den Start zu kommen. Genaues Spiel und die richtige Taktik sind hier notwendig um einen guten Score zu spielen.

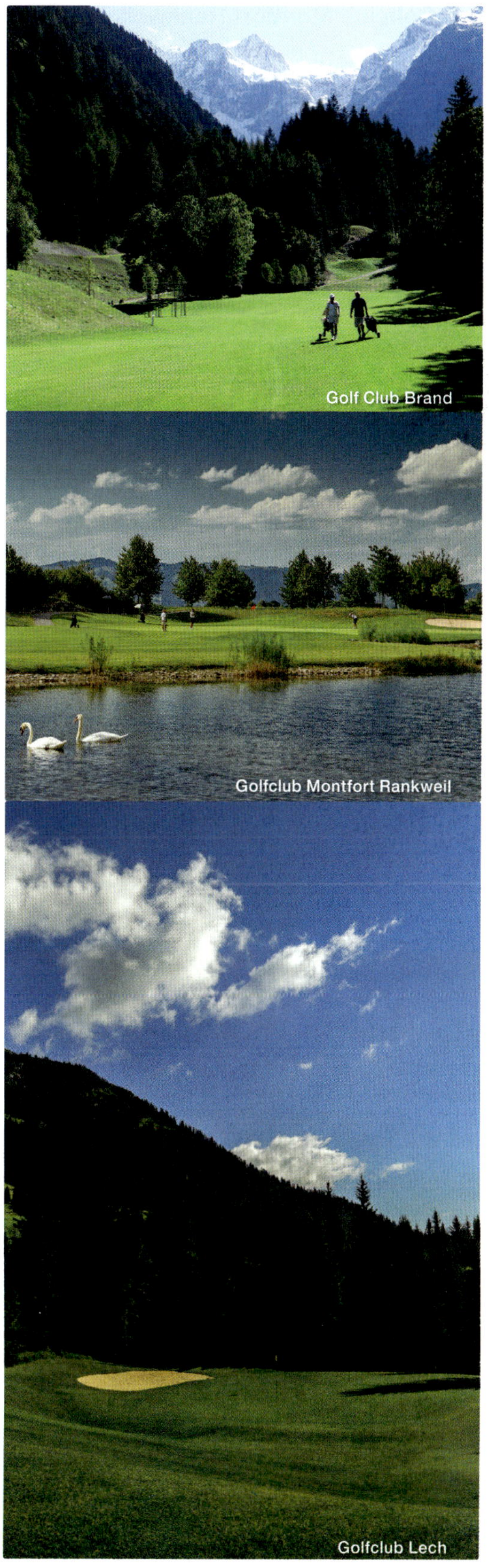
Golf Club Brand

Golfclub Montfort Rankweil

Golfclub Lech

1 Golfclub Montfort Rankweil

18

Kirchstrasse 70
A-6830 Rankweil
05522 72000 05522 7200072
info@golfclub-montfort.com
www.golfclub-montfort.com

Länge: H 5622 m, D 4918 m, HCP 54 erforderlich.

Greenfee-Kat.: €€€€€
Ermäßigung: Jugendl. und Stud. bis 26 J. 50%

Im Herzen des Vorarlberger Rheintals bei Rankweil liegt der im Jahr 2006 eröffnete Golfpark. Beim Bau der Löcher 1 bis 18 wurde besonders auf eine harmonische Eingliederung der Spielflächen in die Landschaft geachtet. Das Besondere dieser 18-Loch-Anlage ist nicht nur ihre zentrale Lage, sondern die wunderschöne harmonische Landschaftsgestaltung mit leichten Modellierungen auf der ansonsten ebenen Fläche. Mehrere angelegte Seen werden durch einen Bachlauf miteinander verbunden. Zwei Inselgrüns sind weitere optische Highlights und sportliche Herausforderung zugleich.

Platzinformationen:

2 Golf Club Brand

18

Studa 83
A-6708 Brand
05559 450 05559 45020
info@gcbrand.at
www.gcbrand.at

Länge: H 4058 m, D 3619 m, PE erforderlich.

Greenfee-Kat.: €€€€€
Ermäßigung: Jugendl. bis 19 J. 50%

Der 18-Loch-Platz ist vom Architekten Diethard Fahrenleitner durch die Anlage von Hangterrassen perfekt in die hochalpine Landschaft eingepasst worden. Als Signature Hole bezeichnet der Designer das 5. Loch, ein Par 3 von 151 m (Herren). Neben dem erhöhten Abschlag thront ein großer Findling, im Hintergrund das von einem Bergahorn beschützte Grün. Auf rund 1000 m Seehöhe gelegen, bietet AlpinGolf Brand im Hochsommer den unschätzbaren Vorteil angenehmer Temperaturen und frischer Hochgebirgsluft. Der nahe Brandner Gletscher auf fast 3000 m Seehöhe macht es möglich.

Platzinformationen:

Golf Club Brand

3 Golfclub Bludenz-Braz 18

Oberradin 60
A-6751 Braz bei Bludenz
05552 33503 📠 05552 335033
gcbraz@golf.at
www.gc-bludenz-braz.at

Länge: H 5105 m, D 4377 m, HCP 54 erforderlich.
Hunde nur angeleint gestattet!

Greenfee-Kat.: €€€€€
Ermäßigung: Jugendl. bis 19 J.

Diese mit Gefühl in die Landschaft integrierte Golfanlage, zwischen der Alpenstadt Bludenz und dem Eingang zum Klostertal gelegen, bietet ein imposantes Bild. Die Kulisse ist es, die das Spiel hier zu einem Erlebnis werden lässt. In Etappen geht es in die Höhe, man spielt vorbei an Heuscheunen, an weidendem Vieh, an kleinen Bächen, an wunderschönen Alp-Hütten, durch Wälder und an mächtigen Felsen entlang. Herausforderungen gibt es genügend, bezwingbar sind sie aber für Könner ebenso wie für Anfänger. Die Driving Range mit 18 Abschlagsplätzen rundet das Angebot ab.

Platzinformationen:

4 Golfclub Montafon 9

Zelfenstraße 110
A-6774 Tschagguns
05556 77011 📠 05556 77011
info@golfclub-montafon.at
www.golfclub-montafon.at

Länge: H 4044 m, D 3768 m, PE erforderlich.
Greenfee-Ermäßigungen für Gäste von Sponsorhotels, Partnerclubs

Greenfee-Kat.: €€€
Ermäßigung: Jugendl. bis 18 J.
10-er Block (nur gültig im GC Montafon) EUR 425,-

Vorarlbergs erster Golfplatz (eröffnet 1989) in Schruns-Tschagguns hat sich über die Jahre zu einer faszinierenden 9-Loch-Anlage entwickelt, die sowohl Anfänger als auch Könner begeistert. Der Platz ist auf überwiegend ebenem Terrain angelegt und bietet einladend kurze Bahnen, die mit 542 Metern längste Spielbahn in Westösterreich, mit 1100 m Seehöhe das höchste Grün und ein Inselgrün. Der Platz mit naturbelassenen Fairways befindet sich am Rande von Tschagguns in ruhiger Lage mit alten Baumbeständen am Ufer des Ill-Flusses und ist gesäumt von herrlichem Auwald.

Platzinformationen:

5 Golf Park Bregenzerwald

18

Unterlitten 3a
A-6943 Riefensberg
0663 06430418
office@golf-bregenzerwald.com
www.golf-bregenzerwald.com

Länge: H 5705 m, D 4973 m, HCP 54 erforderlich.

Greenfee-Kat.: €€€€
GF-Ermäßigungen für Gäste der Gründer- und Partnerhotels

Der deutsche Architekt Kurt Rossknecht hat auf 650 m Seehöhe zwischen Riefensberg und Sulzberg 1996 den ersten 18-Loch-Platz in Vorarlberg angelegt und behutsam in die Natur eingebettet. Das sanfthügelige Gelände des Weißach-Tals und die vielen kleinen Zuläufe zur Weißach wurden wie die alten Baumgruppen und die naturbelassenen Streuwiesen perfekt genutzt. Künstliche Seen und gezielt platzierte Bunker ergänzen die natürlichen Hindernisse. Zusammen mit den Hang- und Schräglagen, den Korridoren und der beeindruckenden Aussicht machen sie das Spiel zu einem Erlebnis.

Platzinformationen:

Golf Park Bregenzerwald

6 Golfclub Lech

9

Zug 708
A-6764 Lech
0664 3046530
office@golf-arlberg.at
www.golf-arlberg.at

Länge: H 4188 m, D 4188 m, PE erforderlich. Sa./So./ Feiertage HCP 54 erforderlich.

Greenfee-Kat.: €€€€€
Ermäßigung: Jugendl. bis 18 J. 50%
Unsere Partnerhotels im Ort gewähren Ihnen Greenfee-Reduktionen bis zu -25%

Als Wintersport-Destinationen sind der Arlberg und Lech weltberühmt. Mit dem 2016 eröffneten Golfplatz, der auf 1500 Meter Seehöhe entstand, verfügt die Region auch über den höchstgelegenen Platz Österreichs. Im idyllischen Zugertal liegen die neun Bahnen (jeweils vier Par 3 und Par 4 sowie ein Par 5 von 468 m) auf beiden Seiten des Lechs. Die Natur hat das Routing vorgegeben. Flussaufwärts geht es in Richtung Rote Wand bis zum Zugertobel. Nach dem 3. Abschlag führt der Weg entlang des Lechs bis zum Stierlochbach. Anschließend geht es am Fischteich vorbei wieder zurück zum Start.

Platzinformationen:

Golfclub Lech

TIROL UND OSTTIROL

TRAUMHAFTE GOLFPLÄTZE IN ATEMBERAUBENDEN BERGLANDSCHAFTEN.

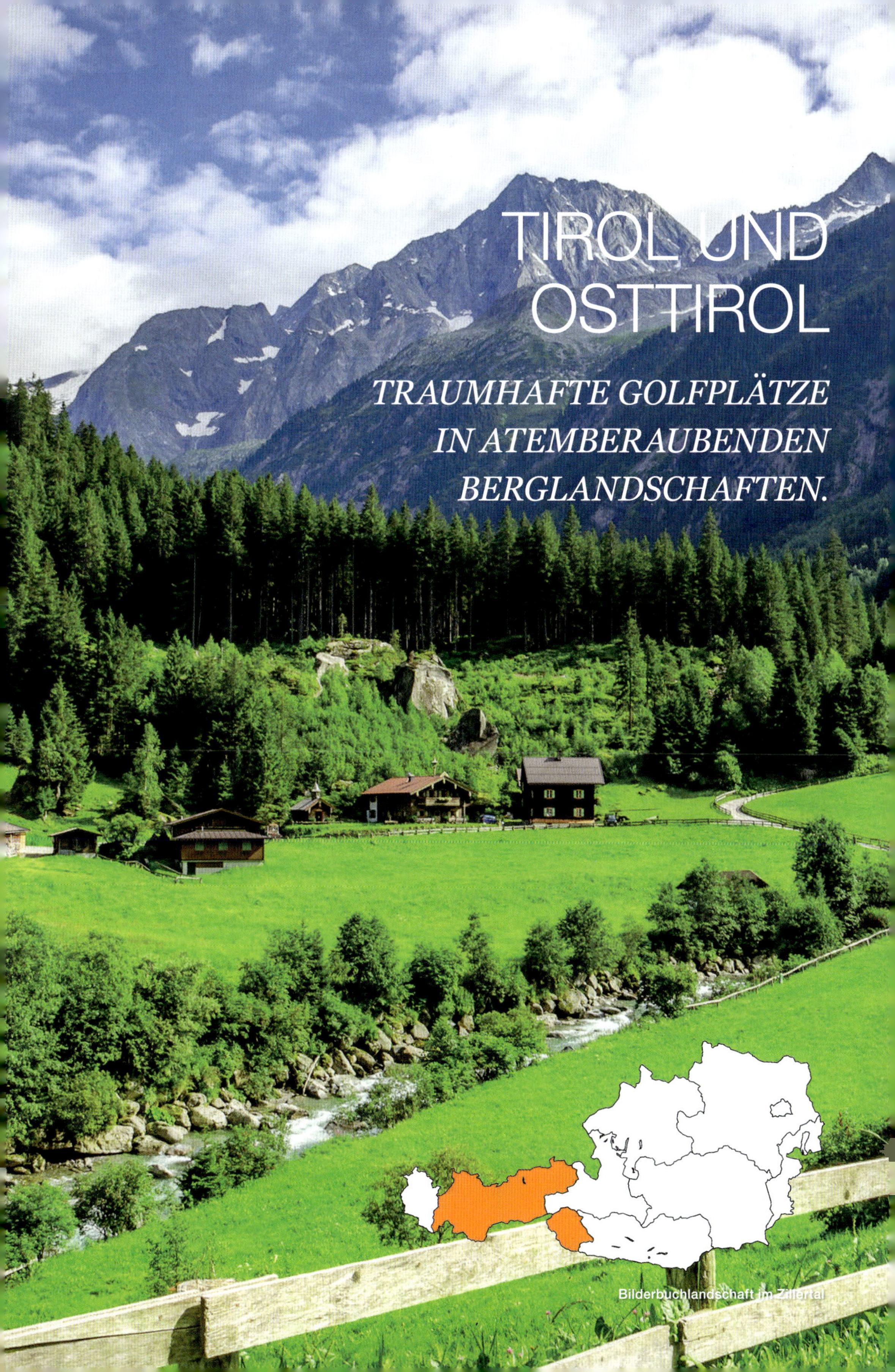

Bilderbuchlandschaft im Zillertal

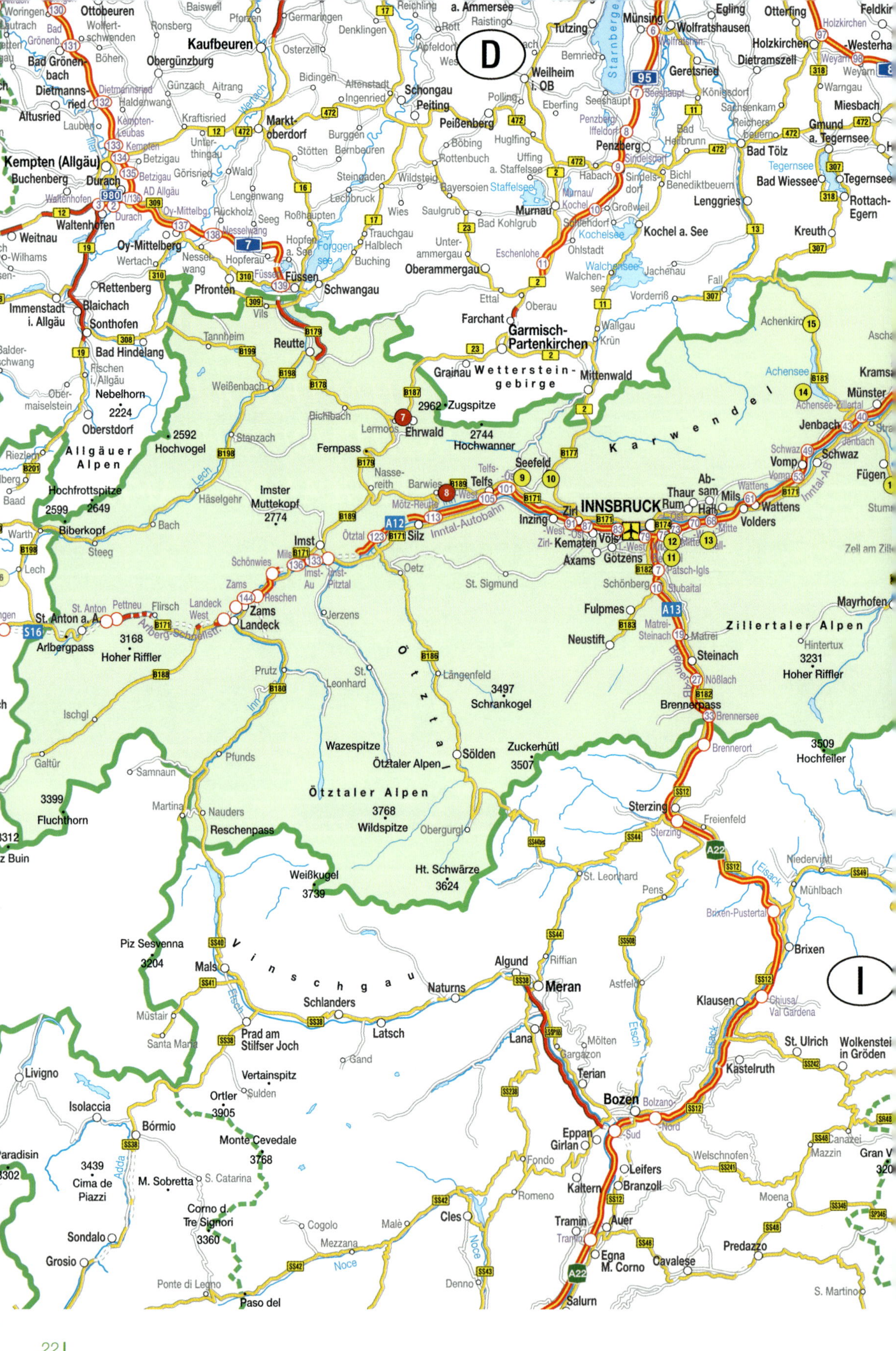

Woringen
Ottobeuren
Baisweil
Pforzen
Germaringen
Reichling
a. Ammersee
Tutzing
Münsing
Egling
Otterfing
Feldkir
Lautrach
Bad Grönenbach
Wolfertschwenden
Ronsberg
Kaufbeuren
Osterzell
Denklingen
Rott
Raisting
Wolfratshausen
Holzkirchen
Westerham
Böhen
Obergünzburg
Apfeldorf
D
Bernried
Starnberger See
Dietramszell
Weyarn
Dietmannsried
Günzach
Aitrang
Bidingen
Altenstadt
Schongau
Weilheim i. OB
Geretsried
Königsdorf
Warngau
Altusried
Haldenwang
Ingenried
Peiting
Polling
Eberfing
Seeshaupt
Sachsenkam
Miesbach
Kempten-Leubas
Kraftisried
Markt-oberdorf
Burggen
Peißenberg
Penzberg/Iffeldorf
Bad Heilbrunn
Reichersbeuern
Gmund a. Tegernsee
Kempten (Allgäu)
Kempten
Unterthingau
Stötten
Bernbeuren
Böbing
Hugling
Penzberg
Bad Tölz
Betzigau
Görisried
Wald
Rottenbuch
Uffing a. Staffelsee
Sindelsdorf
Tegernsee
Buchenberg
Durach
AD Allgäu
Lengenwang
Steingaden
Wildsteig
Habach
Bichl
Benediktbeuern
Bad Wiessee
Waltenhofen
Oy-Mittelberg
Rückholz
Lechbruck
Bayersoien
Staffelsee
Murnau/Kochel
Großweil
Lenggries
Rottach-Egern
Waltenhofen
Seeg
Roßhaupten
Wies
Saulgrub
Murnau
Bad Kohlgrub
Schlehdorf
Kochel a. See
Weitnau
Nesselwang
Hopfen a. See
Forggensee
Trauchgau
Halblech
Unterammergau
Kochelsee
Kreuth
Wilhams
Oy-Mittelberg
Nesselwang
Hopferau
Buching
Eschenlohe
Ohlstadt
Wertach
Füssen
Oberammergau
Walchensee
Jachenau
Rettenberg
Pfronten
Schwangau
Walchensee
Fall
Immenstadt i. Allgäu
Blaichach
Vils
Ettal
Oberau
Vorderriß
Sonthofen
Farchant
Garmisch-Partenkirchen
Wallgau
Krün
Achenkirch
Tannheim
Reutte
Achensee
Kramsa
Bad Hindelang
Grainau
Wettersteingebirge
Mittenwald
Fischen i. Allgäu
Weißenbach
Münster
Obermaiselstein
Nebelhorn
2224
Zugspitze
2962
Achensee-Zillertal
Bichlbach
Ehrwald
Lermoos
Jenbach
Oberstdorf
2592
Hochvogel
Stanzach
2744
Hochwanner
Karwendel
Allgäuer Alpen
Fernpass
Schwaz
Vomp
Riezlern
Lech
Seefeld
Telfs
Thaur
Absam
Fügen
Hochfrottspitze
2599
2649
Imster Muttekopf
2774
Nassereith
Barwies
Mötz-Reutte
Häselgehr
INNSBRUCK
Rum
Hall
Mils
Wattens
Volders
Baad
Biberkopf
Bach
Inntal-Autobahn
Inzing
Zirl
Warth
Steeg
Imst
Ötztal
Silz
Kematen
Völs
Axams
Götzens
Zell am Ziller
Lech
Schönwies
Mils
Imst-Au
Imst-Pitztal
Oetz
St. Sigmund
Patsch-Igls
Schönberg
Stubaital
Zams
Reschen
Mayrhofen
St. Anton a. A.
Pettneu
Flirsch
Landeck West
Zams
Landeck
Jerzens
Fulpmes
Arlberg-Schnellstr.
Arlbergpass
3168
Hoher Riffler
Neustift
Matrei-Steinach
Matrei
Zillertaler Alpen
Hintertux
3231
Hoher Riffler
Ötztal
Prutz
St. Leonhard
Längenfeld
3497
Schrankogel
Steinach
Nößlach
Brennerpass
Brennersee
Ischgl
Inn
Brenner-AB
Wazespitze
Ötztaler Alpen
Sölden
Zuckerhütl
3507
Brennerort
3509
Hochfeiler
Galtür
Pfunds
Samnaun
3399
Fluchthorn
Martina
Nauders
Ötztaler Alpen
3768
Wildspitze
Obergurgl
Sterzing
Freienfeld
Reschenpass
Niedervintl
3312
Buin
Weißkugel
3739
Ht. Schwärze
3624
St. Leonhard
Pens
Eisack
Mühlbach
Brixen-Pustertal
Piz Sesvenna
3204
Vinschgau
Brixen
Mals
Algund
Riffian
Naturns
Meran
Astfeld
Schlanders
Klausen
I
Chiusa/Val Gardena
Müstair
Prad am Stilfser Joch
Latsch
Lana
Mölten
Gargazon
St. Ulrich
Wolkenstein in Gröden
Santa Maria
Etsch
Gand
Terlan
Kastelruth
Livigno
Vertainspitz
Ortler
3905
Sulden
Bozen
Bolzano
Isolaccia
Bórmio
Monte Cevedale
3768
Eppan
Girlan
Canazei
Paradisin
3302
3439
Cima de Piazzi
M. Sobretta
S. Catarina
Fondo
Welschnofen
Mazzin
Gran V
Leifers
Branzoll
Kaltern
Romeno
Moena
Corno d. Tre Signori
3360
Cogolo
Malè
Cles
Tramin
Auer
Sondalo
Mezzana
Noce
Egna
M. Corno
Cavalese
Predazzo
Grosio
Ponte di Legno
Denno
Paso del
Salurn
S. Martino

Golfclubs nach Kartennummern

■ = Partner Albrecht Greenfee-Aktion (Gutschein-Seite)

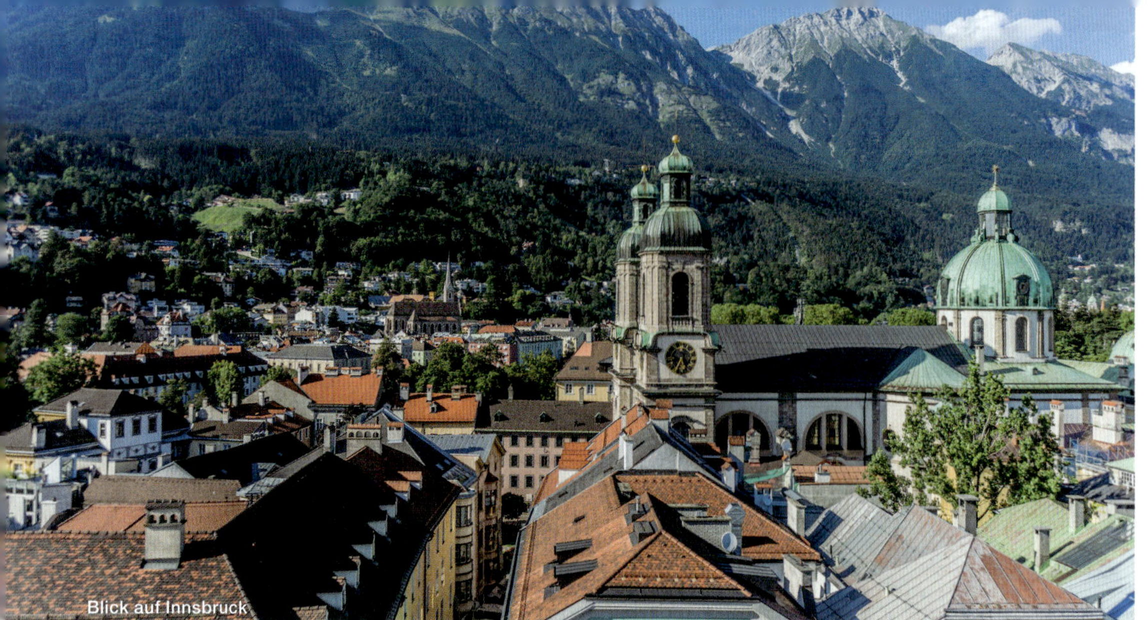

Blick auf Innsbruck

TIROL – HERZSTÜCK ÖSTERREICHS FÜR SOMMER- UND WINTERURLAUB

Das „Land im Gebirg“, wie das Gebiet zwischen Trient und Innsbruck vor mehr als 700 Jahren genannt wurde, war einstmals Drehkreuz multikultureller Handelsrouten. Demnach waren die Tiroler schon immer freiheitsliebende, geradlinige und Heimat verbundene Menschen, aber gleichzeitig auch weltoffen, dynamisch und innovativ.

Hier lag die Wiege des Skisports mit den ersten Skiclubs in St. Anton am Arlberg und Kitzbühel, die heute immer noch zu den Stars in der weißen Szene gehören, gefolgt von dem Lifestyle-Ort Ischgl und den Tälern Ötztal, Stubaital, Zillertal mit Gletscher-Abfahrten. Aber das Urlaubsland Tirol definiert sich nicht nur über Skisport und 3.400 Pistenkilometer. Auch sommers gibt es über 24.000 Kilometer gut gepflegte und markierte Wanderwege vom sanfteren Mittelgebirge bis hinauf in hochalpine Regionen mit Klettersteigen. Allen voran der Adlerweg von St. Anton bis nach St. Johann in Tirol, ins Zillertal, durch die Kitzbüheler Alpen bis in die Hohen Tauern in Osttirol. Und für Biker bietet Tirol 6.400 Kilometer offizielle Mountainbike-Routen, Highlight darunter, der Bike Trail Tirol, der mit 32 Etappen und insgesamt 1.000 Kilometern der längste zusammenhängende Mountainbike-Rundkurs der Alpen ist. Überhaupt – bei allen Outdoor-Aktivitäten zeigt Tirol seine Felsen, Schluchten, Wasserfälle und Höhlen, wo Abenteuer beim Rafting und Canyoning, Klettern, Tandemparagleiten, Bungee Jumping und Bergseetauchen zu bestehen sind.

Golfclub Innsbruck-Igls, Rinn

Golfclub Innsbruck-Igls, Lans

KULTUR IN DEN BERGEN

Allen voran steht hier Innsbruck, die Stadt der Kunstschätze, berühmt für sein „Goldenes Dachl“, die „Schwarzen Mander“, die kaiserliche Hofburg, Schloss Ambras und das historisch gewachsene Kulturzentrum. Ob Wagner in Erl, neue Musik bei den Klangspuren in Schwaz, alte Musik aus Mittelalter, Renaissance, Barock und Klassik bei den Innsbrucker Festwochen, Rock und Pop in Imst oder Festival Musik im Riesen in den Swarovski Kristallwelten, bei zahlreichen kulturellen Veranstaltungen das ganze Jahr über ist für jeden Geschmack etwas dabei.

Golfclub Seefeld-Wildmoos

GOLF UND TIROL – EINE PERFEKTE SYMBIOSE, DIE BEGEISTERT

23 gepflegte Golfanlagen mit unterschiedlicher Schwierigkeit und konditioneller Anforderung erfüllen hier jeden individuellen Wunsch, ob auf einem Hochplateau mit freiem Blick auf die umliegenden Dreitausender oder im Tal, an Biotopen, Teichen oder malerischen Bauernhöfen vorbei.

RUND UM INNSBRUCK

Der Golfclub Innsbruck-Igls verfügt über zwei Golfplätze, rund zehn Minuten mit dem Auto voneinander entfernt: Dies ist einmal der „historische" 18-Loch Championship-Course in Rinn und der etwas tiefer und näher an Innsbruck gelegene 9-Loch-Platz in Lans. Wer die Fahrt auf 920 Meter über dem Meer nach Rinn hinter sich gebracht hat, der wird zunächst von einem atemberaubenden Panorama belohnt, das vom Wettersteingebirge bis hin zum Wilden Kaiser reicht. Die 18, teilweise hügeligen, Löcher ziehen sich dabei knapp über 6.000 Meter wie zwei konzentrische Kreise über das Hochplateau und machen den Platz zu einem absoluten Muss für Golfer in der Region. In 2022 sind nur 9 Löcher bespielbar, da Renovierungsarbeiten stattfinden.

Anders der 9-Loch-Platz in Lans: Er liegt auf 870 Meter Seehöhe und zieht sich durch eine parkähnliche, leicht gewellte Landschaft, flankiert von Tannen, Laub- und Obstbäumen. Rund 70 Prozent des etwas über 4.600 Meter langen Platzes lassen sich vom, im Jahr 2000 eröffneten Clubhaus, überblicken. Im Norden wird die Aussicht schließlich von der majestätisch anmutenden Nordkette eingefangen.

2007 wurde in der Nachbarschaft zu Igls-Lans die Olympia Golfanlage Igls eröffnet. Sie eignet sich mit ihren neun Löchern ideal für Golfeinsteiger. „Pay and Play" lautet demnach auch das Prinzip der Anlage.

Die Olympiastadt Seefeld darf sich mit dem GC Seefeld-Wildmoos, einem „Leading Golf Course Austria", schmücken, der wegen seines alpenländischen Charakters besonders die Flachländer frenetisch anzieht. Der 18-Loch-Platz, der 1969 nach Plänen des Architekten Donald Harradine entstand, wird auf einer Höhenlage von 1.220 bis 1.320 Meter gespielt. Durch das geschickte Design der Löcher stellt die Überwindung der Höhenlagen an und für sich kein Problem dar, älteren oder gehandicapten Golfern empfehlen

Golfpark Mieminger Plateau

Golfclub Tiroler Zugspitze

sich jedoch die E-Trolleys oder mit GPS ausgestattete E-Carts, die der Golf Club bereitstellt.

Darüber hinaus bietet Seefeld auch den eher flach gelegenen 9-Loch-Platz des Golfclub Seefeld Reith. Hervorragend sind hier vor allem auch die Übungsmöglichkeiten. Auf der Driving Range, beidseitig bespielbar und mit zwölf überdachten Abschlagplätzen ausgestattet, kann man sich trefflich in Schwung bringen – und das nur fünf Gehminuten vom Ortszentrum entfernt.

Nur einen Katzensprung von Seefeld entfernt liegen die 27 Löcher des Golfpark Mieminger Plateau, ein Golfparadies mit herrlicher Rundumsicht übers Inntal bis zur Olympiastadt Innsbruck und westlich bis zu den Ötztalern und Lechtaler Alpen. In Mieming findet der Golfer überwiegend breite, flach verlaufende Bahnen vor. Diese sind durch einen dichten Föhrenwald geschützt und verlaufen klar voneinander getrennt. Im August 2008 eröffnet, hat Architekt Keith Preston die 27 Löcher geschickt in das Naturschauspiel der Tiroler Bergkulisse eingebunden. Der Platz auf einer Fläche von 70 ha ist mit 6.599 Meter (Abschlag Herren weiß) übrigens einer der längsten Österreichs. Eine Runde Golf kann hier also durchaus etwas länger dauern.

Nicht weit entfernt findet man nicht nur die Geierwally-Freilichtbühne in einer Felswand im Lechtal, sondern auch den 1.000 Meter hoch gelegenen 9-Loch-Platz des Golfclub Tiroler Zugspitze zwischen Ehrwald und Leermoos mit unvergesslichem Bergpanorama auf das Wettersteinmassiv mit der Zugspitze, Deutschlands höchstem Berg.

FERIENREGIONEN ACHENSEE

Ob man sich hier mit der Rofanseilbahn in Maurach und der Karwendel Bergbahn in Pertisau in luftige Höhen tragen lässt oder mit den Dampfern auf Tirols größtem und tiefstem See kreuzt – die Achensee Erlebniscard ermöglicht Urlaubs-Abenteuer zum Vorteilspreis. Darüber hinaus sind auch verschiedene Eintritte inkludiert wie z. B. in die Achenseer Museums- und Erlebniswelt in Maurach oder die Swarovski Kristallwelten in Wattens. Ein Highlight am Südostufer des Sees ist die über 6.500 Quadratmeter große Freizeitanlage Atoll, die im Sommer 2018 in Betrieb genommen wurde. Die multifunktionale, hochmoderne Anlage punktet mit Panorama-Bad, Penthouse-SPA, Lakeside-GYM sowie diversen Sportangeboten wie z. B. einer Boulder-Halle. Mit viel Glas und hellem Holz wurde das Atoll harmonisch in die Uferlandschaft im Ortsteil Buchau in Maurach integriert.

Golf & Landclub Achensee

Golfclub Zillertal Uderns

Der 1934 gegründete Golf- und Landclub Achensee in Pertisau ist der älteste Golfclub Tirols. Seit 2003 spielt man hier auf 18 Löchern. Und seit 2013 zählt der Club zum erlesenen Kreis der „Leading Golf Courses". Der türkisgrüne Achensee und das atemberaubende Bergpanorama des Karwendelgebirges sorgen hier für ein einzigartiges Golferlebnis. Ebenfalls am Achensee beheimatet, allerdings in Achenkirch, ist der Posthotel Alpengolfclub mit seinen neun Löchern und allerlei Schräglagen.

Südlich vom Achensee, in Uderns am Anfang des Zillertals, wurde im Juni 2014 endlich der erste Zillertaler Meisterschaftsplatz eröffnet. Ganze 25 Jahre musste auf die Realisierung gewartet werden. Der Golfclub Zillertal Uderns, ein weiterer „Leading Golf Course", wurde dabei nach modernsten Erkenntnissen in die Natur integriert, natürlich mit traumhaftem Blick auf die Zillertaler Berge. Jede Spielbahn zeichnet sich durch eine Besonderheit aus: Die Spielbahn 9 hat etwa ein Inselgrün, und auf Bahn 14 (Par 3) steht ein Diamant auf dem Spiel: Wer dort bei einem Turnier oder einem Wertungsspiel mit einem Pro ein „hole in one" erzielt, erhält vom Golfclub als Geschenk einen Einkaräter.

Östlich vom Achensee befindet sich das Ferienland Kufstein, zwischen dem Naturschutzgebiet des Kaisergebirges auf der einen und einer herrlichen Seenlandschaft auf der anderen Seite gelegen. Kufstein hat die kleinste Altstadt Österreichs und eine Festung, die als unübersehbares Wahrzeichen über der Stadt thront und noch heute Zeugnis ihrer turbulenten Vergangenheit als eines der imposantesten

Golfclub Reit im Winkl e.V. Kössen

Kaiserwinkl Golf Kössen - Lärchenhof

Golfclub Walchsee Moarhof

Golf und Countryclub Lärchenhof

Golfclub Wilder Kaiser-Ellmau

mittelalterlichen Bauwerke Tirols gibt. Heute bringen Theater-, Konzertveranstaltungen und Operettenaufführungen neuen Schwung in das ehrwürdige Gemäuer.

GOLF MIT „KAISER-BLICK“

Sechs unterschiedliche Golfplätze inmitten des „Wilden Kaiser“-Bergpanoramas laden ein, allen voran die 18-Loch-Anlage des Grenzland-Golfplatzes Reit im Winkl-Kössen zwischen Tirol und Bayern. Sechs Bahnen verlaufen in Tirol und zwölf in Bayern. Mit Blick auf das Kaisergebirge und umrahmt von den Chiemgauer und Tiroler Alpen bietet er beste Aussichten. Der Platz bleibt vor allem den „Flachland-Tirolern“ in Erinnerung, die ihre Mühe mit dem Bergauf und -ab, den Blindlöchern und Schräglagen haben.
An heißen Sommertagen eine Wohltat ist die bestens gepflegte 18-Loch-Anlage Kaiserwinkl Golf in Kössen, designt vom bekannten britischen Golfplatz-Architekten Donald Harradine, die durch schattige Wälder führt. Die 9-Loch-Golfanlage Walchsee Moarhof auf der Höhe des gleichnamigen Sees befindet sich mitten im Naturschutzgebiet, einem einzigartigen Hochmoorgebiet. In Erpfendorf hat sich der Golf- und Countryclub Lärchenhof mit neun Löchern zu einem beliebten Golfer-Ziel gemausert. Bietet er doch zum relaxten Spiel die passende Unterkunft gleich dazu.
Gleich zwei gigantische Gebirgsmassive – Wilder und Zahmer Kaiser – bilden die filmreife Kulisse für die 27 Löcher des Golfclubs Wilder Kaiser in Ellmau. Drei mal neun Löcher mit den Namen „Wilder Kaiser“, „Ellmau“ und „Tirol“ fügen sich harmonisch in das alpenländische Gelände ein und können beliebig miteinander kombiniert werden. Ein idealer Urlaubsplatz mit breiten Bahnen, nicht steil, aber mit natürlichem Rough, das besonders im Frühjahr schön blüht. Auch wer gerade erst mit dem Golfspielen begonnen hat oder an seinem Schwung feilen möchte, ist im Golfclub Wilder Kaiser Ellmau bestens aufgehoben: Auf der Driving Range mit großzügigem Übungsareal bietet die Golfschule ideale Voraussetzungen.
Last, but not least trifft man in unmittelbarer Nähe auch noch auf die neun Löcher der Anlage Kaisergolf Ellmau.

PROMI-GOLF ZWISCHEN KITZBÜHELER HORN UND STREIF

Zum Abschlag in traumhafter Natur ist es in der Gamsstadt Kitzbühel nicht weit, denn alle vier Golfplätze Golf Eichenheim, Golfclub Kitzbühel in Ried

Golf Eichenheim

Kaps, Golfclub Kitzbühel Schwarzsee sowie der Golf- und Landclub Rasmushof liegen gleich um die Ecke.
Kitzbühels Designerstück und Champion ist seit Jahren der Platz von Golf Eichenheim (18 Loch), der auch als einer der wohl schönsten Plätze in ganz Österreich gilt. Der von Designer Kyle Philipps erbaute Course (6.092 m, Par 71) wurde geschickt in die Bergwelt der Kitzbüheler Alpen eingebettet. In dieser malerischen Kulisse schaffen steile Felswände, naturbelassene Bäche, dichte Laubwälder und lange Pars eine einmalige Atmosphäre. Die einen finden ihn schlichtweg zu schwer, die anderen einfach nur schön, und Birdie-Book sowie Cart sind eine große Hilfe.
Was wäre Kitzbühel ohne den Golfclub Rasmushof, das Golffestival und das „Streif-Turnier" mit Abschlag in 1.658 Metern Höhe und Einlochen auf der 9-Loch-Anlage Rasmushof? Zweifelsohne ist der Golfplatz Kitzbühel-Schwarzsee-Reith mit einigen anspruchsvollen Wasserlöchern und zahlreichen Bunkern ein wahrer Meisterschaftsplatz, liegt er noch dazu inmitten der Kitzbüheler Alpen, umgeben von Gebirgskämmen, Wäldern und Wiesen. Und der Golfclub Kitzbühel in Ried Kaps mit seinen zwei Inselgrüns und seinem stylischen Clubhaus, der bereits mehrmals zum schönsten 9-Loch-Platz Österreichs gekürt wurde, ist einer der Traditionsplätze Österreichs und glänzt mit seiner sonnigen Lage.
Jüngster Golfplatz in der Region Kitzbühel ist die abseits von Hauptverkehrsrouten, ruhig gelegene Golfanlage Kitzbüheler Alpen Westendorf. Mit einer

Golfclub Kitzbühel-Schwarzsee

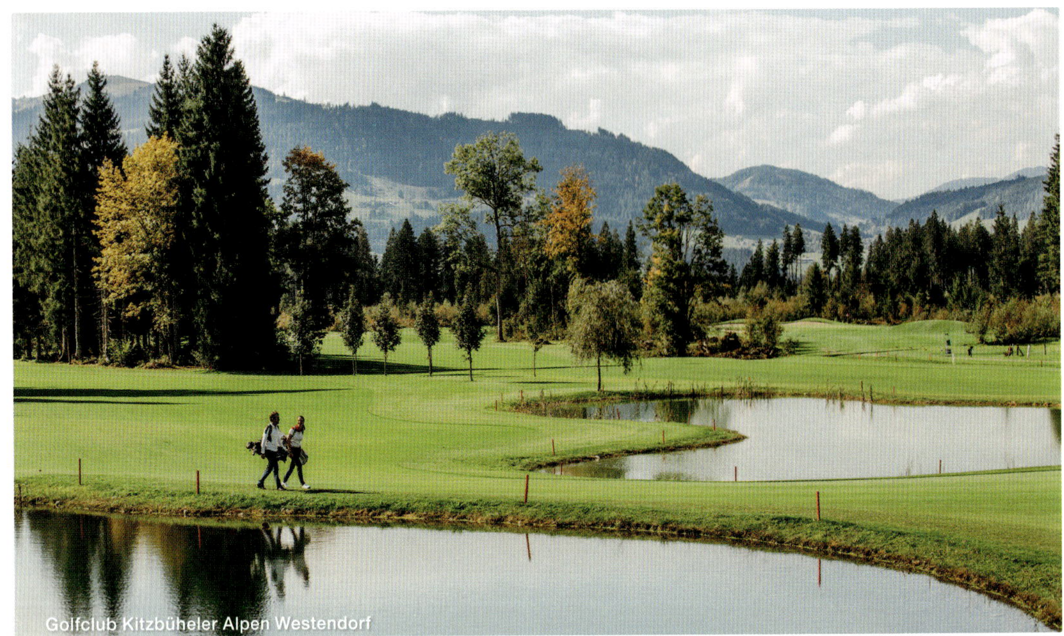
Golfclub Kitzbüheler Alpen Westendorf

Gesamtlänge von 5.882 Metern liegt der 18-Loch-Platz auf dem Sonnenplateau von Westendorf, ca. 1,3 Kilometer vom Ortszentrum. Sowohl der Platz, als auch die Golfübungsanlage mit Driving Range und Chipping Areal wurden schön in die herrliche Naturlandschaft integriert.

OSTTIROL – GENUSSREICHES REFUGIUM ZWISCHEN BERGRIESEN

Wer hätte das gedacht: Im Herzen des Nationalparks Hohe Tauern reihen sich neben 266 Dreitausendern auch neun von Gault Millau 2022 mit insgesamt 18 Hauben ausgezeichnete Spitzen-Restaurants aneinander! Osttirols kulturelles Zentrum ist die sympathische Dolomitenstadt Lienz mit ihrer schmucken Altstadt, Straßencafés mit mediterranem Flair und Museen, wie Schloss Bruck oder Schloss Anras.

Die 1999 eröffnete Golfanlage Dolomitengolf Osttirol mit mittlerweile 36 Löchern – als einzige in Tirol – bietet neben unberührter Natur mit Auen, Biotopen und intakter Flora und Fauna auch jede Menge Futter für die Augen: Das prächtige Naturschauspiel der Lienzer Dolomiten unter deren Zacken sich der Golfplatz ausstreckt. Ein Augenschmaus zu jeder Jahreszeit aber auch Erholung für die gestresste Seele, denn in den beiden dazugehörigen Hotels wohnt man praktisch am 1. Tee.

Ergänzt wird das Golfangebot in Osttirol durch den 9-Loch-Par-3-Golfkurs des Defereggental Golf Park, der im Sommer 2015 auf einer Fläche von 100.000 Quadratmetern in St. Veit im Defereggental eröffnet wurde.

Dolomitengolf Osttirol

7 Golfclub Tiroler Zugspitze

9

Am Rettensee 1
A-6632 Ehrwald
05673 22366 05673 223664
info@tiroler-zugspitzgolf.com
www.tiroler-zugspitzgolf.at

Länge: H 6094 m, D 5224 m, HCP 54 erforderlich. Wir bieten Hundesitting und Kinderbetreuung auf Anfrage.

Greenfee-Kat.: €€€€
Ermäßigung: Jugendl./Stud. bis 16 J.

Mitten in den Bergen auf etwa 1000 Höhenmeter liegt der 9-Loch-Platz des Golfclub Tiroler Zugspitze. Der 2005 eröffnete Platz bietet ein unvergessliches Bergpanorama mit großzügig angelegten Spielbahnen und herrlichen Blicken auf die Zugspitze, den höchsten Berg Deutschlands, und die Ehrwalder Sonnenspitze. Der Platz ist in ein flaches Talbecken zwischen den Gemeinden Ehrwald und Lermoos vor einer atemberaubenden Bergkulisse des Wettersteinmassivs eingebettet. Die Spielbahnen wurden alle auf natürlichen Wiesen angelegt und sind flach, fair und sportlich.

Platzinformationen:

Golfclub Tiroler Zugspitze

8 Golfpark Mieminger Plateau

18/9

Obermieming 141 e
A-6414 Mieming
05264 5336 05264 533611
info@golfmieming.at
www.golfmieming.at

Länge: H 6599 m, D 6184 m, HCP 36 erforderlich.

Greenfee-Kat.: €€€€€
Ermäßigung: Jugendl. bis 16 J. 50%
Startzeitenreservierung erforderlich. Gäste der Gründer- und Partnerhotels erhalten 20% Ermäßigung.

Diese 27 traumhaften Löcher liegen im Herzen der Alpen. Der 18-Loch-Champion-Course, vom englischen Golfarchitekten Keith Preston mit sehr viel Einfühlungsvermögen in den Föhrenwald eingebettet, wurde 2008 als bester neuer Golfplatz in Österreich ausgezeichnet. Im Norden geschützt von der imposanten Mieminger Bergkette, bietet der Platz neben sportlicher Herausforderung auch unvergessliche Panoramablicke. Der bereits im Jahr 2001 eröffnete 9-Loch Park Course ist eingebettet in eine herrliche Wiesenlandschaft und eignet sich für Einsteiger oder eine schnelle Runde.

Platzinformationen:

Golfclub Mieminger Plateau

9 Golfclub Seefeld-Wildmoos

18

Wildmoos 11
A-6100 Seefeld/Tirol
05212 52402
info@seefeldgolf.com
www.seefeldgolf.com

Länge: H 5900 m, D 5167 m, HCP 54 erforderlich. Gäste mit einer Mitgliedschaft in einem anerkannten Golfplatz sind herzlich willkommen. Bitte Clubkarten vorweisen.

Greenfee-Kat.: €€€€€
Ermäßigung: Jugendl. bis 15 J. 50%
Gäste mit Regionsgästekarte erhalten 20% Greenfee-Ermäßigung, Gäste in Gründer-/Partnerhotelbetrieben weitere 30%!

Auf einer 1300 Meter über Seehöhe gelegenen Almregion finden Golfer inmitten eines Naturschutzgebietes umgeben von Birken und Lärchen einen anspruchsvollen 18-Loch-Meisterschaftsplatz mit Blicken auf Karwendel- und Wettersteingebirge. Der Platz wurde 1989 vom Engländer Donald Harradine harmonisch in die Landschaft eingefügt und ist regelmäßig Austragungsort internationaler Amateur- sowie ProAm-Turniere. Anspruchsvoll von den hinteren, und gemütlich von den vorderen Abschlägen, begeistert der Platz jede Spielstärke mit perfekter Pflege, alpinen Charme und Ruhe, abseits jeden Lärms.

Platzinformationen:

Golfclub Seefeld-Wildmoos

10 Golfclub Seefeld Reith

9

Reitherspitzstraße 632 D
A-6100 Seefeld
05212 3797 05212 5176
info@gc-seefeld-reith.at
www.gc-seefeld-reith.at

Länge: H 5550 m, D 4848 m, PE erforderlich.
PE-Ausweis erforderlich

Greenfee-Kat.: **€€€€**
Ermäßigung: Jugendl. bis 16 J. und Stud. bis 25 J.
Gäste von Gründerbetrieben erhalten Ermäßigung.

Im Herzen Seefelds, in herrlicher Kulisse, eingebettet in Karwendel, Wettersteingebirge und Mieminger Kette liegt einer der anspruchsvollsten 9-Loch-Plätze der Alpen. Die ebenen Spielbahnen sind so angelegt, dass nicht nur fürs Auge Spektakuläres geboten wird, sondern auch der Spaß am Spiel nicht zu kurz kommt. Einzigartig sind die Übungsmöglichkeiten: Nur fünf Gehminuten vom Ortszentrum entfernt findet man die Golfakademie mit der beidseitig bespielbaren Driving Range, die über 12 überdachte Abschlagplätze verfügt, sowie Chipping- & Putting-Grüns und Übungsbunker.

Platzinformationen:

11 Olympia Golf Igls

9

Badhausstraße 60b
A-6080 Igls
0512 379150 0512 3791522
office@olympia-golf.at
www.olympia-golf.at

Länge: H 2806 m, D 2806 m, PE erforderlich.

Greenfee-Kat.: **€€€**
Ermäßigung: Jugendl. bis 14 J. 50%, Stud. bis 27 J. 20%

Die Anlage liegt am Fuße des Innsbrucker Hausbergs, dem Patscherkofl. Gut verteidigte Grüns und viele Wasserhindernisse sorgen für ein interessantes Spiel. Der Platz ist durch die Lage nahe der Tiroler Hauptstadt schnell erreichbar. Die 9 Löcher (7 Par 3 und 2 Par 4) mit einer Länge von 2806 Metern machen es möglich, den Platz in ca. 1.5 Stunden zu spielen. Da die Anlage nach dem „Pay and Play" Prinzip betrieben wird, ist sie ohne Mitgliedschaft bespielbar, nur die Platzreife ist erforderlich. Ein Highlight ist die Patscherkofelbahn, die direkt über den Platz führt.

Platzinformationen:

12 Golfclub Innsbruck-Igls, Lans

9

Sparbeggweg 223
A-6072 Lans
0512 377165 0512 370818
office@golfclub-innsbruck-igls.at
www.golfclub-innsbruck-igls.at

Länge: H 4565 m, D 4095 m, HCP 45 erforderlich. Sa./So./Feiertage HCP 34 (Herren) / 36 (Damen) erforderlich.
Wir bitten Hotelgäste, ihre Gästekarte mitzubringen.

Greenfee-Kat.: **€€€€**
Ermäßigung: Jugendl. bis 18 J. 50%
Gäste der Partnerhotels erhalten Ermäßigung.

Die romantische 9-Loch Anlage in Lans, unweit der Landeshauptstadt Innsbruck auf einer Sonnenterrasse gelegen, befindet sich in einer parkähnlichen Landschaft zwischen Tannen-, Laub- und Obstbäumen. Der Kurs besticht durch seine scheinbar leichte Fairway-Führung und ist bei normaler Frequenz in gut 90 Minuten zu spielen. Von der neu gestalteten Lounge auf der Terrasse des modernen und gemütlichen Clubhauses überblickt man fast den gesamten Platz, während im Norden die majestätische Nordkette den endlosen Blick einfängt. Zum Golfclub gehört auch der Platz in Rinn.

Platzinformationen:

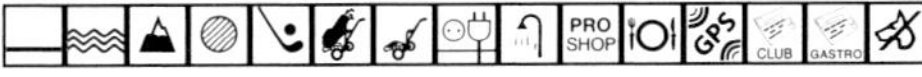

13 Golfclub Innsbruck-Igls, Rinn

in 2022 nur 9 Löcher

Oberdorf 11
A-6074 Rinn
05223 78177 05223 7817777
office@golfclub-innsbruck-igls.at
www.golfclub-innsbruck-igls.at

Länge: H 6184 m, D 5427 m, HCP 54 erforderlich.
Bitte bringen Sie die Gästekarte von Ihrem Hotel mit.

Greenfee-Kat.: **€€€€€**
Ermäßigung: Jugendl. bis 18 J. 50%
Gäste der Partnerhotels erhalten Ermäßigung.

Unweit der Landeshauptstadt Innsbruck, auf einer Sonnenterrasse gelegen, umgeben von imposanter Natur und einem einzigartigen Panorama liegt der 18-Loch-Platz von Rinn des GC Innsbruck-Igls. Es ist ein alpiner Golfplatz mit starkem sportlichen Akzent. Majestätisch präsentieren sich vor allem die zweiten Neun, wenn man mit tollen Abschlägen tieferliegende Fairways oder Grüns anspielt. Das Panorama der Nordkette, mit Blick vom Wettersteinmassiv über die Kalkalpen bis hinunter zum Wilden Kaiser bleibt sehr lange in Erinnerung. Zum Club gehört der 9-Loch-Platz in Lans.

Platzinformationen:

14 Golf & Landclub Achensee

18

Kirchstraße 13
A-6213 Pertisau
05243 5377
info@golfclub-achensee.at
www.golfclub-achensee.at

Länge: H 6105 m, D 5321 m, HCP 54 erforderlich.

Greenfee-Kat.: €€€€€
Ermäßigung: Jugendl. bis 18 J. und Stud. bis 24 J.

Der Golfclub Achensee wurde bereits 1934 gegründet, im Jahr 2004 komplett überarbeitet und ist der älteste Club in Tirol. Der mitten in Pertisau beginnende Platz liegt auf 950 m Seehöhe, eingebettet zwischen dem Achensee und dem Naturschutzgebiet Karwendelgebirge. Für einen Alpenplatz gleiten die 18 Spielbahnen ungewöhnlich sanft über die sattgrünen Wiesen, vorbei an altem Baumbestand umrahmt von einer großartigen Bergkulisse. Die komplett überdachte Driving-Range bietet herrliche Blicke über den Achensee. 2010 wurde Achental zum besten Platz Österreichs gewählt.

Platzinformationen:

Golf & Landclub Achensee

15 Posthotel Achenkirch Alpengolf

9

Hausnummer 391
A-6215 Achenkirch
05246 6604 05246 66044
golf@posthotel.at
www.posthotel-alpengolf.at

Länge: H 3766 m, D 3334 m, PE erforderlich.

Greenfee-Kat.: **€€€**
Ermäßigung: Jugendl. bis 15 J. 50%

Der schöne 9-Loch-Platz (5 Par 3, 3 Par 4 und ein Par 5) der Posthotel Alpengolf-Anlage liegt auf einem Hochplateau oberhalb des Annakirchls und grenzt unmittelbar an das Naturschutzgebiet des Karwendels. Unterschiedliche Abschläge und die abwechslungsreiche Gestaltung machen den Platz für Anfänger und Geübte geeignet. Die alpine Landschaft und der Panoramablick machen den Platz so einzigartig. Zur Anlage gehören Driving-Range, Putting- und Chipping-Greens, Pitching-Gelände und natürlich das Clubhaus im denkmalgeschützten Dollenhof (1684).

Platzinformationen:

16 Golfclub Zillertal Uderns

18

Golfstraße 1
A-6271 Uderns
05288 63000 05288 6320096
info@golf-zillertal.at
www.golf-zillertal.at

Länge: H 6027 m, D 5020 m, PE erforderlich.

Greenfee-Kat.: **€€€€€**
Ermäßigung: Jugendl. bis 18 J. und Stud. bis 27 J. 50%

Der erste Golfplatz im Zillertal wurde 2014 fertig gestellt. Er bietet traumhafte Blicke auf die Zillertaler Berge. Die Anlage erstreckt sich über 65 Hektar mit leicht hügeligen Obsthainen, wunderschönen Teichlandschaften, vielen Bunkern, gepflegten Fairways und ondulierten Grüns. Jede Spielbahn zeichnet sich durch eine Besonderheit aus, so gilt es am 9. Grün, das Inselgrün zu treffen. Der Platz ist mit einer Seehöhe von 550 m der tiefst gelegene Tirols. Der Platz bewarb sich um die österreichische Nominierung für den Ryder Cup 2022, unterlag aber dem GC Fontana.

Platzinformationen:

Golfclub Zillertal Uderns

17 Golfclub Kitzbüheler Alpen Westendorf 18

Holzham 120
A-6363 Westendorf
05334 20691
office@gc-westendorf.com
www.gc-westendorf.com

Länge: H 5882 m, D 5170 m, HCP 54 erforderlich.

Greenfee-Kat.: €€€€€
Ermäßigung: Jugendl./Stud. bis 27 J. 50%

Die Golfanlage Kitzbüheler Alpen Westendorf gilt als das neue Golfjuwel des Kitzbüheler Raums. Abseits touristischer Hauptverkehrsrouten liegt die 2014 eröffnete 18-Loch Golfanlage auf dem herrlichen Sonnenplateau von Westendorf. Der jüngste Golfplatz der Region besticht vor allem durch seine äußerst ruhige Lage. Der mit viel Einfühlungsvermögen in die 64 Hektar große Naturlandschaft eingebettete Championship-Golfplatz wird im Norden geschützt von der imposanten Hohen Salve. Der leicht begehbare Platz bietet unvergessliche Panoramablicke auf die Tiroler Bergwelt.

Platzinformationen:

18 Kaisergolf Ellmau 9

Steinerner Tisch 17
A-6352 Ellmau
05358 2379
golf@muehlberghof.at
www.muehlberghof.at

Länge: H 2180 m, D 1826 m, HCP 54 erforderlich.

Greenfee-Kat.: €€
Ermäßigung: Jugendl. bis 18 J. 50%, Stud. bis 27 J. 20%

Die Wurzeln des Golfspiels in Ellmau führen zurück zum Jahr 1990 als mit einer 9-Loch-Übungsanlage am Mühlberghof, landschaftlich reizvoll eingebettet mit herrlichem Ausblick zum Wilden Kaiser, der Grundstein für das heutige Golferlebnis in Ellmau gelegt wurde. Zahlreiche Neueinsteiger als auch Geübte, die ihr kurzes Spiel verbessern wollen, finden sich auch heute noch ein, um ihr Können an den neun Par-3-Löchern zu messen. Schräglagen, Wasserhindernisse, der nahe Wald aber auch die kleinen Grüns verlangen viel präzise Schläge, um einen guten Score zu erreichen.

Platzinformationen:

19 Golfclub Walchsee Moarhof 9

Golf-und Sporthotel Moarhof, Schwaigs 42
A-6344 Walchsee
05374 5378 05374 20065
gcwalchsee@moarhof.at
www.moarhof.at

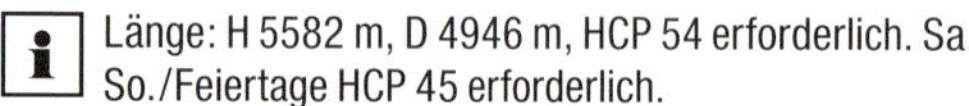
Länge: H 5582 m, D 4946 m, HCP 54 erforderlich. Sa./So./Feiertage HCP 45 erforderlich.

Greenfee-Kat.: €€€

Der 9-Loch-Golfplatz liegt auf der Höhe des Walchsees eingebettet in das einzigartige Hochmoorgebiet von Tirol, der Schwemm. Der Platz ist umgeben von der atemberaubenden Natur des Kaiserwinkls und bietet herrliche Blicke auf den Zahmen Kaiser der Kitzbüheler Alpen. Das Übungsgelände mit Driving Range und überdachter Abschlaghütte, Putting- und Chipping Green bietet alles fürs Training oder um das Golfen so rasch wie möglich zu erlernen. Die Anlage ist öffentlich, Greenfeespieler sind ohne Mitgliedschaft herzlich willkommen. Nur die Platzerlaubnis ist erforderlich.

Platzinformationen:

Golfclub Walchsee Moarhof

20 Golfclub Wilder Kaiser-Ellmau 9/9/9

Dorf 2
A-6352 Ellmau
05358 4282 05358 428242
office@wilder-kaiser.com
www.wilder-kaiser.com

Länge: H 6104 m, D 5400 m, HCP 45 erforderlich.

Greenfee-Kat.: **€€€€€**
Ermäßigung: Jugendl. bis 18 J. 50%

Der bestens gepflegte 27-Loch-Golfplatz Wilder Kaiser in Ellmau hat sich zu einem der Vorzeigeplätze von Österreich entwickelt. Die Anlage, ein Garten mit Seen, Bächen und Bäumen, fügt sich harmonisch in das Umfeld des gewaltigen Felsmassives „Wilder Kaiser" ein. Der Golfplatz besteht aus dreimal 9 Bahnen mit den Namen „Wilder Kaiser", „Ellmau" und „Tirol", die beliebig miteinander kombiniert werden können. Die Bahnen sind relativ eben. Die Driving Range und der großzügige Übungsbereich ergänzen das Angebot. Die ideale Sonnenlage ermöglicht eine lange Spielsaison.

Platzinformationen:

Golfclub Wilder Kaiser-Ellmau

21 Golfclub Kitzbühel-Schwarzsee-Reith 18

Golfweg Schwarzsee 35
A-6370 Kitzbühel
05356 71645 05356 6666071
golfschwarzsee@kitzbuehel.com
www.golf-schwarzsee.at

Länge: H 6104 m, D 5047 m, HCP 45 erforderlich.

Greenfee-Kat.: Ermäßigung: Jugendl. bis 18 J.
20% GF-Ermäßigung von Mo-So mit Gästekarte von Kitzbühel Tourismus!

Durch die traumhafte Lage in der hügeligen Umgebung des Schwarzsees und nur 4 km vom Ortskern von Kitzbühel entfernt, liegt nmitten der Kitzbüheler Alpen dieser 18-Loch-Meisterschaftsplatz. Die ersten neun Löcher sind flach, die zweiten Neun haben ein hügeliges Profil. Mit Wasserhindernissen und zu überspielenden Schluchten ist er auch für Single-Handicapper eine Herausforderung, aber auch für höhere Handicaps spielpar. Der malerische Hintergrund des atemberaubenden Panoramas der Kitzbüheler Alpen unterstreicht dabei die Qualität dieses gästefreundlichen Platzes.

Platzinformationen:

Golfclub Kitzbühel-Schwarzsee

22 Defereggental Golf Park 9 Par 3

Bruggen 84
A-9962 St. Veit i. D.
04879 6644
info@defereggental-golfpark.com
www.defereggental-golfpark.com

Länge: H 920 m, D 720 m

Greenfee-Kat.: €€

Im Sommer 2015 wurde der Defereggental Golf Park mit einem außergewöhnlichen 9-Loch-Par-3-Golfplatz auf einer Fläche von 100.000 Quadratmetern in mitten schönster Bergwelt eröffnet. Grüns und Abschläge sind aus bestem Kunstrasen, der auch Tourspieler begeistert. Die Golfübungsanlage basiert auf der Planung des Architekten Diethard Fahrenleitner. Die Driving Range mit freien und überdachten Abschlagplätzen bietet ebenso wie das Putting- und Chipping-Grün ideale Trainingsmöglichkein. Die kompetenten Golfpros der Anlage führen Neulinge in fünf Tagen zur Platzreife.

Platzinformationen:

23 Golf & Landclub Rasmushof 9

Hermann Reisch Weg 15
A-6370 Kitzbühel
05356 65252 0652 5249
office@rasmushof.at
www.rasmushof.at

Länge: H 2798 m, D 2352 m, PE erforderlich.

Greenfee-Kat.: €€
Ermäßigung: Jugendl. 50%

Auf dem Golfplatz Rasmushof, nur fünf Gehminuten vom Ortszentrum Kitzbühel entfernt, dreht man seine Runde dort, wo im Winter die berühmte Streifabfahrt ins Ziel mündet. Zweifellos gehört der Golfplatz Rasmushof zu den landschaftlich schönsten Plätzen in Österreich. Im Osten erhebt sich steil und felsig das Kitzbüheler Horn, im Norden grüßt der Wilde Kaiser mit seinen majestätischen Bergkämmen, umgeben von Wiesen, Wäldern und Natur pur. Der 9-Loch-Platz eignet sich für Einsteiger, ist jedoch auch für geübte Spieler und sogar für Profis eine echte Herausforderung.

Platzinformationen:

Golf & Landclub Rasmushof

24 Kaiserwinkl Golf Kössen - Lärchenhof 18

Mühlau 1
A-6345 Kössen
05375 21220 05375 212213
club@golf-koessen.at
www.golf-koessen.at

Länge: H 5645 m, D 4884 m, PE erforderlich.

Greenfee-Kat.: €€€€€
Ermäßigung: Jugendl. bis 15 J. 55%, Stud. bis 26 J. 45%

Der renommierte britische Golfarchitekt Donald Harradine schuf mit dem Kaiserwinkl Golf Kössen ein weiteres Meisterwerk. An die Landschaft angepasst bettete er den Platz in den ausladenden Talkessel bei Kössen ein. Abgesehen von den gelegentlich sanften Anhöhen, gibt es keine alpinen Steigungen zu überwinden. Der alte Baumbestand, die markante Geländestruktur und die Wasserhindernisse wurden integriert. Während die kantigen Felszacken des Wilden und des Zahmen Kaisers sich in dramatischem Licht präsentieren, werden enge Spielbahnen auch niedrige Handicaps fordern.

Platzinformationen:

25 Golfclub Kitzbühel

9

Ried Kaps 3
A-6370 Kitzbühel
Greenfee Gäste: 05356 65660891
05356 630077
gckitzbuehel@golf.at
www.golfclub-kitzbuehel.at

Länge: H 2805 m, D 2377 m, HCP 36 erforderlich. Startzeitenreservierung über Hotel A-ROSA 05356-65660-891 Greenfeeverkauf sowie Parkmöglichkeiten nur beim Hotel A-ROSA Kitzbühel, Ried Kaps 7

Greenfee-Kat.: **€€€€€**
Ermäßigung: Jugendl. bis 16 J. 50%

Direkt am A-ROSA Resort befindet sich der Golf Club Kitzbühel, häufig Golf Club Kaps genannt. Mit seinem Gründungsjahr 1956 ist er der älteste des Orts und einer der Traditionsplätze Österreichs. Der gepflegte 9-Loch-Golfplatz in sonniger Lage liegt zentral und verfügt eine traumhafte Alpenkulisse mit Blick auf den Hahnenkamm und die Streif. Das Resort schmiegt sich an den hügeligen Platz, dessen erstes und neuntes Loch direkt am Golfclubhaus liegen. Eine besondere Herausforderung stellen die beiden Inselgrüns von Loch 8 und 9 dar, die mitten in einem See liegen.

Platzinformationen:

Golfclub Kitzbühel

26 Golf Eichenheim

18 

Eichenheim 8-9
A-6370 Kitzbühel
05356 66615563
rezeption@eichenheim.com
www.eichenheim.com

Länge: H 6092 m, D 5340 m, HCP 54 erforderlich.

Greenfee-Kat.: **€€€€€**
Ermäßigung: Jugendl. bis 16 J. 100%, Stud. bis 25 J. 30%

„Die Kunst mit der Natur zu arbeiten", war das Motto des amerikanischen Golfplatzarchitekten Kyle Phillips als er den Golfplatz Eichenheim entwarf, der nun seit Jahren zu den schönsten Golfplätzen Österreichs, wenn nicht Europas zählt. In der malerischen Kulisse der Kitzbühler Alpen schaffen steile Felswände, naturbelassene Bäche, dichte Laubwälder und lange Pars eine einmalige Atmosphäre. Die Par-71-Anlage ist mit 6092 Metern Länge, 116 zu bewältigenden Höhenmetern und bis zu 512 Metern langen Par-5s eine sportliche Herausforderung, auch für sehr gute Golfer.

Platzinformationen:

Golf Eichenheim

27 Golfclub Reit im Winkl e.V. Kössen

18

Moserbergweg 60
A-6345 Kössen
+49-8640-798250/+43-5375-628535
+49-8640-798252
info@gcreit.de
www.gcreit.de

Länge: H 5461 m, D 4794 m, HCP 54 erforderlich. Sa./So./Feiertage HCP 36 erforderlich.

Greenfee-Kat.: **€€€€€**
Ermäßigung: Jugendl. bis 18 J. und Stud. 50%
Ermäßigung für Gäste der Partnerhäuser, Mitglieder Partnerclubs

Die überaus malerisch gelegene 18-Loch-Anlage des GC Reit im Winkl ist Europas erster grenzüberschreitender Golfplatz mit sechs Bahnen in Tirol und zwölf in Bayern. Mit Blick auf das Kaisergebirge und umrahmt von den Chiemgauer sowie den Tiroler Alpen bietet er nicht nur beste Aussichten, sondern ist auch eine echte sportliche Herausforderung. Dieser topgepflegte Golfplatz fordert neben strategischem Denken auch einiges an spielerischer Geschicklichkeit ab. Aber keine Angst, auch Anfänger haben hier durchaus die Möglichkeit, viele Erfolgserlebnisse zu verbuchen.

Platzinformationen:

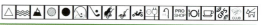

28 Golf und Countryclub Lärchenhof

9/6

Ferienhotel Der Lärchenhof, Salzburger Str. 65
A-6383 Erpfendorf
05352-8575 / 05352-8138-0 05352 8686
golf@laerchenhof-tirol.at
www.laerchenhof-tirol.at

Länge: H 6382 m, D 5504 m, HCP 45 erforderlich.

Greenfee-Kat.: **€€€€**
Ermäßigung: Jugendl. bis 18 J. 30%

Diese Golfanlage ist Teil des Fünf-Sterne-Hotels Der Lärchenhof in Eppendorf (Tirol). Sie wurde inmitten der atemberaubenden Kitzbühler Alpen errichtet. So ist Golf auch ein grandioses Naturschauspiel. Die Anlage bietet für Golfer jeder Spielstärke gute Spiel- und Übungsmöglichkeiten. Der schöne 9-Loch-Platz befindet sich auf flachem Gelände, hat jedoch durch verschiedene Abschläge einen unterschiedlichen Charakter. Der neue Short-Game-Park umfasst den 6-Loch-Akademie-Platz (Par 60). Er steht vor allem Golfern und Einsteigern ohne Clubmitgliedschaft zur Verfügung.

Platzinformationen:

Golf und Countryclub Lärchenhof

29 Dolomitengolf Osttirol

36

Am Golfplatz 3
A-9906 Lavant/Osttirol
04852 72100 04852 72100777
info@dolomitengolf.at
www.dolomitengolf.at

Länge: H 6114 m, D 5075 m, PE erforderlich.
Zwei 18-Loch-Meisterschaftskurse mit täglich wechselnden Kurskombinationen

Greenfee-Kat.: **€€€€€**

Unberührte Natur, malerische Seenlandschaften und die imposante Bergkulisse der Lienzer Dolomiten und eine 36-Loch-Anlage, die ihresgleichen sucht: Wo im Winter Langläufer ihre Bahnen ziehen, finden Golfer von Ende März bis Ende Oktober, nahe der Sonnenstadt Lienz, alles für einen erholsamen Golfurlaub. Die zwei top-gepflegten 18-Loch-Meisterschaftskurse mit täglich wechselnden Kurskombinationen ziehen sich idyllisch durch Biotope und Auen im breiten, sonnenverwöhnten Tal der Drau. Natur- und Golfgenuss pur in angenehm südlichem Klima lautet hier das Motto.

Platzinformationen:

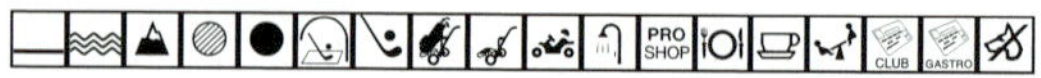

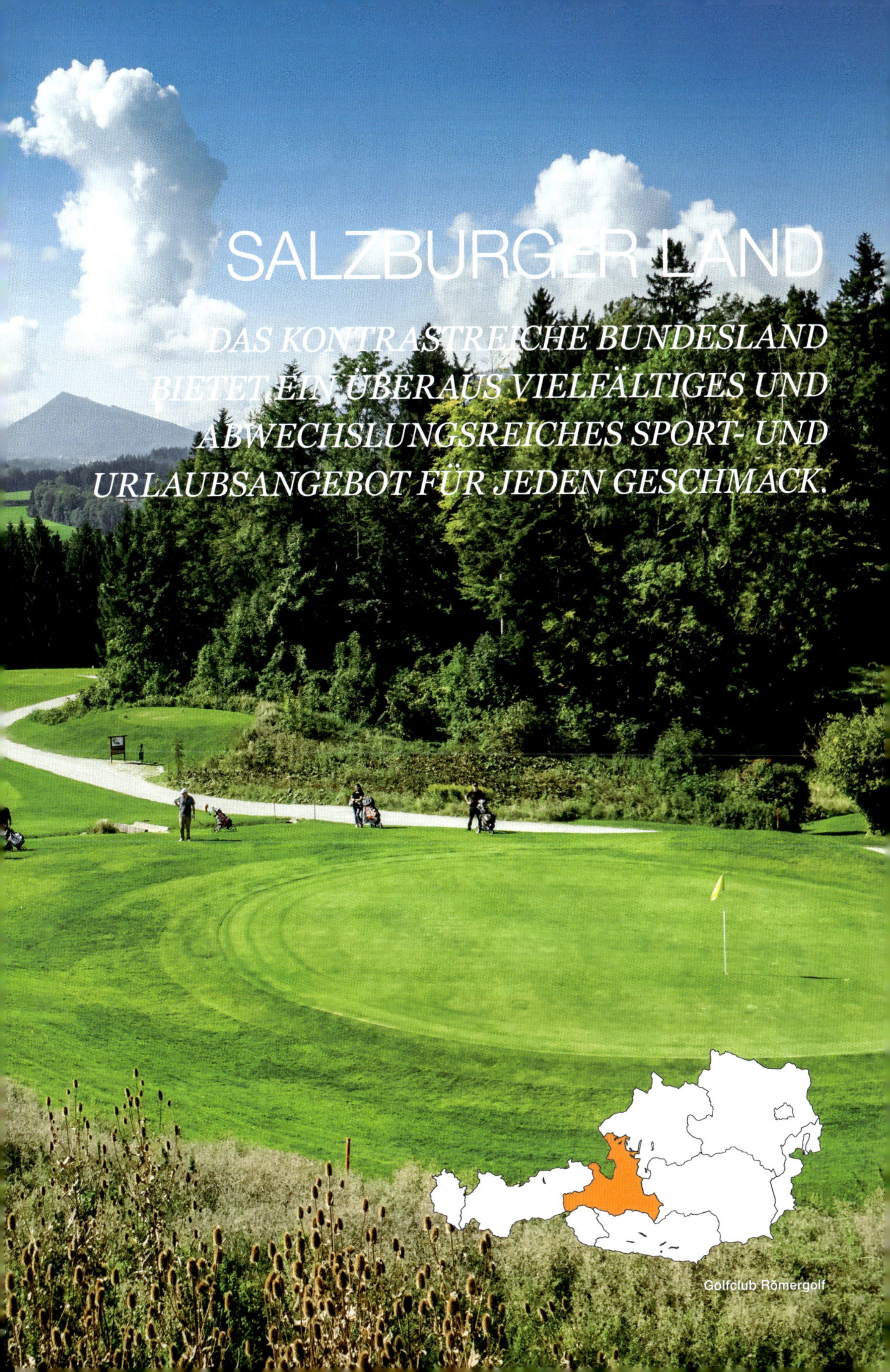

SALZBURGER LAND

DAS KONTRASTREICHE BUNDESLAND BIETET EIN ÜBERAUS VIELFÄLTIGES UND ABWECHSLUNGSREICHES SPORT- UND URLAUBSANGEBOT FÜR JEDEN GESCHMACK.

Golfclub Römergolf

Golfclubs nach Kartennummern

Nr.	Golfclub		Seite
30	Golfclub Nationalpark Hohe Tauern		50
31	Golfclub Zell am See - Kaprun - Saalbach		50
32	Golfclub Gut Brandlhof		51
33	Golfclub Urslautal	■ 357	52
34	GCC Salzburg-Schloss Klessheim		52
35	Golfclub Salzburg Golfacademy Salzburg-Rif		53
36	Golfclub Goldegg		53
37	Golfclub Gastein		53
38	Golfclub Salzburg Eugendorf		54
39	Golfclub Römergolf	■ 359	54
40	Golfclub Gut Altentann		56
41	OPEN GOLF St. Johann Alpendorf		56
42	Golfclub Salzburg Schloss Fuschl		56
43	Golfclub Waldhof e.V.		56
44	Golfclub Radstadt		57
45	Golfclub Lungau/Katschberg	■ 359	58

■ = Partner Albrecht Greenfee-Aktion (Gutschein-Seite)

Blick über die Salzburger Altstadt vom Mönchsberg aus

Sie ist unbestritten Österreichs Vorzeigestadt in Sachen Kultur – die Festspielstadt Salzburg. Und touristisch gesehen punktet die charmante Barockstadt als ganzjähriger Dauerbrenner – mit den Festspielen, die 2020 ihr 100-jähriges Jubiläum feierten, diversen Mozart-Konzerten, dem „Jedermann" am Domplatz oder den kulturellen Highlights auf der gut über 900 Jahre alten Festung Hohensalzburg.

Unvergesslich bleibt der Blick von hier sowie von Mönchs- oder Kapuzinerberg auf die Weltkulturerbestadt am Fluss mit ihrer unverkennbaren Architektur, den bunten Fassaden und grauen Blechdächern. Salzburg ist auch Schlösserstadt: Mit Schloss Mirabell als Hochzeitslocation par excellence und dem Garten, der zu den schönsten Fotomotiven in Salzburg zählt. Oder Schloss Hellbrunn mit wundersamen Wasserspielen im Sommer und charmantem Christkindlmarkt im Winter. Schloss Klessheim mit eigenem 9-Loch-Golfplatz und Casino und Schloss Leopoldskron, ein Rokoko-Juwel vor den Toren der Stadt und Geburtsstätte der Salzburger Festspiele, seit deren Gründer Max Reinhard diesen Bau erwarb. Kultur und kulinarischer Genuss in der Altstadt wird wunderbar vereint beim romantischen „Dinner Konzert" im angeblich ältesten Restaurant Europas, dem St. Peter Stiftskeller, und die wohl spektakulärste Adresse für Kunstfreunde und Gourmets ist der „Hangar-7" am Flughafen, ein gesellschaftliches und gastronomisches Aushängeschild des Red Bull-Imperiums aus 1.200 Tonnen Stahl und 7.000 Quadratmetern Glas. Als modernes Wahrzeichen beherbergt es nicht nur die einzigartige Sammlung historischer Flugzeuge der Flying Bulls und Formel-1-Rennwagen, sondern auch immer wieder wechselnde Ausstellungen zeitgenössischer Künstler. Gourmets aus nah und fern schätzen hier das „Restaurant Ikarus" als eine der spannendsten Gourmetadressen Europas.

Der Rosengarten im Mirabellgarten in Salzburg

Golf & Country Club Gut Altentann

Golfclub Salzburg Eugendorf

Golfclub Römergolf

Golfclub Salzburg Schloss Fuschl

Golf in der Stadt findet vor den Toren auf dem 9-Loch-Golf & Country Club Salzburg statt, der mit seinen über 200 Jahre alten Bäumen und Schloss-Ambiente zu den ältesten des Landes zählt. Als Pendant dazu bieten sich die neun Löcher der Golfacademy Rif mit einer gigantischen Driving Range an. Ein Besichtigungstipp nach dem Golfspiel: In den Salzwelten in Hallein, dem ältesten Besucherbergwerk der Welt, erfährt man alles über die 2.500-jährige Geschichte des Salzes dem „Weißen Gold" früherer Jahrhunderte, über die Kelten, die hier bereits seit 400 v. Chr. Salz abbauten, und erlebt hier Abenteuer und Spaß hautnah.

GOLF IN DEN SALZBURGER URLAUBSREGIONEN

Ob Tennengau, Pongau, Pinzgau oder Lungau und das Salzburger Seenland – jede der Ferienregionen hat ihr eigenes Flair und touristisches Potenzial.
Richtung Salzkammergut kommt man an ganz unterschiedlichen Plätzen vorbei: allen voran der „Leading" 18-Loch-Meisterschaftsplatz Golfclub Gut Altentann. Der Salzburger Edel-Club in der Nähe des Wallersees kann sich mit einigen Lorbeeren schmücken. Denn kein geringerer als Jack Nicklaus plante ihn als seine erste europäische Anlage. Damals 1989 steckte das Golfspiel in Österreich noch in den Kinderschuhen. Wie ein Blitz schlugen daher Nicklaus Kreationen mit ihren wunderbar geschwungenen Fairways und verblüffenden Grüns ein und gaben die Initialzündung zum Bau weiterer Anlagen.
Wie im Salzburger Seenland, wo gleich mehrere Plätze das Badevergnügen potenzieren. Am Wallersee sind es die 18 Löcher des Championship Course Eugendorf, die auch oder gerade für den Golfprofi eine harte Nuss darstellen. Denn schon auf Loch 2 geht es über eine Schlucht im Dogleg aufs Grün. Entspannt spielt man hingegen auf den 27 Löchern des Golfclub Römergolf als leichtes Pendant dazu. Sportlich geht es auf den neun Löchern des Golf Course Schloss Fuschl zu, der zudem auch für traumhafte Ausblicke ins Salzburger Land und über den See sorgt, und im deutlich jüngeren Golfclub Waldhof, dessen neun Bahnen sich über den Hügeln des Fuschlsees ausbreiten. Nicht weit von hier entfernt, ganz in der Nähe des Wolfgangsees und bereits in Oberösterreich, befindet sich auch der traditionsreiche Golfclub Salzkammergut.

DER PINZGAU IM SALZBURGERLAND

Etwa eine halbe Stunde von der Mozartstadt Salzburg entfernt, erreicht man das Salzburger Saalachtal, in der Grenzregion Salzburg, Tirol, Bayern. Dass die Ge-

gend um Saalfelden und Leogang herum seit vielen Jahrzehnten zu den begehrtesten Ferienzielen in Österreich zählt, liegt nicht nur an den 400 Kilometern Wanderwegen, 720 Kilometern Mountainbike-Strecken, 480 Kilometern Radwegen und dem Epic Bikepark Leogang. Schon legendär und Anlaufpunkt aller Jazzfans ist das jährlich stattfindende Jazzfestival in Saalfelden. Mit der Saalfelden Leogang Card kommt man übrigens noch in den Genuss vieler inkludierter Leistungen, wie z. B. freie Berg- und Talfahrten mit der Asitz- und Steinbergbahn in Leogang sowie freie Eintritte in Museen und Erlebnisschwimmbäder.
Für Golfer stellt die Region einen beliebten Ausgangspunkt für Ausflüge in die umliegenden Clubs dar. Mit den Golfclubs Gut Brandlhof und Urslautal liegen zwei sehr schöne Anlagen praktisch direkt vor der Haustüre – beide für ihre atemberaubende Alpenkulisse, ihre gemütlichen Clubhäuser und ihre hervorragenden Golfschulen weitreichend bekannt. Der Golfplatz Urslautal mit seinen 18 Löchern bietet herrlichstes Bergpanorama, zeigt sich besonders im Herbst im allerschönsten Kleid und wird zur „Liebe auf den ersten Blick" mit Wiederholungsgarantie. Auf dem Golfplatz Gut Brandlhof am Fuße des alpinen Naturschutzgebietes Kalkhochalpen in Saalfelden spielt man stets begleitet von der Saalach. Er liegt versteckt in den Auen rund um das gleichnamige Hotel mit felsiger Gebirgslandschaft.
Golferisches Aushängeschild sind aber die 36 Löcher des Golfclub Zell am See-Kaprun-Saalbach in Zell am See. Diese Anlage hat alles was sich das Golferherz wünscht: Zwei 18-Loch-Plätze – den Schmittenhöhe- und den Kitzsteinhornplatz, benannt nach dem umwerfenden Bergpanorama mit Gletscher rundherum, das die Kombination Ski und Golf ermöglicht. Dazu kommt noch der Zellersee, der im Sommer die nötige Abkühlung nach einer heißen Golfrunde bringt. Charakteristisch für die gepflegten Plätze sind vor allem die zahlreichen Teiche und Biotope im Design des bekannten Architekten Donald Harradine. Golfgrößen wie Greg Norman, Bernhard Langer und Seve Ballesteros haben sich hier bei internationalen Turnieren schon verewigt.
Darüber hinaus bietet der Zeller See als touristischer Mittelpunkt eine Fülle an Events für Urlauber und Einheimische das ganze Jahr über, z. B. den Zeller Seezauber, eine Wasser-, Licht-, Musik- und Lasershow von Mitte Mai bis Mitte Oktober.
Von Zell am See aus lohnt sich auf jeden Fall ein Abstecher in Richtung Westen nach Mittersil, dem größten Ort im Oberpinzgau. Hier warten die 18 Löcher des Golfclub Nationalpark Hohe Tauern. Direkt vor

Golfclub Waldhof
Golfclub Gut Brandlhof
Golfclub Urslautal
Golfclub Zell am See-Kaprun - Saalbach

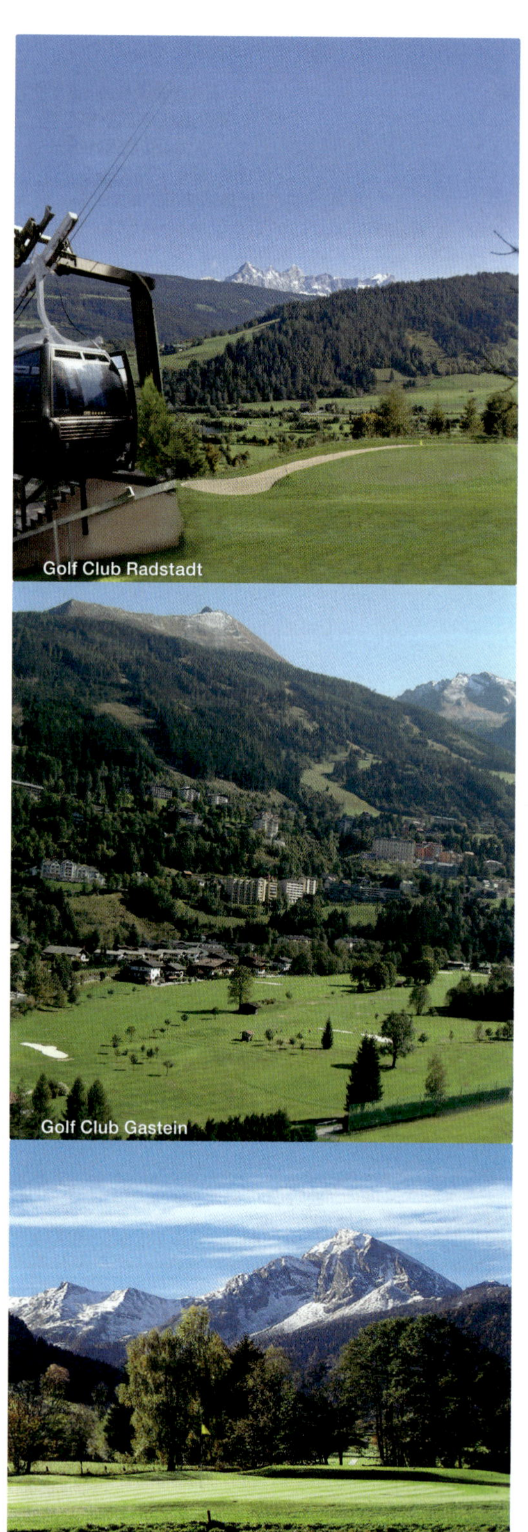

der Clubhausterrasse kommt zum krönenden Abschluss ein Par 3 mit Inselgrün.
Auf der Fahrt in Richtung Süden sollte man dann im mittelalterlichen Städtchen Radstadt Halt machen und dem Golfclub Radstadt mit seiner einzigartigen Golfgondelbahn „Birdie-Jet" einen Besuch abstatten. Ein „erhebendes" Gefühl ist der Abschlag am 13. Loch von einem „Hochstand", von wo aus sich ein unvergesslicher Blick auf die umliegenden Gipfel eröffnet. Der Golfclub Radstadt feierte übrigens 2021 sein 30-jähriges Bestehen. Empfehlenswert ist ein Besuch im Restaurant des Clubs, das Josef's.

BELLE EPOQUE IN BAD GASTEIN

Eines der bekanntesten Täler im Pongau und über die Grenzen Österreichs hinaus berühmt ist das „Tal des Wassers" – Gasteinertal mit seinem Kurort Bad Gastein. Der Weltkurort mit dem besonderen Flair bietet Entspannung und Erholung in reiner Gebirgsluft, verbunden mit idealem Höhenklima und dem berühmten Gasteiner Thermalwasser. Schon die Römer, die vor mehr als 2.000 Jahren im Gasteiner Tal siedelten, wussten wohl schon die Heilkraft des Thermalwassers zu schätzen. Die Kelten betrieben in Gastein Goldbergbau, der in den folgenden Jahrhunderten dem Tal zu beträchtlichem Wohlstand verhelfen sollte. Der Ruhm der Gasteiner Heilquellen erreichte im 16. Jahrhundert seinen ersten Höhepunkt. Zahlreiche illustre Gäste wie Kaiser Franz Josef I. und seine Gemahlin Kaiserin Elisabeth, Fürst Bismarck, Grillparzer, Schubert, Schopenhauer und viele andere verschafften dem Gasteiner Heilbad den Ruf eines modernen Weltbades.
Der 18-Loch-Golfclub Gastein, mitten im Nationalpark Hohe Tauern gelegen, ist Österreichs erster Golfplatz mit Thermalwasserbrunnen und bietet ein einzigartiges Naturerlebnis mit hügeligen Bahnen, altem Baumbestand und romantischem Auwald. Mit der „Gastein Card" hat man im Sommer übrigens eine attraktive Mehrwertkarte zur Verfügung – ob für Thermenbesuch, Bädernutzung, Sport, Casinobesuch, öffentliche Verkehrsmittel und Fahrten mit den Bergbahnen.
Golfen, dabei die Natur genießen und abschalten – das lässt sich auch im Talschluss des Örtchens Goldegg mit gleichnamigen Golfclub. Auf dem faszinierenden 18-Loch-Alpenplatz mit herrlichem Panorama vergisst man schnell die Alltagssorgen.
Nur wenige Kilometer entfernt, mitten im Grünen zwischen St. Johann und Bischofshofen, wurde 2012 der 9-Loch-Platz OPEN GOLF St. Johann Alpendorf eröffnet. Zur Anlage gehört auch ein 9-Loch-Übungs-

Golfclub Nationalpark Hohe Tauern

platz für den weder Platzreife noch Mitgliedschaft in einem Golfclub erforderlich sind.

Brauchtum und Kultur werden im sonnenreichsten Lungau besonders groß geschrieben: Neben Museen, Wallfahrts-Kirchen, alten Schlössern und Burgen bietet der Lungau auch einzigartige Bräuche, wie die Riesenfigur Samson, die Osterfeuer oder das Wasserscheibenschießen am Prebersee.

Umgeben von einer herrlichen Bergkulisse verlaufen die 18 Löcher des Golfclubs Lungau/Katschberg ökologisch eingebettet in einer Auenlandschaft der Mur mit Biotopen und Teichen. Das gesunde Klima auf 1.050 Meter macht fit und das gemütliche Clubhaus sorgt für die Entspannung nach dem Spiel.

BURGERLEBNIS MAUTERNDORF – EINE ZEITREISE INS MITTELALTER

Nur wenige Kilometer vom Golfclub Lungau entfernt, liegt die Burg Mauterndorf, eine der drei letzten erhaltenen Mautstellen entlang der „Via Imperialis", dem römischen Handelsweg von Süden nach Norden. Der über 700 Jahre alte, aussichtsreiche Wehrturm ist einzigartig in Europa und kann im Rahmen von Führungen besichtigt werden. Besonders beliebt ist das Mittelalterfest im Sommer, wo auf dem Ritterspielplatz, im Veranstaltungssaal und in der Burgschenke gefeiert wird.

Golfclub Lungau/Katschberg

30 Golfclub Nationalpark Hohe Tauern 18

Felben 133
A-5730 Mittersill
06562 5700
info@gc-hohetauern.at
www.golfclub-nationalpark-hohetauern.at

Länge: H 5720 m, D 5056 m, PE erforderlich.

Greenfee-Kat.: €€€€€
Ermäßigung: Jugendl./Stud. 50%

Der 1999 eröffnete Platz des Golfclubs Nationalpark Hohe Tauern liegt zwischen den Orten Mittersill und Stuhlfelden, umrahmt von der Bergwelt des Nationalparks Hohe Tauern. Der Pflegezustand und das moderne Layout der 18 Spielbahnen (Par 70) bieten hervorragende Vorraussetzungen, die selbst höchsten Ansprüchen gerecht werden. Auf der Runde in flachem Gelände geht es vorbei an alten, urigen Heustadeln, die als unbewegliche Hindernisse gelten, und ein kleiner Bach begleitet die Spieler. Als krönender Abschluss wartet ein Par 3-Loch mit Inselgrün direkt vor der Clubhausterrasse.

Platzinformationen:

31 Golfclub Zell am See - Kaprun - Saalbach 18/18

Golfstraße 25
A-5700 Zell am See
06542 56161 06542 5616116
welcome@golf-zellamsee.at
www.golf-zellamsee.at

Länge: H 6262 m, D 5638 m, HCP 54 erforderlich.

Greenfee-Kat.: €€€€€
Ermäßigung: Jugendl. bis 18 J. 50%

Eingebettet in die Bergwelt der Hohen Tauern am Fuße des 3202 m hohen Kitzsteinhorns mit seinem schneebedeckten Gletscher gelegen findet man die größte Golfanlage in den österreichischen Alpen. Unweit der Golfanlage ragen die Hausberge Kitzsteinhorn und Schmittenhöhe in den Himmel, die den beiden 18-Loch-Plätzen ihren Namen geben. Beide Plätze bieten ein parkähnliches, flaches Gelände, viele natürliche Biotope und schilfumrandete Seen. Die ersten 27 Löcher schuf Donald Harradine, 1993 wurde die Anlage auf 36 Löcher erweitert.

Platzinformationen:

Golfclub Zell am See - Kaprun - Saalbach

32 Golfclub Gut Brandlhof 18

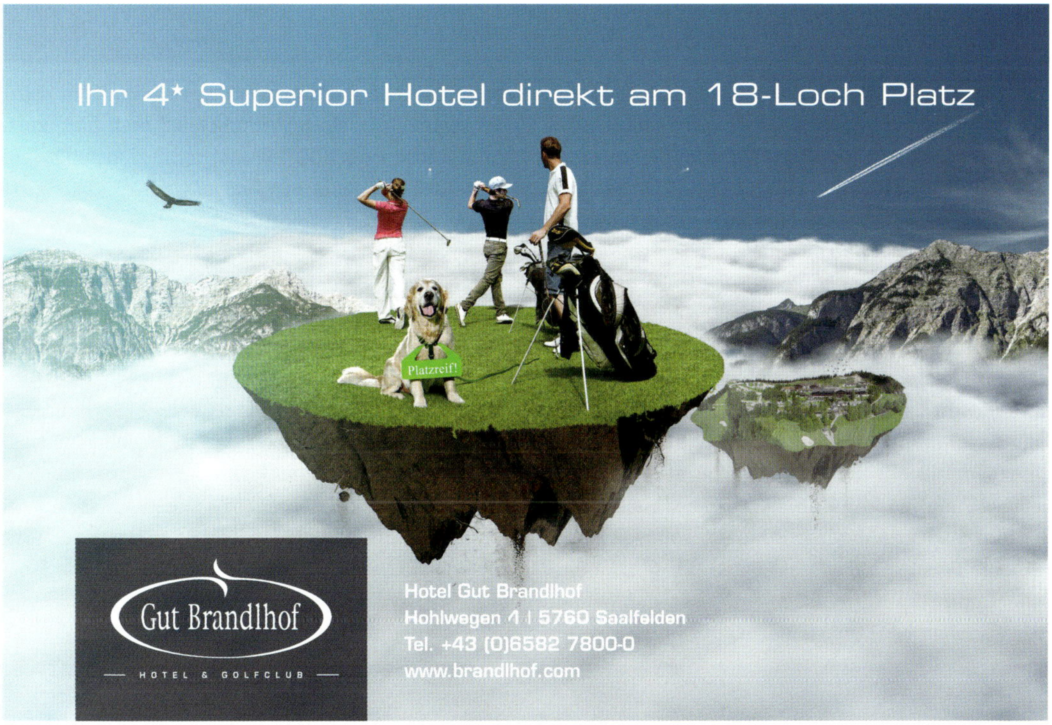

Hohlwegen 4
A-5760 Saalfelden
06582 74875 06582 74875529
golfclub@brandlhof.com
www.brandlhof.com

Länge: H 6079 m, D 5286 m, HCP 54 erforderlich.
Driving Range auch ohne PE bespielbar

Greenfee-Kat.: €€€€€
Gäste des 4-Sterne Superior Hotel Gut Brandlhofs erhalten 50 % Greenfee-Ermäßigung.

Harmonisch fügt sich der 18-Loch-Championship-Course in die Landschaft des Pinzgauer Saalachtales ein. Charakteristisch sind trotz alpiner Kulisse die absolut flachen Spielbahnen sowie die in den Platz eingearbeiteten Flussaufweitungen und Dämme, welche das Spiel höchst abwechslungsreich gestalten. Die Saalach quert den Kurs bis zu sechs Mal. Der ursprüngliche Baumbestand entlang des Flusslaufes spendet wohltuenden Schatten an heißen Tagen. Als perfekte Ergänzung bietet die Golfanlage eine weitläufige Driving Range mit zum Teil überdachten Abschlägen, ein Übungsgelände für Pitching, Putting und Bunkerspiel.

Platzinformationen:

33 Golfclub Urslautal

18/3

Schinking 81
A-5760 Saalfelden/Maria Alm
06584 2000 06584 747510
info@golf-urslautal.at
www.golf-urslautal.at

Länge: H 5967 m, D 5252 m, HCP 54 erforderlich.

Greenfee-Kat.: €€€€€
Ermäßigung: Jugendl. bis 18 J. 50%, Stud. bis 26 J. 35%

Der Golfplatz entstand 1991 auf einem Hochplateau zwischen Saalfelden und Maria Alm. Die 18-Loch-Anlage bezaubert durch das imposante Bergmassiv des Steinernen Meeres und und die landschaftlich interessante Lage. Die sehr unterschiedlich angelegten Löcher verlangen nach jedem Schläger im Bag. Die ondulierten Grüns erfordern ein genaues Lesen der Puttlinie. Bunker, Teiche, Bäche und Biotope können fast immer umspielt werden. Weiter stehen auf der Range überdachte Abschläge sowie Chipping- und Puttinggrün und drei Übungslöcher (2x Par 3 und 1x Par 4) zur Verfügung.

Platzinformationen:

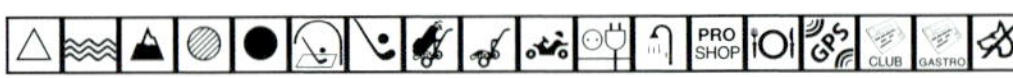

Golfclub Urslautal

34 Golf & Country Club Salzburg-Schloss Klessheim

9

Klessheim 21
A-5071 Wals-Siezenheim
0662 850851
office@golfclub-klessheim.com
www.golfclub-klessheim.com

Länge: H 5690 m, D 5122 m, HCP 36 erforderlich.

Greenfee-Kat.: €€€€
Ermäßigung: Jugendl., Stud. bis 26 J. 20%

Dieser 9-Loch-Platz liegt inmitten eines herrlichen Parks des von Fischer von Erlach erbauten Barockschlosses Klessheim. Die zwischen sehr altem Baumbestand eingefügte Traditionsanlage im Schlosspark ist nur wenige Minuten vom Stadtzentrum Salzburgs entfernt. Golf hat hier seinen ganz eigenen Charakter zwischen Ruhe, Eleganz, Tradition und Natur. Der Platz erhielt im Jahr 2000 ein komplettes Redesign durch den Stararchitekten Robert Trent Jones jun. Mit zwei Wasserhindnissen an den Löchern zwei und vier sowie von Wald gesäumten Fairways erfordert er viel Präzision.

Platzinformationen:

35 Golfclub Salzburg Golfacademy Salzburg-Rif — 9 Par 3

Schlossallee 50a
A-5400 Hallein
06245 76681 · Fax 06245 766819
rif@golfclub-salzburg.at
www.golfclub-salzburg.at

Länge: H 1846 m, D 1846 m, PE erforderlich.

Greenfee-Kat.: €€
Ermäßigung: Jugendl. bis 15 J. 50%
GF-Abkommen mit zahlreichen Partnerclubs in Österreich und div. Nachbarländern.

Das Herzstück der Internationalen Golfacademy Salzburg-Rif vor der Kulisse des Untersbergmassivs ist ein einzigartiger 9 Loch-Course mit anspruchsvollen Hindernissen für das kurze Spiel. Über 200 Abschlagplätze befinden sich auf der kreisrunden Driving Range. Hier werden Abschläge mit oder gegen den Wind auf Zielgreens trainiert. Das Internationale Golfacademy- und Trainingscenter bietet Platzfreigabe-Ausbildung, die Prüfungserfolge liegen weit über dem europäischen Durchschnitt. Der Golfschule wurde von der PGA of Austria das Zertifikat "PGA Approved" verliehen.

Platzinformationen:

36 Golfclub Goldegg — 18

Maierhof 19
A-5622 Goldegg
06415 8585
info@golfclub-goldegg.com
www.golfclub-goldegg.com

Länge: H 5553 m, D 5041 m, PE erforderlich.

Greenfee-Kat.: €€€€
Ermäßigung: Jugendl./Stud. bis 18 J. 50%
Gäste der Gründerhotels und Mitgliedsbetriebe erhalten Ermäßigung auf Greenfee.

Der 1995 auf 18 Löcher und 2004 noch einmal erweiterte Platz des Golfclubs Goldegg liegt mitten im Herzen des Salzburger Landes, im Pongau auf einem Hochplateau (850 m über Seehöhe) über dem Salzachtal, ca. 1 km außerhalb des Ortes Goldegg. Der Golfplatz verläuft durch eine idyllische Landschaft. Umrahmt von majestätischen Bergen und malerischen Almwiesen werden die Bahnen geprägt von optischen Engstellen, integrierten Biotopen und schönen Baumgruppen. Für einen guten Score sind Präzision und gerade Abschläge ausschlaggebend. Hunde an kurzer Leine sind hier erlaubt.

Platzinformationen:

37 Golfclub Gastein — 18

Golfstraße 6
A-5640 Bad Gastein
06434 2775 · Fax 06434 27754
info@golfclub-gastein.com
www.golfclub-gastein.com

Länge: H 5576 m, D 4970 m, HCP 54 erforderlich.

Greenfee-Kat.: €€€€
Ermäßigung: Jugendl./Stud.
Gäste der Partnerhotels erhalten Ermäßigung auf das Tagesgreenfee

Der 1960 gegründete Golfclub Gastein ist einer der traditionsreichsten und ältesten Golfclubs Österreichs. Hier treffen sich von Anfängern bis zu erfahrenen Spielern alle mit einem Ziel: Golfspielen genießen! Schließlich wird hier Golf nicht nur gespielt sondern gelebt – und das mit allen Sinnen. Der 18-Loch Golfplatz, mitten im Nationalpark Hohe Tauern gelegen, bietet ein einzigartiges Naturerlebnis. Ein gelungener Wechsel zwischen hügeligen Bahnen und Ebenen, altem Baumbestand und romantischem Auwald. Fern vom Alltagslärm findet der Golfer Harmonie und Erholung.

Platzinformationen:

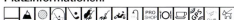

Golf Club Gastein

38 Golfclub Salzburg Eugendorf

18

Schamingstraße 17
A-5301 Eugendorf
☎ 06225 70000 📠 06225 7000033
✉ eugendorf@golfclub-salzburg.at
💻 www.golf-eugendorf.at

Länge: H 6235 m, D 5486 m, PE erforderlich.

Greenfee-Kat.: €€€€
Ermäßigung: Jugendl./Stud.
Gäste der Partnerhotels erhalten Gutscheine. Gruppenermäßigung ab 8 Pax.

Der Golfplatz Eugendorf des Golfclubs Salzburg ist ein 18-Loch-Championship Course der neuen Generation. Malerisch in das Salzburger Land eingebettet, eine golferische Herausforderung für den Könner und ein Abenteuer für den Golfeinsteiger. Das neue Golf & Cart-System bietet einen einzigartigen Service, den man sonst nur auf amerikanischen Spitzenplätzen findet. Eine besonders anspruchsvolle Atmosphäre bietet der altenglische Gentlemens-Club, die fantastische Gastronomie und das sehenswerte Golfmuseum im Clubhaus. 2012 fand hier die Austrian PGA Championship statt.

Platzinformationen:

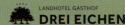

39 Golfclub Römergolf

9/18

Kraimoosweg 5 a
A-5301 Eugendorf
☎ 06225 28300
✉ office@roemergolf.at
💻 www.roemergolf.at

Länge: H 4765 m, D 4237 m, HCP 54 erforderlich.

Greenfee-Kat.: €€€€

Ziel des 2004 gegründeten Golfclub Römergolf ist es, Golf für jedermann zu bieten. Ein herrliches Panorama, sanfte Hügel und saftiges Grün - so begegnet einem dieser Ort inmitten des Salzburger Seengebietes, nur 15 Autominuten von der Mozartstadt entfernt. Dies erkannten bereits 150 nach Christus die Römer, die sich genau am 18-Loch Panoramakurs ansiedelten. Man spielt zwischen saftigen Wiesen und sanften Hügeln, ein herrliches Naturerlebnis. Der 9-Loch Kornbichl Kurs ist angenehm zu spielen und bietet Gelegenheit, den Golfsport mit allen Facetten kennenzulernen.

Platzinformationen:

IHR GOLFPARADIES RUND UM DIE STADT SALZBURG

Verbringen Sie wunderschöne Tage in der Mozartgolf-Region!

Buchen Sie Greenpoints in sieben Mozartgolf-Hotels und spielen Sie vergünstigt und bargeldlos auf 14 wunderschönen Mozartgolf-Plätzen im Umkreis von 70 Kilometern.

www.mozartgolf.at

In den sieben Mozartgolf-Hotels in Eugendorf profitieren Sie von reduzierten Greenfee-Preisen in Kombination mit der Mozartgolf-Card.

LANDHOTEL GASTHOF DREI EICHEN****

Familie Gollackner
5301 Eugendorf
Kirchbergstraße 1
Tel.: +43 (0)6225 8521
office@dreieichen.at
www.dreieichen.at

LANDGASTHOF GASTAGWIRT****

Familie Maislinger
5301 Eugendorf
Alte Wiener Straße 37
Tel.: +43 (0)6225 8231
office@gastagwirt.at
www.gastagwirt.at

LANDHOTEL GSCHIRNWIRT****

Familie Schinagl
5301 Eugendorf
Alte Wiener Straße 49
Tel.: +43 (0)6225 8229
schinagl@gschirn.at
www.golfinsalzburg.at

LANDGASTHOF HOLZNERWIRT****

Familie Schönbauer
5301 Eugendorf
Dorf 4
Tel.: +43 (0)6225 8205
hotel@holznerwirt.at
www.holznerwirt.at

LANDHAUS BRIEGER***

Familie Mannie
5302 Henndorf am Wallersee
Wiener Straße 60 - 62
Tel.: +43 (0)6214 8373
landhaus@brieger.at
www.brieger.at

HOTEL-PENSION SCHWAIGHOFEN***

Familie Beer
5301 Eugendorf
Sonnleitenstraße 3
Tel.: +43 (0)6221 7713
info@hotel-schwaighofen.at
www.hotel-schwaighofen.at

GASTHOF ZUR STRASS***

Familie Leitner
5301 Eugendorf
Salzburger Straße 25
Tel.: +43 (0)6225 8218
office@zurstrass.com
www.zurstrass.com

Mozartgolf

Schönes Spiel!

www.mozartgolf.at

Tourismusverband Eugendorf | Salzburger Str. 7 | A-5301 Eugendorf | Tel. +43 (0)6225 8424 **www.eugendorf.com**

40 Golfclub Gut Altentann 18

Hof 54
A-5302 Henndorf am Wallersee
06214 60260
office@gutaltentann.com
www.gutaltentann.com

Länge: H 6103 m, D 5187 m, HCP 36 erforderlich.
Keine Jeans!

Greenfee-Kat.: €€€€€
Ermäßigung: Jugendl.
Wochenend-GF Freitag ab 12 Uhr

Der erste von Jack Nicklaus auf dem europäischen Kontinent entworfene Golfplatz wurde 1989 eröffnet. Er befindet sich in Henndorf 15 km von der Mozart-Stadt Salzburg entfernt. Gut Altentann ist ein anspruchsvoller Platz mit zwei Seen, weiteren Wasserhindernissen, Sümpfen und insgesamt 68 gut konturierten Bunkern, teils Parkland, teils offen. Die ersten 9 Löcher sind relativ flach, die zweiten hügelig. Die trickreichen Grüns sind groß und onduliert. Der Platz war Austragungsort der Austrian Open (1990 - 1992). Den Platzrekord hält der Ire Des Smyth mit 62 Schlägen.

Platzinformationen:

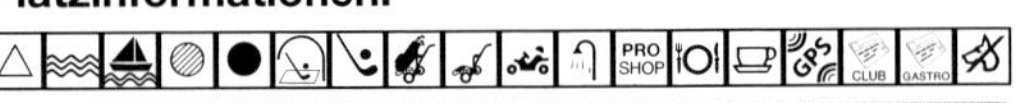

41 OPEN GOLF St. Johann Alpendorf 9/9

Urreiting 105
A-5600 Sankt Johann im Pongau
06462 22652 06412 727135
info@golfsanktjohann.at
www.golfsanktjohann.at

Länge: H 4670 m, D 4086 m, HCP erforderlich.

Greenfee-Kat.: €€€
Ermäßigung: Jugendl.

Die Anlage von OPEN GOLF St. Johann Alpendorf besteht aus zwei 9-Loch-Golfplätzen. Sie liegt außerordentlich verkehrsgünstig an der Pinzgauer Bundesstraße B 311 direkt zwischen Bischofshofen und der Bezirkshauptstadt St. Johann im Pongau – mit Blick auf das herrliche Tennengebirge. Die Anlage ist durch die beiden unterschiedlichen Plätze für alle Golfer konzipiert. Einsteiger und Anfänger finden auf dem Orange Course ihre ideale Spielwiese, Clubgolfer fühlen sich auf dem Blue Course wohl. Die überschaubare Spielzeit ermöglicht besonders erholsame After-Work-Runden.

Platzinformationen:

42 Golfclub Salzburg Schloss Fuschl 9

Schlossstraße 1
A-5322 Hof-Salzburg
06229 2390 06229 23905
fuschl@golfclub-salzburg.at
www.golfclub-salzburg.at

Länge: H 3588 m, D 3310 m, HCP 54 erforderlich.

Greenfee-Kat.: €€€
Ermäßigung: Jugendl. bis 15 J. 50%

Der 9-Loch Golf- & Countryclub Schloss Fuschl gehört zum Golfclub Salzburg. Er liegt direkt vor dem Luxushotel Schloss Fuschl und ist einer der ältesten Plätze in Österreich. Der Platz bietet eine ganze Reihe von Herausforderungen, die selbst von einstelligen Golfern ein präzises und taktisches Spiel erfordern. Leichte Hanglagen sowie auch das Spiel entlang des Wassers erfordern Präzision und Konzentration. Vor allem genießt man die herrliche Aussicht auf die Berge und den tiefblauen Fuschlsee. Ein öffentlicher Natur-Badestrand schließt direkt an den Golfplatz an.

Platzinformationen:

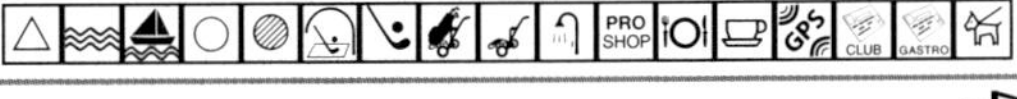

43 Golfclub Waldhof e.V. 9

Schoberstrasse 20
A-5330 Fuschl am See
06226 8264 06226 8644
birdie@golfclub-waldhof.at
www.golfclub-waldhof.at

Länge: H 3150 m, D 2950 m, HCP 54 erforderlich.

Greenfee-Kat.: €€€
Ermäßigung: Jugendl. bis 18 J. und Stud. 50%

Der Golfclub Waldhof, der im Herbst 2009 eröffnet wurde, überzeugt mit einem 9-Loch-Golfplatz mit PAR 62 und fantastischer Aussicht über den Fuschlsee. Anfänger und Profis golfen hier in reizvoller Lage zwischen Berg und See. Ergänzt wird der Platz mit großzügigem Chipping- und Putting Green, einer Driving-Range mit 16 Abschlagplätzen (10 davon überdacht) sowie einer Golfakademie. Direkt neben dem Golfplatz befindet sich die Waldhof-Alm, ein Clubhaus der außergewöhnlichen Art. Hier können sich die Gäste nach einer Runde Golf kulinarisch verwöhnen lassen.

Platzinformationen:

44 Golfclub Radstadt

18/9

Römerstraße 20
A-5550 Radstadt
06452 5111
info@radstadtgolf.at
www.radstadtgolf.at

Länge: H 5962 m, D 5277 m, HCP 54 erforderlich.

Greenfee-Kat.: €€€€€
Ermäßigung: Jugendl. bis 18 J. und Stud. bis 28 J. 50%

Der gepflegte 18-Loch-Meisterschaftplatz ist umgeben von einer grandiosen Bergkulisse und liegt zwischen Wäldern und mittelalterlichem Stadtpanorama. Weltweit einzigartig ist die Golfgondelbahn „Birdie Jet". Vom 11. Green schwebt man 250 Meter zum 12. Abschlag empor. Von dort spielt man den Ball über 100 Meter in die Tiefe. Einmalig auch der Abschlag an Loch 13 auf einer Seehöhe von 1000 Metern, an dem man einen Blick auf den Platz mit dem Inselgrün sowie die imposanten Bergspitzen des Dachstein-Massivs genießt. Für Anfänger perfekt ist der 9-Loch-Akademiekurs.

SALZBURGER LAND

Platzinformationen:

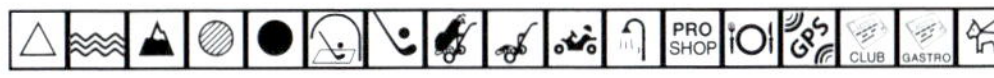

Golf Club Radstadt

45 Golfclub Lungau/Katschberg

18/9

Feldnergasse 165
A-5582 St. Michael im Lungau
06477 7448 06477 74484
gclungau@golf.at
www.golfclub-lungau.com

Länge: H 6348 m, D 5477 m, HCP 54 erforderlich.

Greenfee-Kat.: €€€€
Ermäßigung: Jugendl. bis 18 J. und Stud. bis 26 J. 50%
Gäste unserer Gründerhotels sind ohne Clubmitgliedschaft spielberechtigt und erhalten bis zu 30% Ermäßigung. Dienstag Seniorentag: 30% Ermäßigung. Jeden Sonntag ab 11.00 Uhr Greenfee EUR 56.

Golf im Salzburger Lungau verspricht Golferlebnisse der besonderen Art. Eingebettet in die Gebirgslandschaft des Lungaus, präsentiert sich ein wunderschöner, bestens gepflegter 18-Loch-Platz. Ebene Fairways mit natürlichen Hindernissen eröffnen Ihnen pures Golfvergnügen auf 1.050 m Seehöhe. Der Platz gilt als einer der schönsten und anspruchsvollsten des Landes. Großzügige Übungsanlagen und der charmante Lungau9-Platz schaffen Raum für Einsteiger und Fortgeschrittene. Von der PGA geprüften Golfschule mit Shop bis zum Golfrestaurant sind alle um Ihr Wohlergehen rund ums Golfen bemüht.

Platzinformationen:

Golfclub Lungau/Katschberg

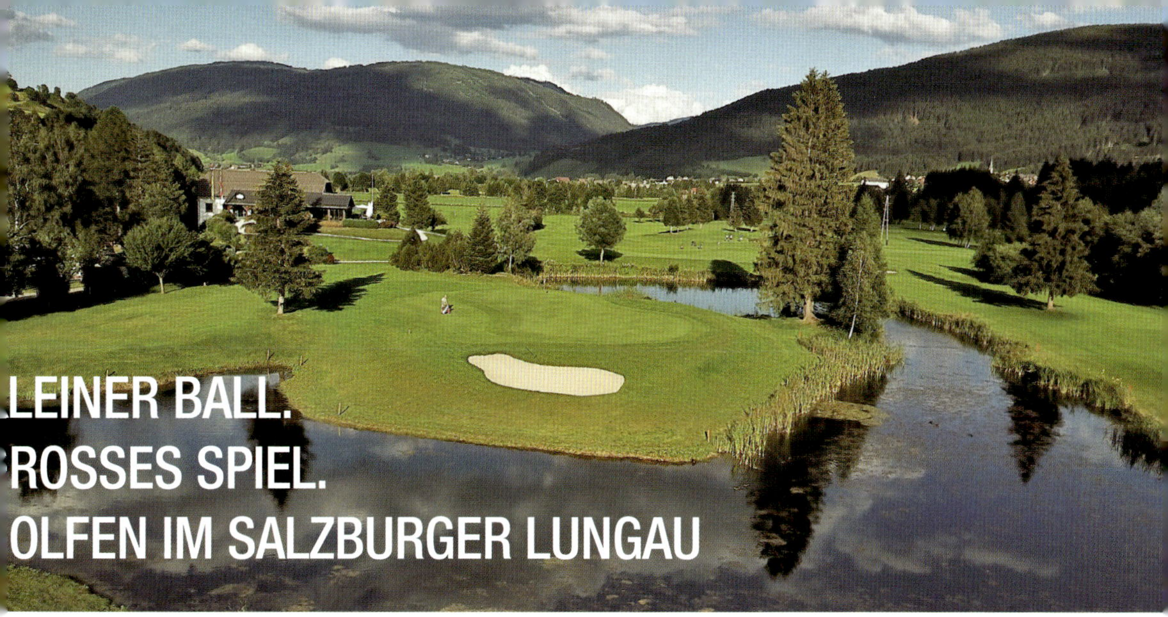

LEINER BALL.
ROSSES SPIEL.
OLFEN IM SALZBURGER LUNGAU

CHÖNES SPIEL IN REIZVOLLER LANDSCHAFT.

lf im Salzburger Lungau verspricht Golferlebnisse sonderer Art.
ngebettet in eine traumhafte Landschaft, präsen-rt sich ein wunderschöner, bestens gepfleger -Loch-Platz. Zu Recht gilt dieser Platz als einer der hönsten und anspruchsvollstens des Landes.
oßzügige Übungsanlagen und der charmante ngau9-Platz schaffen Raum für Einsteiger und rtgeschrittene.

Als Gast in einem unserer Golfpartnerhotels genießen Sie eine Greenfee-Ermäßigung von bis zu 30 % und können die Übungsanlagen inklusive Driving-Range und den Lungau9-Platz kostenlos bespielen!

Besuchen Sie uns auf unserer Homepage
www.golfclub-lungau.at

UNSERE GOLFPARTNERHOTELS IM ÜBERBLICK

TLWIRT ROMANTIK HOTEL & RESTAURANT
A-5582 St. Michael im Lungau
astlwirt.at | www.romantikhotel-wastlwirt.com
Tel.: +43 (0) 6477 7155-0
w.romantikhotel-wastlwirt.at

SPA & VITALRESORT EGGERWIRT
A-5582 St. Michael im Lungau
office@eggerwirt.at | www.eggerwirt.at
Tel.: +43 (0) 6477 82240
www.eggerwirt.at

ALM.GUT VITAL & RELAXHOTEL
A-5581 St. Margarethen im Lungau
info@almgut.at | www.almgut.at
Tel.: +43 (0) 6476 4290
www.almgut.at

GOLFCLUB LUNGAU / KATSCHBERG
FELDNERGASSE 165, A-5582 ST. MICHAEL
TELEFON: +43 (0) 6477 7448
E-MAIL: GCLUNGAU@GOLF.AT | WWW.GOLFCLUB-LUNGAU.COM

KÄRNTEN

ÖSTERREICHS SÜDLICHSTES BUNDESLAND LIEGT EINGEBETTET ZWISCHEN DEM HÖCHSTEN BERG ÖSTERREICHS, DEM GROSSGLOCKNER, DEN KARAWANKEN UND DEN TAUERN.

Der Faakersee

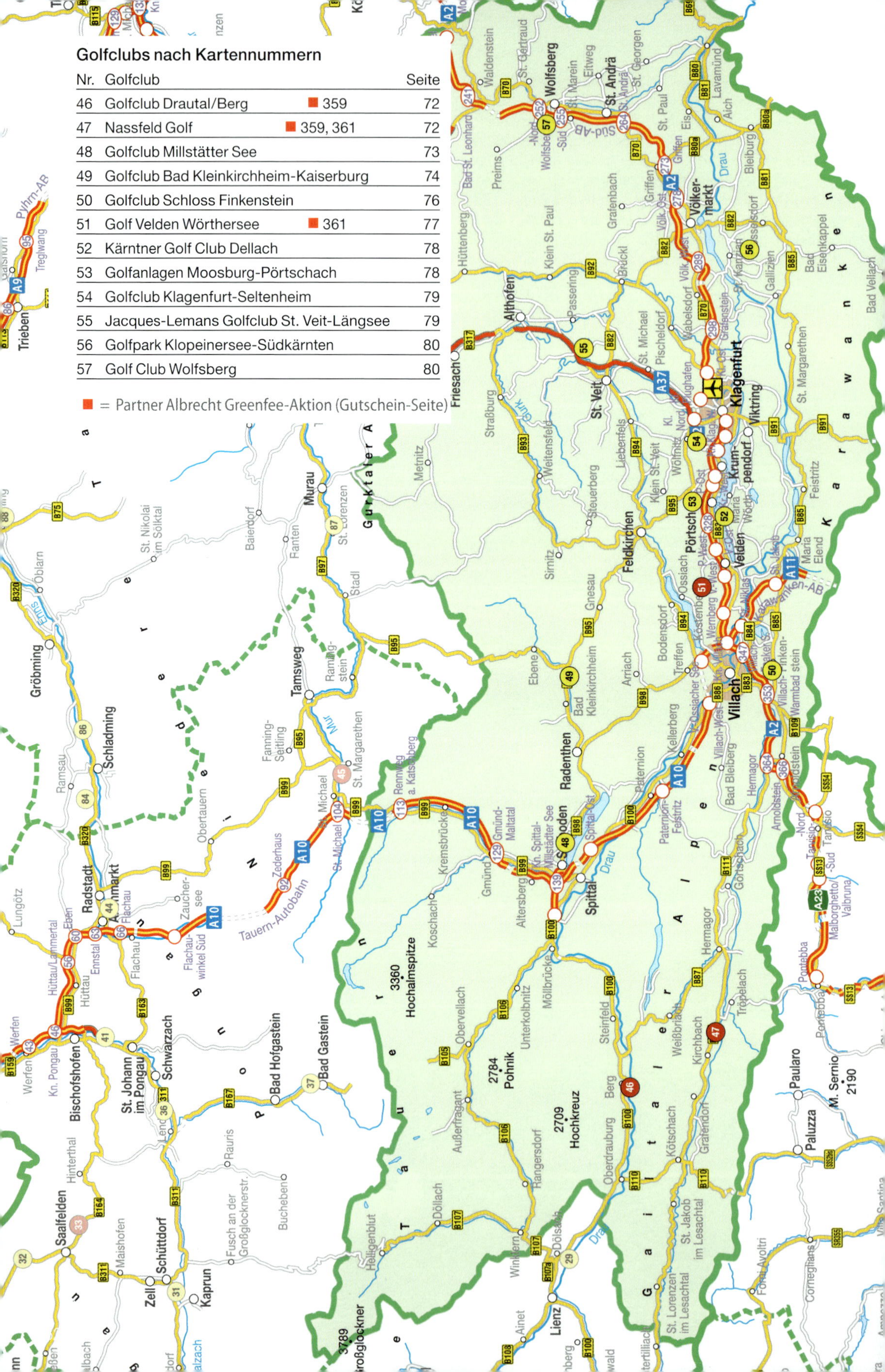

Golfclubs nach Kartennummern

Nr.	Golfclub		Seite
46	Golfclub Drautal/Berg	■ 359	72
47	Nassfeld Golf	■ 359, 361	72
48	Golfclub Millstätter See		73
49	Golfclub Bad Kleinkirchheim-Kaiserburg		74
50	Golfclub Schloss Finkenstein		76
51	Golf Velden Wörthersee	■ 361	77
52	Kärntner Golf Club Dellach		78
53	Golfanlagen Moosburg-Pörtschach		78
54	Golfclub Klagenfurt-Seltenheim		79
55	Jacques-Lemans Golfclub St. Veit-Längsee		79
56	Golfpark Klopeinersee-Südkärnten		80
57	Golf Club Wolfsberg		80

■ = Partner Albrecht Greenfee-Aktion (Gutschein-Seite)

Panoramablick über den Wörthersee

Schon immer war Kärnten ein Synonym für südliches Flair, Badespaß und ausgelassenes Lebensgefühl. Auch sonst geizt Österreichs südlichstes Bundesland nicht mit seinen Reizen: 200 Badeseen, 8.000 Flusskilometer und zahlreiche Heilquellen haben ihm den Namen „Wasser-Reich" verpasst. „Wer ist der schönste im Land", könnte die Frage lauten, die aber selbst Insider wegen der Vielfalt schwer beantworten können. Da gibt es in der Naturarena Kärnten als höchstgelegenen und reinsten See den Weißensee, wie ein idyllischer Fjord inmitten der Bergwelt gelegen. Oder bei Villach den karibisch funkelnden Faakersee, den man am besten bei einer Sonnenaufgangswanderung vom 2.145 Meter hohen Mittagskogel oder bei einer stimmungsvollen abendlichen Rundfahrt mit nostalgischen Inselbooten betrachtet. Romantik wird auch an Kärntens zweitgrößtem und mit 141 Metern tiefstem See, dem Millstätter See, groß geschrieben – mit einem „Dinner for 2" auf einem Floß mitten im See. Steil und felsig und höchstens wildromantisch sind die Wassererlebnisse im Rosental. Mit urgewaltiger Kraft stürzt der Loiblbach am Tschauko-Wasserfall in die Tiefe, und man erlebt beim Canyoning die Schlucht mitten aus den reißenden Wassern heraus: Über Leitern, Brücken und Wasserrutschen, durch glasklare Wasserlöcher bis zum tosenden Wasserfall. „See in Flammen" nennt sich das alljährliche Spektakel und größte Seefest Österreichs an einem der wärmsten Seen Kärntens, dem Klopeiner See. Erkundungen werden hier mit dem Elektro-Bike angeboten. Ganz anders, nämlich eiskalt, ist der Friesenhalssee auf 2.160 Metern in den Nockberge oberhalb von Bad Kleinkirchheim. Als wohltuend warmen Kontrast dazu bieten die beiden Thermalbäder im Ort, allen voran das Thermal Römerbad, die schönsten Saunen der Alpenregion. Im Winter trifft man auf ein abwechslungsreiches Skigebiet.

Nockalmstrasse

Aus einer ganz anderen Perspektive sehen Besucher die Kärntner Landschaft bei einer Kanufahrt auf der Drau. In den Auen und Ufergehölzen des insgesamt 750 Kilometer langen Flusses leben zahlreiche seltene Tier- und Pflanzenarten. Durch die Auszeichnung „NATURA-2000-Gebiet" steht das Obere Drautal unter besonderem Schutz der Europäischen Union.

Lifestyle mit kultigen Events bietet vor allem der Wörthersee mit seinen Sommerfrischeorten Velden, Dellach, Maria Wörth und Pörtschach. Legendär sind hier die Sommerpartys, allen voran die Fête Blanche oder das GTI- und Harley-Treffen. Wer hier im Dreiländereck Österreich, Italien und Slowenien heute seinen Urlaub verbringt, findet auch noch eine sympathische Mischung der typischen Wörthersee-

Architektur, von der Sommerfrischevilla bis zum Fünf-Sterne Luxushotel. Dazu kommen unbegrenzte Sportmöglichkeiten für die ganze Familie und für Gourmets, die ganze Palette vom Haubenlokal bis zur urigen Kärntner Hütte, vom Casino bis zur In-Kneipe. Und, was es immer schon gab: Ein exzessives Nachtleben und Celebrities jeglichen Genres.
Die Kärnten Card macht dabei die zahlreichen Familienangebote noch günstiger: Mit freien Eintritt bzw. freie Fahrt zu mehr als 100 Ausflugszielen, Schifffahrtslinien, Seilbahnen und Panoramastraßen. Darüber hinaus beinhaltet sie Ermäßigungen bei weiteren 50 Bonuspartnern.

KULTURELLE HIGHLIGHTS AN KÄRNTENS SEEN

Burgen und Schlösser, Stifte und Kirchen, Ausgrabungen von Kelten und Römern, Galerien und Museen, Ritterturniere und Stiftsherrenessen, Komödien und Sprechstücke, Konzerte und Volksgesang, Lesungen und Festivals bieten ein reichhaltiges Kulturerlebnis. Schon von jeher zog es Künstler in die malerische Landschaft zwischen Seen und Berge.
Komponisten liebten den Liebreiz der Seenlandschaft. Maler das südliche Licht und die farbenreiche Landschaft. Literaten zieht es mal an ruhige, charmante Orte, mal an historisch gewachsene.
Die Geschichte und Kultur Kärntens wurde außerdem stark durch die keltischen und römischen Siedlungen und Städte geprägt. Die Ausgrabungsstätten sind für den Besucher zugänglich gemacht und interessant aufbereitet worden. So beispielsweise der archäologische Park Magdalensberg, die Keltenwelt Frög, der Hemmaberg und das Keltenmuseum Teurnia.
Klagenfurt, die Hauptstadt, mit dem Lindwurm als Wahrzeichen, schönen Bürgerhäusern, Arkaden und Plätzen verströmt italienisches Flair und ist die Einkaufsstadt schlechthin. Bekannt sind hier vor allem das moderne Stadttheater, die Wörtherseebühne mit ihren sommerlichen Operetten-Aufführungen und Minimundus, die „kleine Welt" mit 160 Modellen berühmter Bauwerke.

GOLF UNLIMITED

Nur wenige Autominuten von der Klagenfurter City entfernt, liegt der Golf Club Klagenfurt-Seltenheim, eingebettet in eine reizvolle Landschaft mit viel, viel Wasser. Die Bahnen 9 und 18 verlaufen zum Beispiel fast parallel auf beiden Seiten des großen Sees in Richtung Clubhaus. Designt vom renommierten Golfplatzarchitekten Perry O. Dye kombiniert er laut Clubinformation perfekt die Eigenheiten eines schottischen Linkskurses mit exzellenten Grüns. Und wer nach 18 Löchern noch nicht genug hat, kann zusätzlich noch die neun Löcher des Romantikkurses (Par

Burgarena Finkenstein

Ossiachersee

Golfclub Klagenfurt-Seltenheim

Golf Velden Wörthersee

Golfclub Moosburg-Pörtschach

36, 2.674 Meter) spielen, die durch ein Waldgebiet führen und einem romantischen Spaziergang mit Golfschlägern schon sehr nahe kommen.
Velden ist der älteste Ort am Wörthersee – hier gab es das erste Strandbad. Die Promenade, das einzige Spielcasino, die Filmkulisse, viele Kulturevents im Sommer, wie die Starnacht am Wörthersee, und natürlich Golf machen den Ort zum überaus beliebten Ziel. Kulinarisch verwöhnt wird man im Restaurant Caramé, im Casino Restaurant Velden mit Wintergarten zum See oder direkt am See im Schloß Velden.

GOLF MIT KARAWANKENBLICK

Keiner der Kärntner Golfplätze polarisiert die Meinungen der Spieler so sehr, wie der, der Golfanlage Velden Wörthersee in Köstenberg. Loch 10 soll das schönste Kärntens sein. Dennoch, wer ihn zum ersten Mal spielt, müht sich mit den Schräglagen, den schmalen Fairways und versteckten Grüns. Trotzdem oder gerade deshalb – der Platz hat Charisma und jeder Naturliebhaber wird den Blick auf das Karawanken-Massiv und die Ruhe in dieser Abgeschiedenheit auf 700 Meter schätzen.

ENGLISH WAY OF GOLF

Gleich um die Ecke im Kärntner Golf Club Dellach trifft man auf den Grand Seigneur unter Kärntens Golfplätzen. Er erinnert ein wenig an „Good Old England“, fasziniert durch alten Baumbestand, Fairways, die sich perfekt mit der Natur vereinen und einen traumhaften Ausblick auf den See vom 12. Loch.
Dort, wo der Wörthersee am schönsten ist und schon Gustav Mahler und Johannes Brahms promenierten, schiebt sich eine kleine Halbinsel in den See mit reizvollen Villen aus der Gründerzeit und einer gepflegten Hotellerie. Hier liegt Pörtschach und die Golfanlage Moosburg-Pörtschach, die sich die Auszeichnung „Premier European Golf Course“ auf die Fairways schreiben darf. Ein Urlaubsplatz par excellence, der durch seine Harmonie mit der Natur eine stressfreie Runde verspricht, wenn man mit hängenden Fairways umgehen kann. Auch der Carry-Schlag über einen 100 Meter langen Teich will riskiert werden. Dafür folgt die kulinarische Belohnung gleich im Anschluss im schön gestylten Clubhaus.
Für nachher wäre das Brahms Museum angesagt, eine Erlebnisfahrt mit dem legendären Ausflugsboot „Kontiki“ von Pörtschach aus oder einfach Bummeln auf der Blumenpromenade mit Ausblick auf den See und die Karawanken. Oder fürstlich Speisen im See-Restaurant „Porto Bello“ oder im „La Terrasse“ des Schlosses Seefels mit Blick auf den See.

MILLSTATT, SEEBODEN UND DÖBRIACH UND EIN SEE MIT TRINKQUALITÄT

Die Ganzjahres-Urlaubsregion lockt vor allem Familien im Sommer mit Badespaß und im Winter mit Skigaudi auf dem Goldeck. Kulturinteressierte sind bei den Musikwochen bestens aufgehoben oder im Museum für Volkskultur im Schloß Porcia in Spital an der Drau. Perfekt inszeniert isst der Sonnenuntergang auf der „Feuerinsel“ in gemütlicher Lounge-Atmosphäre und ständig wechselnden Events.
Als kulinarischer Tipp empfiehlt sich die „Altdeut-

Kärntner Golf Club Dellach

sche Weinstube" – ein Lokal wie ein Museum und der „Kleinsasserhof", ein Geheimtipp abseits der touristischen Massenpfade, obwohl die Küche laufend in Gourmet-Büchern gepriesen wird. Die typisch österreichische Küche wird in untypischen Räumlichkeiten serviert. Ein edler Tropfen an der Theke und der Blick zum Hausteich oder zu einem Kunstwerk inspirieren aufs Feinste.

PANORAMA-GOLF AM MILLSTÄTTER SEE

Auf einem sonnigen Hochplateau über dem See liegen die ersten neun Löcher am Hang unter dem Clubhaus, die zweiten neun auf einem flacheren Plateau oberhalb der Driving Range. Hier haben es vor allem die Par 3 Löcher in sich, die im Schnitt über 180 Meter lang sind und über Hügel und Schluchten zu spielen sind.

GOLFEN AM FLUSS: DRAUTAL

Nur einen Katzensprung vom Millstätter See entfernt gelangt man gegen Westen ins schöne Drautal und zum Ort Berg. Der dortige Golfclub Drautal hat sich 1996 vom Kompaktplatz zu einem vollwertigen 9-Loch-Platz mit vier Par 4 und fünf Par 3 Spielbahnen gemausert. Trotz seiner kompakten Ausmaße bietet er viel Abwechslung und die beiden mitten im Wald angelegten Par 4-Spielbahnen gelten sogar unter Longhittern als Herausforderung.

Golfclub Millstätter See

Golfclub Drautal/Berg

NATURARENA KÄRNTEN – ÖSTERREICHS GRÖSSTES SKIGEBIET UND WASSERSPASS PUR

Sie hat alles, was das Urlauberherz begehrt und ist schon längst kein Geheimtipp mehr – die Urlaubsregion Naturarena Kärnten mit dem Naßfeld-Hermagor in den Karnischen Alpen, dem Weißensee, als höchster Badesee der Alpen, dem Gitschtal, dem Lesachtal und dem Gailtal. Die zahlreichen Seen mit Trinkwasserqualität, Wanderwege wie der Geo-Trail, der Klettersteig Julische Alpen und der Karnische Höhenwanderweg bereichern den Sommerurlaub. Die Garlitzenklamm bei Hermagor, der Presseggersee-Rundweg, der Wassererlebnisweg Rattendorf und die Mauthnerklamm dürfen in keinem Ausflugsprogramm fehlen. Im Winter sind es die bestens präparierten Skipisten am Naßfeld, gespurte Langlaufloipen und die größte Natureisfläche Österreichs am Weißensee.

NASSFELD GOLF: TOP ANLAGE FÜR ALLE HANDICAP-KLASSEN

Inmitten einer der schönsten Naturlandschaften Kärntens, dem Gailtal, wurde in 2009 der 18-Loch-Championship-Course vor der gigantischen Naturkulisse der Gailtaler und Karnischen Alpen eröffnet. Die Sensation dazu lieferte kein Geringerer als Gary Player – „The Black Knight", der hier zur Eröffnung den goldenen Ball abschlug und mit der angereisten Prominenz den Platz auch spielerisch einweihte.

ERLEBNISREGION VILLACH

Wer ist noch nicht durch die Fußgängerzone in der Altstadt mit den schönen Bürgerhäusern und Renaissancebauten flaniert? Oder hat auf den Spuren der Römer im Warmbad-Villach relaxt? Highlight und alljährlicher Kunstgenuss ist mit Sicherheit das Musik-Festival „Carinthischer Sommer" am Ossiachersee mit Koryphäen, wie Leonard Bernstein oder Karl Böhm. Oder am Faakersee die Open-Air Veranstaltungen auf der Burgruine Finkenstein.
Von hier aus blickt man auf den schönen 18-Loch-Golfplatz des Golfclub Schloss Finkenstein. Sechs Teiche und ein großartiges Finalloch, das als Par 5 carry über einen See geschlagen werden muss, charakterisieren diesen schönen Platz. Kulinarisch in bester Erinnerung bleibt auch das Restaurant im Schloss-Restaurant.

Nassfeld Golf

Golfclub Schloss Finkenstein

SÜDKÄRNTENS JUWEL – DER KLOPEINERSEE

Mehr als 1.200 Kilometer Wanderwege, darunter auch der Kärntner Jakobsweg, beflügeln hier die Wanderfreunde. Radwege und ausgezeichnete Bike-Strecken garantieren einen vielseitigen Familienurlaub, allen voran aber der See, der zu den wärmsten in Kärnten zählt. Auch kulinarisch hat die Gegend viel zu bieten: 90 Restaurants, 20 Buschenschanken und jede Menge Almhütten machen Gusto auf Kärntner Schmankerln. Beliebt sind auch die Südkärntner Sommerspiele im Stiftshof in Eberndorf. Eingerahmt von den Bergen der Südalpen verlaufen die 18 Löcher des Golfpark Klopeinersee ohne viel Rough und Wasserhindernisse in wunderschöner Umgebung. Besonders empfehlenswert im Frühjahr zur Obstbaumblüte! Der Platz hat übrigens die längste Spielsaison Kärntens.

ST. VEIT – KLEINOD MIT HISTORISCHEM FLAIR

Nördlich von Klagenfurt gelegen, bietet die Stadt eine interessante Mischung aus historischer Altstadt und moderner Architektur. Hautnah erlebt man das Mittelalter in der ältesten Stadt Kärntens der Burgenstadt Friesach, mit einer elf Meter hohen Stadtmauer und einem Wassergraben. Unweit davon steht der mächtige Dom zu Gurk, eines der bedeutendsten Bauwerke sakraler Kunst. Und rundum gruppiert sich ein wahrer Reigen an Burgen und Schlösser: Angefangen von der Burgenstadt Friesach, Schloss Frauenstein und den Burgruinen Liebenfels und Glanegg.

Der Längsee als Natur belassener Badesee, das Kloster St. Georgen und der Golfplatz St. Veit-Längsee sind hier echte Hingucker und erhöhen den Urlaubswert. Vom bekannten Uhrenhersteller Jacques Lemans gesponsert, wirkt der etwas kahle Platz wie

Golfclub Golfpark Klopeinersee-Südkärnten

Jacques-Lemans Golfclub St. Veit-Längsee

ein golferischer Spaziergang. Die Tücken liegen wie immer im Detail: so werden Longhitter zu hasardierenden Tiger-Line Schlägen verleitet und Anfänger haben Mühe mit den schnellen Grüns. Trotzdem, hier kann man mit ein bisschen Taktik an einem guten Tag sein Handicap verbessern!

Ganz anders auf der Golfanlage des Golfclub Bad Kleinkirchheim-Kaiserburg. Das Geläuf der 18 Bahnen schlängelt sich nämlich durch ein schmales Tal, gut bewacht von meterhohen Bäumen und mit Fairways, die auch Skiabfahrten sein könnten. Schließlich ist die Skilegende Franz Klammer hier auch Ehrenmitglied. Als zweitältester Platz Kärntens hinter Dellach ist er besonders im Sommer wegen der angenehmen Temperaturen beliebt.

Golfclub Bad Kleinkirchheim-Kaiserburg

Der Wohlfühlort Bad Kleinkirchheim ist vor allem im Winter ein Renner, wenn der Skizirkus einfällt, aber auch wegen der vielseitigen Wellness-Hotellerie und der Thermen St. Kathrein und Römerbad. Als Besuchermagnet gelten auch die Volksmusikfeste.

Hier beginnen die Nockberge, die ein Eldorado für jeden Wanderer sind. Ursprüngliche Kirchen, Herrschaftshäuser wie Schloss Albeck und eindrucksvolle Wehranlagen wie Glanegg, die zu den drei größten zusammen mit der Burg Hochosterwitz und Burg Landskron in Kärnten zählt, säumen die Hügel.

RUND UM WOLFSBERG

Am Sonnenhang über den Dächern der alten Bürgerhäuser von Wolfsberg liegt das gleichnamige Schloss. 1.178 wurde es erstmals urkundlich erwähnt, 1.846 kaufte Hugo Henckel von Donnersmarck das Schloss und ließ es im englischen Tudorstil umbauen. Heute ist es Kultur- und Ausstellungszentrum.

Ein besonderer Ort ist das 1.091 gegründete Benediktinerstift St. Paul. Es war eine Burganlage, die den Herzögen von Kärnten als Stammburg diente. Heute ist das Stift das älteste noch heute aktive Kloster in Kärnten und besitzt eine der größten Kunstsammlungen Europas sowie eine umfangreiche und bedeutende Bibliothek. Innerhalb der Anlage befindet sich eine romanische Basilika, die Ende des 12. Jahrhunderts erbaut wurde.

GOLF IN WOLFSBERG – AM ANFANG WAR DIE DRIVING RANGE

Neun verspielte Golflöcher sind hier der perfekte Einstieg in das Golfspiel. Nichts anderes wollten die Wolfsburger, als sie aus der Driving Range einen schmucken Golfplatz kreierten, den jeder mit PE spielen darf. Und trotzdem – das finale Par 3 an der 9 ist 193 Meter lang und passiert die Range und auf der 7 muss man über drei Plateaus zum Loch. Dafür darf man seinen Vierbeiner mit auf die Runde nehmen – allerdings ohne Ballsuch-Apell.

DIE ALPE ADRIA GOLF CARD

Was für eine zusätzliche Attraktion bei einem Golfurlaub in Kärnten sorgt, ist die grenzüberschreitende Alpe-Adria-Golf Card und somit die Einbindung des Alpen Adria Raumes (Österreich, Italien, Slowenien). Sie macht Golfvergnügen von Kärnten aus das ganze Jahr über möglich. Dabei können Golfer in nur einem Urlaub drei Länder, drei Kulturen und drei kulinarische Ausprägungen kennenlernen. Zehn der Kärntner Golfclubs und 40 Hotels sind Partner der Alpe-Adria-Golf Card, zahlreiche weitere Golfanlagen in Italien und Slowenien runden das Golferlebnis bis zur Adria ab. Wer möchte, kann sogar an nur einem Golftag die drei Länder besuchen. Die Alpe-Adria-Golf Card sorgt für unbeschwerte, sonnige Stunden auf den Fairways und Greens der mehr als 20 schönsten Golfanlagen in Kärnten, Slowenien und Italien. Zwischen drei und fünf Greenfees können flexibel auf diesen mit unterschiedlichen Schwierigkeitsgraden ausgestatteten Golfanlagen eingelöst werden. Die Karte sorgt für einen einheitlichen Preis und hohe Flexibilität. Erhältlich ist die Card bei allen teilnehmenden Golfanlagen und in den Golf-Partnerhotels in Kärnten. Die Preise für die Alpe-Adria-Golf Card sind für drei Greenfees 205 Euro, für vier 270 Euro und für fünf 320 Euro.

Golf Club Wolfsberg

Egal ob man seinen Drive lieber am Klopeiner See oder am Championshipkurs in Klagenfurt-Seltenheim spielt, auf nahezu allen Partnergolfanlagen gilt zudem die Frühjahrs- und Herbstaktion. Mit der Aktion „2 für 1" kann von Saisonstart bis 30. April und im Herbst ab 3. Oktober 2022 eine zweite Person kostenfei mitspielen.

Golfclub Bad Kleinkirchheim-Kaiserburg

46 Golfclub Drautal/Berg

9

Berg 221
A-9771 Berg im Drautal
04712 82255 · 04712 822555
office@drautalgolf.at
www.drautalgolf.at

Länge: H 4014 m, D 3566 m, PE erforderlich.

Greenfee-Kat.: €€ Ermäßigung: Jugendl. bis 21 J. und Stud. bis 27 J. 50%

Nicht hügelig, leicht begehbar, aber trotzdem abwechslungsreich und sportlich durchaus anspruchsvoll. So präsentiert sich eine der schönsten 9-Loch-Anlagen Kärntens und Österreichs. Die vorzüglich gepflegten Fairways werden von den kristallklaren Wassern der Drau, die ins Design eingebunden wurde und den majestätisch aufragenden Bäumen des Drautaler Fichten- und Föhrenwaldes begrenzt. Man spürt eine wohltuende Ruhe, die sich auf das Spiel übertragen kann. Die abwechslungsreichen Fairways bieten auch Golfern von hohem sportlichem Niveau eine echte Herausforderung.

Platzinformationen:

47 Nassfeld Golf

18/6

Waidegg 66
A-9631 Waidegg
04284 20111
office@nassfeld.golf
www.nassfeld.golf

Länge: H 6379 m, D 5140 m, HCP 54 erforderlich.

Greenfee-Kat.: €€€€
Ermäßigung: Jugendl./Stud.

Der 2009 von der südafrikanischen Golflegende Gary Player eröffnete 18-Loch-Championship-Course und die 6-Loch-Kurzspielanlage (nur Par-3-Löcher) liegen in Waidegg in der Gemeinde Kirchbachauf auf 70 Hektar inmitten der Naturarena Kärntens (Skiregion Nassfeld, Naturarena Weissensee). Hier im Gailtal genießt man ein mediterranes Klima und absolute Ruhe. Auf der Runde über diesen Parkland-/Moorland-Meisterschaftsplatz gilt es, ausgedehnte Teichlandschaften zu vermeiden, dafür kann man eine unglaublichen Artenvielfalt international geschützter Pflanzen und Tiere genießen.

Platzinformationen:

Nassfeld Golf

48 Golfclub Millstätter See

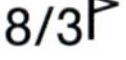

18/3

Am Golfplatz 1
A-9872 Millstatt
04762 82548
gcmillstatt@golf.at
www.golf-millstatt.at

Länge: H 5879 m, D 5183 m, HCP 54 erforderlich. Gäste von Gründerhotels und Golfland Kärnten Hotels erhalten ermäßigte Preise

Greenfee-Kat.: €€€€
Ermäßigung: Jugendl./Stud.
Tages-Rangefee inkludiert 3-Loch-Kompaktplatz

Der Golfplatz liegt, umrahmt von einer traumhaften Landschaft, auf einem sonnigen Hochplateau direkt über dem Millstätter See und bietet atemberaubende Ausblicke auf die umliegende Berg- und Seenwelt. Als mehrmaliger Gastgeber der European Challenge Tour wird der 18-Loch-Platz allen Ansprüchen gerecht. Die gute Mischung zwischen den behutsam in die Natur eingefügten, zum Teil hügeligen aber auch wieder sanft verlaufenden Löchern, sorgt für die nötige Herausforderung für alle Spielstärken. Die sonnige Lage ermöglicht Spielbetrieb von Mitte März bis Mitte November.

Platzinformationen:

Golfclub Millstätter See

Golfclub Bad Kleinkirchheim-Kaiserburg
18

Plass 19
A-9564 Patergassen
04275 594
office.golf@badkleinkirchheim.at
www.nockgolf.at

Länge: H 6006 m, D 5212 m, HCP erforderlich.

Greenfee-Kat.: €€€€
Ermäßigung: Jugendl./Stud.

Der von Don Harradine entworfene 18-Löcher-Championship-Platz im Biosphärenpark Nockberge in Bad Kleinkirchheim ist spektakulär und dennoch stets ein Teil der Landschaft. Der Platz liegt auf 1100 Metern Seehöhe. Die interessante, über Jahrzehnte gewachsene Topographie garantiert abwechslungsreiches Spielvergnügen. Vor allem die Spielbahnen 10, 11, 12 und 18 sowie der Shuttle von Loch 16 zum 17. Tee sind landesweit bekannt. Aufgrund der Höhenlage genießt man angenehmes Klima und geht auf saftig grünen Fairways. Für Golffans ein Muss, für Naturliebhaber ein Augenschmaus!

Platzinformationen:

In Ortners Eschenhof finden Sie innere Ruhe und Entspannung. Spezialbehandlungen zur Entschleunigung und Naturkosmetik unterstützen die Erholung von Körper und Geist. Abends genießen Sie 5-Gänge Alpine-Slowness-Menüs aus der prämierten „Grüne Haube“-Küche.

Ortners Eschenhof ****

Wasserfallweg 12, 9546 Bad Kleinkirchheim | T: +43 4240 8262 | www.eschenhof.at

Sonnige Panoramalage & absolute Nähe (0,4 km) zum Golfplatz, Wohlbefinden im SPA-Bereich, Genuss bei schönem Ambiente sowie exquisite Kulinarik warten auf Sie. Ermäßigte Green Fee, gratis WLAN sowie gratis Parkhaus ergänzen Ihre Urlaubstage.

Wohlfühl & Genusshotel Felsenhof ****

Mozartweg 6, 9546 Bad Kleinkirchheim | T: +43 4240 6810 | www.hotelfelsenhof.at

2.100 m² Wellnessbereich, hauseigenes Thermalwasser, 10 verschiedene Saunen, 7.600 m² Gartenfläche und regionale Küche laden zum Erholen und Genießen ein. Dazu gehört die Halbpension mit Nachmittagsimbiss. Zusätzlich Massage- und Kosmetikangebote und vieles mehr.

Thermenwelt Hotel Pulverer *****

Thermenstraße 4, 9546 Bad Kleinkirchheim | T: +43 4240 744 | www.pulverer.at

Familiär, ruhig und zentral in Bad Kleinkirchheim.
Individuell gestaltete Themenzimmer.
Regionaler kulinarischer Genuss aus Kärnten
Hallenbad, Freibad, Ruheoasen und Saunalandschaft, Beauty & Massageabteilung.
Attraktive Greenfee-Ermäßigungen.

Hotel Prägant ****

Kirchheimer Weg 6, 9546 Bad Kleinkirchheim | T: +43 4240 452 | www.hotel-praegant.at

50 Golfclub Schloss Finkenstein 18

Schloßrainweg 8
A-9585 Gödersdorf
04257 29201 · Fax 04257 2920119
office@gcfinkenstein.at
www.golf-finkenstein.at

Länge: H 6358 m, D 5642 m, HCP 54 erforderlich.

Greenfee-Kat.: €€€€
Ermäßigung: Jugendl. bis 18 J. und Stud. bis 26 J.

Die Golfanlage Schloss Finkenstein ist eine Oase der Erholung nur wenige Autominuten von der Villacher Innenstadt und dem Faaker See. Die idyllische Lage mit dem traumhaften Blick auf die Karawanken und den Mittagskogel macht diesen Platz so besonders reizvoll. Schloss Finkenstein besticht außerdem durch wunderschöne Teichlandschaften (insgesamt 6 Teiche) und einen offenen, einladenden Platzcharakter, geringe Höhenunterschiede, großzügig angelegte Fairways und perfekte Grüns. Die Saison reicht wegen der vielen Sonnenstunden in der Region bis in den November hinein.

Platzinformationen:

Golfclub Schloss Finkenstein

51 Golf Velden Wörthersee 18

Golfweg 41
A-9231 Köstenberg-Velden
04274 7045
office@golfvelden.at
www.golfvelden.at

Länge: H 6127 m, D 5233 m, PE erforderlich.

Greenfee-Kat.: €€€€€
Ermäßigung: Jugendl./Stud.

Auf dem Köstenberger Sonnenplateau gerade einmal zehn Minuten von Velden, dem Zentrum des Wörthersees, entfernt liegt die Golfanlage Velden Wörthersee. Sie befindet sich in einem von Wäldern umgebenen Gelände auf 700 m Seehöhe und bietet eine unvergessliche Aussicht bis zu den Karawanken. Die naturnahe Bauweise, die zahlreichen Feuchtbiotope und mehrere natürliche Bäche machen diesen Kurs zu einem alpinen Naturplatz. Wer nicht gerne zu Fuß geht, kann die Runde mit einem komfortablen E-Carts plus GPS absolvieren.

Platzinformationen:

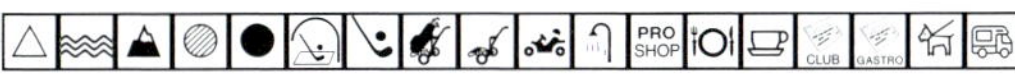

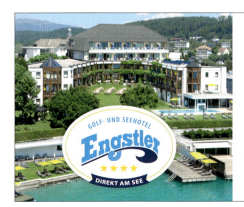

Golf Velden Wörthersee

52 Kärntner Golf Club Dellach 18

Golfstraße 3
A-9082 Maria Wörth
04273 2515 04273 251520
office@kgcdellach.at
www.kgcdellach.at

Länge: H 5604 m, D 5017 m, HCP 36 erforderlich.

Greenfee-Kat.: €€€€
Ermäßigung: Jugendl. bis 18 J. 50%, Stud. bis 27 J.

Der Club kann auf eine lange Tradition bis ins Jahr 1927 zurückblicken. Der Platz des Kärntner Golfclubs wurde 1927 Jahren von einem französischen Golfplatz-Architekten als 9-Loch-Anlage angelegt. 1954 wurde der Platz zu einer 18-Loch-Anlage ausgebaut. Direkt am Südufer des Wörthersees mit herrlichen Blicken auf den See gelegen, zeichnet sich der Platz durch seine leicht gewellte Struktur mit mäßigen Steigungen aus. Er gehört zu den anspruchsvollsten Plätzen Österreichs und war schon oftmals Austragungsort von internationalen und österreichischen Meisterschaften.

Platzinformationen:

Kärntner Golf Club Dellach

53 Golfanlagen Moosburg-Pörtschach 18/9

Golfstraße 2
A-9062 Moosburg
04272-8348613, 9-Loch-Anlage: 04272-8348616
04272-83486 DW 20
office@golfmoosburg.at
www.golfmoosburg.at

Länge: H 6116 m, D 5443 m, HCP 54 erforderlich.
Fotopoint vorhanden - Fotos können kostenlos versandt werden!

Greenfee-Kat.: €€€€
Ermäßigung: Jugendl. bis 18 J. und Stud. bis 27 J.

Auf einem Hochplateau inmitten eines wunderschönen Naturparks gelegen, befindet sich diese, mit dem Prädikat "Premier European Golf Course" ausgezeichnete Golfanlage, nur 3 km vom Wörther See entfernt. Mit 6116 m gehört er zu den längsten Plätzen in Kärnten. Der Platz besticht durch sanfthügelige Spielbahnen, schönen alten Baumbestand, strategisch geschickt angelegten Teiche, Biotope und offene Löcher mit weitläufigem Blick in die Landschaft. Für Einsteiger ideal geeignet sind die wunderschönen in die Natur eingebetteten 9 Löcher. Hunde an der Leine sind erlaubt.

Platzinformationen:

54 Golfclub Klagenfurt-Seltenheim

18/9

Seltenheimerstraße 137
A-9061 Klagenfurt-Wölfnitz
0463 40223 0463 4022320
office@gcseltenheim.at
www.golf-seltenheim.at

Länge: H 6319 m, D 5609 m, HCP 54 erforderlich.
Auf dem Romantic Kurs sind Hunde angeleint gestattet.

Greenfee-Kat.: €€€€€
Ermäßigung: Jugendl./Stud.

Schnelle Grüns, sanft geschwungene Fairways und Gipfelgiganten in der Ferne - das zeichnet diese Anlage aus. Kaum hat man die Klagenfurter Stadtgrenze passiert, schon kann man auf der Golfanlage Klagenfurt-Seltenheim die Schläger schwingen. Auf dem vom Amerikaner Perry O. Dye entworfenen Championship-Course werden Charakteristiken eines schottischen Links-Courses aufgenommen. Dazu hat Dye visuelle Hindernisse geschickt platziert. Der 9-Loch Romantikkurs schlängelt sich durch den Schlosswald von Seltenheim und bietet im Sommer angenehm schattige Spielbedingungen.

Platzinformationen:

Golfclub Klagenfurt-Seltenheim

55 Jacques-Lemans Golfclub St. Veit-Längsee

18

Unterlatschach 25
A-9313 St. Georgen am Längsee
04213 414130 04213 414133
office@golfstveit.at
www.golfstveit.at

Länge: H 6401 m, D 5545 m, HCP 54 erforderlich.

Greenfee-Kat.: €€€€
Ermäßigung: Jugendl. bis 18 J. 50%

Eingebettet inmitten des historischen Herzens Kärntens in unmittelbarer Nähe zum Hauptquartier der Uhrenmarke Jacques Leman in St. Veit/Glan liet der Jacques Lemans Golfclub St. Veit-Längsee. Die idyllische Mittelkärntner Hügellandschaft, der kristallklare Längsee und das Stift St. Georgen schaffen eine eindrucksvolle Kulisse, die Golfer und Gäste gleichermaßen begeistert. Die Golfanlage auf 630 m Meereshöhe bietet durch ihre Lage am Längsee Spielern aller Klassen viel Spaß und Freude. Strategisches Spiel ist erforderlich und wird durch das Platzdesign unterstützt.

Platzinformationen:

Jacques-Lemans Golfclub St. Veit-Längsee

56 Golfpark Klopeinersee-Südkärnten

18

Am Golfpark 7
A-9122 St. Kanzian
04239 3800
office@golfklopein.at
www.golfklopein.at

Länge: H 6043 m, D 5413 m, PE erforderlich.

Greenfee-Kat.: **€€€€**
Ermäßigung: Jugendl. bis 18 J. 80%, Stud. bis 27 J. 36%
Gäste der Gründerhotels: 20 Prozent Ermäßigung

Der 18-Loch-Platz liegt unmittelbar zwischen Klopeinersee (wärmster Badesee Österreichs) und Turnersee. Umgeben vom herrlichen Bergpanorama der Süd-Alpen, bietet das sanftwellige Gelände eine anspruchsvolle Golfanlage. Die Fairways sind breit und wenig kupiert. Doch die 18 Grüns werden sehr gut von 33 Bunkern verteidigt. Klopein hat das schönste Bergpanorama der Kärntner Golfplätze. Der Blick auf Hochobir, Petzen und Steiner Alpen lässt sich am besten von der Terrasse des 19. Lochs genießen. Der Platz bietet die längste Spielsaison Kärntens.

Platzinformationen:

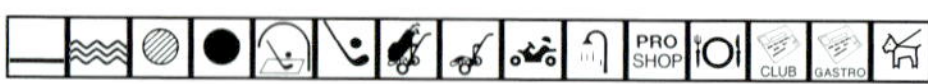

Golfclub Golfpark Klopeinersee-Südkärnten

57 Golf Club Wolfsberg

9

Hattendorf 25
A-9411 Wolfsberg - St. Michael
04352 61688
gcwolfsberg@golf.at
www.golfclub-wolfsberg.com

Länge: H 3564 m, D 3334 m, HCP 54 erforderlich.

Greenfee-Kat.: **€€€**

Der Platz liegt mitten im Lavanttal, dem "Paradies Kärntens", nur drei Autominuten vom Zentrum der Bezirkshauptstadt entfernt. Der Platz ist ideal für Einsteiger. Die neun Fairways ziehen sich über ein leicht hügeliges Gelände und bieten für Golfer jeder Spielstärke ein abwechslungsreiches Spiel. Gute Spieler können die Hölzer getrost im Kofferaum lassen, denn das längste Loch misst nur 333 m. Dafür erfordert das Anspielen der kleinen Grüns Präzision. Die Übungsmöglichkeiten sind hervorragend, die Bälle auf der überdachten Range mit zehn Abschlagpläzen sogar frei.

Platzinformationen:

OBERÖSTERREICH

DIE REGION ZWISCHEN DONAUTAL UND SALZKAMMERGUT MIT DEN ZWEITMEISTEN PLÄTZEN IN ÖSTERREICH.

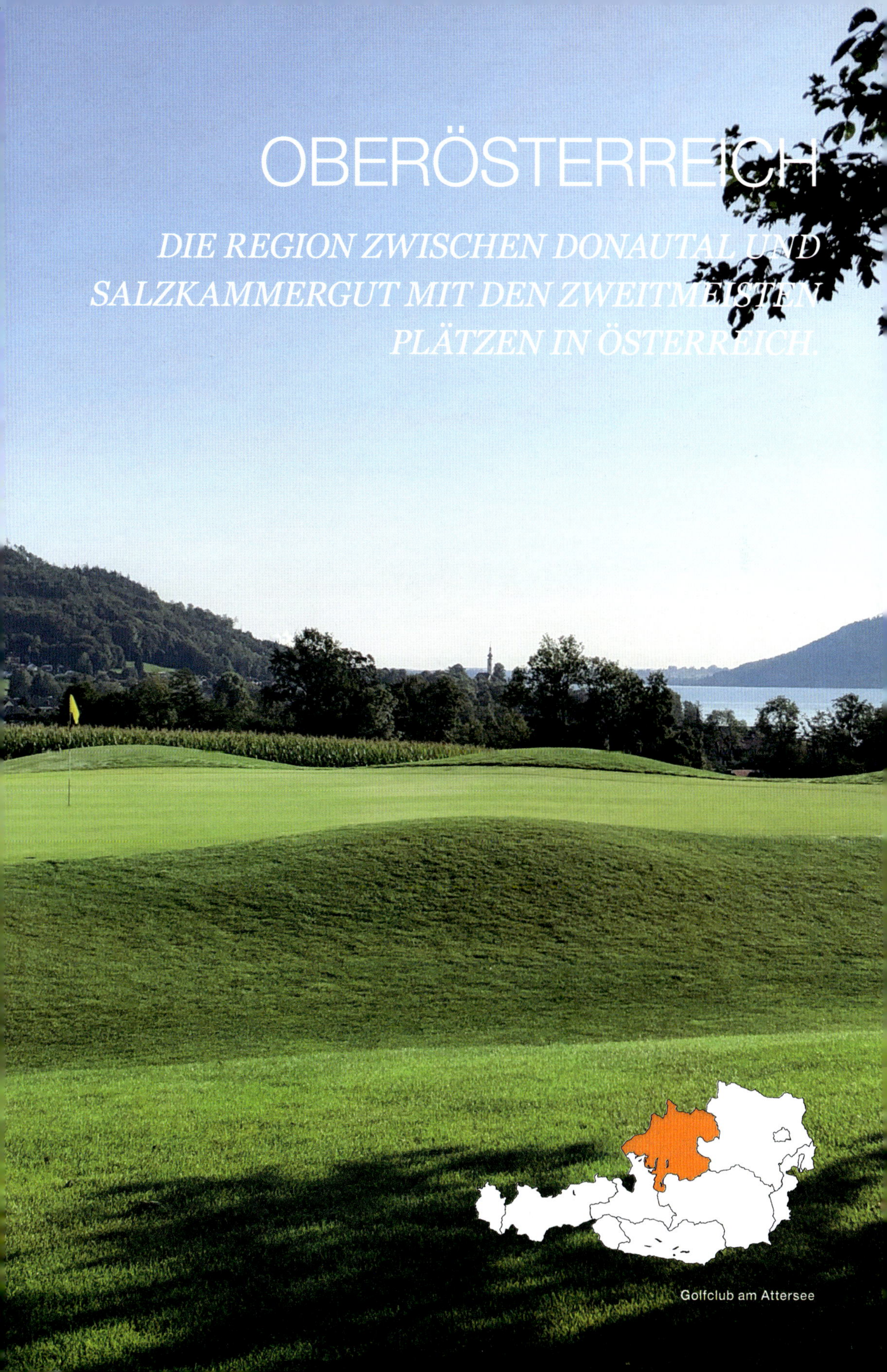

Golfclub am Attersee

Golfclubs nach Kartennummern

■ = Partner Albrecht Greenfee-Aktion (Gutschein-Seite)

Hallstatt am Hallstättersee

Auch in Oberösterreich, das sich mit seinen Donau-Auen und dem Salzkammergut als großartiges Urlaubsland präsentiert, ist der Golfsport schon lange zu Hause. In der Gegend, wo einst die deutschen Nibelungen die Donau überschritten und für sie der „point of no-return“ erreicht war, ist Golf einer der „points of most interest“ – der wichtigste touristische Gesichtspunkt überhaupt geworden. Oberösterreich hat sich – ohne viel Aufhebens darum zu machen – mit 26 existierenden Golfanlagen zwischen Böhmerwald und Bad Ischl weit oben in der österreichischen Golf-Rangliste platziert. Darunter befinden sich die 18-Loch-Golf Courses der Clubs Sterngartl in Oberneukirchen, Attersee-Traunsee in Regau und Dilly in Windischgarsten. 18 Löcher bietet der links-ähnliche Golfpark Metzenhof in Kronstorf, neun Löcher weist darüber hinaus der Attersee Golf Club Weyregg in Weyregg auf. Und last, but not least kamen mit dem Golf Club am Attersee nochmals 18 Loch in Attersee dazu. Keine Frage – Oberösterreich steht auch in Bezug auf Golfangebot und Golfurlaub in Österreich ganz oben.

Oberösterreich – ein Land der Gegensätze: Industrie und Landwirtschaft, Folklore und Avantgarde, Beton und Barock, Transitpisten und Romantikstraßen.

Wohltuender Kontrast zu dem geschäftigen Linz: Im Norden verleiht der Böhmerwald dem Mühlviertel Attraktivität, im Süden lockt das Salzkammergut mit romantischen Seen, im Westen schwingen sich die sanften Hügel des Innviertels auf, im Osten ziehen sich wilde Schluchten durch die Eisenwurzen. Auch im entlegensten Winkel gibt es Interessantes und Reizvolles zu entdecken: Museen vermitteln Einblicke in die lange Geschichte dieser Region – Pfahlbauten aus der Jungsteinzeit, Eisenfunde aus keltischen und römischen Tagen, Denkmäler für die

Blick von Schafberggipfel auf den Mondsee

Golfclub Salzkammergut

blutig niedergeschlagenen Bauernaufstände um die Wende des 16. zum 17. Jahrhundert. Abwechslungsreichen Aktivurlaub will das „Land ob der Enns“ bieten mit Segelfliegen, Paragleiten, Wandern, Reiten, Schwimmen, Segeln, Surfen, Tauchen – und seit den 80er Jahren eben auch vermehrt mit Golf.

GOLF IN OBERÖSTERREICH BEGINNT IN BAD ISCHL

Eine der schönsten Golfanlagen Österreichs, der Golfclub Salzkammergut, liegt zwischen Hallstättersee, Attersee und Wolfgangsee, tiefblau glitzernden Seen mit dicht verwachsenen Ufern. Die sanften Höhen und Tiefen des weitläufigen Platzes und einige Schräglagen erfordern teilweise ein präzises Spiel. Doch die immer wieder vorhandenen Panoramablicke geben Ruhe und Entspannung. Wer den Platz nicht gespielt hat, kennt „Golf-Österreich“ nicht. Der Golfclub Salzkammergut ist nicht nur eine der schönsten, sondern auch eine der ältesten Golfanlagen Österreichs, die bereits im Jahre 1933 entstand. Ein Klassiker der österreichischen Golfplatz-Kultur. In Mattighofen erblickte, fast 60 Jahre später, genau 1992, mit dem Golfclub Pischelsdorf Gut Kaltenhausen ein weiteres Juwel die Golfwelt. 24 Spielbahnen und Grüns bietet der Club an, der eine sehr behagliche Atmosphäre in naturverbundener Lage verbreitet. 15 Kilometer weiter östlich versprechen die 18 Lö-

Golfclub Drachenwand Mondsee

Golfclub am Mondsee

cher des Golfclub Sonnberg ein schönes Golferlebnis. Gut platzierte Bunker und Biotope kennzeichnen den Platz.

Südlich davon, am Mondsee, laden zwei weitere Anlagen zum Golfen ein. Da sind die 18 Spielbahnen des Golfclubs Am Mondsee in St. Lorenz, die wirklich Spaß machen. Nur wenige Kilometer entfernt, am Fuße der Drachenwand, liegen die aussichtsreichen neun Löcher des Golfclubs Drachenwand Mondsee mit ihrem großartigen Platzprofil.

Golf Regau • Attersee Traunsee

Golfclub am Attersee

Am Attersee locken drei Golfadressen: die 18 Löcher von Golf Regau Attersee Traunsee, der kleinere 9er des AtterseeGolf Club Weyregg und die im August 2011 fertiggestellte 18-Loch-Anlage in Attersee selbst. Die 18 Bahnen des letztgenannten, des Golf Club am Attersee, erstrecken sich auf insgesamt 74 Hektar Fläche. Wurde anfangs noch ein leicht zu spielender Platz erwartet, wird man nun von sehr anspruchsvollen und herausfordernden Golfbahnen überrascht. Viele der Grüns haben mit kniffeligen Details aufzuwarten, so dass man schon vor dem Approach auf die Fahnenposition achten sollte.

DER GOLFPARK IM BÖHMERWALD

Über 17 gute Golfanlagen verfügt Oberösterreich zwischen Böhmerwald und Salzkammergut, Innviertel und Linz. Greifen wir ein paar besonders gut erscheinende heraus und beginnen mit einem Platz im Dreiländereck zwischen Österreich, Deutschland und Tschechien, in Ulrichsberg, der auch an die länderübergreifende Kooperation „Golfregion Donau Böhmerwald Bayerwald" angeschlossen ist.

27 Löcher weist der Golfpark Böhmerwald in Ulrichsberg auf, eine 18- und eine 9-Loch-Anlage, die beide in eine sanfte Hügellandschaft eingebettet sind. Hecken und Wälder säumen die Fairways, viele Bunker sorgen für Abwechslung, und auch an Wasserhindernissen hat man nicht gespart.

Fast genau an der Grenze zu Deutschland bei Schärding liegen die 24 Löcher des Celtic Golf Course Schärding in der romantischen Innviertel-Land-

Golfpark Böhmerwald

schaft. Sechs Löcher von den 24 dienen einer Kurzanlage, die für Anfänger ohne Platzerlaubnis Spiel- und Übungsmöglichkeiten bietet. Wenige Kilometer entfernt, in Freinberg, bieten die neun Löcher des Golf Club über den Dächern von Passau eine einzigartige Aussicht auf die Dom- und Drei-Flüsse-Stadt Passau.

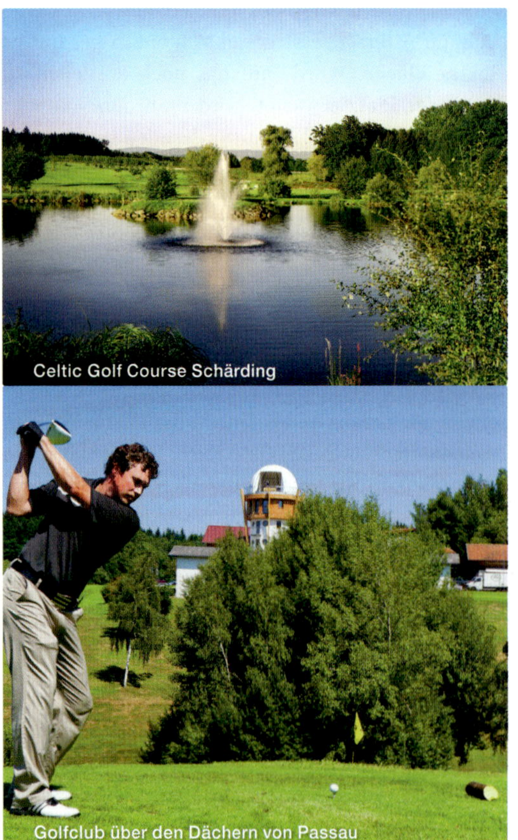
Celtic Golf Course Schärding

Golfclub über den Dächern von Passau

GOLF IM MÜHLVIERTEL

Auf stolzen 800 Metern Höhe bietet die 9-Loch-Anlage des Golfclub Pfarrkirchen sozusagen die Spitze des Mühlviertels. Bei klarer Sicht bietet sich ein wunderschöner Fernblick über das Alpenvorland, den Schneeberg bis zu den Nordtiroler Kalkalpen und weit in das bayerische Alpenvorland.

1990 wurde der Linzer Golf-Club Luftenberg im gleichnamigen Ort aus der Taufe gehoben. Unweit der City bietet der Platz in Donaunähe eine besonders stimmungsvolle Atmosphäre in einer der schönsten Tourismusregionen Österreichs. Entspannung nach dem Spiel findet man im Clubhaus, das aus der stilvoll restaurierten Meierei des Schlosses Luftenberg hervorging.

27 Löcher weist der Golf Club Donau Linz-Feldkirchen auf. Neun Löcher stellen davon Übungsmöglichkeiten für Anfänger dar. Ein dritter Platz ganz in der Nähe von Linz liegt in St. Florian, heißt auch so, wurde bereits 1960 gegründet und verfügt über 18 Löcher in direkter Nähe des Schlosses Tillysburg. Im Süden von Linz und nur eine Viertelstunde Fahrt von St. Florian entfernt, wurde der 18-Loch-Platz des Golfclub Stärk Linz Ansfelden im Jahr 2000 in das wellige Landschaftsbild integriert. Zum Club gehört auch der zehn Jahre ältere 9-Loch-Platz Pichling, der sich im Grüngürtel von Linz, ganz nah an der Traunmündung in die Donau befindet.

Nördlich von Linz liegen die 18 Loch des Golfclub SternGartl, eingebettet ins sanfte Hügelland. Hier entstand im Distltal ein Course mit einer Architektur, die alles einbezieht, was die Natur des Mühlviertels bietet: Hügel, sattes Grün, den gurgelnden Bach, die

Linzer Golf-Club Luftenberg

lichten Höhen und die massiven Brocken aus Granit. Etwas weiter östlich im Mühlviertel trifft man auf den 18-Loch-Platz des
Golfclub Mühlviertel St. Oswald-Freistadt des irischen Golfplatzdesigners Mel Flanaggan mit wunderbaren Ausblicken auf die umgebende Landschaft. In nicht allzu weiter Entfernung davon trifft man bei Weißkirchen auf die 18 Spielbahnen des Golf-Club Wels, der 1981 eröffnet wurde. Das hügelige Gelände der Welser Heide gibt dem Platz seinen überaus sportlichen Charakter. Eine besondere Herausforderung stellen die acht Teiche und der Wyerbach dar, der zweimal überspielt werden muss.

Ebenfalls im Städtedreieck Wels-Linz-Steyr liegt auch die 27-Loch-Anlage des Golf Resort Kremstal, die in drei 9-Loch-Kurse unterteilt ist und zudem über großzügige Übungseinrichtungen verfügt. Auf einer Anhöhe gelegen bieten sich hier wunderbare Panoramablicke auf das Alpenvorland.

ZU GAST BEI HERZOG TASSILO UND KAISERIN MARIA THERESIA

In der Nähe des bekannten Thermalkurortes Bad Hall im Traunviertel entstand 1989 der Golfclub Herzog Tassilo mit seinen anspruchsvollen 18 Löchern harmonisch eingebettet in die sanfte Hügellandschaft.

Golfclub SternGartl

Golf Resort Kremstal

An die große österreichische Kaiserin Maria Theresia erinnert der Golfclub Maria Theresia in Haag am Hausruck. Der Platz, erst 1988 gegründet, zählt mit zu den modernsten Golfanlagen des Landes. Die ursprüngliche, oberösterreichische Landschaft am Osthang des Hausruck-Waldes wurde durch Aufforstungen sowie Biotope und Teiche noch ergänzt und bereichert. Zu den Besonderheiten zählt das 12. Loch, ein Par 5, das mit einer Länge von 577 Metern und einer Breite von nur 30 Metern noch immer zu den längsten Par 5 Löchern Österreichs gehört. Weiteres Highlight ist der „Zauberteppich", ein Personenförderband am steilen Anstieg zwischen der Bahn 7 und 8, für die 2015 100.000 Euro investiert wurden.

Besonders ans Herz zu legen sind abschließend für Oberösterreich noch die 18 Löcher des Golfclubs Traunsee-Kirchham. Die Anlage ist im wahrsten Sinne des Wortes in die Natur hineingearbeitet. Die Lage in einer der schönsten Landschaften des oberösterreichischen Salzkammerguts ist eine Gewähr für Wohlbefinden!

Golfclub Maria Theresia Haag

Golfclub Traunsee-Kirchham

58 Golfclub Pischelsdorf Gut Kaltenhausen 18/6

Kaltenhausen 1
A-5233 Pischelsdorf
07742 2900 07742 29004
gutkaltenhausen@golfclub-salzburg.at
www.golfclub-pischelsdorf.at
Länge: H 6109 m, D 5559 m, HCP 54 erforderlich.

Greenfee-Kat.: €€€
Ermäßigung: Jugendl./Stud.

In Oberösterreich nur rund 40 km nördlich von Salzburg gelegen, bietet der Golfclub Salzburg Gut Kaltenhausen fernab vom Verkehrslärm auf einem Areal von über 50 Hektar eine 18- sowie eine 6-Loch-Anlage. Eingebettet in eine traumhaft schöne Landschaft und inmitten des Innviertels finden hier Einsteiger und Profis eine Herausforderung der besonderen Art. Mit diesem anspruchsvollen 18-Loch-Platz präsentiert sich diese Anlage in Bestform für alle Spieltypen und zählt zu den schönsten Plätzen Östereichs.

Platzinformationen:

59 Golfclub Sonnberg 18

Straß 1
A-5251 St. Johann am Walde
07743 20066 07743 20077
golf@gcsonnberg.at
www.gcsonnberg.at
Länge: H 5052 m, D 4447 m, PE erforderlich.

Greenfee-Kat.: €€€
Ermäßigung: Jugendl./Stud. bis 21 J. 50%

Die reizvolle und waldreiche oberösterreichische Landschaft unweit der deutschen Grenze bietet diesem Platz eine überaus schöne Heimat. Die Fairways befinden sich auf einem leicht hügeligen Gelände mit welligen Grüns, die von gut platzierten Bunkern und Biotopen verteidigt werden. Der Platz ist mit etwas über 5000 m nicht sonderlich lang, aber sehr reizvoll. 2006 wurde die 18-Loch Anlage durch eine neue großzügige Übungsanalage mit Putting Green, Pitching und Chipping Area erweitert und bietet somit eine großzügige Übungsfläche, die kostenlos genutzt werden kann.

Platzinformationen:

60 Golfclub Drachenwand Mondsee 9

Am Golfplatz 4
A-5310 St. Lorenz-Mondsee
06232 5656 06232 56566
office@golfdrachenwand.at
www.golfdrachenwand.at
Länge: H 5340 m, D 4766 m, PE erforderlich.

Greenfee-Kat.: €€€
Ermäßigung: Jugendl. bis 14 J. 100%

Im Herzen des Salzkammergutes und nahe der Festspielstadt Salzburg gelegen, breitet sich der Platz am Fuße der Drachenwand mit herrlichem Blick über den Mondsee in leicht hügeligem Gelände aus. Nicht lang, aber immer individuell, ein ideales Gelände für Anfänger und eine Herausforderung für gute Spieler. 2010 wurde das Loch 5 zu einem Par 5 mit großer Teich-Landschaft samt Beach-Bunker ausgebaut, wodurch der Platzstandard auf Par 70 angehoben wurde. Eine Herausforderung stellen auch die 11 neuen Bunkerlandschaften dar, die den Reiz des Platzes zusätzlich steigern.

Platzinformationen:

Golfclub Drachenwand Mondsee

61 Golfclub Am Mondsee

18

St. Lorenz 400
A-5310 St. Lorenz
06232 3835
office@golfclubmondsee.at
www.golfclubmondsee.at

Länge: H 6248 m, D 5452 m, PE erforderlich.

Greenfee-Kat.: €€€€€
Ermäßigung: Jugendl. bis 18 J. 50%, Stud. bis 25 J. 30%
Tarife gelten für ein Tagesgreenfee inkl. Startgeschenk.

Der 18-Loch-Meisterschaftsplatz, von Max Graf Lamberg aus Kitzbühel geplant, stellt eine echte Herausforderung für jeden Golfer dar. Der Platz zählt zu den besten und anspruchsvollsten in Österreich. Obwohl der auf 70 Hektar angelegt Platz auch Profis alles abverlangt, haben hier auch höhere Handicaps Spaß am Spiel. Besonders reizvoll macht diesen Golfplatz die idyllische Lage am Ufer des Mondsees, einem der wohl schönsten Seen im Salzkammergut und die gelungene Architektur. Der Club verfügt über einen eigenen Badeplatz am Mondsee sowie einen Badesteg am Drachensee.

Platzinformationen:

Golfclub am Mondsee

62 Celtic Golf Course Schärding

18/6

Maad 2
A-4775 Taufkirchen/Pram
07719 8110 07719 811015
office@gcschaerding.at
www.gcschaerding.at

Länge: H 6420 m, D 5582 m, PE erforderlich.

Greenfee-Kat.: €€€€
Ermäßigung: Jugendl. bis 18 J. und Stud. bis 26 J. 50%

In der romantischen Innviertler Landschaft, nur wenige Minuten vom bezaubernden Schärding am Inn entfernt, wurde diese Anlage auf einer Fläche von 65 ha mit breiten Fairways und leichten Höhenunterschieden harmonisch in die Landschaft eingefügt. Die zusätzliche 6-Loch Par 3 Anlage bietet auch für Anfänger ohne Platzerlaubnis eine Spiel- und Übungsmöglichkeit. Das Clubrestaurant "Maader Hof" ist mehrfach vom Feinschmecker-Magazin "Falstaff" für seine vorzügliche Küche ausgezeichnet worden. Gäste mit Clubausweis und einer Mindeststammvorgabe von -45 sind willkommen.

OBERÖSTERREICH

Platzinformationen:

Celtic Golf Course Schärding

63 Golfclub am Attersee

18

Am Golfplatz 1
A-4864 Attersee am Attersee
07666 20866
office@golfamattersee.at
www.golfamattersee.at

Länge: H 5960 m, D 5598 m, PE erforderlich.

Greenfee-Kat.: €€€€
Ermäßigung: Jugendl. bis 18 J.
Sonderpreise für Hello Juniors und Hello Students

Der Golfclub am Attersee zeichnet sich durch seine einzigartige Lage mit Bilderbuchpanorama und das abwechslungsreiche Gelände aus. Das Architektenteam Diethard Fahrenleitner und Barbara Eisserer hat die verschiedenste Biotope im Platzdesign bewusst ins Spiel integriert, um interessante, einprägsame Löcher zu schaffen. Bachebenen wechseln mit Hügellagen, Naturbahnen mit markanten Designlöchern. Nicht nur während der Runde, sondern auch von der großzügigen Übungsanlage eröffnet sich für alle Spieler ein atemberaubender Blick auf den Attersee und das Höllengebirge.

Platzinformationen:

Golfclub am Attersee

64 Golfclub über den Dächern von Passau

Freinberg 74
A-4785 Freinberg
07713 8494 07713 8994
gcpassau@speed.at
www.golfclub-passau.com

Länge: H 4016 m, D 3552 m, HCP 54 erforderlich.

Greenfee-Kat.: €€€
Ermäßigung: Jugendl./Stud.

Der 9-Loch-Golfplatz des Golfclub über den Dächern von Passau lockt mit einzigartigen Aussichten auf die wenige Kilometer entfernte Dreiflüssestadt Passau. Der naturbelassene Platz ist eine Herausforderung für Anfänger und Fortgeschrittene. Der Erlebnisturm bietet eine Weltneuheut, den höchsten in einen Golfplatz integrierten Abschlag von einem Gebäude. Von hier kann man in 16 Meter Höhe auf Loch 7 abschlagen. Ein Aufzug ist vorhanden. Die angeschlossene Freizeitanlage ermöglicht die Ausübung weiterer zahlreicher Sportarten, wie Tennis, Squash, Badminton, Stockschiessen und Fitness.

Platzinformationen:

Golfclub über den Dächern von Passau

66 AtterseeGolf Club Weyregg

9

Wachtbergstr. 30
A-4852 Weyregg am Attersee
07664 20712
office@gcweyregg.at
www.gcweyregg.at

Länge: H 4788 m, D 4330 m, PE erforderlich.

Greenfee-Kat.: €€€

Die 2004 eröffneten neun Löcher des GC Weyregg am Ostufer des Attersees wurden von Peter Mayrhofer entworfen. Der Platz mit Panoramablick auf den See von jedem Loch bietet Golfern aller Handicapklassen Spiel in herrlicher Landschaft. Das Signature-Loch 7 (156 m) führt durch eine Waldschneise steil bergab und heißt treffend "Steiler Zahn". Es gilt als eines der schönsten Par-3-Löcher Österreichs. Der Platz ist kompakt und erfordert keine Kletterfähigkeiten. Hunde dürfen an der Leine mitgeführt werden. Für das Clubhaus wurde ein Bauernhof von 1855 komplett renoviert.

Platzinformationen:

67 Golfclub Maria Theresia Haag /H. 18

Letten 5
A-4680 Haag am Hausruck
07732-3944 07732 39449
office@gcmariatheresia.at
www.gcmariatheresia.at

Länge: H 5952 m, D 5158 m, PE erforderlich.
Der Golfclub Maria Theresia Haag/H. liegt nur 5 Minuten von den Autobahnauf-und abfahrten Wels/Passau (A8) entfernt. Die Autobahn ist aber trotzdem beim Spielen nicht zu sehen und zu hören!

Greenfee-Kat.: €€€€
Ermäßigung: Jugendl./Stud. 50%

Im Herzen des Hausruckviertels gelegen, fügt sich der 18-Loch-Platz in die Abhänge des Hausruckwaldes harmonisch ein und bietet für jede Spielerin und jeden Spieler Golfvergnügen pur. Die Grüns sind gut verteidigt und fordern Golfer aller Spielstärken. Die größte Herausforderung bleibt die 12. Spielbahn, die mit 577 Metern noch immer zu den längsten Par-5-Löchern Österreichs gehört. Mit dem „Zauberteppich", einem 100.000 Euro teuren Transportband, gleitet man sanft in die Höhe. So wird dem gefürchteten Anstieg vom 7. Grün zum 8. Abschlag der Schrecken genommen.

OBERÖSTERREICH

Platzinformationen:

Golfclub Maria Theresia Haag /H.

68 GOLF REGAU • Attersee – Traunsee 18

Eck 3
A-4845 Regau
07672 222020 07672 222024
office@golfregau.at
www.golfregau.at

Länge: H 6392 m, D 5908 m, PE erforderlich.

Greenfee-Kat.: €€€€
Ermäßigung: Jugendl. bis 18 J. und Stud. bis 26 J. 50%

Der auf 74 ha angelegte Platz liegt in einem naturbelassene Gelände und verspricht viele hochinteressante Spielverläufe. Jeweils vier Abschläge sorgen dafür, dass die Herausforderung mit der Spielstärke wächst und Golfer aller Handicaps ihre Freude haben. Großzügig angelegte Faiways ohne störende Gegenbahnen in einem sanft bewegten Gelände umgeben von Wald und Wiesen zeichnen den Platz aus. Die Landezonen wurden eben gehalten. Um höheren Handicaps das Spiel zu erleichtern, wurden sogenannte Fairwaybrücken geschaffen, um den Ball leicht aufs Grün rollen zu lassen.

Platzinformationen:

GOLF REGAU • Attersee – Traunsee

65 Golfclub Salzkammergut 18

Wirling 36
A-5360 St. Wolfgang
06132 26340 06132 26708
office@salzkammergut-golf.at
www.salzkammergut-golf.at

Länge: H 5707 m, D 5003 m, PE erforderlich.
Einer der ältesten Golfplätze Österreichs.

Greenfee-Kat.: **€€€€**
Ermäßigung: Jugendl./Stud. bis 18 J.

Der 1933 gegründete GC Salzkammergut liegt malerisch inmitten intakter Natur und bietet dem Gast neben einer wunderbaren Aussicht auf die Umgebung auch ein technisch anspruchsvolles und abwechslungsreiches Spiel. Auch weniger gute Schläge werden meist verziehen und Ballverluste sind selten. Die "Ischler Grüns" haben, auch überregional, den besten Ruf. Der Platz zwischen grünen Hügeln wird eingerahmt von Gebirgsbächen, Teichen und einem altem Baumbestand. Die Seen mit ihren dicht bewachsenen Ufern, die Höhen und Tiefen und einige Schräglagen fordern präzises Spiel.

Platzinformationen:

Golfclub Salzkammergut

Golfclub Salzkammergut

iserlich Golfen im Salzkammergut – Golfen zum Erlebnis im Einklang mit der Natur wird

n Salzkammergut, zwischen mächtigen Berggipfeln, und um glasklare Seen und entlang idyllischer Flussfe, scheint es fast so, als ob die Uhr ein wenig langsamer t. Denn hier zählen nicht Geschwindigkeit und Hektik, dern Lebensqualität, Natur und Genuss.
ischen Bad Ischl und St. Wolfgang liegt der 1933 gegrüne Golfclub Salzkammergut malerisch inmitten intakter tur und bietet dem Gast neben einer wunderbaren Ausit auf die Umgebung auch ein technisch anspruchsvolles l abwechslungsreiches Spiel. Nicht fashionable und nicht bby – aber unheimlich liebenswert. Auch weniger gute läge werden meist verziehen, und Ballverluste sind sel-. Die „Ischler Grüns" haben – auch überregional – den ten Ruf.
stehen moderne Golf-Cars zur Verfügung. Die großzügi-Driving-Range mit Bunker und Chipping Grün lädt zum Trainieren ein. Das Golftrainingszentrum von Prof. Franz Laimer bietet modernste und computerunterstütze Videotechnik für den Golf-Unterricht sowie einen sehr gut sortierten ProShop.
Turniere mit Weltklassespielern wie Severiano Ballesteros, Mark McNulty, Gordon Brand haben zur Popularität des Clubs und des Golfsports in der Region beigetragen. Im Mai 2002 hat der zweifache Masters Sieger Jose Maria OLAZABAL zwei Tage Golf vom Feinsten auf diesem Platz geboten. Zu den Highlights im Turnierkalender zählt vor allem das Kaiser Golf Turnier.
Das Sekretariat reserviert gerne Ihre Wunschstartzeit. Das Clubhaus bietet moderne Garderoben und Sanitärräume. Kulinarisch werden die Gäste im Golfrestaurant verwöhnt. Von der Terrasse aus genießt man den einzigartigen Ausblick auf die wunderschöne Umgebung.

richtungen und Services:
lleys, E-Trolleys, Bags mit Schlägern sowie E-Carts zu mieten – Gästesanitäranlagen – Driving Range mit freien und rdachten Abschlagplätzen – Puttinggreen – Chippinggreen – Kreditkarten werden im Club und Restaurant akzeptiert – taurant mit Aussichtsterrasse – Golftrainingszentrum mit ProShop vorhanden – Hunde angeleint erlaubt – Birdiebook.

tz: *18 Löcher/PAR 71*

gen: *Herren weiß: 5.707 m, CR 71,0, Slope 132 – Herren gelb: 5.406 m, CR 69,5, Slope 126*
Damen blau: 5.003 m, CR 72,3, Slope 130 – Damen rot: 4.707 m, CR 70,6, Slope 124

Golfclub Salzkammergut

Wirling 36, A-5360 St. Wolfgang
Tel.: +43 (0)6132-26340
Fax: +43 (0)6132-26708
E-Mail: office@salzkammergut-golf.at
www.salzkammergut-golf.at

69 Golfclub Pfarrkirchen im Mühlviertel 9

Pfarrkirchen 12
A-4141 Pfarrkirchen
07285 6420
gcpfarrkirchen@golf.at
www.gcpfarrkirchen.at

Länge: H 4846 m, D 4322 m, HCP 54 erforderlich.

Greenfee-Kat.: €€€
Ermäßigung: Jugendl./Stud. 50%

Der Golfclub Pfarrkirchen im Mühlviertel bietet mit seiner wunderschönen 9-Loch-Anlage nicht nur einen der atemberaubendsten Golfplätze Österreichs sondern auch die perfekte Umgebung für einen Golfurlaub. Nur 50 km von Linz und 40 km von Passau liegt Pfarrkirchen nördlich der Donau auf 800 m Seehöhe. An klaren Tagen spannt sich ein Panoramabogen von etwa 270 Grad, mit einem überwältigenden Fernblick vom Böhmerwald, Linzerwald über das Alpenvorland zu den nördlichen Kalkalpen vom Schneeberg in Niederösterreich über den Dachstein bis zur Zugspitze in Deutschland.

Platzinformationen:

Golfclub Pfarrkirchen im Mühlviertel

70 Golfpark Böhmerwald 18/9

Seitelschlag 50
A-4161 Ulrichsberg
07288 8200 07288 82004
office@boehmerwaldgolf.at
www.boehmerwaldgolf.at

Länge: H 6098 m, D 5834 m, HCP 54 erforderlich.

Greenfee-Kat.: €€€€
Ermäßigung: Jugendl. bis 14 J. 100%, Stud. bis 26 J. 50%
Das reguläre Tagesgreenfee im Golfpark Böhmerwald beinhaltet zusätzlich am Golftag eine Runde auf der 18-Loch-Adventure-Minigolfanlage des Böhmerwaldparks!

Mit viel Verständnis für die Natur und das sanfthügelige Gelände des Mühlviertels wurden Anfang der 1990er Jahre sowohl der 18- als auch der 9-Loch-Platz in der Böhmerwald-Region im 3-Länder-Eck Oberösterreich-Bayern-Tschechien angelegt. Die hecken- und waldgerahmten Fairways mit Teichen, Büschen und altem Baumbestand und die gut von Sand- und Grasbunkern verteidigten Greens bieten ein anspruchsvolles Golferlebnis. Die großzügigen Übungseinrichtungen mit Driving Range und überdachten Abschlagplätzen, zwei Putting Grüns und das Chipping Grün sind ideal zum Trainieren.

Platzinformationen:

Golfpark Böhmerwald

71 Golfclub Traunsee-Kirchham 18

Kampesberg 21
A-4656 Kirchham
07619 2576 07619 257611
email@golfclubtraunsee.com
www.golfclubtraunsee.com

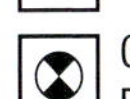

Länge: H 5417 m, D 4741 m, PE erforderlich.

Greenfee-Kat.: **€€€€**
Ermäßigung: Jugendl./Stud. 50%
Montag Damentag: -50% Mittwoch Herrentag: -50%
Greenfee für den Kurzplatz beinhaltet die Rangefee.

Der im Alpenvorland gelegene Golfclub Traunsee-Kirchham wurde 1989 als sechster Golfclub in Oberösterreich gegründet und liegt auf einer Seehöhe von 504 Metern. Die ursprüngliche 9-Loch-Anlage wurde 1994 auf 18 Löcher erweitert und besticht durch ein abwechslungsreiches Design. In den letzten Jahren wurde der Platz weiter verbessert und zeigt sich nun mit seinem alten Baumbestand in Bestzustand. Abgerundet wird der Platz durch eine Driving Rrange mit freien sowie überdachten Abschlagplätzen, Putting- und Chipping-Grün sowie einer Par 3-Übungsanlage mit drei Bahnen.

Platzinformationen:

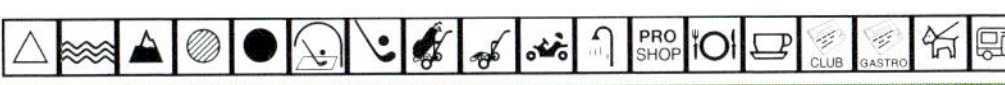

72 Golfclub Donau I Freizeitland Linz-Feldkirchen 27

Golfplatzstraße 12
A-4101 Feldkirchen/Donau
07233 7676
office@golfclub-donau.at
www.golfclub-donau.at

Länge: H 6101 m, D 5423 m, HCP 45 erforderlich.

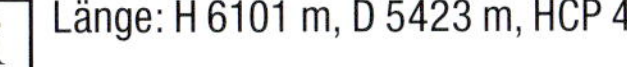

Greenfee-Kat.: **€€€€**
Ermäßigung: Jugendl. bis 18 J. 50%

Der 18-Loch Meisterschaftsplatz des Golf Club Donau liegt im Herzen des Donautals ca. 20 km von Linz entfernt. Der Golfplatz gilt als einer der schönsten in Österreich. Der Platz besticht durch seine aufwendige Bauweise und sein perfektes Design. Die Anlage ist gekennzeichnet durch schöne und breite Fairways, nach Spielstärke gestaffelte Abschläge, gepflegte Grüns, gut platzierte Wasserhindernisse sowie natürliche Biotope. Neben dem 9-Loch-Lakeside Academy Course ist eine großzügige Übungsanlage beheimatet, die optimale Lern- und Trainingsmöglichkeiten ermöglicht.

Platzinformationen:

73 Golf-Club Wels 18

Golfplatzstr. 2
A-4616 Weißkirchen bei Wels
07243 56038 07243 56685
office@golfclub-wels.at
www.golfclub-wels.at

Länge: H 6027 m, D 5323 m, PE erforderlich.

Greenfee-Kat.: **€€€€€**
Ermäßigung: Jugendl. bis 18 J. 50%

Der Golfplatz in Weyerbach liegt etwa sieben km von Wels entfernt in reizvoller, hügeliger Lage. Mit dem Bau der ersten neun Löcher und des Clubhauses wurde 1983 begonnen. Die zweiten neun Löcher wurden 1988 eröffnet. Die ersten neun Bahnen liegen etwas über Clubhaus-Höhe und sind auf einer Ebene angelegt. Die zweiten neun Löcher stellen mit abwechslungreichem und hügeligem Gelände etwas größere Anforderungen an die Kondition. Acht Teiche und der zweimal zu überspielende Weyerbach sowie viele strategisch platzierte Bunker lauern im Laufe der Runde auf Golfbälle.

Platzinformationen:

Golf-Club Wels

Golf Resort Kremstal

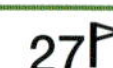

Am Golfplatz 1
A-4531 Kematen/Krems
07228 76440 07228 76447
info@golfresort-kremstal.at
www.golfresort-kremstal.at

Länge: H 6166 m, D 5528 m, HCP 54 erforderlich.

Greenfee-Kat.: €€€€€
Ermäßigung: Jugendl. bis 28 Jahre: 50% auf reguläres Greenfee, nur mit ÖGV-Mitgliedskarte gültig; bis 21 Jahre: Greenfee EUR 25, nur mit ÖGV-Mitgliedskarte gültig; Jugendliche bis 18 Jahre: EUR 15.

Im Städtedreieck Wels-Linz-Steyr im Herzen Oberösterreichs liegt die 27-Loch-Anlage des Golf Resorts Kremstal. Sie befindet sich auf einer Anhöhe mit einem wunderbaren Blick auf das Panorama des Alpenvorlandes. Durch den Aus- und Umbau der Anlage im Jahr 2010 stehen 27 Löcher zur Verfügung. Alle drei 9-Loch-Runden, die kombiniert werden können, zeichnen sich durch ein anspruchsvolles, aber faires Design aus und stellen für Golfer jeder Spielstärke eine Herausforderung dar. Zahlreiche Wasserhindernisse, alter Baumbestand und eine Vielzahl von Bunkern geben dem Platz den Feinschliff.

Platzinformationen:

Golf Resort Kremstal

75 Golfclub Herzog Tassilo

18

Blankenbergerstraße 30
A-4540 Bad Hall
07258 5480 07258 29858
info@gcherzogtassilo.at
www.gcherzogtassilo.at

Länge: H 5900 m, D 5057 m, HCP 45 erforderlich.

Greenfee-Kat.: €€€€
Ermäßigung: Jugendl./Stud. 50%

In der Nähe des bekannten Thermal-Kurortes Bad Hall gelegen, fügt sich die Anlage harmonisch in die sanfte Hügellandschaft ein. Der von Peter Mayrhofer im Jahre 1989 erbaute Platz zählt sich zu den Top 20 Plätzen in Österreich. Mit seinen vielen Bunkern und Fairways, die der natürlichen Umgebung angepasst sind, stellt er für Spieler aller Handicap-Klassen eine Herausforderung dar. Der Platz verfügt über eine interessante Architektur mit Teichen und Aussichten auf die Umgebung. Hervorzuheben ist die großzügige Driving Range, komplett mit Teeaufbau und Zielanlage.

Platzinformationen:

Golfclub Herzog Tassilo

76 Golfclub SternGartl

Schauerschlag 4
A-4181 Oberneukirchen
07212 21333 07212 213334
office@golf-sterngartl.at
www.golf-sterngartl.at

Länge: H 5923 m, D 5137 m, HCP 54 erforderlich.

Greenfee-Kat.: €€€€

Weit oberhalb der Nebelgrenze in frischer Luft liegt die 18-Loch-Anlage des Golfclub SternGartl. Sie wurde zwischen den Orten Bad Leonfelden, Zwettl und Oberneukirchen ins sanfte Hügelland nördlich von Linz auf 600 m Seehöhe eingebettet. So entstand im Distltal ein Golfplatz mit einer Architektur, die alles einbezieht, was das Mühlviertel bietet: Hügel, satte Grüns, Bachläufe, lichte Höhen und massive Brocken aus Granit. Er gilt als eine der attraktivsten stadtnahen Anlagen in Oberösterreich, denn man benötigt nur 15 Autominuten, um dem Trubel der City zu entfliehen.

Platzinformationen:

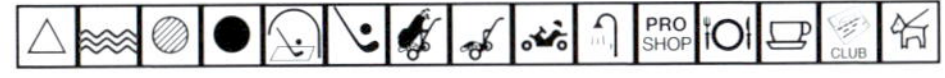

Golfclub SternGartl

77 Golfclub Stärk Linz Ansfelden 18

Grabwinkl 11
A-4052 Ansfelden
07229 78578 07229 7857850
ansfelden@golf-staerk.at
www.golf-staerk.at

Länge: H 6184 m, D 5491 m, HCP 54 erforderlich.

Greenfee-Kat.: **€€€€**
Ermäßigung: Jugendl. bis 18 J. 50%, Stud. bis 26 J. 30%
WE-Greenfee gilt ab Fr.

Der Golfclub Stärk Linz-Ansfelden ist die zweite Musteranlage, diesmal 18 Löcher, von Gerhard Stärk, der als Baumeister mehr als 25 Anlagen in Österreicht errichtet hat. Die Anlage breitet sich auf 52 ha aus und kontrastiert mit den umliegenden Raps- und Weizenfeldern. Das wellige Landschaftsbild bildet eine schöne Kulisse für die erhabene Abschläge und formenreiche Grüns. Stärk spricht von einer ökologischen Bauweise mit wenig Eingriffen in die Natur. Der Platz ist bewusst nicht allzu schwierig. In Ansfelden soll man sich nicht plagen, um sein Handicap zu spielen.

Platzinformationen:

Golfclub Stärk Linz Ansfelden

78 Golfclub Dilly 18

Edlbach 96
A-4580 Windischgarsten
07562 2067850
info@golfanlage.at
www.golfanlage.at

Länge: H 5974 m, D 5070 m, HCP 54 erforderlich.

Greenfee-Kat.: **€€€€€**
Ermäßigung: Jugendl./Stud. bis 21 J. 50%

Die 18-Loch-Golfanlage in der Moorlandschaft vor der Kulisser markanter Zweitausender ist so konzipiert, dass jeweils zweimal 9 Bahnen vom Clubhaus ausgehend und wieder zurück gespielt werden, also zwei halbe Runden. Ziel ist ein landschaftlich einprägsamer, fairer Platz für Golfer aller Spielklassen. Die ersten 9 Bahnen verlaufen mit Blick auf das Sengsengebirge Richtung Norden, die zweiten 9 führen rund um das Edlbacher Moor. Zehn der 18 Spielbahnen befinden sich im ebenen Gelände. Die anderen acht Bahnen erstrecken sich über leichte Hügel mit sanften Anstiegen.

Platzinformationen:

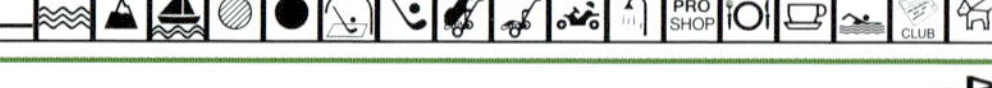

79 Golfclub Stärk.Linz.Pichling 9

Auhirschgasse 52
A-4030 Linz
0660 3966939
pichling@golf-staerk.at
golf-staerk.at/pichling

Länge: H 5306 m, D 4814 m, HCP 54 erforderlich.

Greenfee-Kat.: **€€€**
Ermäßigung: Jugendl. bis 21 J. und Stud. bis 24 J. 50%

Die Anlage befindet sich inmitten des Grüngürtels von Linz, nur knapp ein km südlich der Mündung der Traun in die Donau. Seit 25 Jahren gibt es diesen 9-Loch Platz im Südosten der Stadt, der noch auf dem Stadtgebiet liegt. Gerhard Stärk hat in Österreich etwa 25 Anlagen als Baumeister errichtet. Seit 1990 ist er auch Besitzer von Plätzen, die seinen Namen tragen. Man erreicht den Golfclub Stärk Linz in Pichling über die Bundesstraße 1 Richtung Solarcity, dann der Beschilderung folgen. Der zweite Platz von Stärk ist der Golfclub Stärk Linz-Ansfelden, 16 km entfent.

Platzinformationen:

80 Linzer Golf-Club Luftenberg 18

Am Luftenberg 1a
A-4225 Luftenberg
07237 3893 07237 389340
office@gclinz-luftenberg.at
www.gclinz-luftenberg.at

Länge: H 6038 m, D 5304 m, PE erforderlich.

Greenfee-Kat.: €€€€€
Ermäßigung: Jugendl./Stud. bis 30 J. 30%

In der Mühlviertler Hügellandschaft, nordöstlich von Linz, liegt der Linzer Golf Club Luftenberg. Golffreunde schätzen nicht nur dessen bezaubernde Lage in frischer, anregender Luft sondern ebenso die kurze Anreise von ca. 10 Minuten aus dem Linzer Stadtzentrum. Der bekannte Golfplatz-Designer Keith Preston hat aus der Anlage einen abwechslungsreichen 18-Loch-Platz gemacht. In waldreicher Umgebung findet man gepflegte Fairways, zahlreiche Wasserhindernisse sowie das Clubhaus, eine stilvoll renovierte Meierei des Schlosses Luftenberg, das nach der Runde wartet.

Platzinformationen:

Linzer Golf-Club Luftenberg

81 Golf Club Linz St. Florian 18

Tillysburg 28
A-4490 St. Florian
07223 828730 07223 828737
office@gclinz.at
www.gclinz.at

Länge: H 6096 m, D 5386 m, HCP 45 erforderlich.

Greenfee-Kat.: €€€€€
Ermäßigung: Jugendl. bis 14 J. 100%, Stud. bis 25 J. 50%

Schon bei der Anfahrt, durch eine imposante Baumallee vorbei am Schloss Tillysburg zum Clubhaus wird deutlich, dass hier ein besonders Golferlebnis bevorsteht. Faszinierendes Platzdesign und ideale Platzpflege zeichnen den GC Linz aus, der ca. 10 km südöstlich von Linz liegt. Nicht umsonst wurde der 1960 von Donald Harradine entworfene Platz mit der Ausrichtung von nationalen und internationalen Meisterschaften betraut. Speziell seit dem 1999 abgeschlossenen Umbau gilt Platz als einer der Topplätze Österreichs. Er gehört zu den "Leading Golf Courses of Austria".

Platzinformationen:

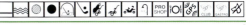

82 Golfpark Metzenhof 18

Dörfling 2
A-4484 Kronstorf
07225 738910
info@metzenhof.at
www.metzenhof.at

Länge: H 5737 m, D 5529 m, HCP erforderlich.

Greenfee-Kat.: €€€€
Ermäßigung: Jugendl. bis 18 J.

Die 18-Loch- Par 71 Anlage zwischen den Städten Enns und Steyr im Osten Oberösterreichs wurde vom renommierten Golfplatz-Architekten Hans Georg Erhardt entworfen. Der „Links-ähnliche" Platz erinnert an die schottischen und irischen Küstenplätze. Der Platz verlangt eine Strategie, denn es kommen rund 70 Bunker und zahlreiche Teiche ins Spiel. Der Golfpark Metzenhof ist Ausbildungszentrum der PGA of Austria und bietet Golfern vielfältige Übungsanlagen, darunter eine Driving Range mit bis zu 50 Abschlagsplätzen (teilweise überdacht) und fünf beheizte Abschlagsplätze.

Platzinformationen:

83 Golfclub Mühlviertel St. Oswald-Freistadt

18

Am Golfplatz 1
A-4271 St. Oswald
07945 7938 07945 79384
office@gcstoswald.at
www.gcstoswald.at

Länge: H 6075 m, D 4945 m, HCP 54 erforderlich.

Greenfee-Kat.: €€€
Ermäßigung: Jugendl. bis 14 J. 100%, Stud. 40%

Eingebettet in die natürlichen Geländeformen wurde der Platz vom irischen Architekten Mel Flanagan geplant und zunächst als 9-Loch-Anlage errichtet. Die Erweiterung auf 18 Loch wurde 2003 fertiggestellt. Die leicht hügelige Anlage wurde harmonisch in die Landschaft rund um den Ort St. Oswald integriert. Während der Runde genießt man wunderschöne Blicke über die umgebende Landschaft. Schnelle Grüns, etliche Wasserhindernisse und abwechslungsreiche Fairways bilden den Reiz dieses Platzes. Mit der Länge von 612 m befindet sich das längste Par 5 Europas in St. Oswald.

Platzinformationen:

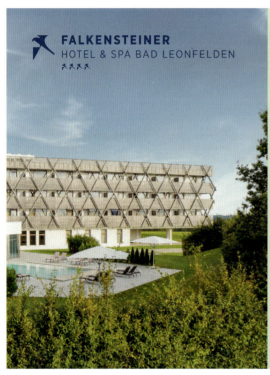

Golfclub Mühlviertel St. Oswald-Freistadt

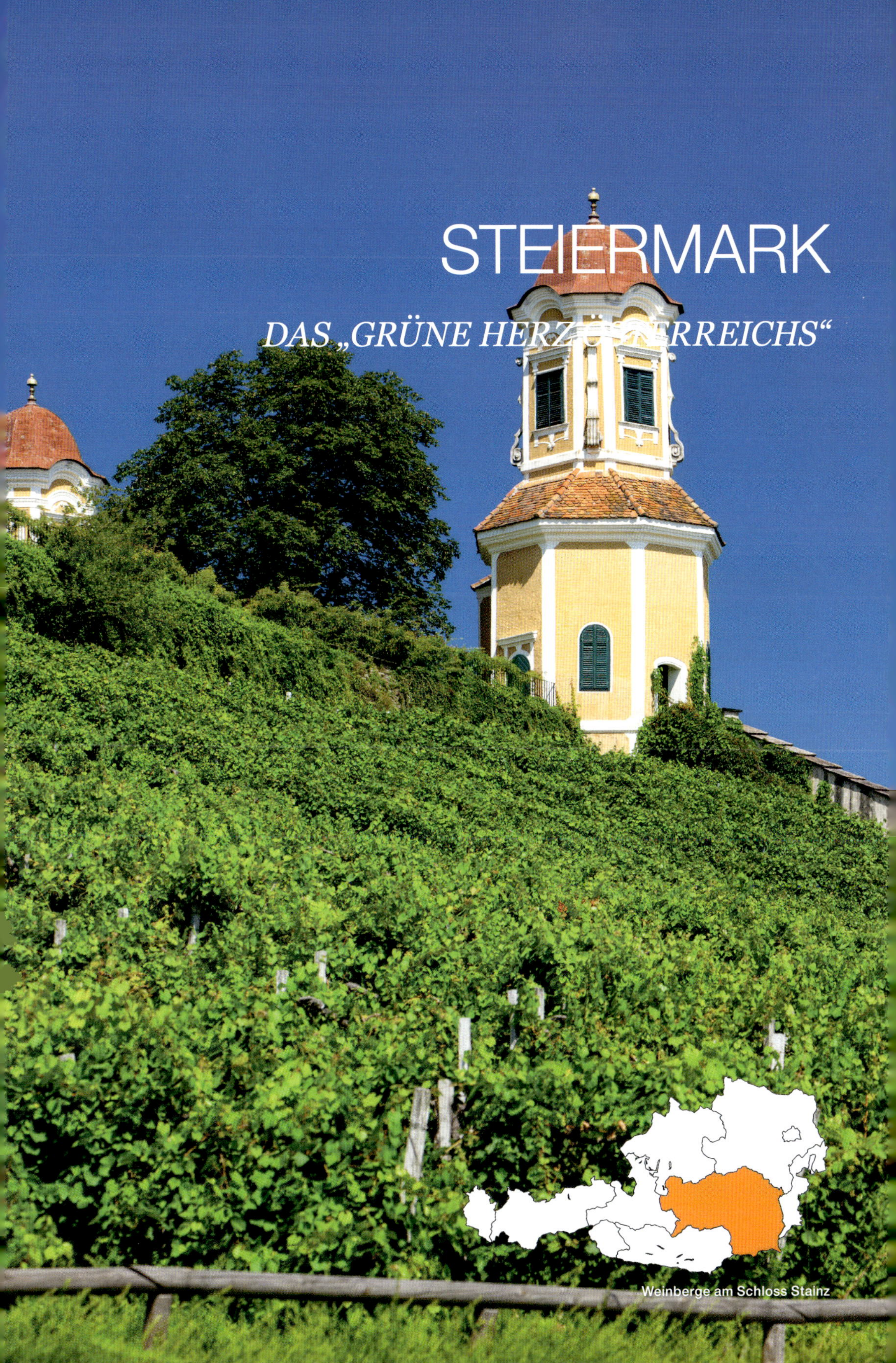

STEIERMARK

DAS „GRÜNE HERZ ÖSTERREICHS“

Weinberge am Schloss Stainz

Golfclubs nach Kartennummern

Nr.	Golfclub		Seite
84	Golfclub Kobaldhof-Ramsau/Dachstein		116
85	Golfclub Ausseerland		116
86	Golfclub Schladming-Dachstein		116
87	Golfclub Murau-Kreischberg		118
88	Golf- & Countryclub Schloss Pichlarn		118
89	Golf- & Landclub Ennstal		118
90	Styrian Mountain Golf Mariahof		118
91	Golf Club Murtal		119
92	Golfclub Trofaiach		119
93	Golf Club Erzherzog Johann Maria Lankowitz		119
94	Golfclub Schloß Frauenthal	■ 363	120
95	Steiermärkischer Golf-Club Murhof		120
96	Golfclub St. Lorenzen Mürztal		121

■ = Partner Albrecht Greenfee-Aktion (Gutschein-Seite)

Neuhaus
Mariazell
Puchberg
Neunkirchen
Ternitz
Gloggnitz
Payerbach
Prein
Schottwien
Maria Schutz
Greith
Wegscheid
Wildalpen
Mürzsteg
Neuberg
Seewiesen
Mürzzuschlag
Mürzzuschlag West
Langenwang
Krieglach
Mitterdorf
Wartberg
Kindberg
Kindberg West
Semmering-Schnellstr.
Thurnau
Palbersdorf
Eisenerz
Pichl-Großdorf
St. Lorenzen
Deuchendorf
Kapfenberg
Trofaiach
Bruck a. d. Mur
Niklasdorf
Leoben
Leoben Ost
Leoben West
Kammern
Mautern
Traboch
St. Michael
Kraubath
Feistritz-St. Lorenzen
Knittelfeld
St. Marein
Kn. Bruck
St. Jakob-Breitenau
Pernegg
Mixnitz
Röthelstein
Frohnleiten
Frohnleiten Süd
Passail
Übelbach
Badl/Peggau
Deutschfeistritz
Kn. Deutschfeistritz-Friesach
Großstübing
St. Pankrazen
Gratwein
Gratkorn
Maria Trost
St. Oswald
GRAZ
Kumberg
Weiz
Unterfladnitz
Anger
Birkfeld
Puch bei Weiz
St. Kathrein
St. Jakob
Mönichwald
Vorau
Friedberg
Pinkafeld
Rohrbach
Miesenbach
Grafendorf
Pöllau
Hartberg
Lafnitztal Oberwart
Markt Allhau
Oberwart
Rotenturm
Litzelsdorf
Stegersbach
Heugraben
Hirnsdorf
Kaindorf
Sebersdorf-Bad Waltersdorf
Kroisbach
Bad Waltersdorf
Hainersdorf
Bierbaum
Gleisdorf
Gleisdorf-West
Gleisdorf-Süd
Sinabelkirchen
Ilz-Fürstenfeld
Fürstenfeld
Markt Hartmannsdorf
Studenzen
Dobersdorf
Heiligenkreuz im Lafnitztal
Jennersdorf
Feldbach
Paldau
Fehring
Bad Gleichenberg
Obergnas
Minihof-Liebau
Merkendorf
Kalch
Dietersdorf
Tieschen
Jagerberg
Mettersdorf
Eichfeld
Mureck
Bad Radkersburg
Drava
Laßnitzhöhe
Raaba
Kn. Graz Ost
Hausmannstätten
Fernitz
Kalsdorf
Wundschuh
Kirchberg
Wildon
Lebring
Leibnitz
Kaindorf
Wagna
Vogau-Straß
St. Veit
Gersdorf
Spielfeld
Großklein
Arnfels
Eibiswald
Wies
St. Oswald
Gleinstätten
Deutschlandsberg
Wohlsdorf
Stainz
Zwaring
Pyhrn-AB
Seiersberg
Kn. Graz West
Graz-Webling
Mooskirchen
Lieboch
Steinberg
Modriach
Packsattel
Köflach
Bärnbach
Voitsberg
Waldenstein
St. Gertraud
Wolfsberg
St. Marein
Eitweg
St. Andrä
St. Georgen
St. Paul
Eis
Lavamünd
Aich
Süd-AB
Mur
Raab
Feistritz
Laßnitz
Edlitz
Aspang
Zöbern
Pinggau
Hochneukirchen
Krumbach
Aspang-Markt
Kirchberg
Trattenbach
Grimmenstein
Scheiblingkirchen
Gleißenfeld
Seebenstein
Reftenegg
Stanz
Steinhaus
Mürzzuschlag Ost

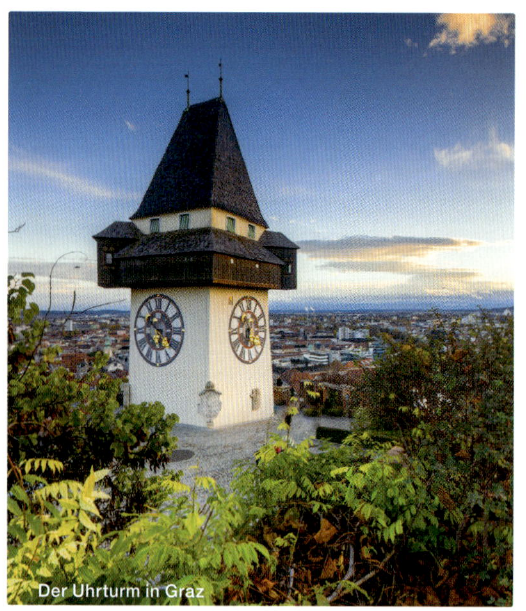

Der Uhrturm in Graz

Im Norden alpin geformt, im Süden mediterran geprägt sowie reich an Burgen und Schlössern, die Steiermark gilt als einer der schönsten Landstriche und beliebtesten Urlaubsdestinationen Österreichs. Flächenmäßig vergleichbar mit Thüringen, bietet das zweitgrößte Bundesland der Alpenrepublik ein Kunterbunt an gigantischen Bergriesen, Wiesen mit zahllosen Obstbäumen und sanften Hängen voller Weinreben. Selbst in der Landeshymne „Hoch vom Dachstein an ... bis ins Rebenland" werden die Unterschiedlichkeit und Vielfalt im Erscheinungsbild von Mensch und Landschaft in der Steiermark besungen. Und es sind die scheinbaren Widersprüche innerhalb der Landesgrenzen, die die Schönheit und Einmaligkeit der Steiermark ausmachen. Aufgrund ihres außergewöhnlich großen Waldbestandes (62%), weitläufiger Grünflächen und Gebirgszüge wird die Steiermark auch „Grüne Mark" oder das „Grüne Herz Österreichs" genannt. Nebst landschaftlicher Fülle und unberührtem Naturgenuss fasziniert dieses Bundesland jedoch auch mit einem unvergleichbaren Allround-Erlebnis, werden doch Tradition und Moderne sowie Genuss und Kultur auf das Vortrefflichste miteinander verbunden. Über zehn Millionen Touristen besuchen alljährlich die Steiermark; zum Skilaufen in Schladming oder zum Bergsteigen am Dachstein; Roseggers Waldheimat kennen lernen, das Gestüt der Spanischen Hofreitschule in Piber, die bedeutendste Marien-Wallfahrtskirche Mitteleuropas, Mariazell, den Erzberg in Eisenerz, das Benediktinerstift Admont oder die Riegersburg besichtigen und mit dem Heißluftballon über die satten Weinbaugebiete in der Südsteiermark fahren. Die Landeshauptstadt Graz, deren Altstadt zum Weltkulturerbe zählt, genießt Weltrenommee und steht ohnehin bei den meisten Besuchern auf dem Pflichtprogramm.

GRAZ – KULTURHAUPTSTADT MIT ITALIENISCHEM FLAIR

Die Metropole an der Mur liegt an einem Schnittpunkt der europäischen Kulturen. Hier konnten sich romanische und slawische, auch magyarische und natürlich germanisch-alpine Einflüsse zu einem ganz spezifischen Charakter verbinden. Wer die Grazer Altstadt durchwandert – eines der größten geschlossenen Ensembles im deutschen Sprachraum –, der kann diesen Charakter an den Bauwerken der Gotik, der Renaissance, des Barock, des Historismus bis hin zum Jugendstil ablesen. Dieser – auch im Kontrast

Weinberge entlang der südsteirischen Weinstraße

Brandalm in Ramsau am Dachstein

mit der behutsam eingefügten modernen Architektur – einzigartige historische Kern wurde von der UNESCO in die Liste der „Weltkulturerben" aufgenommen (sowie auch das beeindruckende Schloss Eggenberg, dem dieser Ruhm 2010 zuteilwurde). Die liebenswerte Stadt zeigt jedoch weitere Gesichter und bietet für jeden Geschmack Sehenswertes. Ob man im Landeszeughaus den Spuren der alten Rittersleute folgen, den berühmten Uhrturm auf dem Schlossberg besuchen oder die neuen Wahrzeichen wie die Insel in der Mur oder das Kunsthaus bewundern will – Graz ist immer eine Reise wert. Man sollte sich die Zeit nehmen, um diese pulsierende Stadt mit ihrem einzigartigen Charme in seiner ganzen Vielfalt wahrzunehmen. Die steirische Landeshauptstadt punktet mit einem erstklassigen kulturellen Angebot. Doch egal wie man seinen Tag gestaltet – ausklingen lässt man ihn am besten in einem der zahlreichen Gastgärten in der Grazer Innenstadt, ganz spezifisch im lebhaften, aber dennoch romantischen Bermuda-Dreieck.

Immer mehr Besucher kommen in die Steiermark, um auf den zahlreichen, ausgezeichneten Golfplätzen ihrer Leidenschaft zu frönen, kann man doch gerade in der Grünen Mark Golf perfekt mit zahlreichen Highlights kombinieren. Die mannigfache Landschaft, das breitgefächerte Kulturspektrum und die Herzlichkeit der Menschen – all das schätzen die Gäste an der Steiermark besonders. Nicht zu vergessen die einzigartige Kulinarik, gilt doch die Steiermark schon lange als Feinkostladen Österreichs.

GOLFLAND STEIERMARK – DIE SCHÖNSTE ART, SICH DURCHS LEBEN ZU SCHLAGEN

Dass das Grüne Herz Österreichs kräftig für den Golfsport schlägt, lässt sich nicht übersehen. 27 harmonisch in die Natur eingebettete, feine Golfplätze zeigen auf beeindruckende Weise zwischen Norden und Süden, zwischen Dachstein und Weinhügel die steirische Vielfalt. Hier wurde zwar das Golfspiel und dessen touristische Nutzung nicht erfunden, aber es hat sich zu besonderer Qualität entwickelt.

GOLFEN IM HERZEN DES KÜRBIS- UND SCHILCHERWEINLANDES

An der steirischen Schilcherweinstraße, zirka 45 Fahrminuten südlich von Graz, hat sich rings um das Renaissance-Schloss Frauenthal ein weiterer einladender Golfplatz etabliert. In einer Landschaft, die von Weinhängen, Edelkastanien, prächtigen Mischwäldern, Mais- und Kürbisfeldern gekennzeichnet ist, liegt die unverwechselbare Anlage des Golfclub Schloss Frauenthal. Das Ambiente der 18 Löcher wird von riesigen Eichen, exotischen Tulpenbäumen,

Golfclub Schloß Frauenthal

Biotopen und Teichen rund um das traditionsreiche Schloss geprägt. Der vor ein paar Jahren redesignte und „entschärfte" Platz zeigt ein abwechslungsreiches Layout mit weitgehend unterschiedlichen Bahnen, die sich großteils durch eine offene Parklandschaft winden. Ab Loch 12, einem bergauf verlaufenden Par 5 mit einem höhenversetzten Plateau-Green, führt der Parcours durch hügeliges Terrain. Bemerkenswert: Österreichs einziger Platz mit fünf Par 5. Weiter, breiter, fairer ist nicht nur ein Slogan, sondern kann auch wirklich erlebt werden. Nach der Runde sollte man auf gar keinen Fall auf die kulinarischen Angebote verzichten. Zusätzlich locken eine zauberhafte Landschaft mit den steilen Weinrieden, den schlanken Pappeln auf den Hügelkämmen, den Windrädern („Klapotetz"), den urigen Winzerhäusern und das hervorragende Können der Winzer, das dafür verantwortlich ist, dass man im steirischen Weinland nicht wenige Weltspitzenweine vorfindet.

GOLF-PERLE VON MURSTÄTTEN

Zu einer der beliebtesten Anlagen des Landes avancierte in den vergangenen Jahren der Golfclub Gut Murstätten, und dies nicht nur aufgrund seiner Nähe zu Graz. Der 18-Loch-Championship-Parcours mit dem 9-Loch-Südkurs und einer Pitch & Putt-Anlage wurde bereits 1990 eröffnet, musste allerdings in seinen Anfangsjahren einige Herausforderungen meistern, um sich heute in voller Pracht präsentieren zu können. Der großzügig angelegte Parcours mit amerikanischen Designelementen und dem Charakter eines schottischen Links-Courses wurde vom niederländischen Designer Joan Dudok Van Heel harmonisch in die Auen der Murlandschaft eingefügt. Die ersten neun Loch des Championship-Courses gestalten sich abwechslungsreich und anspruchsvoll. Zentrales Element ist der 14 Hektar große See, der vor allem das Nervenkostüm „wasserscheuer" Spieler strapaziert. Die Back-Nine führen auf die Westseite des großflächigen Wasserareals, mit einem Flusslauf kommt zusätzliches Nass ins Spiel, das vor allem auf der 12 zu taktischem Spiel zwingt. Es macht Spaß, diesen gepflegten Parcours zu spielen.

Noch lustiger wird es wenn man nach dem Spiel einen Abstecher in die nahegelegene Südsteirische Weinstraße plant, da die hervorragenden Weine und steirischen Schmankerln im gemütlichen Ambiente der Buschenschanken besonders gut munden. Speziell bei der Frühlingsweinkost in Gamlitz, der alljährlichen Steirischen Weinwoche in Leibnitz oder bei den beliebten Junkerpräsentationen im November erfährt man dort alles Wissenswerte über den Rebensaft aus erster Hand.

Golf Club Gut Murstätten

ELITÄRER MURHOF – FLAGSHIP-COURSE DER MURHOF-GRUPPE

Als Aushängeschild der Murhof-Gruppe präsentiert sich der 1963 gegründete Steiermärkische Golfclub Murhof nahe Graz, der als ältester steirischer Golfclub verzeichnet ist. Durch seinen hohen Qualitätsstandard und durch die mehrfache Austragung namhafter internationaler Turniere konnte sich der prestigeträchtige Club des Grafen Goess-Saurau ein höchst exklusives Renommee weit über die Grenzen des Landes verschaffen. Eine bunte Vegetation – speziell zur Blütezeit – und der üppige Baumbestand der Parkanlage begeistern Naturliebhaber, das abwechslungsreiche Design mit strategisch raffiniert platzierten Hindernissen fordert den sportlich ambitionierten Golfer. Elitäres Flair kombiniert mit steirischer Herzlichkeit runden ein besonderes Golferlebnis ab. Platzrekord auf dem stets exzellent gestriegelten, feinen Parcours hält Österreichs Paradegolfer Markus Brier mit 62 Schlägen.

Wer nach der Runde noch Zeitvorrat hat, sollte die in der Nähe gelegene Lurgrotte von Semriach besuchen, die sich nicht nur damit schmückt, die schönste, tropfsteinreichste und die größte ihrer Art zu sein, sondern sich obendrein rühmt, den größten freihängenden Tropfstein der Welt zu besitzen. Die Kulturstadt Graz erreicht man vom Murhof in nur 20 Autominuten.

DER „STEIRISCHE PRINZ" IN DER WESTSTEIERMARK

Die Golfanlage Erzherzog Johann in Maria Lankowitz, kleiner Bruder des Murhofs und liebevoll „Steirischer Prinz" genannt, hat sich vom Geheimtipp zu einer der etabliertesten Golfanlagen des Bundeslandes entwickelt. Ein Naturerlebnis par excellence am Rande eines Landschaftsschutzgebietes: Hohe Wälder, sanfte Hügel, beschauliche Wasserläufe, Teiche und Seen bilden eine einmalige Kulisse für 18 attraktive Spielbahnen, die jedes Golferherz höher schlagen lassen. Breite Fairways wechseln mit engen, ein Halbinselgrün am fünften Loch und der „Amen Corner" von Loch 14 bis 17 mit einem prächtigen Baumbestand begeistern sowohl Longhitter, als auch Strategen. Das 15. Loch – ein 170 Meter langes Par 3 mit erhöhtem Abschlag – gilt als Signature-Loch und belohnt den durch den Anstieg leicht erschöpften Spieler mit einem fantastischen Panoramablick. Der Charme der Anlage verzaubert seine Besucher, daneben überzeugen Ambiente, Gastfreundschaft und Kulinarik der Weststeiermark.

Im Sommer kann man von einigen Fairways die berühmten Lipizzaner beobachten, die auf den Weiden der Stubalpe Kraft für die nächsten Auftritte der Spanischen Hofreitschule tanken. Das Bundesgestüt Piber, Geburts- und Aufzuchtstätte der weltberühmten weißen Pferde, ist ein wahrer Besuchermagnet und nur wenige Autominuten von Maria Lankowitz entfernt.

Für Kulturinteressierte ist die St. Barbara Kirche in Bärnbach nach der Golfrunde einen Stopp wert. Maler Friedensreich Hundertwasser, der auch als Architekt arbeitete, hat diese Kirche zu einem kunterbunten, puppenstubenhübschen Kunstwerk umgestaltet.

GOLF IM HEIMATORT DER „STEIRISCHEN EICHE" ARNOLD SCHWARZENEGGER

Nur fünf Kilometer Luftlinie westlich vom Grazer Uhrturm hat der Golfclub Thalersee, eine 27-Loch-

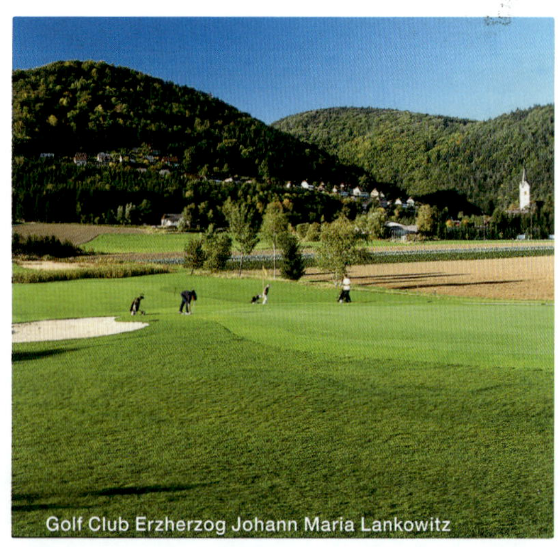

Anlage, inmitten eines traumhaften Landschaftsschutzgebietes seine Heimat gefunden. Der taktisch anspruchsvolle 18-Loch-Championship-Platz „Windhof“ wurde in der wild-romantischen Natur mit großteils altem Baumbestand angelegt. Oftmals ist die Fahne vom Abschlag nicht auszumachen, doch glücklicherweise sind die Löcher gut beschildert. Der Extravorrat an Bällen ist empfehlenswert, da sich das zahlreiche Unterholz meist als sehr dicht erweist. Gute Fitness ist von Vorteil, da durch die Topographie des Platzes immer wieder über Berg und Tal gespielt wird. Die neun kürzeren Löcher des Kurses „Steinfeld“ bieten Neueinsteigern und Gelegenheitsgolfern ideale Voraussetzung für den Golfsport.

GOLFERLEBNIS IN KLÖCH

Im Herzen des südoststeirischen Weingebietes eingebettet im sanften Hügelland von Klöch, wurde im Juli 2009 die 18-Loch-Traminer-Golfanlage Klöch eröffnet. Auf dem 65 Hektar großen Areal erwarten den Golfer großzügig angelegte Fairways mit meist breiten Landezonen, die auch Slice-gefährdeten Spielern einen guten Score ermöglichen. Obgleich die Bahnen 1 bis 9 auf flachem Terrain angelegt sind, sind diese aufgrund dreier Teiche interessant und spannend zu spielen. Die leicht hügeligen Back-Nine fordern erhöhte Konzentration und Präzision. Bei lediglich 4.867 Meter Länge von „Rot“, erweist sich der Parcours als besonders damenfreundlich. Den gesellschaftlichen Treffpunkt bietet das Clubhaus mit seinem gutbürgerlichen Restaurant, wo man mit heimischen Köstlichkeiten und dem köstlich schmeckenden Klöcher Traminer, einem „Wein mit dem Duft der Rose“, verwöhnt wird. Das mediterrane Klima im Süden der Steiermark ermöglicht eine besonders lange Golfsaison.

GOLFERLEBNIS IN DER OSTSTEIERMARK

Wäre die Oststeiermark ganz plötzlich vom Rest der Welt getrennt – Hunger müsste keiner leiden. Vereint doch diese Region mit ihren im „Obstgarten Österreichs“ geernteten Äpfeln und Hirschbirnen, dem Almenland-Almochsen sowie dem Weizer Berglamm vier von 15 Genussregionen der Steiermark.

Inmitten dieser wunderschönen Landschaft, nur einen Katzensprung von Graz entfernt, entstanden bereits 1990 die abwechslungsreichen 18 Löcher des Golfclubs Gut Freiberg, die sich in vorbildlicher Weise ins typisch oststeirische, hügelige Gelände fügen. Kein Zivilisationslärm stört das Spiel in einer von Büschen, Bäumen und Biotopen naturbelassenen Umgebung am Fuße des Schloss Freiberg. Staunen ruft bei den meisten Spielern das zentrale Element des Platzes, die Teichlandschaft, hervor. Zugleich ist dieses Areal auch der spannendste Teil der ökologischen Anlage. Zwei Halbinselgrüns, das Loch 10, ein Par 3, sowie das Loch 17, ein Par 4, mit dem vorgelagerten Teich, der sich beim Annäherungsschlag optisch besonders breit darstellt, sollen getroffen werden. Für temporären Bluthochdruck bei Spielern mit schwachen Nerven ist gesorgt. Ebene Bahnen variieren mit schrägen und hügeligen und verleihen dem Platz dadurch eine zusätzliche interessante Note.

Grazer Golfclub Thalersee

GC Traminer Golf Klöch

Golfclub Gut Freiberg

Es ist ein Genuss, diese reizvolle, hügelige Anlage zu spielen und die zahlreichen Obstbäume und Wälder der Umgebung mit seinen Blicken einzufangen sowie die Stille der Umgebung zu genießen.
Auch im nahen Almenland-Golfclub, „hat die Natur den Golfplatz bereits vorgeplant, es ist ein herrliches Gelände", beschreibt der englische Golfplatzdesigner Michael Pinner, der den meisten der steirischen Anlagen seinen Stempel aufdrückte, den landschaftlich reizvollen 18-Loch-Platz. Alter Baumbestand und bestehende Biotope kennzeichnen die hübsche Anlage.
Im Übergang der Alpen in die Pannonische Tiefebene, wo man, wie der Volksmund sagt, nur einen Finger in die Erde stecken muss, um eine gesunde Thermalquelle anzubohren, wurde auch der Marketing-Slogan „Golf im Thermenland – das unbegrenzte Golfvergnügen" entdeckt, entwickelt und zugunsten des Golftourismus erfolgreich auf den Weg gebracht. Dieser „Urheilkraft" des heißen Wassers macht sich das Steirische Thermenland nebst Golf heute erfolgreich zunutze.

THERMENGOLF FÜRSTENFELD-LOIPERSDORF – 27-LOCH-GOLFGENUSS

Als besonderer Golf-Leckerbissen im Thermenland präsentiert sich der beliebte 27-Loch-Meisterschaftsplatz auf einem 100 Hektar großen Areal in den naturbelassenen Flussauen der Feistritz und Lafnitz an der Landesgrenze zwischen der Steiermark und dem Burgenland. Aufgrund pannonischer Klimaeinflüsse kann man in Loipersdorf meistens schon im März zur Eröffnung der neuen Golfsaison blasen. Die weitläufige Anlage wurde 1989 eröffnet, zehn Jahre später wurde sie einem Facelifting unterzogen und um weitere interessante neun Loch erweitert. Auf dem Champ werden sowohl Longhitter, als auch Strategen gefordert, wechseln doch extrem lange Löcher mit Bahnen, die Taktik und Spielwitz belohnen.
Mit der Eröffnung des Golfclubs Bad Waltersdorf, ebenfalls ein Club der Murhof-Gruppe, wurde das Angebot des Steirischen Thermenlandes nahe an der Grenze zu Ungarn um ein populäres Schmuckkasterl erweitert.

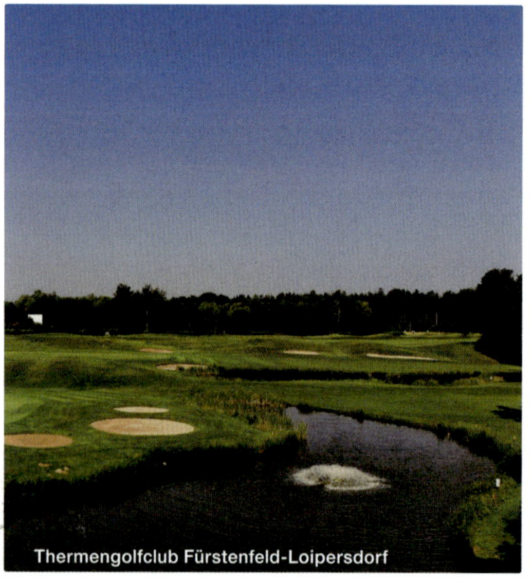
Thermengolfclub Fürstenfeld-Loipersdorf

Golfclub Bad Waltersdorf

„GOLF MACHT SPASS" IN BAD WALTERSDORF

Unter diesem Motto hat sich der Golfclub seit seiner Eröffnung im Jahr 2005 einen Namen gemacht. Der beeindruckende Golfplatz wurde ebenfalls mit viel Gefühl von Designer Michael Pinner in die bestehende typische Hügellandschaft der Oststeiermark integriert. „Hindernisse" wurden so angelegt, dass diese die lebendige Struktur der Landschaft nicht stören. Wasserflächen entstanden dort, wo sie hingehören, teilweise sogar rund um Bäume. Mit 5.667 Metern (von Gelb) ist die beliebte Par-72-Anlage wahrlich kein Monster, aber das prägnante Layout und die leichte Hanglage verlangen bei vielen Löchern hohe Aufmerksamkeit. Ein gut durchdachtes Course-Management und präzise Schläge werden auf diesem beliebten, teils mit kräftigen Nuss- und Apfelbäumen gesäumten Platz mit zahlreichen Birdie-Chancen belohnt.
Ein geographischer Sprung führt von Waltersdorf in die Urlaubsregion Murtal, deren Rezept Abwechslung ist, denn die idealen Voraussetzungen für einen bunten Mix an Urlaubsmöglichkeiten bietet die vielfältige Landschaft der Region, die sich entlang der Mur von den Gipfeln der Tauern bis ins weiträumige Aichfeld erstreckt. Was im Winter trendige Schneeaktivisten lockt, grünt und blüht im Sommer für Wanderer, Bergsteiger, Mountainbiker und Golfer.

Golfclub Murau-Kreischberg

SCHÖNES SPIEL IN DER HOLZWELT

Der Golfplatz Murau-Kreischberg – inmitten der „Holzwelt Murau" – setzt den Anfang des ausgezeichneten Golf-Dreigestirns im Murtal. Nach dem Holzmuseum, der Steirischen Holzstraße und der Landesausstellung „Holzzeit" erhält somit diese Holzregion einen weiteren „Jahresring". Mit seinem unverwechselbaren Holzdesign wird der junge Golfplatz zu einem Markenzeichen der Region. Holzpalisaden begrenzen Teiche, Grüns und Bunker, eine uralte Almhütte dient als „Halfway-Station", ein 300 Jahre altes Bauernhaus wird als Greenkeeper-Station revitalisiert, und natürlich ist auch das gesamte Leitsystem auf dem Platz in Holz gehalten. Die von Diethard Fahrenleitner und Barbara Eisserer geplante 18-Loch-Anlage ist aufgrund des reichlichen Platzangebotes großzügig geplant: Wälder und Gehölzstreifen sowie Teichanlagen, die als seitliche und frontale Wasserflächen ins Spiel kommen, bilden eine schöne optische Kulisse und erfordern außerdem technische Fähigkeiten und mentale Stärke. Wellige Grüns sowie spektakuläre Halb- und Inselgrüns sorgen zudem für so manches Stirnrunzeln. Begrenzt wird der abwechslungsreiche Platz von den bewaldeten Abhängen der Nockberge und der grünen Mur. Das Clubrestaurant „Pfiff" ist ganzjährig geselliger und kulinarischer Treffpunkt der Region.

IN DER NATURPARKREGION ZIRBITZKOGEL-GREBENZEN

Der 18-Loch-Golfplatz in Mariahof begeistert besonders durch weitgehend unberührte Landschaft auf einer wunderschönen Hochebene. Zwischen Vogelparadies Furtnerteich, dem Kalk- und Fellberg sowie dem Steinberg mit der romantischen Ruine Steinschloss hat Designer Wolfgang Haluschan mit viel Gefühl einen anspruchsvollen und fairen 18-Loch-Course auf einem weitgehend naturbelassenen, leicht kupierten Landstrich geschaffen. Besonders faszinierend ist die ausgedehnte Wasserlandschaft mit sechs Teichen, die immer wieder ins Spiel kommt. Spielerisch kein Auftrag, sondern reine Nervensache! Belohnt wird man an jedem einzelnen Loch mit traumhaften Ausblicken in eine überwältigende Naturkulisse. Seit einem Betreiberwechsel heißt die Anlage übrigens Styrian Mountain Golf Mariahof. Es wurde auch viel investiert. Der Platz wurde komplett saniert und optimiert. Auch ein neues Clubhaus, das sich offen, hell und modern präsentiert, steht zur Verfügung.

GOLFJUWEL DER STEIERMARK

Der Golfclub Murtal – die dritte Anlage des Triumvirates im Murtal – zählt zu den schönsten Golfanlagen Österreichs und ist ein „Must Play" für Golfgourmets. Die herrliche Auenlandschaft am Fuße der Seckauer Alpen, nur zwei Minuten vom ehemaligen A1-Ring in Spielberg entfernt, ist wie geschaffen für

Styrian Mountain Golf Mariahof

Golf Club Murtal

die 1995 gegründete, anspruchsvolle 18-Loch-Anlage. Viel Wasser in Form von künstlich angelegten Grundwasserteichen und natürlichen kristallklaren Gebirgsbächen, die sich idyllisch zwischen die Fairways schlängeln, erfordern Genauigkeit und stellen das Können jedes Spielers auf die Probe. Besonders schön spielt sich Loch 3, ein Par 3 mit Halbinselgrün, das zwar mit 129 Metern eine faire Länge aufweist, aber bei „Wasserscheuen" dennoch für so manche Herausforderung sorgt. Zähne zeigt Loch 4, muss doch der Drive das Fairway spalten, um mit dem zweiten Schlag das sehr schmale und vom Wildbach Ingering geschützte Green angreifen zu können. Das spätere erfolgreich durchgeführte Redesign des bekannten irischen Architekten Jeff Howes zauberte aus dem Golfclub Murtal einen wahren Champ, der sich auch als Austragungsort der European-Alps-Tour schon mehrfach bewährte.

FREIBIER FÜR HOLE-IN-ONE IN REITING

Bevor wir uns dem Ennstal zuwenden, besuchen wir noch Leoben, wo ganz in der Nähe, in Trofaiach, Anfang der 90er-Jahre die neun der mittlerweilen 18 Löcher des Golfclub Trofaiach – ehemals Styrian Mountain Golf Reiting – entstanden sind. Auf einem sonnigen Hochplateau gelegen, bietet diese selektive Anlage besondere Ruhe abseits jeglichen Straßenlärms. Die prächtige, bizarre Bergkulisse der Eisenerzer Alpen sorgt dabei für das besondere Flair. Die vielen Wasserhindernisse machen es dem Golfer nicht leicht, vor allem das Signature-Loch 13, ein Par 3 mit Inselgrün, lässt selbst mental starke Spieler oft Nerven zeigen. Kein Wunder, wird doch auf diesem 115 Meter langen Loch bei einem Hole-in-One von der 1. Obermurtaler Brauerei ein Jahresbedarf an Freibier gesponsert.

„PEBBLE BEACH" DER ALPEN – BERNHARD LANGER SETZT SICH AM FUSSE DES DACHSTEINS EIN DENKMAL

Den imposanten Auftakt einer obersteirischen Golf-Safari setzt der Golfclub Schladming-Dachstein. Dort, wo sich sonst Weltcup-Skiläufer tummeln, mitten im Herzen der Dachstein-Tauern-Region, liegt ein besonders schöner Golfleckerbissen. Für das ausgezeichnete Design zeigte sich der deutsche Spitzengolfer Bernhard Langer verantwortlich, dem es gelang, einen 18-Loch-Champion-Parcours zu entwerfen, der im Hinblick auf sportliche Herausforderungen keine Wünsche offen lässt. Langer hat es auf seinem

Golfclub Schladming-Dachstein

ersten architektonischen Golfwerk in Österreich zudem geschafft, durch die weitläufigen Wasser- und großflächigen Bunkerlandschaften einen Hauch von Floridas Golfplätzen in die österreichischen Alpen zu transferieren. Wie eine gelungene Musikkomposition präsentiert sich der anspruchsvolle, flache, stets perfekt manikürte Parcours, der vor allem bei den Löchern 7-10, dem „Schladminger Amen-Corner" nicht mit Dramaturgie geizt. Das Finale furioso zeigt sich beim Schlussloch, einem Par 5 mit Inselgrün, das nochmals vollste Konzentration verlangt. Als Signature-Hole präsentiert sich Loch 6, ein 139 Meter langes spektakuläres Par 3, dessen Grün von einem riesigen feinsandigen Bunker, der ins Wasser abfällt, geschützt und deshalb auch „The Beach" genannt wird. Wie auch immer dem Sportlichen die Gunst des Spielballes schlägt – „der Blick zum herrlichen Dachsteinmassiv, das Abenteuer für die Augen, entschädigt und besänftigt" –, so jedenfalls drückt es Bernhard Langer aus, dem mit diesem Parcours ein Meisterwerk gelang, der übrigens zu Recht zu den „Leading Golf Courses" in Österreich zählt.

Auch am 30 Minuten entfernten Pichlarn-Golfplatz machte Langer von sich reden, da er mit 66 Schlägen auf dieser technisch schwierigen Anlage lange den Platzrekord hielt. Mittlerweile liegt dieser aber bei 65.

EIN PLATZ ZUM VERLIEBEN

In einer der schönsten Ecken der Steiermark begeistert das exklusive und elegante Golf-Resort Schloss Pichlarn mit dem gleichnamigen, einzigartigen 18-Loch-Golfplatz. Die Herausforderung dieses technisch diffizilen Platzes aus der Feder des bekannten Designers Donald Harradine stellt die Natur selbst. Harradine gelang es mit viel Geschick auf hervorragende Weise, die unterschiedlichen Bahnen in die Bilderbuch-Landschaft aus Hügeln, Tälern, Hängen

Golf & Country Club Schloss Pichlarn

Golf- & Landclub Ennstal

und Wäldern einfühlsam zu integrieren. Die gewaltige Gebirgskulisse des Grimmings thront im Hintergrund und unterstreicht den idyllischen Rahmen dieser traumhaften Golfanlage im Herzen des steirischen Ennstales. Besonders hervorzuheben ist Loch 12, ein schmales durch einen dichten Wald führendes Par 5, bei dem – bedingt durch die Topographie der Bahn – sowohl beim Abschlag, als auch bei der Annäherung blinde Schläge durchgeführt werden müssen. Nervenkitzel pur! Auch wenn es schwer ist, auf diesem Platz einen guten Score zu spielen, so macht es dennoch viel Spaß, diesen zu bewältigen.

GOLF- & LANDCLUB ENNSTAL-WEISSENBACH – NATURERLEBNIS IM NATURSCHUTZGEBIET

Auf eine bewegte Geschichte kann der Golf & Landclub Ennstal in Liezen zurückblicken, der aufgrund strenger Umwelt-Vorgaben – dem Wachtelkönig sei Dank! – bis 1998 nur über die krumme Zahl von 16 Löchern verfügte, heute aber mit 18 besonders schönen Bahnen punktet. Der bereits 1977 gegründete Club zählt zu den ältesten der Steiermark und befindet sich als einzige Golfanlage Europas in einem Europa-Naturschutzgebiet „Natura2000". Genießen Sie die charakteristische Auenlandschaft mit dem alten Baumbestand und die artenreichen Biotope, worin sich das imposante Bergpanorama des Grimmings und des Toten Gebirges widerspiegeln. Besonders erinnerungswürdig ist eine Golfrunde im Mai, wenn Schwertlilien und Narzissen in den Biotopen rund um die Spielbahnen blühen.

Wer einmal Urlaub in der Steiermark gemacht hat, kommt gerne wieder, denn das abwechslungsreiche steirische Angebot lässt keine Wünsche offen. Die große Anzahl der hochwertigen Golfanlagen, die kulinarischen Sinnesfreuden rund um die Weinspezialitäten Schilcher oder Welschriesling, die kulturellen Feingenüsse, die gemütlichen Gastgeber oder das steirischen Thermenland mit Wellness-Eldoraden zeigen alle Jahreszeiten stets von ihrer schönsten Seite. Servus in der Steiermark!

84 Golfclub Kobaldhof-Ramsau/Dachstein 10

Kobaldweg 234
A-8972 Ramsau am Dachstein
03687 81413
info@kobaldhof.at
www.kobaldhof.at/de

Länge: 1380 m

Greenfee-Kat.: auf Anfrage

Eingebettet ist die 10-Loch-Anlage mit Driving Range und Putting Green in die herrliche Landschaft der Ramsau mit den phantastischen Ausblicken in die umliegende Bergwelt.

Platzinformationen:

85 Golfclub Ausseerland 9

Sommersbergseestraße 392
A-8990 Bad Aussee
03622 54185
mail@golfclub-ausseerland.at
www.golfclub-ausseerland.at

Länge: H 5182 m, D 4330 m, PE erforderlich.

Greenfee-Kat.: €€€
Ermäßigung: Jugendl./Stud. 30%

Der Golfclub Ausseerland gilt als einer der schönstgelegenen Plätze Österreichs dank der herrlichen Blicke auf Dachstein, Sarstein, Loser, Trisselwand und Zinken. Die Bahnen des Platzes passen sich ideal der natürlichen Landschaft an, einem Hochplateau inmitten der prachtvollen Bergwelt des Salzkammergutes. Die Spielbahnen wechseln von geraden Fairways zu Doglegs, teils hügelig, teils eben. Das 9. Loch belohnt Golfer mit einem einzigartigen Blick auf den Dachsteingletscher. Das Golfbistro mit Terrasse und herrlichem Rundblick lädt nach der Runde zum Verweilen ein.

Platzinformationen:

86 Golfclub Schladming-Dachstein 18

Oberhaus 59
A-8967 Haus im Ennstal
03686 2630 03686 263015
gccschladming@golf.at
www.schladming-golf.at

Länge: H 5868 m, D 5106 m, HCP 45 erforderlich.

Greenfee-Kat.: €€€€€
Ermäßigung: Jugendl./Stud. 40%

In einem landschaftlich schönen Gebiet inmitten der Dachstein-Tauern-Region in Schladming liegt diese Anlage auf 750 m Höhe. Vom Master-Sieger Bernhard Langer 1987 konzipiert, bietet der 18-Loch-Platz in sonniger Lage sportlich anspruchsvolle Fairways. Die Wasserlandschaften, die an 11 der 18 Bahnen ins Spiel kommen, verleihen dem Platz eine besondere Optik. Manchmal ist ein Hauch von Florida zu spüren. Ein Höhepunkt ist das "Crocodile Hole" (Loch 8, Par 3, 195 m über Wasser), eine Herausforderung für jeden Golfer. Der Platz gehört zu den "Leading Golf Courses".

Platzinformationen:

Golfclub Schladming-Dachstein

Golfclub Schladming-Dachstein

„Pebble Beach“ der Alpen

In einer der schönsten Gegenden des Ennstals, direkt bei Schladming, liegt der Golfclub Schladming-Dachstein auf einer Höhe von 750 m. Der von Bernhard Langer designte Golfplatz besticht durch überragende Platzqualität in sonniger Lage, und die Wasserlandschaften verleihen dabei eine besondere Optik, die einen Hauch von Florida spüren lassen. Designer Bernhard Langer: „Mein Ziel war es, einen Championship-Platz zu kreieren, der für Spieler aller Handicap-Gruppen unvergesslich bleibt.“

Den Golfer erwartet ein Golferlebnis der besonderen Klasse auf einem der bestgepflegten Golfplätze Österreichs. Club Präsident Franz Wittmann: „Beste Qualität zum fairen Preis. Mit dem Golfclub Schladming-Dachstein und dem Golfclub Adamstal verfolgen wir das gleiche Konzept. Weltklasse gepflegte Anlagen und herzliches familiäres Flair. Ich bin überzeugt, dass unsere Gäste einmalige Tage auf unserem Golfplatz verbringen werden!“

Golfclub Schladming-Dachstein

8967 Haus, Oberhaus 59, Tel.: +43-3686-2630, gccschladming@golf.at, www.schladming-golf.at

87 Golfclub Murau-Kreischberg

18

Am Golfplatz 1
A-8861 St. Georgen am Kreischberg
03537 22221 03537 222214
golf@kreischberg.at
www.golf-murau-kreischberg.at

Länge: H 6002 m, D 5056 m, HCP 54 erforderlich.
Dienstag + Mittwoch = Seniorentag / Greenfee + 1 Pkg. Bälle = EUR 45

Greenfee-Kat.: €€€€
Ermäßigung: Jugendl. bis 15 J. 50%, Stud. bis 25 J. 20%

Zwischen dem Skigebiet Kreischberg und der Bezirksstadt Murau liegt seit 2006 die von Fahrenleitner/Eisserer geplante 18-Loch-Golfanlage des GC Murau-Kreischberg. Wälder und Gehölzstreifen sowie Teichanlagen bilden eine schöne Kulissen. Begrenzt wird der Platz von den bewaldeten Abhängen der Nockberge und der grünen Mur. Markante Golfelemente wie wellige Grüns, seitliche und frontale Wasserhindernisse sowie spektakuläre Halb- und Inselgrüns sind eine Herausforderung. Von der Clubhausterrasse überblickt man einen großen Teil der Anlage und das Inselgrün am 18. Loch.

Platzinformationen:

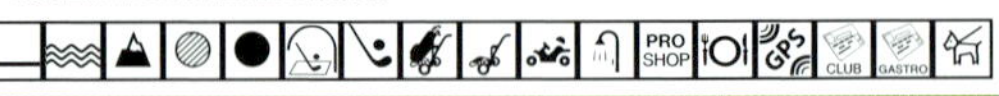

88 Golf- & Countryclub Schloss Pichlarn

18

Zur Linde 1
A-8943 Aigen im Ennstal
03682 24440540 03682 24440580
golf@schlosspichlarn.at
www.golfpichlarn.at

Länge: H 5770 m, D 5125 m, HCP 54 erforderlich.

Greenfee-Kat.: €€€€
Ermäßigung: Jugendl. bis 18 J. und Stud. bis 26 J. 50%

Der Golfplatz von Schloss Pichlarn ist eine der ältesten Anlagen in Österreich und zählt gemeinsam mit dem Hotel Schloss Pichlarn zu den schönsten Resort-Anlagen Europas. Eleganz und Exklusivität auf höchstem Niveau unterstreichen den idyllischen Rahmen dieser 18-Loch-Anlage vor der gewaltigen Gebirgskulisse des Grimmings. Der mal hügelige, mal flache Golfplatz besticht durch seine natürliche Struktur mit Hügeln, Tälern und Wäldern. Donald Harradine hatte 1972 Jahre keine Mühe, die natürlichen Gegebenheiten des Ennstales für die Platzgestaltung zu nutzen.

Platzinformationen:

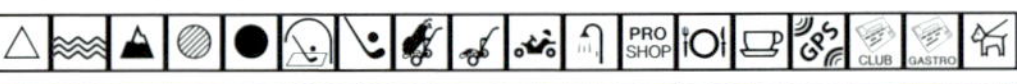

89 Golf- & Landclub Ennstal

18

Weißenbach
A-8940 Liezen
03612 24821 03612 248214
glcennstal@golf.at
www.glcennstal.at

Länge: H 5681 m, D 4929 m, HCP 45 erforderlich.

Greenfee-Kat.: €€€€
Ermäßigung: Jugendl./Stud. 40%

Der Golf- & Landclub Ennstal Weissenbach - gegründet 1977 - ist der drittälteste Golfclub der Steiermark und der zwanzigälteste in Österreichs. Der 2006 umgebaute 18-Loch-Platz ist die einzige Golfanlage in Europa, die sich in einem Europa-Naturschutzgebiet „Natura 2000“ befindet. Die bestens gepflegten Fairways, die sich durch die charakteristische Auenlandschaft schlängeln, gelten als die ebensten innerhalb der Alpen. Das Naturinselgrün auf der schwierigsten Bahn Nr. 5 ist für jeden Spieler eine Herausforderung. Das Bergpanorama lässt jeden Fehlschlag vergessen.

Platzinformationen:

90 Styrian Mountain Golf Mariahof

18

Forst 300
A-8812 Mariahof
03584 33222
info@gc-mariahof.at
www.gc-mariahof.at

Länge: H 6230 m, D 6001 m, HCP erforderlich. Mo.-Fr. HCP 54 erforderlich.

Greenfee-Kat.: €€€€
Ermäßigung: Jugendl./Stud.

Die Golfanlage Mariahof mit einer Größe von rund 68 ha liegt in herrlicher Landschaft. In jeder Himmelsrichtung genießt man eine überwältigende Naturkulisse mit attraktiven Ausblicken. Der Platzdesigner Wolfgang Haluschan hat einen anspruchsvollen, aber fairen 18-Loch-Course in diesen weitgehend naturbelassenen, leicht gewellten Landstrich eingefügt, der keine Wünsche für Könner und Anfänger offen lässt. Besonders faszinierend ist die ausgedehnte Wasserlandschaft mit sechs Teichen, welche bei mehreren Löchern auch strategisch bedeutsam ins Spiel einbezogen werden.

Platzinformationen:

91 Golf Club Murtal 18

Frauenbachstraße 51
A-8724 Spielberg
03512 75213 03512 7521320
gcmurtal@golf.at
www.gcmurtal.at
Länge: H 5975 m, D 5309 m, HCP 54 erforderlich.
Keine Turnschuhe und Blue Jeans sowie Träger-Shirts
Greenfee-Kat.: €€€€€
Ermäßigung: Jugendl. bis 12 J. 100%, Stud. bis 26 J. 45%

Die 1995 erbaute Golfanlage ist ausgestattet mit einem exzellenten 18-Loch-Meisterschaftskurs, einem umfangreichen Übungsareal und einem einladenden Clubhaus. Der Platz wurde 2000 vom Iren Jeff Howes überarbeitet. Die flach verlaufenden Bahnen liegen eingebettet zwischen Blumenwiesen und dem natürlichem Waldbestand. Wasserhindernisse, Feuchtbiotope und Bunker kommen immer wieder ins Spiel und fordern sowohl den fortgeschrittenen Golfer, als auch den Anfänger. Nur unweit der Autobahnausfahrt Knittelfeld-West gelegen, ist die Verkehrsanbindung ideal.

Platzinformationen:

92 Golfclub Trofaiach 18

Sonnenweg 10
A-8793 Trofaiach
03847 38451
office@gc-trofaiach.at
www.gc-trofaiach.at
Länge: H 5811 m, D 5132 m, PE erforderlich.
Greenfee-Kat.: €€€€
Ermäßigung: Jugendl. bis 16 J. 100%

Im Herzen der Steiermark auf einem sonnigen Hochplateau in Gai-Schardorf gelegen, bietet diese abwechslungsreiche 18-Loch-Golfanlage besondere Ruhe abseits jeglichen Straßenlärms. Jedes einzelne Loch des Golfclub Trofaiach verfügt über ein atemberaubendes Gebirtspanorama. Man schaut von jedem Loch direkt in die Schrofen und Rinnen des Reitings, einem Bergmassiv am südlichen Rand der Eisenerzer Alpen. Nicht nur die Umgebung, auch der Platz selbst ist majestätisch und dank vieler Sand- und Wasserhindernisse sehr anspruchsvoll.

Platzinformationen:

Golfclub Trofaiach

93 Golf Club Erzherzog Johann Maria Lankowitz 18

Puchbacherstraße 109
A-8591 Maria Lankowitz
03144 6970 03144 69704
office@golf-marialankowitz.at
www.golf-marialankowitz.at
Länge: H 5865 m, D 5141 m, PE erforderlich.
Hunde angeleint gegen Gebühr gestattet.
Greenfee-Kat.: €€€
Ermäßigung: Jugendl. bis 18 J. und Stud. bis 26 J.

Die Golfanlage in Maria Lankowitz befindet sich im Freizeitland Weststeiermark nur unweit von Lipizzanerpferden und der Schilcherwein-Straße. Sie bietet ein Naturerlebnis mit perfektem Platzzustand über die ganze Saison. Insbesondere im Frühling verwandeln sich die hohen Wälder, sanften Hügel, beschaulichen Wasserläufe, Teiche und Seen nach und nach in eine herrliche Kulisse. Seit mittlerweile zwanzig Jahren ist die 18-Loch-Anlage ein Garant für puren Golfgenuss. Jahr für Jahr überzeugen sich davon auch die Professionals der Alps Tour im Rahmen der „Gösser Open“.

Platzinformationen:

94 Golfclub Schloß Frauenthal

18 

Ulrichsberg 7
A-8530 Deutschlandsberg
03462 5717
office@gcfrauenthal.at
www.gcfrauenthal.at

Länge: H 5576 m, D 4902 m, HCP 54 erforderlich.
Senioren Mo und Di, die bis 12 Uhr starten: 50%

Greenfee-Kat.: €€€€€
Ermäßigung: Jugendl./Stud. 50%
2 Vollgreenfeezahler erhalten ein Golf-Cart mit GPS gratis dazu

Fast am Ende der steirischen Schilcher Weinstraße hat sich seit Jahren rings um das Renaissanceschloß Frauenthal ein Golfplatz der besonderen Art etabliert. In einer Landschaft, geprägt von Weinhängen, Edelkastanien, prächtigen Mischwäldern sowie Mais- und Kürbisfeldern, liegt die unverwechselbare Anlage des Golfclub Schloß Frauenthal. Das Ambiente der 18 Löcher wird von riesigen Eichen, exotischen Tulpenbäumen, Biotopen und Teichen rund um das traditionsreiche Schloß geprägt. Eine spielerische Besonderheit in Österreich bietet die Anlage durch ihre fünf Par 5-Löcher an.

Platzinformationen:

Golfclub Schloß Frauenthal

95 Steiermärkischer Golf-Club Murhof

18 

Adriach-Rabenstein 53
A-8130 Frohnleiten
03126 3010 03126 300028
office@murhof.at
www.murhof.at

Länge: H 6304 m, D 5307 m, HCP 45 erforderlich.
Der Platz ist für Gäste von Montag bis Freitag (ausgenommen Feiertage) von 08 bis 13 Uhr gegen Greenfee bespielbar. Wir bitten Gäste die Startzeiten vorab online oder telefonisch zu reservieren!

Greenfee-Kat.: €€€€€

Unter allen österreichischen Golfplätzen nimmt der Murhof eine Sonderstellung ein und zählt zu den wenigen Clubs, der sich auch international eine Reputation aufbauen konnte. So wurde 2011 die Team-Europameisterschaft der Damen hier ausgetragen. Atemberaubende Vegetation und der üppige Baumbestand der Parkanlage machen eine Runde am Murhof zu einem einmaligen Erlebnis. Der gute Pflegezustand der 18-Loch-Anlage und die botanische Vielfalt und Pracht neben den Fairways haben dazu beigetragen, dass der Murhof immer wieder zu den schönsten Plätzen Europas gezählt wird.

Platzinformationen:

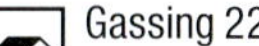

96 Golfclub St. Lorenzen Mürztal

9

Gassing 22
A-8642 St. Lorenzen/Mürztal
03864 39610
office@gclorenzen.at
www.gclorenzen.at

Länge: H 4908 m, D 4040 m, HCP 54 erforderlich.

Greenfee-Kat.: €€€
Ermäßigung: Jugendl. bis 18 J. und Stud. bis 26 J. Senioren-Ermäßigung Mo + Do (ausgen. FT) bei Abschlag bis 14:00 Uhr EUR 29 (Damen + Herren ab 60 Jahren)

Auf einer Seehöhe von 600 m wird inmitten einer unberührten Naturlandschaft ein 9-Loch Golfcourse in absolut ruhiger Lage geboten, der von einem wunderschönen Bergpanorama umgeben ist. Der Platz liegt inmitten der Hochsteiermark, umgeben von den Gourmettreffpunkten der Region. Die Kombination aus Naturerlebnis und sportlicher Herausforderung macht jede Runde zu einem sehr außergewöhnlichen Erlebnis. Die konstant gute Pflege und die Vielfalt der Pflanzenwelt am Fuße des Hochschwabmassivs haben dazu beigetragen, dass der Platz bei Greenfee-Spielern sehr beliebt ist.

Platzinformationen:

STEIERMARK

Golfclub St. Lorenzen Mürztal

97 Grazer Golfclub Thalersee

18/9

Golfweg 1
A-8051 Graz Thal
0316 572867
office@grazergolf.at
www.grazergolf.at

Länge: H 5469 m, D 4805 m, PE erforderlich.

Greenfee-Kat.: €€€€
Ermäßigung: Jugendl./Stud.

Inmitten einer herrlichen Naturlandschaft fügen sich die Fairways in die natürlichen Gegebenheiten der sanften Hügellandschaft ein. Thal, den Heimatort von Arnold Schwarzenegger, erreicht man in wenigen Minuten von Graz aus. Für Mitglieder und Gäste stehen am Thalersee zwei Plätze zur Verfügung: Der Kurs "Steinfeld", ein 9 Loch Platz bietet Neueinsteigern und Gelegenheitsgolfern ideale Voraussetzungen. Der Kurs "Windhof", ein 18 Loch Championship-Platz, bietet mit seinen saftigen Fairways und dem alten Baumbestand ein Golferlebnis von einmaliger, steirischer Art.

Platzinformationen:

98 Golf Club Graz-Andritz St. Gotthard

9

Andritzer Reichsstraße 157
A-8046 Graz-Andritz
0316 695800 0316 6958009
office@golf-andritz.at
www.golf-andritz.at

Länge: H 1072 m, D 842 m, PE erforderlich.

Greenfee-Kat.: €
Ermäßigung: Jugendl. bis 18 J. und Stud. bis 26 J.
Anschlussrunde 15 Euro

Die Philosophie des Golfzentrums Andritz lautet: "In kurzer Zeit, auf kleinem Raum, nicht nur Anfängern die ersten Schritte auf einem Golfplatz zu ermöglichen, sondern auch Golfern aller Spielstärken eine Herausforderung und pures Golfvergnügen zu bieten." Hier werden nicht nur abwechslungsreiche neun Par-3-Spielbahnen geboten, die alle die Namen berühmter Golfplätze tragen, sondern auch ideale Trainingsmöglichkeiten. Auf einer Länge von 300 Metern findet man auf der Driving Range 100 Abschlagplätze. Die Hälfte befindet sich auf Naturrasen, zwanzig sind überdacht.

Platzinformationen:

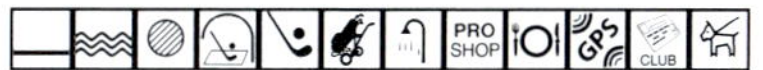

99 Golfclub Grazer MurAuen 9

 Golfstraße 10
A-8077 Gössendorf
0316 405520 0316 4055204
office@golf-graz.at
www.golf-graz.at

Länge: H 2968 m, D 2758 m, HCP erforderlich.

Greenfee-Kat.: €

In Gössendorf bei Graz entstand direkt neben der Golfrange Graz Liebenau ein öffentlicher 9-Loch-Executive-Golfplatz (ab Hcp -54, keine Mitgliedschaft nötig), geplant vom englischen Golfplatzarchitekten Michael Pinner (3 Par 4 und 6 Par 3; wobei die Par 3 zw. 80 und 160 Meter sind). Hauptaugenmerk wurde auf ein ausgezeichnetes Platzdesign und hohe Pflegequalität gelegt. Durch die perfekte Lage und ideale Verkehrsanbindung (neue Autobahnabfahrt Hausmannstätten bei Graz Ost) können Grazer Golfer mit geringem Zeitaufwand eine 9-Loch-Golfrunde genießen.

Platzinformationen:

100 Golfclub Almenland 18

 Fladnitzer Straße 61
A-8162 Passail
03179 27799 03179 2779920
office@almenlandgolf.at
www.almenlandgolf.at

Länge: H 6268 m, D 5122 m, PE erforderlich.

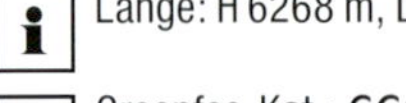 Greenfee-Kat.: €€€€
Ermäßigung: Jugendl./Stud.

Im Frühjahr 2004 wurde die 18-Loch-Golfanlage Almenland in Passail eröffnet. Nur ein Katzensprung von Graz entfernt liegt der Platz im größten zusammenhängenden Almweidegebiet Europas. Der englische Golfplatzdesigner Michael Pinner schuf auf 70 Hektar einen abwechslungsreichen und landschaftlich herausragenden Platz. Pinner: "In Wahrheit hatte die Natur den Golfplatz hier bereits vorgegeben". Mit der Golfanlage Almenland gelang Michael Pinner ein großer Wurf. Eingebettet in einer sanften Talsenke erstreckt sich die Golfanlage zwischen Fladnitz und Passail.

Platzinformationen:

Golfclub Almenland

101 Golfclub Klockerhof 9

 Hahnhofweg 22
A-8075 Hart bei Graz
0316 492629
info@moderngolf.at
www.moderngolf.at

Länge: 2768 m

 Greenfee-Kat.: €€
Ermäßigung: Jugendl. bis 15 J. 100%

Der Golfclub Klockerhof in Hart bei Graz bietet einen Platz der besonderen Art. Alle Abschläge und Grüns der 9 Löcher sind mit einem Kunstrasen belegt Ein Produkt aus England, das bereits international im Golfplatzbau erfolgreich eingesetzt wird. Der Kunstrasen ermöglicht ein wetterunabhängiges Spielen über die normale Golfsaison hinaus, unter Umständen ganzjährig. Selbst bei Dunkelheit kann gespielt werden. Vier Spielbahnen werden mit Flutlicht bis abends 20 Uhr perfekt ausgeleuchtet. Eine große Driving Range und ein überdachtes Übungsgrün sind perfekt zum Üben.

Platzinformationen:

102 Golf Club Gut Murstätten 18/9

Neu Oedt 14
A-8403 Lebring
03182 3555 03182 3688
office@gcmurstaetten.at
www.gcmurstaetten.at

Länge: H 6417 m, D 5381 m, HCP 36 erforderlich.

Greenfee-Kat.: €€€€€
Ermäßigung: Jugendl. bis 14 J. 100%, Stud. bis 27 J. 50%

Am Tor zur Südsteirischen Weinstraße, nur 20 km von Graz entfernt, liegt der GC Gut Murstätten. Die hervorragend angelegte und gepflegte 36-Loch-Anlage wurde vom niederländischen Golfplatzarchitekten Johan Dudok van Heel gestaltet. Hier wurden bereits zahlreiche Österreich- und Europa-Meisterschaften sowie Pro-Tour-Events ausgetragen. Die Anlage erstreckt sich um einen 14 ha großen See. Neben dem 18-Loch-Championship Course, dem 9-Loch-Südkurs und einem 9-Loch Pitch & Putt Course verfügt Murstätten auch über eines der modernsten Trainings- und Servicecenter Europas.

Platzinformationen:

Golf Club Gut Murstätten

103 Golfclub Schloss Feistritz 9

Feistritzberg 12
A-8670 Krieglach
0664 3512507
info@golfclub-schloss-feistritz.at
golfclub-schloss-feistritz.at

Länge: H 4184 m, D 3714 m

Greenfee-Kat.: €€
Ermäßigung: Jugendl. bis 14 J. 100%

Der liebevoll angelegte 9-Loch Naturgolfplatz ist eine der ältesten Golfanlagen der Steiermark. Besonders geeignet ist diese Anlage für Anfänger, aber auch für routinierte Golfer hat dieser Platz durchaus seinen Reiz. Erhöhte Aufmerksamkeit ist bei den sich kreuzenden Spielbahnen erforderlich. Bis auf einige Rough-Streifen ist der nach Süden ausgerichtete Platz auf einer Lichtung gegenüber von Schloss Feistritz überall gemäht. Bunker und Wasserhindernisse fehlen. Abschläge, Grüns und einige künstlich aufgeworfene Grasmulden sind die einzigen Eingriffe in die Natur.

Platzinformationen:

104 Golfclub Gut Freiberg

18

Freiberg 32
A-8200 Gleisdorf
03112 62700 03112 627013
office@gc-gut-freiberg.at
www.gc-gut-freiberg.at

Länge: H 5922 m, D 5144 m, HCP 45 erforderlich.

Greenfee-Kat.: **€€€€**
Ermäßigung: Jugendl. bis 15 J. 100%, Stud. bis 30 J. 42%

Das wunderschöne Gelände des Golfclub Gut Freiberg liegt unmittelbar unter dem Schloss Freiberg bei Gleisdorf. In vorbildlicher Weise ist es hier gelungen in der typisch oststeirischen Tallandschaft nahe Graz eine landschafts-ästhetische und ökologisch gelungene Anlage zu verwirklichen. Dieser naturverbundene Platz wurde ohne Geländekorrekturen harmonisch in die Wald- und Strauchlandschaft in umittelbarer Nähe des Thermengebietes integriert. Dank der ebenen als auch bergauf und bergab führenden Bahnen bleibt das Spiel abwechslungsreich und noch lange in Erinnerung.

Platzinformationen:

105 Golfclub Bad Gleichenberg

9

Hoffeldweg 3
A-8344 Bad Gleichenberg
03159 3717 03159 3065
office@golf-badgleichenberg.at
www.golf-badgleichenberg.at

Länge: H 5422 m, D 4814 m, PE erforderlich.

Greenfee-Kat.: **€€**
Ermäßigung: Jugendl./Stud. 50%
Do. 50% GF-Ermäßigung für Senioren
Di. 50% GF-Ermäßigung für Damen

Eingebettet im südoststeirischen Hügelland nimmt es der 9-Loch-Golfplatz Bad Gleichenberg seit dem Umbau von 1998 und der Übernahme durch die Murhof-Gruppe mit so manchem 18-Loch-Parcours auf. Bergauf- und bergab führende Fairways, Wasserhindernisse, tückisches Unterholz, ausladende Bunker und schwer zu lesende Grüns stellen eine sportliche Herausforderung dar. Das 6. Grün ragt in einen idyllischen See hinein. Daraufhin führt die 7. Bahn über die "Alm". Nach dem Anstieg zum 9. Grün hat man sich den selbstgebackenen Strudel im Golfrestaurant auf jeden Fall verdient.

Platzinformationen:

106 Golfclub Traminer Golf Klöch

27

Klöch 192
A-8493 Klöch
03475 30033
info@traminergolf.at
www.traminergolf.at

Länge: H 5712 m, D 5257 m, PE erforderlich.

Greenfee-Kat.: **€€€€€**
Ermäßigung: Jugendl. bis 12 J. 100%, Stud. bis 27 J. 50%
E-Cart 18-Loch EUR 30, Rangebälle (26 Bälle) mit Münze EUR 2, Leih-Golfbag EUR 15, Trolley manuell EUR 5

Eingebettet in die wunderschöne Landschaft der Weinregion Klöch in der Südoststeiermark, die als die Toskana der Steiermark gilt, liegt die naturbelassene 27-Loch-Golfanlage Traminer Golf Klöch. Die Kombination von Golf und Wohlfühlen, von Wein und Kulinarik, lassen die Herzen von Golfern gleichermaßen wie von Weinliebhabern und Freinschmeckern höher schlagen. Von der geschmackvollen Gastronomie-Terrasse kann man entspannt den Ausblick auf die Klöcher Weinberge und auf insgesamt sechs Spielbahnen genießen. Das Golfhotel Wörndl Klöch liegt direkt auf der Golfanlage.

Platzinformationen:

Golfclub Traminer Golf Klöch

107 Golfclub Bad Waltersdorf

18

A-8271 Bad Waltersdorf 348
03333 24000
office@golf-badwaltersdorf.at
www.golf-badwaltersdorf.at

Länge: H 5667 m, D 4753 m, HCP 45 erforderlich.
Hunde sind Mo.-So. angeleint gestattet.

Greenfee-Kat.: €€€€

Ein herrliches Panorama mit Blick auf die Therme Bad Waltersdorf und ein atemberaubendes Design zeichnen den 18-Loch-Meisterschaftsplatz in Bad Waltersdorf aus. Der englische Golfplatzdesigner Michael Pinner hat hier 2005 einen einzigartigen Golfplatz in die typische Hügellandschaft der Oststeiermark gelegt. Die Fairways sind von Apfel- und Nussbäumen gesäumt. Für perfektes Training stehen eine der größten Übungsanlagen der Steiermark und die Golfschule Bad Waltersdorf zur Verfügung. Großzügig angelegte Putt- und Pitching-Grüns vervollständigen das Übungsangebot.

Platzinformationen:

STEIERMARK

Golfclub Bad Waltersdorf

108 Thermengolf Fürstenfeld-Loipersdorf

27

Gillersdorf 50
A-8282 Loipersdorf
03382 8533 03382 853333
office@thermengolf.at
www.thermengolf.at

Länge: H 6256 m, D 5572 m, HCP 54 erforderlich.

Greenfee-Kat.: **€€€€**
Ermäßigung: Jugendl. bis 18 J. und Stud. bis 25 J.

Die 100 ha große Golfanlage mit 27 Spielbahnen ist eine gelungene Verbindung zwischen einer Sportstätte und der Natur. Sie liegt an der steirisch-burgenländischen Landesgrenze in einem naturbelassenen Augebiet, fernab von Verkehr und Alltagsstress. In den letzten Jahren wurde der gesamte Thermengolfplatz sehr aufwendig umgebaut und auf den neuesten Standard gebracht. Für den Spiel- und Wettspielbetrieb können die drei Kurse gelb, rot und weiß optional eingesetzt werden und somit stehen den Mitgliedern und Gästen drei unterschiedliche 18-Loch-Varianten zur Verfügung.

Platzinformationen:

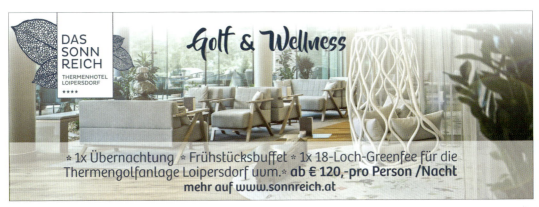

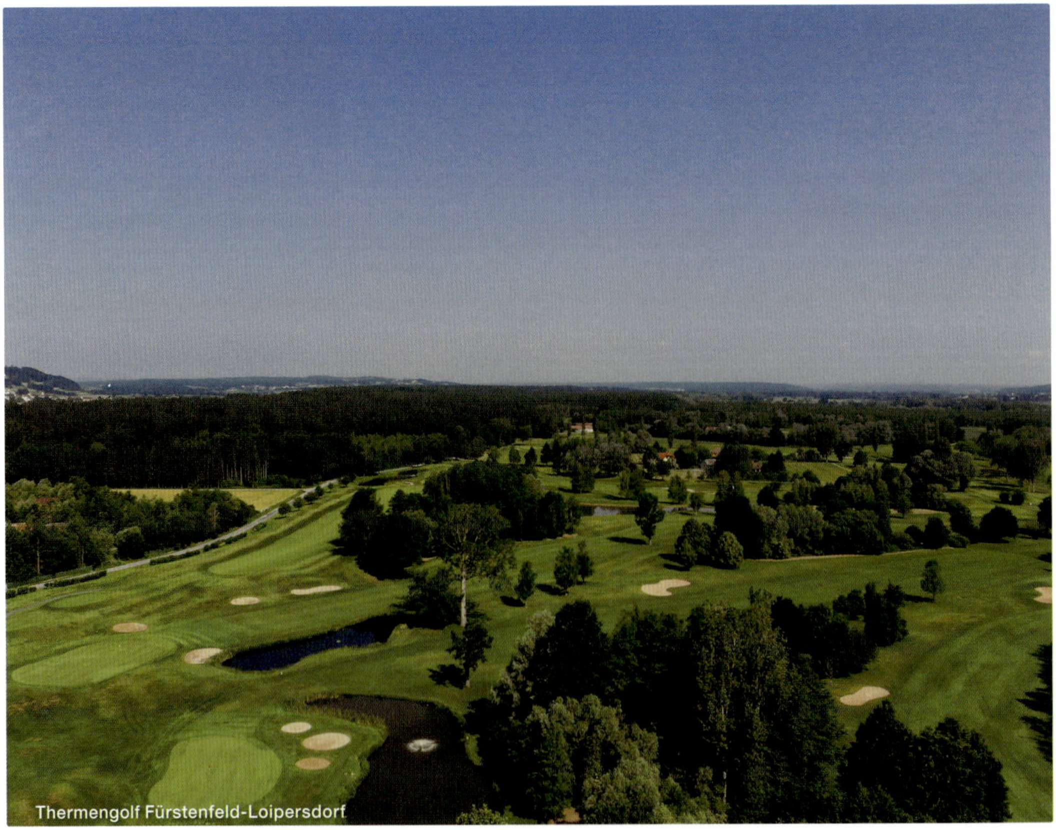

Thermengolf Fürstenfeld-Loipersdorf

NIEDERÖSTERREICH UND WIEN

DAS GRÖSSTE BUNDESLAND ÖSTERREICHS IST GLEICHZEITIG DAS MIT DEN MEISTEN GOLFPLÄTZEN

Die Donau in der Wachau

Golfclubs nach Kartennummern

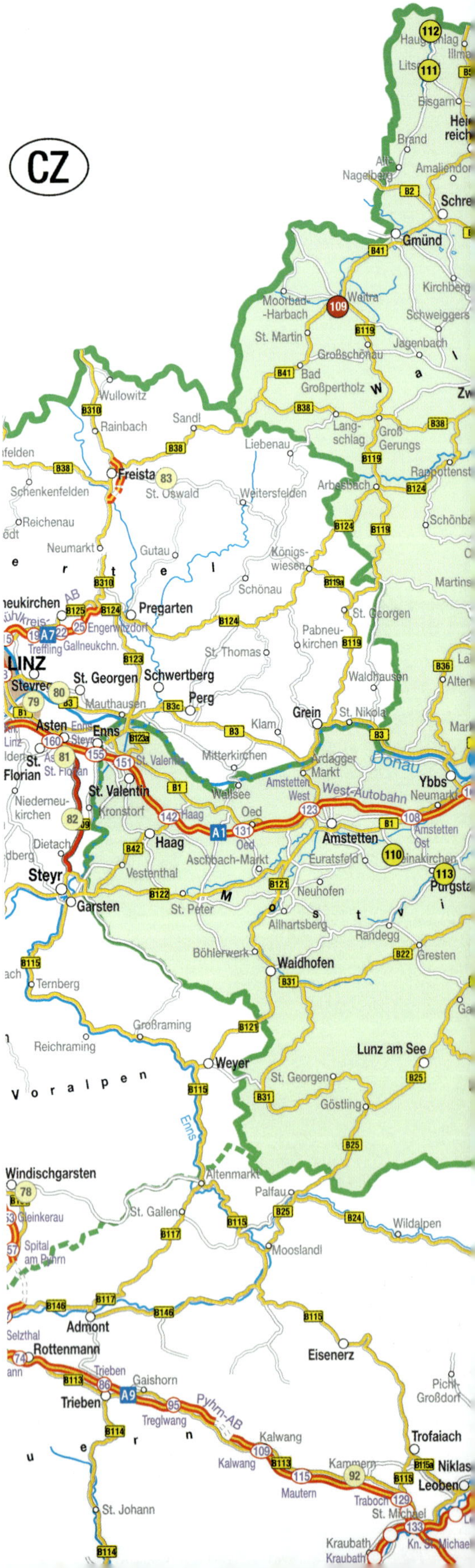

● Golfclubs Golfregion Golf Arena Baden

■ = Partner Albrecht Greenfee-Aktion (Gutschein-Seite)

SK
WIEN
Weikertschlag
Drosendorf
Riegersburg
Hardegg
Niederfladnitz
Groß-Siegharts
Irnfritz Bahnhof
Kirchberg
Pernegg
Geras
Weitersfeld
Starrein
Retz
Unterretzbach
Theras
Schrattenthal
Pulkau
Zissersdorf
Raabs
Brunn
Horn
Fuglau
Eggenburg
Zellerndorf
Roseldorf
Kamp
Gars
Burgschleinitz
Sitzendorf
Maissau
Limberg
St. Leonhard
Krumau
Franzen
Schönberg
Großmeiseldorf
Ziersdorf
Oberfellabrunn
Hollabrunn
Mitterretzbach
Schöngrabern
Guntersdorf
Haugsdorf
Hadres
Zwingendorf
Großharras
Stronsdorf
Unterstinkenbrunn
Laa
Wildendürnbach
Ottenthal
Drasenhofen
Neudorf
Staatz
Ungerndorf
Hagenberg
Hörersdorf
Poysdorf
Wetzelsdorf
Schrattenberg
Reintal
Bernhardsthal
Altlichtenwarth
Großkrut
Hohenau
Rabensburg
Eichenbrunn
Enzersdorf
Klement
Wiltersdorf
Mistelbach
Neusiedl
Niederabsdorf
Zistersdorf
Drösing
Herzogbirbaum
Porrau
Ernstbrunn
Ladendorf
Niederkreuzstetten
Göllersdorf
Niederrußbach
Niederfellabrunn
Wetzleinsdorf
Schrick
Gaweinstal
Niedersulz
Loidesthal
Spannberg
Dürnkrut
Bad Pirawarth
Hochleithen
Langenlois
Gföhl
Loewein
Hadersdorf
Großriedenthal
Fels
Kirchberg
Krems a.d. D.
Haitzendorf
Grafenwörth
Absdorf
Sierndorf
Obergässerndorf
Schleinbach
Stockerau
Mannhartsbrunn
Nord-AB in Bau
Wolkersdorf
Prottes
Angern
Gänserndorf
Mautern
Dürnstein
Weißenkirchen
Paudorf
Traismauer
Seebarn
Bierbaum
Königsbrunn
Hausleiten
Leobendorf
Tulln
Donau
Korneuburg
Langenzersdf.
Donauufer-AB
Strasshof
Zwerndorf
Gansbach
Zwentendorf
Wördern
Klosterneuburg
Gerasdorf
Deutsch-Wagram
Marchegg
Reidling
Atzenbrugg
Herzogenburg
Judenau
Süßenbrunn
Untersiebenbrunn
Weyersdorf
Kleinhain
Pottenbrunn
Asperhofen
Mauerbach
Leopoldsdorf
St. Pölten
Loosdorf
Böhelmkirchen
Neulengbach
Gablitz
Purkersdorf
Groß-Enzersdorf
Engelhartstetten
Prinzersdorf
Kirchstetten
Pressbaum
Wien-Auhof
Wittau
Bischofstetten
Obergrafendorf
Eichgraben
Hochstraß
Orth
Hainburg
BRA
St. Christophen
Altlengbach
Schwechat
Fischamend
Bad Deutsch-Altenburg
Kittsee
Wilhelmsburg
Michelbach-Markt
Laab
Perchtoldsdorf
Hinterbrühl
Mödling
Vösendorf
Himberg
Schwadorf
Regelsbrunn
Kilb
Hofstetten
Traisen
St. Veit
Hainfeld
Alland
Mayerling
Gumpoldskirchen
Pfaffstätten
Laxenburg
Guntramsdorf
Ebergassing
Gramatneusiedl
Ost-Autobahn
Bruck a. d. Leitha
Stixneusiedl
Rohrau
Gattendorf
Deutsch Jahrndorf
Lilienfeld
Kaumberg
Altenmarkt
Baden
Traiskirchen
Tribuswinkel
Trumau
Leitha
Parndorf
Zurndorf
Kirchberg an der Pielach
Bad Vöslau
Oberwaltersdorf
Reisenberg
Mannersdorf
Neusiedl
Weiden-Gols
Nickelsdorf
Pottenstein
Bernsdorf
Kottingbrunn
Ebreichsdorf
Seibersdorf
Breitenbrunn
Mönchhof
Türnitz
Hohenberg
Rohr im Gebirge
Pernitz
Hirtenberg
Leobersdorf
Sollenau
Pottendorf
Purbach
Gols
Markt Piesting
Ebenfurth
Hornstein
Donnerskirchen
Neusiedler See
Gutenstein
Felixdorf
Wöllersdorf
Wiener Neustadt
Neufeld an d. Leitha
Eisenstadt
Podersdorf
Frauenkirchen
Schwarzau im Gebirge
Bad Fischau
St. Margarethen
Kernhof
Grünbach
Pöttsching
Puchberg
Saubersdorf
Neudörfl
Siegendorf
Mörbisch
Illmitz
Andau
Neunkirchen
Wiesen
Mattersburg
Forchtenstein
Ternitz
Rohrbach
Schattendf.
Pamhagen
Hirschwang
Payerbach
Gloggnitz
Prein
Neuberg
Mürzsteg
Schottwien
Maria Schutz
Gleißenfeld
Bromberg
Sieggraben
Scheiblingkirchen
Schwarzenbach
Ritzing
Mürzzuschlag
Steinhaus
Kirchberg
Edlitz-Aspang
Grimmenstein
Edlitz
Wiesmath
Weppersdorf
Deutschkreutz
Langenwang
Mürzzuschlag Ost
Trattenbach
Aspang-Markt
Hollenthon
Kobersdorf
Raiding
Neutal
Landsee
Großwarasdorf
Krieglach
Mitterdorf
Reftenegg
Kirchschlag
Weingraben
Kroatisch Minihof
Wartberg
Kindberg
St. Kathrein
Zöbern
Oberpullendorf
Pirningsdorf
Lutzmannsburg
Stanz
St. Jakob
Mönichwald
Friedberg
Hochneukirchen
Unterloisdorf
St. Jakob-Breitenau
Vorau
Pinggau
Pinkafeld
Lockenhaus
Rohrbach
Miesenbach
Birkfeld
Grafendorf
Mariasdorf
Stadtschlaining
Rechnitz
Pöllau
Hartberg
Markt Allhau
Oberwart

Niederösterreich ist mit 38 Golfanlagen – dies ist etwa ein Viertel aller Plätze in Österreich – das Bundesland mit der höchsten Golfplatzdichte. Aber nicht nur die Anzahl, auch die Qualität der Anlagen macht Österreichs größtes Bundesland zur Golfregion Nr. 1: Fünf von 14 Golfclubs des exklusiven Zirkels der „Leading Golf Courses Austria" sind in Niederösterreich beheimatet.

Das Zusammentreffen von alpinen, pannonischen, nord- und südeuropäischen Einflüssen beschert Niederösterreich eine in Mitteleuropa einzigartige Vielfalt von Landschaftstypen. Davon profitieren auch die Golfsportler, die sich auf eine reiche Auswahl ganz unterschiedlicher Golfplätze freuen dürfen: auf Golfanlagen mit alpinem Charakter im Alpenvorland, auf bezaubernde Plätze in den Hügellandschaften des Waldviertels sowie auf die anmutig in Parkanlagen integrierten Kurse der traditionsreichen Golfclubs südlich von Wien. Selbst das Klima ist dem Golfspiel wohl gesonnen: Die Saison dauert in Niederösterreich von April bis Oktober – nirgendwo in Österreich kann der Schläger länger geschwungen werden. Einige Plätze bieten sogar ganzjährige Sommer-Greens. Und spielt die Witterung einmal nicht mit, ist keineswegs Langeweile angesagt: Ein üppiges Kulturprogramm, ein umfangreiches Angebot an Wellness-Einrichtungen und eine exzellente Gastronomie sorgen für Genuss, Abwechslung und Erholung.

NUR EINEN ABSCHLAG VON WIEN ENTFERNT

Wie eine Auster ihre Perle – so umschließt Niederösterreich die Weltstadt Wien. Besonders Kulturtouristen wissen diese Nähe zu schätzen. Aber auch Golfer kommen bei Abstechern zum Stephansdom und in den Prater, zur Staatsoper und zum Mozarthaus, zu den Lippizaner und ins Schloss Schönbrunn ganz gewiss auf ihre Kosten.

Wenngleich Wien das kulturelle Zentrum Österreichs ist – zum Golfspielen fahren die Wiener meist zu ihrem Club nach Niederösterreich, denn im Raum Wien selbst gibt es nur zwei 18-Loch-Plätze: den Golf-Club Wien, den Traditionsclub nicht weit vom Stephans-

Diamond Country Club

dom, und den Golfclub Wien-Süßenbrunn, einen Course im Linksstil von den Architekten Erhardt und Rossknecht im Norden der Stadt. Aber die Wiener müssen nicht weit fahren, haben sich doch über zwei Dutzend Golfplätze innerhalb einer Autostunde um Österreichs Hauptstadt gruppiert.

Nur 45 Minuten Richtung Westen braucht es vom Zentrum Wiens bis in das Herz Niederösterreichs. Hier, mitten im Wienerwald, liegt mit dem Golfclub Adamstal der romantische Geheimtipp der niederösterreichischen Golfszene. Die Anlage ist seit 2002 Mitglied der „Leading Golf Courses Austria" und belegte schon mehrmals den 1. Platz bei der Wahl zum Golfplatz des Jahres. Auch bei der jährlichen Umfrage unter den Usern des Portals www.1golf.eu nach ihren Lieblings-Golfplätzen ist Adamstal immer weit vorne, von 2012 bis 2015 und 2021 auf Platz 2 und 2020 sogar auf Platz 1. Vom zwölffachen Rallye-Staatsmeister Franz Wittmann geplant und vom irischen Golfplatzarchitekten Jeff Howes designt, fügen sich die beiden Kurse – neben dem 18-Loch-ChampionshipCourse der internationalen Spitzenklasse verfügt der Club auch über einen 9-Loch-Kurs – makellos in die Landschaft ein.

Ebenfalls westlich von Wien gelegen, befindet sich ein absolutes Highlight: Der Diamond Country Club in Atzenbrugg, für den 2010 eine neue Ära begann, als Christian Guzy und sein Team den ehemaligen Country Club, der durch Hochwasser massiv beschädigt war, übernommen haben. Seither wurden der Diamond Course (Par 72), ein PGA tauglicher, wasserreicher 18-Loch Championship Course, und der naturnahe 9-Loch Park Course sowie eine moderne Driving Range mit eigener Golfacademy und modernsten technischen Standards (Trackman-Radar uvm.) errichtet. Ein weiterer Platz, der Country Course, wurde von einem 7-Loch-Übungskurs zu einem 12-Loch-Platz umgebaut. Seit 2010 ist der Diamond Country Club eine European Tour Destination. Eine halbe Stunde entfernt ist St. Pölten, die niederösterreichische Landeshauptstadt und Heimat des Golf Club St. Pölten. Seine beiden Plätze, der 18-Loch-Park-Kurs und der 9-Loch-Schloss-Kurs, liegen idyllisch im Schlosspark von Schloss Goldegg mit herrlichen Blicken ins Alpenvorland. Weiter westlich in Niederösterreich befinden sich die Golfclubs Schloss Ernegg und Swarco Amstetten-Ferschnitz. Ersterer ist ein herrlicher Parklandplatz im Tal der Kleinen

Golfclub Schloß Schönborn

Erlauf, die mehrmals überquert werden muss, der bestens in alten Baumbestand integriert wurde. Der zweite verläuft großzügig auf einem Areal von 65 Hektar sanfter Hügellandschaft der Voralpen und wird gesäumt von zahlreichen Obstbäumen.

Im Weinviertel – eine gute halbe Stunde von Wien entfernt – liegt der Golfclub Schloss Schönborn. Wer hier Golf spielt, begegnet auf Schritt und Tritt österreichischer Geschichte und Tradition. Das prachtvoll renovierte Schloss, das heute dem Club zur Verfügung steht, wurde Anfang des 18. Jahrhunderts als Sommersitz für den damaligen Reichsvizekanzler Friedrich Karl von Schönborn erbaut. Die 1989 eröffnete Golfanlage im 104 Hektar großen Schlosspark verbindet Sport und Naturerlebnis. Die Parklandschaft wurde als bestehender Rahmen optimal genützt. Der zu zwei Drittel im Schlosspark gelegene 27-Loch-Meisterschaftsplatz kann es mit den Klassikern in England und den USA aufnehmen. Dies wurde sowohl international durch die Aufnahme in die „Finest Golf Courses of the World" als auch national durch die Mitgliedschaft bei den „Leading Golf Courses Austria" bestätigt.

Auf dem Weg von Wien nach Schönborn fährt man am Golfclub Tuttendörf in Langenzersdorf vorbei: das ideale Gelände für Golf-Einsteiger und fortgeschrittene Golfer, die im täglichen Training bleiben möchten, da der 9-Loch-Platz keine zehn Minuten vom Stadtrand Wiens liegt. Noch ein Stück weiter trifft man auf die 18 Löcher des Golfclub Spillern, die sich durch eine naturnahe Bauweise und schönen alten Baumbestand auszeichnen. Eine 3-Loch-Übungsanlage rundet hier das Angebot ab.

Die moderne Anlage des Golfclub Bockfliess befindet sich nur wenige Kilometer in nordöstlicher Richtung von Wien. Der 2013 gegründete Platz entstand nach Plänen von Michel Pinner.

Östlich von Wien bieten der Golfclub Schönfeld und der Golfclub Hainburg höchstes Spielvergnügen. Nur 21 km vom Stadtrand Wiens entfernt erwarten sportliche Spieler auf dem weitläufigen 18-Loch-Championship-Course in Schönfeld spannende Runden. Die Anlage ist im Stil eines britischen Küstenplatzes gebaut und wurde schon mehrmals als Turnier-Platz für nationale und internationale Meisterschaften genutzt. Der zweite Golfplatz „The Nine" gehört zu den besten 9-Loch-Kursen Österreichs. Er bietet ebenfalls ein herausforderndes Kurs-Layout, ist jedoch als „public-course" auch für Anfänger noch ohne Platzerlaubnis bespielbar. In Hainburg, am Rande des Nationalparks Donau-Auen, lässt sich die Natur spielend erleben. Die sportliche Herausforderung des Platzes

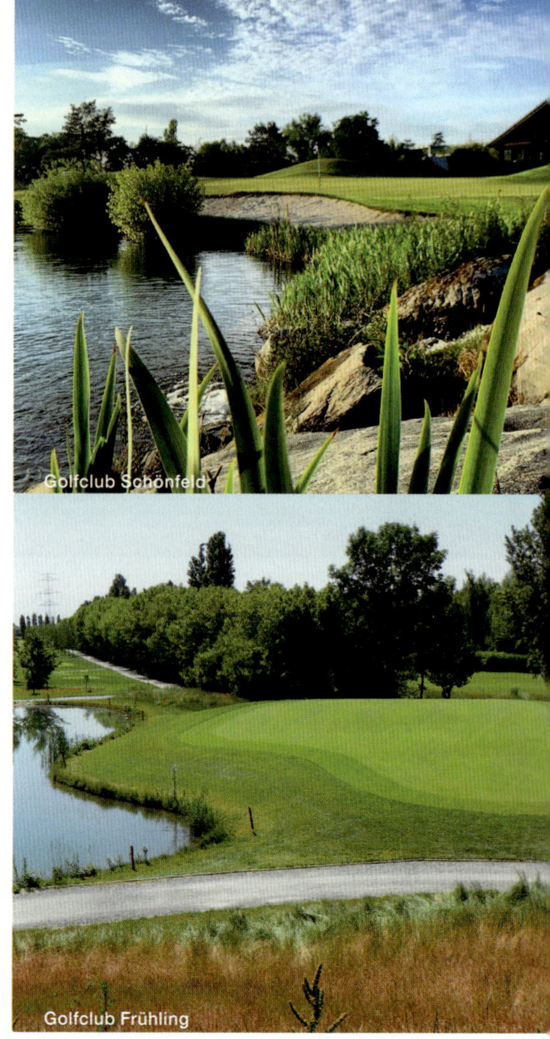

Golfclub Schönfeld

Golfclub Frühling

kombiniert mit den landschaftlichen Besonderheiten, lässt Golferherzen höher schlagen. Die Spielbahnen liegen zum Teil im Auwald sowie an den Hängen des Braunsberges. Durch den klimatischen Einfluss der pannonischen Tiefebene dürfen sich Golfer in Hainburg über eine fast ganzjährige Saison freuen.

Ganztägigen Golfgenuss offeriert hingegen der Golfclub Frühling im Süden von Wien. Die Anlage erstreckt sich auf knapp 100 Hektar und verfügt über die 18 Loch des Championship DayCourses sowie die neun Loch des NightCourses, dessen Spielbahnen mit einer Flutlichtanlage ausgestattet sind und beleuchtet werden können. Dadurch ist das Golfspiel auch lange nach Sonnenuntergang möglich! Seit dem Frühjahr 2016 stehen zusätzlich die weiteren neun Loch des anspruchsvollen LakeCourses zur Verfügung. Ein weiteres Spezifikum, über das sich speziell Anfänger freuen dürften, ist die kostenlose Benutzung der Driving Range!

KAISERLICHE KURSTADT BADEN – WOHLFÜHLEN AUF HÖCHSTEM NIVEAU

Nobelkurort und Operettenmetropole – Baden darf sich vieler schmückender Beinamen rühmen. Idylle, Wellness, Kultur und Golf – in Baden ist immer was los. Als Nobelkurort erlangte Baden schon seit langem weit über die Grenzen Österreichs Bekanntheit lockten doch die heilsamen Schwefel-Thermalquellen der Stadt die oberen Zehntausend – darunter das Kaiserhaus und zahlreiche Künstler – in den Ort, der nur 26 Kilometer südlich von Wien idyllisch zwischen Wienerwald und Weinbergen liegt. Das bis zu 36 Grad Celsius heiße, heilkräftige Schwefelthermalwasser wirkt präventiv Krankheiten vor und sorgt für Badespaß und mediterranes Flair im 42.000 Quadratmeter großen Thermalstrandbad mit dem größten Sandstrand Österreichs. Badevergnügen für Körper, Geist und Seele, Wellness und Entspannung pur erlebt man in der Römertherme Baden unter dem größten freihängenden Glasdach Europas.

Schon zu Kaiserzeiten, als die großen Komponisten zum Kuren in Baden weilten und wohlsituierte Wiener zur Sommerfrische aufs Land fuhren, galt Baden auch als Ort des Spiels und der Unterhaltung. „Faites vos jeux" – heute lädt das Casino Baden, einer der schönsten und größten Spieltempel Europas, zu Spiel, Spaß, Spannung und Unterhaltung. 52 Hektar groß ist der weitläufige historische Badener Kurpark, ein weiteres Highlight der Superlative, zählt doch der Kurpark zu den größten Europas. Neben einer wunderschöner Landschaft, Ruhe und Erholung bietet die grüne Ruheoase zahlreiche historische Attraktionen wie den Beethoven-Tempel sowie mehrere Künstler- und Kaiser-Denkmäler.

Besonders zauberhaft und als Genuss für alle Sinne präsentiert sich das Rosarium im Doblhoffpark, Österreichs größter Rosengarten, der das ganze Jahr über zum Spazieren einlädt. Auf über 30.000 Rosenstöcken gedeihen gut 800 Rosensorten mit klingenden Namen wie „Märchenkönigin", „Goldmarie" und „Kaiserin Elisabeth". Wenn im Juni und September die Rosen aufblühen, verzaubert ein farbenprächtiges Blütenmeer all seine Betrachter.

KULTURHOCHBURG BADEN

Kultur war in Baden schon immer präsent und allgegenwärtig. In den Gästebüchern Badens finden sich prominente Komponisten wie Wolfgang Amadeus Mozart und Ludwig van Beethoven, die, inspiriert von der wunderbaren Atmosphäre der Stadt, bedeutende Werke der Musikgeschichte komponierten. Der Walzerkönig Johann Strauss gab für die musikbe-

Das Casino in Baden

Der Hauptplatz in Baden

Die Römertherme in Baden

Die ideale Kombination für den Golfliebhaber.

Traumhafte Golfplätze – Ausgewählte Hotels – Attraktive Golf-Packages

Golfclubs

Golfclub Adamstal, Golfclub Schloss Ebreichsdorf, Golfclub Enzesfeld, Golf & Sport Club Fontana, Golfclub Föhrenwald, Colony Club Gutenhof, Golfclub Leopoldsdorf, Golfclub Linsberg

Golf *ARENA* Baden

Ihr Golferlebnis rund um Wien!

Golf ARENA Baden bei Wien

Mit traumhaften Golfplätzen inmitten der sonnenverwöhnten Thermenregion bietet die Golf ARENA Baden ein attraktives Angebot. Ausgewählte Hotels, ein vielfältiges Freitzeitangebot und das größte Casino Europas machen die Stadt Baden zum idealen Ausgangspunkt für einen anregenden Golfurlaub.

26 Kilometer südlich von Wien und 33 Kilometer vom Flughafen Wien-Schwechat entfernt, zieht die elegante Kaiserstadt Baden Kulturinteressierte, Gesundheitsbewusste, Genießer und Golfer gleichermaßen an. Unter dem Namen Golf ARENA Baden haben sich Golfplätze und ausgewählte Hotels zusammengeschlossen. Attraktive Sonderleistungen wie Rundenverpflegung zum Mitnehmen, garantierte Abschlagzeiten und Trolleys gestalten den Golfurlaub besonders angenehm. Mit der weitläufigen Fußgängerzone, der bekannten Römertherme und den vielen Cafés und Restaurants bietet Baden auch abseits der Golfplätze viel Abwechslung. Am Abend trifft man sich im Theater zur Operette oder im Casino Baden. Bei einem Gläschen Wein beim traditionellen „Heurigen“ oder einem Galadinner im Haubenlokal können unsere Gäste in entspannter Atmosphäre einen aufregenden Golftag Revue passieren lassen. Erleben Sie einen unvergesslichen Golfurlaub in Baden bei Wien!

Tourist Information: A-2500 Baden bei Wien, Brusattiplatz 3
Tel.: +43 2252/86800 – 600, info@baden.at, www.tourismus.baden.at

Hotel Herzoghof ****

Baden bei Wien

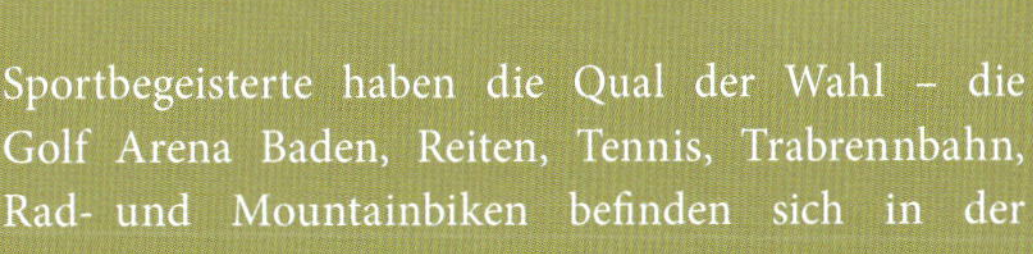

Erleben Sie das in neuem Glanz erstrahlende Hotel Herzoghof aus dem Jahre 1910. Das großzügig und mit viel Liebe revitalisierte Haus bietet Ihnen 30 elegant und modern ausgestattete Zimmer mit der besten Lage in der Stadt – gegenüber dem einzigartigen Kurpark und dem eleganten Casino Baden.
Die einladende Altstadt ist nur wenige Schritte vom Hotel entfernt. Kunst- und Kulturbegeisterte finden mit Stadttheater, Sommerarena und dem Kurkonzertpavillon in unmittelbarer Nähe ein reichhaltiges Angebot vor.

Sportbegeisterte haben die Qual der Wahl – die Golf Arena Baden, Reiten, Tennis, Trabrennbahn, Rad- und Mountainbiken befinden sich in der nächsten Umgebung.
Zum Entspannen nach einem langen Tag lädt das gemütliche Wintergarten Café ein.
Kosmetikbehandlungen und Massagen runden das Angebot ab.
Geniessen Sie den individuellen Service des privat geführten Hauses und erleben Sie unvergessliche Tage in Baden.

Hotel Herzoghof ****, Kaiser-Franz-Ring 10, A-2500 Baden bei Wien
Tel.: +43 (0) 2252 / 87 297, Fax: +43 (0) 2252 / 20 66 46, E-Mail office@hotel-herzoghof.at, www.hotel-herzoghof.at

geisterten Bürger der Stadt regelmäßig Konzerte im Badener Kurpark. Auch zahlreiche bekannte Dichter wie Grillparzer, Raimund Nestroy oder Schnitzler besuchten die Kaiserstadt. Villen, Palais, noble Bürgerhäuser und Plätze tragen die Handschrift großer Architekten der Biedermeierzeit des Historismus und des Jugendstils. Auch heute hat die Kultur das ganze Jahr über Saison: Ob es die sommerlichen Kurkonzerte im Kurpark, das klassische Operettenfestival in der Sommerarena, Alternativkunst und Jugendkultur im Theater am Steg, oder Show-Events im Congress Casino Baden sind, für Unterhaltung wird gesorgt.

WEINSTRASSE THERMENREGION – DIE STRASSE FÜR GENIESSER

Auf der 88 Kilometer langen Weinstraße laden viele typische Heurige zur österreichischen Gemütlichkeit mit erlesenen Weinen ein. In den Badener Weinbergen gedeihen hervorragende Qualitätsweine, darunter etwa 70 Prozent Weißweinsorten. Angebaut werden besonders Grüner Veltliner, Weißburgunder und Neuburger sowie die für die Region typischen Sorten Rotgipfler, Zierfandler, Muskat und Traminer. Unter den Rotweinsorten glänzen Blauburgunder, Zweigelt und Blauer Portugieser. Eine Besonderheit Badens ist das „Badener Lumpentürl", ein Kabinettwein der Sorte Neuburger. Vollmundigkeit, das feine Aroma und die fruchtige Säure sind die besonderen Qualitäten der Badener Weine. Auf Winzerwanderungen, Stoppeltouren, Weinsegnungen, Weinseminaren, Weinfesten, Weinwanderungen und Weinverkostungen in der kulturell besonders interessanten, wander- und wunderbaren Thermenregion wird der Wein in vielen Varianten vorgestellt, verkostet und genossen.

DAS GOLFELDORADO BADEN BEI WIEN BELEBT!

Dass man im Land um Wien – im Herzen des Wienerwaldes mit seiner malerisch schönen Waldlandschaft – auch hervorragend golfen kann, beweisen zahlreiche fantastische Golfanlagen. Die größte Golfplatzdichte Österreichs, landschaftliche Vielfalt und herzliche Gastlichkeit definieren den Golfgenuss in dieser Region. Acht eindrucksvolle Golfanlagen – darunter befinden sich auch einige der attraktivsten Österreichs – begeistern auf einem kleinen Radius von nur 45 Kilometern anspruchsvolle Golfer jeder Spielstärke. Gemeinsam mit einigen ausgewählten Badener Hotels haben sich acht der Plätze zur „Golf-ARENA Baden" zusammengeschlossen.

EUROPÄISCHES TOP-NIVEAU VOR DEN TOREN WIENS

Als Österreichs Golf-Flagship präsentiert sich der Fontana in Oberwaltersdorf, der in den Rankings der besten Golfplätze Österreichs schon über Jahre weit oben geführt wird. Durch höchste Qualitätsvorgaben und ein beeindruckendes Layout hat sich die 18-Loch-Championship-Anlage jedoch auch international zum fixen Bestandteil der europäischen Elite entwickelt und wird in einem Atemzug mit prominenten Anlagen wie St. Andrews und Valderrama genannt. Als mehrfacher Austragungsort der European Tour begeistern Anlage und unvergleichbares Ambiente auch die verwöhnten Stars der höchsten europäischen Golf-Tour. Über 100 strategisch platzierte

Fontana

Bunker, großflächige Waste-Areals, zahlreiche Wasserhindernisse an insgesamt 13 Löchern und insbesondere der zehn Hektar große See an den spektakulären Finallöchern 17 – dem Signature-Loch – und 18 verleihen diesem im amerikanischen Stil designten Parcours seine einzigartige Charakteristik. Teppichartige Bentgrass-Fairways, pfeilschnelle Grüns und perfekt manikürte Bahnen werden den höchsten Qualitätsansprüchen gerecht und brauchen den Vergleich mit den besten US-Plätzen nicht zu scheuen. Auch im exklusiven Umfeld kommt die Fontana-Philosophie zum Ausdruck: Höchste Qualität und Rund-um-Service, um anspruchsvollen Gästen ein in Österreich unvergleichliches Golferlebnis zu bieten. Auf der herrlichen Terrasse kann man nach der sicherlich erinnerungswürdigen Runde die Spitzenküche des Clubrestaurants genießen, den grandiosen Ausblick auf den elitären Badesee mit Sandstrand sowie auf die interessante 18. Spielbahn gibt es gratis dazu.

Golfclub Schloss Ebreichsdorf

FACETTENREICHES GOLF IM ALTEN SCHLOSSPARK

Inmitten einer parkähnlichen Aulandschaft, die Teil eines Schlossparks mit altem Baumbestand ist, wurde 1988 der Golfclub Schloss Ebreichsdorf gegründet. Der in Österreich lebende englische Designer Keith Preston verstand es glänzend, einen wunderschönen, technisch versierten Championship-Course mit 18 ebenen Bahnen anzulegen. Die gepflegten Fairways, meist von Kastanienalleen gesäumt, sind abwechslungsreich modelliert. Biotope und Wasserläufe kommen bei zehn Löchern ins Spiel, als ob die großteils engen Bahnen nicht schon genug Strategie und Demut fordern! Auf den ersten Löchern kann außerdem der Wind eine entscheidende Rolle spielen; vor allem Loch 2, ein 356 Meter langes Par 4 mit einem Halbinselgrün, zählt zu den größten Herausforderungen in der heimischen Golfszene. Ebreichsdorf bietet zudem auch eine der größten Driving-Ranges Österreichs. Das adäquate Entspannungs- und Genussprogramm findet man im von Österreichs Stararchitekten Hans Hollein entworfenen modernen Clubhaus, in dem das „Club-Restaurant Albatros“ mit bodenständiger Hausmannskost, saisonalen Spezialitäten und internationaler Küche in exklusivem Ambiente verwöhnt.

GOLFGIGANT UND AUSHÄNGESCHILD DER REGION

Nur einen Katzensprung von Wien und Baden entfernt, begeistert die imposante Anlage des Colony Club Gutenhof in Himberg niveauvolle Golfer aller Spielstärken. Die insgesamt 36 Bahnen des Ost- und

Colony Club Gutenhof

Golf Club Enzesfeld

Westkurses die beide durch alte Auwälder der Herrschaft Gutenhof führen, lassen dem Golfer die Wahl zwischen zwei landschaftlich interessanten Kursen, die mit zahlreichen Raffinessen trumpfen. Der erste Kurs, westlich des Clubhauses folgt dem Bachlauf des Kalten Gang, der schon am zweiten Loch überspielt werden muss. Viel zusätzliches Nass prägt den Lauf des Spiels. Obgleich der andere Parcours, der Ostkurs, in offenes Gelände führt, sorgen besonders kniffligen Bahnen für vielfältige spielerische Akzente. Beide Plätze sind mit über 6.400 Metern wahrlich keine Micky Maus-Plätze und entsprechen durch exzellentes Design und hervorragende Platzqualität gehobenem internationalen Standard. Schon Ryder-Cup-Captain Sam Torrance zeigte sich von der Himberger Anlage begeistert: „Diese beiden traditionellen Parklandkurse zählen für mich zu den besten Europas, mit nicht nur einem Signature-Hole, sondern mehreren attraktiven, immer in Erinnerung bleibenden Spielbahnen." 36 Loch pures Golfvergnügen! Der familiäre Umgang in exklusivem Ambiente sowie das vorzügliche Restaurant machen zudem den besonderen Charakter des Vorzeige-Clubs aus.

GOLFPERLE IN RUHEOASE

Abwechslungsreich, sportlich anspruchsvoll und prachtvoll schön, so präsentiert sich der Championship-Golf-Course von Enzesfeld, der 2020 sein 50-jähriges Jubiläum feierte und als eine der hinreißendsten Anlagen der Alpenrepublik gilt. Der hüge-

Golfclub Adamstal Franz Wittmann

lige Parcours wurde behutsam in die Natur integriert, die tief in den dichten Wald eingeschnittenen 18 Bahnen werden für slice- oder hookgeplagte Schwungakrobaten zur Bewährungsprobe. Großflächige und griffige Greens sorgen selbst bei Scratch-Golfern für Stirnrunzeln und so manchen Drei-Putt. Ständig wechselnde Windverhältnisse machen das Spiel auch nicht einfacher! Doch selbst an stark frequentierten Tagen findet man auf dieser Anlage die nötige Ruhe und Stille für ein erholsames und konzentriertes Spiel, da die einzelnen Bahnen durch dichten Mischwald voneinander getrennt sind. Wer sich auf diesem technisch diffizilen Parcours bewährt, ist für die meisten Plätze der Welt gerüstet.

ROMANTISCHER GEHEIMTIPP

Der Golfclub Adamstal im niederösterreichischen Alpenvorland fasziniert als besonderer Leckerbissen alle verwöhnten Golfgourmets. Franz Wittmann, zwölffacher Rallye-Staatsmeister und ehemaliger Präsident des Österreichischen Golfverbandes wählte eine landschaftlich traumhafte Ecke, um gemeinsam mit dem irisch-kanadischen Golfplatzarchitekten Jeff Howes – ein Schützling des großen Jack Nicklaus – eine fantastische Golfanlage zu realisieren. Den beiden ist es hervorragend gelungen, 28 Spielbahnen makellos in die bergige Landschaft einzufügen. Der 19-Loch-Championship-Course präsentiert sich als attraktive Herausforderung für alle sportlich ambitionierten Spieler, doch aufgrund der sechs Abschläge pro Loch kann man diesen Kurs auch sanfter erleben. Genauigkeit vor Weite ist jedoch aufgrund der Topographie für alle Spieler Voraussetzung für einen guten Score. Immer wieder wird man auf dem stark hügeligen Parcours mit gewaltigen Ausblicken belohnt, speziell auf Loch 11, der „Hausbergkante" und höchsten Stelle des Platzes. Die 19. Spielbahn gilt als Besonderheit und wird oft als „Wettloch" gespielt. Der bezaubernde 9-Loch-Course Wallerbach, dessen Fairways fünf bis neun dem idyllischen Tal des Wallerbachs folgen, vervollständigen das attraktive Golfangebot des „Leading Golf Courses" of Austria. Keine Frage, Auszeichnungen heftet man sich besonders gerne an die Brust, deshalb soll auch erwähnt werden, dass diese Traumanlage bereits mehrfach zu „Österreichs Golfplatz des Jahres" ausgezeichnet wurde. Das gemütliche und 1995 liebevoll renovierte Clubhaus mit historischen Wurzeln aus dem 19. Jahrhundert verwöhnt mit bodenständiger, exzellenter Küche und rundet das Golferlebnis angemessen ab.

GOLFCLUB FÖHRENWALD – WELTMEISTER DER GEMÜTLICHKEIT

Golfplatzarchitekt Jeff Howes zeigte sich auch für die beliebte 18-Loch-Anlage Föhrenwald verantwortlich. Nomen est omen, unzählige Föhren säumen die zum Teil engen Fairways des ebenen, 6.300 Meter langen Parcours, der außerdem auch Lebensraum der naturgeschützten Zieseln ist. Als eines der anspruchsvollsten Löcher präsentiert sich Loch 8, auch „The Draw" genannt, da man für den Abschlag mit dem Driver eben diesen Schlag perfekt beherrschen muss, um nicht im Fairway-Bunker zu landen. Viel Spaß – vielleicht klappt es ja das nächste Mal! Loch 16, ein nur 128 Meter langes Par 3 über Wasser, begeistert primär optische Spieler. Doch Achtung, das gut geschützte, schwer zu lesende Grün kann für Überraschungen sorgen. Außerdem entpuppt sich diese kurze Bahn

Golfclub Föhrenwald

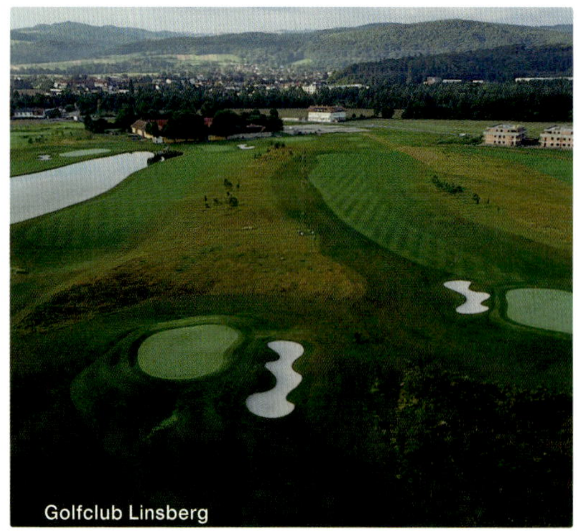
Golfclub Linsberg

vor allem bei Gegenwind länger als man glaubt. Das engagierte Greenkeeperteam hält den Parcours, auf dem seit 2005 auch die Europäische Damentour Station macht, in Topform. In der herzlichen Atmosphäre des Clubhaus-Restaurants mit Terrasse fühlt man sich wohl.

Noch ein weiterer Platz stammt aus der Feder des Architekten Jeff Howes, die 18 Löcher des Golf Club Linsberg, der sich in unmittelbarer Nachbarschaft zu Föhrenwald befindet und seit Mai 2019 bespielbar ist. Zentrale Rolle im Design spielen charakteristische Links-Elemente.

Der Golfclub Richardhof liegt idyllisch und hoch über Baden inmitten des Wienerwaldes, der beliebte Golfclub Leopoldsdorf nahe bei Wien. Nur neun Löcher Spielvergnügen bieten die beiden Anlagen, diese begeistern jedoch mit zahlreichen Raffinessen. Speziell bei letzterem ermöglichen sich bei entsprechendem Course-Management gute Birdie-Chancen.

Auch wenn der 18-Loch-Platz Brunn am Gebirge am südlichen Stadtrand von Wien nicht dem Verbund der Golf-ARENA Baden angehört, so gebührt dieser gepflegten, parkähnlichen Anlage trotzdem eine besondere Erwähnung. Mit 5.742 Metern trumpft der Parcours nicht mit Länge, doch großflächige Bunkerlandschaften, diverse Baum- und Strauchgruppen, viel Nass in Form von Teichen und Bachläufen sowie spektakuläre Inselgrüns verlangen Präzision und sorgen für ein variantenreiches und interessantes Spiel. Gut zehn Kilometer entfernt im Herzen des Wienerwalds wurde 1995 der Golfclub Laab im Walde eröffnet. In herrlicher Natur und familiärer Atmosphäre spielt man hier auf dem 9-Loch-Challenge oder dem 18-Loch-Compact Course.

Golf & Country Club Brunn

Fast schon in der Steiermark, auf halbem Weg zwischen Wien und Graz, liegt das Golf Eldorado Bucklige Welt Golf & Country Club, wo es einige Höhenunterschiede zu bewältigen gilt.

GOLF UND WEIN

Auch Golfsportler, die zum ersten Mal in Niederösterreich abschlagen, wird es bald auffallen: In Niederösterreich ist der Wein allgegenwärtig. Zum einen in der Flasche oder im Glas – viele Clubhäuser bieten eine überaus reiche Auswahl an niederösterreichischen Tropfen –, aber auch in der Landschaft: Zwei Drittel aller Reben für die österreichische Weinproduktion wächst in Niederösterreich. Allein im Weinviertel – der Region nördlich von Wien – produzieren 14.000 Weinbauern ein Drittel des österreichischen Weins.

Innigst verbunden sind der Weinbau und das Golfspiel im Golfclub Poysdorf, der 2006 als bester neuer Golfplatz Österreichs ausgezeichnet wurde. Die Anlage wurde in der einzigartigen sanfthügeligen Natur- und Weinlandschaft des nördlichen Weinviertels rund um Poysdorf auf einer Fläche von 65 Hektar nach den Plänen von Keith Preston errichtet. Die malerische Hügellandschaft, die natürliche Abwechslung von Weingärten, Wiesen und Sträuchern laden zum Abschlagen, Wohlfühlen und Genießen ein! Neben der 18-Loch-Anlage stehen ein 4-Loch Public Course, Driving Range und Putting Green zur Verfügung. Entspannung und Stärkung nach dem Spiel finden die Gäste im Restaurant im unmittelbar neben dem Clubhaus gelegenen Hotel.

Aber auch im Kamptal lassen sich Golf und Wein wunderbar vereinigen. Die 36 Löcher zählende Golfanlage des Golfclubs Lengenfeld Kamptal-Donauland wurde in den alten Obst- und Weingärten des Ortes angelegt. Entstand der erste Platz Anfang der 90er Jahre, folgte der zweite 2007. Heute kann man sich auf die beiden Kurse Kamptal und Donauland freuen, beide umgeben von Wäldern und Weinbergen.

Golfclub Poysdorf

GOLFERLEBNIS DER BESONDEREN ART – FASZINATION WALDVIERTEL IM HERZEN EUROPAS

Die Golfanlagen im Waldviertel liegen in einer Landschaft voller natürlicher Schönheit und Idylle. Die tiefen Wälder, steilen Schluchten, romantischen Burgen und Wassermühlen haben etwas Mystisches. Und das lässt sich hervorragend mit Golf verbinden.

Sanft geschwungene Hügel, sattgrüne Wiesen, geheimnisvolle Wälder, klare Gewässer, mehr als 300 Burgen oder deren Ruinen, prunkvolle Schlösser und Stifte – das ist das Waldviertel im Norden von Österreich. Hier nimmt die Natur ungestört ihren Lauf und hier wird Kultur gepflegt und gelebt.

Neben dem großzügigen Angebot für Golfspieler bietet die Region aber auch abseits der Spielbahnen eine reichhaltige Auswahl an Aktivitäten. Ein Hauch des englischen Stonehenge umweht die vielen Findlinge und Restlinge, die für großartige Naturerlebnisse im größten Naturparadies Mitteleuropas sorgen.

Mittendrin in den Waldungen und Weinbergen stellen sich als Zeugen vergangener Zeiten die Burgen, Stifte und Schlösser dar: Das romantische Renaissance-Schloss Rosenburg auf einer 100 Meter hohen Felsklippe oder Burg Heidenreichstein, die als die größte mittelalterliche Wasserburg in Niederösterreich gilt, zählen zu den großen Kunstschätzen, die man besuchen und mit Golfrunden verbinden kann. Nur unweit der Waldviertler Grenzen finden sich in Südböhmen UNESCO Weltkulturerben wie Krumau und Telč.

Golf Club Lengenfeld Kamptal-Donauland

Das Thayatal im Waldviertel

meinsam: die einzigartige Waldviertler und südböhmische Herzlichkeit!
Die naturnahe und einfühlsame Lage des Golfplatzes in Haugschlag wurde zu seinem Charakteristikum. Die malerische Anlage wurde mehrfach mit dem Prädikat „Golfplatz des Jahres" ausgezeichnet und als mehrmaliger Austragungsort der Austrian Open im Rahmen der PGA European Tour auserkoren. Aber nicht nur Pros fühlen sich hier wohl. So mancher ist beim Golf-Schnuppern im Waldviertel schon auf den Geschmack gekommen! „Pay & Play" heißt es beispielsweise für Anfänger in Herrensee.
Der südlichste Platz des Waldviertels, der Golfclub Wachau, befindet sich in Maria Taferl am Fuße der

Gesund sein, werden und bleiben wird im Waldviertel groß geschrieben. Dieses Gebiet gilt als eine der gesündesten Regionen Österreichs. Ganze Gesundheitszentren sind vorhanden, die von fernöstlichen Heilmethoden bis zu Moorbädern hervorragende Angebote entwickelt haben. Auf Heilfasten und innere Einkehr haben sich ein Prämonstratenser-Kloster und einige Gesundheitspensionen spezialisiert.
Zur guten Gesundheit gehört bekanntlich ein gutes Essen. Die Feinschmecker wissen es: Die Herkunftsbezeichnung „Waldviertler" verheißt exquisite und charmante Kulinarik – seien es nun die schmackhaften Erdäpfel, die frischen Karpfen, delikates Biofleisch, Mohngerichte, Bier – und sogar Wein.
Bei all diesen Spezialitäten darf natürlich die sportliche Betätigung nicht gänzlich fehlen. Und da ist der Golfsport gerade richtig. Jeder Club im Waldviertel stellt auf eine andere Art und Weise eine reizvolle Herausforderung dar und versprüht seinen eigenen Charme mit Abwechslungsreichtum und allerhöchsten Qualitätsstandards. Jedoch eines haben alle ge-

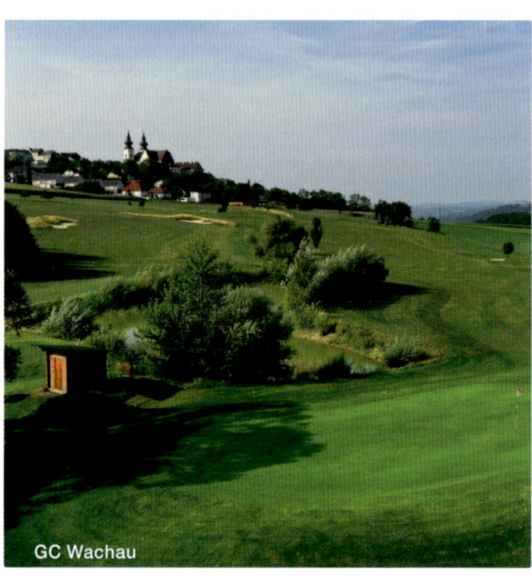
GC Wachau

berühmten Wallfahrtsbasilika in der Wachau. So wie dieser Platz, lässt auch der Golfclub Weitra, dessen Fairways nahezu bis ins Zentrum der mittelalterlichen Stadt ragen, mit eindrucksvollem Blick auf das

Leading Golfresort Haugschlag

Golfclub Weitra

Renaissance Schloss, für den kulturell interessierten Spieler keine Wünsche offen. Auf die charmante Paarung „Golf & Wein“ wird in Lengenfeld gesetzt. Hier spielt der Golfer umgeben von Weinbergen, Obstgärten und Wäldern. Ebenso lockt der Diamond Club Ottenstein mit Golf und Genuss. Bach und idyllische Naturteiche geben der Golfanlage ihr Gepräge. Das von Herbert Hettegger betriebene und mehrfach prämierte Club-Restaurant verwöhnt Sie nach der Runde kulinarisch. In der Nähe befinden sich auch die Burg Ottenstein sowie die Ruine Lichtenfels. Schloss Rosenburg, als Burg um 1150 errichtet und im 16. Jahrhundert zu einem Renaissanceschloss umgebaut, ist heute eines der bekanntesten Schlösser Österreichs und auf jeden Fall einen Besuch wert, ebenso wie das Stift Zwettl, das drittälteste existierende Zisterzienserkloster weltweit. Und einen Abstecher in die Wachau sollte man auf jeden Fall einplanen.

Ebenfalls im Waldviertel ist die 18-Loch-Anlage Thayatal-Drosendorf, die 1992 nahe der Grenze zu Tschechien eröffnet wurde. Die Mischung aus Park- und Heideland-Kurs in schönster Naturlandschaft ermöglichen eine entspannte Runde.

Diamond Club Ottenstein

109 Golfclub Weitra

18

Hausschachen 313
A-3970 Weitra
02856 2058
gcweitra@golf.at
www.hausschachen.at

Länge: H 5800 m, D 5158 m, PE erforderlich.

Greenfee-Kat.: €€€€€
Ermäßigung: Jugendl./Stud. 50%

Der 18-Loch-Championship Course ist eingebettet in die hügelige Landschaft des nördlichen Waldviertels. In Weitra spielt man fast auf einem Stadtcourse mit herrlichem Blick auf die älteste Braustadt Österreichs mit ihrem Renaissance-Schloss. Der Platz befindet sich einen Kilometer vom Stadtzentrum entfernt an einem Badeteich. Der Platz bietet eine Flutlichtsanlage. Besonders eifrige Golfer können auf der beleuchteten Driving Range auch am späten Abend üben. Der Badeteich Hausschachen mit clubeigener Liegewiese lädt an heißen Tagen nach der Runde zum Abkühlen ein.

Platzinformationen:

Golfclub Weitra - Hotel Hausschachen und Clubhaus

110 Golfclub Swarco Amstetten-Ferschnitz

18

Gut Edla 18
A-3325 Ferschnitz
07473 8293 07473 82934
office@golfclub-amstetten.at
www.golfclub-amstetten.at

Länge: H 6071 m, HCP 54 erforderlich.

Greenfee-Kat.: €€€€
Ermäßigung: Jugendl./Stud. 50%

Inmitten der sanften Mostviertler Hügellandschaft im Alpenvorland umgeben von herrlich duftenden Birn- und Apfelbäumen befindet sich der 18-Loch-Championship-Kurs des GC Swarco Amstetten-Ferschnitz. Angelegt auf 65 Hektar fügt er sich harmonisch in das sanft hügelige Mostviertler Gelände ein. Zahlreiche Obstbäume säumen die Fairways. Jeder Abschlag ist Station des Mostbaumlehrpfades, auf dem viele alte Mostobstsorten angepflanzt sind. Der Platz mit Par 71 trägt die Handschrift des französischen Architekten Francois Bouchard, ein Schüler der Golflegende Jack Nicklaus.

NIEDERÖSTERREICH

Platzinformationen:

111 Golfclub Herrensee

18 Loch Kurzplatz

Buchenstraße 3
A-3874 Litschau
02865 438 02865 20878
info@gcherrensee.at
www.herrensee.at

Länge: H 1595 m, D 1595 m

Greenfee-Kat.: €

Das Golfparadies Waldviertel macht auch hier seinem Namen alle Ehre. Österreichs erster 18-Loch-Par 3-Platz bietet alles, was einen Championship-Platz ausmacht, vom Bunker bis zum Wasserhinderniss. Die einzelnen Löcher sind zwischen 60 und 130 m lang. Die Anlage steht ganz unter dem Motto "pay & play". Für eine Runde Golf benötigt man hier weder Grundkenntnisse, noch eine eigene Ausrüstung (Leihequipment steht zur Verfügung), weder Platzreife noch Mitgliedschaft. Was zählt, ist die Lust es auszuprobieren. Dafür steht auch eine großzügige Übungsanlage zur Verfügung.

Platzinformationen:

112 Leading Golfresort Haugschlag

18/18/18

A-3874 Haugschlag 160
02865 8441 02865 8441522
info@golfresort.at
www.golfresort.at

Länge: H 6262 m, D 5625 m, HCP 54 erforderlich.

Greenfee-Kat.: €€€€€
Ermäßigung: Jugendl./Stud. bis 19 J. 50%

Die beiden Championship Courses waren mehrmals Gastgeber der Austrian Open der PGA European Tour und wurden mehrfach zum „Golfplatz des Jahres" gewählt. Sie gehören zu den „Leading Golfcourses Austria". Perfekte, in die Landschaft eingebettete Spielbahnen werden von natürlichen Teichen, Wäldchen und Waldviertler Wackelsteinen gesäumt. Die drei Plätze, die 18-Loch-Championship Courses (Haugschlag & Waldviertel) in Haugschlag und der 18-Loch-Kompaktplatz in Litschau (10 ha) liegen auf einem leicht hügeligen Gelände mit Baum- und Felsgruppen sowie reizvollen Teichen.

Platzinformationen:

Leading Golfresort Haugschlag

113 Golfclub Schloss Ernegg

18

Ernegg 4
A-3261 Steinakirchen/Forst
07488 76770
info@gcschlosseregg.at
www.gcschlosserneg.at

Länge: H 5892 m, D 5089 m, HCP 54 erforderlich.

Greenfee-Kat.: €€€€
Ermäßigung: Jugendl. bis 12 J. 100%, Stud. 50%

Eingebettet in der Hügellandschaft des Voralpenlandes im Tal der Kleinen Erlauf und am Fuße des Hausberges, findet man einen der schönsten Naturplätze des Landes. Der Golfplatz spiegelt die Verbindung zwischen britischem Flair und dem charmanten Charakter des Mostviertels wider. Die 18-Loch Anlage bietet erfahrenen Golfern weitläufige Fairways, große Greens, herausfordernde Hardroughs, viele Bunker und schwierig platzierte Wasserhindernisse. An drei Spielbahnen gilt es, die Kleine Erlauf zu überqueren. Direkt am Platz liegt das Schlosshotel Ernegg mit 20 Zimmern.

Platzinformationen:

114 Golf Club Wachau

9

Maria Taferl 43
A-3672 Maria Taferl
07413 350
office@golfclubwachau.at
www.golfclubwachau.at

Länge: H 2612 m, D 2256 m, HCP erforderlich.

Greenfee-Kat.: €€€€
Ermäßigung: Jugendl. bis 18 J. 50%, Stud. bis 26 J. 20%

Eingebettet in die Landschaft des südlichen Waldviertels hoch über dem Donautal rund um den berühmten Wallfahrtsort Maria Taferl und nur 10 km von Stift Melk entfernt liegt der idyllisch gelegene Golfclub Wachau. In klimatisch günstiger und waldreicher Gegend finden Golffreunde 9 Löcher mit herrlichen Ausblicken auf die Basilika von Maria Taferl und Schloss Artstetten. Ein besonderes Highlight ist das 7. Loch wegen seiner Erschwernis durch zwei Fairwaybunker, einen Teich rechts und einem Grün von 450 qm. Eine Driving Range mit Flutlicht steht zum Üben bereit.

Platzinformationen:

115 Diamond Club Ottenstein

18

Niedergrünbach 60
A-3532 Rastenfeld
02826 7476 02826 74764
info@golfclub-ottenstein.at
www.golfclub-ottenstein.at

Länge: H 6335 m, D 5964 m, HCP 54 erforderlich.

Greenfee-Kat.: €€€€
Besonders hervorzuheben: Angebot "Golf und Dinner" im Club-Restaurant Herbert Hettegger! Greenfee, Aperitif und 3-Gänge-Menü zum Preis von WT EUR 85.- und WE EUR 95.-.

Zwei schmale Bäche und idyllische Naturteiche geben dem 18-Loch-Championship-Course im Diamond Club Ottenstein seinen besonderen Charakter. Der Kurs garantiert viel Abwechslung und gewachsene Schönheiten, offene Wiesen, dichte Wälder und eine sanft hügelige Landschaft. Der Diamond Club Ottenstein steht für ein harmonisches und stimmungsvolles Urlaubs- und Freizeiterlebnis in der schönsten Golfregion Österreichs. Im Clubrestaurant „Herbert Hettegger", Österreichs Golfrestaurant des Jahres 2015, erwartet Sie eine herzliche Gastlichkeit auf hohem Niveau.

Platzinformationen:

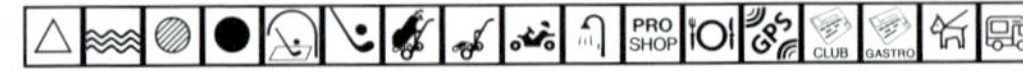

Diamond Club Ottenstein

www.golfclub-ottenstein.at

Heart of Golf

The Leading Golf Courses

DIAMOND ADVENTURE

3 Nächte inklusive Frühstück im Doppelzimmer im Golfresort Diamond Country Club Atzenbrugg
2 x 18-Loch Greenfee am European Tour Diamond Course in Atzenbrugg
Unlimited Greenfee am 9-Loch Diamond Park Course in Atzenbrugg (nach Verfügbarkeit)
1 x 18-Loch Greenfee am Leading Golf Course im Diamond Club Ottenstein

ab € 435,– p.P. im DZ

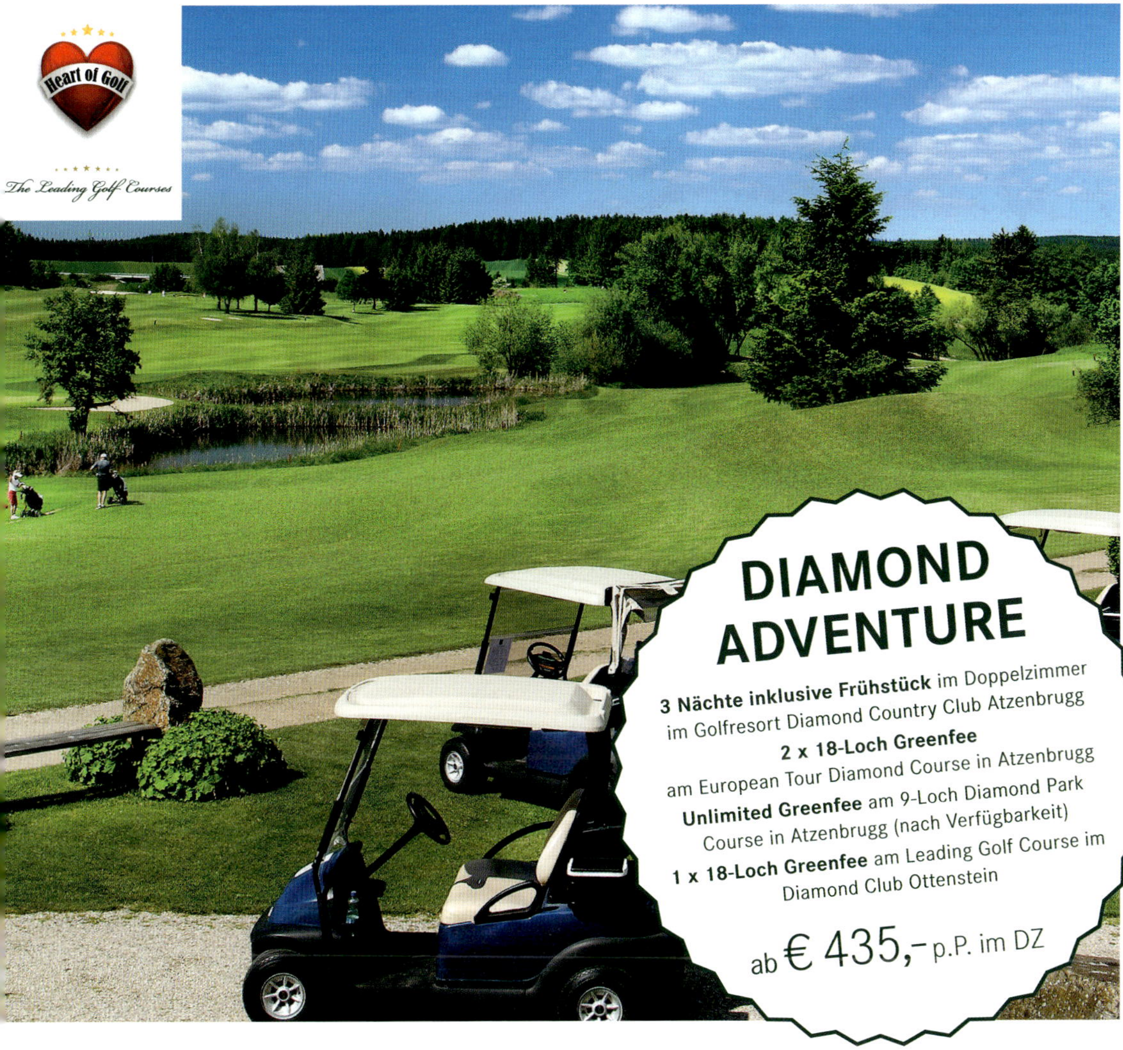

olfgenuss im Waldviertel!

t es einen schöneren Platz zum Golfen als in den Waldviertler Hügeln zwischen Wäldern und :hen, Teichen und blühenden Mohn- und Rapsfeldern? Freuen Sie sich auf das 18-Loch-Golf- ·bnis Diamond Club Ottenstein und genießen auf unserer Sonnenterrasse Waldviertler ·mankerln und erlesene Weine.

ergrünbach 60, 3532 Rastenfeld, Tel +43 2826 7476, info@golfclub-ottenstein.at

116 Golfclub St. Pölten 18/9

Goldegg Golf 1
A-3110 Neidling
02741 7360 02741 73609
office@noe-golfclub.at
www.noe-golfclub.at

Länge: H 5686 m, D 5218 m, HCP 45 erforderlich.

Greenfee-Kat.: €€€€
Ermäßigung: Jugendl./Stud. 50%

Die Golfanlage liegt harmonisch südlich des Dunkelsteiner Waldes rund um das Schloß Goldegg. Der 1988 errichtete Platz, der 2006 in eine moderne 27-Loch-Golfanlage umgestalte wurde, wurde 2012 von der Murhof-Gruppe, dem größten Golfanbieter Österreichs übernommen. Prunkstück ist der herrlich gelegene Park Kurs mit 18 Löchern, die traumhafte Blicke auf das Alpenvorland gewähren und dessen Spielbahnen teilweise im idyllischen Schlosspark liegen. Er ist auch für Golf-Einsteiger spielbar, fordert aber auch fortgeschrittene Spieler. Ergänzt wird er durch den 9-Loch-Schloss-Course.

Platzinformationen:

Golfclub St. Pölten

117 Golf Club Thayatal-Drosendorf 18

Autendorf 18
A-2095 Drosendorf
0664 3502869
thayagolf@1golf.at
www.1golf.at

Länge: H 4531 m, D 4051 m, PE erforderlich.

Greenfee-Kat.: €€€

Der Platz liegt in Autendorf, hoch im Norden Niederösterreichs und fast direkt an der tschechischen Grenze. Die Familie Scheubrein entwarf und betreibt den Platz. Er ist nicht allzu lang, nicht allzu schwierig und versteht sich selbst als "anfängerfreundlich". Durch die Kompaktheit kreuzen sich einige Spielbahnen. So darf man am ersten Tee man erst abschlagen, wenn man die Spieler auf dem Übungsgrün gebeten hat, es kurz zu räumen. Ebenso muss man auf Tee 2 die Spieler auf dem 17. Grün und Abschlägen 3, 16 und 18 mit "Fore" warnen, wenn man vom Tee 2 loslegen will.

Platzinformationen:

Golf Club Thayatal-Drosendorf

118 Golf Club Lengenfeld Kamptal-Donauland

36

Am Golfplatz 1
A-3552 Lengenfeld
02719 8710
office@golfengenfeld.at
www.golflengenfeld.at

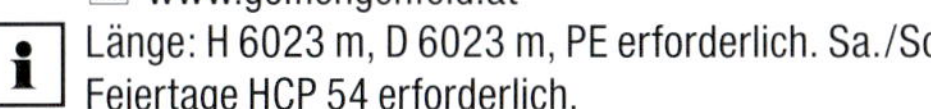

Länge: H 6023 m, D 6023 m, PE erforderlich. Sa./So./ Feiertage HCP 54 erforderlich.

Greenfee-Kat.: €€€€
Ermäßigung: Jugendl./Stud. 50%
Senioren mit gültigem GSL NÖ Aufkleber Mo - Fr (ausgen. Feiertage) 30% Rabatt"

Der Golf Club Lengenfeld Kamptal-Donauland, nur wenige Autominuten von Krems entfernt, verfügt über 36 Löcher inmitten einer der reizvollsten Kulturlandschaften Niederösterreichs. Die Plätze Kamptal und Donauland weisen beide unterschiedliche Charakteristika auf und fügen sich perfekt, da terrassenförmig angelegt, in die Landschaft ein. Strategisch platzierte Bunker und Wasserhindernisse erfordern Präzision. Dank des milden Donauklimas ist ein ganzjähriger Spielbetrieb sogar auf Sommergrüns möglich. Zudem steht eine öffentliche 6-Loch-PAR 3 Kompaktanlage zur Verfügung.

Platzinformationen:

Clubhaus des Golf Club Lengenfeld Kamptal-Donauland

119 Golf-Club Semmering

9

Meiereistraße 3
A-2680 Semmering
02664 8154
gcsemmering@golf.at
www.gcsemmering.at

Länge: H 3786 m, D 3352 m, PE erforderlich. Sa./So./ Feiertage HCP 54 erforderlich.

Greenfee-Kat.: €€€
Ermäßigung: Jugendl.

Mitten im Grünen auf 1000 Meter Seehöhe präsentiert sich der Club am Zauberberg Semmering wie bei seiner Gründung 1926 in einer landschaftlich einzigartigen Lage. Die neun reizvollen Spielbahnen weisen viele Schräglagen auf. Blind anzuspielende Grüns und überraschende Abschlagssituationen lassen die Runde zu einem unvergesslichen Golfabenteuer werden. Das alte Clubhaus mischt Tradition und Flair geschickt mit der richtigen Portion Gemütlichkeit. Putting- und Chippinggrün sowie eine Driving Range bieten perfekte Trainingsmöglichkeiten. Hunde sind angeleint erlaubt.

Platzinformationen:

120 Golfclub Adamstal Franz Wittmann

19/9

Gaupmannsgraben 21
A-3172 Ramsau
02764 3500 02764 350015
info@adamstal.at
www.adamstal.at

Länge: H 5919 m, D 4807 m, HCP 54 erforderlich. Sa./So./Feiertage HCP 36 erforderlich.

Greenfee-Kat.: €€€€€
Ermäßigung: Jugendl. bis 22 J. 50%, Stud. 35%

Die Anlage liegt am Fuße des Unterbergs in Lilienfeld, mitten im waldreichsten Teil Mitteleuropas und im Naherholungsraum Wiens. Gäste können zwischen dem 18-Loch-Championship-Course und dem 9-Loch-Course Wallerbach wählen. Alle 27 Löcher haben dabei ihren eigenen Charakter. Bäche, Geländestufen, Waldlichtungen und Felsformationen wurden geschickt integriert. Der Championship-Course genügt auch den Ansprüchen von Pros. Die Challenge Tour war mehrfach zu Gast. Adamstal wurde von einer Expertenjury bereits mehrmals zu Österreichs Golfplatz des Jahres gekürt.

Platzinformationen:

Golfclub Adamstal Franz Wittmann

Golfclub Adamstal

Ein Golfplatz, spektakulär wie kein zweiter

Inmitten des niederösterreichischen Alpenvorlandes liegt der Golfclub Adamstal, einer der spektakulärsten Golfplätze Europas, grandios im Design und stets makellos gepflegt.

Gäste des Golfclubs Adamstal haben die Wahl zwischen dem 18-Loch „Championship-Course" und dem 9-Loch „Course Wallerbach". Alle 27 Löcher haben ihren eigenen Charakter: Designer Jeff Howes gelang es, Bäche und Geländestufen, Waldlichtungen und Felsformationen geschickt in die beeindruckende Landschaft zu integrieren. Das abwechslungsreiche Voralpenland bestimmt so auf natürliche Art den Rhythmus der Fairways und Grünlandschaften. Keine Überraschung, dass der Golfclub Adamstal von einer Expertenjury bereits sechsmal zu Österreichs Golfplatz des Jahres und zum fünften Mal bei der Onlineumfrage (Golf Guide Award) zum zweitbeliebtesten Golfplatz Europas gewählt worden ist. Eine Fachjury des deutschen Golfjournals hat den Golfclub Adamstal als einzigen Golfplatz aus dem deutschprachigen Raum in ihre Top 25 der besten Plätze Europas gewählt.

Club-Präsident Franz Wittmann: „Einen Golfplatz wie bei uns im Adamstal gibt es auf der ganzen Welt kaum ein zweites Mal. Aber nicht nur unsere internationalen Gäste sind begeistert. Eine Runde in Adamstal ist mit Sicherheit ein einzigartiges Erlebnis, das Sie nie vergessen werden. Seit 2016 verwöhnt ein Haubenkoch unsere Gäste, und Sie können es sich in zehn Komfortzimmern gemütlich machen. Ich würde mich freuen, Sie im Adamstal begrüßen zu dürfen."

Wochentags-Angebot (Mo-Fr) um € 139,-/Person

1 Übernachtung im Clubhaus
1 GF 9-Loch „Course Wallerbach"
1 GF 18-Loch Championship-Course inkl. E-Cart

3-Tages-Angebot (Mo-Fr) um € 259,-/Person und Wochenend-Angebot (Fr-So) um € 289,-/Person

2 Übernachtungen im Clubhaus
1 GF 9-Loch „Course Wallerbach" (zur Einstimmung am Anreisetag)
2 GF 18-Loch Championship-Course inkl. E-Carts

The Leading Golf Courses

Golfclub Adamstal

-3172 Ramsau, Gaupmannsgraben 21, Tel.: +43-2764-3500, info@adamstal.at, www.adamstal.at

121 Diamond Country Club

18/12/9

Am Golfplatz 1
A-3452 Atzenbrugg
02275 20075 02275 200759
office@countryclub.at
www.countryclub.at

Länge: H 6819 m, D 6130 m, HCP 36 erforderlich.

Greenfee-Kat.: €€€€€
Ermäßigung: Jugendl. bis 18 J. 40%

Etwa eine Autostunde vom Flughafen Wien entfernt, liegt der Diamond Country Club – Österreichs einzige European Tour Destination. Herzstück der Anlage ist der Diamond Course, ein 18-Loch-Championship-Course, der seit Jahren die Stars der European Tour bei den Austrian Open willkommen heißt. Zusätzlich garantieren der familienfreundliche 9-Loch Park Course und der niveauvolle 12-Loch Country Course unvergessliche Golfmomente rund um den 10 ha großen See. Für das leibliche Wohl sorgen das À-la-Carte-Restaurant Diamond Clubhouse sowie das Diamond Boathouse mit Ausblick auf Loch 9 und den See.

Platzinformationen:

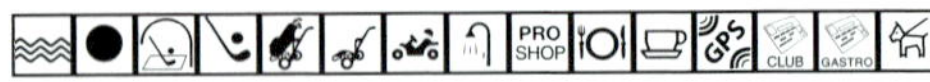

Diamond Country Club

even better than great

)u warst schon auf vielen Golfreisen, aber noch nie in einem Iotel, das so gut auf deine Bedürfnisse als Golfer zugeschnitten :t. Du parkst deinen E-Trolley im Vorzimmer und steckst das .adekabel der Elektrobatterie in die dafür vorgesehen Steckdose.)u bewunderst die Großzügigkeit des Raumes, die moderne, ber dennoch gemütliche Ausstattung, den Blick in den Garen. Du blätterst in der Golfzeitschrift, die auf dem Tisch liegt, u lässt dich auf das Boxspringbett fallen. Die Matratze federt einen Fall weich ab. Hier wirst du gut schlafen. Morgen gleich ach dem Frühstück auf der Sonnenterrasse wirst du auf den latz gehen. Du wirst am Abschlag stehen, und die Welt wird ach frisch gemähtem Gras und Zuversicht riechen. Du wirst ber ein Fairway gehen, über das auch schon die Stars der Euroean Tour geschritten sind. Du wirst vermutlich nicht so spielen 'ie sie, aber du wirst dasselbe fühlen. Du wirst die Schläge enießen und wissen, dass nach jedem Fehlschlag eine neue :hance kommt. Und du wirst diese Chance nutzen. Du machst icht irgendwo Golfurlaub. Du machst Urlaub im Golfresort)iamond County Club Atzenbrugg.

o leben wir. Diamond Country Club.

Boathouse Gourmet Package

3 Nächte inklusive Frühstück
im Diamond Room Doppelzimmer
2 x 18-Loch Greenfee
am European Tour Diamond Course
unlimited Greenfee am 9-Loch Park Course
und 14-Loch Country Course
3 x Genusshalbpension (3-Gang Menü)
im Boathouse Restaurant am Wasser
im Diamond Resort
Buchbar für Aufenthalte
von Donnerstag bis Sonntag
p.P. im DZ
ab € **495,-**

ountryclub.at

The Leading Golf Courses

EUROPEAN TOUR | Destination

122 Golf-Club Wienerwald

9

Forsthof 211
A-3053 Brand-Laaben
02235-437900 (GC Leopoldsdorf - Verwaltung)
office@gcleopoldsdorf.at
www.gcww.at

Länge: H 4312 m, D 3880 m, HCP 45 erforderlich.

Greenfee-Kat.: €€
Ermäßigung: Jugendl. und Stud. bis 26 J.

Der 9-Loch-Platz des GC Wienerwald liegt in der schönsten Gegend des Wienerwaldes, zwischen Laaben und Klausen-Leopoldsdorf. Im Jahr 2008 übernahm die Murhof Gruppe den Platz und ließ die Grüns und die Abschläge neu bauen, alles unter Berücksichtigung der strengen Bestimmungen eines Landschaftsschutzgebiets. Der Platz wurde nicht in die Landschaft hineingezwungen, sondern fügt sich ganz natürlich und harmonisch ins Gelände ein und folgt dem Verlauf von hintereinander liegenden Waldlichtungen. Auf diesem "Bio"-Platz werden weder Dünger noch Pestizide verwendet.

Platzinformationen:

123 Golfclub Schloss Schönborn

18/9

Schönborn 4
A-2013 Schönborn
02267 2863 02267 287919
golfclub@gcschoenborn.com
www.gcschoenborn.com

Länge: H 6387 m, D 5742 m, HCP 45 erforderlich. Sa./So./Feiertage HCP 36 erforderlich.

Greenfee-Kat.: €€€€€
Ermäßigung: Jugendl.

Das prachtvoll renovierte Schloss, das heute dem Club zur Verfügung steht, wurde von 1712 bis 1717 als Sommersitz für den damaligen Reichsvizekanzler Friedrich Karl von Schönborn erbaut. Für die 1989 eröffnete Golfanlage im 104 Hektar großen Schlosspark wurde die Landschaft nicht künstlich modelliert, sondern als bestehender Rahmen optimal genutzt. Die stilvolle Atmosphäre von Schloss und Schlosspark prägt den Club. Der 18-Loch-Platz befindet sich innerhalb der Schlossanlage, der 9-Loch-Platz außerhalb. Alle drei 9-Loch-Bahnen können miteinander kombiniert werden.

Platzinformationen:

124 Golf Club Enzesfeld

18

Schlossstrasse 38, dann noch 4km über die Privatstrasse durch den Wald, In der Jauling
A-2551 Enzesfeld
02256 81272
golfclub@gcenzesfeld.at
www.gcenzesfeld.at

Länge: H 6061 m, D 5858 m, HCP 54 erforderlich.

Greenfee-Kat.: €€€€
Ermäßigung: Jugendl. bis 18 J. und Stud.

Die in das hügelige Gelände eingebetteten Bahnen des 18-Loch-Platzes wurden 1970 auf siebzig Hektar angelegt und werden von Mischwäldern umringt, die für Stille und reine Luft sorgen. Die tief in den Wald eingeschnittenen Fairways dieses Meisterschaftsplatzes bieten ebenso wie die großen Greens auch für Scratch-Golfer eine Herausforderung. Die ständig wechselnden Windverhältnisse stellen stets neue Aufgaben. Der Platz liegt in unmittelbarer Nähe des Schlosses Enzesfeld nur 30 km südlich von Wien und ist schon seit vielen Jahren Austragungsort großer Meisterschaften.

Platzinformationen:

Golf Club Enzesfeld

125 GOLF ELDORADO-Bucklige Welt / Zöbern

18

Golfplatz 1
A-2871 Zöbern
02642 8451 02642 845152
buckligewelt@golf1.at
www.golf1.at

Länge: H 4029 m, D 3652 m, PE erforderlich.
Wir freuen uns auf Ihr Kommen !

Greenfee-Kat.: €€€
Ermäßigung: Jugendl./Stud. 50%

Die "Bucklige Welt" ist eine Landschaft im Südosten Niederösterreichs, auch bekannt als das "Land der 1000 Hügel". Rennfahrer Leopold Lechner und Course Designer Anton Reithofer nutzten diese von der Natur vorgegebenen Höhenunterschiede auf halbem Weg zwischen Wien und Graz zu einem überaus reizvollen Platz mit vielen engen Bahnen. Herausgekommen ist eine der spektakulärsten Golf-Erfahrungen in Österreich. Inmitten wunderbarer Farbenpracht der Natur breitet sich der 18-Loch-Platz auf 40 Hektar rund um einen 300 Jahre alten, vorbildlich renovierten Bauernhof aus.

Platzinformationen:

126 Golfclub Laab im Walde

18/9

Hoffeldstrasse
A-2381 Laab im Walde
02239 4392 02239 34160
office@golflaab.at
www.golflaab.at

Länge: H 2792 m, D 2770 m, HCP 54 erforderlich.
Der Club ist den ganzen Winter über geöffnet. Gratis Schnuppern jeden Sonntag um 12:00 Uhr von März bis Oktober.

Greenfee-Kat.: €€€
Ermäßigung: Jugendl. bis 18 J. 30%

Mitten im Herzen des Wienerwaldes, nur 15 Minuten von der Stadtgrenze Wiens entfernt, liegt in herrlicher Natur der 1995 eröffnete 18-Loch-Kompaktplatz. Die Anlage bietet perfekte Voraussetzungen zum Lernen und Trainieren des Golfspiels. Die große Driving Range mit überdachten Abschlägen, Übungsbunker, Chipping-, Pitching- und Putting-Green eignen sich bestens zum Üben. Fortgeschrittene schätzen den Platz, weil man hier das kurze Spiel verbessern kann. 2016 wurden einige Par-3-Löcher und eines zum Par 4 verlängert. Und 2017 wurde der 9-Loch-Platz "Challenge 9" eröffnet.

Platzinformationen:

Golfclub Laab im Walde

127 Golfplatz Breitenfurt

9

Hauptstraße 58
A-2384 Breitenfurt bei Wien
02239 34585 02239 3458510
office@golf-breitenfurt.at
www.golf-breitenfurt.at

Länge: H 2594 m, D 2382 m, HCP erforderlich.

Greenfee-Kat.: €€€
Ermäßigung: Jugendl. bis 18 J. und Stud. bis 26 J. 30%

In die Landschaft harmonisch eingebettet liegt der Platz nur dreißig Fahrminuten vom Wiener Zentrum und nur zehn von der Wiener Stadtgrenze entfert. Obwohl der Platz nur über 9 Löcher verfügt, ist er kein wirklicher Anfängerplatz. Auf ausgezeichnet modelliertem Gelände weisen die neun Spielbahnen Längen zwischen 120 und 570 Metern auf, u.a. eines der längsten Par-5-Löcher des Landes. Hügeliges Gelände, viele Schläge auf Sichtstangen, Doglegs und lange Bahnen fordern wie die als Biotope markierten Vogelschutzgebiete, die nicht betreten werden dürfen, selbst Könner.

Platzinformationen:

128 Golfclub Linsberg

18

Föhrenauer Straße 8/4
A-2821 Lanzenkirchen
02622 32626
office@gclinsberg.at
www.gclinsberg.at
Länge: H 5795 m, D 4689 m, PE erforderlich.

Greenfee-Kat.: €€€€

Bereits 2013 hatte die Therme Linsberg die Idee für einen eigenen Golfplatz. Nach vier Jahren detaillierter Planung war es soweit: Im Juli 2017 war Spatenstich für die 18-Loch-Anlage. Für das Platzdesign wurde der kanadisch-irische Architekt Jeff Howes gewonnen, der vor einigen Jahren bereits den benachbarten Partnerclub GC Föhrenwald komplett neu gestaltete. Eine zentrale Rolle beim Design von Linsberg Golf spielen die charakteristischen Elemente eines Links-Platzes. Die hiesige Landschaft von Wiener-Neustadt-Land bietet hierfür die idealen Voraussetzungen. Der Platz ist seit Mai 2019 bespielbar.

Platzinformationen:

129 Golfclub Föhrenwald

18

Am Golfplatz 1
A-2821 Lanzenkirchen
02622 29171 02622 291714
office@gcf.at
www.gcf.at
Länge: H 6323 m, D 5659 m, HCP 54 erforderlich. Fr.-So./Feiertage HCP 36 (Herren) / 45 (Damen) erforderlich.

Greenfee-Kat.: €€€€€
Ermäßigung: Jugendl. bis 18 J. und Stud. bis 26 J. 50%

Diese Anlage liegt nur knapp 45 Minuten von Wien entfernt und bietet aufgrund des milden Klimas das ganze Jahr hindurch Golf. Der Platz hat eine sehr flache Charakteristik und ist größtenteils von Baumbestand und Buschwerk umgeben. Der Golfclub Föhrenwald Wiener Neustadt, entworfen vom irisch-kanadischen Architekten Jeff Howes, existiert seit 1968 und gehört damit österreichweit zu den 15 ältesten Golfplätzen. Der Platz ist naturbelassen und eine Oase der Ruhe. Der Platz war von 2005 bis 2012 mehrmals Austragungsort eines Turniers der European Ladies Tour (LET).

Platzinformationen:

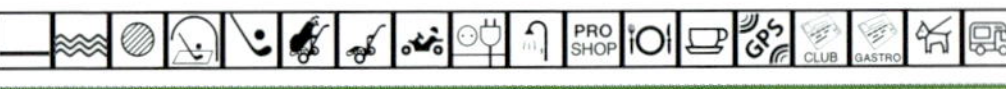

130 Golfclub Spillern

18/3

Wiesener Straße 100
A-2104 Spillern
02266 81211 02266 8121120
golf@gcspillern.at
www.gcspillern.at
Länge: H 6187 m, D 5390 m, HCP 54 erforderlich.

Greenfee-Kat.: €€€€
Ermäßigung: Jugendl./Stud. bis 26 J.
WE-Greenfee ab Freitag 12.00 h
Range-Fee inkludiert 3-Loch-Übungsanlage

Der GC Spillern liegt 30 km von Wien an den Ausläufern des Weinviertler Hügellandes, was eine naturnahe Bauweise erlaubte. Der Baumbestand eines Windschutzgürtels bildet das Zentrum des Platzes, um das die Spielbahnen angeordnet wurden. Beim Redesign im Jahre 2014 wurde besonders darauf geachtet, den Platz für den geübten Spieler herausfordernder zu gestalten, den Bogey-Golfern sichere Landezonen zu bieten und die höheren Handicapper nicht zu bestrafen. Einzigartig in Österreich sind „Die Alpen", ein 18 Loch stark onduliertes Puttinggrün vor dem renovierten Clubhaus.

Platzinformationen:

131 City & Country Club Richardhof

9

Richardhof 248
A-2352 Gumpoldskirchen
02236 892305 02236 8923053
office-rh@cityandcountry.at
www.cityandcountry.at/richardhof
Länge: H 5536 m, D 4712 m, HCP 45 erforderlich.

Greenfee-Kat.: €€€
Ermäßigung: Jugendl. bis 15 J. 30%

Nur wenige Autominuten von Wien im Herzen des Wienerwalds, umgeben von den Gumpoldskirchener Weinbergen, liegt eine grüne Oase. Die sanft hügelige Anlage rund um einen ehemaligen Gutshof an der alten Weinstraße zwischen Mödling und Gumpoldskirchen bietet anspruchsvolle neun Löcher mit sanften Höhenunterschieden. Deshalb ist die Nutzung eines Ziehwagens oder Elektro-Trolleys zu empfehlen. Die Anlage wurden unter behutsamer Rücksichtnahme auf die strengen Naturschutzauflagen 2001 erbaut. Von der Driving Range genießt man herrliche Ausblicke auf die umgebenden Weinberge.

Platzinformationen:

Fontana

18

Fontana Sportveranstaltungs GmbH, Fontana Allee 1
A-2522 Oberwaltersdorf
02253 6062202 02253 6062200
office@fontana.at
www.fontana.at

Länge: H 6738 m, D 5631 m, HCP 36 erforderlich.

Greenfee-Kat.: €€€€€
Ermäßigung: Jugendl. bis 17 J. 50%, Stud. bis 29 J. 20%

Die Anlage zählt zu den besten Europas und gilt als der Topplatz Österreichs. Trotz kontinental-europäischem Klima sind die Providence-Greens und Bent-Grass-Fairways mit den besten US-Plätzen zu vergleichen. Die Qualität der Fairways und Greens, die perfekt platzierten Bunker, Wasserhindernisse und der 10 Hektar große See an der 17. und 18. Spielbahn verleihen dem Platz seine eigene Charakteristik. Das Clubhaus lockt im Sommer mit einem Badesee mit Strand. Außerdem gibt es Fitness, Hallenbad, Dampfbad und Sauna sowie eine Sportbar und ein vorzügliches Restaurant.

Platzinformationen:

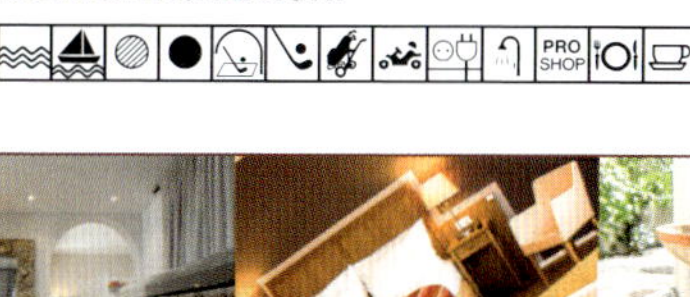

Fontana

132 Golf & Country Club Brunn

18

Rennweg 50
A-2345 Brunn am Gebirge
02236 33711 02236 33863
club@gccbrunn.at
www.gccbrunn.at

Länge: H 5823 m, D 5026 m, HCP 45 erforderlich. Sa./So./Feiertage HCP 36 erforderlich.

Greenfee-Kat.: **€€€€€**
Ermäßigung: Jugendl./Stud.

20 Minuten vom Zentrum Wiens am südlichen Stadtrand gelegen, bietet einer der schönsten 18-Loch-Plätze Österreichs seinen Gästen Erholung, Herausforderung und Freizeitvergnügen in einer vielfältigen Gartenlandschaft. Neu angelegte, sanft in die Landschaft eingebundene Teiche, neu entworfene Grüns und eine Spielbahnführung, die Blicke auf die Ausläufer der Voralpen und viele Sehenswürdigkeiten wie die Burg Liechtenstein, den Husarentempel oder das Kloster St. Gabriel ermöglichen, lassen vergessen, dass man sich unmittelbar vor den Toren der Großstadt Wien befindet.

Platzinformationen:

Golf & Country Club Brunn

134 City & Country Golf Club am Wienerberg

9

Gutheil-Schoder-Gasse 7
A-1100 Wien
01 66123 01 661237789
office@cityandcountry.at
www.cityandcountry.at

Länge: H 5702 m, D 5098 m, HCP 45 erforderlich.

Greenfee-Kat.: **€€€**

Die leicht hügelige Anlage im Süden von Wien besticht durch eine wohlüberlegte Architektur. Deshalb gilt der Platz als schönster 9-Loch Platz der österreichischen Hauptstadt. Mit einigen kniffligen Hindernissen ist auch hier Präzision und Konzentration gefragt. Im Unterschied zu herrkömmlichen Anlagen dieser Größe verlangen Gestaltung, Länge und Verlauf den Spielern alles ab. Eine großzügige Driving-Range, Chipping- und Putting-Bereich und eine Indoor-Anlage ermöglichen Golfen bei jeder Witterung. Zudem sind Übungswiese und Putting-Green mit Flutlicht versehen.

Platzinformationen:

City & Country Golf Club am Wienerberg

135 Golf Club GolfMaxX

9

Am Hechtenfang
A-2103 Langenzersdorf
+43-2244+29559
office@golfmaxx.at
www.golfmaxx.at

Länge: H 1963 m

Greenfee-Kat.: €

Der 9-Lochplatz des Golf Club GolfMaxX wurde vom englischen Golfplatzarchitekten Mike Pinner gebaut. Die Struktur der Anlage kommt besonders Anfängern zu Gute, doch hat Pinner durch ein über den ganzen Platz verlaufendes welliges Design auch für erfahrene Golfer viele Reize eingebaut. Der Golfplatz ist 4.260 m lang und besteht aus einem Par 5, drei Par 4 und fünf Par 3 Löchern. Darüber hinaus bieten großzügige Übungsanlagen beste Trainingsmöglichkeiten.

Platzinformationen:

136 Golfclub Tuttendörfl

9

Tuttenhofstraße 140
A-2103 Langenzersdorf
02244 29559 02244 29593
office@gctuttendoerfl.at
www.gctuttendoerfl.at

Länge: H 3712 m, D 3228 m, HCP 45 erforderlich. Gäste am WE auf standby.

Greenfee-Kat.: €

Die Golfanlage Tuttendörfl wurde im Jahre 1995 eröffnet. Der 9-Loch-Platz wurde vom Engländer Michael Pinner entworfen, einem ehemaligen Mitarbeiter von Jack Nicklaus. Pinner ließ hier berühmte Par 3 und Par 4 Löcher nachbauen. So kann man am Stadtrand Wiens auf den schönsten Golfbahnen aus Nordamerika und den britischen Inseln spielen. Es sind St. Andrews (Loch 1), Portmarnock (15), Ilford (6), East Sussex (4), Royal Cinque Ports (4), Royal Troon (8), Muirfield (9), Harbour Town (14) und Royal Montreal (1). Diesen Platz kann man in ca. 1:20 Stunden spielen.

Platzinformationen:

137 Golfclub Guntramsdorf

9

Golfplatzweg 1
A-2353 Guntramsdorf
0680 3154151
office@golfguntramsdorf.at
www.golfguntramsdorf.at

Länge: H 2776 m, D 2776 m, PE erforderlich.

Greenfee-Kat.: €€€

Der 20 km südlich von Wien im Bezirk Mödling gelegene 9-Loch-Kompaktplatz liegt im offenen Gelände und ist bis auf ein paar künstliche Hügel komplett flach. An der Westseite grenzt der Platz an den Gausterteich, einen künstlichem Badesee mit Ferienhäusern, außen herum ist die Teichanlage von hohen Bäumen umgeben, die vor Wind schützen. Bei Gesamtlänge von 1388 m (Par 29) hat der Platz sieben Par 3- und zwei Par 4-Löcher. Das längste Loch ist Bahn 7 mit 315 m. Die Übungsanlagen bestehen aus einer überdachten Driving Range, einem Pitching- und einem Putting-Grün.

Platzinformationen:

Golfclub Guntramsdorf

138 Golfclub Achau

9

Biedermannsdorferstrasse
A-2481 Achau
02236 73601 02236 7360120
office@gcachau.at
www.gcachau.at

Länge: H 3658 m, D 3346 m, HCP 45 erforderlich.

Greenfee-Kat.: €

Der Golfclub Achau wurde im Jahre 1994 eröffnet. Der 9-Loch-Platz wurde von Michael Pinner entworfen, einem ehemaligen Mitarbeiter der Golflegende Jack Nicklaus. Pinner konzipierte eine ausgewogene Kombination von Par 3 und Par 4 Löchern, die an berühmte Vorbilder erinnern. Der Platz kann in etwa 1 Stunde 20 Minuten gespielt werden. Er ist nicht allzu schwer zu spielen und trotzdem für jeden Golfer eine Herausforderung, vor allem aufgrund der interessanten Wasserhindernisse. Auch eine großzügige Driving Range gehört zum Angebot.

Platzinformationen:

139 Golfclub Schloss Ebreichsdorf

18

Schloßallee 1
A-2483 Ebreichsdorf
02254 73888 02254 7388813
office@gcebreichsdorf.at
www.gcebreichsdorf.at

Länge: H 6195 m, D 5515 m, HCP 45 erforderlich.

Greenfee-Kat.: €€€€€
Ermäßigung: Jugendl. bis 18 J. und Stud. bis 26 J. 50%

Die exklusive 18-Loch-Anlage liegt in einem Schlosspark mit altem Baumbestand. Die Fairways, umrahmt von Kastanienalleen, durchbrochen von Wasserläufen und Teichen sind abwechslungsreich modelliert, der Platz ist insgesamt wunderbar eben. Das Clubhaus wurde 1988 vom berühmten Architekten Hans Hollein erbaut und bietet Golfern die Annehmlichkeiten eines modernen, exklusiven Ambientes. Superstars wie Greg Norman, Ernie Els, Tom Watson, Tom Kite (hält noch immer der Platzrekord von 64/8 unter Par) haben im Rahmen des „Christine Vranitzky Charity Cups" hier gespielt.

Platzinformationen:

Golfclub Schloss Ebreichsdorf

140 Golf Club Leopoldsdorf

9

Achauerstrasse 6
A-2333 Leopoldsdorf
02235 437900 02235 437904
office@gcleopoldsdorf.at
www.gcleopoldsdorf.at

Länge: H 4290 m, D 3754 m, HCP 54 erforderlich.

Greenfee-Kat.: €€€
Ermäßigung: Jugendl./Stud.

Die 9-Loch-Anlage des Golf Club Leopoldsdorf am südlichen Stadtrand von Wien verbindet kostengünstiges Golf mit anspruchsvollen Fairways und Grüns. Der Platz erfordert eine gute Strategie mit der man sich viele Birdie-Chancen erarbeiten kann. Auch der geübte Golfer wird hier gefordert. Eine beidseitig bespielbare Driving Range und ein Putting-Grün bieten zudem ideale Trainingsmöglichkeiten. Das Umfeld und das gemütliche Clubrestaurant mit Sonnenterrasse sorgen dabei für Ruhe und Erholung.

Platzinformationen:

141 Golfclub Marco Polo

9

Ruthnergasse 170a
A-1210 Wien
01 2923589
info@mp1210.at
www.mp1210.at

Länge: H 3236 m, D 3046 m, HCP 54 erforderlich.

Greenfee-Kat.: €€€ Ermäßigung: Jugendl./Stud. bis 26 J. 20%
30% Greenfee-Ermässigung wenn man als eingeladener Gast eines Vollmitglieds des Clubs im selben Flight wie dieser spielt.

Nur 15 Minuten vom Wiener Stephansdom bietet der Golfclub Marco Polo mit einem Par 5- und zwei Par 4- Löchern einen gepflegten 9-Loch-Golfplatz mit anspruchsvollen Löchern, Wasserhindernissen und gut verteidigten Grüns, die vor allem Präzision und Genauigkeit im Spiel fordern. Das flache Gelände ermöglicht es Golfern auch noch nach einem anstrengenden Arbeitstag vor Einbruch der Dunkelheit 9 oder gar 18 Löcher problemlos zu bewältigen. Der Platz ist ganzjährig geöffnet. Weiterhin gibt es Indoor Golf mit drei Golf Simulatoren, ausgestattet mit dem neuesten GSK BRAVO System.

NIEDERÖSTERREICH

Platzinformationen:

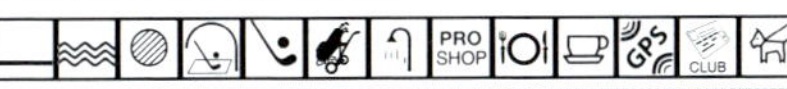

142 Golf-Club Wien

18

Freudenau 65a
A-1020 Wien
01 7289564 01 728956420
office@gcwien.at
www.gcwien.at

Länge: H 5866 m, D 5128 m, HCP 36 erforderlich.

Greenfee-Kat.: €€€€
Sa, So, Feiertage nur als Gast eines Mitgliedes

Die einzigartige Lage der nur rund 20 Autominuten vom Wiener Stephansdom entfernten Anlage ist durch die sehr frühe Entstehung im Jahre 1901 möglich gewesen. Damit verfügt der Club in den Prater-Auen über den ältesten Platz des Landes. Hier handelt es sich um "den Traditionsclub Österreichs" schlechthin. 16 Löcher der Anlage liegen innerhalb der Galopprennbahn und weisen einige Wasserhindernisse auf. Die Bahnen 1 und 18 sowie die Driving Range liegen außerhalb. Es ist fast selbstverständlich, dass Weltklassegolfer, Könige und Politiker diesen Platz gespielt haben.

Platzinformationen:

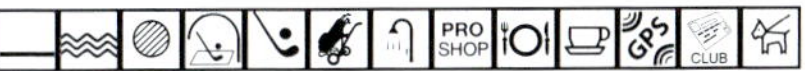

143 Colony Club Gutenhof

18/18

Gutenhof
A-2325 Himberg
02235 8705510 02235 8705514
club@colonygolf.com
www.colonygolf.com

Länge: H 6483 m, D 5778 m, HCP 45 erforderlich.
Teetimes nur am Wochenende (Fr-So)/Feiertagen erforderlich, Startvorrang für Mitglieder an diesen Tagen zw. 10 und 14 Uhr

Greenfee-Kat.: €€€€€
Ermäßigung: Jugendl. und Stud. bis 21 J. 50%

Nur zehn Kilometer südlich von Wien inmitten alter Auenwälder der Herrschaft Gutenhof bei Himberg befindet sich die erste 36-Loch-Anlage Österreichs. Der West Kurs, westlich des im Kolonialstil erbauten Clubhauses, folgt dem Bachlauf des Kalten Gang, der schon am 2. Loch überspielt werden muss. Weitere Wasserhindernisse prägen diesen Platz. Der Ost Kurs führt vom Clubhaus in etwas offeneres Gelände mit durchweg spielerisch anspruchsvollen Fairways. Der Platz erfüllt internationale Anforderungen und war Austragungsort der Austrian Open und der Ladies Austrian Open.

Platzinformationen:

Colony Club Gutenhof

144 Golfclub Wien-Süßenbrunn

18

Weingartenallee 22
A-1220 Wien
01 2568282
golf@sportparkwien.at
www.gcwien-sb.at

Länge: H 6072 m, D 5897 m, HCP 54 erforderlich.

Greenfee-Kat.: €€€€
Ermäßigung: Jugendl. bis 18 J. 50%, Stud. bis 25 J. 30%
Greenfee inklusive Outdoor Pool, Sauna und Dampfbad.

Im Norden Wiens, nur 20 Autominuten vom Zentrum entfernt, haben die Architekten Erhardt und Rossknecht auf den ehemaligen Ländereien von Maria Theresia einen Linkskurs erschaffen, der in Anlehnung an sein irisches Vorbild den Spitznamen "Ballybunion von Wien" trägt. Die leicht gewellten Fairways bereiten Golfern jeden Handicaps viel Spielvergnügen. Die Anlage verfügt über Wiens größte Driving Range mit überdachten Abschlagplätzen, Pitching Area, Chipping- und Putting Grün. Zusätzliche Abwechslung bieten Squash, Badminton, Gymnastik, Sauna, Schwimmbad und Dampfbad.

Platzinformationen:

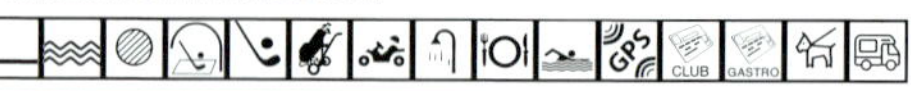

145 Golfclub Schwechat

9

Brucker Bundesstraße 80
A-2320 Schwechat
01 7061717 01 706171717
office@gcschwechat.at
www.gcschwechat.at

Länge: H 4474 m, D 3964 m, HCP 45 erforderlich.

Greenfee-Kat.: €

Die Anlage gehört zu einer von fünf stadtnahen Golfanlagen, deren Ziel es ist, sehr gute Spiel- und Trainingsbedingungen zu günstigen Preisen zu bieten. Der 9-Loch-Platz, nur 15 Minuten von Wien entfernt gelegen, wurde von dem englischen Golfplatzarchitekten Michael Pinner geplant. Dieser legte Wert auf ein der Landschaft angepasstes Design, dass dem Anfänger die ersten Schritte nicht allzu schwer macht. Der Könner wird dennoch durch Wasserhindernisse, Bunker und Bäume gefordert.

Platzinformationen:

146 Golfclub Frühling

36

Am Golfplatz
A-2434 Götzendorf/Leitha
02234 78878 02234 7887822
office@gcfruehling.at
www.gcfruehling.at

Länge: H 6544 m, D 5779 m, HCP 45 erforderlich.

Greenfee-Kat.: €€€€

Mitte 2010 wurde der DayCourse von 9 Loch auf 18 Loch erweitert und präsentiert sich nun als Par 72 Championship-Platz. Für Golfer mit geringerem Zeitbudget ist der Night-Course (9 Loch/Par 30) ideal für eine schnelle Runde. Auf diesen neun komplett ausgeleuchteten Löchern kann auch bei Dunkelheit gespielt werden. Im Frühjahr 2016 wurde eine weitere 9-Loch-Anlage eröffnet. Mit dem neuen LakeCourse (Par 37) mit zahlreichen Wasserhindernissen und drei Inselgrüns ist die 36 Loch-Anlage nun komplett. Übrigens, auch eine Kombination aus LakeCourse und NightCourse ist möglich.

Platzinformationen:

Golfclub Frühling

Golfclub Wien-Süßenbrunn

147 Golfclub Bockfliess 18

Bockfließer Straße
A-2213 Bockfließ
02236 73601
office@gcbockfliess.at
gcbockfliess.at

Länge: 5520 m, HCP erforderlich.

Greenfee-Kat.: €€€

Die 18-Loch-Anlage der Golfclubs Bockfliess lockt mit einem abwechslungsreichen Routing. Lange Spielbahnen, Par-4-Löcher, erreichbar mit einem Drive, sowie unterschiedlich lange Par-3s machen richtig Spaß. Als Designer zeichnet hier der Engländer Michael Pinner verantwortlich. Kurze Wege vom Tee zum Grün sorgen dafür, dass Viererflights den Platz in 3:30 Stunden absolvieren können. Höhepunkt der Runde sind die Löcher 7, 8 und 9, das Bockfließer Amen Corner. Während die anderen 15 Löcher weitgehend baumfrei sind, findet man sich hier mitten im Wald wieder.

Platzinformationen:

148 Golfclub Poysdorf 18

Am Golfplatz 11
A-2170 Poysdorf
02552 20272 02552 20315
info@poysdorf.golf
www.poysdorf.golf

Länge: H 5968 m, D 5968 m, HCP 45 erforderlich.

Greenfee-Kat.: €€€€
GF-Ermäßigung für Kinder bis 9. Schulstufe 40%, Studenten/Lehrlinge 20%.

Der 18-Loch Golfclub Veltlinerland Poysdorf wurde 2004 eröffnet und liegt in der einzigartigen, sanfthügeligen Natur- und Weinlandschaft des nördlichen Weinviertels inmitten der Weingärten. Nach den Plänen von Keith Preston wurde die Meisterschafts-Anlage, in die jahrhundertealte Kulturlandschaft integriert. Edler Wein, die Natur und das Golfspiel bilden hier eine vollkommene Symbiose. 2006 wurde der Golfplatz Veltlinerland Poysdorf als bester neuer Golfplatz Österreichs ausgezeichnet. Großzügige Übungsanlagen mit einem Vier-Loch-Public-Course ergänzen das Angebot.

Platzinformationen:

Golfclub Poysdorf

149 Golfclub Schönfeld

18/9

Am Golfplatz 1
A-2291 Schönfeld
02213 20630 | Fax 02213 20631
office@gcschoenfeld.at
www.gcschoenfeld.at

Länge: H 6089 m, D 5423 m, PE erforderlich. Sa./So./Feiertage HCP 54 erforderlich.

Greenfee-Kat.: €€€€
Ermäßigung: Jugendl. bis 18 J. 50%, Stud. 30%

Nur rund 35 km vom Zentrum Wiens entfernt, stehen hier in der Landschaft des Marchfeldes eine 18-Loch- und eine öffentliche 9-Loch-Anlage zur Verfügung. Die Fairways wurden sehr naturnah und behutsam in die Landschaft eingefügt und bieten für Golfer aller Spielstärken Abwechslung und Herausforderung zugleich. Schnelle und herausfordernde, ondulierte Grüns wie auch strategisch geschickt angelegte Wasserhindernisse geben diesem Platz einen besonderen Reiz. Durch die verschiedenen Abschläge ist diese Anlage für alle Spielstärken eine gut zu bewältigende Herausforderung.

Platzinformationen:

Golfclub Schönfeld

150 Golf Club Hainburg

18

Auf der Heide 762
A-2410 Hainburg
02165 62628
info@golfclub-hainburg.at
www.golfclub-hainburg.at

Länge: H 5965 m, D 5217 m, HCP 54 erforderlich.

Greenfee-Kat.: €€€€
Ermäßigung: Jugendl. bis 16 J. 50%, Stud. bis 24 J. 30%
After-Work-GF ab 15 Uhr: EUR 30 Mo bis Fr (exkl. Feiertage), Seniorentage: GF EUR 35, Elektrocarts: EUR 33

Der Golf Club Hainburg liegt zwar in unmittelbarer Nähe Wiens, bietet jedoch vollkommene Ruhe und Abgeschiedenheit. Der 18-Loch-Championship-Golfplatz liegt eingebettet zwischen dem Braunsberg und dem Naturschutzgebiet der Donau-Auen. Das milde Klima der pannonischen Tiefebene ermöglicht es, den Golfplatz fast ganzjährig zu bespielen. Sowohl Anfänger als Fortgeschrittene kommen auf ihre Kosten. Sie alle werden durch wunderbare Ausblicke über eine sehr reizvolle Landschaft belohnt. Von hier aus sieht man man über das Donautal bis ins Marchfeld und nach Bratislava.

Platzinformationen:

Golf Club Hainburg

BURGENLAND

DIE HEIMAT DES UNESCO-WELTERBE NEUSIEDLER SEE, ZAHLREICHER BURGEN UND SCHLÖSSER SOWIE HERRLICHER NATURLANDSCHAFTEN

Leuchtturm in Podersdorf am Neusiedler See

Golfclubs nach Kartennummern

Nr.	Golfclub	Seite
151	Reiters Golf 72 Stegersbach	170
152	Reiters Golf 72 Bad Tatzmannsdorf	170
153	Golf Club Neusiedlersee-Donnerskirchen	170
154	Öko-Golf-Neusiedler Csarda	170

Weindorf Mörbisch am Neusiedler See

Südöstlich von Wien, immer entlang der ungarischen Grenze, erstreckt sich das Burgenland, das auch Heimat des UNESCO-Welterbe Neusiedler Sees ist – ein Landstrich wie aus dem Bilderbuch, dessen Natur- und Kulturschönheiten, seine Küche und Keller Legendär sind.

Das gilt ebenso für seine wenigen, aber extrem guten Golfanlagen, die insbesondere an touristisch attraktiven Standorten liegen. Das gilt für Donnerskirchen am Neusiedler See genauso wie für die Reiters Golfschaukel in Stegersbach und ganz besonders für Reiters Golf Bad Tatzmannsdorf auf dem Pinkafeld an der Grenze zu Ungarn, wo sich Golf und Gesundheit Wedge und Wellness, Loft und Luxus zu einem wahrhaft schönen Urlaubserlebnis vereinen lassen.

Das Burgenland war, bis in die Gegenwart hinein Land zwischen West und Ost, Land an der Grenze, Land der Festungen. Illyer lebten hier, Ostgoten und Slawen, um 800 kamen dann deutsche Siedler, später auch Kolonisten aus ganz Mitteleuropa, die wiederholt dem Ansturm von Völkern aus dem Osten ausgesetzt waren. Wehranlagen entstanden, Burgen, Schlösser.

Auch Österreich und Ungarn stritten jahrhundertelang immer wieder um den schmalen Landstreifen, der schließlich im Ersten Weltkrieg, in den Friedensverträgen von St. Germain und Trianon, Österreich zugesprochen, aber erst 1921, nach erheblichem Widerstand Ungarns, auch angeschlossen wurde. Die Landschaft wechselt zwischen den ausgedehnten Tiefebenen der Puszta, die bis weit nach Ungarn hineinreicht, und waldreichem Mittelgebirge. Industrie? Wenig, sieht man einmal von der Gemüseverarbeitung in Neusiedl am See und Mattersburg und einigen Textilfabriken im südlichen Landesteil ab.

Das milde pannonische Klima fördert eine ertragreiche Landwirtschaft. Nicht nur Weizen, Mais, Gemüse und Obst werden im 3.965 Quadratkilometer großen Burgenland angebaut, sondern auch Auberginen, Zucchini, Paprika, exotische Kräuter – und vor allem erstklassige Weine. Wein, der in kunstvoll geschnitzten Fässern in zahlreichen Kellern lagert, ist der Treibstoff des gesellschaftlichen Lebens. Schon früh haben viele Dörfer durch Weingeschenke Privilegien von ihren Herrschaften erhalten, heute tragen die guten Tropfen dazu bei, die Gunst der Besucher zu gewinnen.

Ein einzigartiges Ökosystem ist der Neusiedler See, das „Meer der Wiener". Das 36 Kilometer lange, anderthalb Meter tiefe Gewässer, dessen Wasserspiegel in den letzten Jahren dramatisch sank, ist allerdings im Sommer extremen Belastungen durch Urlauber, Segler und Surfer ausgesetzt. Und im Winter wird es zum größten Eislaufplatz der Republik. Während dieser Jahreszeit findet rund um den Steppensee eine besondere Ernte statt – der Schilfschnitt.

In Eisenstadt steht das – aus einer Burg hervorgegangene – vielleicht imposanteste Schloss der Esterhazys; und Burg Forchtenstein bei Mattersburg, im 14. Jahrhundert gegründet und Mitte des 17. Jahrhunderts von den Esterhazys zu einer Festung ausgebaut, gilt als eine der eindrucksvollsten Burganlagen Ös-

Reiters Golf Stegersbach

terreichs. In der Nähe, auf dem Heuberg, entstand die Rosalienkapelle der Familie. Aber auch die Burgen Lockenhaus, Schlaining, Güssing oder Bernstein sowie das Schloss Kittsee haben als Attraktionen Eingang gefunden in die Reiseführer. Vor allem die Rittersäle sind prunkvolle Zeugnisse ihrer Zeit – auch in der Burg Bernstein, wo die Besucher sich selbst an die Tafel begeben können. Denn aus dem ehemaligen Rittersaal ist der Speisesaal des feinen Burghotels geworden. An kulturellen Ereignissen sind vor allem die jährlichen Haydn-Tage in Eisenstadt und die Seefestspiele in Mörbisch zu nennen.

Früher einmal nannte man Eisenstadt, die Hauptstadt des Burgenlandes, das Weimar Ungarns. Das war damals, als das Fürstengeschlecht derer von Esterhazy das Land regierte und in der kleinen, verträumten Barockstadt das geistig-kulturelle Leben blühte.

Untrennbar verbunden mit der kleinsten Landeshauptstadt Österreichs ist der Name Joseph Haydn. Dreißig Jahre (1761 bis 1790) wirkte der Komponist der Wiener Klassik am Hofe Esterhazy. Hier komponierte er einen Großteil seiner unsterblichen Werke, auch das „Kaiserquartett". Keine andere Stadt hat so viele original erhaltene Stätten, die an „ihren" Komponisten erinnern.

DIE GOLFSCHAUKEL IM SÜDBURGENLAND

Burgen und Festungen hat das Burgenland genug. Skischaukeln sind in ganz Österreich sicher auch reichlich vorhanden. Das, was man sich in Stegersbach im Südburgenland hat einfallen lassen, ist jedoch einmalig. Mitten in der Thermenregion Stegersbach, wo auf gerade einmal 500 Hektar Weinbaufläche so manche regionale Weinrarität wächst, wie der berühmte Uhudler oder der Eisenberger, hat man den Begriff der Golfschaukel geprägt. Nicht nur der Begriff ist einzigartig – auch sein Inhalt, davon sollten Sie sich überzeugen. 190 Hektar ist sie groß, die Reiters Golfschaukel in Stegersbach und damit ist sie mit ihren insgesamt 45 Loch auch eine der größten Golfanlagen Mitteleuropas. Sie schmiegt sich ganz natürlich in die sanfte Hügellandschaft, die Stegersbach umgibt ein und macht das Golfspiel dadurch zu einem echten Naturerlebnis.

Auch der Name des 18-Loch-Kurses „Panoramakurs" verrät schon, dass man hier besonders schönen Ausblicken und Fernsichten begegnet, während man auf den saftigen Fairways spielt. Neben dem zweiten 18-Loch-Kurs „Südburgenland Kurs" gibt es einen 9-Loch-Platz „Family & Fun", zwei Driving Ranges, zwei Putting Grüns sowie eine Pitching/Chipping Arena. Für den 9-Loch-Kurs ist keine Platzreife Voraussetzung, um hier spielen zu können. Egal welches Handicap man spielt, auf den verschiedenen Courses findet jeder Golfer die passenden Herausforderungen. Die 300 Sonnentage pro Jahr, mit denen Stegersbach aufwarten kann ermöglichen es den Golfern, auch die beiden 18-Loch-Kurse von März bis Dezember zu bespielen.

Golf Club Neusiedlersee Donnerskirchen

DIE GOLFANLAGE VON BAD TATZMANNSDORF

Die 1991 gegründete Anlage Reiters Golf Bad Tatzmannsdorf liegt inmitten einer lieblichen Hügellandschaft im Süden des Burgenlandes und stellt ein weiteres Highlight burgenländischen Golfsports dar. Insgesamt stehen 27 Löcher, Fairways und Greens zur Verfügung. Hier befindet sich auch Österreichs größte Driving Range.

In Haydns Nachbarschaft gewissermaßen, in Donnerskirchen, findet man den Golf Club Neusiedlersee Donnerskirchen. Die 18-Loch-Anlage ist gewiss nicht leicht zu spielen. Sie fordert sehr präzises Spiel. Die exquisite Lage am Schilfgürtel des Sees und der Wasserreichtum mit naturbelassenen Landstrichen bieten Wildenten, Schwänen, Graugänsen, Störchen und Reihern eine Heimat. Es ist schon ein Erlebnis, mit der Vogelnatur in Einklang Golf zu spielen. Ähnliches kann man nur in Schweden, Bogskogens, erleben, wo die Wildgänse Nils Holgerssons ihre Kinderstube haben.

Ebenfalls am Rande des Neusiedlersees befindet sich der noch junge 9-Loch-Kompaktplatz Neusiedler Csarda. Hier handelt es sich um einen sogenannten Öko-Golfplatz, denn mit Rücksicht auf die umgebende einzigartige Naturlandschaft werden zur Platzpflege weder Dünger, Pestizide noch künstliche Bewässerung eingesetzt. Hier darf jeder spielen. Ideal ist die Anlage vor allem für Anfänger.

Reiters Golf Bad Tatzmannsdorf

151 Reiters Golf 72 Stegersbach 45

Zum Golfzentrum 8
A-8292 Neudauberg
03326 55000 03326 55000800
info@golfschaukel.at
www.golfschaukel.at

Länge: H 5398 m, D 4813 m, HCP 45 erforderlich. Insgesamt stehen 2x18 und 1x9 Löcher zur Auswahl!

Greenfee-Kat.: €€€€
Ermäßigung: Jugendl. bis 14 J. 50%, Stud. 20%

In herrlicher Naturlandschaft, am Ortsrand von Stegersbach, liegt die familienfreundliche Urlaubsoase auf 190 Hektar. Reiters Golf 72 Stegersbach besteht aus zwei 18-Loch-Plätzen (Südburgenland Kurs und Panoramakurs), einem 9-Loch-Family & Fun Course, auf dem auch Golf-Schnupperer, die noch keine Platzreife besitzen, spielen dürfen, sowie zwei Driving Ranges, Pitching- und Putting-Greens und einer Chipping-Area. Somit ist die 45-Loch-Golfschaukel die größte Golfanlage Österreichs. Die sonnige Lage ermöglicht eine ganzjährige Bespielbarkeit auf Sommergrüns.

Platzinformationen:

152 Reiters Golf 72 Bad Tatzmannsdorf 18/9

Am Golfplatz 2
A-7431 Bad Tatzmannsdorf
03353 8282 03353 82821735
sport@reiters-reserve.at
www.reiters-golf.at

Länge: H 6180 m, D 5428 m, HCP 45 erforderlich.

Greenfee-Kat.: €€€€
Ermäßigung: Jugendl. bis 18 J. 50%, Stud. bis 18 J. 25%

Reiters Golf 72 Bad Tatzmannsdorf liegt im Herzen des Reiters Burgenland Resort Bad Tatzmannsdorf inmitten einer lieblichen Hügellandschaft im Süden des Burgenlandes. Die Anlage bietet eine Allwetter-Übungsmöglichkeit. Der 18-Loch-Meisterschaftsplatz ist sportliche anspruchsvoll. Einige Fairways (7/8/9) verlaufen direkt an den Balkonen des Hotels vorbei. Besonders die Löcher 16, 17 und 18, die zum Hotel führen, bleiben lange in Erinnerung. Den Platzrekord hält der Australier Brett Ogle (67 Schläge). Die 9-Loch-Anlage ist öffentlich und genauso gepflegt wie der 18-Loch-Platz.

Platzinformationen:

153 Golf Club Neusiedlersee-Donnerskirchen 18

Am Golfplatz 1
A-7082 Donnerskirchen
02683 8171
golf@gcdonnerskirchen.at
www.gcdonnerskirchen.at

Länge: H 6163 m, D 5511 m, HCP 54 erforderlich. Sa./So./Feiertage HCP 45 erforderlich.

Greenfee-Kat.: €€€€
Ermäßigung: Jugendl. bis 18 J. 50%, Stud. bis 25 J. 30%

Die Anlage im burgenländischen Donnerskirchen besticht durch ihre offene Lage zwischen den Ausläufern des Leithagebirges und dem Schilfgürtel des Neusiedlersees. Permanenter Wind, viel Wasser und dichte Roughs machen den 18-Loch Championship Course und die 3-Loch Übungsanlage zu einer sportlichen Herausforderung. Der flache Platz, ähnlich den schottischen Links Courses, bietet einige auch für das Auge sehr interessante Löcher. Dank des milden pannonischen Klimas kann hier oft noch auf Sommergrüns gespielt werden, wenn andernswo bereits Winterschlaf angesagt ist.

Platzinformationen:

154 Öko-Golf-Neusiedler Csarda 9

Obere Wiesen 1
A-7100 Neusiedl am See
02167 8659
info@neusiedler-csarda.at
www.neusiedlercsarda.at

Länge: 2796 m, HCP erforderlich.

Greenfee-Kat.: €

Auf Grund seiner Lage, mitten im Naturschutzgebiet des Neusiedlersees, entstand hier der erste echte Öko-Golfplatz Österreichs. Mit Rücksicht auf die pannonische Natur werden zur Pflege des Platzes weder Dünger, Pestizide noch künstliche Bewässerung eingesetzt. Auch aufwendige Erdbewegungen sucht man in der Weite der Pußta vergebens. Stattdessen sind nahe am Schilfgürtel neun Löcher (Par 30) ausgesteckt, auf denen sich auch Anfänger ohne Platzreife austoben können. Eine Driving Range, zwei Putting Greens sowie eine Chipping Area stehen jedem, der möchte, zur Verfügung.

Platzinformationen:

NORD-ITALIEN

HERRLICHE GOLFZIELE VOM BRENNER BIS IN DIE TOSKANA

Inhalt:

Malerisches Venedig

Staatsname	Italienische Republik
Amtssprache	Italienisch, in einzelnen Regionen auch Französisch, Deutsch, Ladinisch sowie Slowenisch
Einwohner	59,58 Millionen
Fläche	301.225 km²
Hauptstadt	Rom
Staatsform	Parlamentarisch-demokratische Republik
Währung	1 Euro (e) = 100 Cent (ct)
Kfz-Zeichen	I
Zeitzone	MEZ
Ländervorwahl	0039
Promillegrenze	0,5

Geographische Lage

Südeuropa; grenzt an Frankreich, die Schweiz, Österreich und Slowenien. Gegen Mitteleuropa bilden die Alpen eine natürliche Grenze. Nach Süden ragt die langgestreckte Apenninenhalbinsel in Form eines Stiefels in das Mittelmeer.

Klima

Wegen der starken Längsstreckung und der stark unterschiedlichen Landschaftsstruktur weist Italien kein einheitliches Klima auf. Die Alpenregion gehört zur mitteleuropäischen Klimazone mit niederschlagsreichen Sommern und kalten Wintern. An den Küsten Italiens herrscht mediterranes Klima mit trockenen, heißen Sommern und feuchten, milden Wintern.

Reisezeit

Die angenehmsten Reisemonate im Sommerhalbjahr sind Mai/Juni und September/Oktober. Wegen der hohen Temperaturen sind die Monate Juli/August etwas ungünstig. Zu dieser Zeit macht Italien selber Ferien. Besonders für Golfer eignen sich die Monate März bis Mai und September bis November. Bis auf die Golfanlagen in den Alpen sind die Plätze durchgehend bespielbar.

Auto-Verkehr

Die erlaubte Höchstgeschwindigkeit beträgt innerorts 50 km/h, auf Landstraßen 90 km/h und auf den mautpflichtigen Autobahnen 130 km/h. Das Alkohollimit liegt bei 0,5 o/oo. Bordsteine mit schwarz/gelben Markierungen weisen auf ein Parkverbot hin.

Flug-Verkehr

Die Flugverbindungen innerhalb Italiens sind sehr gut. Im inneritalienischen Verkehr werden 24 Flughäfen angeflogen. Internationale Flughäfen gibt es in Mailand, Turin, Venedig, Genua, Bologna, Pisa, Florenz, Rom, Neapel, Catania, Palermo, Cagliari, Olbia, Verona.

Unterkünfte

Die Unterkünfte sind genauso vielfältig wie das Land. Die Hotels sind in fünf und die Pensionen in drei Kategorien unterteilt. Zudem findet man kleinere Gasthäuser (Locande), Ferienhäuser und Bungalows.

Adressen

Golf-Federation

Federazione Italiana Golf
Viale Tiziano, 74
00196 Rom, Italien
Tel.: 0039-06-3231825
Fax: 0039-06-3220250
E-Mail: fig@federgolf.it
www.federgolf.it

Touristen-Information

ENIT Generaldirektion
Via Marghera 2/6
00185 Rom, Italien
Tel.: 0039-06-49711
Fax: 0039-06-4463379
www.enit.it

Ital. Zentrale für Tourismus ENIT
Barckhausstr. 10
60325 Frankfurt am Main
Tel.: (069) 237434
Fax: (069) 232894
E-Mail: frankfurt@enit.it

Botschaften

Deutsche Botschaft
Via San Martino della Battaglia 4
00185 Rom, Italien
Tel.: 0039-06-492131
Fax: 0039-06-4452672
E-Mail: info@rom.diplo.de
www.italien.diplo.de

Schweizer Botschaft
Via Barnaba Oriani 61
00197 Rom, Italien
Tel.: 0039-06-809571
Fax: 0039-06-8088510
E-Mail: roma@eda.admin.ch
www.eda.admin.ch

Österreichische Botschaft
Via Pergolesi, 3
00198 Rom, Italien
Tel.: 0039-06-8440141
Fax: 0039-06-8543286
E-Mail: rom-ob@bmeia.gv.at
www.bmeia.gv.at

A

B

C

CH
F
F
MILANO (MAILAND)
TORINO (TURIN)
GENOVA (GENUA)
Golfo di Genova
RIVIERA
Ligurisches
Meer
LIVORNO
La Spezia
Monaco
Isola d'Elba

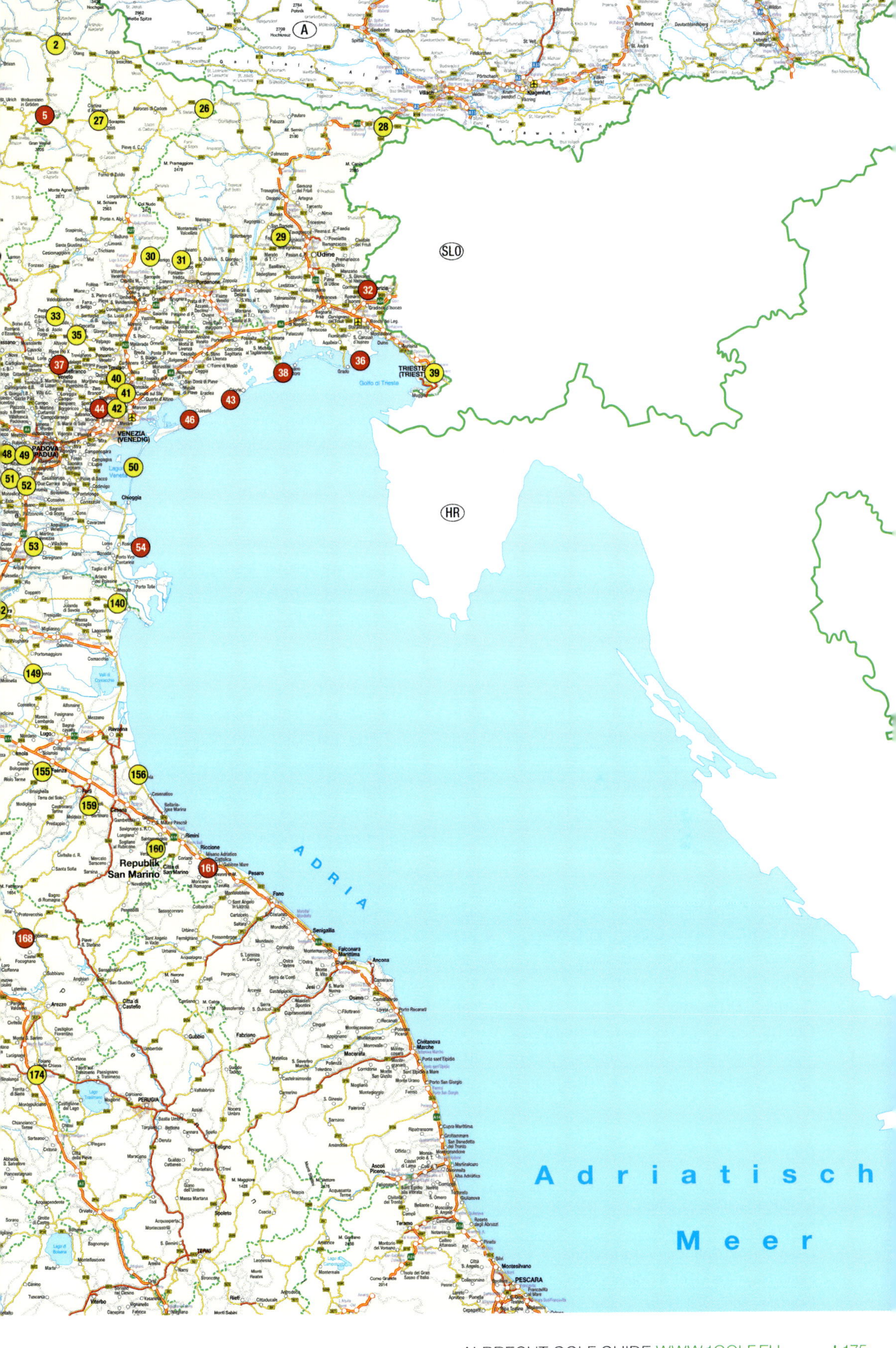

A
SLO
HR
Udine
TRIESTE (TRIEST)
Golfo di Trieste
VENEZIA (VENEDIG)
PADOVA (PADUA)
Chioggia
Ravenna
Rimini
Riccione
Pesaro
Fano
Senigallia
Falconara Marittima
Ancona
Republik San Marino
Civitanova Marche
Ascoli Piceno
Teramo
PERUGIA
PESCARA
ADRIA
Adriatisch
Meer

D, E

F, G

H, I, J, K, L

 ■ = Partner Albrecht Greenfee-Aktion

M, N

P

R

S

T

U, V, W, Z

■ = Partner Albrecht Greenfee-Aktion

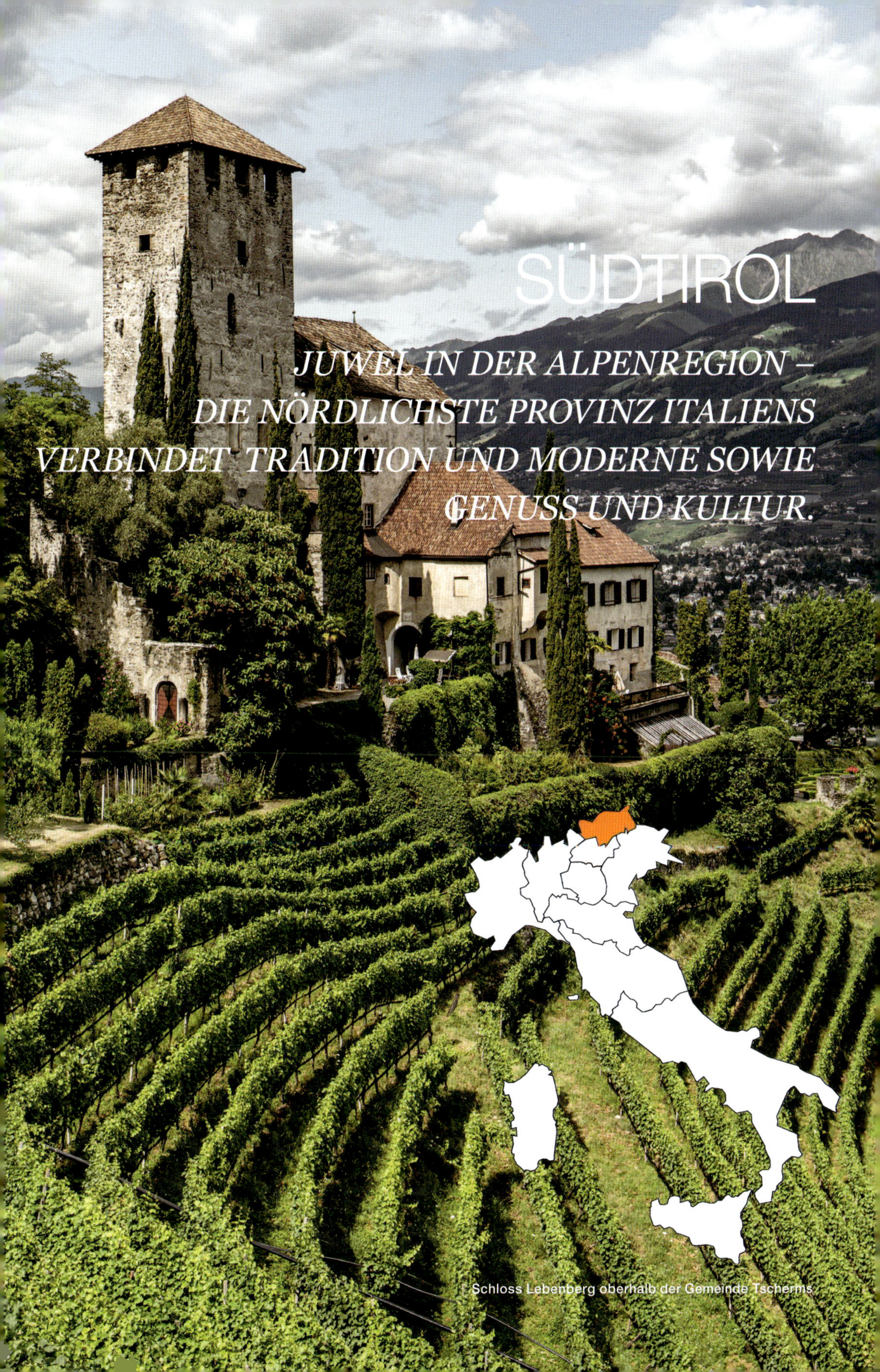

SÜDTIROL

JUWEL IN DER ALPENREGION – DIE NÖRDLICHSTE PROVINZ ITALIENS VERBINDET TRADITION UND MODERNE SOWIE GENUSS UND KULTUR.

Schloss Lebenberg oberhalb der Gemeinde Tscherms

Golfclubs nach Kartennummern

Nr.	Golfclub		Seite
1	Golf Club Sterzing	■ 369, 371	194
2	Golf Club Pustertal		194
3	Golf Club Passeier. Meran		195
4	Golfclub Lana-Meran Gutshof Brandis		196
5	Golf Club Alta Badia	■ 371	197
6	Golfclub St.Vigil Seis		197
7	Golf Club Eppan - The Blue Monster		198
8	Golf Club Carezza		199
9	Golf Club Petersberg	■ 371	199

■ = Partner Albrecht Greenfee-Aktion (Gutschein-Seite)

Blick auf die Stadt Meran

DAS KONTRASTREICHE LAND SCHÖPFT AUS DEM VOLLEN

Alpin geformt, mediterran geprägt und reich an Burgen und Schlössern, die nördlichste Provinz Italiens gilt als einer der schönsten Landstriche Europas und verbindet Tradition und Moderne sowie Genuss und Kultur auf das Vortrefflichste miteinander. Flächenmäßig vergleichbar mit Oberfranken, bietet Südtirols Landschaft ein Kunterbunt an gleißenden Gletschern, schroffen Bergen, Tälern voll mit Apfelbäumen und Hängen voller Weinreben. Reich wie die Bilder dieser üppigen Landschaft ist auch die Geschichte, hatte doch das Land – bedingt durch seine Lage an einem der wichtigsten Alpenübergänge Europas –, dem Brennerpass, schon früh in der Geschichte eine strategische Bedeutung: Von den Römern, Bayern, Habsburgern bis zu Napoleon – alle haben um dieses kleine Juwel gekämpft. Unvergesslich ist auch Andreas Hofer, die Kultfigur im Bauernkrieg 1809, dessen Konterfei auch heute noch überall auftaucht. Südtirols Seitentäler blieben jahrhundertelang unzugänglich und deshalb von der Außenwelt unbeeinflusst. Geschichten und Traditionen wurden von Generation zu Generation weitergegeben und werden auch heute noch gepflegt. Gelebtes Brauchtum ist in den Dorfgemeinschaften Ausdruck von Traditionsbewusstsein, Religiosität und dem Wunsch, Althergebrachtes zu bewahren. Dazu kommt die italienische Lebensfreude, gepaart mit deutscher Disziplin und einer Vielsprachigk.it von Deutsch, Italienisch bis zu Ladinisch, die dem kleinen sympathischen Land zum wirtschaftlichen Aufschwung verholfen hat. Die Vielfalt Südtirols ist überall im Alltagsleben spürbar: Im Flair der Städte mit den lebendigen Wochenmärkten, in den Fußgängerzonen mit den zahlreichen kleinen Boutiquen und in der modernen Architektur, die im starken Kontrast zur Geschichte der rund 800 erhaltenen Schlösser, Burgen und Ansitze steht. Eines der besterhaltensten Schlösser ist die Churburg bei Schluderns im oberen Vinschgau. Ihre Rüstkammer genießt Weltruf und versetzt jeden Besucher in die Zeit der Ritter und Burgfräuleins zurück. In Wirklichkeit ist die Zeit in Südtirol jedoch nie stehen geblieben.

KUR- UND KAISERSTADT MERAN

Im Norden das enge Passeiertal, im Süden das urige Ultental und dazwischen liegt Meran, das Herzstück Südtirols. An den blumengeschmückten und palmengesäumten Promenaden weht das Flair goldener

Die Therme Meran

Zeiten, denn die Kaiserstadt schaut auf eine lange Tradition als Kurort zurück und gilt als eine der ersten Touristenhochburgen des Habsburgerreiches. Die Jugendstil-Architektur des Kurhauses und der Villen zeugt von der Beliebtheit Merans bei Künstlern und dem Hochadel der K.u.K. Zeit. Auch Kaiserin Elisabeth von Österreich schätzte vor allem das milde, mediterrane Klima und die reine Luft der Kurstadt. Der Sissiweg, einer der vielen Meraner Flanierwege, führt heute zum Schloss Trauttmansdorff mit Merans Prachtgarten, der zu den schönsten Italiens zählt. Beim Stadtrundgang sollte man zum Kornplatz, der Stadtpfarrkirche St. Nikolaus und vor allem zur langen Laubengasse schlendern. In den schmalen Gassen dieser Lauben, die längsten in Tirol und Südtirol, sollte man sich trotz des Gedränges die Zeit nehmen, um die wunderschönen Erker, Rundbögen und alten Geschäfte zu entdecken. Hier steht die Gelateria gleich neben dem zünftigen Tiroler Speckstadel, und italienische Luxuslabels befinden sich vis-à-vis von Südtiroler Traditionsboutiquen à la Luis Trenker. Überquert man den Fluss Passer, der die Schnittstelle zwischen K.u.K. und moderner Architektur darstellt, befindet man sich im modernen Teil Merans mit der neuen Designtherme, für deren Innendesign sich der Südtiroler Stararchitekt Matteo Thun verantwortlich zeigte. Besonders attraktiv ist die Stadt im Frühjahr, wenn noch schneebedeckte Dreitausender auf die ersten sonnenhungrigen Touristen herabschauen, die in der milden Luft bei Espresso und Apfelstrudel die Sonnenstrahlen genießen.

Schloss Trauttmansdorff bei Meran

Der Etsch-Radweg, auch Apfelradweg genannt, folgt dem Verlauf der alten römischen Claudia Augusta-Straße und führt von Meran in die 28 Kilometer entfernte Hauptstadt Bozen. Besonders Sportliche können beim jährlich Anfang Oktober stattfindenden Südtirol-Marathon die Strecke auch per pedes in Angriff nehmen.

BOZEN – ALPENMETROPOLE MIT BESONDEREM FLAIR

Rund 100.000 Einwohner zählt die größte Stadt Südtirols, die gleichzeitig das kulturelle sowie das wirtschaftliche Zentrum der Region ist. Doch neben Kultur und Moderne sind vor allem in der historischen Altstadt Geschichte und Tradition auf engstem Raum spürbar. Die gotischen Arkaden, „Lauben" genannt, sind bis heute beliebter Treffpunkt zum Bummeln oder Shoppen und die romantisch verwinkelten Gassen sorgen für eine besondere Atmosphäre, genauso wie die zahlreichen Bars, Restaurants und Cafés. Rund um den Waltherplatz, benannt nach dem Minnesänger Walther von der Vogelweide, stehen die Paläste der Stadtadeligen wie der Merkantilpalast. Mit Blick auf die „Piazza" und den Bozener Dom, das Wahrzeichen der Stadt, genießt man hier köstlichen „Latte Macchiato". Architektonischen Aufbruch verkörpert das erst kürzlich eröffnete „Museion", das durch seine kubische Form und spezielle Transparenz die Verbindung zwischen Altstadt und Neustadt symbolisieren soll. Überquert man die futuristische Brücke über den Talfer, befindet man sich in der Neustadt, die in den 30er-Jahren nach rationalistischem Geschmack entworfen wurde. Alles ist hier italienischer als in der historischen Altstadt: die Bars, die Geschäfte und auch das Lebensgefühl.

Blick auf Bozen

Das Archäologische Museum mit der Gletschermumie Ötzi als Hauptattraktion, Schloss Runkelstein mit dem umfangreichsten profanen Bildzyklus des Spätmittelalters sowie Schloss Sigmundskron, wo der weltbekannte Bergsteiger Reinhold Messner sein Mountain-Museum „Firmian" errichtete, gehören bei einem Bozen-Aufenthalt ebenfalls zum Pflichtprogramm. Für Naturfreunde lohnt sich eine Fahrt mit der im Mai 2009 modernisierten Seilbahn auf den Ritten, das sonnige Hochplateau auf 1.500 Meter Höhe, sowie ein Ausflug zum Kalterer See, dem wärmsten Badesee der Alpen.

SAGENHAFTE DOLOMITEN

Vor 250 Millionen Jahren wurden sie als Korallenriffe geboren, heute ragen die weißen Felstürme selbstbewusst in den Himmel. Im Sommer 2009 erklärte die UNESCO eine gigantische Fläche von 142.000 Hektar mit Naturparks und 18 Gipfeln der sogenannten Bleichen Berge aufgrund ihrer landschaftlichen Schönheit sowie geomorphologischen und geologischen Bedeutung zum Weltnaturerbe. Interessant ist die unterschiedliche Ausprägung der Felsformationen. Schlern- und Sella-Massiv weisen die Form von Tafelbergen auf, zwischen denen sich ausgedehnte Hochflächen wie die Seiser Alm erstrecken. Im Kontrast dazu stehen die stark zerklüfteten Massive wie etwa die Drei Zinnen, das Wahrzeichen der Dolomiten und Spielwiese für Spitzenkletterer, sowie der Rosengarten. Um diese besonderen Gipfel und besondere Naturphänomene wie das abendliche rote Leuchten der Dolomiten rankten sich schon immer Sagen und Mythen. Zwei der bekanntesten sind die vom Zwergenkönig Laurin und der Nixe vom Karersee, auf deren Spuren man sich auf über 530 Kilometer an Wanderwegen begeben kann. Skifahrer sind begeistert von den über 1.200 Pistenkilometern in zwölf Skigebieten – 90 Prozent davon liegen über 1.500 Meter hoch –, zusammengefasst im Dolomiti-Superski-Zirkus im Grödnertal, in Alta Badia bis hoch zur Marmolata, der einzige heute noch existierende Gletscher der Dolomiten.

In den einst sehr unzugänglichen Dolomitentälern konnte sich die vor Jahrhunderten im Alpenraum weitverbreitete ladinische Sprache bis in die Gegenwart erhalten, wenngleich heute nur noch wenige rätoromanische Sprachinseln (Dolomiten, Graubünden) geblieben sind. Die Sprachgrenze zwischen Deutsch und Italienisch verläuft ebenfalls im Dolomitengebiet. In den Südtiroler Tälern Gadertal und

Die Cirspitzen in den Dolomiten

Weinberge am Kalterer See

Gröden werden deshalb alle drei Sprachen gesprochen.

Südtirol lebt von seinen Traditionen und interpretiert diese ständig neu. Als Land der Gegensätze übt es eine besondere Anziehungskraft aus. Vor allem ist es jedoch ein gastfreundliches Land, in dem die Menschen gerne zusammenkommen und wie zum Beispiel beim Törggelen während der Erntezeit zwischen September und Dezember mit jungem Wein anstoßen.

Südtiroler Marende

VON DER TRADITION DES TÖRGGELEN SOWIE GESELLIGEN KULINARISCHEN FESTEN

Törggelen, das bedeutet in geselligem Rahmen den jungen Wein, geröstete Kastanien, Speck und die hauseigene Schlachtplatte zu verkosten. Der Begriff leitet sich vom lateinischen Wort „torquere" ab, was soviel wie „Wein pressen" heißt. Seinen Ursprung hat dieser alte Brauch, Wein und Kastanien zu verkosten, vermutlich aus dem so fruchtbaren wie steilen Eisacktal. Schon im Mittelalter diente das langgestreckte Tal mit seinen Städten Brixen, Sterzing und Klausen Königen, Adeligen und Händlern als Zwischenstation auf Reisen in den Süden. Heute zeugen noch immer die Laubengänge der Städte und prächtige Bürgerhäuser vom einstmaligen Reichtum. Diese animieren zum Shoppen oder zur Törggelenwanderung entlang des sogenannten „Keschtnweges", der durch dichte Kastanienwälder bis hinauf zum Hochplateau des Ritten führt. Auch rund um Meran in den Orten Tisens, Prissian, in Dorf Tirol, Lana und Umgebung, aber auch bei Naturns werden Törggelen-Mahlzeiten angeboten. Ohne große Anstrengung erhält man in den sogenannten Buschenschänken an der Südtiroler Weinstraße, bäuerliche Spezialitäten wie Gerstensuppe, den süßen Most „Susen" mit den gerösteten Kastanien „Nuien" und auch sonst manch edlen Tropfen. Vor allem im Überetsch, in Eppan und Kaltern und dem Unterland von Tramin bis Salurn sind Weinwanderungen zu dieser Zeit beinahe ein Muss.

Die Wälder färben sich langsam in goldgelbe Farben, die Tage werden kürzer und im ganzen Land duftet es nach Kastanien und frischem Susserwein. In dieser Zeit finden nebst der geselligen Törggelen- und Tirolerabende auch zahlreiche traditionelle Feste statt, wie das berühmte Traubenfest mit dem farbenprächtigen Umzug in Meran, das Speckfest mit der Wahl der Speckkönigin im idyllischen Villnösser Tal oder das Knödelfest in Sterzing, wo auf einer endlos langen, durch die Altstadt ziehenden Tafel die bekanntesten Knödelgerichte serviert werden. Das Internationale Weinfestival & Culinaria, der exklusive Treffpunkt für Gourmets und Weinliebhaber in Meran, ist ein weiteres Highlight im umfangreichen herbstlichen Veranstaltungskalender der Region.

Kastanien und Wein

SÜDTIROL, EIN SCHLARAFFENLAND FÜR GENIESSER

In Südtirol trifft alpine Tradition auf mediterrane Lebensart, alpenländische Kochkunst gepaart mit italienischer Finesse. Nirgendwo spiegelt sich diese Begegnung stärker wider als in den Speisekarten der Restaurants, Gasthöfe und Pizzerias. Zwischen italienischen Klassikern wie Pizza, Pasta und Risotti erinnern bodenständige Gerichte wie Speckknödel, Schlutzkrapfen, Apfelstrudel oder süßer Kaiserschmarren an die traditionelle Bergküche. Die alpin-mediterrane Vielfalt der Südtiroler Küche lässt keine Wünsche offen und die rustikale Hüttenmarende (Brotzeit) in den Buschen- und Hofschänken kontrastiert mit dem Gourmet-Menü in einem der sterneverwöhnten Restaurants. Der heimische Speck, haltbar gemacht durch schonende Räucherung, das knusprige Schüttelbrot ooder der aromatische Graukäse wurden seit jeher in den Bauernstuben aufgetischt. Im Gault Millau regnet es Jahr für Jahr eine Vielzahl an Hauben auf die Südtiroler Gourmet-Szene, und im aktuellen Guide Michelin 2022 dürfen sich 18 Restaurants zudem mit einem oder zwei Michelin-Sternen schmücken, eines sogar mit drei Sternen.

Der Obstbau prägt nicht nur die Landschaft in den Tälern, sondern macht Südtirol auch zu einem der wichtigsten Apfelanbaugebiete Europas. Im be-

Panoramablick über Tramin

Die Seiser Alm

sonderen Klima-Mix von kühler Gletscherluft und warmen Sommerwinden gedeihen an die 25 Apfelsorten.

Die vielfältige Region südlich des Brenners gehört zudem zu den ältesten Weinanbaugebieten im deutschsprachigen Raum. Schon als die Römer vor rund 2.000 Jahren in die Alpenregionen vordrangen, gab es in Südtirol bereits eine lebendige Weinbaukultur. Das milde, von Südströmungen geprägte Klima ermöglicht den Weinanbau bis zu einer Höhe von 1.000 Metern. Auf einer relativ geringen Anbaufläche werden heute rund 25 Traubensorten angebaut. Die heiß begehrten „Drei Gläser“, Italiens höchste Auszeichnung, wird für Südtiroler Weine bereits seit Jahren großzügig vergeben, und im „Gambero Rosso“, dem wichtigsten Weinführer des Landes, wurden in der Ausgabe 2022 insgesamt 23 Weine aus der Region prämiert. Als Spezialität hervorgehoben wurden dabei der Lagrein und Gewürztraminer, zwei autochthone Weine, die ihren Ursprung in Südtirol haben. Aber auch Pinot Grigio, Sylvaner und Chardonnay befinden sich unter den ausgezeichneten Tropfen. Damit präsentiert Südtirol eindrucksvoll, dass es vor allem bei den Weißweinen, die besonders mineralhältig und fruchtig sind, zu Italiens Top-Anbauregion zählt.

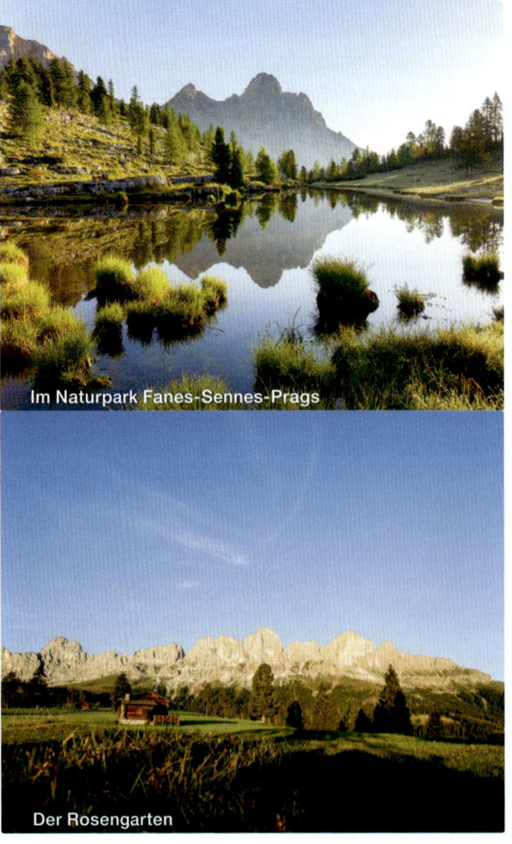
Im Naturpark Fanes-Sennes-Prags

Der Rosengarten

GENUSSWANDERN IN SÜDTIROL – FASZINATION DER BERGWELT AM SÜDHANG DER ALPEN

Die gewaltige Berglandschaft der Dolomiten, der Ortleralpen und der Ötztaler Alpen frohlocken als Wanderparadies. Auf mehr als 13.000 Kilometer naturbelassenen, markierten Wegen kann man die Fülle der einzigartigen Landschaften entweder bei gemütlichen Wanderungen oder sportlich anspruchsvollen Trekkingtouren erkunden. Auch hier ist die Vielfalt gegeben: Im Vinschgau wandert man im Frühjahr durch blühende Apfelhaine, hochalpin hingegen im Nationalpark Stilfser Joch Richtung Ortler – mit 3905 Metern der höchste Berg Südtirols, wo man

noch Gämsen, Steinböcke und Murmeltiere beobachten kann.
Eine große Palette an Familienwanderungen gibt es auf der Seiser Alm, der mit 365 Almen, Hütten und Sennhöfen größten Hochalm Europas. Hier kooperiert die einheimische Landwirtschaft mit dem Tourismus – beides gleich wichtige Einkommensquellen. In Kastelruth, Seis und Völs gibt es auch heute noch doppelt so viele Bauern wie Gastwirte. Wie traditionsbewusst die Bewohner dieser Gemeinden sind, zeigen sie beim jährlichen Oswald-von-Wolkenstein-Ritt im Schlerngebiet, der jedes Jahr Zuschauer aus der ganzen Welt anzieht.
Als modern hingegen präsentiert sich ein GPS-basiertes Trekkingportal, auf dem 670 Routenvorschläge, 24.000 Wegweiserstandorte sowie 32.000 Informationspunkte (Gipfel, Seen, Hütten etc.) im Netz stehen. Ein Klick auf die gewünschte Route informiert über Länge, Schwierigkeit Wegbeschaffenheit und Höhendifferenz.
In den sieben Naturparks wird den Besuchern ein Naturerlebnis geboten, das durch ein breites Bildungsangebot verstärkt wird. Besonders erwähnenswert ist der größte Park der Texelgruppe, im Herzen der Ferienregion Meraner Land. Der „Archeopark" im Schnalstal zeigt auf 1.500 Meter Höhe, wie die Menschen vor 5.000 Jahren in der Bergwelt lebten und sich von Sammlern und Jägern zu Bauern und Hirten entwickelten. Ein „archaisches Erlebnis" ist Ende Juni auch der endlose Zug von über 1.000 Schafen durch Schneefelder und Gletscherfirn zu den Almen des Ötztales.
Am östlichen Rand der Dolomiten liegt der Kronplatz – Südtirols beliebtester Skiberg und gleichzeitig Hausberg des pittoresken Städtchens Bruneck im Pustertal. Neben Skilauf gehören die Biathlon-Wettbewerbe in Antholz zu den Wintersporthöhepunkten der Region. Im Sommer hingegen punktet das Wandergebiet mit gut erreichbaren Bergseen wie dem Pragser Wildsee und markanten Gipfeln wie den Drei Zinnen im Hochpustertal.
Die nördlichste Region Südtirols, das Tauferer Ahrntal, liegt auf der Sonnenseite der Zillertaler Alpen. Mit seinen rund 80 Dreitausendern, dem Naturpark Rieserferner-Ahrn und einer intakten Bergwelt ist dieses Gebiet ein guter Ausgangspunkt für Outdoor-Sportarten wie Eisklettern und Rafting, aber auch für Wanderungen und Spaziergänge. Mit der gewaltigen mittelalterlichen Burg Taufers und den mächtigen Reinbachwasserfällen präsentiert das Tal noch zwei zusätzliche lohnende Sehenswürdigkeiten.

WELLNESS IN SÜDTIROL

In Gedanken auf einer blühenden Almwiese liegen, den harzigen Duft der Latschen atmen und den Wein auf sich wirken lassen. Schon seit langem gilt das kleine Land hinter dem Brenner als Geheimtipp für Wellness-Suchende. Alte Traditionen bewahren und daraus Neues kreieren, basierend auf der Kraft der Berge und der Natur; das ist das Geheimnis, das Wellness in Südtirol zu etwas Besonderem macht. So werden schon seit Jahrhunderten Heil- und Entspannungsmittel mit Heu („Alpenbadl"), Sarner Latschenkiefer, Weintrester, Apfel oder Kastanie sowie Bäder aus Alpenmilch oder Steinöl eingesetzt. Speziell erwähnenswert sind vor allem Äpfel- und Weinbäder, die sich wachsender Beliebtheit erfreuen. Die durch

Golf Club Carezza

das Hitzebad aufgenommenen Vitamine und Mineralien des Apfels wirken revitalisierend, reinigend und kreislaufanregend; zudem weist sich der runde Fitmacher als besonders effizientes Anti-Aging-Produkt. Über die wohltuende Wirkung der Traube waren sich bereits die alten Griechen und Römer bewusst, die Wein zur Schönheitspflege einsetzten. Während dieses Wissen lange Zeit in Vergessenheit geraten war, erlebt das natürliche Traubenextrakt in unterschiedlicher Konsistenz und Dosierung eine Renaissance. Das rote Gold wirkt Wunder gegen die Hautalterung (Vitamin E) und hat eine antibakterielle und antivirale Wirkung. Viele Hotels, aber auch Pensionen oder Bauernhöfe bieten Wohlfühlarrangements an – jeder auf seine Weise. Mal opulent und vom Feinsten, mal typisch und regional, aber immer mit Qualität und Gespür für das Wesentliche.

GOLF ZWISCHEN GIGANTISCHER BERGWELT, WEIN UND OBSTGÄRTEN

Südtirols acht Charakter-Golfplätze sind sehr unterschiedlich, von mediterran bis beinahe hochalpin, vor Dolomitenkulisse oder inmitten ausgedehnter Obstwiesen. Wer ganzheitliche Erlebnisse in heiler Natur schätzt, ist hier richtig, denn die Magie der Vielfalt bezaubert sowohl den Naturliebhaber, den golfenden Gourmet, wie auch den sportlichen Allrounder. Perfekt für den Urlauber, mit der Golfcard Südtirol erhält man auf den meisten Plätzen 20% Ermäßigung auf das jeweilige Greenfee. Erhältlich ist die Vorteilskarte in allen teilnehmenden Partnerhotels, sie berechtigt viermal ermäßigt zu spielen.

TEE-OFF INMITTEN MAJESTÄTISCHER BERGWELT

Nur 25 Kilometer von Bozen entfernt, zwischen den beeindruckenden Felsmassiven der Dolomiten, Rosengarten und Latemar, befindet sich der älteste und mit 1.680 Metern auch einer der höchstgelegenen Golfplätze der Alpenregion – der Golf Club Carezza. Der italienische Architekt Marco Croze entwarf hier auf einer alten Golf-Anlage, auf der schon 1905 der österreichische und englische Hochadel Golf spielte, einen neuen 9-Loch-Platz. Der abwechslungsreiche Parcours bietet nicht nur ein herrliches Bergpanorama, sondern verlangt auch Konzentration, Präzision und defensives Spiel auf Spielbahnen, die schmal und oftmals auch schräg verlaufen. Nach einer 18-Loch-Runde hat man etwa 400 Höhenmeter in herrlicher Umgebung absolviert, ein reizvolles Erlebnis. Der Abschlag in der Abendsonne von Loch 6 in Richtung rotglühendem Latemar schafft ein besonderes Hochgefühl. Das alljährlich Mitte Juni stattfindende Alpin Iron Man-Turnier über 54 Löcher zählt zu den Highlights der Golfsaison am Karersee. Um den modernen Anforderungen des Golfsports gerecht zu werden, wurde der Platz in den letzten Jahren öfter überarbeitet.

Golf Club Petersberg

GOLF MIT WEITBLICK

Auf dem Hochplateau des Reggelberges in 1.250 Meter Seehöhe kann man am Golfclub Petersberg, der ältesten Golfanlage Südtirols (1989), einen wunderschönen Golftag erleben. Unvergesslich sind hier nicht nur die Anreise über zahlreiche Kehren und Windungen auf das Hochplateau, sondern auch das Layout der 18 Löcher, teils im buntgefärbten Hochwald mit versteckten Grüns hinter alten Föhren und schmalen Fairways, die sich über Almhänge ziehen. Der Par-71-Bergplatz ist mit 5.400 Meter Länge kein Eldorado für Longhitter, er verlangt vielmehr ob der zahlreichen Doglegs ein genaues und defensives Spiel. Belohnt wird man immer wieder mit tollen Kanzelabschlägen und einem unvergesslichen, meist 360-Grad-Panoramablick auf die imposante Bergwelt. Signature-Loch ist die 17, ein 136 Meter langes Par 3, auf dem man im Angesicht des gewaltigen Bergmassivs der Brenta-Gruppe von einem erhöhten Abschlag über einen alten Mühlenteich auf das dahinterliegende Grün schlägt.

Genießer sollten sich nach der Runde auf jeden Fall die Spezialität des Clubhauses gönnen: Die Zwetschken- und Marillenknödel schmecken köstlich und sind weithin berühmt und beliebt.

GOLFPARADIES MIT BESONDEREM SERVICE IM PASSEIERTAL

So wie einst der Freiheitskämpfer Andreas Hofer, berühmtester Vertreter des Passeiertals, kämpften auch

Golf Club Passeier.Meran

Golfclub Lana-Meran Gutshof Brandis

die Passeier lange Zeit um ihren Golfplatz, ehe dieser 1996 mit zuerst neun Loch eröffnet wurde. Acht Jahre später erfolgte ein Redesign sowie die Erweiterung auf 18 Loch. Die Begehbarkeit wurde erleichtert, die gesamten Wegstrecken zwischen den Fairways verkürzt und die kleinste Schienenbahn Südtirols, „das Pseirer-Bahnl", bringt nun die Spieler vom Parkplatz direkt zum Clubhaus. Für Südtiroler Verhältnisse begeistert der Parcours nach erfolgreichem Face-Lifting der ersten Neun nun mit längeren und breiteren Fairways, die sich perfekt in die Südtiroler Berglandschaft einfügen. Trotzdem erfordert auch dieser Platz mit einigen Doglegs und terrassenförmig angelegten Bahnen Target-Golf. Dafür sorgen vor allem sieben mit 1.500 Seerosen geschmückte Teiche, gut postierte Gras- und Sandbunker sowie die zum Teil versteckten Grüns. Höhepunkt der Runde ist Loch 9, das Fuchsloch, auf dem ein gefühlvoller und präziser Schlag über ein schluchtähnliches Flussbett auf das 25 Höhenmeter tieferliegende Grün wesentlich ist. Ein besonderer Service wird auf Loch 17 geboten, wo die Spieler per Förderband – so wie sonst nur in Japan Usus – zum letzten Abschlag befördert werden. Exquisite regionale und nationale Spezialitäten sowie erlesene Tropfen aus dem Weinkeller warten danach auf der einladenden Panoramaterrasse; auch Cappuccino und Apfelstrudel schmecken hier besonders gut. Wer auf der kurzen Rückfahrt nach Meran noch Zeit hat, sollte einen kurzen Stopp beim Sandwirt einlegen, denn das Geburtshaus Andreas Hofers bietet Einblick ins Leben und Wirken des Vorzeigetirolers. Ein gutes Tröpferl in der historischen Stube versüßt den Besuch.

Golfclub Lana-Meran Gutshof Brandis

LANA – GOLF ZWISCHEN WEINSTÖCKEN UND APFELBLÜTEN

Der englische Golfplatz-Architekt Michael Pinner – ehemaliger Mitarbeiter von Jack Niklaus Golfdesign – entwarf den herrlichen 2.793 Meter langen 9-Loch-Golfplatz Lana, der unterhalb des Schloss

Brandis ganz in der Nähe von Meran liegt und 1998 eröffnet wurde. Die Fairways des angenehm zu spielenden Parcours verlaufen mitten im Apfelland und sind von Weinreben begrenzt. Charakteristisch präsentiert sich bereits Bahn 1 mit einem Abschlag Richtung Etschtal in ein Meer von Apfelblüten. Der ehemalige traditionsreiche Gutshof Brandis wurde in ein Clubhaus mit hervorragendem Restaurant umfunktioniert, wo es auch den eigenen „Golfwein" zu verkosten gibt. Besonders im Frühjahr zur Blütezeit hat dieser Par-70-Platz einen besonderen Charme genauso wie die nahe Kurstadt Meran, wo zu dieser Zeit schon die Magnolien blühen und auf der Flaniermeile die neueste Frühjahrsmode gezeigt wird.

GOLFEN AM FUSSE DES KRONPLATZES

Zu den neueren Errungenschaften unter den sieben Südtiroler Golfplätzen gehört der Golfclub Pustertal, am Fuße des Kronplatzes gelegen. Nur zwei Kilometer von Bruneck entfernt, ist es den beiden Golfarchitekten Alvise Rossi Fioravanti und dem mehrfachen PGA-Tour-Sieger Baldovino Dassù gelungen, die 9-Loch-Anlage mit viel Einfühlungsvermögen und nach allen Regeln der Kunst phantasievoll in die wunderschöne Landschaft einzufügen. Der technisch anspruchsvolle, nach USGA-Richtlinien gebaute und mit dem Umweltzertifikat ausgezeichnete Country Course, Par 34, verläuft zum Teil im Wald, teils in offenem Gelände sowie um ein Feuchtgebiet herum. Die breiten Fairways animieren zum Abschlag mit dem Driver, die gut verteidigten Greens hingegen erfordern präzise Schläge. Im Clubhaus sorgen Chef Markus Steger und sein Team mit lokalen und mediterranen Köstlichkeiten für das kulinarische Wohl der Spieler. Die vielen gastronomischen Schmankerln der raffinierten, lokalen Küche des Pustertals im Allgemeinen sollten Sie am besten während einer der vielen Spezialitätenwochen verkosten.

ALTA BADIA – IM HERZEN DER DOLOMITEN

Ein Platz gleichermaßen für Golfgourmets als auch für Naturliebhaber ist der Golfclub Alta Badia auf 1.700 Metern mitten in den Dolomiten bei Corvara. Die neun Loch, Par 72, auf einem Hochplateau gelegen, kann man zwar nur zwischen Juni und Oktober spielen, diese sind aber ein landschaftliches und spielerisches Highlight. Schmale Fairways und tricky Grüns auf der einen Seite sowie die harmonische landschaftliche Integration zeichnen diesen Golfplatz mit traumhaftem Panorama aus. Hier oben ist die Luft schon dünner, dafür fliegen aber die Bälle weiter, und man hat Zeit die Bilderbuch-Landschaft rundherum zu betrachten: die märchenhafte Kulisse der bizarren Felstürme von Sassongher, der Heiligkreuzkofel, der Sellastock und die Marmolata, die man noch vom Skifahren gut in Erinnerung hat. Alta Badia ist einer der schicksten In-Treffs in den Alpen. Demnach ist die Gegend gespickt mit erstklassigen Gourmet-Restaurants wie dem „St. Hubertus" mit Sterneküche.

Golf Club Pustertal

Golf Club Alta Badia

18 LÖCHER AUF DER GRÖSSTEN HOCHALM EUROPAS

Im Frühjahr 2007 eröffnete mit dem Golfclub St.Vigil Seis einer der jüngsten Golfplätze Südtirols, der jedoch schon heute zu den schönsten Plätzen Italiens zählt. Inmitten der Dolomiten und auf der größten Hochalm Europas gelegen, der Seiser Alm, bietet die exzellent gestriegelte Anlage neben landschaftlicher Schönheit auch sportliche Herausforderungen. Die 18 Löcher, Par 70, wurden auf rund 60 Hektar gefühlvoll in die Landschaft eingebettet. Idyllisch gelegene Teiche, Schluchten, Bäche, faszinierende Wasserfälle und lange, zum Teil schräge und enge Fairways wechseln sich mit leichteren Bahnen ab. Jedes der 18 Löcher hat einen eigenen markanten Charakter und durch die gegenüber den Greens leicht erhöhten Ab-

Golfclub St.Vigil Seis

Golf Club Eppan - The Blue Monster

schläge sieht man immer, was einen auf der Spielbahn erwartet. Es fällt jedoch schwer, sich auf sein Spiel zu konzentrieren, denn die gewaltige Bergkulisse der Dolomiten lässt den Blick immer wieder in die Ferne schweifen. Da Kastelruth nur zwanzig Autominuten von Bozen entfernt liegt, empfiehlt sich danach eine Shopping- oder Sightseeingtour oder ein Glas Wein in der Altstadt.

GOLF CLUB EPPAN – THE BLUE MONSTER

Als jüngster der Südtiroler Golfplätze wurde 2015 der 9-Lochplatz des Golf Club Eppan eröffnet, für dessen Design Architekt Thomas Himmel verantwortlich war. Der neu gestaltete Platz liegt am Rande des Ferienortes Eppan an der Südtiroler Weinstraße. Perfekte Greens und viele kleine Seen kennzeichnen den Platz, nicht zu Unrecht trägt er daher den Beinamen „The Blue Monster". Die extrem flache Topografie und der relativ hohe Grundwasserspiegel waren bei der Planung ausschlaggebend, einen Platz mit viel Wasser zu schaffen. Die künstlich angelegten Seen dienen dem Golfplatz aber gleichzeitig auch als Wasserreservoir und leisten einen erheblichen Beitrag zur landschaftlichen und ökologischen Aufwertung. „The Blue Monster" ist ein attraktiver Platz für Golfer aller Spielstärken, er birgt Herausforderungen für risikofreudige Profis, aber gleichzeitig auch sichere Erfolgserlebnisse für unerfahrene Anfänger. Zudem macht die Auswahl aus fünf unterschiedlichen Abschlagspositionen den Golfplatz extrem flexibel.

Auch wenn aktuell die Anzahl an 18-Loch-Anlagen in Südtirol noch zu wünschen übrig lässt, so erscheint der Blick in die Zukunft angesichts des touristischen Angebotes auf hohem Niveau rosig. Außerdem verpflichtet Tradition, und diese lebt hier immerhin schon seit dem 16. Jahrhundert, als im Vinschgau noch „geknolbnet" wurde, ein Spiel, das man eventuell als eine Art Vorstufe von Golf sehen kann. Heute, im 21. Jahrhundert, wird das Golfspiel auf ideale Weise verbunden mit Wein, Genuss und Wellness. Genießen Sie Ihr Spiel!

1 Golf Club Sterzing

7 ⚑

Reifenstein - Sadobre
I-39049 Sterzing/Freienfeld
0333 815 4350
info@golf.bz.it
www.golf.bz.it

Länge: 1100 m

Greenfee-Kat.: €€
Ermäßigung: Jugendl. bis 18 J. 50%

Der Golfclub Sterzing liegt im Talkessel der Gemeinde Sterzing, die nördlichste Stadt Italiens, umgeben von mittelalterlichen Burgen, Blumenwiesen und Fichtenwäldern. Er bietet sieben Übungslöcher sowie eine große, 250 m lange Driving Range mit zehn Abschlagplätzen, vier davon überdacht. Geöffnet ist die Anlage von April bis November. Sterzing und seine Umgebung bieten noch viele weitere Sport- und Freizeitmöglichkeiten wie Reiten, Schwimmen, Bergsteigen, Wandern, Tennis, Segelfliegen usw., und auch das reichhaltige kulturelle sowie Shopping-Angebot sollte nicht vergessen werden.

Platzinformationen:

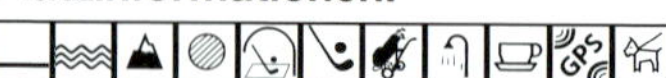

2 Golf Club Pustertal

9 ⚑

Im Gelände 15
I-39031 Bruneck
0474 412192 0474 413795
info@golfpustertal.com
www.golfpustertal.com

Länge: H 2690 m, D 2432 m, PE erforderlich.

Greenfee-Kat.: €€€€
Ermäßigung: Jugendl. bis 18 J. 30%

Die 9-Loch-Anlage des Golfclub Pustertal, die 2005 eröffnet wurde, liegt wunderschön am Fuße des Skigebietes Kronplatz in Reischach, nur 2 km von Bruneck entfernt. Die neun Löcher wurden sanft und ökologisch rücksichtsvoll vom Golfarchitekten Alvise Rossi Fioravanti und dem Tour-Pro Baldovino Dassù geplant. Sie liegen zum Teil in hügeligem Gelände, teils in einem Feuchtgebiet und teilweise im Wald, was dem technisch anspruchsvollen Platz auch seine Attraktivität verleiht. Großzügige Übungseinrichtungen runden das Angebot ab. Eine Erweiterung auf 18 Löcher ist vorgesehen.

Platzinformationen:

Golf Club Pustertal

3 Golf Club Passeier. Meran 18

Kellerlahne
I-39015 St. Leonhard in Passeier
0473 641488 0473 641489
info@golfclubpasseier.com
www.golfclubpasseier.com

Länge: 5791 m, HCP 54 erforderlich.

Greenfee-Kat.: **€€€€€**
Ermäßigung: Jugendl. bis 18 J.

Der terrassenförmig angelegte Platz des Golfclub Passeier. Meran liegt auf 500 m Meereshöhe 14 km von der stadt Meran entfernt. Vom Golfarchitekten Wilfried Moroder geschickt in das alpine Gelände eingefügt, sind die 18 Löcher auf einer Länge von 5.791 m zwar anspruchsvoll und erfordern Sportlichkeit, bieten aber sowohl Anfängern als auch guten Spielern beste Voraussetzungen. Besonders die Wasserhindernisse und die zahlreichen Bunker verlangen ein strategisches Spiel. Dank seiner klimatisch bevorzugten Lage ist der Platz von März bis November fast ganzjährig bespielbar.

SÜDTIROL

Platzinformationen:

Golf Club Passeier.Meran

4 Golfclub Lana-Meran Gutshof Brandis

Brandisweg 13
I-39011 Lana-Südtirol
0473 564696 · Fax 0473 565399
info@golfclublana.it
www.golfclublana.it

Länge: H 2887 m, D 2420 m, PE erforderlich.

Greenfee-Kat.: €€€€
Ermäßigung: Jugendl. 50%

Zwischen Obstgärten, Weinreben und den Meraner Bergen hat der renommierte englische Golfplatz-Architekt Michael Pinner die wunderbaren neun Löcher des Golfclub Lana entworfen, die im August 1998 mit einem Turnier feierlich eröffnet wurden. Die Bahnen verlaufen relativ eben und sind daher für alle Alters- und Erfahrungsstufen geeignet. Herrliche Blicke über das weite Etschtal sind garantiert. Die Lage südlich der Alpen und die damit verbundenen klimatischen Vorzüge erlauben einen Spielbetrieb von Februar bis in den Dezember. Der Gutshof Brandis dient als Clubhaus und Pro-Shop.

Platzinformationen:

Golfclub Lana-Meran Gutshof Brandis

5 Golf Club Alta Badia 9

Strada Planac, 9
I-39033 Corvara in Badia (BZ)
0471 836655 0471 836922
info@golfaltabadia.it
www.golfaltabadia.it
Länge: H 2723 m, D 2266 m, PE erforderlich.

Greenfee-Kat.: €€€€

Der 9-Loch-Golfplatz Alta Badia liegt auf 1.700 m Meereshöhe nur wenige Kilometer von Corvara entfernt, auf dem Weg zum Campolongo Pass. Trotz ihrer alpinen Lage weisen die neun Löcher mit 45 m nur einen geringen Höhenunterschied auf. Das Panorama, im Herzen der Dolomiten, am Fuße des Sella-Massivs und des Sassonghers, ist einfach nur traumhaft schön. Die imposante, märchenhafte Kulisse, die reine Gebirgsluft, die saftig grünen Almwiesen und die fast unberührte Landschaft bieten ideale Spielbedingungen. Aufgrund der Höhenlage ist die Saison von Juni bis Oktober relativ kurz.

Platzinformationen:

SÜDTIROL

Golf Club Alta Badia

6 Golfclub St.Vigil Seis 

Seis - St. Vigil Nr. 20
I-39040 Kastelruth (BZ)
0471 708708 0471 706606
info@golfstvigilseis.it
www.golfstvigilseis.it
Länge: H 5117 m, D 4717 m, HCP erforderlich.

Greenfee-Kat.: €€€€€
Ermäßigung: Jugendl. bis 18 J. 50%
Ermäßigung für Gäste der Partnerhotels 20 %

Eingebettet in die herrliche Kulisse der Südtiroler Dolomiten, am Fuße des Schlern, in 850 m Meereshöhe und nur 30 km von Bozen entfernt, befindet sich die 18-Loch-Anlage des Golfclub St.Vigil Seis auf einem Areal von 60 ha. Geplant wurde er vom Landschaftsarchitekten Bernd Hoffmann und dem Golfprofi Wolfgang Jersombeck. Idyllisch gelegene Teiche, Bäche, faszinierende Wasserfälle, Schluchten, Hang- und Schräglagen, aber auch leichtere Bahnen zeichnen den Platz aus. Der Platz ist technisch und sportlich höchst anspruchsvoll zu spielen und von April bis November geöffnet.

Platzinformationen:

Golfclub St.Vigil Seis

7 Golf Club Eppan - The Blue Monster

9 

Via Riva di Sotto 74
I-39057 Unterrain/Eppan
0471 188 8164 · Fax 0471 324866
info@golfandcountry.it
www.golfandcountry.it

Länge: H 6384 m, D 5298 m, HCP erforderlich.

Greenfee-Kat.: €€€€€
Ermäßigung: Jugendl. bis 18 J. 50%

Die typische Landschaft der Überetscher Auen haben den Architekten Thomas C. Himmel bewegt, natürliche Wasserflächen als bestimmenden Charakterzug dieses Golfplatzes einzubauen. Somit erhält der Golfplatz Eppan einen besonderen Reiz für jeden Golfer, zeichnet sich jedoch auch durch hohe ökologische Ansprüche aus. Durch einige Wasserhindernisse, kleinen Seen und Flüsse wird das gesamte Gelände neu aufgewertet und wird sich als neues Zuhause vieler Vogelarten entwickeln. Die vielen strategisch verteilten Abschlagplätze machen den Platz auch für schwächere Golfer spielbar.

Platzinformationen:

Golf Club Eppan - The Blue Monster

8 Golf Club Carezza

9

Karersee Straße 171
I-39056 Welschnofen
0471 188 8164 0471 324866
info@golfandcountry.it
www.golfandcountry.it/the-mountain-beast-golfclub-carezza/

Länge: H 5760 m, D 4908 m

Greenfee-Kat.: €€€€
Ermäßigung: Jugendl.

Der älteste Golfplatz Südtirols ist zugleich einer der technisch anspruchsvollsten Golfplätze Südtirols, der zudem viel Ausdauer erfordert. Seine Bezeichnung als „The Mountain Beast" kommt nicht von ungefähr, denn bei einer Runde, hier am Karerpass, werden bis zu 400 Höhenmeter überwunden. Auf einer Höhe von 1.680 Metern gelegen, beeindruckt der Golf Club Carezza auch mit einem faszinierenden Ausblick auf den Rosengarten und die Rotwand. Um den heutigen Erfordernissen eines modernen Golfsports zu entsprechen wurde der Platz in den letzten Jahren laufend verbessert.

Platzinformationen:

SÜDTIROL

Golf Club Carezza

9 Golf Club Petersberg

18

Petersberg - Unterwinkl 5
I-39050 Deutschnofen
0471 615122
info@golfclubpetersberg.it
www.golfclubpetersberg.it

Länge: H 5371 m, D 4754 m
Gäste sind auch an Turniertagen willkommen. Bitte kontaktieren Sie die Rezeption für die freien Startzeiten im oder außerhalb des Turniers.

Greenfee-Kat.: €€€€
Ermäßigung: Jugendl. 50%, Stud. 20%
Alle Tage in der Hochsaison (29.06.- 04.09.) gelten als Feiertage. 20% Ermäßigung für Gäste von Mitgliederhotels

Der Golfclub Petersberg (italienisch: Monte San Pietro) liegt am Südhang der Dolomiten auf dem Hochplateau des Reggelberges auf ca. 1.250 Metern Meereshöhe, umgeben von malerischen Berggipfeln. Mit dem Auto ist er von Bozen aus in 30 Minuten zu erreichen. Eröffnet wurde er im Frühjahr 1989. Mit fast 5.400 Metern ist er nicht sehr lang. Der Kurs weist zahlreiche Doglegs und schöne, von Bäumen umgebene Greens auf. Am eindrucksvollsten ist Loch 17, das von einem erhöhten Abschlag über einen alten Mühlenteich führt. Geöffnet ist der Platz von Mitte April bis Mitte November.

Platzinformationen:

Golf Club Petersberg

TRENTINO

KLEINES LAND MIT GROSSEM REICHTUM

Golfclubs nach Kartennummern

Nr.	Golfclub		Seite
10	Golf Club Dolomiti	■ 371, 373	206
11	Golf Club Campo Carlo Magno		207
12	Golf Club Rendena	■ 373	207
13	Tesino Golf Club La Farfalla		207
14	Golf Club Folgaria	■ 373	207

■ = Partner Albrecht Greenfee-Aktion (Gutschein-Seite)

Blick auf den Caldonazzo-See

Apfelgärten im Nonstal

Wer über den Brenner-Pass nach Süden reist, den Gardasee, den Südtiroler Wein oder die Oper in der Arena zu Verona im Visier hat, passiert Südtirol, fährt an Trento vorbei, sieht im Westen die wilden Massive der Dolomiten mit der Brenta-Gruppe, hört das „Lied der Berge“ und weiß oft gar nicht, dass er sich schon lange im Trentino befindet. Das Trentiner Gebiet, elfmal so groß wie der Bodensee, ist jedoch zum bloßen Durchqueren viel zu schade. Eine gewaltige, abwechslungsreiche Natur prägt das Landschaftsbild, luftige Bergpässe und Hochplateaus wechseln mit sanft geschwungenen Tälern und Ebenen. In den drei traumhaften Naturparks und vier Naturreservaten bieten sich zahlreiche Bergpfade, ausgeschilderte Wanderwege, herrliche Mountainbike-Strecken und atemberaubende Panoramawege hervorragend für Ausflüge an.

Panoramablick über den Tobliner See

Gemütliche Berg- und Almhütten laden zum Verkosten lokaler Spezialitäten ein. All dies wird von den Brenta- und Ostdolomiten überragt, dessen höchster Berg, die 3.342 Meter hohe Marmolata, erst kürzlich zum UNESCO-Welt kulturerbe erklärt. Traumkulisse zum einen, Anziehungspunkt und Paradies für Sportbegeisterte und Alpinisten aus aller Welt zum anderen. Der französische Maler Le Corbusier beschreibt die Dolomiten als „das schönste architektonische Kunstwerk der Welt“. Unvergesslich das Naturerlebnis, wenn sich bei Abenddämmerung die schroffen Gipfel rosa färben und dann in Flammen aufzugehen scheinen – das Schauspiel wird „Enrosadira“ genannt. Hier wird auch vom Trentiner Bergsteigerchor das weltberühmte Lied „La Montanara“ gesungen, das einem immer wieder Schauer über den Rücken gleiten lässt.

LAND DER SEEN

Kaum vorstellbar, aber diese Region mit den gewaltigen Bergmassiven weist auch 297 Seen und Hunderte von Flüssen und Wildbächen auf, weshalb das Trentino auch gerne als „kleines Finnland“ bezeichnet wird. Vom Tal über die Hochebenen, Wälder und

Almen bis hinauf in die Gletscherregionen reichen die smaragdgrünen bis azurblauen Seen eiszeitlichen Ursprungs, die zudem einen außergewöhnlichen Fischreichtum aufweisen. Besonders erwähnenswert ist die malerische Landschaft und romantische Ecke um Valle dei Laghi, die ihren Namen ihren zahlreichen Seen verdankt. Als einzigartig gilt der größte natürliche See des Trentino, der Tovel-See, der auch wegen seiner durch eine einzellige Alge hervorgerufene rote Farbe bekannt ist. Zu den eindrucksvollen Naturschönheiten der Region zählen auch die Wasserfälle, die sich in den wärmsten Monaten des Jahres von ihrer schönsten Seite zeigen, wenn gewaltige Wasserschwälle aus der Höhe stürzen und man ein atemberaubendes Schauspiel aus Wasser, Farben und Klängen bewundern kann. In den Wintermonaten gefrieren einige Wasserfälle und werden damit zum Paradies für Eiskletterer. Die große Zone, die im Süden an den Gardasee grenzt, weist jedoch auch in der kälteren Jahreszeit ein mildes Mittelmeerklima auf, in dem Oliven, Steineichen und Zitrusfrüchte gedeihen, während die schmale langgestreckte Ebene im Adige-Tal das Paradies der Weingärten und das Val di Non das Reich der Äpfel darstellt.

FORESTA DEI VIOLINI – WALD DER GEIGEN

Natur bedeutet im Trentino zudem Musik, denn in den Fichten des Waldes von Paneveggio, im „Wald der Geigen", steckt das alte Geheimnis der Geigenbaumeister. Das besonders elastische Fichtenholz überträgt den Klang besonders gut, da seine Pflanzensaftgefäße winzigen Orgelpfeifen ähneln. Stradivari, der Meister des Geigenbaus, kam von Cremona bis hierher, um die wertvollen Hölzer zu kaufen und diese dann in Musikinstrumente von seltener Perfektion zu verwandeln.

KULTURELLE BEGEGNUNGEN

Trentinos wichtige geografische Position als Brücke zwischen der germanischen und der mediterranen Welt, die Geschichte des Landes aber auch die abgeschirmte geografische Position einiger Täler führten zu einem außerordentlichen kulturellen Reichtum voller Traditionen und Brauchtümer. In dieser kleinen italienischen Provinz trafen seit jeher unterschiedliche Kulturen aufeinander, Römer und Kelten, Rätoromanen und Germanen und später Deutsche, Italiener und Ladiner, alle hinterließen hier ihre Spuren. Im Trentino beginnt sogar die dokumentierte Geschichte des Menschen in der späten Altsteinz.it die in fünfzehn archäologischen Parks zu besichtigen sind. Ausgesprochene „Wiegen" der Geschichte des Landes sind das Schloss Buonconsiglio in Trient, die Burg von Rovereto, das eindrucksvolle Castel Beseno sowie die über 70 von Mythen und Legenden umgebenen Schlösser und Burgen, die das Landschaftsbild bestimmen. Trentino besitzt auch unzählige Kunstzeugnisse, von den Freskenmalereien, die die Kirchen und Kapellen der Täler verschönern, bis zu den großen Kunstwerken, wunderschönen, historischen Ortskernen und den Ölgemälden der Fleimstaler Schule von Cavalese. Die freskenverzierte Stadt Tri-

Domplatz und Neptunbrunnen in Trento

Golf Club Dolomiti

ent mit ihren Kirchen und Renaissancebauten sowie Cles Heimat der Burgen, Wallfahrtsstätten und tiefen Schluchten, sind unbedingt einen Besuch wert.

TRENTINO EXCELLENCE – GENUSSURLAUB IM TRENTINO

Auf den sieben Touren der Wein- und Gourmetstraßen des Trentino können man sich auf eine kulinarische Entdeckungsreise durch die Önogastronomie der verschiedenen Gebiete begeben. Das Angebot an hauseigenen Erzeugnissen und lokalen Spezialitäten ist bunt und vielfältig. Neben den hervorragenden Weinen gibt es Spezialitäten aus den verschiedenen Regionen, wie Käsesorten des Monte Baldo, Kastanien aus Castione, Wurstwaren wie Lucanica, Trentiner Speck, den Spumante „Tentro D.O.C." oder den für diese Region so typischen Grappa, befinden sich doch 30 der 130 Brennereien Italiens im Trentino. In Trient können Feinschmecker im Palazzo Roccabruna – Önothek der Provinz Trient – an wöchentlich stattfindenden Weindegustationen teilnehmen. Bei zahlreichen Veranstaltungen wie „Autunno Trentino", dem Herbst in Trentino, werden ebenfalls die besten Weine zelebriert sowie Spezialitäten der vielfältigen Trentiner Produktpalette verkostet. In den 67 typischen Trentiner Wirtshäusern, mit dem Gütesiegel „Osteria Tipica Trentina" versehen, kann man außerdem in einer gemütlichen und typischen, herzlichen und angenehmen Atmosphäre die köstliche regionale Küche genießen.

Eine besondere Erwähnung verdient die Apfelstraße, ein 7.000 Hektar großer Obstgarten, der sich im Nonstal und Val di Sole erstreckt und die Region von April bis Mitte Mai in ein rosa und weißes Apfelblütenmeer verwandelt. Äpfel wie der Golden Delicious, Stark Delicious und die Kanada Renette schmecken hier besonders knackig und süß. Dazu wird im Nonstal die leckere Fleischwurst Mortandèla gereicht, im Vale di Sol der parmesan-ähnliche Käse Trentingrana sowie der köstliche Casolèt. Wenn im September und Oktober dann Kühe und Schafe von den Almen ins Tal getrieben werden, und es Zeit für die Apfelernte ist, wird der Trentiner Herbst hier so richtig gefeiert. Zu den zahlreichen Festen zählt auch die „Pomaria" im kleinen Örtchen Casez im Nonstal, wo neben zahlreichen Veranstaltungen auch die schmackhaften Produkte der Trentiner Apfel- und Genussstraße gefeiert werden.

QUALITÄT ANSTATT QUANTITÄT – GOLF IN TRENTINO

Golfmäßig ist das Trentino erst zart aufbereitet, verfügt es doch nur in geringem Maße über geeignetes Gelände. Trotzdem war auch in dieser gebirgsreichen Region in den letzten zehn Jahren ein kleiner Golfboom zu spüren, wenn auch die Anlagen keine Riesen-Dimensionen aufweisen. Doch wer könnte dies im Reich des Zwergenkönigs Alberich auch erwarten? Der Golf Club Dolomiti ist die einzige 18-Loch-Golfanlage im Trentino, diese zählt jedoch zu den schönsten im gesamten Alpenraum. Der technisch anspruchsvolle Platz liegt in Sarnonico auf einer malerischen Hochebene inmitten sattgrüner Hügellandschaften und Tannenwälder, die von den weiß

Golf Club Folgaria

glitzernden Bergketten der Brenta-Gruppe im Süden und der herrlichen Maddalena-Bergkette im Westen umrahmt werden. Der Club wurde Ende der 80er Jahre gegründet und im Jahr 2004 einem Redesign unterzogen. Die beiden Architekten Michael Niebdala und Luca Borzaga haben es hervorragend verstanden, einen interessanten Parcours mit zwei völlig unterschiedlichen Neun-Loch-Schleifen harmonisch in die Landschaft zu zaubern. Die ersten neun Bahnen verlaufen in einem idyllischen Kiefernwald mit mehreren Teichen; die neueren Löcher (10-18) liegen auf dem weiten Hochplateau, das einen herrlichen Rundblick auf die umliegenden Ortschaften des Nonstales frei gibt.

Der bekannte Golfplatz-Architekt Henry Cotton zeigt sich für das Design des ältesten Platzes in Trentino verantwortlich, den Madonna di Campiglio Golf Course. Der 1924 eröffnete Parcours liegt auf 1.650 Meter Höhe und ist von der herrlichen Landschaft des Adamello Brenta-Naturparks umgeben. Die Anlage zählt zwar nur neun Loch, bietet jedoch ein großartiges Alpen-Panorama.

Nur einen Katzensprung entfernt, im Herzen des Naturparks Adamello-Brenta, kann man am 9-Loch-Championship Golf Club Rendena, Par 36, hervorragend Golf spielen. Hügelige Fairways, die immer wieder von Wasserläufen und kleinen Seen durchquert werden, sind die typischen Charakteristika des Platzes. Der grandiose Ausblick auf die schneebedeckten Bergspitzen der Brenta-Dolomiten, die ewigen Gletscher der Presanella und des Adamello sowie die idyllischen Dörfer des Rendenatals wird unvergesslich bleiben. Das Restaurant im typischen Alpenstil gebauten Clubhaus verwöhnt mit lokaler traditioneller Küche.

Als Prunkstück präsentiert sich die Anlage des Golf Club Folgaria, die auf dem weitläufigen Hochplateau Folgaria, Lavarone und Luserna auf einer Höhe von 1.200 Meter liegt. Wie auf den meisten Golfplätzen im Trentino wird der Golfer auch auf diesem Platz, der erst 2014 von 9 auf 18 Löcher erweitert wurde, mit einem traumhaften Panoramablick in eine wunderbare Bergwelt verführt. Der Par 72 Platz misst nun insgesamt 5.457 m und führt durch eine malerische Naturlandschaft, die von Wiesen und Waldgebieten geprägt ist. Das Clubhaus befindet sich im Maso Spilzi, einem Landsitz aus dem 18. Jahrhundert, wo auch das ethnographische Gemeindemuseum untergebracht ist.

Wer heute also das Lied der Berge hört und dem Ruf in das Trentino-Gebiet folgen will, braucht auf Golf nicht zu verzichten. „La Montanara“ wird nämlich auch auf den Golfplätzen unterhalb der majestätischen Dolomitengipfel gesungen.

Golf Club Rendena

10 Golf Club Dolomiti

18

Centro Sport Verde 1
I-38011 Sarnonico (TN)
0463 832698
info@dolomitigolf.it
www.dolomitigolf.it

Länge: H 6371 m, D 5899 m, PE erforderlich.
Pro Buch kann pro Tag nur ein Voucher verwendet werden.

Greenfee-Kat.: €€€€
Ermäßigung: Jugendl./Stud. bis 18 J. 50%
Green Fee Wochenend-Tarif vom 4. Juli bis 30. September.

Die Golfanlage erstreckt sich über ein sanftes Hochplateau mit Blick auf die Dolomiten. Die ersten neun Löcher gesäumt von hochgewachsenen Bäumen, die zweiten neun gestalten sich offen und sehr übersichtlicht. Der Golfplatz Dolomiti ist Teil eines touristischen Gesamtkonzepts, das vom Fremdenverkehrsverein des Oberen Nontales entwickelt wurde. Das Golfspiel stellt eine Wiederbelebung eines historisch-kulturellen Konzepts dar, denn Golf hat hier Tradition, schließlich haben die Habsburger bis Ende des vorletzten Jahrhunderts an den Hängen des Mendelpasses Golf gespielt.

Platzinformationen:

Golf Club Dolomiti

11 Golf Club Campo Carlo Magno

9

Via Cima Tosa 15
I-38086 Madonna di Campiglio
0465-440622 oder -440444 0465 440622
info@golfcampocarlomagno.it
www.golfcampocarlomagno.it

Länge: H 5469 m, D 5045 m, HCP erforderlich.

Greenfee-Kat.: €€
Ermäßigung: Jugendl.

Der Golfclub wurde bereits 1923 angelegt und ist der älteste Platz in den Alpen, der seit seiner Eröffnung ununterbrochen in Betrieb ist. Er war auch der zweite in den Bergen angelegte Platz in Europa und steht altersmäßig auf Platz vier unter den italienischen Clubs. Der Golfclub Carlo Magno liegt auf einem von Natur aus sanft gewellten Fairway im grünen Rendenatal, über dem die Gipfel des Brentamassives aufragen. Der 9-Loch-Kurs mit zwei Abschlägen ist trotz seiner Lage sehr übersichtlich, und die Blicke auf die immer anwesenden riesigen Berggipfel sehr beeindruckend.

Platzinformationen:

12 Golf Club Rendena

9

Loc. Ischia 1
I-38080 Bocenago
0465 806049
info@golfrendena.it
www.golfrendena.it

Länge: H 2697 m, D 2369 m, HCP erforderlich.
Dienstags geschlossen, außer Juli und August

Greenfee-Kat.: €€€
Ermäßigung: Jugendl./Stud. 50%

Auf der 250.000 qm Fläche der Golfanlage sind wellige Fairways, weite und schnelle Greens und viele Bunker zu finden, die sich an einem Fluß entlang ziehen. Die Anlage, ein Steinwurf von dem Ort Bocenago entfernt, die den Eigenschaften des Geländes mit geringen Höhenunterschieden folgt, ist von kleinen Seen umgeben. Der 9-Loch-Kurs ist sehr schmal und an fünf Löchern kommt Wasser massiv ins Spiel. Ein besonderes Merkmal dieses Platzes sind die vielen Bunker rund um die Grüns, daher sind beim Anspielen hohe Schläge angesagt. Ein Clubhaus und Übungsanlagen sind vorhanden.

Platzinformationen:

13 Tesino Golf Club La Farfalla

9

Loc. Coldane
I-38050 Pieve Tesino (TN)
035 0533 2726 0461 593253
segreteria@tesinogolf.it
www.tesinogolf.it

Länge: H 5693 m, D 5013 m,

Greenfee-Kat.: €€
Ermäßigung: Jugendl./Stud.

Im alpinen Tal des kleinen Solcensa Flüßchens und umgeben von hohen Bergrücken der Dolomiten liegt das wellige Gelände, das den Golfplatz-Designern erlaubt hat, eine 9-Loch-Anlage zu bauen, bei der sich alle Löcher voneinander unterscheiden. Sie verlangen eine gute Golftechnik, was den Platz nicht nur für Anfänger, sondern auch für Fortgeschrittene interessant macht. Eine Runde Golfspielen in einer ruhigen Bergregion, fernab von Industrie und Touristenrummel ist hier angesagt. Nach dem Spielen kam man den entspannten Golftag bei regionalen Gerichte ausklingen lassen.

Platzinformationen:

14 Golf Club Folgaria

18

Località Maso Spilzi
I-38064 Folgaria-Trento
0464-720480 und +39-3334998644
segreteria@golfclubfolgaria.it
www.golfclubfolgaria.it

Länge: H 5457 m, D 4774 m, Sa./So./Feiertage HCP erforderlich.

Greenfee-Kat.: €€€
Ermäßigung: Jugendl. bis 18 J. 50%

Der 18-Loch-Golfplatz Folgaria befindet sich im schönen Costa Tal in der Hochebene von Folgaria auf einer Höhe von 1.200 m. Der Par 72 Platz misst insgesamt 5.457 m und führt durch eine malerische Naturlandschaft, geprägt von Wiesen und Waldgebieten. Die Fairways sind oft schmal, und man hat mit einigen leichten Doglegs zu kämpfen. Auch die oft vorkommenden Schräglagen sind nicht immer einfach. Direkt neben dem Parcours führt ein Wanderweg ins bekannte Ecchen-Biotop. Herrliche Panoramablicke während der Runde sind garantiert. Die Saison geht von Mai bis Ende Oktober.

Platzinformationen:

GARDASEE

VIELSEITIGES URLAUBSPARADIES UND GOLFZIEL FÜR ALLE JAHRESZEITEN

Gargnano am Westufer des Gardasees

Golfclubs nach Kartennummern

Nr.	Golfclub	Seite
15	Golf Bogliaco	219
16	Ca'degli Ulivi Golf	220
17	Golf Club Il Colombaro	222
18	Gardagolf Country Club	222
19	Golf Club Arzaga	222
20	Golf Club Paradiso del Garda	224
21	Parco del Golf Musella	224
22	Chervò Golf San Vigilio	224
23	Golf Club Villa Giusti	226
24	Golf Club Verona	226
25	Golf Club Villafranca	226

Torbole im Norden des Gardasees

Schon Johann Wolfgang von Goethe ließ sich von der Schönheit des Gardasees hinreißen und hat „das Land, wo die Zitronen blühen" in all seinen Facetten mit Begeisterung beschrieben. Die wunderbare und farbenprächtige Naturlandschaft am Fuße der Alpen, die im Norden von der imposanten Bergkette der Brentinischen Dolomiten begrenzt wird und im Süden in die sanften Hänge der morenischen Hügel übergeht, zählt zu den schönsten und bekanntesten Regionen Italiens. Das mediterrane Klima läßt Palmen, Zitronen, Oleander und Bougainvillea blühen, während Wein- und Olivenanbau Spitzenprodukte hervorbringen.

MILDES KLIMA UND ÜPPIGE MEDITERRANE VEGETATION

Mittel- und Nordeuropäern erscheint der Gardasee, der sich über die drei Provinzen Lombardei, Veneto und Trentino erstreckt, nach der mühsamen Überquerung der Alpen wie ein Vorgeschmack auf südliches „Urlaubsgefielde": Denn dieses riesige, aus der Eiszeit stammende Becken, umgeben von Arco, Riva, Torbole, Dro, Drena und Trenno, stellt die Grenze zwischen der Dolomitenlandschaft und dem Süden dar. Der Gardasee ist der Inbegriff des romantischen Italiens mit großartigem Mittelmeerklima, reicher mediterraner Vegetation und unvergleichbarem Flair. Schnell gesellt sich auch das notwendige Lebensgefühl des „Dolce Far Niente" hinzu, das man hier mit allem kombinieren kann, was Urlaub angenehm macht.

Im Sommer wird es heiß, aber wegen der ständigen Winde selten schwül. Der See hat dann die wohltuende Temperatur von 21 Grad und lädt allerorts zur Erfrischung ein. Die Lebensart am Gardasee ist entschieden italienisch, auch wenn an Wochenenden die Autokennzeichen anderes sprechen. Doch ob Sie aus Richtung Südtirol, Trentino, aus Venetien oder aus der Lombardei anreisen, am Ziel werden Sie immer belohnt.

SOWOHL IN DIE BERGE, ALS AUCH ANS MEER

Im Landschaftsbild des Gardasees der mit einer Länge von 52 Kilometer n und einer Ausdehnung von knapp 370 Quadratkilometern zudem der größte See Italiens ist, stellt sich die Frage nach „ans Meer" oder vielleicht doch lieber „in die Berge" nicht, denn der Gardasee bietet beides: das rauhe über 2.000 Meter hohe Massiv der Alpen und die liebliche Flora des Mittelmeers mit blühenden Oliven- und Zitronenbäumen am See. Zwei Gegensätze, die sich aufs Wunderbarste anziehen und ergänzen.

Der Norden des Sees gleicht auf den ersten Blick einem schmalen Fjord – wären da nicht die Olivenbäume und Palmen am Seeufer. Eingekeilt zwischen steil aufragenden Berghängen, weht hier ein konstanter Wind, der Segler, Surfer und Kiter aus ganz Europa an den See lockt. Wenn man hier, in der so-

Blumengärten in Riva del Garda im Trentino

genannten „Düse", das Segel in den Wind stellt und sich dem Speedrausch hingibt, kann man schon mal auf 60 Stundenkilometer beschleunigen. Das östliche Seeufer wird vom 2.200 Meter hohen Bergrücken des Monte Baldo überragt, der durch seine einzigartige Alpenflora den Beinamen „Garten Europas" trägt. Monte Baldo und der Naturpark der Brescianer Alpen auf der gegenüberliegenden Seeseite sowie die sich nördlich anschließenden Gipfel des Garda Trentino gelten als ausgesprochene Wander- und Outdoor-Paradiese. Im Trentiner Gardaseegebiet „Garda Trentino" prägen malerische kleine Bergseen, botanische Gärten, Obst- und Olivenhaine sowie Weingärten die Landschaft. Attraktive, lebhafte Städtchen laden zum Bummeln und Schlendern ein. Aber auch eindrucksvolle Zeugnisse vergangener Zeit sind hier überall zu finden. Riva del Garda, Arco, Torbole sul Garda, Nago, Dro, Drena und Tenno sind die Ortschaften, die mit ihrer Tradition und Identität diese traumhafte Region bereichern. Alle Ortschaften sind durch einer Art „Uferpromenade" verbunden und bieten ideale Bedingungen für ausgedehnte Spaziergänge.
Der südliche Abschnitt steht in lieblichem Kontrast zur Schroffheit der nahen Berggipfel im Norden. Sanfte Hügel mit üppigem Wein und Olivenhainen blicken auf ein breites Seeufer mit leicht zugänglichen Badestränden. Hier befinden sich auch die von Zypressen, Bougainvillea, Oleander und Palmen umgebenen, herrschaftlichen Villen. In den Hügeln liegen traditionsreiche Weingüter und die Reste römischer Villen zeugen von einer genussvollen Lebenskultur, die dieses Seeufer seit eh und je geprägt hat. Die gesamte Region besticht jedoch vor allem durch eine große Dichte qualitativ hochwertiger Golfplätze.

VIELSEITIGSTE FERIENREGION EUROPAS

Der Gardasee hat sich bereits nach Ende des Zweiten Weltkrieges zu einer beliebten Tourismusregion entwickelt, was der Gegend einen gewissen Wohlstand bescherte. Mit Brescia, Verona und Trento teilen sich heute drei sehr unterschiedliche Provinzen mit verschiedenen Kulturen auf friedliche Art und Weise den See. Waren es früher die Sommerfrischler und Bergwanderer, später dann am Nordende des Sees die Surfer, so sind es heute neben den zahlreichen Mountainbikern vor allem Golfreisende, die den Lago di Garda zu ihrem Lieblingsziel auserkoren haben. Die Infrastruktur hat sich einem Wandel unterzogen, die Gastfreundschaft ist unverändert positiv geblieben.
Ein großartiges Spektrum an Freizeitmöglichkeiten zwischen Wasser und Bergen, ein angenehmes Klima und ein besonderes Flair sind eigentlich Anreiz genug für einen Urlaub. Der Gardasee ist jedoch auch idealer Ausgangspunkt, nahegelegene, kulturhistorisch interessante Städte wie Brescia, Mantua, Trient und vor allem Verona zu besuchen. Die Gegend erfreut sich eines riesigen Schatzes an Kunstdenkmälern. Wer lieber shoppen geht, kommt ebenfalls auf seine Rechnung und findet alles: vom typischen Marktstand bis hin zu den elegantesten Boutiquen. Ebenso steht der Gardasee für Dolce Vita, für sein aufregendes Nachtleben und die Vielfalt von Restaurants, Cafés und In-Lokalen. Nicht zu vergessen ist das reiche Angebot des Weinbaus und der Gastronomie im Umland,

das eine Vielzahl an wertvollen und schmackhaften Produkten bereithält, wie geschaffen für ein kulinarisches Schlemmererlebnis.

FLÜSSIGES GOLD WIRD IN DEN ÖLMÜHLEN GEWONNEN

Überzeugen Sie sich auf alle Fälle von der Qualität des hochwertigen Olivenöles auf einem der zahlreichen Olivenölfeste, die während des ganzen Jahres rund um den See veranstaltet werden. Dank des milden Klimas werden hier bereits seit der Antike besondere Olivenbaumkulturen angebaut und hochwertiges Öl, das flüssige Gold, gewonnen. Auch die meisten Weingüter am Gardasee erzeugen und verkaufen das „Olio Extravergine", das sich durch einen fruchtig leichten, angenehm pikanten Geschmack, der jedes mediterrane Gericht abrundet, auszeichnet. Einen umfassenden Einblick in die Olivenölgewinnung bekommt man bei einem Besuch der Ölmühlen, den sogenannten „Frantoi". Dabei kann man die Olivenplantagen begehen, die Mühlen besichtigen und eine große Auswahl an Ölen probieren und kaufen.

EXQUISITER GENUSS AUF DER STRADA DEI VINI

Auf den sanften Hügeln und in den milden Bergtälern rund um den See reift außerdem – und dies ebenfalls seit Jahrtausenden – hervorragender Wein. Fruchtigleicht, gehaltvoll oder trocken-würzig – rund um den Gardasee gedeihen Trauben für die unterschiedlichsten Weine. Bardolino, Lugana, Valpolicella, Soave, Marzemino, Garda Classico, Custoza oder Nosiola, die Auswahl der edlen Rebensäfte ist groß. An vielen Orten kann man die guten Tropfen auf einem der traditionellen Weinfeste verkosten. Wer selbst aufbrechen möchte, um die Weinregion um den Gardasee zu erkunden, sollte eine der verschiedenen „Strada dei Vini"-Weintouren wählen, die durch herrliche Landstriche der Region führen und mit fantastischen Ausblicken und interessanten Kulturstätten aufwarten. Vor allem bieten sie jedoch unzählige Möglichkeiten, Wein, Olivenöl und andere Leckereien zu probieren und sich mit einem Vorrat für zu Hause einzudecken.

DOLCE VITA ODER DOCH LIEBER BERGDORF?

Wer am Gardasee Urlaub macht, erlebt mitunter ein Wechselbad der Gefühle. Das Gedränge an Stränden, auf Straßen und in den verträumten Städten nimmt man gelassen hin, denn Dolce Vita ist überall angesagt. Wer dem Treiben in den Uferregionen und Städten entkommen will, tritt die Flucht an: entweder auf den Golfplatz oder hoch in die Berge. Die Uhren ticken in den Bergdörfern anders als unten am Lago – übrigens sehr zum Wohl der Menschen, die angeblich die höchste Lebenserwartung aller Italiener haben. Am See sind die ruhigen Momente zugegebenermaßen seltener, aber es gibt sie auch, und dann sind sie ein tatsächlich wahrer Balsam für die Seele.

AUS DER RETORTE ZUM GOLFPARADIES

Innerhalb der letzten 20 Jahre hat sich die Region um den südlichen Gardasee zu einem wahren Golfzentrum gemausert. Waren es vor Jahren noch die Surfer, die vor allem im Norden den See stark frequentierten, so bietet jetzt die Landschaft zwischen Verona und Brescia, bei Desenzano, Salo, Gardone und Gargagno Golf vom Allerfeinsten an. Nur der

Gardasee, ideal für Wassersport

Gardagolf Country Club

Bogliaco Golfclub auf der Westseite des Sees und die 18 Löcher von Verona im Süden standen vor Jahren zur Verfügung, mittlerweile kann man auf fast 200 Fairways und Greens seine Schläger schwingen. Eingebettet in romantische Weinberge, Olivenhaine und Zypressenhügel, meist vor der schillernd blauen Kulisse des Gardasees erwarten die Spieler gepflegte und anspruchsvolle Anlagen in mediterraner Landschaft sowie ganzjährige Spielfreude bei mildem Klima. Andiamoci, lasst uns gehen, den Süden genießen und Golf spielen!

BELIEBTER KLASSIKER

Südlich von Salo, in traumhafter Lage zwischen der Rocca di Manerba, dem Castello di Soiano und den Hügeln der Valtensi liegen die 27 Löcher des Garda Golf Country Clubs. Das englische Architektenbüro Cotton, Pennick Steel & Partners entwarf 1984 auf einem 110 Hektar großen Areal einen Parcours, der anspruchsvollen Spielern eine echte Herausforderung, Anfängern jedoch Vergnügen bereitet. Zypressen, Olivenbäume, Steineichen und Pinien prägen das Landschaftsbild, speziell in den heißen Sommermonaten sind die altehrwürdigen Bäume kostbare Schattenspender. Das Panorama ist abwechslungsreich und die Aussicht von allen Bahnen herrlich. Kein Wunder, dass bei all den Vorzügen dieser Platz oft stark frequentiert ist.

SPORTLICHES GOLF IM OSTEN

Auf der gegenüberliegenden Seite, am Ostufer, liegen die 18 Championship- und neun Executive-Löcher

Ca'degli Ulivi Golf

des Ca'degli Ulivi Golf Clubs. Die Fairways breiten sich auf einer natürlichen Terrasse über dem Gardasee aus, sind von Olivenhainen und Zypressen umgeben und begeistern auf einigen Löchern mit sensationellen Ausblicken auf den tiefblauen See. Bei den Abschlägen Richtung Osten dagegen sieht man auf das hügelige Vorgebirge des Monte Baldo. Anspruchsvolles Golf wird hier geboten, nicht zuletzt auch aufgrund der rund 600 Höhenmeter, die man auf 18 Loch zu bewältigen hat. Nach dem Spiel macht es Spass, sich auf der hübschen Terrasse mit Seeblick zu erholen oder im Schwimmbad des Clubs zu erfrischen. Zwischen den Seeufern verkehren Fähren, wobei die Verbindung zwischen Torri del Benaco und Toscolano – Maderno eine der besten ist.

DAUERBRENNER MIT BEWEGTER GESCHICHTE

In einem ausgedehnten Talbecken, rund 100 Meter über dem See, liegt der schon 1912 gegründete Golfclub Bogliaco, der nicht nur wegen seiner Historie, auf die die Mitglieder im übrigen sehr stolz sind, eine besondere Anlage ist. Im Laufe seiner Geschichte wurde der Platz 1928 in ein Getreidefeld, dann von den deutschen Truppen in eine Flugzeugpiste und anschließend von den Amerikanern in einen Baseballplatz verwandelt. Erst 1953 wurde Bogliaco endlich wieder das, wofür er ursprünglich konzipiert wurde – ein Golfplatz! Der gepflegte Parcours ist nicht besonders lang, erfordert jedoch ein präzises Spiel, denn Zypressen, Oleander, Lorbeer und Olivenbäume sorgen immer wieder für natürliche Hindernisse. Auch die ziemlich engen Fairways, die gut verteidigten Grüns, die Gräben und ein lieblicher Teich forden höchste Konzentration. Nicht leicht, diese zu halten, immer wieder wird man von grandiosen Aussichten auf den See in Gedanken weggetragen. Viel Wasser und alter Baumbestand machen das Spielen auch im Sommer erträglich. Das edle Clubhaus mit seinem schönen Restaurant trägt das Seine zum speziellen, jedoch familiären Ambiente des Clubs bei.

SCHMUCKSTÜCK ARZAGA

Was wäre Golf am Gardasee ohne die 1998 fertiggestellte Anlage von Arzaga, die in der zauberhaften Hügellandschaft zwischen Desenzano und Brescia liegt. Im Zentrum des Resorts steht ein Palazzo aus dem 15. Jahrhundert, der sorgfältig renoviert wurde und heute als Luxushotel mit Wellnessoase geführt wird. Zwei Golflegenden zeichnen für das Design der beiden Parcours verantwortlich. Der 18-Loch-Platz Arzaga I stammt aus der brillanten Feder von Jack Nicklaus, der Südafrikaner Gary Player entwarf den 9-Loch-Platz Arzaga II. Beide Parcours sind im typisch amerikanischen Stil angelegt und präsentieren sich immer in bestem Zustand. Hervorragendes Golf in Verbindung mit Wellness im exklusiven Ambiente – hier kann man sich nur wohl fühlen. Kein Zweifel, mit dieser stilvollen Anlage hat die gesamten Region Gardasee nicht nur in punkto Golf zusätzlich an Qualität und Attraktivität gewonnen.

Golf Club Bogliaco

Golf Club Arzaga

EXZELLENTES FAZIO-DESIGN BEI PESCHIERA

Seit 2004 ist der Gardasee um eine weitere Golfanlage reicher, denn mit dem Golf Club Paradiso del Garda gesellte sich ein 18-Loch-Meisterschafts-Course hinzu. Die modern gestaltete Anlage wurde vom renommierten amerikanischen Architekten Jim Fazio geplant und geschickt in den sanften Moränenhügel des Gardasee-Hinterlandes bei Peschiera del Garda angelegt. Dank seiner breiten und gepflegten Fairways ist der Parcours für Anfänger leicht spielbar, strategisch positionierte Hindernisse machen jedoch guten Spielern das Leben schwer. Ein wenig getrübt wird der Spielgenuss auf einigen Bahnen durch den Lärm der naheliegenden Autobahn, dies wird sich in einigen Jahren durch die wachsende Bepflanzung jedoch sicherlich bessern. Durch die Großzügigkeit des Gesamtkomplexes ergeben sich mit der Hotelanlage nicht nur Golf spielendem Publikum, sondern auch allen anderen Ruhesuchenden hervorragende Urlaubs- und Erholungsmöglichkeiten.

GOLF UND VERONA-ARIEN

Der Golfclub Verona liegt im wunderschönen hügeligen Hinterland des Gardasees inmitten von Weinbergen, die westlich von Verona die Hügel von Custoza umrahmen. Bereits 1963 baute John Harris die ersten neun Loch, die schmal und von üppiger Pflanzenwelt umgeben sind und ein exaktes Spiel erfordern. Die wenige Jahre später hinzugefügten Back Nine sind ondulierter und weitläufiger, trotzdem technisch diffizil. Anlässlich der 40-Jahr-Feier des Clubs wurde ein Redesign vorgenommen: Zusätzliche Grashügel sowie optimal platzierte Bunker haben den Platz seitdem noch schwieriger gemacht. Der Club ist mit einer grünen Fahne ausgezeichnet, ein Symbol für die gelungene Symbiose zwischen modernem Golfsport und

Golf Club Paradiso del Garda

Golf Club Verona

zeitgerechtem Umweltschutz. Das mit wildem Wein bewachsene Clubhaus ist ein wahres Schmuckkästchen, in dem man auch hervorragend speisen kann. Ist der nötige Zeitvorrat gegeben, sollten Sie unbedingt den Skaliger-Gräbern und vor allem der antiken Arena, die heute Schau- und Hörplatz großer Opern ist, einen Besuch abstatten, denn vom Golfclub ist der Weg zur Stadt Romeos und Julias nicht mehr weit.
Inmitten der Altstadt Veronas, erhebt sich das römische Amphitheater, das drittgrößte erhaltene seiner Art. Zur Zeit der flavischen Imperatoren (1. Jh.) erbaut, war es Zeuge für die offensichtliche Bedeutung Veronas, immerhin fasste es ca. 20.000 Zuschauer. Heute ist es Schauplatz der wohl bekanntesten Opernfestspiele, die hier jährlich von Juni-August stattfinden. In dieser Zeit wird Verona zum Mekka für alle Opernfreunde, die sich diese Komposition aus Klassik, Kunst, Moderne und Prunk, gewürzt mit dem italienischen Flair, nicht entgehen lassen möchten. Seit 1913, dem Jahr, als die Bühne erstmals für eine Aida-Aufführung errichtet wurde, reihen sich die berühmtesten Namen, wie z.B. Verdi, Puccini, Bizet, Rossini und Wagner in die Liste der Komponisten ein. Aber auch Verona selbst, eingebettet zwischen den Hängen der Lessini Berge und den Ufern des Gardas. es hat viele Sehenswürdigkeiten zu bieten. Man denke nur an die berühmtesten Liebenden der Geschichte – Romeo und Julia, das Theatro Romano, die Bauwerke der Scaliger und nicht zu vergessen die Kirche S. Tomaso Cantuariense, wo Mozart schon als Achtjähriger konzertierte. Im Jahr 1913 begann mit der legendären Inszenierung von Giuseppe Verdis Aida die Tradition des Estate Teatrale, der inzwischen weltberühmten Opernfestspiele in Veronas Arena. In den lauen Sommernächten der Monate Juli und August füllen nahezu jeden Abend bis zu 22.000 Zuschauer das gigantische Oval und lassen sich im Schein flackernder Kerzen von der hohen Kunst des italienischen Belcanto und bis zu 2.000 Mitwirkenden der internationalen Opernszene begeistern.
Auch der Golfclub Villafranca, den der sympathische Gründer und Präsident des Golfclubs Ferruccio Corrado Bertolin Anfang der 90er-Jahre errichten ließ, liegt nur wenige Kilometer außerhalb der Stadt Verona. Golf spielen und Spaß haben stehen bei diesem Club im Vordergrund und nicht „sehen und gesehen werden“. Der ländliche Platz liegt inmitten der Weingärten von Custoza und wurde mit viel Gefühl in die Natur integriert. Jedes Loch ist einer anderen Pflanze gewidmet, die den Abschlag ziert. Single-Handicap-Spieler vermissen ein wenig die Herausforderung, aber wer ein entspanntes Spiel in angenehmer Atmosphäre sucht, ist hier genau richtig. Das Clubhaus,

Verona

Chervò Golf San Vigilio

ein renoviertes Landhaus aus dem 19. Jahrhundert, bietet den perfekten Rahmen für ein gemütliches Zusammensein bei einem Glas Custoza-Wein vom Winzer aus der unmittelbaren Nachbarschaft des Golfclubs.

27-LOCH-ANLAGE MIT ANTIKEM TOUCH

Als jüngstes Highlight der Golfregion präsentiert sich der 2009 eröffnete Golfplatz Chervò Golf San Vigilio in Pozzolengo, im Süden des Sees fernab von Trubel und Touristenströmen. Der erfahrene deutsche Golfplatz-Architekt Kurt Rossknecht hat diesen eindrucksvollen 27-Loch-Meisterschaftsplatz sowie einen 9-Loch-Kurzplatz im lieblichen moränischen Hügelland konzipiert. Der gesamte 110 Hektar große Komplex schmiegt sich rund um die Ursiedlung des auf das 11. Jahrhundert zurückreichende Klosters von San Vigilio. Obgleich der abwechslungsreiche und interessante Parcours aufgrund seines zarten Alters noch nicht perfekt angewachsen ist, garantiert er Spielvergnügen für Golfer aller Spielstärken. Die Möglichkeiten der variablen 18-Loch-Rundenkombination – vom 6.775 Meter langen „Gold-Championship"-Parcours zum 5.070 Meter kurzen „Ladies"-Parcours gewährleisten ein stets unterschiedliches Spiel. Im modernen, ansprechenden, mit hellem Stein gestalteten Clubhaus kann man, mit Blick auf den wunderschönen Platz, das Spiel bei einem köstlichen Glas Luganawein ausklingen lassen. Zusätzlich sollten Sie die vielen kleinen Weinkellereien und Trattorien der Umgebung besuchen, in denen die typisch regionale Küche des Gardasees noch lebendig ist.

Wo kann man abwechslungsreiches Golfvergnügen, Erholung und kulinarische Höhenflüge optimaler kombinieren? Freuen Sie sich auf ganzjähriges Golf am Gardasee!

Golf Club Villafranca

15 Golf Bogliaco 18

Via Golf 21
I-25088 Toscolano Maderno
0365 643006
info@golfbogliaco.com
www.golfbogliaco.com

Länge: H 5235 m, D 4625 m, HCP 54 erforderlich.

Greenfee-Kat.: €€€€
Ermäßigung: Jugendl. bis 18 J. 50%

Der Platz wurde 1912 gegründet und ist heute ein Traditionsclub in Oberitalien. Wie die alten Fotos an der Wand des Clubhauses zeigen, die die ruhmreiche Vergangenheit festhalten, sind die Mitglieder noch heute stolz darauf. Der Platz der in den beiden Weltkriegen als Flugplatz diente, ist heute ein wunderschön gelegener 18-Loch-Par 69-Kurs, der in einem lang gezogenen Tal, nur 100 m über dem Gardasee liegt. Die Flora mit Oleanderbäumen, Olivenhainen, Agaven und alten Zypressen ist bereits mediterran. Von verschiedenen Stellen aus kann man fast den ganzen See überblicken.

Platzinformationen:

Golf Club Bogliaco

16 Ca'degli Ulivi Golf

18/9

Via Ghiandare, 2
I-37010 Marciaga (VR)
045 6279 0301 045 627 9039
info@golfclubcadegliulivi.it
www.golfclubcadegliulivi.it

Länge: H 6052 m, D 5362 m, HCP 36 erforderlich.

Greenfee-Kat.: €€€
Ermäßigung: Jugendl. bis 18 J. 50%

Wie sich unschwer erraten lässt, verdankt der Club seinen Namen den vielen Olivenbäumen, die entlang des Kurses wachsen. Er liegt auf einem Bergrücken über dem Gardasees, der für ein ausgeglichenes Klima sorgt. Das erklärt, warum so weit nördlich noch Olivenbäume zu finden sind. Fast immer einen Blick auf den See und auf die typischen schmalen Zypressen, das macht den Golftag zu einem schönen Erlebnis. Der Platz mit seinem 18- und 9-Loch-Kurs eignet sich sowohl für Anfänger, als auch erfahrene Golfer. Das Clubhaus mit dem gemütlichen Restaurant ist einen Besuch wert.

Platzinformationen:

17 Golf Club Il Colombaro

9

Via Colombaro 1
I-25087 Cunettone di Saló
0365 43327
golf@ilcolombaro.com
www.ilcolombaro.com

Länge: H 1395 m, D 1234 m, PE erforderlich.

Greenfee-Kat.: €€€
Ermäßigung: Jugendl. bis 17 J. 50%

Die kleinste Anlage in der Gardasee Region bietet interessante Möglichkeiten für Golfer. Die schön gelegene 9-Loch-Executive-Anlage mit großer Driving Range, Putting- und Pitching-Greens befindet sich in einem flachen gut überschaubaren Gelände und kann auch schon mal, wenn die Zeit knapp ist, für das Golfspiel zwischendurch genutzt werden. Der Kurs mir seinem Par 29 und einer Länge von 1395 Metern ist bestens geeignet, das kurze Spiel an Par 3 Löchern zu üben. Das Clubhaus mit Restaurant und Appartements hat auch einen Swimmingpool für die Entspannung nach der Runde.

Platzinformationen:

18 Gardagolf Country Club

27

Via Angelo Omodeo 2
I-25080 Soiano del Lago, Brescia
0365 674707 0365 674788
info@gardagolf.it; booking@gardagolf.it
www.gardagolf.it

Länge: H 6505 m, D 5789 m, HCP 36 erforderlich.

Greenfee-Kat.: €€€€€
Ermäßigung: Jugendl. bis 18 J. 50%

Hügelig in einer wunderschönen italienischen Landschaft gelegen, präsentiert sich der 27-Loch-Kurs mit einem perfekten technischen Standard, der seinen Spielern einiges abverlangt. Es gibt den weißen, gelben und roten Kurs, jeweils neun Löcher wie sie unterschiedlicher nicht sein können. Sie erstrecken sich von der Rocca di Manerba des Schlosses von Soiano bis zu den Hügeln von Polpenazze und bieten immer wieder atemberaubende Ausblicke. Mit viel Liebe zum Detail angelegte Zypressen- und Olivenhaine sowie uralte Steineichen heben sich vor dem blauen Wasser des Gardasees ab.

Platzinformationen:

Gardagolf Country Club

19 Golf Club Arzaga

18/9

Via Arzaga, 1
I-25080 Calvagese della Riviera - Lago di Garda - Brescia
030 680600 030 680 6270
golf@arzagagolf.it
www.arzagagolf.it

Länge: H 6410 m, D 5380 m, HCP 36 erforderlich.

Greenfee-Kat.: €€€€€
Ermäßigung: Jugendl. bis 18 J.

In den Hügeln am Gardasee gelegen, zwischen Desenzano und Brescia, in der Ruhe einer ländlichen Atmosphäre, wurde der in Italien erste von Jack Nicklaus II entworfene 18-Loch-Golfplatz eröffnet. Geradezu hineinmodelliert in die sanfte Landschaft, mit geschwungenen, breiten Fairways, tiefen Bunkern und Seen, ermöglicht es Arzaga I, allen Golfern vom Amateur bis hin zum Pro, wunderschönes Golf in entspannter Atmosphäre genießen zu können. Darüber hinaus bietet Arzaga einen weiteren 9-Loch-Kurs (Gary Player), ein groß angelegtes Übungsgelände sowie Clubhaus, Restaurant und Hotel.

Platzinformationen:

Hotel Savoy Palace

Das berühmte Hotel Savoy Palace mit seiner Jugendstil-Bogenarchitektur gehört zu den schönsten am Gardasee. Durch seinen wunderschönen, hundertjährigen Park mit Schwimmbad und den Blick auf die elegante Uferpromenade von Gardone, bietet das Hotel eine unvergleichliche Atmosphäre. Es verfügt über 60 elegante Zimmer mit jeglichem Komfort. Außerdem stehen zur Verfügung: Restaurants, Konferenz- und Veranstaltungsservice, Panorama-Terrasse mit Bar-Service, Wellness-Zentrum mit Sauna, Dampfbad, Whirlpool, Solarium und Massage, Tiefgarage, Tennisplätze (50 m) und drei herrliche Golfplätze nur wenige Kilometer vom Hotel entfernt. Kurze Anfahrt zu den Golfplätzen Golfclub Bogliaco, Garda Golf und Arzaga Golf Club.

Savoy Palace • Via Zanardelli 2/4, I-25083 Gardone Riviera (Bs) • Tel. +39-0365-290588 • Fax +39-0365-290556
E-Mail: info@savoypalace.it • www.savoypalace.it

Hotel Villa Sofia

Willkommen im Hotel Villa Sofia, einem historischen Gebäude, das um 1900 errichtet und zu einem exklusiven First-Class-Hotel umfunktioniert wurde. Es liegt im ruhigsten und faszinierendsten Teil von Gardone Riviera, eingebettet in einem 4.000 qm großen Park.
Den Gast erwarten ein elegantes Ambiente im Jugendstil, ein herrliches Schwimmbad im Grünen mit Bar-Service und ausreichend Parkmöglichkeiten. Die 34 Zimmer und Suiten verfügen über Klimaanlage, Telefon, TV-Sat, Internetanschluss, Minibar, Föhn und Safe.
Villa Sofia ist die ideale Lösung für einen entspannenden und exklusiven Urlaub, entfernt vom lauten Massentourismus und in der Nähe des Schönsten, was der Gardasee und die Umgebung zu bieten haben. Auch die Golfplätze sind nicht weit entfernt.

tel Villa Sofia • Via Cornella, 9 , I-25083 Gardone Riviera (BS) • Tel. +39-03 65-22729 • Fax +39-03 65-22369
E-Mail: villasofia@savoypalace.it • www.villasofiahotel.it

20 Golf Club Paradiso del Garda

18

Località Paradiso
I-37019 Peschiera del Garda (VR)
045 640 5802 045 640 5808
info-golf@parchotels.it
www.golfclubparadiso.it

Länge: H 5498 m, D 5209 m, HCP 36 erforderlich.

Greenfee-Kat.: €€€€
Ermäßigung: Jugendl. bis 18 J. 50%
20% Ermäßigung auf Greenfee für Gäste, die in einem Hotel der Parc Hotels Italia am Gardasee übernachten.

Geplant von dem amerikanischen Architekten Jim Fazio breitet sich diese Anlage über die sanften Moränenhügel des Gardaseehinterlandes aus. Auf den 800.000 qm gibt es den 18-Loch-Meisterschaftsplatz und eine großzügige Übungsanlage mit zwei Driving Ranges und einem Putting Green. Hier ist man sehr stolz auf die besonderen Grassorten, die verwendet werden und die 8000 qm Bunker mit feinstem Quarzsand. Ein gut sortierter Pro Shop ist auch vorhanden, und eine vom Head Pro geleitete Golf Academy bietet daneben mit ihren vier Löchern die Möglichkeit, die Spieltechnik zu verbessern.

Platzinformationen:

Golf Club Paradiso del Garda

21 Parco del Golf Musella

9

Località Musella
I-37036 S. Martino B.A. (VE)
045 876 9837
info@golfmusella.it
golfmusella.it

Länge: 1905 m

Greenfee-Kat.: €

Die neun Löcher des Musella Golf Parks liegen eingebettet in eine grüne Oase, die von einem Fluss durchquert wird, der die Genauigkeit der Golfer auf die Probe stellt. Die Übungseinrichtungen von Musella mit Driving Range, Putting Green und Approach Area sind der ideale Ort zum Üben und um das Spiel zu verbessern.

Platzinformationen:

22 Chervò Golf San Vigilio

27/9

Pozzolengo (BS), Località San Vigilio
I-25010 Pozzolengo
030 91801 030 918 0999
info@chervogolfsanvigilio.it
www.chervogolfsanvigilio.it

Länge: H 3427 m, D 2535 m, HCP 36 erforderlich.

Greenfee-Kat.: €€€€€
Ermäßigung: Jugendl. bis 18 J. 50%

Dieses Golf Resort mit seinem 27-Loch- und einem 9-Loch-Kurzplatz liegt im Naturparadies zwischen Desenzano del Garda und Sirmione. Die Gegend ist gekennzeichnet von einzigartiger landschaftlicher Schönheit und geschichtlicher Bedeutung. Der ganze Komplex schmiegt sich rund um die Ursiedlung des auf das 11. Jahrhundert zurückreichende Kloster von San Vigilio. Alle vier Kurse sind von ihrem Charakter sehr unterschiedlich zu spielen. Auf dem Solferino überwiegt der Wasseranteil, Martino und Benaco sind mit Bunkern gut bestückt. Pozzolengo ist der kurze, ganz ohne Wasser.

Platzinformationen:

23 Golf Club Villa Giusti

18

Loc. Guastalla Nuova 10
I-37060 Sona (VR)
045 719 0043
info@golfvillagiusti.it
www.golfvillagiusti.it

Länge: 4605 m

Greenfee-Kat.: €

Der Golf Club Villa Giusti befindet sich in der Gemeinde Sona, eingebettet in die herrliche Hügellandschaft von Custoza mit ihrem berühmten Weinanbaugebiet des DOC-Weins "Custoza". Er liegt südöstlich des Gardasees und nur wenige Minuten vom Zentrum von Verona entfernt.

Platzinformationen:

24 Golf Club Verona

18

Ca'del Sale 15
I-37066 Sommacampagna
045 510060 045 510242
golfverona@libero.it
www.golfclubverona.com

Länge: H 6054 m, D 5328 m, HCP 36 erforderlich.

Greenfee-Kat.: €€€€€
Ermäßigung: Jugendl. bis 21 J. 50%

Der Golfplatz von Verona ist bezaubernd und faszinierend zugleich. Der altehrwürdige Golfclub der 1963 gegründet wurde, liegt inmitten der sanften Hügel um Verona, zwischen der Stadt von Romeo und Julia und dem Gardasee. Der 18-Loch-Par 72-Kurs ist sehr hügelig und weist breite, gewellte Fairways auf. Außer zwei kleinen Seen und einigen Gräben gibt es keine Wasserhindernisse. Trotzdem gilt es, den Platz vor allem in der warmen Jahreszeit mit der nötigen Kondition anzugehen, da es für untrainierte Golfer aufgrund der großen Höhenunterschiede sehr anstrengend sein kann.

Platzinformationen:

25 Golf Club Villafranca

18

Loc. Casella 32 - Pozzomoretto
I-37069 Villafranca
045 630 5572 045 797 8352
info@golfvillafranca.com
www.golfvillafranca.com

Länge: H 5414 m, D 4812 m

Greenfee-Kat.: €€€
Ermäßigung: Jugendl. bis 17 J. 50%

Wer Golfspielen als Entspannung sieht, wird sich im Golf Club Villafranca äußerst wohl fühlen. Der 18-Loch-Golfplatz Le Vigne verläuft zwischen Feldern und Wiesen, fügt sich harmonisch in das vorwiegend flache Landschaftsbild ein. Die gepflegten Fairways, umgeben von hohen Bäumen und den immer präsenten grazilen Zypressen vermitteln dem Golfspieler ein Gefühl von Ruhe und italienischer Lebensart. Villafranca liegt zwischen Verona und dem Gardasee, so dass man noch viele andere Freizeitangebote der Region nutzen kann. Morgens Golf, abends in die Arena von Verona.

Platzinformationen:

Golf Club Villafranca

VENETIEN UND FRIAUL

HERRLICHE GEGENSÄTZLICHE LANDSCHAFTSBILDER, FACETTENREICHE KULTUR UND ZAHLREICHE HEILQUELLEN

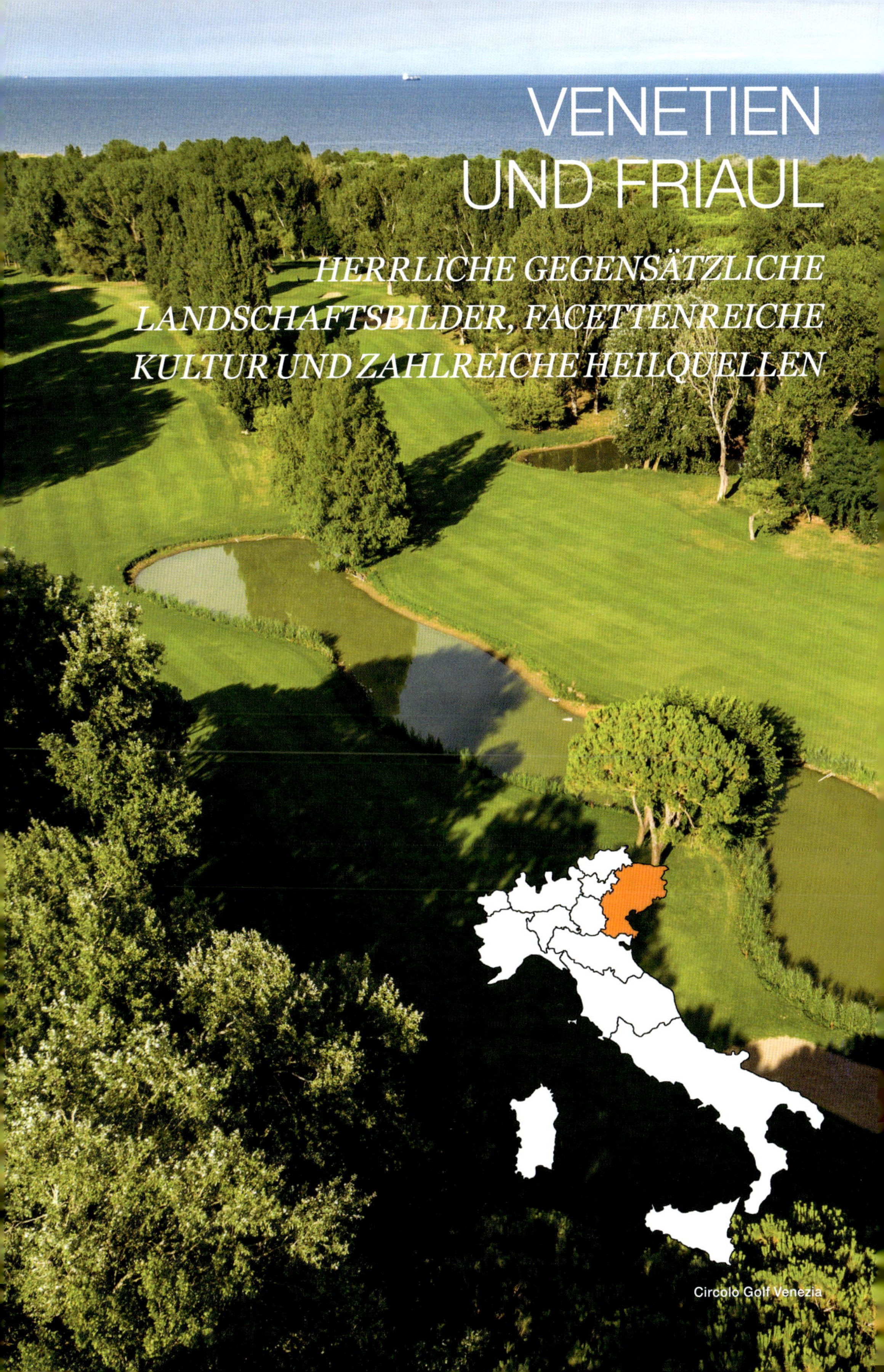

Circolo Golf Venezia

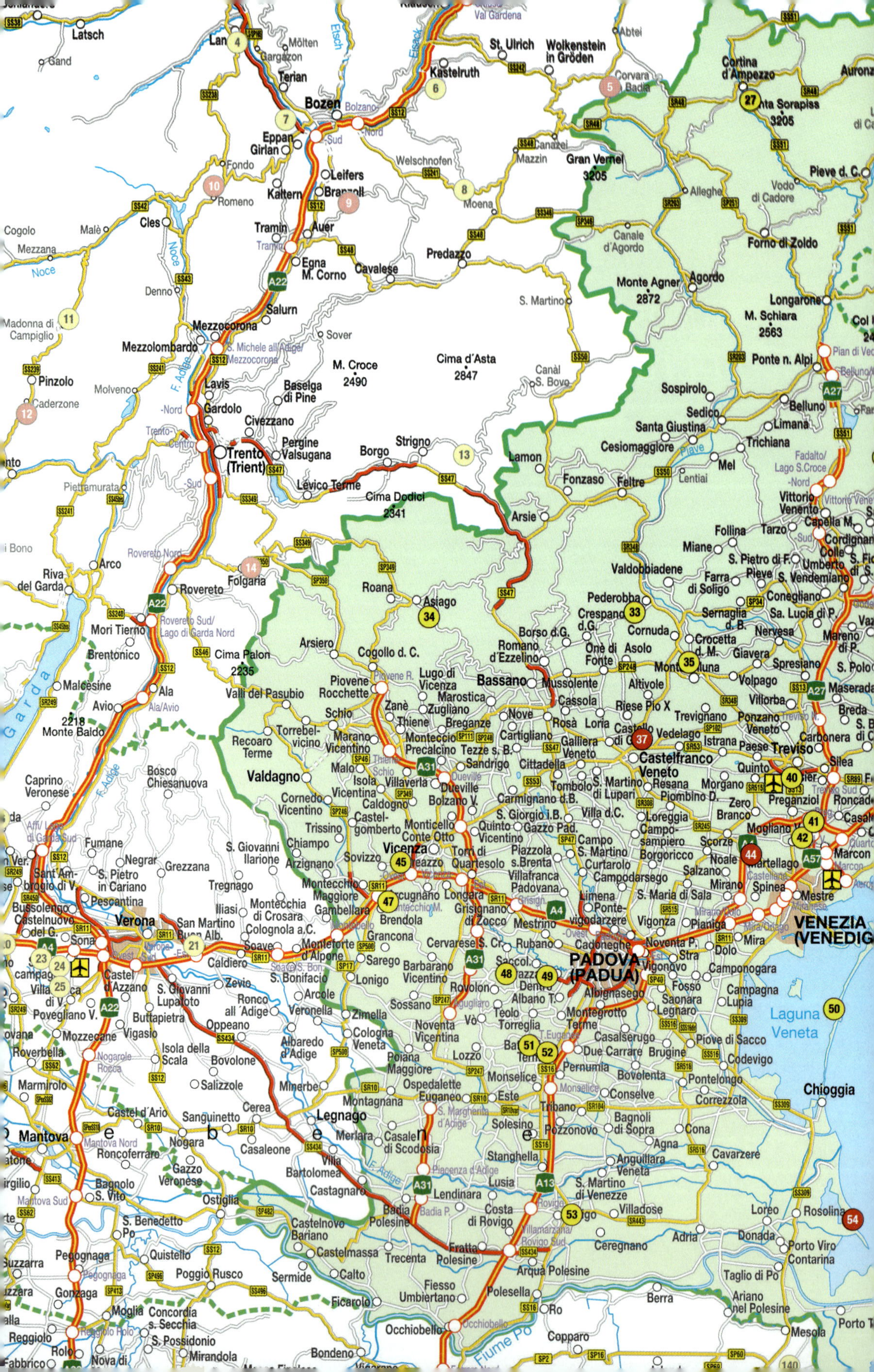

Latsch
Gand
Lana
Mölten
Gargazon
Terlan
Etsch
Eisack
Val Gardena
St. Ulrich
Wolkenstein in Gröden
Abtei
Kastelruth
Corvara in Badia
Cortina d'Ampezzo
Punta Sorapiss 3205
Bozen
Bolzano
Nord
Sud
Eppan
Girlan
Fondo
Leifers
Branzoll
Welschnofen
Canazei
Mazzin
Gran Vernel 3205
Romeno
Kaltern
Moena
Alleghe
Vodo di Cadore
Pieve d. C.
Cles
Cogolo
Malè
Mezzana
Noce
Tramin
Auer
Egna
M. Corno
Cavalese
Predazzo
Canale d'Agordo
Forno di Zoldo
Denno
Monte Agner 2872
Agordo
Longarone
Madonna di Campiglio
Salurn
S. Martino
M. Schiara 2563
Mezzocorona
Mezzolombardo
S. Michele all'Adige/ Mezzocorona
Sover
M. Croce 2490
Cima d'Asta 2847
Canàl S. Bovo
Ponte n. Alpi
Pian di Vedoia
Belluno
Pinzolo
Caderzone
Molveno
F. Adige
Lavis
Gardolo
Baselga di Pine
Sospirolo
Sedico
Santa Giustina
Limana
Cesiomaggiore
Trichiana
Civezzano
Trento (Trient)
Trento-Centro
Pergine Valsugana
Borgo
Strigno
Lamon
Fonzaso
Feltre
Lentiai
Mel
Fadalto/ Lago S.Croce
Piave
Pietramurata
Levico Terme
Cima Dodici 2341
Arsie
Vittorio Veneto
Follina
Tarzo
Capella M.
Miane
Cordignano
S. Pietro di F.
Colle Umberto
Pieve
S. Vendemiano
Valdobbiadene
Farra di Soligo
Conegliano
Rovereto Nord
Arco
Riva del Garda
Folgaria
Rovereto
Roana
Asiago
Pederobba
Crespano d.G.
Cornuda
Sernaglia d. B.
Sa. Lucia di P.
Mori
Tierno
Rovereto Sud/ Lago di Garda Nord
Brentonico
Cima Palon 2235
Arsiero
Cogollo d. C.
Borso d.G.
Romano d'Ezzelino
Onè di Fonte
Asolo
Crocetta d. M.
Nervesa
Montebelluna
Giavera
Spresiano
Mareno di P.
Malcesine
Ala
Avio
Ala/Avio
2218 Monte Baldo
Garda
Valli del Pasubio
Piovene Rocchette
Piovene R.
Lugo di Vicenza
Marostica
Bassano
Mussolente
Cassola
Altivole
Volpago
Villorba
Maserada
Zanè
Schio
Thiene
Zugliano
Breganze
Nove
Rosà
Loria
Riese Pio X
Castello di Godego
Trevignano
Ponzano Veneto
Breda
Torrebelvicino
Recoaro Terme
Marano Vicentino
Monteccio Precalcino
Tezze s. B.
Cartigliano
Galliera Veneto
Vedelago
Istrana
Paese
Treviso
Carbonera
Valdagno
Malo
Sandrigo
Cittadella
Castelfranco Veneto
Quinto
Silea
Bosco Chiesanuova
Caprino Veronese
Isola Vicentina
Villaverla
Dueville
Tombolo
S. Martino di Lupari
Resana
Morgano
Piombino D.
Preganziol
Roncade
Cornedo Vicentino
Caldogno
Bolzano V.
Carmignano d.B.
Zero Branco
Trissino
Castelgomberto
Monticello Conte Otto
Quinto Vicentino
S. Giorgio i.B.
Gazzo Pad.
Villa d.C.
Loreggia
Mogliano V.
Fumane
Negrar
Chiampo
Campo S. Martino
Camposampiero
Borgoricco
Scorzè
Marcon
S. Pietro in Cariano
Grezzana
S. Giovanni Ilarione
Arzignano
Sovizzo
Vicenza
Torri di Quartesolo
Piazzola s.Brenta
Curtarolo
Noale
Martellago
Sant'Ambrogio di V.
Pescantina
Tregnago
Montecchio Maggiore
Altavilla
Arcugnano
Longare
Villafranca Padovana
Campodarsego
Salzano
Spinea
Mestre
Bussolengo
Castelnuovo del G.
Verona
Iliasi
Montecchia di Crosara
Gambellara
Brendola
Grisignano di Zocco
Limena
Ponte-vigodarzere
S. Maria di Sala
Mirano
Colognola a.C.
Mestrino
Vigonza
Pianiga
Mira
VENEZIA (VENEDIG)
Sona
San Martino Buon Alb.
Soave
Monteforte d'Alpone
Grancona
Cervarese S. Cr.
Rubano
Cadoneghe
Noventa P.
Dolo
Stra
Caldiero
Sarego
Barbarano Vicentino
Saccolongo
PADOVA (PADUA)
Vigonovo
Camponogara
Castel d'Azzano
S. Giovanni Lupatoto
Zevio
S. Bonifacio
Lonigo
Rovolon
Selvazzano Dentro
Albano T.
Albignasego
Fossò
Campagna Lupia
Povegliano V.
Buttapietra
Ronco all'Adige
Arcole
Sossano
Teolo
Montegrotto Terme
Saonara
Legnaro
Laguna Veneta
Mozzecane
Vigasio
Oppeano
Veronella
Zimella
Noventa Vicentina
Vò
Torreglia
Piove di Sacco
Roverbella
Isola della Scala
Albaredo d'Adige
Cologna Veneta
Lozzo
Battaglia Terme
Casalserugo
Due Carrare
Brugine
Codevigo
Nogarole Rocca
Bovolone
Poiana Maggiore
Pernumia
Bovolenta
Pontelongo
Marmirolo
Salizzole
Minerbe
Ospedaletto Euganeo
Monselice
Conselve
Correzzola
Chioggia
Castel d'Ario
Sanguinetto
Cerea
Legnago
Montagnana
Este
Tribano
Mantova
Nogara
Merlara
Casale di Scodosia
Solesino
Bagnoli di Sopra
Cona
Roncoferraro
Casaleone
Pozzonovo
Agna
Gazzo Veronese
Stanghella
Anguillara Veneta
Cavarzere
Bagnolo S. Vito
Bartolomea
Villa
Castagnaro
Lendinara
Lusia
S. Martino di Venezze
Mantova Sud
Ostiglia
Badia Polesine
Costa di Rovigo
Rovigo
Villadose
Loreo
Rosolina
S. Benedetto Po
Castelnuovo Bariano
Castelmassa
Trecenta
Fratta Polesine
Ceregnano
Adria
Donada
Porto Viro
Contarina
Suzzara
Pegognaga
Quistello
Poggio Rusco
Sermide
Calto
Arquà Polesine
Taglio di Po
Gonzaga
Fiesso Umbertiano
Polesella
Ficarolo
Berra
Ariano nel Polesine
Moglia
Concordia s. Secchia
Ro
Reggiolo
S. Possidonio
Occhiobello
Fiume Po
Copparo
Mesola
Porto Tolle
Rolo
Fabbrico
Nova di
Mirandola
Bondeno

Golfclubs nach Kartennummern

Nr. Golfclub		Seite
26 Golf Club Sappada		240
27 Golf Cortina		240
28 Golf Senza Confini Tarvisio		240
29 Golf Club Udine		240
30 Golf Club Cansiglio		241
31 Golf Pordenone		241
32 GCC Castello di Spessa	■ 375	241
33 Asolo Golf Club		242
34 Golf Club Asiago		242
35 Montebelluna Golf Club		242
36 Golf Club Grado	■ 375	242
37 Golf Club Ca'Amata	■ 375, 377	243
38 Golf Club Lignano	■ 377	243
39 Golf Club Trieste		243
40 Golf Club I Salici		244
41 Golf Zerman		244
42 Golf Club Villa Condulmer		244
43 Golf Pra' Delle Torri Caorle	■ 377	244
44 Golf Club Ca'della Nave	■ 377, 379	245
45 Golf Club Vicenza		245
46 Golf Club Jesolo	■ 379	245
47 Golf Club Colli Berici		246
48 Golf Club Frassanelle		246
49 Golf della Montecchia		246
50 Circolo Golf Venezia		246
51 Golf Club Padova		247
52 Golf Galzignano		247
53 Rovigolf		247
54 Albarella Golf Links	■ 379	247

■ = Partner Albrecht Greenfee-Aktion (Gutschein-Seite)

Gondeln in Venedig

Vom Ostufer des Gardasees bis zum Po-Delta, von der Lagunenlandschaft Venedigs bis zu den weiten Sandstränden der Adria, vom Hochgebirge zum Voralpenland – Venetien beeindruckt mit vielfältigen Landschaftsbildern und unvergesslichen Impressionen. Kunstliebhaber wissen die facettenreiche Kulturlandschaft zu schätzen und Genussurlauber sind von den zahlreichen Möglichkeiten, sich rundum verwöhnen zu lassen, begeistert. Besondere Berühmtheit erlangte die Region im Nordosten Italiens jedoch durch ihre vielen Heilquellen, die Thermen, die in näherer Umgebung der berühmten historisch-kulturellen Plätzen wie Padua, Venedig und Vicenza entfernt liegen.

Der Prato della Valle in Padua

GESUNDHEIT WELLNESS UND GOLF IN DEN EUGANEISCHEN THERMEN

Aus Tschechien kommend, zieht sich ein unterirdischer Gürtel von Thermen durch Südosteuropa, der in Italien bei Padua im Veneto wieder auftaucht und sich bis ins Arnotal westlich von Florenz fortsetzt. In den Hügeln der Eugania haben bereits die Römer die Wirksamkeit dieser Quellen entdeckt. Um die natürlichen Seen mit dem warmen mineralhältigen Wasser wurden Becken angelegt, in denen die Patienten in Kombination mit Fango Linderung und Heilung suchten. Historische Beweise hiefür findet man in den Überresten der römischen Thermalanlage in Montegrotto sowie in den literarischen Zeugnissen zahlreicher lateinischer Autoren wie Plinius, Titus Livius und Lukrez. Die Berühmtheit der Quellen in Abano, Montegrotto, Galzignano und Battaglia hat Jahrtausende überdauert. Was Geistesgrößen wie Petrarca, Goethe, Shakespeare und Mozart anlockte, ist auch heute noch gut. So ist es kein Wunder, dass sich gerade hier im Veneto, wo Geist und Gesundheit zuhause sind, noch der attraktive Freizeitfaktor Golf hinzugesellt hat. Denn dieser Sport hat bekanntlich damit viel zu tun. Mens sana in corpore sano – nur in einem gesunden Körper wohnt auch ein gesunder Geist. Mit den Quellen, aus denen man bis vor kurzem primär Gesundheit schöpfte, wurde in den Euganeischen Hügeln, den sogenannten „Colli", somit in den vergangenen Jahren ein neuer Markt entdeckt und aufgebaut – Golf und Wellness.

Die Euganeischen Hügel

DAS GRÖSSTE THERMALZENTRUM EUROPAS

In den vier Kurorten Abano, Montegrotto, Galzignano und Battaglia Terme sind heute 170 Thermalhotels verzeichnet, die alle mit eigenen Thermalschwimmbädern, Kurabteilungen und vielem mehr ausgestattet sind. Abano gilt als der bedeutendste Kurort für Fangotherapie in Europa. Gekrönte Häupter und Staatsmänner, namhafte Sportler und Künstler haben in der gepflegten Umgebung und in den leistungsfähigen Einrichtungen Heilbehandlung und Gastfreundschaft erfahren. Hier findet man neben der Gesundung auch die Harmonie zwischen der Ortschaft, ihren Alleen und Hotels und der sie umgebenden Natur. Südlich von Abano liegt Montegrotto Terme. Aus dem antiken Berg der Kranken (wörtliche Übersetzung von Montegrotto) entwickelte sich ein Zentrum, das mit hochmodernen Anlagen und einer erstklassigen Hotelstruktur ausgestattet ist. Wie in Abano liegt hier der thermale Reichtum in dem 87 Grad warmen Wasser, das hochprozentig mineralisch angereichert ist – die Voraussetzung für wirksames Fango. Galzignano sowie Battaglia Terme – beide sind von Montegrotto schnell erreichbar – zeichnen sich insbesondere durch hohe Kultur aus. Die im 18. Jahrhundert erbaute Villa Barbarigo vermittelt einen leuchtenden und einfachen Eindruck, der für viele Villen Venetiens so typisch ist. Der gleichnamige Park, der bereits im 16. Jahrhundert entstand, hat barocken Charakter und weist neben einem Labyrinth die Kanincheninsel und Wasserspiele auf. Bei Battaglia Terme, am gegenüberliegenden Ufer des Brenta-Kanals, liegt das „Schloss" Catajo, eine monumentale Villa mit Festungscharakter. Wenige Meter entfernt thront auf dem Hügel Sant'Elena die Villa Selvatico, die man schon wegen ihrer von Jappelis erbauten Freitreppe und des Parks besuchen sollte.

SPIEL AUF DEM CANALE GRANDE

Nur ein Katzensprung ist es von der Thermenregion zu den großen Villen an den Kanälen, nach Venedig. Markusplatz, Rialto, Canale Grande, Dogenpalast, Gondeln – was fällt einem nicht alles ein zu einer Stadt, die bisher jeden ihrer Besucher in ihren Bann gezogen hat. Der fürstliche Charme der Lagune verzauberte auch große Dichter und Komponisten, wie Hemingway, Wagner, Goethe und Verdi, die die Lagunenstadt in zahlreichen Werken verewigten. Auch der Untergang wurde der „Königin der Adria" bereits mehrfach – wie beispielsweise in Thomas Manns Roman „Der Tod in Venedig" – vorhergesagt, doch die von 177 breiten und schmalen Kanälen durchzogene und durch beinahe 400 Brücken verbundene Stadt mit der großen Vergangenheit ist sehr lebendig. Man muss sie sehen und erleben – und natürlich auch einmal auf den Lido hinausfahren, diese langgestreckte schmale Insel im Golf, an deren südlichem Ende auf veritablen 18 Löchern Golf gespielt werden kann. Selbst wenn die Anfahrt mit Fähre, Bus oder Taxi mühsam ist, der grandiose Blick auf die Lagunenstadt sowie eine entspannte Golfrunde auf einzigartigem Terrain ist die Mühe allemal wert. Auch Vicenza ist nur 40 Kilometer entfernt; eine Stunde benötigt man, um die Arena von Verona oder den Gardasee zu erreichen und in zwei Stunden kann man in den Dolomiten rund um Cortina d'Ampezzo Gebirgsluft atmen.

Golf della Montecchia

WEITERE SCHMUCKSTÜCKE

Neben den bekannten Thermen, den Badeorten unter oder in den Euganeischen Hügeln, gibt es noch viele andere sehens- und erlebenswerte Landstriche. Südwestlich von Padua liegt eines der charakteristischen Städtchen in den Colli, dessen Reiz seit Jahrhunderten unverändert ist. Die kleine mittelalterliche Stadt Arquà Petrarca, benannt nach dem großen Humanisten und Dichter Petrarca, der seine letzten Lebensjahre dort verbrachte, gilt als die Perle der Euganeischen Hügel. Das historische Zentrum kann sich vieler mittelalterlicher Wahrzeichen rühmen, die auf die Epoche der venezianischen Herrschaft zurückgehen. Eine Spezialität des Ortes ist übrigens die Giuggiola (Brustbeere), aus der vielfältige Produkte wie Konfitüren, Gebäck oder Schnäpse hergestellt werden.

In der Nähe von Cervarese S. Croce liegen das Grab des Mailänder Kriegshelden Benedetto Crivelli sowie auch das Schloss von St. Martino, welches auf die Carrareser zurückgeht. Es diente als Vorposten der Carraresi gegen Vicenza und hat einen viereckigen Grundriss mit vier in der Mitte stehenden starken und mit Zinnen versehenen Tortürmen.

Lozzo Atestino erstreckt sich am Fuße eines abgelegenen Hügels, auf dessen Spitze eine heilige Stätte zu Ehren von San Giuseppe aufgebaut wurde. Die Lozzo-Kirche ist ein neoklassizistischer Bau, dessen Deckenfresken von Tiepolo-Schülern gemalt wurden. In der Gegend von Cinto Euganeo, bei Valnogaredo, sind Überreste aus der Römerzeit gefunden worden, doch verdankt das Dorf sein Ansehen der Villa Contarini, deren antike Gebäude im 18. Jahrhundert vollkommen umgebaut wurden.

Dank seiner strategisch günstigen Lage besitzt Monselice, dessen östliche Zugänge zu den Euganeischen Hügeln und nach Padua führen, seit seiner Entstehung eine naturgegebene großartige Festung. Die alte Burg, die schon seit Römerzeiten existierte, war das letzte byzantinische Militärzentrum des gesamten padovanischen Raumes. Während der bedrohlichen Zeit des Mittelalters war Monselice sicherster Zufluchtsort der schutzlosen Bewohner Paduas und genoss daher besonderes Ansehen. Ca Duodo wurde Ende des 16. Jahrhundert von Vicenzo Scamozzi entworfen. Gleich neben der Villa führt die interessante „Via Sacra delle sette Chiese“ (Heilige Straße der sieben Kirchen) auf den Hügel hinauf.

GOLFZENTRUM ABANO

Wo sich Natur und Kultur in harmonischer Weise verbinden, wo viel Anreiz für Geist und Gesundheit geboten wird, da darf Golf nicht fehlen. Kein Wunder, dass in der reizvollen Landschaft der Euganeischen Hügel, nur wenige Kilometer von der alten Universitätsstadt Padua sowie von den Thermalbädern Abano, Montegrotto, Battaglia und Galzignano Terme entfernt, sich einige der schönsten Golfplätze des Veneto befinden. Das alte Fango/Tango-Image gilt in den Thermen schon lange nicht mehr. Die Wellness-Urlauber haben sich ihren Platz neben den reinen Kururlaubern erobert. Sie entspannen im Thermalwasser, gehen in die Sauna, machen Ausflüge – und spielen Golf. Golf – so lautet denn auch das Schlag- und Reizwort, das sich die Hoteliers der Eugania auf ihre Fahnen geschrieben haben, um für ein neues lukratives Klientel zu werben; hat man doch mit den Thermen, der wunderschönen Natur, der alten und mittelalten Kultur auch im Zusammenhang mit Golf einiges zu bieten.

Die 1990 eröffnete 27-Loch-Anlage des Golf della Montecchia präsentiert sich als eine der größten Anlagen des Triveneto und gilt quasi als Heimatplatz der Kurgäste des nahen Abano. Weitflächig angelegt, fügen sich die 27 Löcher perfekt in die Natur ein. Der Platz hat durchaus Längen, doch aufgrund seiner flachen, weiten Fairways und des jungen Baumbestandes spielt er sich fair und fehlerverzeihend. Hier muss Golf nicht erarbeitet werden, wenn auch Vegetation und einige Wasserhindernisse einige Aufmerksamkeit verlangen. Für die klassische Golfrunde empfiehlt es sich, den weißen mit dem roten Kurs zu kombinieren. Ein bezauberndes Schloss aus dem 12. Jahrhundert überragt den umliegenden Golfplatz, auch die alte Villa des Grafen Capodilista aus dem 16. Jahrhundert bestimmt das Bild. Das Clubhaus wurde in einem ehemaligen Trockenraum für Tabak errichtet, und mit etwas Phantasie vermag ein Kenner auch heute noch den Tabakgeschmack zu erahnen.

Nur unweit davon, in Galzignano, besticht der 1962 eröffnete und 41 Jahre später auf 27 Loch erweiterte Golfclub Padova durch Tradition. Alter Baumbestand, mehrere Seen und vor allem dichte Vegetation prägen den in einem kleinen grünen Tal angelegten Parklandplatz. Obgleich anspruchsvoller als Montecchia, macht es Golfern aller Handicap-Klassen Spaß, diesen Parcours – den zweitältesten Venetos – zu spielen. Das fast schon palastartige Clubhaus mit feinem Restaurant verwöhnt mit leckerer Antipasti. Einen Besuch Paduas, „Stadt der Gelehrten" und gleichzeitig auch eine der ältesten Italiens, mit der großartigen Basilika des heiligen Antonius sowie der historischen Universität mit dem berühmten Teatro Anatomico von Galileo Galilei sollte man nicht versäumen.

Der beliebte italienische Golfplatz-Architekt Marco Croze konnte sich in fast allen Regionen Italiens verewigen, doch mit dem Golfclub Frassanelle ist ihm ein besonderes Meisterstück gelungen, ist doch die Anlage durch seine besondere Schönheit und Schwierigkeit bekannt. Inmitten des Thermalbeckens, auch als das natürliches Amphitheater der Euganeischen Hügel bezeichnet und nur wenige Kilometer von den Thermen Abano und Montegrotto entfernt, liegen die 18 Löcher des diffizilen Platzes. Der raffiniert angelegte Parcours wurde 1988 eröffnet und macht der Thermalregion aufgrund des Wasserreichtums alle Ehre, den Golfspielern hingegen das Leben schwer. An 15 von 18 Spielbahnen kommt Wasser als Bach, Teich oder See ins Spiel. Signature-Loch ist die Nummer 15 alias „Die Königin", ein kurzes Par 3 über

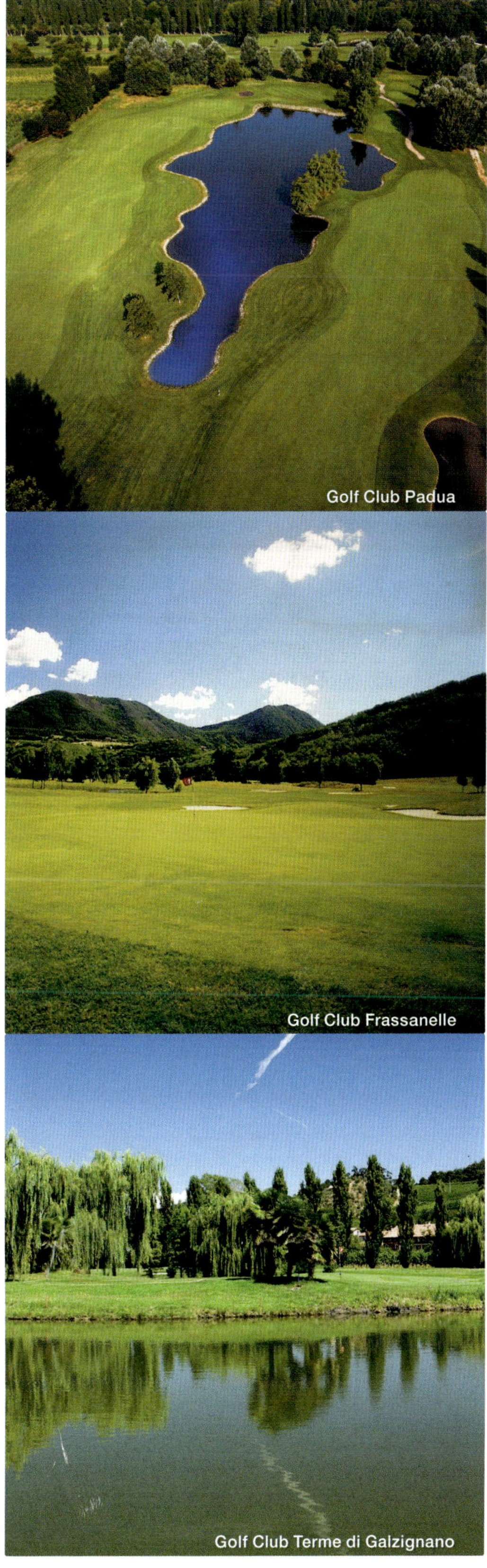

Golf Club Padua

Golf Club Frassanelle

Golf Club Terme di Galzignano

Golf Club Colli Berici

einen kleinen See. Einerseits authentisch schön, andererseits äußerst modern, garantiert doch computergesteuertes Bewässerungssystem für saftgrüne Fairways. Mehrere Jahrhunderte am Buckel hat das Clubhaus, ein prächtiges Landhaus aus dem 17. Jahrhundert, das behutsam renoviert und „very british" eingerichtet wurde. Ein herrlicher 200 Hektar großer und nach englischem Vorbild angelegter Park umgibt die Golfanlage, die als eine der schönsten Norditaliens gehandelt wird.
Auch in näherer und weiterer Umgebung (bis zu zwei Stunden Anfahrt) von Abano befinden sich einige interessante Wiesen, die man unbedingt spielen sollte. Der Golfclub Colli Berici, westlich von Padua, gehört definitiv zum weiteren Pflichtprogramm. In eindrucksvoller Lage auf einem der Hügel der Euganee gelegen, begeistert der hügelige Parcours mit herrlichen Ausblicken auf die Monti Lessini und die kleinen Dolomiten. Die ersten neun Löcher richten sich terrassenartig zur Po-Ebene aus, die Back-Nine führen durch einen dichten Eichen-, Steinbuchen- und Kastanienwald. Die typischen Charakteristika – zahlreiche Höhenunterschiede sowie wellige Fairways – des von Marco Croze 1989 entworfenen Plat. es der gleichermaßen Präzision wie Strategie erfordert, stehen im klaren Kontrast zu den weitgehend flachen Plätzen der Region. Das ausgezeichnete Restaurant, im italienischen Restaurantführer „Veronelli" verzeichnet, bietet typische lokale Spezialitäten sowie eine hervorragende Weinkarte an.
Die Hügel von Creazzo, das alte Schloss der adeligen Familie Scola-Camerini und das Rathaus mit dem historischen Turm bilden die idyllische Kulisse für den 1992 eröffneten 9-Loch-Golfclub Vicenza, der ebenfalls in westlicher Richtung des Thermenzentrums liegt. Große Greens und breite Fairways kennzeichnen den von Peter Harradine und Giacomo Cabrini angelegten Platz. Mit ihrem Layout haben die beiden gezeigt, dass auch ein relativ kleiner Parcours Golfern spannende Spielsituationen bieten kann, auch wenn der Pflegezustand des Platzes leider meist zu wünschen lässt.

GOLF VOR DEN TOREN VENEDIGS

Ursprünglich von John Harris entworfen, zeichnete sich der italienische Designer Marco Croze in seiner näheren Heimat für das Redesign des 18-Loch-Golfclubs Villa Condulmer verantwortlich. Doch nebst neuem feinen Layout punktet die Anlage auf

Golf Club Villa Condulmer

historischem Boden vor allem mit einem besonderen Ambiente, denn ein herrlicher Park mit der prunkvollen, aus dem 18. Jahrhundert stammenden Villa Condulmer umrahmt den Platz. Dieses Anwesen lässt erahnen, wie stark und reich Venetien einmal gewesen ist, als sich der venezianische Adel in der Zeit vom 16. bis ins 19. Jahrhundert im Hinterland der Lagunenstadt hochherrschaftliche Villen bauen ließ. Im Club Condulmer ist die ruhige und ausgewogene Atmosphäre dieser Ära erhalten geblieben. Ein Glas Prosecco, dessen Rebe ausschließlich in der Region von Treviso wächst, ist Pflicht und kann im Clubhaus oder auf der 33 Kilometer langen Strada del Prosecco genossen werden.

Ebenfalls in näherer Umgebung der Lagunenstadt, vor Maestre, können sich Golfbegeisterte auf einem weiteren gepflegten Parkland-Platz mit altem Baumbestand austoben. Der 27 Löcher umfassende Ca´ della Nave Golfclub aus der Feder von Arnold Palmer hat zwar eine bewegte Geschichte hinter sich, doch nun scheint der Platz zur Ruhe gekommen zu sein. Am klassischen 18-Loch-Par-72-Platz sowie am 9-Loch-Executive Course sind die typisch amerikanischen Golfdesign-Elemente des „King" nicht zu übersehen: Bunkerlandschaften in Wüstendimension, manuell geshapte Grashügel, wellige Fairways sowie strategisches Wasser – allein zwölf der 18 Löcher des 18-Loch-Platzes werden von Wasser begleitet – verlangen höchste Konzentration. Der reizvolle Parcours endet mit seinem 18. Loch in einem Park, der einem natürlichen Amphitheater gleicht und damit den krönenden Abschluss bildet.

Golf Club Ca'della Nave

GOLF AM LIDO – IM ANGESICHT DES TODES?

Dem Drängen von Henry Ford, der 1928 die Lagunenstadt besuchte, ist es zu verdanken, daß 1930 zwischen Meer und Lagune, an der Südspitze der Insel Lido, die Anlage des Lido-Golf in Venedig (Circolo Golf Venezia) eröffnet wurde. Der auf Sanddünen gebaute Links-Course inmitten alter Bäume präsentiert sich in seiner Komposition als einzigartig: viel natürliches Wasser, eine mit Kiefern, Weiden und Pappeln reiche Vegetation sowie der Dünensand in den zahlreichen Bunkern machen das Spiel nicht einfach, jedoch lustig. Auch das Rough mit seinem sandigen Untergrund bringt Ungeübte zum Stirnrunzeln. Nicht verwunderlich, dass dieser Platz als einer der schwierigsten Italiens gelistet ist. Im Zentrum der Anlage

Circolo Golf Venezia

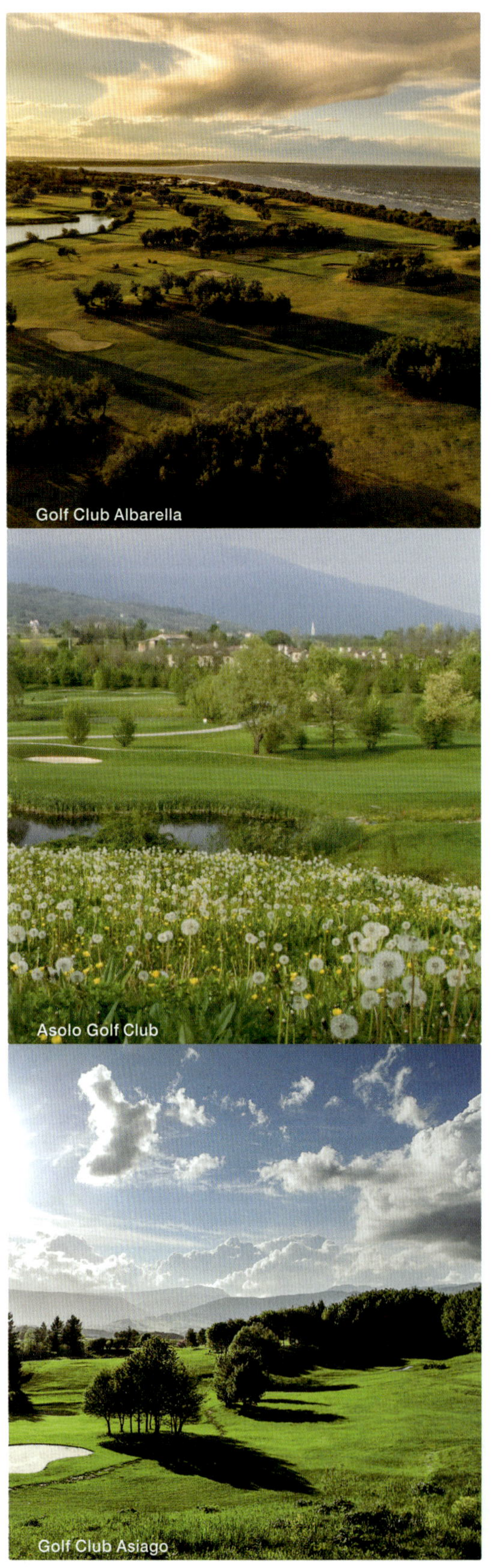
Golf Club Albarella

Asolo Golf Club

Golf Club Asiago

schafft eine alte venezianische Festung aus dem 17. Jahrhundert, deren Wälle und Zinnen Bestandteil einiger Löcher sind, eine interessante Szenerie. Auf den Löchern 13 und 14 genießt man ferner einen freien Blick auf das Adriatische Meer sowie die riesigen, in Marghera ein- und auslaufenden Frachtschiffe. Die Anfahrt zum Golfplatz erweist sich ohne Zweifel als umständlich, doch eine Golfrunde auf diesem Parcours bleibt unvergessen.

Eine Autostunde südlich von Venedig präsentiert sich dem Venetien erkundenden Golfer eine weitere Besonderheit: die 528 Hektar große Insel Albarella, die seit jeher als Kleinod des Mittelmeers gilt. Schon früh von den Reichen und Mächtigen als Resort für Jagd und Erholung geschätzt, gilt die waldreiche Insel mit dem flachen, breiten Sandstrand heute als Ruheoase und Freizeitparadies. Wasserarme, sogenannte Fiordies durchziehen den Nordwestteil der Insel und münden in das Mare-Vostrum. Prunkstück der Insel ist die 18-Loch-Golfanlage, deren Markenzeichen das freilebende Damwild ist, welches ungerührt für die eine oder andere Spielunterbrechung sorgen kann. Aber auch sonst bietet der Küstenplatz vielfältige Raffinessen für jede Spielstärke.

Zahlreiche kleine Seen und Bäche, naturbelassene, jedoch gepflegte Fairways in bestem Einklang mit der unberührten Natur der sanfthügeligen Landschaft von Valcavasia am Fuße des Grappa-Massivs lassen den Asolo-Golfclub fast zum Gedicht werden. Die 27-Loch-Anlage (dreimal neun Loch), lediglich 65 Kilometer von Venedig entfernt, dehnt sich auf dem weitflächigen, 140 Hektar großen Areal aus und verbindet die typische Vegetation der asolanischen Hügel mit zauberhaftem Golf. In spezieller Erinnerung bleibt Loch 2, ein nicht besonders langes Par 4, jedoch mit Abschlag zwischen zwei Bächen und erforderlichem Drive über die Schleife eines großen Sees. Gut 40 km westlich von Asolo befinden sich die 18 Löcher des Circolo Asiago auf einer Hochebene auf ca. 1.000 Meter Höhe. Leicht gewellt ziehen sich die Bahnen, die aus der Feder von Peter Harradine stammen, durch hohe Wälder und über Weiden, stets mit einer majestätischen Szenerie als Kulisse.

Man kann sie immer noch spüren, die Atmosphäre früherer Zeiten, als die vornehme venezianische Gesellschaft durch die weiten Parkanlagen und Prachtvillen spazierte. Und es fühlt sich als etwas Besonderes an, bei einer Runde am ansprechenden Parcours des Golfclubs Castelfranco quasi auf deren Spuren zu wandeln. Dazu tragen auch die venezianische Villa Ca' Amata sowie die zahlreichen Brücken, Mauern und Wasserfällen der romantischen Parkanlage bei,

Golf Pra' Delle Torri Caorle

die sich ausgezeichnet in das phantasievolle Bild einfügen. Da die Gegend um Castelfranco sehr wasserreich ist, wurde viel Nass – in Form zahlreicher Seen, Teiche und Wasserläufe – in den im August 2010 auf 18 Loch erweiterten Parcours eingebunden. Nicht nur die Anlage ist äußerst beeindruckend, auch das großzügige Clubhaus versprüht ein spezielles Flair und weist sich als wahre Fundgrube für Kunstliebhaber. Nur wenige Minuten von Ca‘ Amata entfernt liegen die Städte Asolo, Castelfranco und die Villa Maser mit den berühmten Fresken des Veronese.

Der auf sandigem Boden angelegte Jesolo-Golf-Course – seit 2004 ein 18-Loch-Platz – bietet sportliche Abwechslung für die an den bekannten Badeorten der Oberen Adria verweilenden Strandurlauber. Etwas nördlicher, im Freizeitcamp von Pra' delle Torri, kann man auf der bretterebenen Anlage des Pra´Delle Torri Golf Caorle seiner Golfleidenschaft frönen. Die Spielbahnen des „Sea-Courses“ sind zwar für einen typischen Resortcourse relativ schmal, trotzdem verzeihen diese so manchen geslicten Drive.

DAS FRIAUL IM NORDOSTEN VON ITALIEN

Im äußersten Nordosten Italiens und in wenigen Autostunden von Deutschland erreichbar, bringen vielfältige Spezialitäten auf kleinstem Raum Besucher schnell ins Schwärmen. An klaren Tagen kann man vom Wahrzeichen der Stadt Udine, dem Castello di Udine, die schneebedeckten Alpenketten, die Weinregion des Collio Goriziano an der slowenischen Grenze, dicht bewachsene Wälder, die Lagunen sowie die nun wieder saubere Adria überblicken. Ferner ist Friaul für Feinschmecker ein Schlaraffenland, das alles für den gehobenen Gaumen bietet. In einem Radius von nicht einmal siebzig Kilometern werden exzellente Weine und Grappa, deftige Fleischgerichte und fangfrische Meeresspeisen ebenso gereicht wie italienische Spezialitäten, ergänzt mit den kulinarischen Genüssen aus Kärnten und Slowenien sowie Süßspeisen und Schinken von Weltruf (San Daniele). Mehrere ausgezeichnete Golfanlagen runden das „All in one“-Erlebnis in Friaul blendend ab.

Lignano, der 5.000 Einwohner zählende Badeort an der Oberen Adria, der in den Sommermonaten schon einmal auf 300.000 Besucher anschwellen kann, hat

Piazza della Liberta, einer der schönsten Plätze in Udine

Golf Club Lignano

Golf Club Grado

mit seinem acht Kilometer langen Sandstrand kulturell nicht so viel zu bieten wie das kleinere, feinere Grado, doch der Lignano-Golfplatz zählt zu den beliebtesten und bemerkenswertesten Anlagen der Küste. So wie die meisten Golfplätze an der Adria ist der Par-72-Umlauf flach wie ein Bügelbrett. Die reizvolle Streckenführung mit den von zahlreichen Pinien umrahmten und mit vielen großen Bunker- und Seenlandschaften gespickten Fairways tragen einmal mehr die Handschrift von Designer Marco Croze. Jedes Loch zeigt seine Eigenheiten, doch besonders Bahn 12, ein nur 280 Meter langes Par 4, dessen Green bei einem entsprechend satten Drive – ein Carry von 220 Metern vorausgesetzt – vom Abschlag angespielt werden kann und die Chance zum Eagle ermöglicht, bleibt in Erinnerung. Der großzügig angelegte und perfekt gepflegte Platz ist ob seiner Nähe zu Österreich vor allem an Wochenenden stark frequentiert.

Der Golfclub Grado, der nördlichste Platz der Adria, wurde in einer Lagune angelegt, und der geschickte Verlauf der Spielbahnen zwischen Seen und Tümpeln machen diesen Platz zu einem der ungewöhnlichsten Italiens. „Wet or Dry“, heißt es gleich am ersten Loch, einem Par-3-Inselgrün, das erahnen lässt, daß jede Menge Wasser – nämlich auf allen 18 Loch – das Spiel wohl mehr behindern als in Fluss halten wird. Besonders schön ist Loch 6, ein mit 320 Metern bezwingbares Par 4. Doch rechts vom Loch verläuft die Lagune von Grado, und der Blick auf das Kloster Barbana, das mitten in der Lagune liegt, lässt so manchen Fluch über einen ins Meer geslicten Ball erstummen. Nach der Runde verwöhnt das am Platz gelegene Lokal „Al Casone“ mit höchster Qualität. Doch auch das bezaubernde Städtchen Grado auf der gleichnamigen Insel mit seinem mittelalterlichen Ortskern und der zahlreichen hervorragenden Restaurants rundet auf bekömmliche Weise einen schönen Golftag ab.

Golf Senza Confini Tarvisio nahe der österreichischen Grenze ist landschaftlich das entschiedene Gegenstück zu den Plätzen an der Küste, womit die Attraktivität der gesamten Region unter Beweis gestellt

Golf Senza Confini Tarvisio

wird. Die 18-Loch-Anlage befindet sich in einer Höhe von 750 Metern über dem Meeresspiegel auf einem Hochplateau, von Wäldern umgeben und von den Julischen Alpen, Mangart und Monte Priesnig umrandet. Unzweifelhaft besitzt der Platz den Charakter eines Gebirgsparcours, auf dem sich die meist breiten Fairways durch das Tal (Front-Nine) und teilweise auch über die sanften, zu den Bergen führenden Hängen winden (Back-Nine). Gute Annäherungsschläge auf die großen, gut verteidigten und mitunter stark ondulierten Greens weisen sich als Schlüssel zum guten Score.

Nobel geht es im traditionsreichen Golf Club Udine zu, einem hervorragend gestriegelten, leicht hügeligen Platz. Er liegt in Fagagna, einem schönen Dörfchen zwischen Udine und San Daniele in idyllischer Hügellandschaft, umgeben von Eichen- und Buchenwäldern vor dem Hintergrund der Julischen Alpen. Die 18 Löcher des 1972 gegründeten Golfplatzes wurden von Marco Croze in Zusammenarbeit mit John Harris designt und auf einem Areal von 80 Hektar harmonisch in die Umgebung integriert. Seitdem der Platz im Jahr 2013 übernommen wurde, wurde viel investiert, mit dem Ziel, ihn zu einem Top-Platz Italiens zu machen.

Der bereits 1955 gegründete Golfclub Trieste bietet eine spektakuläre Aussicht auf das Karstgebirge, schneebedeckte Alpengipfel und die Adria. Ein Grappa mit Meerblick als Aperitif bleibt in Erinnerung. Im 2006 eröffneten 18-Loch-Golfclub Castello di Spessa befindet sich eine interessant zu spielende Anlage, deren Bahnen um das herrliche Schloss führen und inmitten der Weinberge des Collio liegen. Ein Glas Chardonnay oder Pinot Blanc mundet hier nach der Runde besonders gut, setzt diese Region mit seinen exzellenten Weißweinen doch den hohen Maßstab für ganz Italien.

Wer Geist, Gesundheit und Golf in harmonischer Weise mit Entspannung, Regeneration und Urlaub verbinden möchte, der ist im Veneto und in Friaul besonders gut aufgehoben. Buon Viaggio!

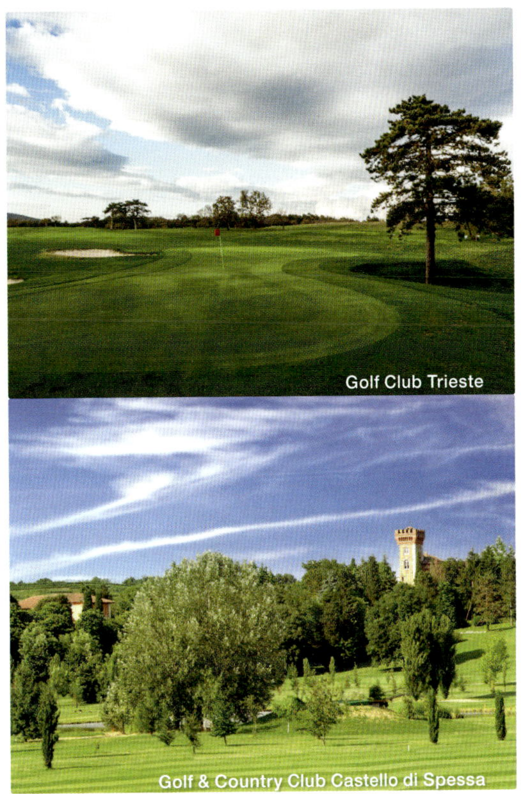

Golf Club Trieste

Golf & Country Club Castello di Spessa

Golf Club Udine

26 Golf Club Sappada

9

Borgata Bach, 96
I-32047 Sappada (BL)
0435 469585
info@golfclubsappada.com
www.golfclubsappada.com

Länge: 1635 m

Greenfee-Kat.: €€€

Der 9-Loch-Platz des Golf Club Sappada liegt auf 1250 m Höhe im Ostdolomiten-Ort Sappada. Er verläuft entlang der Piave, die hier am Südhang der Karnischen Alpen entspringt, und bietet von allen Bahnen herrliche Blicke auf die Sappadiner Dolomiten. Auch Übungseinrichtungen mit Driving Range, Putting Green und ein Pitching Green stehen zur Verfügung. Nach dem Spiel erwartet Sie das im Clubhaus das Restaurant Mondschein mit gemütlicher Terrasse und feinster Küche.

Platzinformationen:

27 Golf Cortina

9

Loc. Fraina 14/15
I-32043 Cortina d'Ampezzo
0436 860952, 0339 6411907 0436 876355
segreteriasportiva@cortinagolf.it
www.cortinagolf.it

Länge: H 5130 m, D 4860 m, HCP erforderlich.

Greenfee-Kat.: €€€
Ermäßigung: Jugendl. bis 18 J. 100%

Je nach Jahreszeit kann man Golf Cortina als Golfplatz oder auch als Skipiste bezeichnen. Ein typischer Gebirgsplatz, der sich an Hängen vorbei schlängelt. Die Schräglagen machen das Spiel nicht leichter, kommen diese Situationen auf den 9 Loch doch sehr häufig vor. Es gibt einige Bunker und zwei Wasserhindernisse, die das Spiel aber nicht stark beeinträchtigen. Das urige Clubhaus ist komplett aus Holz gebaut und beherbert das Büro, ein Bistro und Gemeinschaftsräume. Die Bespielbarkeit ist durch die Höhenlage auf Mai bis Oktober begrenzt.

Platzinformationen:

28 Golf Senza Confini Tarvisio

18

Via Priesnig, 5
I-33018 Tarvisio (UD)
0428 2047 0428 2047
office@golfsenzaconfini.com
www.golfsenzaconfini.com

Länge: H 5263 m, D 4431 m, HCP 54 erforderlich.

Greenfee-Kat.: €€€€
Ermäßigung: Jugendl. bis 18 J. und Stud. bis 25 J. 50%

Der 2013 komplett neugebaute Platz bindet sich mitten im Dreiländereck Kärnten, Slowenien, Italien. Das „Ristorante Ilija“ vom golfenden Chefkoch Ilija ist ein magischer Anziehungspunkt für Gourmets. Nur 25 Fahrminuten von Villach entfernt bietet der Platz ein tolles Bergpanorama. Er zeichnet sich durch seine Gemütlichkeit aus und bietet den Gästen ein stressfreies Golfvergnügen. Rund um das Clubhaus sind neun Löcher in der Ebene, die anderen neun sind hügelig und von Wald umgeben. Im Hochsommer bietet der Platz perfekte Bedingungen durch die angrenzenden kühlen Wälder.

Platzinformationen:

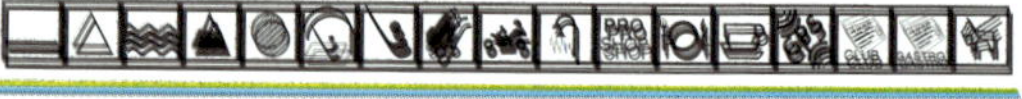

29 Golf Club Udine

18

Via dei Faggi, 1
I-33034 Fagagna
0432 800418
info@golfudine.com
www.golfudine.com

Länge: H 6408 m, D 5592 m, HCP erforderlich. Sa./So./Feiertage HCP 54 erforderlich.

Greenfee-Kat.: €€€€€
Ermäßigung: Jugendl./Stud. bis 18 J.

Der Golf Club befindet sich in Fagagna, einer der schönsten Ortschaften Italiens, inmitten von wunderschön mit Eichen und Buchen bewachsenen Hügeln vor der Kulisse der Karnischen Alpen. Gegründet im Jahr 1972, liegt er gut angebunden ca. 10 km von Udine und San Daniele entfernt. Der englische Architekt John Dering Harris erstellte zusammen mit Marco Croze die ersten neun Löcher, Croze baute dann 1995 weitere neun Löcher. Nach der Übernahme des Golf Club Udine durch Gabriele Lualdi wurde der Platz von 2013 bis August 2017 unter großem Aufwand zu einem Championship-Course umgebaut. Modernste Übungsanlagen für langes und kurzes Spiel runden das Angebot ab.

Platzinformationen:

30 Golf Club Cansiglio

18

Pian Cansiglio 10
I-32010 Tambre (BL)
0438 585398 0438 585398
info@golfcansiglio.com
www.golfcansiglio.com

Länge: H 5701 m, D 5347 m, HCP erforderlich. Sa./So./Feiertage HCP 36 erforderlich.

Greenfee-Kat.: €€€
Ermäßigung: Jugendl. bis 25 J. 20%

Der 18-Loch-Golfplatz liegt in einer Höhe von etwas über 1.000 m im Wald von Cansiglio und bietet etliche Schwierigkeitsgrade. 1958 als 9-Lochplatz gegründet und von John D. Harris geplant - Erweiterung auf 18 Loch in den 90er Jahren durch Marco Croze -, zieht sich der Kurs über mäßig gewelltes Gelände und wird gesäumt von schattenspendenden Bäumen, hinter denen die glitzernden Gipfel der Dolomiten aufragen. Ganz besonders imposant ist der kleine Park in dem das wunderschöne Clubhaus mit Hotel liegt. Im italienischen Stil als Natursteinhaus gebaut bleibt der Anblick und der Aufenthalt in guter Erinnerung.

Platzinformationen:

31 Golf Pordenone

18

Via San Gregorio 5, Aviano
I-33081 Castello d'Aviano
0434 652305
info@golfpordenone.it
golfpordenone.it

Länge: H 5878 m, D 5045 m, HCP 36 erforderlich.

Greenfee-Kat.: €€€ Ermäßigung: Jugendl. 50%

Der Club liegt wenige Kilometer von Pordenone, der größten Stadt im unteren Friaul, entfernt. Er befindet sich am Beginn der norditalienischen Ebene, die Berge sind nicht weit weg und bilden einen natürlichen Horizont. Weiter weg in die andere Richtung spürt man das Meer, von dem hin und wieder die Bora bläst, ein stürmischer Wind, der die Luft reinigt und glasklar macht. Die sehr oft breiten und gut begehbaren Fairways befinden sich auf leicht gewelltem Gelände mit zahlreichen hohen Bäumen und daher ist der Par 72 mit seinen rund 6000 Metern strategisch zu spielen.

Platzinformationen:

Golf Pordenone

32 Golf & Country Club Castello di Spessa

18

Via Spessa 14, Capriva del Friuli
I-34070 Capriva del Friuli
0481 881009
info@golfcastellodispessa.it
www.castellodispessa.it/golf

Länge: H 5460 m, D 5015 m, HCP 54 erforderlich.

Greenfee-Kat.: €€€ Ermäßigung: Jugendl. bis 18 J. 100%

In dem wunderschönen jahrhundertealten Park des Castello di Spessa liegt der Golf- und Countryclub Castello di Spessa, ein 18-Loch-Platz. Die Bahnen, die inmitten der reizvollen Hügellandschaft des Collio Goriziano liegen, zeichnen sich durch verschiedene Panoramen aus. Die einzelnen Löcher unterscheiden sich erheblich voneinander. Die Anlage des Golf Country Club Castello di Spessa ist von einem zauberhaften Schloss beherrscht, dessen Ursprünge auf das Jahr 1200 zurückgehen. Das Clubhaus mit seinem Restaurant hat eine wunderschöne Aussichtsterrasse zum Entspannen.

Platzinformationen:

33 Asolo Golf Club

9/9/9

Via dei Borghi, 1
I-31034 Cavaso del Tomba
0423 942211 0423 543226
info@asologolf.it
www.asologolf.it

Länge: H 3162 m, D 2781 m, HCP 54 erforderlich.

Greenfee-Kat.: €€€€€

Die 27-Loch-Anlage, drei gleichwertige 9-Loch-Kurse (Rosso, Giallo und Verde), wurde auf einem Areal von 140 ha gebaut. Sanfte Hügel, kleine Seen, Bäche und zumeist naturbelassene Fairways machen den Platz für Amateure wie für Profis interessant. Flache Bahnen harmonisch und naturschonend in die Landschaft eingepasst und immer mit Blick auf die Bergkulisse machen das Spielen zu einem besonderen Erlebniss. Besondere Highlights sind die Bahnen 3 und 5 und die vielen kniffeligen Wasserhindernisse. Sehr imposant ist eine Runde Golf im Spätherbst, wenn sich die Bäume bunt färben.

Platzinformationen:

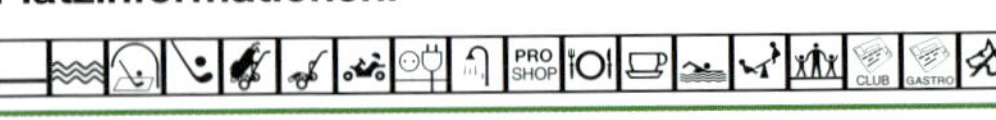

34 Golf Club Asiago

18 + Academy

Via Meltar 2
I-36012 Asiago
0424 462721 0424 465133
info@golfasiago.it
www.golfasiago.it

Länge: H 6026 m, D 5313 m, HCP 36 erforderlich.

Greenfee-Kat.: €€€€
Ermäßigung: Jugendl./Stud. 50%

Der Golf Club Asiago liegt in einer Höhe von etwa 1000 m inmitten der Voralpen im Veneto auf einer Hochebene, die den gleichen Namen wie der Ort Asiago trägt. Der Platz liegt etwa 50 km von Vicenza, 90 km von Venedig und Verona und nur unweit des Zentrums von Asiago, ist leicht gewellt und zieht sich durch hohe Wälder und über Weiden, die stets eine majestätische Szenerie bilden. Die meisten Bahnen sind leicht hügelig, man hat aber eine gute Sicht auf Fairways und Grüns. Sehr eindrucksvoll ist das mondäne Clubhaus mit seinem sehr stilvoll eingerichteten Restaurant.

Platzinformationen:

35 Montebelluna Golf Club

9

Via Carpen
I-31044 Montebelluna (TV)
0423 301195
montebellunagolfclub@gmail.com
www.montebellunagolfclub.it

Länge: 2835 m

Greenfee-Kat.: €

Der Platz des Montebelluna Golfclub liegt zwischen den Hügeln von Montello und Montelletto, da, wo im Altertum die Piave floss. Er erstreckt sich auf einer Fläche von über dreißig Hektar. Er ist das ganze Jahr hindurch bespielbar, auch nach ausgiebigem Regen.

Platzinformationen:

36 Golf Club Grado

18

Monfalcone, 27
I-34073 Grado
0431 896896 0431 896897
info@golfgrado.com
www.golfgrado.com

Länge: H 5943 m, D 5158 m, PE erforderlich.

Greenfee-Kat.: €€€€
Ermäßigung: Jugendl. bis 18 J.

In einer grandiosen Landschaft, sozusagen auf einer Insel gelegen, befindet sich dieser flache 18-Loch-Kurs mit viel, viel Wasser. Es gibt nur eine Bahn ohne Wasserhindernis. Der Golf Club Grado ist mit seinem 18-Loch-Championship-Platz die modernste und größte Anlage an der Adria. Die atemberaubende Lage direkt an der Lagune und der Verlauf der Spielbahnen zwischen Seen und Tümpeln küren diesen Platz zu einem der schönsten Italiens. Die Lichtverhältnisse, bedingt durch das Blau des Wassers und dem satten Grün des Rasens, ergeben ein imposantes Farbenspiel zu jeder Tageszeit.

Platzinformationen:

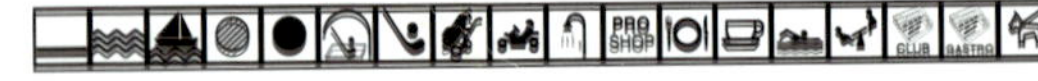

37 Golf Club Ca'Amata 18

Via Loreggia di Salvarosa 44
I-31033 Castelfranco Treviso
0423 493537
info@golfcaamata.it
www.golfcaamata.it

Länge: H 5686 m, D 5022 m, HCP erforderlich.

Greenfee-Kat.: €€€€
Ermäßigung: Jugendl. bis 18 J. 50%

Als der Golfplatz angelegt wurde, sollten die Bedingungen früherer Jahrhunderte wiederhergestellt werden, als große Parks um hochherrschaftliche Villen herum angelegt und ein harmonisches Ganzes aus Menschenwerk und Natur geschaffen wurde. Man bediente sich eines romanischen Baustils mit sich ständig ändernden Perspektiven und Ausblicken. Der 18-Loch-Kurs bleibt dank der reichen Wasservorkommen in dieser Gegend im Sommer von Trockenheit verschont. Daher hat der doch sehr flache Kurs ein komplexes System aus Teichen und Bächen, welches das Spielen guter Ergebnisse erschwert.

Platzinformationen:

38 Golf Club Lignano 18

Via Casabianca, 6
I-33054 Lignano Sabbiadoro
0431 428025 0431 423230
info@golflignano.it
www.golflignano.it

Länge: H 6345 m, D 5895 m, HCP 45 erforderlich. Sa./So./Feiertage HCP 36 erforderlich.

Greenfee-Kat.: €€€€
Ermäßigung: Jugendl. bis 18 J.

Unweit von den Stränden der Adria und der berühmten Stadt Venedig liegt dieser herrliche Golfplatz. Die schilfgesäumten Seen, die zahlreichen Bäume und Rasenflächen des Geländes spiegeln die vielen Gesichter von Lignano wieder. Der Platz wurde so angelegt, dass Spieler den Eindruck haben, als würden sie in einem Gelände spielen, das schon immer so war. Die 18 Fairways schmiegen sich durch eine Landschaft, die verbunden mit der Ruhe und dem Licht sehr elegant und stilvoll anmutet. Ebenso das Clubhaus-Gebäude mit sehr gepflegten Außenanlagen, das sehr geschmackvoll eingerichtet ist.

Platzinformationen:

39 Golf Club Trieste 18

Località Padriciano, 80
I-34012 Trieste
040-226159/-226270 040 226159
info@golfclubtrieste.net
www.golfclubtrieste.net

Länge: H 5810 m, D 5222 m

Greenfee-Kat.: €€€€
Ermäßigung: Jugendl. bis 18 J. 50%

Zwischen blauen Meer und schneebedeckten Alpengipfeln Golf zu spielen, wird einem nicht alle Tage beschert. Wenn wir jetzt noch hinzufügen, dass die Lage ausgesprochen sonnig ist, wird das Bild erst recht verlockend. Der Club liegt auf einer Höhe von 350 Metern in einer friedlichen Oase, nur wenige Kilometer vom Stadtzentrum entfernt, mit Blick auf das adriatische Mittelmeer. Der Platz mit seinen 18 Loch hat kein Wasserhindernis und nur wenige Bunker, aber Wind! Im Winter herrscht hier ein trockenes windiges Klima, während im Sommer die frische Meeresbrise verwöhnt.

Platzinformationen:

Golf Club Trieste

40 Golf Club I Salici 9

Strada del Nascimben, 1/B
I-31100 Treviso
0422 324272
info@golfclubisalici.it
golfclubisalici.it

Länge: 1486 m

Greenfee-Kat.: €

Platzinformationen:

41 Golf Zerman 9

Via Malombra, 4/b
I-31021 Zerman di Mogliano V.to (TV)
041 457369
golfzerman@gmail.com
www.golfzerman.it

Länge: 2880 m

Greenfee-Kat.: €€

Platzinformationen:

42 Golf Club Villa Condulmer 18/9

Via Croce, 3
I-31021 Zerman di Mogliano Veneto (TV)
041 457062 041 457202
info@golfvillacondulmer.com
www.golfvillacondulmer.com

Länge: H 5955 m, D 5285 m, HCP erforderlich. Mo.-Fr. HCP 36 erforderlich.

Greenfee-Kat.: €€€€
Ermäßigung: Jugendl./Stud. 50%

Der Platz befindet sich im Park einer herrlichen Villa aus dem 18. Jahrhundert. Wir befinden uns im Veneto mit seinen hochherrschaftlichen Villen, die sich der venezianische Adel vom 16. bis 19. Jahrhundert im Hinterland der Lagunenstadt baute. Dem Club ist die ruhige und gediegene Atmosphäre dieser Ära erhalten geblieben. Die 18 Bahnen auf dem Par 71 Kurs sind harmonisch in die wunderschöne Vegetation dieses alten Parks eingebettet. Trotz flacher Fairways stellt der Kurs hohe technische Anforderung an seine Spieler. Bei 8 von 18 Löchern sind Wasserhindernisse zugegen.

Platzinformationen:

43 Golf Pra' Delle Torri Caorle 18

Viale Altanea 201
I-30021 Caorle (VE)
0421 299570 0421 189 6058
info@golfcaorle.it
www.golfcaorle.it

Länge: H 6058 m, D 5344 m, HCP 54 erforderlich.

Greenfee-Kat.: €€€€
Ermäßigung: Jugendl. bis 18 J.

Der Platz liegt direkt am Ferienzentrum von Pra' delle Torri und bietet ein touristisches Umfeld. Die Spielbahnen des Sea-Courses sind eng und anspruchsvoll, variables Design erschwert vor allem an windigen Tagen ein präzises Spiel. Zwölf Bahnen ziehen sich an der Küste vorbei und bieten einen tollen Blick auf das blaue Wasserhindernis das nicht ins Spiel kommt. Der 72er Kurs mit kurzen Par 5 Löchern gibt dem Golfer auch schon mal die Chance, ein Birdie zu spielen. Wer seinen Sport mal mit einem größeren Ball ausüben will, kann sich auf dem Foot-Golfplatz versuchen.

Platzinformationen:

44 Golf Club Ca'della Nave

18

Piazza della Vittoria, 14
I-30030 Martellago
041 540 1555 041 540 1926
segreteria@cadellanave.com
www.cadellanave.com

Länge: H 6366 m, D 5443 m, HCP 54 erforderlich.

Greenfee-Kat.: €€€€
Ermäßigung: Jugendl./Stud.

In der Gestaltung des Golfplatzes, der von erfahrenen Könnern aus dem Arnold-Palmer-Studio angelegt wurde, ist der Einfluss der amerikanischen Golfkultur nicht zu übersehen. Zum einem gibt es sehr viel strategisches Wasser, zum anderen stellen Hügel und modellierte Erhebungen und Wellen, auch entlang der Fairways, den Golfer auf eine harte Probe. Auf dem 18-Loch-Kurs (Par 72) kommt oft Wasser ins Spiel. Der 9-Loch-Executive-Kurs eignet sich sehr gut, mal eine kurze Runde zu spielen. Das Clubhaus in venezianischem Stil beherbergt eine Bar mit Restaurant und sanitäre Anlagen.

Platzinformationen:

45 Golf Club Vicenza

9

Via Carpaneda 5/B
I-36051 Creazzo
0444 340448 0444 278028
info@golfclubvicenza.com
www.golfclubvicenza.com

Länge: H 5814 m, D 5210 m, HCP erforderlich. Sa./So./Feiertage HCP 36 erforderlich.

Greenfee-Kat.: €€

Die Hügel von Creazzo, das alte Schloss der adeligen Familie Scola-Camerini und das Rathaus mit dem historischen Turm über dem kleinen Platz bilden die atemberaubende Kulisse für diesen 1992 eröffneten Golfplatz. Der Platz wurde von Peter Harradine und Giacomo Cabrini angelegt, die wieder einmal gezeigt haben, dass auch ein relativ kleiner Platz wie dieser Golfer begeistern kann. Zwar nur neun Loch, unterschiedliche Par 3 und Par 4 Löcher, wenig aber große Wasserhindernisse und die Fairways gesäumt mit genügend Bäumen, die den Golfer zur vorsichtigen Spielweise zwingen.

Platzinformationen:

46 Golf Club Jesolo

18

Via St. Andrews, 2
I-30016 Lido di Jesolo
0421 372862 0421 377498
segreteria@golfclubjesolo.it
www.golfclubjesolo.it

Länge: H 5977 m, D 5173 m, HCP erforderlich.

Greenfee-Kat.: €€€€
Ermäßigung: Jugendl. bis 18 J. 50%

Am Anfang eine breiten Landzunge, unweit von der Stadt Jesolo liegt dieser flache Kurs. Der Golfplatz wurde auf sandigem Boden angelegt, so dass er bei jedem Wetter und zu jeder Jahreszeit problemlos bespielt werden kann. Im Jahre 2004 wurde die Anlage auf 18 Löcher erweitert und bietet nun einen gut begehbaren und durch den sandigen Boden einen sehr angenehmen weichen Untergrund. Die Übungsanlagen haben unter anderem eine große Drivingrange. Besonders in den warmen Sommermonaten lädt die schöne Terrasse des Clubhauses mit zahlreichen Köstlichkeiten zum Verweilen ein.

Platzinformationen:

Golf Club Jesolo

47 Golf Club Colli Berici

18

Strada Monti Comunali
I-36040 Brendola
0444 601780
info@golfclubcolliberici.it
www.golfclubcolliberici.it

Länge: H 5438 m, D 4943 m, HCP 54 erforderlich.

Greenfee-Kat.: €€€€
Ermäßigung: Jugendl. bis 18 J. 50%

Der Golfclub liegt auf einem Hochplateau in einem der schönsten Teile der Berici-Berge. Vom Clubhaus und von vielen Stellen des Kurses aus hat man herrliche Blicke auf die dichten grünen Wälder an den Hängen der umliegenden Berge. Vom technischen Standpunkt aus ist es ein interessanter Platz, der aufmerksamen Golfern viel Spaß bereiten kann. Für diejenigen, die ihn nicht ernst nehmen, hält er jedoch einige unangenehme Überraschungen bereit. Es gibt ein modernes Clubhaus mit Restaurant, sanitäre Anlagen für Gäste und Übungsanlagen nach neuesten Standards. Ein schöner Pool rundet das Angebot ab.

Platzinformationen:

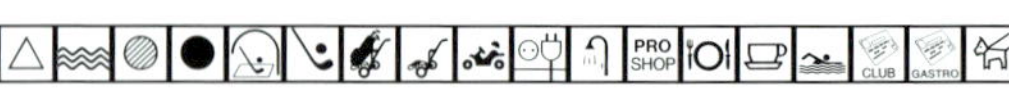

48 Golf Club Frassanelle

18

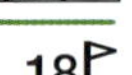

Via Rialto, 5/A
I-35030 Frassanelle di Rovolon (PD)
049 991 0722 049 991 0691
info@golffrassanelle.it
www.golffrassanelle.it

Länge: H 6180 m, D 5438 m, HCP erforderlich.

Greenfee-Kat.: €€€€
Ermäßigung: Jugendl.

Der Club in Frassanelle ist der einzige Platz Italiens mit einem computergesteuerten automatischen Bewässerungssystem, das sich mit den großen Plätzen der USA messen kann. Das bedeutet 600 Sprinkler, 20 km Rohrleitungen und 100 km Kabel. Die Landschaft wurde so umgestaltet, dass man denken könnte, hier hätte sich seit Jahrhunderten nichts verändert. Der Parklandkurs mit seiner üppigen Vegetation ist ein Par 72 mit 18 Loch. An einigen Abschlägen wird die Schlägerwahl zur Qual, wird doch ein exakter gerader Schlag durch eine schmale Schneise verlangt.

Platzinformationen:

49 Golf della Montecchia

27

Via Montecchia 12
I-35030 Selvazzano Dentro
049 805 5550 049 805 5737
info@golfmontecchia.it
www.golfmontecchia.it

Länge: H 6318 m, D 5560 m, PE erforderlich.

Greenfee-Kat.: €€€€€
Ermäßigung: Jugendl. bis 18 J.

Im Dreieck Venedig-Padua-Abano liegt der Heimatplatz der Kurgäste aus Abano Therme. Der 27-Loch-Championship-course unter der alten Burg ist der sportliche Teil eines äußerst großzügigem und mondänen Resorts. Die leicht gewellten Bahnen, die modellierten Hügel um die Grüns und der noch junge Baumbewuchs machen den Platz sehr fair und verzeihend. Die oft langen Bahnen und genügend Wasser sind die einzigen, aber berechenbaren Risiken. Die Clubhäuser der italienischen Golfanlagen sind sehr oft groß dimensioniert, das mondäne Gebäude in Montecchia ist jedoch konkurrenzlos.

Platzinformationen:

50 Circolo Golf Venezia

18

Strada Vecchia 1
I-30126 Alberoni
041 731333 041 731339
info@circologolfvenezia.it
www.circologolfvenezia.it

Länge: H 6086 m, D 5328 m, HCP 54 erforderlich.
Montags geschlossen während der Nebensaison

Greenfee-Kat.: €€€€€

Die Laguna Veneta trennt den Golfkurs Venezia vom Festland, also liegt der Platz auf einer Insel im Meer. Der Club wurde 1928 gegründet und war als klassisch schottischer Links auf den Sanddünen von Alberoni einer der ersten in Italien. Heute ist er ein technisch anspruchsvoller Kurs mit vielen Bäumen, die das Spiel besonders interessant machen. In der Mitte des Kurses befindet sich ein altes venezianisches Fort, dessen Wälle Bestandteil zahlreicher Löcher sind und dadurch eine abwechslungsreiche Szenerie bieten. 6000 Meter sind für einen Inselplatz eine schöne Länge.

Platzinformationen:

51 Golf Club Padova

27

Via Noiera, 57
I-35030 Valsanzibio di Galzignano Terme
049 913 0078 049 913 1193
info@golfpadova.it
www.golfpadova.it
Länge: H 5767 m, D 5079 m, HCP 36 erforderlich.
3x9 Löcher kombinierbar!
Greenfee-Kat.: €€€€

Der Club residiert in einem Tal am Fuße der Colli Euganei. Die 3 mal 9 Löcher liegen in einer wunderschönen Landschaft mit einer sehr abwechslungsreichen Vegetation. Der Platz erstreckt sich größtenteils über ebenes Gelände mit verschiedenen Wasserhindernissen. Die größte Schwierigkeit stellt jedoch der dichte Bewuchs auf beiden Seiten der Fairways dar, der manchmal die Sicht auf den Verlauf der Bahnen und die Lage des Grüns behindert. Den besten Eindruck macht aber das riesige Clubhaus, auf einem kleinen Hügel gelegen mit einer schönen Terrasse und einer sehr guten Gastronomie.

Platzinformationen:

52 Golf Galzignano

9

Viale delle Terme, 82
I-35030 Galzignano Terme
049 919 5100 049 919 5660
termegolf@galzignano.it
www.golfgalzignano.it
Länge: H 4096 m, D 3594 m
Greenfee-Kat.: €€€
Ermäßigung: Jugendl.

Am Fuße der Euganeischen Hügel liegt diese schöne Golfanlage inmitten eines 350.000 qm großen Parks, der zum gleichnamigen Hotelkomplex gehört. Der Parcour mit 9 Löchern wurde vom Marco Croze entworfen und fügt sich harmonisch in die Hügellandschaft ein. Er ist sozusagen ein Parklandkurs in Kleinformat. Die Golfanlage lässt sich nicht nur von Anfängern mit viel Spaß bespielen, sondern verlangt auch erfahrenen Spielern einiges an Können und Geschick ab. Die Region um Galzignano hat nach dem noch Golfen einiges für Körper und Geist zu bieten, Entspannen in den Thermen.

Platzinformationen:

53 Rovigolf

9

Viale Tre Martiri, 134
I-45100 Rovigo
039 2195 1207
info@rovigolf.it
rovigolf.it
Länge: H 1450 m
Greenfee-Kat.: €

Der Rovigolf wurde 1991 gegründet und ist Mitglied im italienischen Golfverband. Die Anlage befindet sich nur einen Steinwurf vom Stadtzentrum Rovigo entfernt und besteht aus einem 9-Loch-Executive Course, mit 8 Par 3 und einem Par 4, also ein idealer Platz um die wichtigen Schläge ins Grün zu üben. Der Kurs ist sehr flach, hat aber durch seien schmalen Bahnen und die Bäume seine Tücken. Ein Übungsgelände mit einer Driving Range sowie einem Putting und Chipping Grün sind auch vorhanden. Auffällig ist der Jahres-Turnierplan, der mit Wettbewerben gut gefüllt ist.

Platzinformationen:

54 Albarella Golf Links

18

Via Po di Levante, 4, Isola di Albarella
I-45010 Rosolina
0426 330124 0426 330830
info@golfalbarella.it
golfalbarella.it
Länge: H 6130 m, D 5376 m
Greenfee-Kat.: €€€€
Ermäßigung: Jugendl. 50%

Albarella – der Inselgolfclub an der adriatischen Küste. Der Club entstand Anfang der Siebzigerjahre nach den Plänen des englischen Architekten John Dering Harris und riss damals im wahrsten Sinne des Wortes ein großes Stück aus der Lagune. Einige Bahnen führen direkt am Meer vorbei und ist mit seinen 6130 Metern ein doch langer Parcours auf einem begrenzten Areal. Neben dem Golfplatz gibt es Hotels, Wohnungen, Swimmingpools, einen Segelhafen, Tennisplätze und eine Reitanlage, die einen Ferienaufenthalt mit vielen Freizeitaktivitäten sehr angenehm gestaltet.

Platzinformationen:

AOSTA-TAL

KLEINE REGION – GANZ GROSS

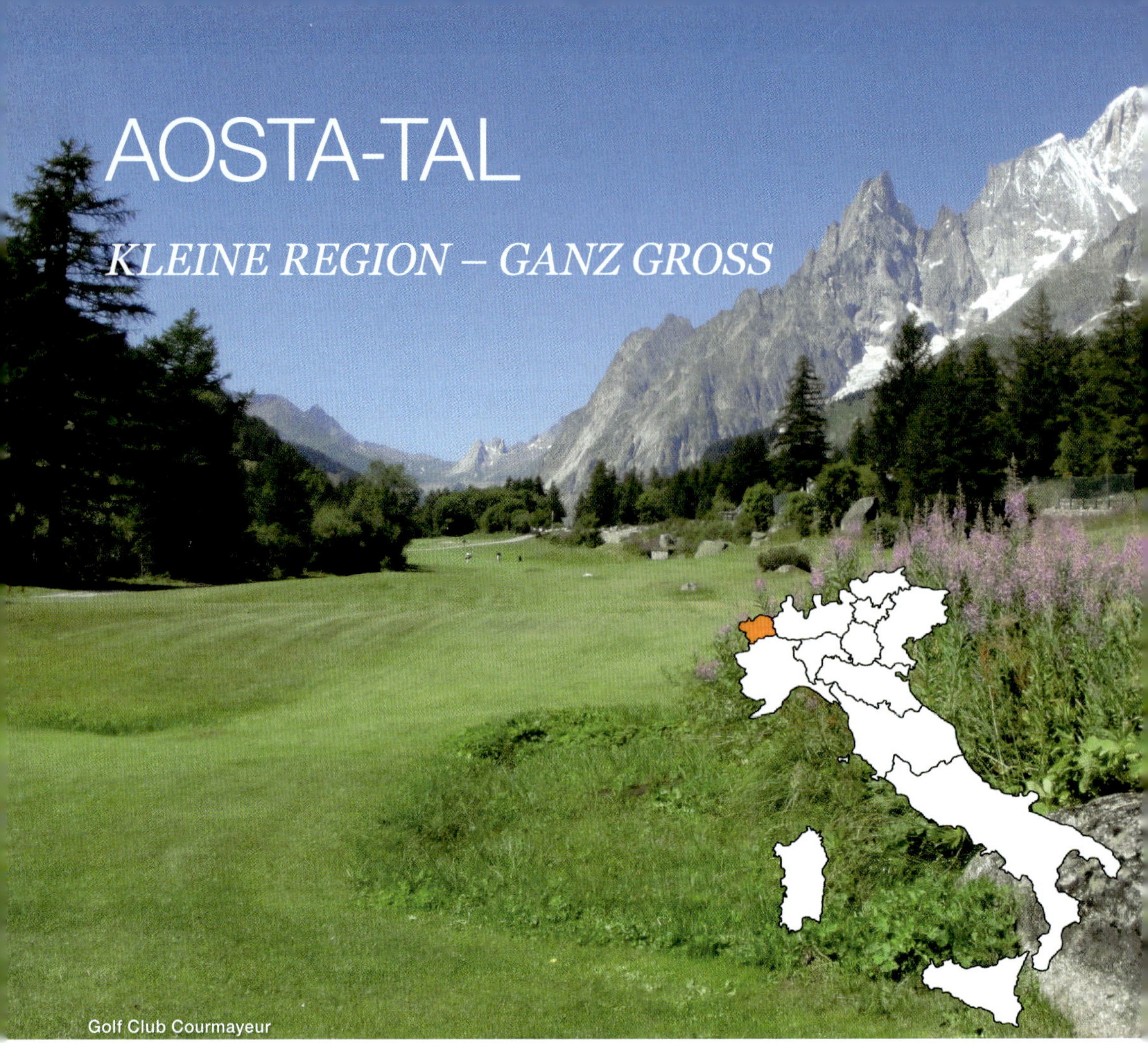

Golf Club Courmayeur

Golfclubs nach Kartennummern

Nr.	Golfclub	Seite
55	Golf Club del Cervino	252
56	Golf Club Courmayeur	252
57	Golf Club Aosta-Arsanières	252
58	Golf Club Gressoney Monterosa	252

Kaum hat man den höchsten Berg Europas, den 4.800 Meter hohen Montblanc, durch den fast zwölf Kilometer langen Montblanc-Tunnel von Frankreich kommend unterquert, tritt man in Italien ein, im Aostatal, wo mit dem Parco Nazionale del Gran Paradiso nicht nur der älteste italienische Nationalpark, sondern mit dem Gran Paradiso auch Italiens höchster Berg und einziger Viertausender (4.061 Meter) warten. Doch dies ist längst nicht alles: Inmitten einer einzigartigen Bergkulisse und von den höchsten Gipfeln der Alpen umgeben – im Norden das Matterhorn, im Westen der Montblanc –, präsentiert die kleinste Region Italiens ein beeindruckendes Gebirgspanorama. Ewiges Eis und 250 imposante Gletscher, teilweise in Gletscherseen mündend, überragen das weite Gebirgstal und bedecken eine Fläche, die der Schleswig-Holstein-Hauptstadt Kiel entspricht. Aufgrund seiner Lage im äußersten Nordwesten Italiens, seiner direkten Nachbarschaft zu Frankreich und der Schweiz sowie seiner landschaftlichen Struktur war das Aosta-Tal stets ein Durchgangsgebiet gewesen – viel zu schade für eine Region, die so viel Großes und Einzigartiges zu bieten hat.

In das ehemals arme Tal kam mit der Schnellstraßenverbindung zwar Wohlstand und Industrie, ohne jedoch den Charakter von Landschaft und Menschen zu verändern. In den dreizehn Seitentälern, die vom Haupttal abgehen und hinauf in hinreißende Bergregionen führen, wurden Tradition und Ursprünglichkeit bewahrt. Charakteristische Bergdörfer, in denen die Zeit stehen geblieben zu sein scheint, uralte Gehöfte und Weiler und vor allem die dort wohnenden, besonders gastfreundlichen Menschen versprühen eine unverwechselbare Atmosphäre. Der Dreiklang aus blauem Wasser, weißen Alpengipfeln und weiter südlich – grüner Mittelmeerflora wird jedoch immer den besonderen Reiz der Region ausmachen.

BELEBTE GESCHICHTE ZWISCHEN ALPENRIESEN

Gigantisch wie die Bergwelt ist auch die große Vergangenheit der nordöstlichsten Region. Eine langjährige Geschichte und Kunst, die in einer außergewöhnlichen Konzentration von Zeugnissen begründet ist, prägen das kleine Gebirgsland. Zwischen der grandiosen Bergwelt haben bereits vor 5.000 Jahren Menschen gelebt. Am bekannten Bergübergang Kleiner St. Bernhard, der alternativ zum kostenpflichtigen Montblanc-Tunnel das französische Savoyen mit dem Aostatal verbindet, kann man heute den „Cromlech" besichtigen, eine Megalithformation aus der Jungsteinzeit die zu astronomischen Berechnungen ge-

Das Matterhorn von Valtournenche aus gesehen

nutzt wurde. Auf diesem über 2.000 Meter hohen Paß, den seinerzeit auch Hannibal und seine Elefanten überquert haben sollen, werden heute – Tausende Jahre später – auch die Sieger der selektiven Tour-de-France-Bergwertung bejubelt.

In der Eisenzeit war die Gegend des Aostatales von Kelten bewohnt, ehe diese 25 v. Chr. von den Römern erobert wurde, die unter dem Namen Augusta Praetoria die Stadt Aosta, das „Rom der Alpen", gründeten. Überreste aus der Römerzeit wie Stadtmauern und Theater, Porta und Augustus-Bogen sind noch heute überall zu sehen. Lohnend ist der Besuch der Festung Bard am Eingang des Aostatales die auf einem Felsen eine enge Stelle im Tal beherrscht und durch ihre strategische Stellung den Durchgang nach Italien und Frankreich kontrollierte. Die zum größten Teil in den Felsen gehauene Straße stammt ebenfalls aus der Zeit der Römer und war bis Mitte des vorletzten Jahrhunderts die einzige Verbindung mit Aosta.

Nach den Römern nahmen Burgunder, Ostgoten, Langobarden, Franken und schließlich die Savoyer, die das Land über 900 Jahre regierten, das Aostatal sukzessive in Besitz. Weitere eindrucksvolle Zeugnisse der bewegten Vergangenheit sind die über 80 Schlösser und Burgen aus dem Mittelalter, war doch das gesamte Aostatal von einem dichten Ring von Befestigungsanlagen umgeben.

Die Geschichte der Region ist auch vom alemannischen Volk der Walser geprägt, die an den Südhängen des Monte Rosa siedelten. Noch heute wird in den Tälern von Ayas und Gressoney das Walserdeutsch dieser Volksgruppe gesprochen. Dank der Nähe und Bindung zu Frankreich, die durch den Montblanc-Tunnel (ab 1965) noch größer wurde, sowie der eingeräumten Autonomie des Aostatals ist allerdings die französische Sprache Amtssprache und der italienischen auch im kulturellen Bereich gleichgestellt.

OUTDOOR-PARADIES IN XL

Das bis in die 1960er-Jahre sehr abgelegene Aostatal hat sich durch den Bau der beiden Tunnel Großer St. Bernhard und Montblanc schnell zu einem beliebten Wintersportgebiet der Superlative entwickelt. Die außergewöhnliche Schönheit der Natur, 5.600 verschiedene Pflanzenarten, eine einzigartige Tierwelt mit Gams und Steinbock sowie die gigantische Szenerie begeistert den Besucher jedoch zu jeder Jahreszeit. Die großartigen Nationalparks wie der Gran Paradiso, der seinem Namen alle Ehre macht, gehört zu den faszinierensten Wander-, Trekking-, Kletter- und Mountainbike-Eldorados der Alpen. Der spektakuläre Wasserfall von Lillaz, im Winter eine besondere Herausforderung für Eiskletterer, befindet sich ebenfalls in der Region. Doch auch für Golfspieler bietet das einzigartige Tal mit einer 18-Loch- sowie vier 9-Loch-Anlagen den Rahmen für ein besonderes Erlebnis in schwindelnden Höhen und in atemberaubender Natur.

Golf Club Cervino

Golf Club Gressoney Monterosa

ABSCHLAG MIT AUSSICHT UND IN LUFTIGEN HÖHEN

Es sind keine ganz großen Golfplätze, die man zwischen dem Ausgang des Montblanc-Tunnels in Courmayeur und der Öffnung des Tals Richtung Turin findet, obgleich einige von ihnen prestigeträchtige Namen wie Courmayeur, Gressoney und Cervino tragen. Doch angesichts solcher Bergriesen ist Größe ohnehin relativ. So ist es letztendlich vielmehr die Tatsache, dass hier im Aostatal Grund und Boden olympisch geweiht sind sowie das Wissen um die Außergewöhnlichkeit dieser Golfanlagen in atemberaubender Szenerie und unberührter Natur, was unvergessen bleibt.

Am Fuße des imposanten Montblanc, auf 1.500 Meter Höhe, liegt die hervorragende 9-Loch-Anlage des Golf Clubs Courmayeur in Courmayeur, die bereits in den 30er-Jahren von Peter Gannon gebaut und zehn Jahre später vom bekannten Designer Henry Cotton umgestaltet wurde. Schmale Fairways und kleine Grüns, doch vor allem die meist schwierigen Wetterverhältnisse mit schnell drehenden Winden stellen den Spieler auf diesem Platz auf eine echte Probe. Der prestigeträchtige Parcours wird von den wildschäumenden Wassern des Flusses Dora umschlungen sowie von der gewaltigen Bergwelt gesäumt und zählt zu den exklusivsten Golfplätzen Norditaliens.

Auch der nur wenige Kilometer nördlich von Aosta liegende Golfclub Aosta-Arsanières begeistert durch eine wunderschöne Szenerie. Die neun Löcher liegen bei Gignod auf einer natürlichen Terrasse am Eingang des Großen St.-Bernhard-Tales auf 1.000 Meter Höhe und man spielt vor einer herrlichen Naturkulisse am Fuße der Berge, die den Großteil des Jahres schneebedeckt sind.

Hoch hinauf und direkt an die schweizerische Grenze geht es im Golfclub del Cervino in Breuil-Cervinia. 2.050 Meter hoch liegt der Platz vor dem imposanten Gletscherfeld der Grandes Murailles am Fuße des Cervino. Der ursprüngliche 9-Loch-Platz aus der Feder von Donald Harradine wurde im Jahr 2007 auf eine 18-Loch-Anlage erweitert. Als Highlight jeder Golfrunde präsentiert sich die atemberaubende Szenerie. Deutlich hebt sich das Grün der oft hängenden Fairways vom ewigen Schnee der Gletscher ab. Der

360-Grad-Rundumblick auf die gewaltigen Alpengletscher und die schneebedeckten Gipfel der „Gran Becca“ rufen unvergessliche Eindrücke und gute Laune hervor. Obgleich nicht übermäßig anspruchsvoll, gehört das Aushängeschild der Region zu den spektakulärsten Plätzen Italiens.

Emotional wird man auch, wenn man sich den östlichsten Golfplätz des Aostatals, den Golfclub Gressoney Monterosa bei Gressoney-St. Jean mit Blicken auf Monte-Rosa-Berg und -Gletscher zu Gemüte führt. Die schmalen Fairways des 9-Loch-(Par 34)-Platzes Gressoney schlängeln sich zwischen wilden Bächen und Wasserfällen entlang und gut geschützte, tückisch kupierte Greens sorgen für so manches Stirnrunzeln. Doch die grandiose Aussicht auf den 4.634 Meter hohen Monte-Rosa-Gletscher lassen selbst Drei-Putts schnell vergessen. Die Anlage ist nur für wenige Sommermonate geöffnet, schließlich befinden sich hier im Winter die 180 Pistenkilometer des Monte-Rosa-Skiverbunds sowie einige der schönsten Freeride-Strecken.

KÜCHE MIT VIELFÄLTIGEN GASTRONOMISCHEN TRADITIONEN

Wie in den meisten Regionen Italiens ist auch die Küche im Aostatal schlicht, authentisch und schmackhaft: Bekannt sind vor allem die Käsespezialitäten Toma, Rabiola und Fontina, eine Hauptzutat in der weltberühmten „Fonduta“, dem Fondue. Außerdem verfeinert man damit Polenta, die typischen Kartoffelgnocchi oder die verschiedensten Suppen, wie sie für die einzelnen Täler charakteristisch sind. Als Antipasti werden gerne „Mocetta“, luftgetrocknetes Rind- oder Gämsenfleisch,“ Lardo d‘Arnad“, ein milder, zarter weißer Rückenspeck, oder der mit Bergkräutern gewürzte, rohe Schinken „Jambon de Bosses DOP“ mit einem Glas mundigen Nebbiolo gereicht. Zu den typischen Hauptgerichten zählt man die „Carbonade“, Ochsenfleisch mit Zwiebeln und Rotwein, Gämse in Salmì, auch „Civet“ genannt, sowie Tocchetti „Bodeun“, eine Art Wurst mit Pellkartoffeln, Speck, Salz und Gewürzen. Bevor man die Region wieder verlässt, sollte man unbedingt den delikaten „Tegole d‘Aosta“ probieren, ein Täfelchen aus einer Mandelmasse, die mit Schokolade überzogen ist. Dazu passt ein Schluck Grappa oder Genepy, die Likörspezialität des Tales.

IM AOSTATAL WÄCHST DER WEIN NAHE DEM HIMMEL

Den Winzern macht es die alpine Natur hier oben nicht leicht, doch mit Hilfe uralter Rebsorten gelingen Weine, die selbst Kenner verblüffen. Der hier in der Region heimische Wein Vin Blanc de Morgex wächst beispielsweise auf 1.100 Meter Höhe. Weingenießer sollten unbedingt den aus Rosinen entstandenen Pinot Grigio di Nus sowie die Muskateller-Weine aus der Gegend um Chambave probieren. Entlang der Weinstraße „Route des Vins“ kann man die hervorragenden DOC-Weine des Aostatals, etwa den Donnas, Torrette oder Enfer d‘Anvier, entdecken und degustieren. Ein spezielles Getränk, das auch verdauungsanregende Eigenschaften hat, ist der Caffè alla valdostana, eine kochend heiße Mischung aus Kaffee, Grappa, Rotwein oder Orangencognac, Zitronenschale und Gewürzen. Der Caffè wird in einer aus Holz geschnitzten Trinkschale, der „grolla“, serviert und darf gemäß Tradition nur in Gemeinschaft getrunken werden.

Die kleine, große Region des Aostatales ist jede Stunde wert, die man hier auf erholsame Weise verbringt. Worauf warten Sie noch? Buon Viaggio!

Golf Club Courmayeur

Golf Club Aosta-Arsanières

55 Golf Club del Cervino

18

Breuil-Cervinia
I-11021 Valtournenche
0166 949131 0166 940700
info@golfcervino.com
www.golfcervino.com

Länge: H 5303 m, D 4580 m, HCP 34 erforderlich.

Greenfee-Kat.: €€

Bereits Mitte der 50er Jahre wurde dieser 18-Loch-Kurs gegründet. Er erstreckt sich am Fuße der Grandes Murailles in einer Höhe von über 2.000 m auf leicht abschüssigem Gelände, das jedoch keine Überquerungen oder sonstige störende Merkmale aufweist. Das Grün der Verbindungswege hebt sich deutlich von den Gletschern der Grandes Murailles, der das Tal mit dem ewigen Schnee des Furgen und des Plateau Rosa beherrscht. Dieser Par 69 Gebirgsplatz mit einer Länge von 5300 m spielt sich sehr eben. Außer Bunker kommen keine Hindernisse ins Spiel, weder Wasser, noch hoher Baumbewuchs.

Platzinformationen:

56 Golf Club Courmayeur

9

Località Le Pont - Val Ferret
I-11013 Courmayeur
0165 89103
segreteria@golfcourmayeur.it
www.golfcourmayeur.it

Länge: H 5508 m, D 4791 m

Greenfee-Kat.: €€€
Ermäßigung: Jugendl. bis 18 J. 30%

Im äußersten Nordwesten Italiens gelegen wurde dieser Golfclub schon 1930 gegründet, er hat in dieser Region eine große Tradition. Der flache 9-Loch-Kurs mit einigen Wasserhindernissen zieht an einem bewaldeten Berghang vorbei und ist spielerich durch die unterschiedlichen Anforderungen sehr anspruchsvoll. Das Übungsgelände ist mit Range und Grüns gut ausgestattet. Man bewegt sich in einer wunderbaren Natur mit den heimischen Pflanzen und Gewächsen und hat immer beeindruckende Kulissen im Blickfeld. Die Saison von Juni bis Oktober ist durch die Höhenlage etwas kurz.

Platzinformationen:

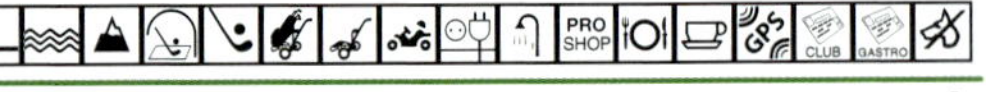

57 Golf Club Aosta-Arsanières

9

Fraz. Arsanières
I-11010 Gignod
0165 56020 0165 256184
golfaosta@gmail.com
www.golfaosta.it

Länge: H 1780 m, D 1527 m, HCP 36 erforderlich.

Greenfee-Kat.: €
Ermäßigung: Jugendl. 50%

Der Golfplatz befindet sich auf etwa 1000 m Höhe auf einer natürlichen Terrasse am Eingang des Großen San Bernardo Tales, etwa 8 km außerhalb von Aosta und 15 km von der Schweizer Grenze entfernt. Man spielt vor einer herrlichen Naturkulisse am Fuße der Berge, die den Großteil des Jahres schneebedeckt sind, während die Grüns im Leeren zu schweben scheinen. Schwierige Schräglagen und abschüssige Ausgrenzen machen das Spiel dieses 9-Loch-Kurses nicht leicht. Vor allem die im Sommer harten Fairways verlangen eine gut überlegte Wahl der Schläger, eher mal kurze spielen.

Platzinformationen:

58 Golf Club Gressoney Monterosa

12

Loc. Bino 1
I-11025 Gressoney S.Jean
0125 356314
info@golfgressoney.com
www.golfgressoney.com

Länge: H 5148 m, D 4708 m, HCP erforderlich.

Greenfee-Kat.: €€€

Die Anlage befindet sich in direkter Nähe des Ortszentrums von Gressoney und ist eingebettet in eine schöne Berglandschaft mit herrlichen Ausblicken auf den Gletscher des Monterosa. Die Fairways schlängeln sich zwischen wilden Bächen und Wasserfällen. Die Bahnen spielen sich flach und übersichtlich und können sehr gut fußläufig bewältigt werden. Der 9-Loch-Kurs ist einmal durch einen kleinen Fluss und einmal durch eine Verkehrsstrasse getrennt. Ein schmuckes Clubhaus mit Restaurant sowie eine Übungsanlage sind etabliert. Der Platz wurde 2018 auf 12 Loch erweitert.

Platzinformationen:

LOMBARDEI

HERRLICHE SEENLANDSCHAFTEN UND ERLEBENSWERTE KUNSTSTÄDTE

Menaggio am Comer See

CH
Nufenenpass
Blinnenhorn
Ofenhorn
3235
Valdo
Bosco Gurin
Pizzo d. Croselli
2710
Santa Maria Maggiore
M. Togano
2301
Premosello-Chiovenda
Ornavasso
Gravellona Toce
Omegna
Ortasee
Varallo
Quarona
Gozzano
Borgosesia
Borgomanero
Grignasco
Sesia
Gattinara
Romagnano Sesia
Ghemme
Novara
Vercelli
Mortara
Robbio
Cilavegna
Valenza
Alessandria
Tortona
Pozzolo
Castellazzo Bormida
Nizza
Campodolcino
Chiavenna
Novate Mezzola
Cima Castello
3378
3678
Monte Disgrazia
Piz Bernina
4049
Pizzo S
Chiesa in Valm.
Barbenno di Valtellina
Sondrio
Gravedona
Dongo
Còlico
Morbegno
Cosio Val.
Talamona
Albosaggia
Adda
2610
M. Legnone
Porlezza
Menàggio
Comer See
Bellano
Varenna
P. dei Tre Signori
2555
Mezzoldo
Primaluna
Fòppolo
Monte Pradella
2626
2089
Corno Grande
Bellagio
Mandello
Abbadia Lariana
Lugano
Luganer See
Campione d'Italia
M. Generoso
1701
Nesso
Lago Maggiore
Cannòbio
Luino
Verbania
Ponte Trèsa
Porto Cerèsio
Laveno
Baveno
Stresa
Cittiglio
Gavirate
Brebbia
Arcisate
Mendrisio
Chiasso
Bizzarrone
Como
Albese con C.
Erba
Canzo
Valmadrera
Lecco
Civate
Malgrate
Calolziocorte
Olginate
S. Giovanni Bianco
S. Pellegrino Terme
Serina
Gazzaniga
Gandino
Zogno
Almenno San Salvatore
Nembro
Albino
Alzano
Bergamo
Seriate
Villa di Serio
Pedrengo
Trescore Balneario
Grumello
Telgate
Angera
Sesto Calende
Arona
Mornago
Vergiate
Somma L.
Gallarate
Cardano al C.
Busto Arsizio
Legnano
Saronno
Cantù
Mariano C.
Lentate
Meda
Seregno
Desio
Lissone
Monza
Carate Brianza
Besana i.B.
Usmate
Arcore
Vimercate
Merate
Trezzo
Brembate
Dalmine
Osio
Verdello
Treviglio
Caravaggio
Romano di L.
Palazzolo
Pontoglio
Cividate
Castano Primo
Turbigo
Cameri
Galliate
Trecate
Cerano
Magenta
Corbetta
Abbiategrasso
Rho
Bollate
Sesto S.G.
Cologno M.
Cassina
Pioltello
Segrate
Peschiera Borromeo
MILANO (MAILAND)
Corsico
Buccinasco
Rozzano
Assago
Locate di T.
San Donato
S. Giul. M.
Melegnano
Paullo
Zelo Buon Persico
Spino d'Adda
Crema
Lodi
Lodi Vecchio
Sant Angelo Lodigiano
S. Colombano al Lambro
Casalpusterlengo
Codogno
Castiglione d'Adda
Pizzighettone
Soresina
Castelleone
Soncino
Orzinuovi
Pavia
Motta Visconti
Vigevano
Garlasco
Gropello Cairoli
Dorno
Cava Manara
S. Martino Siccomario
Belgioioso
Miradolo Terme
Chignolo Po
Broni
Stradella
Casteggio
Voghera
Pontecurone
Castelnuovo Scrivia
Sale
Viguzzolo
Varzi
Piacenza
Rottofreno
Castel S. Giovanni
Borgonovo Val Tidone
Gragnano Trebbiense
Podenzano
Rivergaro
Vigolzone
Carpaneto Piacentino
Fiorenzuola d'Arda
Castell'Arquato
Lugagnano Val d'Arda
Ponte dell'Olio
Gropparello
S. Giorgio Piacentino
Cadeo
Caorso
Cortemaggiore
Fiume Po
F. Trebbia
Tanaro
A1
A4
A7
A8
A9
A26
A21
A50
A51
A52
A53
A54
A58
A35
A36
A60

Golfclubs nach Kartennummern

Nr.	Golfclub		Seite
59	Bormio Golf Club		265
60	Golf Club Ponte di Legno		265
61	Valtellina Golf Club	■ 379, 381	265
62	GC Menaggio & Cadenabbia	■ 381	266
63	Golf Club Lanzo		266
64	Golf Club Varese		266
65	Panorama Golf Varese		266
66	Golf Dei Laghi	■ 381	267
67	Golf Club Lecco		267
68	Circolo Golf Villa d'Este		267
69	Golf Club Monticello		267
70	Golf Club Bergamo L'Albenza		268
71	Golf Club La Pinetina		268
72	Golf Club Carimate		269
73	Ai Colli Di Bergamo Golf		269
74	Barlassina Country Club		269
75	Golf Club La Rossera		270
76	Golf Brianza Country Club a.s.d.		270
77	Golf Club Le Robinie		270
78	Golf Club Villa Paradiso		270
79	Franciacorta Golf Club	■ 381, 383	271
80	Golf Club Milano		271
81	Il Golf Borgo di Camuzzago		271
82	Golf Green Club Lainate	■ 383	272
83	Campodoglio Golf		272
84	Molinetto Country Club		272
85	Colombera Golf Club		272
86	Circolo di Campagne di Zoate		273
87	Golf Club Le Rovedine		273
88	Castello Tolcinasco GCC		273
89	Golf Club Crema		273
90	Golf Club Ambrosiano		274
91	Vigevano Golf & Country Club		274
92	Golf Club Il Torrazzo		274
93	Salice Terme Golf & Country		274

■ = Partner Albrecht Greenfee-Aktion (Gutschein-Seite)

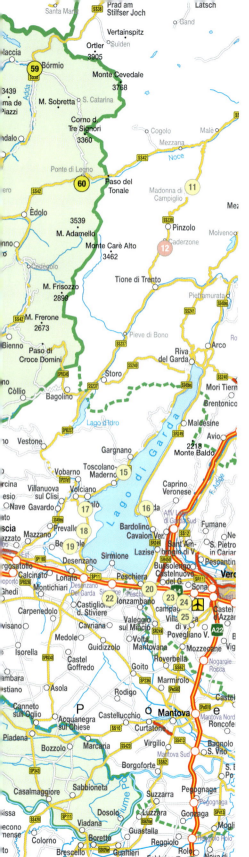

Der Mailänder Dom

Schenkt man einem alten lateinischen Spruch Glauben, so führen alle Wege nach Rom, nicht jedoch jener, auf dem einst Langobarden im Zuge der spätantiken Völkerwanderung nach Norditalien wanderten und der oberitalienischen Region ihren Namen gaben – Lombardei.

Zwischen den berühmten oberitalienischen Seen Lago Maggiore und Gardasee gelegen, breitet sich die beeindruckende Landschaft der Lombardei bis an die Ufer des Po aus. Durch ihre strategisch günstige Lage entwickelte sich die Region schon früh zum Handels- und Industriezentrum und somit zu einem der wirtschaftlich stärksten Regionen Europas. Verwundert zeigen sich deshalb die meisten Besucher über die landschaftliche Vielfalt und Schönheit der Region. In diesem mannigfaltigen Landstrich begeistern schneebedeckte Alpengipfel und hochalpine Bergdörfer genauso wie das herrliche Voralpenland, die traumhafte Seenlandschaft, erinnerungswürdige Parkanlagen und aufregende Kunststädte. Nicht zu vergessen die unendliche Weite der Poebene, die Kornkammer Italiens, und die schnelllebige faszinierende Metropole Mailand.

Die Lombardei überrascht außerdem mit spannender Geschichte und reichhaltiger Kultur, zahlreichen Denkmälern und wertvoller Kunst: Tonangebend ist dabei Mailand mit seinen einzigartigen Schätzen, doch Kunst und Kultur fühlen sich auch in anderen Regionen der Lombardei zu Hause: Da sind Sacro Monte in Varese, die Gemälde der Akademia Carrara in Bergamo, die Felsenbilder von Brescia, San Sigismondo in Cremona, das Teatro Scientifico in Mantua, Santa Maria Incoronata in Lodi, die Certosa in Pavia – in Kombination mit Golf ein unvergessliches Erlebnis.

MAILAND – DAS SCHILLERNDE HERZ DER LOMBARDEI

Die Lombardei gilt als eine der reichsten Regionen Italiens und wird in erster Linie von der weltoffenen Metropole Mailand, dem Herz der Region, geprägt. Die schillernde Mode sowie die Finanz- und Industriemetropole Mailand mit unverkennbar europäischem Stadtbild haben wenig Zeit für Dolce Vita, so scheint es. Italiens offizielle Hauptstadt ist zwar Rom, aber genauso gut könnte es Mailand sein, eine der führenden Industriestädte, bekannt aber auch für Mode, Design und Spitzentechnologie. Die Mailander behaupten gern, dass sie das Geld verdienen, das in Rom so großzügig ausgegeben wird, immerhin werden zehn Prozent des BIP – vergleichbar mit Brüssel oder Madrid – in dieser Stadt erwirtschaftet. Auch 40 Prozent aller neuen Patente für Innovationen werden hier genehmigt. Zur EXPO 2015 sah sich Mailand im

Dienst des Wachstums Italiens und vertrat als dessen Botschafter das ganze Land. Die faszinierende Stadt beheimatet zudem 650 Mode-Showrooms und steht damit im Wettbewerb mit den ganz Großen – Paris und New York. Via Montenapoleone ist der Inbegriff für feinste Mode zu extra Preisen, wo Modeschöpfer mit klangvollen Namen ihre neuesten Kreationen anbieten. Ein Bummel durch die Galleria Vittorio Emanuelle II, eine Belle-Epoque-Arkade, die zu den frühesten und prunkvollsten Einkaufsgalerien der Welt zählt, ist ein unvergessliches Erlebnis. Für die schmälere Geldbörse erfreut sich ein neuer Trend wachsender Beliebtheit: die zahlreichen neuen Designer-Factory-Outlet-Store am Stadtrand Mailands.

Mailand ist zugleich auch eine kulturelle Metropole. Jährlich werden etwa zehn Millionen Eintrittskarten für Kunst-, Musik- und Kinoveranstaltungen verkauft, lediglich Berlin und Barcelona können auf ähnliche Zahlen stolz sein. Wahrzeichen der Metropole ist der Dom, das größte gotische Bauwerk Italiens und die drittgrößte Kirche Europas. Die optisch reizvolle Fassade mit den vielen Türmchen – ein „Gedicht aus Marmor", wie Mark Twain einmal sagte – entschädigt für das eher enttäuschende Innere. Der Höhepunkt jeder Besichtigung ist jedoch der Aufstieg zum Dach, von wo aus man bei gutem Wetter bis zum Matterhorn sehen kann. An der Westseite der Piazza del Duomo erreicht man die bereits erwähnte weltliche Galleria Vittorio Emanuele. Direkt daneben steht man vor der großen Oper, der Mailänder Scala. Um das herausragende und größte Mailänder Kunstwerk zu besichtigen, muss man quer durch die Stadt zur Kirche Santa Maria delle Grazie fahren. Diese teilweise von Bramante entworfene Kirche, ein Meisterwerk der Renaissance, wird von den meisten Besuchern kaum beachtet. Und dennoch beherbergt sie eines der berühmtesten Gemälde der Welt, Leonardo da Vincis „Abendmahl".

Auch das Kulinarische kommt in in der Haupstadt nicht zu kurz, wenn man an die Salami, Polenta, das Risotto alla Milanese oder Ossobucco denkt, vom Amaretto di Saronno ganz zu schweigen und von der Restaurantszene und dem Nightlife im Brera-Viertel gar nicht zu reden. Aus den Mailand nächstgelegenen Weinanbaugebieten kommen Oltrepo Pavese und San Columbiano.

CREMONA UND STRADIVARI

Die Lombardei, das ist natürlich nicht nur Mailand, da sind auch noch das mittelalterliche Mantua, wo Andreas Hofer einst „in Banden lag", oder Pavia, die „Schöne im Schatten Mailands" am Po, die von Aldous Huxley einmal als eine der romantischsten Städte der Welt beschrieben wurde, und Ticino mit der zweitältesten Universität Italiens. Cremona, das ruhige Provinzstädtchen mit dem romanischen Dom, der mittelalterlichen Piazza del Commune und dem Torrazzo, einem der höchsten mittelalterlichen Türme (112 Meter) Italiens. Cremona ist – und darauf ist man besonders stolz – aber auch Geburtsstadt des größten Geigenbauers aller Zeiten, Antonio Stradivari. Lassen Sie uns also aufspielen – allerdings nicht Geige, sondern Golf. Ankerpunkt unserer golferischen Durchquerung ist die Metropole Mailand

Die Galleria Vittorio Emanuele II in Mailand

Castello di Tolcinasco Golf & Country Club

Golf Le Rovedine

Molinetto Country Club

selbst, denn innerhalb eines Radius von maximal 50 Kilometern können sich golfbegeisterte Besucher auf mindestens elf unterschiedlichen Wiesen austoben.

LOMBARDISCHE GOLF-KÖSTLICHKEITEN

Ob als imposanter Auftakt oder als gelungener Abschluss: Golfclub Milano gehört ins Programm. Das Aushängeschild der Region wurde bereits 1928 gegründet und liegt standesgemäß im ehemals königlichen Park von Monza. Hohe alte Bäume verleihen der im englischen Stil angelegten 27-Loch-Anlage stilvolle Eleganz, an der ursprünglichen Golftradition wird auch heute noch festgehalten. Eine harmonische Stille und einzigartige Atmosphäre umgeben das Schmuckstück, das nur einmal im Jahr durch das Dröhnen heulender Formel-1-Boliden gestört wird, befindet sich doch die Rennstrecke von Monza in unmittelbarer Nähe.

Golfgröße zeigt der 1993 eröffnete Privatplatz des Castello di Tolcinasco Golf & Country Club. Dies allerdings nicht nur wegen seiner 27 Championship- und 9-Executive-Löcher von Golflegende Arnold Palmer (neben Le Pavonniere und Ca´della Nave Golf Palmers drittes Design in Italien), dem es gelungen ist, in einem 120 Hektar großen Park – mit romantischer Burg aus dem 16. Jahrhundert – einen modernen, exzellenten Parcours zu gestalten. Die abwechslungsreichen Bahnen verlaufen auf flachem Terrain, der amerikanische Stil des „King" ist unverkennbar: Pfeilschnelle Grüns sowie strategisch postierte Bunkerlandschaften in Riesendimension und viel Wasser erfordern Konzentration und effizientes Course-Management. Castello di Tolcinasco Golf & Country Club sollte unbedingt auf der Speisekarte des Golfgourmets als „Must Play" verzeichnet sein, heftet sich doch der Platz stolz auf die Brust, schon mehrfach Austragungsort der European Tour gewesen zu sein.

Obgleich nur wenige Kilometer entfernt, bewährt sich Golf Le Rovedine in Noverasco di Opera als öffentlicher Golfplatz im krassen Gegensatz zur exklusiven Tolcinasco-Anlage. Similaritäten finden sich allerdings im Layout der beiden Plätze, denn auch auf diesem ebenen Parcours mit 18 Löchern und zusätzlichem 9-Executive-Course wird Strategie gefordert, sind doch die Bahnen mit zehn opulenten Wasserhindernissen gespickt. Technisch besonders interessant und schön zu spielen ist Loch 9, ein Par 4, Dogleg nach links, dessen Fairway auf seiner gesamten Länge beiderseits vom Wasser begrenzt wird.

Der fleißige venezianischen Architekt Marco Croze hat sich in fast allen Regionen Italiens verschiedene Golfdenkmäler gesetzt, so auch in der südlichen Lombardei, in nördlicher Richtung von Mailand. Die herrliche Naturlandschaft von Brianza umrahmt die Anfang der 90er-Jahre eröffnete Anlage, die diese wie in einem natürlichen Amphitheater auf sanft gewelltem Gelände erscheinen lässt. Die schroffen Gipfel vom Resegone und Grigna im Hintergrund vervollständigen das phantasievolle und malerische Bild der herrlichen Szenerie. Am 5.744 Meter, Par 72, langen Parcours wechseln sich immer wieder lange Bahnen mit kurzen, schwierigen Löchern, die keine Fehler verzeihen, ab. Vier Seen zwingen zum präzisen Spiel und fordern die mentale Stärke, auch wenn die Back-Nine zum Attackieren verleiten. Wer spielerische Herausforderungen liebt, ist auf diesem Croze-Platz richtig.

Die Reservierung der Startzeit erweist sich bereits als erste Hürde, kein Wunder, der Molinetto Country Club ist primär aufgrund seiner geographischen Nähe zu Mailand stets besonders stark frequentiert. Auf diesem flachen Parcours mit technischen Schmankerln haben allerdings schon Ballesteros, Chapman & Co gespielt, fanden doch hier 1985 die ersten Italian Open statt. Ob der sympathische Spanier – für seine zahlreichen „Ausflüge“ fernab der Spielbahnen bekannt – diese engen Fairways gut gemeistert hat?

Der Golf Green Club Lainate ist – alternativ zum Molinetto-Golfclub – vom Zentrum der Stadt in nordwestlicher Richtung ebenfalls schnell zu erreichen. Hinter dem Nationalpark Groane gelegen, prägen moderne sowie traditionelle Landschaftsbilder die Anlage, denn die majestätische Bergwelt der Alpen am Horizont steht im direkten Kontrast zur imposanten Skyline der schillernden Metropole Mailand. Vier Seen und vor allem mehrere quer zu den Spielbahnen verlaufende Bäche machen unaufmerksamen Spielern das Leben besonders schwer. Trotzdem macht es Spaß, den erst 2004 auf 18 Loch erweiterten Parcours zu spielen.

Golf Brianza Country Club

GOLF AUF ITALIENS EINZIGEM JACK NICKLAUS-SIGNATURE-COURSE

Nur 20 Minuten von Mailand entfernt plante kein Geringerer als Jack Nicklaus Anfang der 90er-Jahre einen Platz, der zu den besten Italiens zählt, Le Robinie Golf Course. Mehr als zwei Millionen Kubikmeter Erde wurden bewegt, um eine im TPC-Stil terrassenähnliche Anlage zu bauen, welche den hohen Anforderungen eines Signature Courses des Meisters gerecht wird. Longhitter werden über die für Nicklaus typischen breiten Fairways jubeln, doch aufgepasst – großflächig angelegte Bunker und Wasserhindernisse kommen immer wieder ins Spiel, besonders auf den Löchern neun und zehn sowie auf den Schlusslöchern 17 und 18, deren Bahnen entlang eines Sees führen. Als Signature-Loch weist sich Loch vier, ein 381 Meter langes attraktives Par 4, im Jahr 2000 vom Golf-

Golf Club Le Robinie

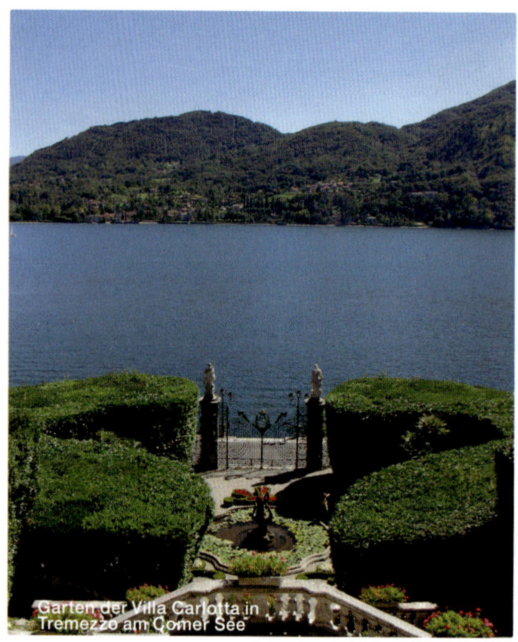

Garten der Villa Carlotta in Tremezzo am Comer See

magazin zu einem der besten 500 Löcher der Welt ausgezeichnet, auf dem offensive Spieler animiert werden, das Grün über Wasser und tiefe Bunker zu attackieren. Ein toller Platz, der sich nicht nur aufgrund seines amerikanischen Designs von vielen anderen norditalienischen Plätzen unterscheidet.

GOLF AN DEN SEEN

Nördlich von Mailand garantieren die berühmten Voralpenseen Erholung, Genuss und Golffreuden. Die bekanntesten Seen sind hier sicherlich der Lago Maggiore und der Comer See, doch auch die kleineren Seen wie der Iseo-See, weiter östlich gelegen, stehen ihren „großen Geschwistern" in punkto Charme nichts nach. Die Zutaten sind immer gleich schön: Wälder, Berge, Wasser, Sonne und milde Temperaturen. Sei es bei Nebel wie auch bei strahlendem Sonnenschein, von dieser faszinierenden Landschaft und der so einzigartigen Atmosphäre wird man in den Bann gezogen. Bei der Fahrt entlang der Ufer durchquert man reizende Dörfer und genießt die malerische Szenerie. Ferien an den norditalienischen Seen zu verbringen ist höchstes Vergnügen, in Kombination mit Golf auf den zahlreichen fantastischen Golfplätzen der Region wird dies zu einem unvergesslichen Erlebnis.

NOMEN EST OMEN, ODER VIELLEICHT DOCH NICHT?

Auf der Ostseite des Lago Maggiore, zwischen dem Varese-See, dem Gomabbio- und dem Monate-See, in einem herrlichen alten Park mit hohen Bäumen und prächtigen Blumen, liegt der traumhafte Golfplatz des Golf dei Laghi. Angesichts des vielen Wassers könnte einem angst und bange werden, die Realität sieht jedoch besser aus. Weil ringsherum soviel Wasser ist, hat Architekt Mancinelli auf dem Platz auf dieses großzügig verzichtet und lediglich zehn Wasserhindernisse eingebaut. Der zum Teil hügelige Parcours ist mit 6.125 Metern nicht sehr lang, doch zahlreiche natürliche Hemmnisse verlangen strategisches Spiel. Dort, wo einst die Stallungen der Familie Visconti waren, steht heute das attraktive Clubhaus, dessen Restaurant schon als eines der besten Clubrestaurants ausgezeichnet wurde.

Golf Club Varese

ZUM GOLF INS KLOSTER

Der massive graue Bau des Klosters von Luvinate hebt sich deutlich vom Grün des geschichtsträchtigen Golfplatzes Varese ab, der sich wellenförmig über den Campo dei Fiori erstreckt. Überall spürt man hier die besondere Atmosphäre des bereits 1934 gegründeten Clubs. Das Kloster wurde zwar als solches in den 30er-Jahren aufgelassen, doch das altehrwürdige Ambiente blieb erhalten. Dort in den Gewölbegängen, wo jahrhundertelang Mönche wandelten, befindet sich heute ein gutausgestatteter Pro-Shop; das ist italienische Originalität und Lebensart. Der Platz kann zwar mit dem klösterlich-feudalen Clubhaus nicht mithalten, die langen Bahnen stellen jedoch für Golfer jeder Spielstärke einige knifflige Herausforderungen dar. Herausragend ist der wunderschöne Panoramablick auf den Seearm von Varese und die Monte-Rosa-Gruppe von Abschlag zehn. Auch wenn – ob der 600 golfenden Clubmitglieder – Gäste nicht immer gern gesehen sind, so sollte man sich die besondere Erfahrung beim Golf im Kloster nicht entgehen lassen.

Der Comer See ist der drittgrößte See im italienischen Alpenraum. Perfekt paart sich mediterranes Flair mit hochalpiner Landschaft. Die herrlichen Prachtbauten am Ufer, schöne Promenaden, harmonisch gewachsene Dörfer, kleine Häfen mit zahlreichen Segel- und Fischerbooten und sehr viel Natur machen den Comer See zu einer Idylle unverfälschter lombardischer Lebensart und -lust. Der Geheimtipp der 60er-Jahre entwickelte sich zur Touristenattraktion, aus der Einöde wurde ein blühendes Dorf. Und es war

Golf Dei Laghi

Konrad Adenauer, erster Kanzler der Bundesrepublik Deutschland, der den nahezu unbekannten Marktflecken Cadenabbia durch seine alljährlichen Urlaube bekannt machte.

OLD ENGLAND MIT ITALIENISCHEM FLAIR

Am Comer See wurde im Jahr 1907 einer der ältesten Golfplätze Italiens gebaut. Es war bezeichnenderweise ein Brite, der sich als Tourist am See niedergelassen hatte, die damals neun Loch umfassende Anlage schuf und diese auch bis in die 50er-Jahre in Besitz hielt. Heute zählt der hügelige 18-Loch-Menaggio e Cadenabbia Golf Club, der 1965 von John Harris komplett redesignt wurde, zu den etabliertesten des Lan-

Golf Club Menaggio & Cadenabbia

Circolo Golf Villa d'Este

des. Die britische Tradition blieb erhalten und setzte sich auch auf dem Platz weiterhin durch. Besonders erwähnenswert ist ein bergauf verlaufendes Par 4, das zu den schmalsten Golflöchern der Welt zählt. Das unvergleichbare Panoramabild auf den Como See und die Alpen wird man lange in Erinnerung behalten. Das Clubhaus – eine von außen rustikal anmutende Villa, die im Inneren gediegenes Ambiente mit großartiger Küche und aufmerksamem Service bietet – schließt sich nahtlos dem hohen Qualitätsstandard des Platzes an. Bemerkenswert ist die wertvolle Sammlung von über 1.200 historischen Schriften und Golf-Publikationen, die in dieser Form weltweit einzigartig ist.

PRESTIGETRÄCHTIGES GOLFJUWEL FÜR JEDERMANN

Während Kunst, Kultur und Industrie in den vergangenen Jahrhunderten die Lombardei geradezu beherrschten, war Norditalien bis ins 20. Jahrhundert in punkto Golf lediglich Entwicklungsland. Einen ersten richtungsweisenden Akzent setzte der Circolo Golf Villa d'Este im Jahr 1926. Der 18-Loch-Golfplatz am Fuße der Alpen in Montorfano schmiegt sich idyllisch in die Landschaft, folgt ebenfalls britischen Gepflogenheiten, genießt ein überaus großes Prestige und strahlt ein elitäres Flair aus, ist jedoch für jedermann zugänglich. Der von Architekt Peter Gannon geplante Parcours führt bergauf und bergab durch uralten Baumbestand von Pinien, Kastanien und Birken; obgleich nur 5.670 Meter lang, zählt der zeitlose Klassiker zu den schwierigsten Par-69-Anlagen Europas. Die Fairways neigen sich oft von links nach rechts, wodurch der zweite Schlag meist aus schräger Lage gespielt wird. Die schmalen Grüns werden von gut positionierten Bunkern verteidigt, die jede gepullte Annäherung bestrafen. Fast überall auf dem Platz ermöglichen sich sensationelle Ausblicke auf die grandiose Landschaft. Das „Goldene Buch“ liest sich wie das „Who is who“ der weltweiten High Society. Celebrities wie Clark Gable oder Bing Crosby haben sich in diesem Buch genauso verewigt wie Könige und Königinnen der europäischen Königshäuser.

GOLF VOR DEN TOREN BERGAMOS

Fährt man vom Lago di Como kommend Richtung Osten, so stößt man wenige Kilometer vor der Stadt Bergamo inmitten der Bergameser Voralpen auf den

Golf Club Bergamo L'Albenza

Golfclub Bergamo L'Albenza, der sich mit seinen 27 versiert angelegten und technisch schwierigen Löchern als einer der großen Golfplätze der Region rühmen kann. Der rote Course weist mit einem 575 Meter langen Par 5 sogar eines der längsten Löcher Europas auf. Ein traditionelles Herrenhaus wurde zum großartigen Clubhaus umgebaut. In Bergamo, wo sich Geschichte und Kultur mit dem Dom, dem Baptisterium sowie der Academia Carrara, die eine der bedeutendsten Gemäldesammlungen Norditaliens in sich birgt, in besonderer Weise manifestieren, sollte man unbedingt einen Halt einplanen; der Weg zum Iseo-See ist ohnehin nur noch kurz.

GOLF IN DER ITALIENISCHEN CHAMPAGNE – GOLFPERLE FRANCIACORTA

Der Iseo-See, der zwischen dem Gardasee im Osten und dem Lago Maggiore im Westen zu Unrecht ein Stiefmütterchen-Dasein führt, wird von einer herrlichen Gebirgskette umrahmt und umschließt in seiner Mitte mit Monte Isola die größte in einem See befindliche Insel in ganz Europa. Auch kulinarische Größen trifft man hier mengenweise. Am südlichen Ende des Sees nicht weit von Brescia, der zweitgrößten Stadt der Lombardei, die über Kunstwerke wie die Piazza della Loggia, Rotonda, Museo Romano und die Pinacoteca Tosio-Martinsenso verfügt, liegt der Golfclub Franciacorta. Vor allem Weinfreunde, die „Bollicine", also prickelnde Weine von hoher Qualität, lieben, kennen die Franciacorta. Dass man hier nicht nur köstlichen Spumante genießen, sondern dem Golfsport fein frönen kann, beweist der Golfclub Franciacorta.

Der Championship-Platz wurde 1986 geschickt in der hügeligen Landschaft mit kleinen Seen, Bächen und alten Bauernhöfen angelegt. Die Qualität des Platzes mit dreimal neun Loch – wie könnte es in dieser Region wohl anders sein –, Brut, Saten und Rosè genannt, hat sich in den letzten Jahren stark verbessert und garantiert ein besonderes Naturerlebnis. Spannend zu spielen sind nicht nur die beiden Insel-Grüns, die ganze Runde ist abwechslungsreich und verlangt auch von guten Handicap-Spielern ein exaktes Spiel. Logisch, dass man sich nach einer herrlichen Golfrunde ein Gläschen Franciacorta-Spumante gönnen sollte! Auch ein Besuch in der Cantine di Franciacorta bietet sich an, da diese Weinhandlung der regionalen Weinhändler direkt an der Straße zum Golfclub liegt.

Im Süden Mailands, in der wundervollen Campagna, werden weitere Golfschwerpunkte gesetzt. Der 1994 eröffnete, gut gestriegelte 18-Loch-Golfclub Ambrosiano wird bereits seit 14 Jahren von der Kosaido-Gruppe gemanagt, die ja bekanntlich auch das Zepter am renommierten Kosaido-Golfclub in Düsseldorf schwingt. Großflächige Fairwaybunker sowie das nasse Element in Form von zehn Seen und Teichen fordern nicht nur Technik, sondern stellen vor allem das Nervenkostüm vieler Spieler auf eine harte Probe. Mehrere Spielbahnen, wie zum Beispiel die 14 – ein Dogleg nach links – werden in ihrer gesamten Länge vom Wasser begrenzt und bestrafen jeden Fehlschlag. Optisch als Augenweide, spielerisch als Ungeheuer, so

Franciacorta Golf Club

präsentiert sich Loch 16, ein 148 Meter langes Par 3, das von viel Sand sowie einem großen See verteidigt wird. Wohl gewählte Bunkerpositionen, mediterrane Vegetation sowie mehrere kleine Bäche, aber alles im Einklang mit der traumhaften Natur des Ticino-Parks, lassen die 18-Löcher des Golfclub Vigevano bei Pavia zum harmonischen Golfgedicht werden.

Verlässt man Mailand Richtung Osten, stößt man auf das trickreiche Schmuckkästchen des Circolo di Campagna di Zoate. In einem kleinen verträumten Winkel der Lombardei wird auf 18 Loch Golf vom Feinsten serviert. Durch die Golfanlage fließt das muntere Flüsschen Addetta, an dem die Löcher eins, zehn, elf, zwölf und dreizehn liegen. Der überwiegend flache Parcours ist zudem von jahrhundertealten Bäumen umgeben und von den typischen lombardischen „Rogge", den plätschernden kleinen Wasserläufen, durchzogen. Als ob der Fluss nicht schon genug wäre! Grüne Wiesen wechseln sich mit Wäldern aus Pappeln, Erlen und knorrigen alten Eichen ab. Den Architekten M. und F. Marmori gelang das Kunststück, die ursprüngliche Atmosphäre intakt zu halten und durch ein raffiniertes Design einen interessanten und anspruchsvollen Parcours zu gestalten.

Das gilt auch oder in ganz besonderem Maße für das 2002 eröffnete Crema-Golfresort bei der Stadt Crema, zwischen Mailand und Cremona gelegen. Luigi Rota Caremoli, der brilliante Architekt – er gilt als der „Armani" unter den italienischen Golfplatz-Designern – hatte sich vorgenommen, Natur und menschliches Können auf den 18 Fairways und Greens des Crema-Golf-Resorts interaktiv zu verbinden. Auf diese Weise ist es ihm geglückt, die Golf-Course-Gestaltung wie ein Mode-Design zu präsentieren – als harmonische Verbindung von Natur und phantasievoller Erlebnisfähigkeit. Traumhaft schön wurden die beiden Parcours, der 18-Loch-Course, bezeichnenderweise „Daddy" genannt, sowie die neun Bahnen des „Mummy"-Courses in die Landschaft des Moso Nature Reserve integriert. „Daddy" mit 6.550 Meter, Par 73 nicht gerade ein Mickymaus-Parcours, wird zudem von viel Wasser – 13 Seen – durchzogen, das den Platz auch technisch schwierig macht, viel Nervenkitzel verursacht und zudem – oder gerade deshalb – vor allem viel Spaß bereitet.

Freuen Sie sich darauf, die Vielfältigkeit und den Reichtum der Lombardei für sich zu entdecken, fühlen Sie sich besonders willkommen, denn Gastfreundschaft gilt hier als hohes Gut und wird in der Regel auch so weitergegeben.

Circolo di Campagne di Zoate

Golf Club Crema

59 Bormio Golf Club

9

Via Giustizia
I-23032 Bormio
0342-910730 / +39-3711250284
info@bormiogolf.it
www.bormiogolf.it

Länge: H 4324 m, D 3892 m, HCP erforderlich.

Greenfee-Kat.: €€€€
Ermäßigung: Jugendl. bis 18 J. 50%

Ein 9-Loch-Golfplatz in schöner Hügellandschaft in einem Hochtal auf ca. 1.300 m gelegen und mit wunderbaren Ausblicken auf die umliegende Berglandschaft Bormios. Der Kurs liegt an der nördlichsten Grenze Italiens und bietet neben den angenehm zu spielenden Bahnen auch eine Übungsanlage sowie ein Clubhaus mit allen Annehmlichkeiten. Die günstigen Greenfee-Preise sind auch ein Argument, den Platz in Bormio mal zu spielen. Der Golfplatz ist trotz seiner Höhenlage sehr gut erreichbar. Die Saison ist begrenzt, von Ende Mai bis Ende Oktober, dann ist Skifahren angesagt.

Platzinformationen:

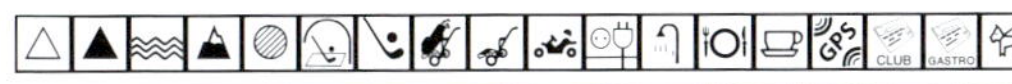

60 Golf Club Ponte di Legno

9

Loc. Valbione
I-25056 Ponte di Legno
0364-900269
golfpontedilegno@libero.it
www.golfpontedilegno.it

Länge: H 5312 m, D 4726 m, HCP erforderlich.

Greenfee-Kat.: €€€
Ermäßigung: Jugendl./Stud. 50%

Der Golfclub liegt in der Lombardei auf 1.500 m Höhe, umgeben von dichten Fichtenwäldern. Dahinter ragen die Gipfel des Corno d'Aola und Salimmo auf. Trotz der Höhe und des gebirgigen Terrains, aber auch wegen der wenigen Hindernisse in Form von Wasser und Bunkern ist der Platz nicht allzu schwierig. Der Golfplatz ist auch über einen Sessellift erreichbar und nur von Anfang Juni bis Ende September geöffnet, danach verwandelt sich der Golfplatz in eine Skipiste. Ein besonderer Augenschmauß ist das kleine, aus Naturstein gebaute Clubhäuschen, das im Sommer geöffnet ist.

Platzinformationen:

61 Valtellina Golf Club

18

Via Valeriana, 29/A
I-23010 Caiolo (SO)
0342 354009
info@valtellinagolf.com
www.valtellinagolf.com

Länge: H 6173 m, D 5281 m, HCP erforderlich.

Greenfee-Kat.: €€€
Ermäßigung: Jugendl. bis 18 J. 50%

Der 18-Loch Valtellina Golf Club besticht durch seine malerische Lage mit wunderschönen Panoramablicken auf die umliegenden Weinberge und Kastanienbäume, auf das Massiv des Adamello im Osten und die rauen Granitgipfel des Disgrazia im Westen. Der Kurs bietet freie Sicht auf die meisten Farways, hat zwar drei kleine Wasserhindernisse, die aber bei einer strategischen Spielführung gut zu überwinden sind. Die anderen Löcher sind meistens gerade und bereiten wenig Schwierigkeiten. Alles in allem ist der Platz für Spieler aller Handicapklassen eine interessante Herausforderung.

Platzinformationen:

Valtellina Golf Club

62 Golf Club Menaggio & Cadenabbia

18

Via Wyatt n. 54
I-22017 Fraz. Croce, Menaggio
0344 32103
segreteria@menaggio.org
www.menaggio.it

Länge: H 5482 m, D 4839 m, HCP 54 erforderlich.
9 Loch erst nach 17.00 h

Greenfee-Kat.: €€€€
Ermäßigung: Jugendl.
GF-Ermäßigung für Gäste der Partnerhotels.

1907 gründeten vier englische Gentlemen unter der Leitung des Bankiers Henry John Mylius den Menaggio Cadenabbia Golf Club und ließen in der Ortschaft Croce oberhalb von Menaggio einen 9-Loch-Platz anlegen, der bald zum beliebten Treffpunkt sämtlicher Golfenthusiasten der Gegend wurde. 1919 wurde Land dazu gekauft und der Platz auf 18 Loch erweitert. 1965 wurde er dann schließlich von John Harris komplett umgebaut. Der sehr hügelige Kurs ist gesäumt von hochgewachsenen Bäumen und verlangt ein präzises Spiel. Neben dem Restaurant lohnt sich ein Besuch in der interessanten Golfbibliothek.

Platzinformationen:

63 Golf Club Lanzo

9

Località Piano delle Noci
I-22024 Lanzo Intelvi
031 839060 031 839060
segreteria@golflanzo.it
www.golflanzo.it

Länge: H 5094 m, D 4481 m, PE erforderlich.

Greenfee-Kat.: €€€
Ermäßigung: Jugendl.

Lanzo ist ein 9-Loch-Golfplatz in den Bergen der oberitalienischen Seen, in 1.000 Metern Höhe oberhalb des Luganer Sees und ganz in der Nähe der Schweizer Grenze. Der Platz liegt in einer wunderschönen Landschaft, ist trotz seiner begrenzten Länge abwechslungsreich und aufgrund der intelligenten Nutzung der Löcher mit zwei Tees sehr interessant. Man hat die umliegenden Bergrücken und Täler immer im Blick. Dank der Nähe zum See ist das Klima trotz der Höhe so mild, dass der Platz von Mai bis Oktober bespielt werden kann. Ein Clubhaus mit Restaurant ist auch etabliert.

Platzinformationen:

64 Golf Club Varese

18

Via Vittorio Veneto 59
I-21020 Luvinate (Varese)
0332 229302 0332 821293
info@golfclubvarese.it
www.golfclubvarese.it

Länge: H 6105 m, D 6105 m, HCP 36 erforderlich.
Montags geschlossen.

Greenfee-Kat.: €€€€
Ermäßigung: Jugendl. bis 21 J. 50%

Der massive graue Bau des Klosters von Luvinate hebt sich deutlich vom Grün des Golfplatzes ab, der sich wellenförmig über den Campo dei Fiori erstreckt. Wo immer man auf dem Golfplatz auch hinkommt, überall spürt man die altehrwürdige Atmosphäre des 1934 gegründeten Clubs, der über kniffelige Bahnen verfügt. Herausragend ist der wunderschöne Panoramablick auf den See von Varese und die Monte Rosa Gruppe von Abschlag 10. Unvergesslich bleibt der Besuch des Clubhauses, das Eintauchen in die Aura dieses Gemäuers, das Verweilen in der Lounge und das Speisen auf der Terrasse.

Platzinformationen:

65 Panorama Golf Varese

9

Via Belmonte 169
I-21100 Varese
0332 330356 0332 330356
info@panoramagolf.it
www.panoramagolf.it

Länge: H 2029 m, D 1816 m

Greenfee-Kat.: €€
Ermäßigung: Jugendl. bis 17 J. 50%

Eingebettet in die grüne Landschaft des Voralpenlandes befindet sich die 9-Loch-Anlage Panorama Golf Varese doch nur fünf Minuten vom Stadtzentrum von Varese entfernt und ist somit schnell zu erreichen. Die Bahnen ziehen sich durch typisch voralpine Umgebung mit Eichen- und Kastanienwäldern. Bei den Löchern 4 und 9 kommt auch ein künstlicher See ins Spiel, der eine zusätzliche Herausforderung darstellt. Panorama Golf Varese bietet zudem beste Übungseinrichtungen inklusive einem 9-Loch-Pitch & Putt Course.

Platzinformationen:

66 Golf Dei Laghi

18

Via Trevisani, 926
I-21028 Travedona Monate
0332 978101
segreteria@golfdeilaghi.it
www.golfdeilaghi.it

Länge: H 6113 m, D 5441 m, HCP 54 erforderlich.

Greenfee-Kat.: €€€
Ermäßigung: Jugendl. bis 18 J. 50%

Der Golfclub befindet sich in einem herrlichen alten Park mit hohen Bäumen und prächtigen Blumen oberhalb des Lago Maggiore und des Lago Monate. Der Kurs ist gesäumt von uralten Bäumen, die neben den Bunkern und einigen Wasserhindernissen das Spiel sehr interessant und kurzweilig machen. Auch die anzuspielenden Grüns, mal oben, mal unten gelegen, sind nicht zu unterschätzen. Außerdem bietet die Anlage Restaurants, Konferenzräume, Tennisplätze, Reitställe sowie ein behagliches und zweckmäßiges Clubhaus, in dem man sich nach einer herausfordernden Runde entspannen kann.

Platzinformationen:

67 Golf Club Lecco

18

Frazione Pizzighettone
I-23841 Annone Brianza
0341 579525
segreteria@golfclublecco.it
www.golfclublecco.it

Länge: H 5610 m, D 5022 m, HCP 36 erforderlich.

Greenfee-Kat.: €€

Zwischen den Seen Lago di Annone und Lago di Pusiano, in einer wunderschönen grünen Landschaft am Fuße der lombardischen Voralpen liegt der Golf Club Lecco. Der flache Parcours weist einige Schwierigkeiten und oftmals ondulierte Greens mit hohem Niveau auf. Die schmalen Bahnen verlaufen durch dichten Baumbestand und werden zusätzlich durch Wasserhindernisse erschwert. Besondere Anstrengung erfordern die Par 5 Löcher, alle über 500 Meter lang. Punkten kann man an den kurzen Par 4 Löchern, die durch gerade Bahnen mit wenigen Hindernissen ein gutes Ergebnis möglich machen.

Platzinformationen:

68 Circolo Golf Villa d'Este

18

Via per Cantú, 13
I-22030 Montorfano
031 200200 031 200786
info@golfvilladeste.com
www.golfvilladeste.com

Länge: H 5727 m, D 5040 m, HCP 34 erforderlich.

Greenfee-Kat.: €€€€€ E
rmäßigung: Jugendl. bis 21 J. 50%

Villa d'Este, ein Name, der vielen Golfern bekannt ist. Der weltberühmte Platz liegt hinter dem wunderschönen Montorfano-See im sonnigen Brianza auf einer Höhe von 1.200 m, wo die Landschaft an Schottland erinnert. Selbst in der größten Augusthitze lässt es sich hier angenehm spielen. Der Kurs wurde 1926 von Peter Gannon angelegt. Die 18 Löcher ziehen sich durch Kastanien-, Birken- und Pinienwälder. Der Platz gilt als einer der vielseitigsten, aber auch schwierigsten Par 69-Anlagen in Europa. Das imposante Clubhaus liegt auf einer Anhöhe mit Blick auf Loch 18.

Platzinformationen:

69 Golf Club Monticello

18/18

Via Volta 63
I-22070 Cassina Rizzardi
031 928055 031 880207
reception@golfclubmonticello.it
www.golfclubmonticello.it

Länge: H 6410 m, D 5638 m, HCP 36 erforderlich.

Greenfee-Kat.: €€€€€
Ermäßigung: Jugendl. bis 21 J.

Ein wunderschöner Golfplatz – breite Fairways in der Ebene umgeben von hohen Bergen. Auf der 36 Loch Anlage gibt es den langen roten Kurs mit 6400 Metern und den blauen Parklandkurs, beide eingegebettet in eine wunderschöne Landschaft. Es gibt zwei künstliche Seen und dicht bewaldete Bereiche mit insgesamt zweihunderttausend Bäumen. Eine große Herausforderung an jede Spielstärke. Berühmte Golfspieler aus der ganzen Welt unter anderen auch Severiano Ballesteros sind schon auf diesem Kurs bei PGA Turnieren angetreten. Der Platz ist von Februar bis Dezember bespielbar.

Platzinformationen:

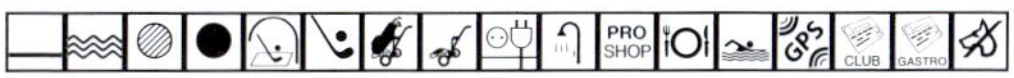

70 Golf Club Bergamo L'Albenza 27

Via Longoni, 12
I-24030 Almenno S. Bartolomeo (BG)
+39-035-640028/640707 035 643066
segreteria@golfbergamo.club
golfbergamo.club

Länge: H 6082 m, D 5431 m, HCP erforderlich.
Montag Ruhetag Softspikes von Jun.-Sep. erforderlich.

Greenfee-Kat.: €€€€€
Ermäßigung: Jugendl./Stud.

Der Golfplatz liegt inmitten üppiger Vegetation, die selbst im Hochsommer für angenehm kühles Klima sorgt. Zu den ursprünglich 18 Löchern sind weitere 9 hinzugekommen. Dem Spieler bietet sich ein teilweise schwieriger Kurs mit gut abgeschirmten Grüns, dicht bewaldeten Strecken und Bächen. Besonders erwähnenswert sind die Par 5-Löcher mit Längen von teilweise über 500 m. Durch die Kombination der 27 Löcher hat man die Möglichkeit sehr unterschiedliche Golfplätze auf einer Anlage zu spielen. Übungsanlagen zum Chippen und Putten sowie eine Driving Range stehen zur Verfügung.

Platzinformationen:

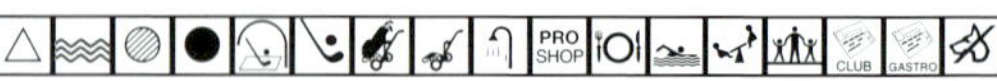

71 Golf Club La Pinetina 18

Via al Golf 4
I-22070 Appiano Gentile
031 933202 031 890342
info@golfpinetina.it
www.golfpinetina.it

Länge: H 5761 m, D 5049 m, HCP 36 erforderlich.

Greenfee-Kat.: €€€€ Ermäßigung: Jugendl./Stud. 50%

Der Platz erstreckt sich über 64 ha im Park von Tradate-Appiano Gentile, einer wunderschönen naturbelassenen Landschaft. Ein Meisterschaftsplatz für höchste Ansprüche, auf dem zahlreiche Prestige-Wettbewerbe stattfinden, verlangt den Spielern auf den ersten neun Loch konditionell und golferisch einiges ab, und auch die Bahnen 10-18 weisen mit einem See beim 11. und einem Par 5 am finalen Loch einige Schwierigkeiten auf. Das Restaurant mit seiner wunderschön gelegenen Terrasse mit Blick auf die Fairways lädt nach dem Spielen zu einem gemütlichen Ausklang des Golftages ein.

Platzinformationen:

Golf Club La Pinetina

72 Golf Club Carimate 18

Via Airoldi, 2
I-22060 Carimate
031 790226 031 791927
info@golfcarimate.it
www.golfcarimate.it
Länge: H 5850 m, D 4885 m, HCP 36 erforderlich.

Greenfee-Kat.: €€€€
Ermäßigung: Jugendl. bis 18 J.

Carimate liegt im Herzen von Brianza, nur 27 km von Mailand, inmitten grüner Wälder, die seit Jahrhunderten eine schattenspendende Zuflucht für alle sind, die der Großstadt an heißen Sommertagen den Rücken kehren wollen. Also wird dieser sehr hügelige und wasserhindernissreiche Platz vor allem an den Wochenenden von naturhungrigen Städtern bevölkert. Der Kurs zieht sich durch riesige Rhododendronhaine und majestätische alte Eichen. Die 18 Löcher charakterisieren sich durch beachtlich lange Bahnen und breite Fairways, stellen aber keine übermäßige Herausforderung dar.

Platzinformationen:

73 Ai Colli Di Bergamo Golf 9

Via Longuelo, 264
I-24129 Bergamo
035 250033 035 432 6540
info@aicollidibergamogolf.it
www.aicollidibergamogolf.it
Länge: 1767 m

Greenfee-Kat.: €€

Nicht weit von der schönen norditalienischen Stadt Bergamo entfernt liegt der 9-Loch-Platz Ai Colli di Bergamo. Es ist eine der vielen Golfanlagen um Bergamo, die sehr oft von Spielern aus dem nördlichen Europa wie Deutschland, Holland, Schweden über ein verlängertes Wochenende besucht werden. Grund dafür sind die günstigen Flugverbindungen von Ryanair, die den kleinen Flughafen Bergamo anfliegt. Der Platz ist kurz aber nicht zu unterschätzen, verlangt er doch wegen seine engen Fairways und kleinen Grüns ein sehr präzises Spiel. Clubhaus und Übungsanlagen sind gut ausgestattet.

Platzinformationen:

74 Barlassina Country Club 18

Via Privata Golf 42
I-20823 Lentate sul Seveso
0362 560 6212 0362 560934
info@barlassinacountryclub.it
www.barlassinacountryclub.it
Länge: H 6135 m, D 5416 m, HCP 36 erforderlich.

Greenfee-Kat.: €€€€€
Ermäßigung: Jugendl./Stud. 50%

Wenn man von Mailand aus über die Autobahn Richtung Como fährt, kommt man nach ungefähr 20 km zum wunderschönen Country Club von Barlassina. Der 18-Loch-Kurs erstreckt sich über sanft gewelltes Gelände, durch Wälder aus Pinien, Eichen, Pappeln und Robinien. Mit einer Länge von 6135 m und Par 72 ist er zwar flach, aber trotzdem sehr anspruchsvoll. Der vom Architekten Harris angelegte schon fast einem Naturpark ähnelnden Kurs wurde später von Morrison umgebaut. Die Anlage ist für alle Spielstärken eine Herausforderung und lädt nach der Runde in ein großzügiges Clubhaus ein.

Platzinformationen:

Barlassina Country Club

75 Golf Club La Rossera 9

Via Montebello 4
I-24060 Chiuduno
035 838600 035 442 7047
info@golfrossera.it
www.golfrossera.it

Länge: H 5218 m, D 4586 m, HCP erforderlich. Sa./ So./Feiertage HCP 36 erforderlich.

Greenfee-Kat.: **€€**

In herrlich sonniger Lage auf 500 m Höhe, wo Nebel niemals hinkommt, ist La Rossera der zweitgrößte Golfclub in der Gegend um Bergamo. Der 9-Loch-Kurs ist hügelig und verfügt über relativ steile Hänge. Vor allem die Löcher, die von oben nach unten gespielt werden, erfordern technisches Können. La Rossera ist selbst für erfahrene Spieler ein abwechslungsreicher und interessanter Golfplatz. Von den höher gelegenen Abschlägen hat man einen beeindruckenden Blick über die große Ebene von Bergamo. Das Ristorante Rossera bietet viele kulinarische Highlights und regionale Küche.

Platzinformationen:

76 Golf Brianza Country Club a.s.d. 18

Località Cascina Cazzù, 4
I-20865 Usmate Velate (MB)
039-6829089 / 079 039 682 9059
segreteria@brianzagolf.it
www.brianzagolf.it

Länge: H 5775 m, D 5131 m, HCP 54 erforderlich.

Greenfee-Kat.: **€€€**
Ermäßigung: Jugendl. bis 18 J. 50%

Der 1994 eröffnete und vom venezianischen Architekt Marco Croze entworfene Platz besteht aus 18 Löchern sowie einem Extra-Par-3 Kurs, dank dem man die Runde stets variieren kann. Der Platz gilt mit seinen Par 72 und 5775 m Länge als technisch anspruchsvoll, liegt in teilweise hügeigem Gelände und besitzt insgesamt vier verschiedene Seen und eine gut ausgestattete Übungsanlage. Im Herbst zeigt sich der Platz durch die bunte Färbung der vielen verschiedenen Laubbäume besonders anmutig. Das moderne Clubhaus bietet neben den üblichen Facilities unter anderem eine Sauna.

Platzinformationen:

77 Golf Club Le Robinie 18

Via per Busto Arsizio
I-21058 Solbiate Olona
0331 329260 0331 329266
golf@lerobinie.com
www.lerobinie.com

Länge: H 6520 m, D 5798 m, HCP 36 erforderlich.

Greenfee-Kat.: **€€€€**
Ermäßigung: Jugendl. bis 18 J.

Der Golf Club Le Robinie, Italien's einziger von Jack Nicklaus designter Platz, zeichnet sich durch breite, ebene Fairways mit wenigen Bäumen und eine arenaartige, flache Gestaltung aus. Sehr viele Bunker und Wasserhinderisse sorgen für einen eher hohen Schwierigkeitsgrad. Zudem sind Longhitter-Fähigkeiten und bei guten Golfern offensives Spiel von Vorteil, aber auch weniger starke Spieler haben mit einer vernünftigen Schlägerwahl eine faire Chance, ein gutes Ergebnis zu erreichen. Ein schönes Clubhaus und Restaurant mit gemütlicher Terrasse laden zum Verweilen ein.

Platzinformationen:

78 Golf Club Villa Paradiso 18/9

Via Villa Paradiso 1
I-20040 Cornate d'Adda
039 688 7124 039 688 7054
segreteria@villaparadisogolf.it
www.golfvillaparadiso.it

Länge: H 6606 m, D 5805 m,

Greenfee-Kat.: **€€€**

Umrahmt von Flüsschen Adda und bewaldeten Hügeln liegt der GC Villa Paradiso nur 20 Minuten von Milano und Bergamo entfernt. Der Platz wurde von Franco Piras entworfen und ist wegen seiner Länge von 6600 Metern ab weißem Abschlag und den fünf strategisch perfekt platzierten Seen sehr schwierig zu bespielen. Damit auch weniger erfahrene Spieler den Spaß am Golfen nicht verlieren, hat jedes Loch fünf Abschlag-Tees. Für Anfänger gibt es auch den 9-Loch-Executive-Platz, der mit seinen kurzen Par 3 Löchern aber auch das kurze Spiel eines versierten Golfers verbessern kann.

Platzinformationen:

79 Franciacorta Golf Club

27

Via Provinciale, 34/B
I-25040 Nigoline di Corte Franca (BS)
030 984167
segreteria@franciacortagolfclub.it
www.franciacortagolfclub.it

Länge: H 6143 m, D 5465 m, HCP 54 erforderlich.

Greenfee-Kat.: €€€€
Ermäßigung: Jugendl. bis 18 J. 50%

Ein 18-Loch-Meisterschaftsplatz von hoher sportlicher Qualität und ein weiterer 9-Loch-Kurs, sehr geschickt und abwechslungsreich komponiert. Blumenbeete und Rosen schmücken die Abschläge, manikürte Fairways schlängeln sich an einem riesigen See entlang oder führen mit sanften Steigungen und Gefällen durch den Wald. Attraktiv sind die beiden Inselgrüns 5 und 11. Ein Golfplatz für mittlere und bessere Golfer, auf dem man mit viel Freude spielt und die Natur genießt. Großzügige Übungsanlagen, jeweils zwei Putting und Chipping Grüns, runden das Angebot ab.

Platzinformationen:

Franciacorta Golf Club

80 Golf Club Milano

27

Via Mulini S. Giorgio, 7
I-20900 Parco Reale di Monza
039 303081 039 304427
info@golfclubmilano.com
www.golfclubmilano.it

Länge: H 6403 m, D 5644 m, HCP 36 erforderlich.

Greenfee-Kat.: €€€€€

Der Mailänder Golfclub wurde 1928 gegründet. Der weitläufige Park von Monza, der sich nur 20 km von Mailand befindet und früher den Sitz des österreichischen Kaisers beherbergte, war mit seinem im englischen Stil angelegten Gelände ideal für diesen Zweck. Heute ist er der bekannteste Club in der Region Mailand, allein schon wegen der 2016 stattfindenten Italien Open der Europeen PGA Tour. Der Parklandkurs ist bestens gepflegt und als Championchip-Course mit einigen Anstrengungen zu bespielen. Besonders zu erwähnen, das Clubhaus mit dem tollen Restaurant und allen Übungsanlagen.

Platzinformationen:

81 Il Golf Borgo di Camuzzago

9

Via Del Borgo 6
I-20882 Bellusco (MB)
039 623549
info@camuzzagogolf.it
www.camuzzagogolf.it

Länge: 2032 m

Greenfee-Kat.: €
Ermäßigung: Jugendl.

Platzinformationen:

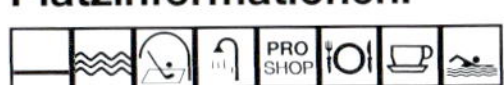

82 Golf Green Club Lainate

18

Via Manzoni, 45
I-20020 Lainate (MI)
☎ 02 937 0869 Fax 02 937 4401
segreteria@greenclubgolf.it
www.greenclubgolf.it

Länge: H 5774 m, D 5081 m, HCP 54 erforderlich.

Greenfee-Kat.: **€€€**
Ermäßigung: Jugendl./Stud. bis 18 J. 50%

Der von Mailand aus schnell zu erreichende Golfplatz ist für Golfer aller Handicapklassen geeignet. Es ist ein flacher 18-Loch-Kurs mit meist geraden Bahnen, ausgenommen zwei Doglegs. An drei Löchern kommen Wasserhindernisse massiv ins Spiel und machen diesen Teil des Platzes etwas schwierig. Die Driving Range ist beleuchtet, es gibt einen Schläger- und Cart-Verleih sowie einen gut sortierten Proshop. Zudem gibt es ein großes aber unauffällig in die Landschaft integriertes Clubhaus mit einem schön eingerichteten Restaurant, welches norditalienische Spezialitäten anbietet.

Platzinformationen:

83 Campodoglio Golf

9

Via Vecchia per Pontoglio, 28
I-25032 Chiari (BS)
☎ 0349 211 7105
segreteria@campodoglio.it
www.campodoglio.it

Länge: 3012 m

Greenfee-Kat.: **€€**
Ermäßigung: Jugendl.

Platzinformationen:

84 Molinetto Country Club

18

Strada Padana Superiore 1
I-20063 Cernusco sul Naviglio
☎ 02 9210 5128 Fax 02 9210 6635
info@molinettocountryclub.it
www.molinettocountryclub.it

Länge: H 5914 m, D 5223 m, HCP 36 erforderlich.

Greenfee-Kat.: **€€€€**
Ermäßigung: Jugendl./Stud. bis 21 J. 50%

Die Nähe des Molinetto Country Club zu Mailand hat bestimmt eine Rolle dabei gespielt, dass er zu einer der betriebsamsten Anlagen im Einzugsgebiet der norditalienischen Metropole wurde. 1983 fertiggestellt, fanden bereits 1985 die Italian Open statt. Hier haben Ballesteros und Chapman gespielt. Es ist ein typisch flacher Kurs, kompliziert wird er durch schmale Fairways, die zu sehr präzisem Spiel zwingen. Das sehr schön eingerichtete Clubhaus bietet ein Restaurant mit regionalen Spezialitäten. Der Country Club umfaßt zudem eine umfangreiche Tennisanlage mit 14 Plätzen.

Platzinformationen:

85 Colombera Golf Club

12

Via Barussa, 1
I-25030 Castrezzato (BS)
☎ 0335 706 4619 Fax 030 505 8156
info@golfcolombera.it
www.golfcolombera.it

Länge: H 4732 m, D 4116 m

Greenfee-Kat.: **€€**

An der Grenze zur Region Franciacorta gelegen, auf der Strecke zwischen Brescia und Mailand, ist das Golf Resort Colombera weit vom Klischee entfernt, Golf als exklusiven Sport zu präsentieren. Vielmehr üerrascht Colombera durch eine überaus freundliche und entspannte Atmosphäre. Die 12 Bahnen sind perfekt in die schöne Landschaft eingebunden. Insbesondere die vier Seen und zahlreichen Bunker erfordern ein präzises und technisch anspruchsvolles Spiel. Der Platz eignet sich für Spieler aller Spielstärken.

Platzinformationen:

86 Circolo di Campagne di Zoate

18

Via Giuseppe Verdi, 8
I-20067 Zoate di Tribiano
02 9063 2183 02 9063 1861
segreteria@golfzoate.it
www.golfzoate.it

Länge: H 5854 m, D 5158 m, HCP erforderlich.

Greenfee-Kat.: €€€
Ermäßigung: Jugendl. bis 18 J. 50%

Den Architeken M. und F. Marmori gelang 1984 das Kunststück, die ursprüngliche landschaftliche Atmosphäre zu erhalten und einen Platz mitten in eine schon bestehende Vegetation einzubauen. Grüne Wiesen wechseln sich mit Wäldern aus Pappeln, Erlen und Eichen ab. Einige der 18 Bahnen spielen sich sozusagen "wie gewachsen" und bieten sehr unterschiedliche Anforderungen an die Spieler. Die Besonderheit dieses Platzes ist die Tatsache, dass nur an zwei Löchern kein Wasser im Spiel ist. Ein sehr schön angelegtes Clubhaus mit Restaurant und Swimmingpool rundet den Golftag ab.

Platzinformationen:

LOMBARDEI

87 Golf Club Le Rovedine

18/9

Via Carlo Marx 18
I-20090 Noverasco di Opera
02 5760 6420 02 5760 6405
segreteria@rovedine.com
www.rovedine.com

Länge: H 6259 m, D 5332 m, HCP erforderlich.

Greenfee-Kat.: €€€

Der Club liegt in einem Park von über 650.000 qm nur 8 km südlich von Mailand's Zentrum. Der 18-Loch-Kurs hat einiges zu bieten, ein Blick auf die Scorekarte genügt, die Dimensionen zu erkennen, z. B. Wasserhindernisse in geballter Form, an Loch 2 und 4, an Loch 9 und 10 sowie an den Löchern 16 und 17. Die übrigen Bahnen spielen sich etwas komfortabler, jedoch immer mit einer gewissen Zurückhaltung. Die modernen, großzügigen Übungseinrichtungen mit einer der größten Driving Ranges Europas und einem 9-Loch-Executive Course sowie die eher moderaten Gebühren stellen eine herzliche Einladung dar, hier Golf zu spielen.

Platzinformationen:

88 Castello Tolcinasco Golf & Country Club

27/9 Par 3

Loc. Tolcinasco
I-20090 Pieve Emanuele
02-90428035/-90722740 02 9078 9051
segreteria@golftolcinasco.it
www.golftolcinasco.it

Länge: H 6253 m, D 5853 m, HCP erforderlich.

Greenfee-Kat.: €€€€
Ermäßigung: Jugendl.

Vor den Toren der norditalienischen Metropole Mailand befindet sich diese abwechslungsreiche Golfanlage. Die drei kombinierbaren 9-Loch-Kurse "Blau", "Gelb", "Rot" bieten Golf in den unterschiedlichsten Schwierigkeitsgraden. Große Bunker mit hellem weißen Sand sowie Wasserhindernisse machen das Spielen sehr interessant. Eine Übungsanlage mit vielen Möglichkeiten und ein 9-Loch-Par 3-Course sind auch vorhanden. Die Plätze sind gut zu Fuß zu bewältigen, es wird aber auch die Vermietung von Golfcarts angeboten. Außerdem gibt es ein großzügiges Clubhaus mit Restaurant sowie einen Außenpool und Wellnessbereich.

Platzinformationen:

89 Golf Club Crema

18/9

Via Ombrianello, 21
I-26013 Crema
0373 231357 0373 230635
info@golfcremaresort.com
www.golfcremaresort.com

Länge: H 6680 m, HCP erforderlich.

Greenfee-Kat.: €€€
Ermäßigung: Jugendl./Stud. 50%

Die Anlage wurde 1990 gegründet und besteht aus zwei verschiedenen Plätzen, einem 18-Loch- und einem 9-Loch-Course, die beide vom Architekten Luigi Rota Caremoli in einer komplett flachen Landschaft entworfen wurden. Vor allem der 18-Loch-Championship-Course besticht durch seine modelierten Unebenheiten in Form von Hügeln und Erdwällen sowie von teils gefährlichen Wasserhindernissen. Der flache Kurs verlangt weniger körperliche Kondition, daher kann die Energie mental genutzt werden. Das Clubhaus ist eine perfekte Mischung aus Bar, Restaurant und entspannender Veranda.

Platzinformationen:

90 Golf Club Ambrosiano

18

Cascina Bertacca
I-20080 Bubbiano
☎ 02 9084 0820 Fax 02 9084 9365
info@golfclubambrosiano.com
www.golfclubambrosiano.com

Länge: H 6281 m, D 5567 m

Greenfee-Kat.: €€€

Der im Nordwesten der Lombardei gelegene 18-Loch-Kurs, Par 72, bietet mit zehn Seen ein sehr abwechslungsreiches und interessantes Spiel. Die schnellen Grüns, deren Schwierigkeitsgrad häufig durch Wasserhindernisse erhöht wird, sind für jede Handicapklasse eine Herausforderung. Die breiten Fairways bieten jedoch dem Spieler die Möglichkeit, aus kniffeligen Lagen wieder einigermaßen und ohne Schlagverlust ins Spiel zu kommen. Es gibt schön angelegte Übungsanlagen mit Driving Range, ein Clubhaus mit Restaurant, ein Schwimmbad und sanitäre Anlagen für Gäste.

Platzinformationen:

91 Vigevano Golf & Country Club

18

Via Chitola 49
I-27029 Vigevano-Pavia
☎ 0381 346628 Fax 0381 346091
info@golfvigevano.it
www.golfvigevano.com

Länge: H 5756 m, D 5065 m, HCP 36 erforderlich.

Greenfee-Kat.: €€€
Ermäßigung: Jugendl. bis 18 J.

Der 1973 gegründetet Club liegt im Herzen des Tessiner Parks im Tal des Flusses Ticino, einem Naturschutzgebiet in der Nähe von Mailand und Novara. Es gibt viele Wasserläufe in der Gegend, und die üppige Vegetation ist nahezu vollständig naturbelassen - Eichen, Erlen, Weiden und Hainbuchen. An vielen Löchern befinden sich die Abschläge an hochgelegenen Stellen des Platzes, so dass der Spieler einen herrlichen Ausblick über die Landschaft hat. Der Kurs hat meist lange gerade Bahnen, die jedoch mit einigen Wasserhindernissen und einer großen Anzahl von Bunkern bestückt sind.

Platzinformationen:

92 Golf Club Il Torrazzo

9

Via Castelleone 101 – Loc. San Predengo
I-26100 Cremona
☎ 0372 471563 Fax 0372 445280
segreteria@golfiltorrazzo.it
www.golfiltorrazzo.com

Länge: 2010 m

Greenfee-Kat.: €€€

Platzinformationen:

93 Salice Terme Golf & Country

9

Via Diviani 8
I-27055 Rivanazzano Terme (PV)
☎ 0383 933370
golf@golfsaliceterme.it
www.salicetermegolf-country.it

Länge: 5470 m

Greenfee-Kat.: €

Eingebettet in das Grün von Salice Terme, ein traditioneller Ferienort in Oltrepo Pavese, befindet sich Salice Terme Golf & Country, ein modern ausgestatteter Sportclub, der seinen Mitgliedern einen idealen Ort bietet, um ihre Freizeit mit Sport und Wohlbefinden zu verbringen.

Platzinformationen:

PIEMONT UND LIGURIEN

KULINARISCHE GENÜSSE, VIELFÄLTIGE NATUR, KUNSTHOCHBURG UND UNENTDECKTE GOLFPERLEN FERNAB DER MASSEN-TOURISTENPFADE

Weinberge in der Provinz Asti

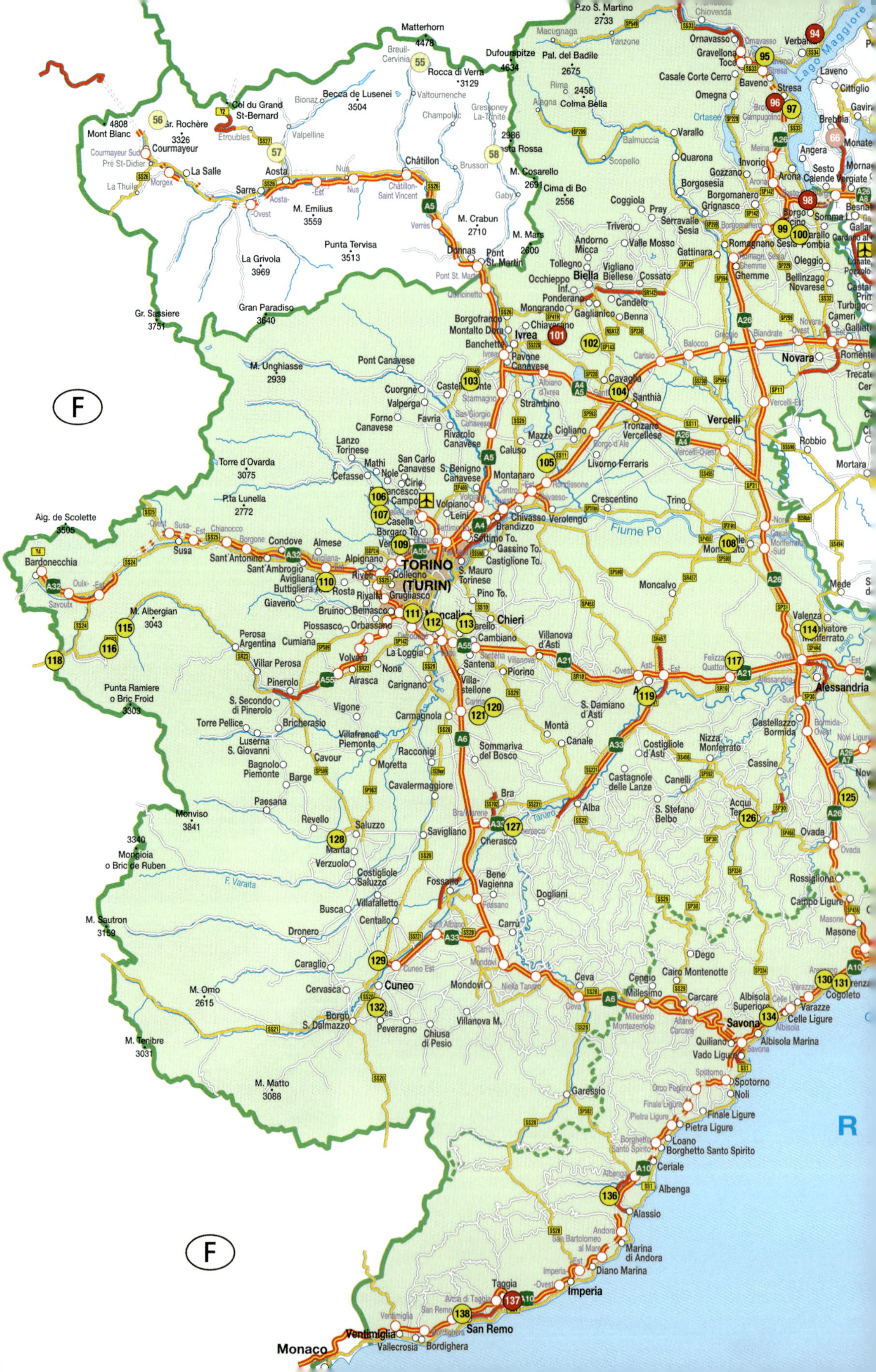

Matterhorn
4478
Dufourspitze
4634
P.zo S. Martino
2733
Pal. del Badile
2675
Col du Grand St-Bernard
Mont Blanc
4808
Gr. Rochère
3326
Becca de Lusenei
3504
Rocca di Verra
3129
Courmayeur
La Salle
Aosta
Sarre
Châtillon
M. Emilius
3559
Punta Tervisa
3513
La Grivola
3969
Gran Paradiso
3640
Gr. Sassiere
3751
M. Crabun
2710
Cima di Bo
2556
Biella
Ivrea
Novara
Vercelli
Ornavasso
Gravellona Toce
Verbania
Lago Maggiore
Stresa
Baveno
Omegna
Varallo
Quarona
Borgosesia
Gattinara
Romagnano Sesia
Ghemme
Cavaglià
Santhià
Cuorgnè
Valperga
Strambino
Caluso
Chivasso
Crescentino
Trino
Fiume Po
Casale Monferrato
Moncalvo
M. Unghiasse
2939
Pont Canavese
Torre d'Ovarda
3075
P.ta Lunella
2772
Aig. de Scolette
3505
Bardonecchia
Susa
Condove
Almese
Sant'Antonino
Sant'Ambrogio
Avigliana
Rivoli
Collegno
Venaria
TORINO
(TURIN)
Settimo To.
Chieri
Moncalieri
Grugliasco
Orbassano
Piossasco
Giaveno
M. Albergian
3043
Perosa Argentina
Villar Perosa
Pinerolo
Punta Ramiere
o Bric Froid
3303
Torre Pellice
Luserna S. Giovanni
Bricherasio
Vigone
Carmagnola
Villafranca Piemonte
Cavour
Racconigi
Asti
Alessandria
Valenza
San Salvatore Monferrato
S. Damiano d'Asti
Canale
Montà
Sommariva del Bosco
Bra
Alba
Cherasco
Savigliano
Saluzzo
Manta
Verzuolo
Monviso
3841
Mongioia
o Bric de Ruben
3340
F. Varaita
Fossano
Bene Vagienna
Dogliani
Busca
Centallo
Dronero
Caraglio
M. Sautron
3159
Cuneo
Mondovì
Carrù
Ceva
Millesimo
Cengio
Cairo Montenotte
Dego
Carcare
Savona
Vado Ligure
Spotorno
Noli
Finale Ligure
Pietra Ligure
Loano
Borghetto Santo Spirito
Ceriale
Albenga
Alassio
Marina di Andora
Diano Marina
Imperia
Taggia
San Remo
Bordighera
Vallecrosia
Ventimiglia
Monaco
Varazze
Celle Ligure
Albisola Marina
Cogoleto
Masone
Campo Ligure
Rossiglione
Ovada
Acqui Terme
Nizza Monferrato
Canelli
Castagnole delle Lanze
Costigliole d'Asti
S. Stefano Belbo
Cassine
Castellazzo Bormida
Cervasca
Borgo S. Dalmazzo
Peveragno
Chiusa di Pesio
Villanova M.
Garessio
M. Omo
2615
M. Tenibre
3031
M. Matto
3088
F
R

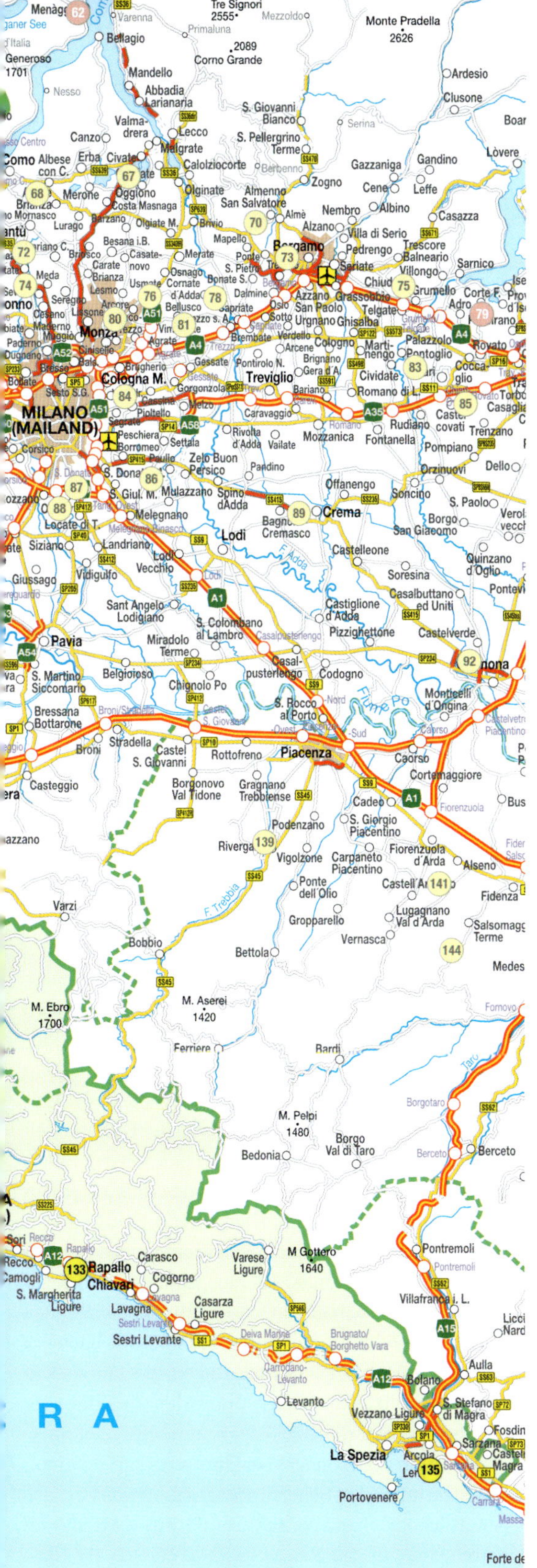

Golfclubs nach Kartennummern

Nr.	Golfclub		Seite
94	Golf Piandisole	■ 383	291
95	Golf Continental Verbania		291
96	Golf Club Alpino di Stresa	■ 383, 385	291
97	Golf Club des Iles Borromées		292
98	Arona Golf Club	■ 385	292
99	Bogogno Golf Resort		292
100	Golf Club Castelconturbia		293
101	Golf Club Biella Le Betulle	■ 385	294
102	Golf Club Il Mulino Cerrione		294
103	Canavese Golf & Country Club		294
104	Golf Club Cavaglià		294
105	Golf Le Primule		295
106	Circolo Golf Torino - La Mandria		295
107	Royal Park GCC I Roveri		295
108	Golf Club Monferrato		296
109	Golf Druento		296
110	Golf Club Le Fronde		296
111	Golf Club Stupinigi		296
112	Golf Club Moncalieri		297
113	I Ciliegi Golf Club		297
114	Golf Club La Serra		297
115	Golf Pragelato		298
116	Golf Club Sestrieres		298
117	Margara Golf & Country Club		298
118	Golf Club Claviere		299
119	Golf Club Città di Asti		299
120	Golf Club La Margherita		299
121	Golf Club I Girasoli		300
122	Golf & Country Valcurone		300
123	Golf Club Colline del Gavi		300
124	Serravalle Golf Club		300
125	Golf Club Villa Carolina		301
126	Golf Club Acqui Terme		301
127	Associazione Sportiva GC Cherasco		301
128	Golf Club Saluzzo		302
129	Torre Dei Ronchi Golf Club		302
130	Golf Club Genova St. Anna		302
131	Golf Club Pineta di Arenzano		302
132	Golf Club Boves		303
133	Circolo Golf e Tennis Rapallo		303
134	Golf Club Albisola		303
135	Golf Club Marigola		304
136	Golf Club Garlenda		304
137	Castellaro Golf Club	■ 385, 387	304
138	Circolo Golf degli Ulivi Sanremo		304

■ = Partner Albrecht Greenfee-Aktion (Gutschein-Seite)

Blick auf Turin

Wer kennt sie nicht, die knallrote Piemontkirsche aus der Mon-Cheri-Werbung? Auch die edlen herben Rotweine, der süße Schaumwein, die begehrten Trüffel und Nutella, ein hundertprozentiges Piemont-Produkt, sind weltbekannt. Doch obgleich die Region am „Fuß der Berge" bis dato vom Massentourismus verschont blieb, hat diese nebst kulinarischer Genüsse einiges mehr an touristischen Höhepunkten zu bieten. Sanfte mit unzähligen Weinstöcken bestückte Hügel, schlanke Zypressen, die der Landschaft ihre Farbtüpfelchen verleihen, prägen das harmonische Bild dieser Gegend. Fast möchte man meinen, in der Toskana zu sein, wenn da nicht die hohen, rauhen Berge mit ihren Alpentälern und die traumhaft schönen Seen wären. „Eine Region mit viel Liebe zur Kunst" wird Piemont auch bezeichnet; kein Wunder, bei dieser Fülle an barocken und mittelalterlichen Bauten sowie malerischen Altstädten. Auch das UNESCO-Weltkulturerbe des Sacro Monte in Varallo, das Lustschloss Palazzina di Caccia in Stupinigi, die aus dem Mittelalter stammende Abtei von Staffarda sowie die gut erhaltene Burg von Manta warten darauf, entdeckt zu werden.

AUTOMOBIL-STADT TURIN PUNKTET MIT URSPRÜNGLICHER ALTSTADT, REICHER KULTUR UND EDLER SCHOKOLADE

Selbst die Hauptstadt Turin, Ort der Olympischen Winterspiele 2006, vor allem aber die Stadt, die von Fiat und Lancia sowie vom Clan der Agnelli geprägt ist, kann dem Besucher eine Vielzahl an Sehenswürdigkeiten bieten. Die beiden Hauptattraktionen befinden sich unter dem Dach des Palazzo del Accademia delle Scienze an der Piazza San Carlo. Das Museo Egizio gilt als eines der bedeutendsten Museen der ägyptischen Antike (nur das Original in Kairo ist größer), während die Galleria Sabauda eine außerordentliche Gemäldesammlung enthält. An Savoyen kommt man im Piemont, vor allem jedoch in Turin und Umgebung kaum vorbei. Am auffälligsten ist der barocke Königspalast Palazzo Reale, das Schloss des Hauses Savoyen, mit protzigen Gemächern und reizvollen Gärten, die Schauplatz von vielen Konzerten und kulturellen Veranstaltungen sind. Der Dom ist vor allem wegen des „Turiner Leichentuchs", einer der berühmtesten und umstrittensten Reliquien der Christenheit berühmt. Eine der schönsten Barockkirchen Italiens stellt die Basilica di Superga dar, das imposante Tor Porta Palatina – ehemals Haupteingang von Turin – ist wiederum das bedeutendste Stadttor aus der Römerzeit. Einen besonders herausgehobenen Blick auf alle diese Schätze hat man von der alles überragenden Mole Antonelliana, einstmals das höchste Bauwerk der Welt. Von dort kann man auch die Piazza San Carlo überblicken, wo sich unter den 18 Kilometer langen Arkaden die Cafés der guten alten Zeit aneinander reihen, besonders berühmt das Café Tornino", das Stratta, bestes Schokoladengeschäft vor Ort, das gemütliche Mulussano und das Baratti e Milano im Durchgang von der Piazza Castello zur Via Po. Chocoholics sollten auf keinen Fall, das einmal im Jahr stattfindende Festival der Schokolade, welches die Pi-

Die Langhe, Heimat hervorragender Weine

azza Vittorio Veneto und viele traditionale Lokale der Altstadt in eine schokoladige Attraktion verwandelt, verpassen.

PIEMONT – KULINARISCHE VERFÜHRUNG UND STAMMLAND DER BESTEN WEINE

In der Region der vielfältigen Genüsse darf es nicht bei Cafés und Schokolade bleiben, gilt doch die piemontesische Küche unter Feinschmeckern als etwas ganz Besonderes. Diese ist genauso schmackhaft wie die typisch italienische, aber Geographie und Geschichte der Region spiegeln sich in den verschiedensten Gerichten – vom einfachen Essen über ausgefallene Speisen bis zur französischen Küche – wider. Das Fleisch im Piemont ist kaum zu übertreffen: Die Campagna und die Wälder bieten alles an klassischen Wild- und Wildschweingerichten. Je nach Jahreszeit gesellen sich Pilze und Trüffel zu Pasta und Fleischspeisen. Mit Freude wird man in die Welt der regionalen Genüsse eingeführt, zu der zudem eine unglaubliche Vielfalt an Käse sowie eine reiche Pastatradition hinzukommen. Als größtes europäisches Reisanbaugebiet wird auch das weiße Korn in variantenreicher Form serviert.

Und was trinkt man zu all den erlesenen Speisen? Wie in Italien üblich natürlich Wein. Wie bereits bekannt, stammen einige der berühmtesten Weine der Welt aus dem Piemont – von edlen herben Rotweinen (Barolo, Barbaresco) bis zu den süßen Schaumweinen (Asti-Spumante). Auch Gattinara, Ghemme, Lessona und Barbera zählen zu den guten Rotweinen. Berühmte Weißweine sind seltener, haben aber mit dem Gavi und dem Arneis Qualitäten zu bieten, die kaum zu übertreffen sind.

Piemont gilt als das Herzland Savoyens: die große Stadt Turin, die Provinzen Alessandria und Cuneo, Langhe, Flüsse und Seen sowie in weiter Ferne das Mittelmeer mit der Riviera. Man darf sich freuen auf wunderschöne Natur, herrliche Kultur in den Städten und auf dem Lande, auf zahlreiche kulinarische Genüsse und natürlich – entspanntes Golf.

GOLFEN AUF HISTORISCHEM BODEN

Imposanter Auftakt einer Golfsafari im Piemont ist der prestigeträchtige Circolo Golf Torino, der im herrlichen Park von „La Mandria" liegt. Ehemals ein königliches Anwesen und Jagdrevier, das sich über 1.350 Hektar in den Bergen von Canavese bei Turin ersteckt, ist die ursprüngliche Landschaft auch heute

Weiße Alba-Trüffel

Circolo Golf Torino - La Mandria

Royal Park Golf & Country Club

noch von einer hohen Steinmauer umgeben. Dahinter befindet sich allerdings kein Jagdareal mit Hirsch und Sau. Das Angebot hat sich verändert, wenn auch die Freizeitqualität als solche erhalten blieb. John Morrison und später Graham Cooke sowie der Italiener Marco Croze, quasi allesamt Könige der Golfplatz-Architektur, haben hier wahrlich ein Revier für die Anhänger des Wiesensports geschaffen. 36 Championship-Löcher sind mittlerweile vorhanden, auf denen 1999 die Italian Open gespielt wurden. Jahrhundertealte Bäume, die die Fairways säumen, sind die Charakteristika der beiden weitgehend flachen Parcours, zusätzlich hat man das Ganze mit zahlreichen natürlichen und künstlichen opulenten Wasserhindernissen garniert. Als ob der Wald nicht schon genug wäre! Kein Wunder, dass diese feinen Anlagen auch zu den schwierigsten im Piemont zählen.

ZWEI GOLFPLATZ-KORYPHÄEN SETZEN SICH BEI TURIN EIN DENKMAL

Zum Turiner Golfclub gesellte sich im Jahr 1971 der heutige Royal Park Golf & Roveri, das erste architektonische Golfwerk Robert Trent Jones' Sr. in Italien – 18 Löcher pures Golfvergnügen. Wer Jones kennt, weiß, dass seine Kurse wie Musikkompositionen erscheinen – beginnend mit einer leichten Ouvertüre und in einem Finale furioso gipfelnd. So auch Royal Park Golf & Roveri, der ebenfalls im Naturpark „La Mandria", nur einen Steinwurf vom königlichen Palast der Venaria entfernt, liegt. Alter Baumbestand, wohl gewählte Bunkerpositionen und Wasserhindernisse, fantastische Grüns, alles im harmonischen Einklang mit der natürlichen Umgebung, lassen diese 18 Loch zum Golfjuwel werden. Mit einer zusätzlichen 18-Loch-Anlage wurde der Royal Park Golf & Roveri Course 2006 um ein weiteres Schmuckkästchen reicher. Architekt Michael Hurdzan-Fry zeigte sich für das Design der neuen Golfperle verantwortlich. Und weil man sich gerne Auszeichnungen auf die Brust heftet: Hurdzan-Fry wurde 1999 und 2001 weltweit zum Designer des Jahres gewählt, mit Roveri I. wurde er erstmals auf europäischem Boden seinem internationalen Ruhm gerecht. Keine schlechte Referenz! Die Atmosphäre im Club ist einzigartig und zeigt sich in einem blendenden Mix aus altbewährter Tradition und dem Chic der modernen Metropole Turin. Einzig das Greenfee am Wochenende schreckt, 160 Euro sind dann doch recht üppig. Deshalb lieber wochentags spielen, dann wird es gleich um 30 Prozent billiger, ein „Muss" sind diese beiden Anlagen nämlich auf jeden Fall.

GOLFERLEBNIS AM EINGANG ZUM AOSTATAL

Bei Biella, zu Füßen der Alpen in hügeliger Landschaft, wartet der 600 Meter hoch gelegene Golf Course Le Betulle auf den golfbegeisterten Reisenden. Die Ausblicke sind atemberaubend – linker Hand der Moränenhügel Serra und dahinter die Alpen, die die Grenze für den Golfclub zu bilden scheinen. Seine nicht zu große Distanz zu den Seen drückt sich auf dem Platz mit vielen Wasserhindernissen aus. Mit 6.427 Metern außerdem nicht gerade ein Mickymaus-Parcours, zielt der vom englischen Architekten John Morrison angelegte, technisch schwierige Parkland-Course, Par 73, vor allem auf den niedrigen Vorgabenbereich ab. Trotzdem sollte man diesen Golfleckerbissen auch

als hoher „Handicapper" unbedingt einmal spielen, gilt er doch als einer der besten Italiens.
Nicht weit von Biella liegt die 18-Loch-Anlage (mit zusätzlichem 6-Loch-Executive-Course) des Golfclubs Cavaglia; er bietet herrliche Ausblicke über die Ebene von Biella, verlangt allerdings strategisches sowie konzentriertes Spiel.

GOLF- UND PUPPENSPIEL AM LAGO MAGGIORE

Auf der Westseite des Lago Maggiore, 500 Meter oberhalb von Stresa, liegt einer der beliebtesten Golftreffpunkte im Piemont, der 18-Loch-Champion-Golfplatz des Iles Borromées. Der renommierte italienische Architekt Marco Croze hat es hervorragend verstanden, die abwechslungsreiche Anlage in die herrliche, naturbelassene Hügellandschaft einzufügen. Üppige Vegetation zeichnet den anspruchsvollen, jedoch lustig zu spielenden Golfplatz aus, dessen Hindernisse und Tücken ausschließlich von Mutter Natur geschaffen wurden. Von hier genießt man auch einen außergewöhnlichen Panoramablick über das Tessiner Flachland bis in die Schweiz sowie – auf Tee 18 – über die vier Voralpenseen Maggiore, Varese, Monate und Comabbio bis hin zur Mailänder Skyline. Auf einen Besuch der Isola Bella, vor allem aber der Isola Madre, sollte man nach der Runde keinesfalls verzichten. Dort wartet eine wahre Rarität auf den Besucher: Im herrschaftlichen Schloss ist ein altes und seltenes Puppentheater zu sehen. Ein Spiel der anderen Art, Golfspieler sind in der alten Marionettenkunst jedoch noch nicht zu finden. Nur einige Fahrtminuten vom

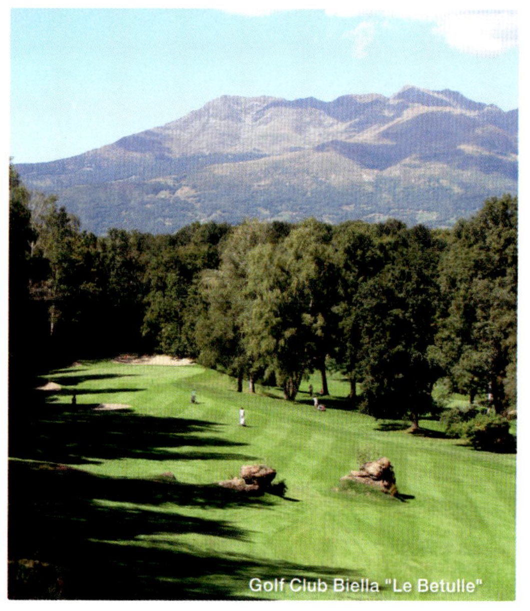
Golf Club Biella "Le Betulle"

Golf des Iles Borromées entfernt, kann man gleich hinter dem Seeufer auf der 9-Loch-Anlage Alpino di Stresa historische Luft schnuppern, denn auf diesem alten Platz wurden im Jahr 1927 die ersten Italien Open mit einem Preisgeld von 3.000 Pfund ausgetragen.

FANTASTISCHES DREIGESTIRN SÜDLICH DES LAGO MAGGIORE

Eine einzigartige Symbiose von Tradition und Innovation zeichnet die 1997 eröffnete Anlage des Bogogno Golf Resort aus, die im sanft gewellten Hügelland

Der Lago Maggiore

Golf Club des Iles Borromées

zwischen dem Lago di Orta, dem Lago Maggiore und vor der malerischen Kulisse des Monte Rosa liegt. Auf einer 240 Hektar großen grünen Oase der Ruhe hat Stararchitekt Robert von Hagge zwei unterschiedliche 18-Loch-Championship-Golfplätze entworfen. Der Del Conte Golf Course wurde wie ein Linkscourse angelegt, große Seen, schwer zu spielende Bunker und wildes Rough charakterisieren diesen weitgehend flachen Parcours. Bonora Golf Course hingegen erinnert an einen Parkland-Course, dessen Fairways über weites hügeliges Gelände führen. Glasklare Bäche des Ticino-Natur-Parks kommen immer wieder ins Spiel. Beide Plätze, die technische Herausforderungen und Schönheit der Natur verbinden, bieten fantastische Bahnen in einer herrlichen Landschaft. Das zwischen den beiden Plätzen liegende Clubhaus wurde im Winter 2006/07 komplett renoviert. Die dritte Anlage des Dreigestirns, Golf Club Castelconturbia, die durch ihre Gründung im Jahr 1898 als ältester Golf Course, damals ein 9-Loch-Course, des Piemont geführt wird, wurde 1987 von Robert Trent Jones sen. neugestaltet und auf 27 Loch erweitert. Die neuen dreimal neun Bahnen, die nach Bäumen genannt wurden (Eichen-, Kastanien-, Pinien-Kurs), fügen sich harmonisch in die weitgehend unberührte Landschaft ein. Die Lage des leicht welligen Terrains inmitten alter Bäume, Bäche und Teiche mit dem Monte-Rosa-Massiv als Hintergrundszenerie ist ideal. Exzellentes Design mit

Bogogno Golf Resort, Bonora Course

Golf Club Castelconturbia

technischen Raffinessen zeichnet alle drei Schleifen aus, präzises Spiel ist der Schlüssel zu einem guten Score, trotzdem zeigt sich der Eichen-Kurs als der längste und technisch schwierigste. Der Golfclub Castelconturbia war Austragungsort der Italian Open (1991 und 1998) und zählt seit seiner Eröffnung zu den besten Plätzen Europas.

GOLFREGION ALESSANDRIA MIT ALLERLEI LECKERBISSEN

Eine Region, die oft nur durchfahren wird, weil angeblich größere und bedeutendere Ziele an Küsten und Stränden warten, verdient uneingeschränkte und besondere Aufmerksamkeit: die Provinz Alessandria, mitten im Dreieck, das von den großen Städten Turin, Mailand und Genua gebildet wird, präsentiert sich als ungeöffnete Schatztruhe, die nur darauf wartet, entdeckt zu werden. Dass die Provinz mit fünf ausgezeichneten Golfanlagen – alle in einem Radius von maximal 40 Kilometern um die Stadt Alessandria – quasi als Golfhochburg gilt, ist auch eher unbekannt. Dort also, wo der berühmte weiße Piemonteser, der Gavi, ausgebaut wird, wie die Winzer sagen, hat man der alessandrinischen Landschaft und seinem Weinprodukt auch ein golferisches Denkmal gesetzt: Golfclub Colline del Gavi in Tassarolo. Mit Respekt für die natürliche Landschaft wurden hier 18 hervorragende Golflöcher – ein 9-Löcher-Executive-Course komplettiert das Angebot – harmonisch in die Wälder und Gavi-Weinhügel eingebettet. Bäche und kleine Weiher wurden von Architekt Luigi Rota Caremoli gekonnt genutzt, um die Golfrunde spannend zu gestalten. Durch den üppigen natürlichen Pflanzenbestand ist die so entstandene Golfanlage nicht nur schön zu bespielen, sondern ist zudem eine ausgesprochene Augenweide. Dieser typische Country Club mit seiner herzlichen Atmosphäre lädt nach dem Spiel zum Verweilen an der Bar ein, ein Glas Gavi ist hier natürlich Pflicht.

Ausgesprochen harmonisch fügen sich auch die gepflegten Fairways des Circolo Golf Margara in die sanften Hänge der Hügelausläufer von Monferrato ein. Der Familie Lolli Ghetti sei Dank, dass auf ihrem Anwesen die respektable 36-Loch-Anlage entstand. Breit und lang sind die Fairways des alten, bereits in den 70er-Jahren eröffneten Parcours, ein echter Leckerbissen für Longhitter. Der neuere moderne und

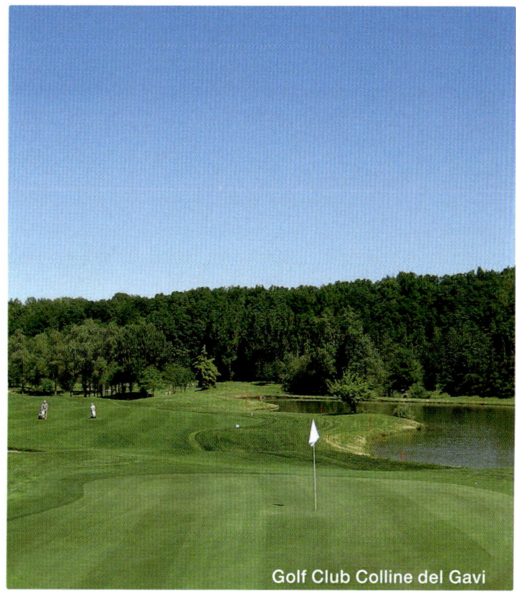
Golf Club Colline del Gavi

Golf Club Margara

technisch anspruchsvolle Kurs präsentiert sich als Gegenstück, auf dem man zu jedem Schläger greifen muss, um den Tücken des Platzes Paroli bieten zu können.

Vervollständigt wird die Golf-Landkarte mit den neun Löchern des Club La Serra in Valenza und den angenehm zu spielenden Parkland-Courses des Golfclubs Villa Carolina in Capriata d'Orba. Ein zweihundert Jahre alter Park mit dichten Pinienwäldern stellt den unvergleichbaren Rahmen für die von Cornish und Brian Silva gestaltete Anlage. Charakteristisches Element des 18-Loch-Parcours La Marchesa – ergänzt durch die 18 Bahnen des Paradiso-Courses – ist der kleine Fluss Albedosa, der sich durch die Spielbahnen der gesamten Anlage schlängelt und zu Strategie und Präzision zwingt. Der Name des Golfclubs geht auf die Marquise Carolina von Albrizzi zurück, die das Anwesen als Sommerresidenz nutzte.

GOLF FÜR ALLE SINNE UND WEINGÄRTEN ALS GOLFKULISSEN

Einmal mehr zeigt sich Architekt Marco Croze für das Layout eines interessanten Parcours verantwortlich. Der 1982 gegründete Golfclub Cherasco liegt am Ufer

Golf Club Villa Carolina

des Flusses Tanaro im Gebiet Langhe. Hier herrscht feuch.es ungewöhnliches aber doch sehr anregendes Klima. Im Land der Weinberge, wo der Duft nach Trüffeln in der Luft hängt und die überwältigende Szenerie der Seealpen mit dem beeindruckenden Gipfel des Monviso optisch verführt, ist es schwierig, sich auf die hohe Kunst des Golfsports zu konzentrieren. Doch Croze ließ es sich nicht nehmen, den Golfer auch spielerisch zu reizen. Die größte Schwierigkeit des Platzes liegt in seinen schmalen Fairways, die speziell notorischen Slice- oder Hook-gefährdeten Spielern das Leben schwer machen. Die langen Bahnen sind zudem mit Pinien, Ahornbäumen, Eichen, Seen und kleinen Bächen gut bestückt, was zum einen einen gewissen Anspruch erzeugt, zum anderen aber auch ein erinnerungswürdiges Ambiente kreiert. Auf den zahlreichen terrassenförmig angelegten Greens lassen sich Drei-Putts oft nicht vermeiden.
Das ganz in der Nähe liegende Vigne Del Barolo Golf Resort & Spa mit der gleichnamigen 9-Loch-Anlage, die von Emanuele Canonica und Josè Maria Olazàbal gestalteten wurde, wurde leider in 2016 wieder geschlossen. Eine Wiedereröffnung ist nicht absehbar.
Fährt man von hier aber weiter nördlich in Richtung Turin, stößt man auf halbem Weg, in der Nähe des Schlosses Pralormo, auf zwei attraktive 18-Lochplätze: I Girasoli und La Margherita. Die Bahnen führen durch leicht gewellte Naturlandschaft mit zahlreichen Pinien- und Pappelwäldchen, meist mit den Alpen im Hintergrund.

Golf Club I Girasoli

Golf Club La Margherita

CUNEO – FÜR GOLFENDE GOURMETS

Die Bergkette mit dem schroffen Gipfel des Bisalta bietet einen malerischen Hintergrund für den Golf Club Boves in der südwestlichsten Provinz des Piemont, der sich harmonisch in die sanft-hügelige Landschaft fügt. Der 5.944 Meter lange moderne Parcours stammt aus der Feder des brillanten kanadischen Designers Graham Cooke, der die 18 Bahnen, die dem Fluss Gesso folgen, trickreich angelegt hat. Viel Nass in Form von drei kleine Seen sowie mehreren Wasserläufen bereiten fürwahr kein Honiglecken! Dafür verwöhnt Cuneo selbst mit allen Mitteln der Kunst, denn Natur, Geschichte, Kultur und Traditionen sind hier zu Hause. Diese zu erleben, bedeutet vor allem, sich an ihren großartigen Produkten wie dem exzellenten Wein und an gutem Essen zu erfreuen. Dazu gibt es zahlreiche Veranstaltungen das ganze Jahr über: Festival der Kulturen und der Jahrmarkt im Sommer, das Trüffelfest sowie der Jahrmarkt des fetten Ochsen im Herbst und Winter runden ein Bild ab, das sich im Wesentlichen aus Essen und Trinken zusammensetzt – aber das hält bekanntlich auch Leib und Seele zusammen.
Das Piemont bietet reichlich Stoff für einen gelungenen Urlaub, und das Wohlergehen der Touristen liegt den Einwohnern sehr am Herzen. All dies ist bisher unentdeckt geblieben, weil die großen Autostrade daran vorbeiführen; die von Turin nach Savona und jene von Mailand nach Genua zum Beispiel. Beide großen Routen leiten die Besucherströme ans Mittelmeer, an die ligurische Küste.

DAS ADAGIO LIGURIENS – EINE KOMPOSITION AUS GESCHICHTE, GOURMETS UND GOLF AUF ITALIENS SONNENTERRASSE

Dort, wo die Gebirgskette der Alpen in den Apennin übergeht, wo das Meer die Berge benetzt, da liegt

Alassio

Ligurien, das sich in einem 300 Kilometer langen, jedoch nur 30 Kilometer breiten, schmalen Streifen von der Grenze zu Monaco (Mentone) rund um das Ligurische Meer (Riviera di Ponente und Riviera di Levante) bis zur Toskana erstreckt. Hier findet man die Blumenkorsos von San Remo genauso wie die Hafenstädte von Savona bis La Spezia, von Imperia bis Sarzana. Man trifft auf dynamische Großgemeinden und bezaubernde Winkel (Hanbury-Gärten von Mortola bei Ventimiglia, den Monte di Portofino, die Cinqueterre oder Portovenere). Die Städte Genua, Savona, La Spezia und Imperia sind Zeugen vieler geschichtlicher Epochen. Besonders natürlich Genua, von wo einst Christoph Columbus auszog, um den Seeweg nach Indien in westlicher Richtung zu entdecken. Genua, ein großer Hafen, der sich immer schon den Künsten verschrieben hatte und 2004 mit der Berufung zur europäischen Kulturhauptstadt eine späte, aber immer noch bedeutende Anerkennung fand.

Die Faszination und Vielfalt der Region wird auch von der Magie des Hinterlandes geprägt, vom ewigen Dualismus zwischen kirchlich und weltlich, zwischen Geistlichkeit auf Hügeln und Bergen und seefahren-

Portofino

der Tradition. Ligurien stellt eine Art beständigen Zwiespalt dar, eine zweigeteilte Seele, zerrissen zwischen der Arbeitsamkeit der Küstenstädte und der ruhigen Strenge des Hinterlandes.

Das Ligurische Meer ist ungewöhnlich sauber, weshalb immer wieder außergewöhnliche Gäste angezogen wurden. Im Meeresdreieck zwischen den Küsten von Ligurien und Korsika gibt es tatsächlich wieder ein hohes Aufkommen von Pottwalen, Finnwalen, Delfinen und Grindwalen.

Im Wechselspiel von Meer und Bergen, Stränden und Wäldern, an der lichtvollen Riviera, dem oft kargen, aber doch so aromatischen Erdreich mit duftenden Olivenhainen und dem Salzgeschmack des Meeres und seiner Früchte hat sich das Zentrum der mediterranen Ernährung entwickelt und die gastronomische Tradition von Pasta, Brot, Fisch, Obst und Gemüse begründet.

PESTO, OLIVENÖL UND DIE WEINE DER CINQUETERRE

Seine Majestät, das Basilikum, ist zunächst ein einfaches aromatisches Kraut. Zum gastronomischen Symbol der Region auserkoren, ist es jedoch eine besondere und typische Zutat der ligurischen Küche. Angebaut auf den Terrassen oberhalb des Meeres wird es mittlerweile weit über sein Anbaugebiet hinaus geschätzt. Das liegt an einer Spezialität, die in Ligurien entwickelt wurde, dem „Pesto alla genovese". Basilikum, Pinienkerne, Parmesankäse und Pecorino sowie Knoblauch und ligurisches Olivenöl sind die Ingredienzen dieser magischen Kräutersoße. Die absolute Vorherrschaft der ligurischen Küche wird noch durch weitere Soßen bewiesen: Aggiada und Maro dürfen nicht vergessen werden. Auch Rosmarin und Thymian ergänzen die Kombination einfacher und frischer Nahrung, die die ligurische Küche begehrt und gesund macht.

Die außerordentlichen Weine der Region gehen bis in die Antike zurück, am längsten bekannt und mit einem Qualitätssiegel versehen sind der nur aus einer Rebsorte stammende Rotwein Rossese aus Dolceacqua und der Cinqueterre Sciacchetra, ein Wein von unnachahmlicher Qualität. Hier wird Trinken zum Genuss. In diesem Land, wo sozusagen Wein und Pesto fließen, wo große Natur und Kultur zu Hause sind, da kann man sehr gut Urlaubsfreuden, Gesundheit und Dolce Vita im wahrsten Sinne des Wortes mit Golf verbinden. Die schmale Küste ist nicht unbedingt mit Golfanlagen übersät, doch es gibt einige ausgezeichnete Golfanlagen, die erinnerungswürdige Impressionen und viel Spielfreude garantieren.

Sanremo

GOLF IN DER BLUMENSTADT SANREMO

Als eines der Aushängeschilder der Region präsentiert sich der beliebte San-Remo-Golfclub in der Blumenstadt Sanremo. Bereits 1928 wurde der heutige 18-Loch, Par 69, auf den bezaubernden Berghängen bei Sanremo, die einerseits sanft und andererseits recht steil ins Meer hinabfallen, gegründet. Die Topographie des hügeligen Parcours ist vielfältig, immer

Imperia

Circolo Golf degli Ulivi Sanremo

wieder wird man mit erheblichen Höhenunterschieden zwischen Tee und Green überrascht. Präzises Spiel erweist sich auf diesem großteils engen Platz als Grundlage zum erfolgreichen Score, auch bei den Abschlägen zählt Genauigkeit vor Weite. Golf ist auf diesem Parcours nicht gerade einfach, aber interessant und spektakulär, wird man doch zudem immer wieder mit herrlichen Ausblicken auf die Olivenhaine der Val Gogna und die sagenhafte ligurische Küste belohnt.

Castellaro Golf Club

ENTSPANNTES GOLF

Etwas weiter östlich, zwischen Castellaro und Pompeiana, liegt die 9-Loch-Anlage des Castellaro-Golfclubs. Auf diesem nur 2.227 Meter langen Parcours kann man auf einer entspannten Runde die herrliche Landschaft mit fantastischem Panoramablick auf sich wirken lassen. Doch aufgepasst, durch die Nähe zum Meer wird das Spiel immer wieder vom Wind beeinflusst. Flutlicht lässt auch zu späterer Stunde das großzügige Übungsareal nutzen. Bei herrlichem Blick auf den Golfplatz kann man im Club-Restaurant „Buca di Bacco” köstliche Gerichte aus der traditionellen Küche Liguriens oder in der gemütlichen Weinstube die erlesenen Weine genießen.

INTERESSANTES SPIEL FÜR STARKE NERVEN

Fährt man weiter Richtung Genua, stößt man auf die 18 Löcher des Golfclubs Garlenda, der in den Hügeln über Alassio und Albenga liegt und spannende Golfrunden garantiert. Die Bahnen verlaufen zwischen alten, knorrigen Olivenbäumen und Pinienwäldern, auf den höchsten Abschlägen kann man sogar bis zum Bergmassiv der Seealpen und zur ligurischen Küste sehen. Der Fluss Lerrone und seine Zuflüsse bestimmen Spiel und Strategie. Immer wieder wird die mentale Stärke auf die Probe gestellt, denn auf mehreren Bahnen ist der Fluss bis zu 40 Meter breit. Spielerisch kein Auftrag, sondern reine Nervensache. An der 13 erschwert das schneller fließende Wasser

Golf Club Garlenda

schon optisch das 185 Meter lange Par 3. Außerdem weht oft ein kräftiger Wind, der zusätzlichen Nervenkitzel verursacht. Auch wenn es schwer ist, auf diesem Platz einen guten Score zu erzielen, so macht es dennoch viel Spaß, diesen zu bewältigen.

KANADISCHE ELEMENTE MIT ITALIENISCHEM FLAIR

Der Albisola Golf Club (ehemals Filanda Golf Club), eine der jüngsten Anlagen der ligurischen Küste stammt aus der Feder von Graham Cooke, der speziell in seiner Heimat Kanada höchstes Ansehen genießt. Auf weitgehend ebenem Terrain zwischen dem Fluss Sansobbia und der Degli-Erchi-Hügellandschaft hat es Cooke verstanden, einen interessanten 9-Loch-Parcours zu gestalten. Die für Cooke so typischen aufgeschütteten Grashügel bringen nicht nur optisch Bewegung in die Bahnen, sondern sorgen für spielerische Vielfalt und geben dem ansprechenden Platz seinen besonderen Charakter. Zudem wurden Hunderte Olivenbäume gepflanzt, um der Anlage ein gewisses mediterranes Flair einzuhauchen, was auch gelungen ist. Große kupierte Grüns mit unzähligen Möglichkeiten, die Fahne zu verteilen, führen zu so manchem Drei-Putt. Als besonderer Augenschmaus präsentiert sich das prächtige Clubhaus, das aus einem historischen Gebäude aus dem 19. Jahrhundert mit viel Sorgfalt restauriert wurde.

KLEIN, ABER – OHO!

Nur neun Löcher Spielvergnügen bietet Golf della Pineta di Arenzano, dafür aber die großartige Kulisse des oft schneebedeckten Apennin auf der einen und des azurblauen Mittelmeeres auf der anderen Seite, dazu noch die direkte Nachbarschaft von Genua, das in wenigen Minuten zu erreichen ist. Der zum Teil hügelige Parcours trumpft auch nicht mit Länge, sondern mit zahlreichen Raffinessen auf. Als besonderer Leckerbissen präsentiert sich Loch 3, ein kurzes Dog-

Golf della Pineta di Arenzano

Circolo Golf e Tennis Rapallo

leg, dessen schmales Grün mit einem fantastischen Ausblick auf das tiefblaue Meer belohnt.

RAPALLO – POLITIK UND GOLF

Die Hauptstadt Liguriens kann auf ihrem Terrain zwar mit keinem Golfplatz punkten, offeriert aber mit Arenzano im Westen und Rapallo im Südosten golferische Schmankerln. Dies gilt insbesondere für den prestigeträchtigen Golfclub Rapallo in einer Kurstadt, in der Anfang des 20. Jh. politische Geschichte geschrieben wurde. Der Golfclub, in einer der schönsten Ecken der Bucht von Tigullio gelegen, wurde bereits 1931 gegründet und erlangte innerhalb kürzester Zeit echte Berühmtheit. Von Zedern, Zypressen und Kiefern umrahmt, bietet der technisch diffizile Parcours bissfeste Leckerbissen und Hindernisse in Form querverlaufender Bäche und anderem Nass. Der Kurs erfordert Genauigkeit und stellt das Können jedes Spielers auf die Probe. Über dem Green von Loch 7 wacht der eindrucksvolle Komplex des Zisterzienserklosters Valle Christi, ein Beispiel der italienischen Kunst des 13. Jahrhunderts, über den hügeligen Parcours. Ob hier über verschlagene Bälle weniger geflucht wird? Die nahe Bergkette schützt die Spieler vor dem kalten Nordwind, während die Brise vom Meer im Sommer angenehm kühlt. Die Nachbarschaft zu Portofino, Santa Margherita und den Cinqueterre machen diesen Golfplatz zu einem Muss für Ligurien-Golfreisende.

Ein kleiner 9-Löcher-Platz am Rande der Hafenstadt mit der großen Geschichte, La Spezia, schließt die Kette der ligurischen Golf-Anlagen. Es ist der Golf Club Marigola bei Lerici und damit am Rande der Toskana, der trotz seiner bescheidenen Größe aber alle Kriterien eines großen Golf-Courses erfüllt.
Natur – Berge und Meer – ist mit Golf zu einer malerischen Einheit verbunden und garantiert, kombiniert mit all den anderen Schätzen Liguriens, großen Erinnerungswert. Buon Viaggio!

Golf Club Marigola

94 Golf Piandisole

9

Via Pineta 1
I-28818 Pian di sole - Premeno Verbania
0323 587816
piandisolegolf@gmail.com
www.piandisolegolf.it

Länge: H 5023 m, D 4427 m, HCP 54 erforderlich.

Greenfee-Kat.: €€

Der Golfclub liegt oberhalb von Premeno am Lago Maggiore in einer Höhe von 1.000 Metern. Es handelt sich um einen Platz mit doppelten Abschlägen in herrlicher Umgebung mit Ausblick auf den Lago Maggiore, andere kleinere Seen und mehrere Alpengipfel, darunter den Mottarone und den Monte Rosa. Der 9-Loch-Platz mit seiner Länge von 2500 Metern ist zwar kurz, doch durch seine hügelige Lage fühlt er sich spielerisch länger an. Er ist von Nadelwäldern umgeben und wirkt wegen seiner schönen, natürlichen Umgebung und seinen abwechslungsreichen, manchmal schrägliegenden Fairways einladend.

Platzinformationen:

95 Golf Continental Verbania

9/9 Par3

SS 34 del Lago Maggiore
I-28924 Verbania Fondotoce
0323 80800
info@golfcontinentalverbania.it
www.golfcontinentalverbania.it

Länge: H 970 m, D 835 m

Greenfee-Kat.: €

Der Platz liegt in der Provinz Verbania direkt am Ufer des Lago Mergozzo und bietet herrliche Ausblicke auf die nahegelegenen Alpen. Es ist ein 9-Loch-Kurs, den man in drei verschiedenen Varianten spielen kann. Der Kurs ist sehr eben und ist fußläufig auch von älteren Spielern gut zu bewältigen. Die Fairways ziehen sich durch Erlenwäder und an kleinen Seen vorbei und sind sehr interessant zu spielen. Auch Anfänger werden hier den Spaß am Golfen nicht verlieren. Im Sommer ist durch die Nähe zum See ein feuchtes Klima vorherrschend, aber nicht unangenehm.

Platzinformationen:

96 Golf Club Alpino di Stresa

9

Viale Golf Panorama, 48
I-28839 Vezzo
0323 20642
info@golfalpino.it
www.golfalpino.it

Länge: H 5397 m, D 4779 m, Sa./So./Feiertage HCP erforderlich.

Greenfee-Kat.: €€
Ermäßigung: Jugendl./Stud. bis 18 J. 50%

Hoch über dem Lago Maggiore gelegen in einer der schönsten Gegenden Norditaliens liegt der 9-Loch-Kurs Alpina di Stresa. Der Club ist einer der ältesten in Italien, hier gibt es seit 1924 schon Golf! Man kann ihn als Gebirgsplatz bezeichnen, mal geht's rauf, mal runter. Er nennt sich ja schließlich Alpino di Stresa. Der Platz mit 2800 m liegt sehr harmonisch zwischen Nadel- und Laubhölzern, ist sehr anspruchsvoll, und durch die Höhe sollte es an guter Kondition nicht fehlen. Das Clubhaus in typisch italienischen Stil bietet alles, was der Golfer nach dem Spielen braucht.

Platzinformationen:

Golf Club Alpino di Stresa

97 Golf Club des Iles Borromées

18

Loc. Motta Rossa
I-28833 Brovello Carpugnino-Verbania
0323 929285
info@golfdesiles.it
www.golfdesiles.it

Länge: H 6122 m, D 5388 m, HCP erforderlich. Sa./So./Feiertage HCP 54 erforderlich.

Greenfee-Kat.: €€€€
Ermäßigung: Jugendl. bis 18 J. 50%, Stud. bis 21 J. 20%

Das Gebiet um den Lago Maggiore mit seiner üppigen Vegetation, lebhaften Farben und der Vielfalt von Bäumen und Blumen ist ideal zum Golfspielen. Iles Borromées liegt auf der gebirgigen Seite des Sees, 600 m über dem Meeresspiegel, erstreckt sich über 72 ha natürliches Gelände, in dem bis auf zwei sumpfige Stellen, die in Seen verwandelt wurden, das vorhandene Terrain nicht verändert wurde. Nicht nur das Golfspielen ist faszinierend, auch das Panorama ist gigantisch, sieht man an klaren Tagen sogar die Skyline von Mailand. Kondition ist nötig, es gibt aber auch Carts.

Platzinformationen:

98 Arona Golf Club

9

Via In Prè
I-28040 Borgoticino (NO)
0321 907034 0321 907034
info@aronagolf.it
www.aronagolf.it

Länge: H 5176 m, D 4611 m, HCP 54 erforderlich.

Greenfee-Kat.: €€

Einer der jüngsten Golfclubs am Lago Maggiore: Der 9-Loch-Kurs des Arona Golf Club liegt auf einem leicht welligen, bewaldeten Gelände mit einer tollen Vegetation und hat dank seiner Nähe zum See und den Bergen sowie einigen einwohnerreichen, kleineren Städtchen in den ersten Jahren schon eine große Anzahl an Mitgliedern gewonnen. Einige Wasserhindernisse und die vier Dogleg-Bahnen machen den Kurs trotz seiner moderaten Topographie nicht einfach. Er verfügt über eine gut ausgestattete Driving Range mit 18 überdachten Tees sowie einem Putting Grün und einer Pitching Anlage.

Platzinformationen:

99 Bogogno Golf Resort

18/18

Via Sant'Isidoro, 1
I-28010 Bogogno
0322 864137
info@bogognogolfresort.com
www.bogognogolfresort.com

Länge: H 6284 m, D 5408 m, HCP 36 erforderlich.

Greenfee-Kat.: €€€€€

„Bonora" und "Del Conte" - zwei 18-Loch-Kurse, die eine Herausforderung für jede Spielstärke bieten. Es gibt viele Bunker und einige Wasserhindernisse, die einem Longhitter den Spaß verderben. Die Bahnen ziehen sich durch junge Laubwälder, vorbei an Dickicht, das man meiden sollte. Beide Plätze sind fußläufig gut zu bewältigen. Bei den 1996 erbauten Kursen ist es sehr gut gelungen, die Schönheit der herrlichen piemontesischen Landschaft mit anspruchsvollen, golfsportlichen Elementen zu verbinden. Den Sonnenuntergang auf der Terrasse des Clubrestaurants sollte man sich nicht entgehen lassen.

Platzinformationen:

Bogogno Golf Resort

Golf Club Castelconturbia

27

Via Castelconturbia 10
I-28010 Agrate Conturbia
0322 832093 0322 832428
info@golfclubcastelconturbia.it
www.golfclubcastelconturbia.it

Länge: H 6411 m, D 5644 m, HCP 36 erforderlich.

Greenfee-Kat.: €€€€€
Ermäßigung: Jugendl. bis 18 J. 50%

Eine 27-Loch-Anlage für jeden Golfergeschmack. Mal schlendert man golfend durch den riesigen Park des „Giallo Azzurro"-Kurs, mal kämpft man mit den vielen Wasserhindernissen und leichten Hügeln des „Azzurro Rosso"-Kurs - im Hintergrund das imposante in weiß gekleidete Monte Rosa Massiv. Die alten Bäume und die harmonisch in die Landschaft integrierten Teiche und Bäche machen den Golftag zu einem tollen Erlebnis. Die Terrasse des Clubhauses mit den bewachsenen Rundbögen laden zum Verweilen ein. Von hier hat man einen tollen Blick auf den Platz und kann bis in die Nacht draußen sitzen.

Platzinformationen:

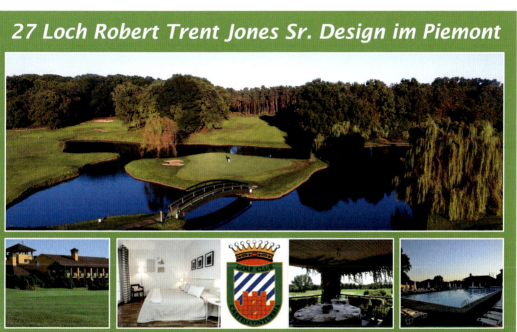

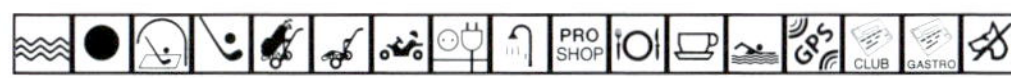

Golf Club Castelconturbia

101 Golf Club Biella Le Betulle

18

Regione Valcarozza
I-13887 Magnano Biellese
015 679151 015 679276
info@golfclubbiella.it
www.golfclubbiella.it
Länge: H 6534 m, D 5685 m, HCP 54 erforderlich.
Greenfee-Kat.: €€€€€
Ermäßigung: Jugendl./Stud. bis 18 J. 50%

Wer in Le Betulle Golf spielt, ist immer wieder von der herrlichen Umgebung beeindruckt. Die Ausblicke sind atemberaubend - auf der linken Seite der Moränenhügel Serra und dahinter die Alpen. Der Kurs mit seinen Par 73 und 6400 Metern Länge liegt auf einer Höhe von 600 m und wurde 1957 vom englischen Architekten John Morrison angelegt. Er hat einen wunderschönen Parkland-Golfkurs geschaffen, der von altem Baumbestand gesäumt, mit großen Bunkern und Wasserhindernissen ausgestattet, das Spiel interessant macht. Der Golfstar Rory McIlroy war 2006 als Amateur auch schon hier.

Platzinformationen:

102 Golf Club Il Mulino Cerrione

9

Via Libertà 37
I-13882 Cerrione, BI
0339 635 3001
info@golfclubcerrione.it
www.golfclubcerrione.it
Länge: H 2568 m, D 2444 m
Greenfee-Kat.: €€

In reizvoller Landschaft am Fuße der Berge von Biella und am Rande des Naturschutzgebietes Bessa liegt der 9-Loch-Kurs Il Mulino Cerrione. Das Clubhaus in einem modernen ganz speziellen Baustil, hergestellt aus natürlichen Baustoffen, soll den zukunftsweisenden Umgang mit den natürlichen Ressourcen und die Bebauung von schützenswerten Landschaften zeigen. Neun Loch mit den unterschiedlichsten Anforderungen an die Spieler, mal spielt man schmale Fairways, mal greift man ein Grün an, das durch tiefe Bunker geschützt wird. Zu erwähnen sind die günstigen Greenfee-Preise.

Platzinformationen:

103 Canavese Golf & Country Club

9

Strada Piane 4
I-10010 Torre Canavese (TO)
0124 512078 0124 512078
info@canavesecountryclub.it
www.canavesecountryclub.it
Länge: H 2866 m, D 2510 m, HCP erforderlich.

Greenfee-Kat.: €€
Ermäßigung: Jugendl./Stud. 50%

Der Canavese Golf & Country Club, ein 9-Loch-Kurs vor einer mächtigen, weißen Bergkulisse. Die Ruhe auf diesem Kurs ist unbeschreiblich, man kann sogar bei kniffeligen Spielsituationen entspannen. Der Platz liegt auf einem Hochplateau mit breiten Fairways, auf einigen Bahnen sind jedoch Wasserhindernisse und Bunker zu überwinden, um den Ball an die Fahne zu bringen. Die Grüns sind meistens onduliert, was das Putten schwierig, aber interessant macht. Das großzügige Übungsgelände mit sehr gepflegter Driving Range und mehreren Putting- und Chippinggrüns ist etwas besonderes.

Platzinformationen:

104 Golf Club Cavaglià

18

Via Santhià, 75
I-13881 Cavaglià
0161 966771 0161 966620
segreteria@golfclubcavaglia.it
www.golfclubcavaglia.it/en/
Länge: H 4857 m, D 4359 m,
TESLA Supercharger auf dem Parkplatz
Greenfee-Kat.: €€€
Ermäßigung: Jugendl./Stud. bis 18 J. 50%

Seit 1998 ist der Platz des Golf Club Cavaglià immer weiter gewachsen, von 6 auf 9 Löcher im Jahre 1998, und dann endlich auf 18 Löcher in 2015 mit einer Länge von 4600 Metern (Par 68). Ein landschaftlich sehr schön angelegter welliger Kurs mit vielen Bunkern, aber wenig Wasserhindernissen. Er spielt sich durch seine flachen Bahnen sehr entspannt, ist aber an einigen Löchern durch die engen Baumpassagen nicht zu unterschätzen. Eine großzügige Übungsanlage sowie das große sehr gepflegte imposante Clubhaus mit Restaurant, Bar, Lounge und Pool laden nach der Runde zum Verweilen ein.

Platzinformationen:

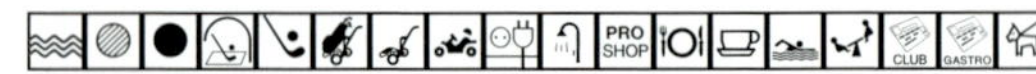

105 Golf Le Primule 9

Str. Provinciale 90 di Rondissone
I-10035 Mazzè (TO)
011 983 0224 011 983 0224
info@golfleprimule.it
www.golfleprimule.it

Länge: 1726 m

Greenfee-Kat.: €

Am Stadtrand von Turin erwartet Sie der 9-Loch-Golfplatz Le Primule, eingebettet in eine schöne Landschaft, die Vergnügen und totale Entspannung bietet. Der Club startete ursprünglich 2007 mit einer Driving Range. Seit 2014 sind die 9 Löcher vom italienischen Golfverband anerkannt.

Platzinformationen:

106 Circolo Golf Torino - La Mandria 18/18

Via Agnelli, 40
I-10070 Fiano
011 923 5440 011 923 5886
info@circologolftorino.it
www.circologolftorino.it

Länge: H 6354 m, D 5679 m, PE erforderlich.

Greenfee-Kat.: €€€€€
Ermäßigung: Jugendl. 50%

Auf diesem ehrwürdigen Parklandkurs haben schon dreimal die "Italien Open" stattgefunden. Beide Kurse des La Mandria, der Gelbe sowie der Blaue, liegen innerhalb der Grenzen des herrlichen alten Parks von "La Mandria". Früher ein königliches Anwesen, erstreckt es sich über 1.350 ha in den Bergen von Canavese. Der Golfclub von Turin wurde 1924 gegründet, ist aber erst vor einigen Jahren nach La Mandria umgezogen. Es handelt sich um einen sportlich anspruchsvollen Par 72 Meisterschaftskurs, dessen Prestige unumstritten ist. Es ist ein Hochgenuss, diesen Platz zu spielen.

Platzinformationen:

107 Royal Park Golf & Country Club I Roveri 18/18

Rotta Cerbiatta, 24
I-10070 Fiano
011 923 5500 011 923 5669
info@royalparkgolf.it
www.royalparkgolf.it

Länge: H 6566 m, D 5763 m,

Greenfee-Kat.: €€€€€
Ermäßigung: Jugendl. bis 18 J. 50%

Zweifellos handelt es sich um eine der prestigeträchtigsten Golfanlagen. Die 36 Löcher verteilen sich über den Park von "La Mandria", heute ein Naturschutzgebiet mit vielen wildlebenden Tieren. Das abwechslungsreiche Gelände ist von den Turiner Bergen umgeben und bietet mit Seen, Bächen, Wäldern und Feldern unvergessliche Aussichten. Der erste Platz wurde 1971 von Robert Trent Jones Sr. designt, der zweite folgte 2006 aus der Feder von Hurdzan und Fry. Beide bieten Golf der Spitzenklasse. Besonders zu erwähnen ist das top-gepflegte Übungsareal und das unauffällige gemütliche Clubhaus mit Restaurant.

Platzinformationen:

Royal Park Golf & Country Club I Roveri

108 Golf Club Monferrato 9

Strada Vialarda, 3/F Regione Torcello
I-15033 Casale Monferrato (AL)
0142 617010
info@golfclubmonferrato.it
www.golfclubmonferrato.it
Greenfee-Kat.: auf Anfrage

Der beeindruckende 9-Loch-Platz schlängelt sich durch die herrlichen Hügel des Monferrato, ein UNESCO-Weltkulturerbe, am rechten Ufer des Po entlang.

Platzinformationen:

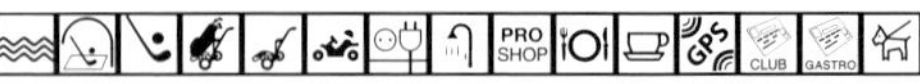

109 Golf Druento 12

St. della Barra, 21
I-10040 Druento
039 2543 1235
info@golfdruento.com
www.golfdruento.com
Länge: H 5732 m, D 4866 m

Greenfee-Kat.: €

Nördlich von Turin im Park von La Mandria gelegen befindet sich dieser weitläufige 12-Loch-Kurs mit seinem Par 47 und 3810 Metern. Die Bahnen sind flach, der Baumbewuchs ist relativ jung, daher hat man über die Landezonen der Bälle einen guten Überblick. Außer zwei Dogleg's als Par 4's, sind die Bahnen alle gerade, ab und zu mal Bunker die aber wenig Probleme machen. Ganz nahe dem Schloss Venaria Reale, in einem restaurierten, historischen Bauernhaus ist das Clubhaus untergebracht.

Platzinformationen:

110 Golf Club Le Fronde 18

Via S. Agostino, 68
I-10051 Avigliana
011 932 8053 011 932 0928
info@golflefronde.it
www.golflefronde.it
Länge: H 5951 m, D 5351 m, HCP 34 erforderlich.

Greenfee-Kat.: €€€
Ermäßigung: Jugendl./Stud. 50%

Der Herbst ist vermutlich die schönste Zeit, um diesen Platz zu spielen, der zu Füßen des Monte Cuneo am Eingang des Susa Tals liegt. Von hohen Bergen umgeben, die auch im späten Frühjahr noch schneebedeckt sind, bietet dieser Club im Sommer eine herrlich kühle Zuflucht. Die achtzehn Bahnen, alle gesäumt von großen Laub- und Nadelbäumen. Teilweise lange Bahnen immer mit Blick auf andere Motive, mal eine Kirche in einem Bergdorf, dann die Kulisse der Alpen. Sehr imposant ist das Clubhaus mit seinem riesigen Dach. Hier findet man auch ein Restaurant mit Bar und Schwimmbad.

Platzinformationen:

111 Golf Club Stupinigi 9

Corso Unione Sovietica, 506/a
I-10135 Torino
011 347 2640 011 397 8038
stupinigigolf@libero.it
www.golfclubstupinigi.com
Länge: H 4550 m, D 3960 m

Greenfee-Kat.: auf Anfrage

Der Stadtplatz in Turin, Fiat Chrysler in Sichtweite. Ein flacher 9-Loch-Kurs mit gut ausgestattetem Übungsgelände. Die Nähe zu den Büros der Firmen im nahegelegenen Industriegebiet erlaubt es den golfinteressierten Mitarbeiten die Mittagspause auch mal auf der Driving Range zu verbringen. Der tagsüber hohe Geräuschpegel ist für Naturgolfer gewöhnungsbedürftig und nimmt erst gegen Abend ab. Alles in allem eine grüne Oase zum Golfen mitten im Trubel einer Großstadt. Das Restaurant mit Terrasse und dem schön klingenden Namen Il Pontevecchio liegt direkt am Putting Grün.

Platzinformationen:

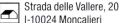

112 Golf Club Moncalieri

9 

Strada delle Vallere, 20
I-10024 Moncalieri
011 647 9919 011 642 3656
info@moncalierigolfclub.com
www.moncalierigolfclub.com

Länge: H 4540 m

Greenfee-Kat.: €€
Ermäßigung: Jugendl.

Nur zehn Minuten vom Zentrum Turins entfernt liegt der Golfclub Moncalieri. Es ist ein flacher 9-Loch-Kurs am linken Po Ufer mit sehr abwechslungsreichen Bahnen. Das Schloß Moncalieri auf den gleichnamigen Hügeln hat man immer im Blick, es gibt dem Platz einen romantischen und malerischen Charakter. Im typisch italienischen Restaurant kann man regionale Köstlichkeiten probieren. Es gibt auch ein Übungsgelände mit allen Möglichkeiten, sich auf das Spiel vorzubereiten. Seit 2002 wird hier im Vallere Regional Park schon Golf gespielt. Ruhetag im Sekretariat ist am Dienstag!

Platzinformationen:

PIEMONT - LIGURIEN

113 I Ciliegi Golf Club

9

Strada Valle Sauglio, 130
I-10020 Pecetto Torinese (TO)
011 860 9802 011 860 9048
info@iciliegigolfclub.it
www.iciliegigolfclub.it

Länge: 2991 m

Greenfee-Kat.: €€

Der 9-Loch-Golfplatz des I Ciliegi Golf Clubs befindet sich nur wenige Minuten vom Zentrum Turins und nur 30 Minuten von den Langhe und dem Monferrato entfernt und erstreckt sich über ein 30 ha großes hügeliges Areal. Breite Fairways, präzise platzierte Bunker, fünf Seen, teilweise sehr große Grüns erhebliche Höhenunterschiede, ein sehr langes Par 4 kennzeichnen den Platz. Der Club bietet zudem eine Driving Range mit überdachten Plätzen, Putting Green und Chipping Green. Von Loch 6 hat man einen herrlichen Blick auf die Alpen und den Monviso. Das Clubhaus erinnert mit seiner familiären Atmosphäre an traditionelle Landvillen.

Platzinformationen:

114 Golf Club La Serra

9

Strada Astigliano 42
I-15048 Valenza
0131 954778 0131 928294
info@golflaserra.it
www.golflaserra.it

Länge: H 5540 m, D 4874 m, HCP erforderlich.

Greenfee-Kat.: €€
Ermäßigung: Jugendl.

Der typisch hügelige Kurs La Sera nahe dem Städtchen Valenza liegt in einer abwechslungsreichen und faszinierenden Landschaft mit Blick auf die Hügel und Berge der gesamten Region, von dem ligurischen Apennin bis zum Monte Rosa. Die neun Löcher befinden sich längs der Hänge des auslaufenden Berglands von Montferrato. Der Platz wurde in den letzten Jahren stets verändert und verbessert. Hier können Spieler jeder Klasse ihre Fähigkeiten testen, das Loch 4 ist besonders zu beachten. Von dem uralten Bauernhaus, das zum Clubhaus umgebaut wurde, hat man einen schönen Blick auf die Poebene.

Platzinformationen:

Golf Club La Serra

115 Golf Pragelato

9

Via Rohrbach 5 - Fraz Plan
I-10060 Pragelato (TO)
0339 857 4897
info@golfpragelato.it
www.golfpragelato.it

Länge: 2876 m

Greenfee-Kat.: €€

Mit seiner Lage auf 1600 m Meereshöhe ist Golf Pragelato sicherlich ein überaus eindrucksvoller und interessanter Berg-Golfplatz. Er befindet sich auf einer Ebene am Anfang des Troncea Tals an der olympischen Langlaufloipe. Die neun Löcher, Par 36, mit einer Gesamtlänge von ca. 2876 m sind für einen durchschnittlich trainierten Spieler körperlich kaum fordernd, da es insgesamt nur einen Höhenunterschied von ca. 40 m zu bewältigen gilt.

Platzinformationen:

116 Golf Club Sestrieres

18

Piazza Agnelli 4
I-10058 Sestrieres
0122 799411 0122 76294
golf.sestrieres@vialattea.it
www.vialattea.it

Länge: H 4634 m, D 4081 m, HCP erforderlich.

Greenfee-Kat.: €€€
Ermäßigung: Jugendl. bis 18 J. 30%

Sestrieres ist ein Gebirgsort nahe der französischen Grenze, der sportliche Möglichkeiten in Kombination mit Ferien in den Alpen bietet. Pure Entspannung in einer friedlichen Oase mit frischer Luft und der atemberaubenden Aussicht auf die umgebenden Berge. Der Kurs wurde von englischen Profis entworfen, die die Löcher auf natürlich weichem Untergrund anlegten. Auf dem gänzlich unbewaldeten Platz gibt es breite Fairways, man sieht an jeder Bahn die Fahne und die Chance ins Aus zu schlagen ist relativ gering. Der Platz ähnelt eher einem schottischen Kurs, aber mit nicht so tiefen Bunkern.

Platzinformationen:

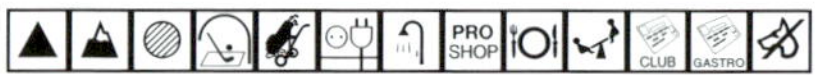

117 Margara Golf & Country Club

36

Via Tenuta Margara 7
I-15043 Fubine
0131-778555/6/7 0131 778772
margara@golfmargara.com
www.golfmargara.it

Länge: H 6349 m, D 5606 m, HCP erforderlich.

Greenfee-Kat.: €€€€

Die beiden Parcours (36 Löcher) entsprechen jeder technischen Anforderung. Der Glauco Lolli Ghetti Course entstand in den 70er Jahren nach US-Kriterien mit breiten spektakulären Fairways. Der jüngere La Guazzetta Parcours wurde in einem moderneren, technischen Stil gestaltet. Dieser Kurs ist hügelig, denn er folgt den Konturen der Berge des Monferrato, deren Hänge in weite Bergtäler übergehen. Zu seinen besonderen Merkmalen gehören lange und breite Fairways. Der Platz ist von ausgewachsenen Wäldern umgeben, die an der 3, 4, 5, 14, 16, 17 auf der linken Seite bis an die Greens heranreichen.

Platzinformationen:

Margara Golf & Country Club

118 Golf Club Claviere

9

Via Nazionale 47
I-10050 Claviere
0122 878917
segreteria@golfclubclaviere.it
www.golfclubclaviere.it

Länge: H 4650 m, D 4172 m

Greenfee-Kat.: €€€€
Ermäßigung: Jugendl. bis 18 J. 50%

Ein schöner Platz in den Bergen, der an den Ufern des Flusses Dora nahe der französischen Grenze in einer Höhe von 1.800 Metern angelegt wurde. Die herrliche Aussicht und der abwechslungsreiche interessante Kurs, der trotz der hohen Lage mit einem schönen idyllischen Fluß aufwarten kann, sind der Schlüssel zum Erfolg des Golfclubs. Es fehlt auch nicht an tückischen Bahnen. Besonders das Loch 8 trägt wegen des steilen Anstiegs zwischen zwei Wällen den Namen "Himalaja". Das Clubhaus in dem es ein geselliges Clubleben gibt ist schön gelegen. Im Winter ist hier Langlauf angesagt.

Platzinformationen:

119 Golf Club Città di Asti

9

Recinto San Rocco, 5
I-14100 Asti (AT)
0141 208033 0141 208033
golfasti@gmail.com
www.golfcittadiasti.com

Länge: 2400 m

Greenfee-Kat.: €€

Der 9-Lochplatz des Golf Club Città di Asti befindet sich am Ufer des Tanaro, nur zehn Minuten vom Stadtzentrum von Asti entfernt. Begonnen hat der Club im Jahr 2001 als Driving Range. 2004 entstanden die ersten vier Löcher und seit 2006 stehen 9 Löcher zur Verfügung.

Platzinformationen:

120 Golf Club La Margherita

18

Strada Provinciale 134 Carmagnola-Pralormo, 3
I-10046 Poirino
011 979 5113 011 979 5204
info@golfclublamargherita.it
www.golfclublamargherita.it

Länge: H 6379 m, D 5688 m

Greenfee-Kat.: €€€
Ermäßigung: Jugendl./Stud. 50%

In der südlichen Poebene unweit vor den Toren Turins, nahe der Kleinstadt Poirino gelegen, hat sich der erst 1987 gegründete Golfclub La Margherita zu den bekanntesten Clubs Norditaliens entwickelt. Ein Top gepflegter, leicht hügeliger Platz mit 18 Spielbahnen und einer Vereinbarung zum Spielen von weiteren 18 Löchern, nämlich auf dem Golfkurs I Girasoli ganz in der Nähe. Die meisten Bahnen sind gut einsehbar, aber mit Wasserhindernissen und Bunkern bestückt. Das Clubhaus, wunderbar an die Landschaft angepasst, mit einem gepflegten Restaurant und Terrasse, ist eine Augenweide.

Platzinformationen:

Golf Club La Margherita

121 Golf Club I Girasoli

18

Via Pralormo, 315
I-10022 Carmagnola (TO)
011 979 5088 011 979 5228
info@girasoligolf.it
www.girasoligolf.it

Länge: H 5760 m, D 5152 m
Tagespauschale Halbpension (Greenfee + Übernachtung + Frühstück + Abendessen) ab EUR 140 pro Person

Greenfee-Kat.: €€€

Der Golfplatz, ein Par 71 mit moderat langen Bahnen, liegt südöstlich von Turin in Richtung Alba und windet sich durch eine leicht gewellte Naturlandschaft mit zahlreichen Pinien- und Pappelwäldchen. Vorbild für Girasoli waren die öffentlichen Golfplätze Englands, weswegen nur umweltfreundlichste Produkte auf den Greens eingesetzt werden, wo "manuelle" Unkrautbeseitigung nicht ausreicht. Klimatisch gut in der Po-Ebene gelegen, ist der Platz ganzjährig bespielbar. Ein Clubhaus mit Hotel, Restaurant und einem Schwimmbad stehen Spielern und Gästen zur Verfügung.

Platzinformationen:

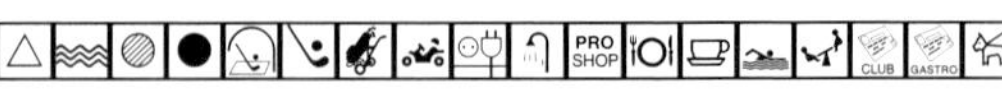

122 Golf & Country Valcurone

18

Via Carona 1/a
I-15050 Momperone
0331 754 6336
info@golfvalcurone.com
www.golfvalcurone.com

Länge: H 6205 m, D 5460 m

Greenfee-Kat.: €€€
Ermäßigung: Jugendl. bis 18 J. 50%, Stud. bis 25 J. 25%

In der Provinz Alessandria gelegen ist der Golf & Country Club Valcurone ein noch relativ junger Platz. Der Kurs ist durch seine zentrale Lage, 40 min. von Mailand und Genua, 20 min. von Alexandria, sehr gut erreichbar. Die Anlage - Par 71 mit über 6000 Metern Länge - wurde 2004 eröffnet. Die Fairways wirken durch den niedrigen Baumbewuchs breit, aber die 95 Bunker machen das Spiel doch nicht ganz so leicht. Die Wasserhindernisse in Form von kleinen Seen an vier Löchern dienen auch zur Bewässerung. Auf einer kleinen Anhöhe steht das moderne Clubhaus mit Restaurant und Wellness.

Platzinformationen:

123 Golf Club Colline del Gavi

27

Località Fara Nuova, 7
I-15060 Tassarolo
0143 342264
info@golfcollinedelgavi.com
www.golfcollinedelgavi.com

Länge: H 6380 m, D 5672 m, HCP 54 erforderlich. Sa./So./Feiertage HCP 36 erforderlich.

Greenfee-Kat.: €€€
Ermäßigung: Jugendl. 50%

In einer harmonischen Mittelgebirgslandschaft liegt diese sportliche Golfanlage, die sowohl Anfänger als auch Fortgeschrittene gleichermaßen anspricht. Die Fairways schlängeln sich durch Wälder und Hügel, kleine Flüsse bilden natürliche Wasserhindernisse. Die Kenner diese Platzes sprechen vom schwersten Par 3 in Italien, dem Loch 1 auf dem Executive Kurs. Hier gibt es auch einen 18-Loch-Fußball-Golf-Platz. Großen Wert legen die Mitglieder auf die Clubhaus-Anlage mit dem sehr schön eingerichteten Restaurant. Hier wird ganz besonders die einheimischen Küche zelebriert.

Platzinformationen:

124 Serravalle Golf Club

9/3 executive

Via Monterotondo 60
I-15069 Serravalle Scrivia (AL)
0143 62065 0143 608504
info@serravallegolfclub.it
www.serravallegolfclub.it

Länge: H 5926 m, D 5288 m

Greenfee-Kat.: €
Ermäßigung: Jugendl.

Am Ortsrand von Negraro, eingebettet in die Weinberge von Gavi und entlang der sogenannten zwölf Hügel von Serravalle, findet man die 9-Loch-Anlage mit 2900 Meter Länge. Früher bekannt als La Bollina, bietet sie Golf für Spieler jeden Handicaps. Es gibt auch eine 3-Loch-Kurzanlage sowie eine groß angelegte Driving Range und Übungsgrüns. Der Platz wurde 2006 von zwei italienischen Golfplatzarchitekten geplant und gebaut. Das Clubhaus mit Restaurant und Umkleideräumen stellt eine Erweiterung der Villa dar und ist im typischen Jugendstil erbaut. Der Platz ist fast ganzjährig bespielbar.

Platzinformationen:

125 Golf Club Villa Carolina 36

Loc. Villa Carolina, 32
I-15060 Capriata d'Orba (AL)
0143 467355 0143 46284
info@golfclubvillacarolina.com
www.golfclubvillacarolina.com
Länge: H 6161 m, D 5493 m, HCP erforderlich.

Greenfee-Kat.: €€€

Zweimal 18 Loch, die Golfkurse gelegen zwischen grünen Pinienwäldern und vielen Obstbäumen: Da ist einmal der „La Marchesa“ mit Par 72 und 6300 m mit seinen flachen Bahnen von amerikanischen Architekten entworfen und die neueren 18 namens „Paradiso“. Der Paradiso-Kurs ist etwas hügeliger und die Bahnen sind enger. Wasser kommt auch hier ins Spiel, präzise Schläge mit den langen, als auch mit den kurzen Eisen sind nötig einen guten Score zu erreichen. Das Clubhaus ist sehr gut ausgestattet, hat ein Restaurant, und in einer Villa gibt es einige Gästezimmer.

Platzinformationen:

126 Golf Club Acqui Terme 9

Piazza Nazioni Unite, 1
I-15011 Acqui Terme
0144 312931
info@golfacquiterme.it
www.golfacquiterme.it
Länge: H 3650 m, D 3458 m

Greenfee-Kat.: €€

Im Herzen des Monferrato, nahe der Kurstadt Acqui Terme liegt der 9-Loch-Kurs Golf Club Acqui Terme. Fulvio Bani hat einen engen mit Laubbäumen gesäumten Kurs entworfen, der ein absolut gerades Spiel verlangt. Dazu kommen an sechs Bahnen Wasserhindernisse, und jedes Grün wird von ausreichend Bunkern bewacht. Da die Grüns nicht allzu großflächig sind, sollten die Annäherungsschläge sehr präzise sein. Es gibt eine Drivingrange, einen Pool und ein Restaurant, das über die Mittagszeit und abends geöffnet hat. Der Platz ist von Ende Februar bis Anfang Dezember geöffnet.

Platzinformationen:

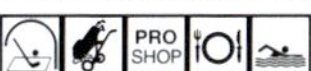

127 Associazione Sportiva Golf Club Cherasco 18

Via Fraschetta, 8
I-12062 Cherasco
0172 489772 0172 488320
info@golfcherasco.com
www.golfcherasco.com
Länge: H 5766 m, D 5143 m, HCP erforderlich.

Greenfee-Kat.: €€€
Ermäßigung: Jugendl. bis 18 J. 50%

Von Marco Croze angelegt, ist der Platz von Cherasco einer der längsten in Italien. Er liegt am Ufer des Flusses Tanaro in einem unter dem Namen Langhe bekannten Gebiet. Hier herrscht ein ziemlich feuchtes, ungewöhnliches und sehr anregendes Klima. Ein Land von Weinbergen, wo der Duft von Trüffeln in der Luft liegt. Der 18-Loch-Kurs windet sich entlang der sanften Hügel der typischen albanesischen Landschaft. Die schmalen Fairways verlangen ein präzises Spiel. Große Wasserhindernisse und einige Bunker sind zu überwinden. Eine Driving Range und Putting Grüns sind vorhanden.

Platzinformationen:

Golf Club Cherasco

128 Golf Club Saluzzo 9

Via La Morra, 8 Bis
I-12030 Castellar Saluzzo (CN)
0175 055227 0175 055230
info@saluzzogolf.it
www.saluzzogolf.it

Länge: 3039 m

Greenfee-Kat.: €€

Noch relativ jung ist der Golf Club Saluzzo. Er ist ein kompakter 9-Loch-Platz auf einem Plateau, umgeben von bewaldeten Bergen der Hautes Alpes mit seinem majestätischen Monte Viso. Die Bahnen sind frei einsehbar und eher leicht zu bespielen. Zwei kleine Bäche säumen die Fairways an der Platzaußengrenze. Bunker kommen nur bei ungenauen Schlägen ins Spiel, Wasserhindernisse nur an der Bahn 1 und 2, aber dann in voller Ausdehnung. Es gibt eine Driving Range und ein Putting Grün sowie ein Clubhaus mit Bar und Restaurant in einer sehr alten renovierten Mühle.

Platzinformationen:

129 Torre Dei Ronchi Golf Club 9

Via Pollino 42 - Fraz. Ronchi
I-12100 Cuneo
0320 037 0224
segreteria@torredeironchi.com
www.torredeironchi.com

Länge: H 2879 m

Greenfee-Kat.: €

Nur wenige Kilometer von Cuneo entfernt ist der 9-Lochplatz des Torre Dei Ronchi Golf Club im Jahr 2010 entstanden. Er liegt auf flachem Terrain am Fuße der Seealpen, auf die man herrliche Blicke hat. Ein recht schwieriges Par 5 macht den Golfplatz auch für erfahrene Spieler interessant. Der Platz ist bei Par 36 2879 Meter lang. Eine Besonderheit ist das Grün von Loch 4, ein Par 3 mit 172 Metern, das herzförmig gestaltet ist. Ein Clubhaus mit Pro-Shop und Restaurant stehen zur Verfügung. Dienstag ist der Platz für Nicht-Mitglieder geschlossen.

Platzinformationen:

130 Golf Club Genova St. Anna 18

Via Bellavista 1, Loc. Lerca
I-16016 Cogoleto (GE)
010 913 5322 010 913 0594
info@santannagolf.com
www.santannagolf.com

Länge: H 5921 m, D 5158 m, HCP erforderlich.

Greenfee-Kat.: €€€
Ermäßigung: Jugendl./Stud. 50%

Der GC Genova St. Anna bietet Golfspielen auf einem sehr anspruchsvollen Platz. Da gibt es den "Percorso Mare", ein flacher gut zu gehender Kurs und den "Percorso Monti", ein 9-Loch-Kurs in den Hügeln, der konditionell etwas anspruchsvoller ist. 18 Löcher, kein Par unter 300 Metern, Schräglagen wo man sehr oft über oder unter dem Ball steht. Die Anlage ist mit ihren 5900 Metern sehr kompakt gebaut. Wegen ihrer Lage in einem bewaldeten Tal mit einer sehr vielfältigen Vegetation haben auch Naturliebhaber viel zu sehen. Für heiße Tage stehen Golfcars zur Verfügung, die man vorher buchen sollte.

Platzinformationen:

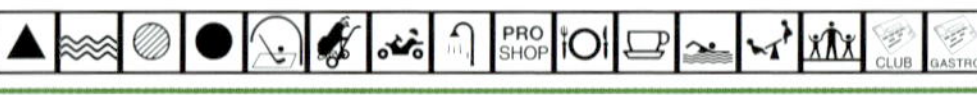

131 Golf Club Pineta di Arenzano 9

Piazza del Golf 3
I-16011 Arenzano
010 911 1817 010 911 1270
info@golfarenzano.it
www.golfarenzano.it

Länge: H 5508 m, D 4856 m

Greenfee-Kat.: €€€
Ermäßigung: Jugendl.

Unweit von dem idyllischen Ort Arenzano mit seinem schönen Jachthafen liegt der imposante Golf Club Pineta di Arenzano. Ganz nah an einem Wohngebiet befinden sich die 9 Bahnen auf einer kleinen Hochebene, die fast immer einen Blick auf das Meer erlaubt. An manchen Bahnen ragt das Grün "optisch" aus dem Mittelmeer. Der Platz ist angenehm zu spielen, oft machen die kleinen Bäume dem Golfer das Leben schwer. Jedes Grün auf diesem Kurs wird von mehreren Bunkern geschützt, Wasser kommt nur an Bahn 6 ins Spiel. Das moderne Clubhaus mit Restaurant und Loungebereich ist sehr großzügig angelegt.

Platzinformationen:

132 Golf Club Boves

18

Via degli Angeli, 3, Frazione Mellana
I-12012 Boves (CN)
0171 380890
info@golfboves.com
www.golfboves.com

Länge: H 6018 m, D 5256 m, HCP erforderlich.

Greenfee-Kat.: **€€€**
Ermäßigung: Jugendl. bis 18 J. 50%

Vor dem Hintergrund der Seealpen, nur wenige Minuten vom Stadtzentrum von Cuneo entfernt, liegt dieser Golfclub in herrlicher Umgebung. Der 6018 Meter lange Golfplatz wurde vom kanadischen Architekten Graham Cooke erbaut. Golfenthusiasten werden in Boves einen hohen technischen Standard und moderne Anlagen vorfinden. Dazu hat man Gelegenheit, in einer selten schönen Umgebung zu spielen. Das gewellte Terrain wird voll ausgenützt, so dass der Spieler die herrliche Aussicht genießen kann. Das Clubhaus mit Restaurant ist typisch italienisch gehalten.

Platzinformationen:

133 Circolo Golf e Tennis Rapallo

18

Via G. Mameli, 337
I-16035 Rapallo (GE)
0185 261777 0185 261779
segreteria@golfetennisrapallo.it
www.golfetennisrapallo.it

Länge: H 5625 m, D 4965 m, HCP erforderlich.

Greenfee-Kat.: **€€€€**
Ermäßigung: Jugendl./Stud. 50%

Seit seiner Gründung im Jahr 1931 ist der Name Rapallo eine golferische Institution. Idyllisch gelegen vor einer imposanten Bergkette fordert der Kurs alles, was sich Golfer wünschen. Technisch handelt es sich um einen sehr schwierigen Kurs mit vielen natürlichen Hindernissen, darunter drei quer verlaufenden Bäche. Die nahe Bergkette schützt die Spieler vor dem kalten Nordwind, im Sommer kühlt die Brise vom Meer. Gepflegte Fayways, schnelle Grüns (die man auch im Winter vorfindet) und nach der Runde etwas Kühles oder Delikates im Club-Restaurant machen richtig Laune.

Platzinformationen:

Circolo Golf e Tennis Rapallo

134 Golf Club Albisola

9

Via Riccardo Poggi snc, Loc. Carpineto
I-17011 Albisola Superiore (SV)
019 489679 019 400 5141
segreteria@golfclubalbisola.it
www.golfclubalbisola.it

Länge: H 4066 m, D 3561 m

Greenfee-Kat.: **€€**

Der Golf Club Albisola in der Nähe der Küste von Albisola, bietet einen 9-Loch-Kurs mit nur 2022 Metern, bestehend aus fünf Par 3, drei Par 4 und einem Par 5. Ein gutes Ergebnis verlangt ein sehr gutes kurzes und präzises Spiel. Der Platz ist flach angelegt, hat nicht viele Bunker und Wasser kommt nur zweimal ins Spiel. Das Clubhaus, in einem restaurierten historischen Gebäude aus dem 19. Jh. untergebracht, bietet den Golfspielern nicht nur eine Bar und Aufenthaltsräume, sondern auch ein Wellness-Center. Dank des milden Klimas in dieser Region kann man hier das ganze Jahr über spielen.

Platzinformationen:

135 Golf Club Marigola

9

Via Biaggini, 5
I-19032 Lèrici-La Spezia
0187 970193 0187 970193
info@golfmarigola.it
www.golfmarigola.it

Länge: H 2202 m, D 2026 m

Greenfee-Kat.: €€
Ermäßigung: Jugendl./Stud. bis 18 J. 50%

"Klein aber oho" kann man hier sagen! Mit seinen 2200 Metern ein sehr kurzer 9-Loch-Kurs. Vorsicht ist jedoch geboten - enge Fairways und kleine Grüns. Man sollte schon eher mit kleinem Werkzeug arbeiten, soll heißen; Driver und lange Eisen lieber mal stecken lassen. Der Club liegt landschaftlich sehr schön inmitten von terrassenförmig angelegten Olivenhainen und beweist, dass auch ein kleiner Platz hohe sportliche Anforderungen an seine Spieler stellen kann. Der malerische Ausblick auf das nahe gelegene Lèrici und Relaxen auf der Clubhausterrasse bieten ein tolles Finish.

Platzinformationen:

136 Golf Club Garlenda

18

Via del Golf 7
I-17033 Garlenda
0182 580012 0182 580561
info@garlendagolf.it
www.garlendagolf.it

Länge: H 6085 m, D 5216 m, HCP 36 erforderlich. In der Regel in der letzten September-Woche und der ersten Oktober-Woche geschlossen.

Greenfee-Kat.: €€€€

Eine harmonische Parklandschaft in einem oberitalienischen Flusstal: Die Flüsse Lerrone und Torrente trennen den 6000 Meter langen Golfplatz und an Loch 3 und 13 muss der Ball die Flüsse fliegend überqueren. Der Par 72 Kurs mit seinen zum größten Teil flachen, schmalen Bahnen ist von Bäumen und Büschen gesäumt. Kommt der Wind ins Spiel, werden die kürzesten Löcher sehr lang. Auch die Wege zwischen den einzelnen Löchern sind schon mal etwas länger. Das Clubhaus mit Restaurant und dem großzügigen Übungsgelände bietet viele Möglichkeiten zum Verweilen, Üben und Speisen.

Platzinformationen:

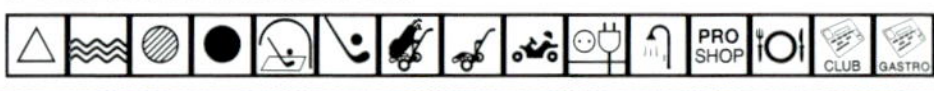

137 Castellaro Golf Club

9

Strada per i Piani, 1
I-18011 Castellaro
0184 482641
golfclub@castellarogolf.it
www.castellarogolf.it

Länge: H 2227 m, D 2024 m, HCP 54 erforderlich.

Greenfee-Kat.: €€€
Ermäßigung: Jugendl. bis 18 J. 50%

Der 9-Loch-Kurs an der westligurischen Küste ist harmonisch in eine grüne Talebene eingebettet. Etwas hügelig, aber immer mit einer tollen Sicht auf das große azurblaue Wasser, das aber kaum als Hinderniss ins Spiel kommt. Der Platz ist ganzjährig bespielbar, wobei in den Wintermonaten der Wind ein starker Gegner ist. Die Vorbereitung auf das Spiel macht in der weiträumigen Übungs-Area, die sogar eine Flutlichtanlage hat, besonderen Spaß. Für den Aufenthalt in dem schönen landestypischen Clubhaus mit seinem eleganten Restaurant und der Weinlounge sollte man etwas mehr Zeit einplanen.

Platzinformationen:

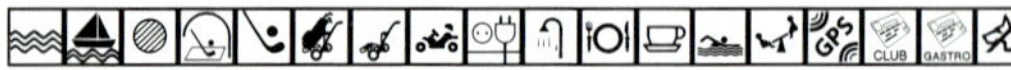

138 Circolo Golf degli Ulivi Sanremo

18

Strada Campo Golf, 59
I-18038 Sanremo
0184 557093
info@golfsanremo.com
www.golfsanremo.com

Länge: H 5203 m, D 4705 m, Sa./So./Feiertage PE erforderlich.

Greenfee-Kat.: €€€€
Ermäßigung: Jugendl./Stud. bis 18 J. 50%

Der ehrwürdige Golfkurs Circolo Golf degli Ulivi Sanremo mit seinen 18 Löchern liegt eingebettet in ein langes Tal „Val Gogna“ mit vielen kleinen Hügeln und engen Fairways, das sich von der Küste langsam nach oben schlängelt. Im Frühjahr spielt man zwischen gelbblühenden Mimosenbäumen und im Spätsommer erfreut sich der Golfer an den vollbehangenen Olivenbäumen. Präzise Schläge sind sehr wichtig, gibt es doch einige kniffelige Löcher wie beispielsweise lange Par 4s mit Dogleg, die 5er Löcher sind daher kurz und auf Par 3s sind es 5 zwischen 70 und 212 Meter.

Platzinformationen:

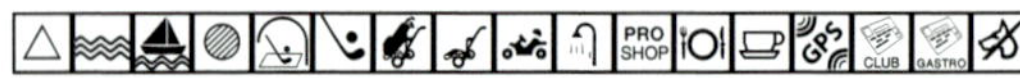

EMILIA ROMAGNA

DIE REICHE REGION FÜR JEDEN GESCHMACK

Malerische Landschaft in der Emilia Romagna

Golfclubs nach Kartennummern

Nr.	Golfclub		Seite
139	Croara Country Club		321
140	Golf Club Ca'Laura		321
141	Golf Club Castell'Arquato		322
142	Cus Ferrara Golf		322
143	Golf Club Santo Stefano		322
144	Golf Salsomaggiore Terme		322
145	Golf Club Augusto Fava		323
146	Golf Del Ducato		323
147	Golf Club Matilde di Canossa		323
148	Reggio Emilia Golf		324
149	Argenta Golf Club		324
150	Modena GCC A.S.D.	■ 387	324
151	San Valentino Golf Club	■ 387	325

■ = Partner Albrecht Greenfee-Aktion (Gutschein-Seite)

152	Golf Club Bologna		325
153	Golf Club Casalunga		325
154	Golf Club Le Fonti		326
155	Golf Club Faenza Le Cicogne		326
156	Adriatic Golf Club Cervia		326
157	Golf Club Molino del Pero		327
158	Monte Cimone Golf Club		327
159	Golf Club I Fiordalisi		327
160	Rimini-Verucchio Golf Club S.S.D.		328
161	Rivieragolf	■ 387	328

Emilia
Romagna
Golf
Ein Top-Ziel in Italien
für Golf, Kunst und Gastronomie
www.emiliaromagnagolf.com

Bologna, die Hauptstadt der Emilia-Romagna

Via Emilia, 262 Kilometer lang verlief die Römerstraße entlang des Po-Ufers und am Fuß der Apenninen, verband die Städte Piacenza und Rimini und gab der gesamten Region ihren Namen. Die lange byzantinische Dominanz in Ravenna an der adriatischen Küste erklärt hingegen, weshalb die Adria-Provinzen den Beinamen „Romagna" oder „Kleines Rom" erhielten. An den breiten Stränden der adriatischen Küste zwischen Cattolica und Riccione, Rimini und Cesenatico, Cervia und Comacchio ist viel Platz für Spaß und Sport, Kunst und Kultur. Antike Zivilisation sowie umfangreiche Kultur und wertvolle Kunstschätze trifft man in den historischen Herzen der Städte an. Bologna, Ferrara, Forlì, Cesena, Modena, Parma, Piacenza, Ravenna, Reggio Emilia und auch Rimini besitzen reiche antike Schätze, und ihre Attraktionen sind nahezu endlos. Darüber hinaus verfügt diese vielfältige Region noch über weite Naturschutzgebiete im Apennin und Po-Delta sowie über eine einzigartige Thermenlandschaft. Wie eine Kette ziehen sich am Nordhang des Apennin die Thermen entlang, wo man somit nicht nur der Kultur frönen, sondern auch der Gesundheit dienen kann. Parallel dazu verläuft der Strang der Golfperlen der Emilia, der ebenfalls in Rimini an der Adria endet, wo ganz in der Nähe auch noch San Marino liegt, der Zwergstaat mit den Briefmarken und der ehemaligen Formel-1-Rennstrecke von Imola. Die Emilia-Romagna gehört ohne Zweifel zu den wohlhabendsten Regionen Italiens. Dies liegt nicht zuletzt daran, dass mit den drei großen Sportwagenherstellern Ferrari, Lamborghini und Maserati sowie den Motorradmarken Ducati und Moto Morini die Crème de la Crème der Motorindustrie hier zu Hause ist – Hochleistungstechnologie vor historischer Kulisse.

Ihr weltweiter Erfolg in Mode, Design und Kunsthandwerk wie Faenzas Keramiken sind Beispiele, die zudem die erstaunliche Kreativität der Region ausdrücken und unterstreichen. Die Liebhaber der Musik kommen auf der Fährte des berühmten Opernkomponisten Guiseppe Verdi zu ihrem Hochgenuss. Und wer kennt nicht Don Camillo und Peppone, die in einer kleinen Gemeinde in der Poebene „ihren" Krieg mit Kirche und Politik führten. Kulinarische regionale Spezialitäten in Fülle liefern den perfekten Balsam für Geist und Seele.

Verbunden mit der sprichwörtlichen Gastfreundschaft und Freundlichkeit der Einwohner, wird jeder

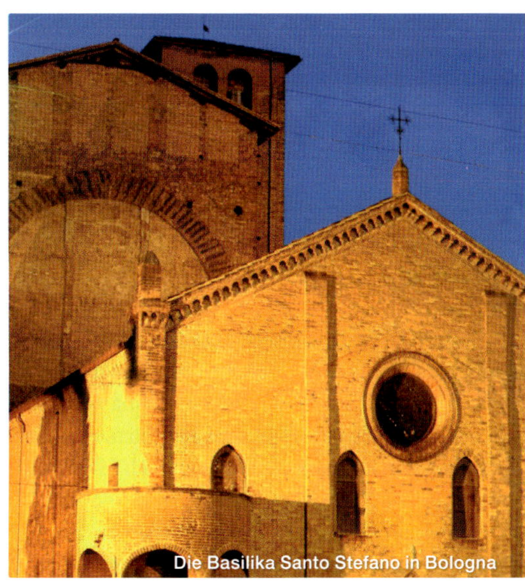
Die Basilika Santo Stefano in Bologna

Feinkostladen in Bologna

Besuch der Emilia-Romagna ein Aufenthalt reiner Freude. Unter diesen Einheimischen befinden sich so prominente Namen wie Filmregisseur Federico Fellini und Tenor Luciano Pavarotti sowie des Modedesigners Giorgio Armani oder Ski-Champion Alberto Tomba, die allesamt große Botschafter ihrer Heimatregion sind.

KULINARISCHER TEMPEL DES STIEFELS

Wenn sie könnten, würden die Emilianer ihr Hab und Gut in Eiernudelteig verpacken, denn das kulinarische Wahrzeichen dieser Region schlechthin sind gefüllte Nudeln in jeglicher Art. Die Emilia-Romagna ist die Königin der hausgemachten Pasta: Überbackene Lasagne aus dem Ofen, Tortellini, Cappelletti in der Brühe oder Tagliatelle, die angeblich anlässlich der Hochzeit von Lucrezia Borgia und dem Herzog von Ferrara erfunden wurden. Die strohgelben Bandnudeln sollen dem Haar der Braut nachempfunden worden sein. Farfalle, Fusilli, Penne Rigate – spätestens seitdem sich im Jahr 1991 Ex-Tennisstar Steffi Graf die Nudeln für die Barilla-Werbung ans Ohr gehängt hat, kennt jeder Deutsche die Pastakreationen aus Parma.

Die Küche der Emilia-Romagna ist allerdings auch bekannt für ihre leckeren Schinken- und Salamispezialitäten: luftgetrockneter Schweinenacken (Coppa), würzig gefüllter Schweinsfuß (Zampone) aus Modena, Hüftschinken-(Culatello)-Salami aus Felino und die kleinen Mortadellas der Provinz Piacenza. Und wer kennt nicht den vorzüglichen Parma-Schinken und den herzhaften, viel gerühmten Parmesankäse, der auf keinem italienischen Küchentisch fehlt? Auch hervorragende Steinpilze und sogar weiße Trüffel, die hier gerne mit Parmesankäse-Scheiben serviert werden, eine Köstlichkeit die ihresgleichen sucht! Außerdem darf natürlich auf einem Tisch in der Provinz Modena der feine Balsamessig nicht fehlen, während an der romagnolischen Küste die bescheidene Piada (Fladenbrot) aus Wasser und Mehl nicht wegzudenken ist. Und das Ganze wird natürlich stets begleitet von einem guten Gläschen Trebbiano oder Lambrusco. Verwöhnte Gaumen von Genussgolfern werden speziell an den 13 Wein- und Gourmetrouten mit vielfältigen Delikatessen aus der Region verführt.

DAS IST ABER KÄSE!

Es kann nur einen geben: „Parmesan“ – so wurde bereits im vorletzten Jahrhundert der seinerzeit berühmteste Käse Italiens bezeichnet. Und daran hat sich bis heute nichts geändert. Seit mindestens 800 Jahren wird der original Parmesankäse, der König aller Käsesorten, auf nahezu gleiche Art und Weise hergestellt – und das ausschließlich in Parma, Modena, Reggio Emilia und in Teilen der Provinzen Bologna und Mantova. Das Original erkennt man am Stempel auf der Käserinde: Parmigiano-Reggiano. Für ein Kilo des Extrahartkäses werden 16 Liter rohe Kuhmilch benötigt. Bis der Parmigiano-Reggiano jedoch seinen vollmundigen, würzigen bis nussigen Geschmack entwickelt hat, muss er zwei bis drei Jahre reifen, bis dieser dann in verschiedenen Reifestufen auf dem Markt angeboten wird. Zu ihren geliebten Pastagerichten können die Italiener auf den würzigen Reibekäse selbstverständlich nicht verzichten, genauso gut schmeckt er aber auch in dünnen Blättchen über gedünstetem Gemüse wie Spargel oder Fenchel. Dem echten Parmesan-Connoisseurs sei empfohlen, den Käse anstatt mit Reibe, Messer oder Hobel mit einem speziellen kurzen, mandelförmigen Parmesanmesser anzuritzen und zu brechen.

DIE KULINARISCHE KRÖNUNG – PROSCIUTTO DI PARMA

Mild im Geschmack, kupferrot in der Farbe, würzig im Duft: Echter Parmaschinken hat die Auszeichnung „Krone der Herzöge" verdient. Die Herstellung der Delikatesse ist streng auf das Gebiet rund um Parma beschränkt, denn nur durch die würzige Luft vom Apennin erhält der Schinken sein unvergleichliches Aroma. Die Reifezeit beträgt mindestens zwölf Monate und umfasst mehrere Prozessstufen: Nach dem Salzen wird das Fleisch 100 Tage gekühlt, ehe die Lufttrocknung in Reifehallen beginnt. 171 Schinkenproduzenten – die meisten ansässig in Langhirano, dem Ursprungsort des Parmaschinkens –sorgen dafür, dass die Gourmets auf der ganzen Welt in den Genuss der Spezialität aus der Emilia-Romagna kommen. Außerdem öffnen jedes Jahr im September beim speziellen Festival zu Ehren des berühmten Schinkens zahlreiche Manufakturen in der Provinz ihre Pforten und gewähren den Besuchern Einblicke in die Herstellung.

GUT DING BRAUCHT WEILE

Diese Alltagsweisheit gilt insbesondere für den echten Balsamessig, den Aceto Balsamico Tradizionale di Modena. Bei diesem Produkt handelt es sich jedoch nicht um Abfall, sondern um eine nach jahrhundertealter überlieferter Sitte und Tradition nur in dieser Region hergestellten Delikatesse. In den typischen Balsamico-Kellereien reift der Essig mindestens zwölf Jahre lang in Holzfässern unterschiedlichen Stammbaums. Als besondere Kostbarkeit gelten die mehr als 25 Jahre lang konzentrierten Flüssigkeiten. Echter Balsamessig unterscheidet sich nebst Herkunft und Herstellung auch in der Farbe, in der Gestaltung der Flasche und nicht zuletzt in seinem guten Geschmack von anderen Balsamessigen. Der ältere ist fast süßlich und seine Konsistenz wie Honig, jüngere Jahrgänge dagegen sind viel flüssiger. Ausschließlich ausgewählte Hersteller dürfen ihr Produkt Aceto Balsamico Tradizionale di Modena nennen und für eine 250-ml-Flasche an die 100 Euro verlangen. Doch Parmesanstücke mit Balsamico-Tropfen als Appetizer gereicht oder Erdbeeren mit altem Balsamico versüßt, sind ein Gedicht.

DIE ROTE, DIE GELEHRTE, DIE FETTE

Die Namensvielfalt bringt Bolognas Qualitäten auf den Punkt. Zwischen den Flüssen Reno und Savena, am Fuße des Apennin gelegen, fasziniert die Hauptstadt der Emilia-Romagna durch das leuchtende Rot ihrer mittelalterlichen Backsteinpaläste mit den

Der berühmte Balsamico-Essig

Spezialitäten der Region

Genießen in der Emilia-Romagna

Das Ferrari-Museum

endlos erscheinenden Arkaden. 42 Kilometer lassen sich so in der historischen Innenstadt – geschützt vor Sonne und Regen – zurücklegen und an den unzähligen kleinen Läden und Boutiquen gustieren. Berühmte Leute wie Dante, Petrarca, Erasmus und Kopernikus haben hier gelebt – und an der ältesten Universität Europas, gegründet 1088, studiert. Nicht umsonst wurde Bologna 2000 zur Kulturhauptstadt Europas gekürt. 41 Museen, zahlreiche freskengeschmückte Palazzi, antike Villen, die Basilika San Petronio, eine der schönsten gotischen Kirchen und krönendes Monument der Stadt, und vieles mehr kann der Kunst- und Geschichtsbegeisterte besuchen, um sich anschließend in Reminiszenz an den Beinamen „die Fette" der reichhaltigen, schmackhaften Esskultur zu widmen: bei einer Portion der hier erfundenen Tagliatelle mit dem berühmten Ragù alla Bolognese. Frühmorgens verwöhnt die Stadt nicht nur mit duftenden Hörnchen zum Eintauchen in den Cappuccino, sondern auch mit einer wahren Kalorienbombe, dem Bombolone, einem gefüllten, frittierten Gebäck. Was Pisa einfach hat, den Schiefen Turm, kann Bologna gleich mehrfach aufweisen, die schiefen „Torre Garisenda" und „Torre degli Asinelli", das Wahrzeichen der Stadt. Die Türme stehen als Symbol der einstigen Handelsmacht, die die Stadt im Mittelalter genoss. Es lohnt sich, die 498 Treppenstufen des „Turm der Eselchen" aus dem 12. Jahrhundert zu erklimmen; man wird mit einem spektakulären Rundblick belohnt. Die moderne Stadt Bologna hat es geschafft, ein wenig Nostalgie und italienisches Flair im Stadtkern zu erhalten und kann – sowie die Metropole Rom – mindestens ebenso deutlich behaupten, das Herz des Stiefellandes zu sein. Kulturell, kulinarisch und golferisch ebenso.

BERNHARD LANGER SETZT SICH IN MODENA EIN DENKMAL

Nur wenige Kilometer von der Innenstadt Modenas entfernt, baute die deutsche Golflegende Bernhard Langer 1989 nach seinem Sieg bei den Italien Open in Ugolino bei Florenz seine erste Golfanlage. Die 27 Löcher des prestigeträchtigen Modena Golf & Country Clubs zählen zu den feinsten Plätzen des Landes und werden mit Recht immer wieder als Austragungsort großer Turniere gewählt (wie auch für das

Modena Golf & Country Club

50. Jubiläumsturnier der Italian Open). Mitten in den Apenninhügeln liegt hier ein Champion – es gibt zusätzlich noch einen Kurzplatz –, der an Abwechslung nichts zu wünschen übrig lässt. Doglegs und lange Par-3-Löcher sind ein Markenzeichen, das nur vom Eisen-Spezialisten Bernhard Langer stammen kann. Zahlreiche breite Wasserhindernisse und pfeilschnelle, ondulierte Grüns tragen zum interessanten Spiel für anspruchsvolle Golfer bei. Ein Besuch des nur zehn Autominuten entfernten, weltberühmten „Aceto Balsamico"-Herstellers Leonardi ist nach der Runde absolut empfehlenswert.

In näherer Umgebung, in Maranello, gründete Enzo Ferrari 1945 das Ferrari-Werk, wo heute jährlich etwa 2.500 der bekanntesten Sportwagen der Welt gebaut werden und somit ebenso für das Image der Emilia-Romagna sorgen. Es zahlt sich aus, im Ferrari-Museum „Galeria Ferrari", das mit seiner großen Sammlung rund um das Highspeed-Kultauto lockt, einen Boxen-Stopp durchzuführen.

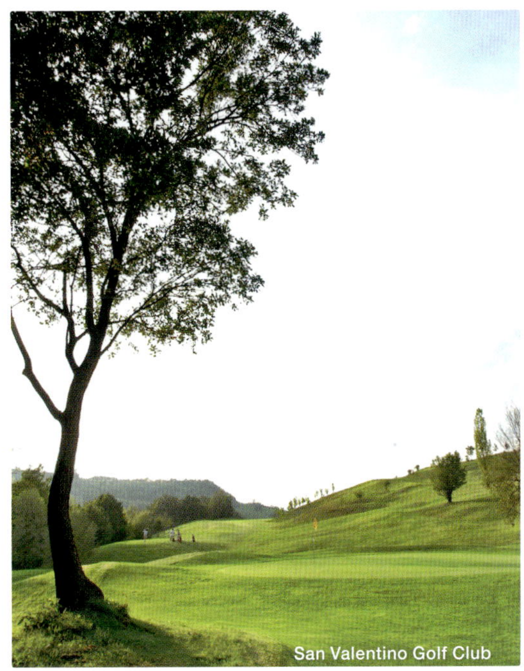

San Valentino Golf Club

RUHEOASE FÜR ENTSPANNTES GOLF MIT SPORTLICHER NOTE

In einem 300 Meter hoch gelegenen Wiesen- und Waldgebiet, ebenfalls südlich von Modena, erstreckt sich auf über 110 Hektar der Meisterschaftsplatz San Valentino, der mit zum Teil spektakulären Höhenunterschieden zwischen Tee und Green überrascht. Die bergigen Fairways variieren stark in der Breite, immer wieder wird man animiert, die Grüns anzugreifen. Doch Achtung, diese sind schnell und werden durch raffiniert postierte Bunker geschützt. Die vier Seen der Anlage kommen kaum ins Spiel, tragen jedoch zum schönen Eindruck dieses doch anstrengenden Platzes maßgeblich bei. Das majestätische, über 3.000 Quadratmeter große Clubhaus wurde aus einer antiken Scheune renoviert und strahlt mit seinen riesigen Eichenholzbalken und dem großen Kamin eine warme und einladende Atmosphäre aus. Dessen gutbesuchtes Restaurant im ehemaligen Mühlraum verwöhnt mit typisch emilianischen Spe-

Bologna Golf Club

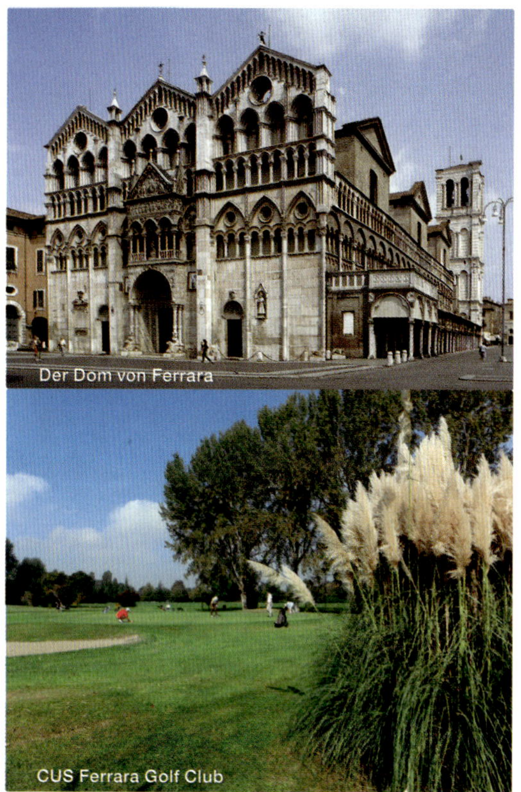

Der Dom von Ferrara

CUS Ferrara Golf Club

zialitäten, die traditionell von einem qualitativ hochwertigen Lambrusco begleitet werden.

DER KLASSIKER IN BOLOGNA

Vor den westlichen Toren der Universitätsstadt Bologna liegt der gleichnamige Bologna-Golfclub, wie die Universität der Stadt mit einer langen Tradition versehen. Die von Cotton & Harris entworfene, 1959 eröffnete und 2000 von Peter Alliss adaptierte Anlage zeichnet sich weniger durch Länge als durch technisch trickreiche Bahnen aus, die den Spieler auch strategisch fordern. Großartig bewachsen und immer in einem Super-Pflegezustand, auf dieser Qualitätsanlage fühlt man sich einfach wohl, die zudem sehr abwechslungsreich ist und sowohl Hobby- als auch Profispieler anspricht. Im prämierten Restaurant – alljährlich rangiert dieses auf den vordersten Plätzen der italienischen Golfclub-Restaurants – lässt es sich hervorragend speisen. Der stets gut besuchte Privatclub ist ein absoluter Klassiker in Italien und ein Pflichtbesuch auf der Durchreise.

GOLF BEIM WELTKULTURERBE

Weiter im Nordosten der Emilia warten die 18 Löcher des Ferrara-Golfclubs. Doch bevor es zum Abschlag geht, sollte man unbedingt durch den von der UNESCO ausgezeichneten historischen Stadtkern mit seinem mittelalterlichen, fast intakten Stadtwall bummeln. Bedeutungsvolle Monumente wie die Kathedrale, das Estense-Schloss und der Palast der Diamanti, ein prachtvoller Renaissance-Bau mit einer Fassade aus Tausenden weißer und rosa Marmor-Prismen, werden Sie begeistern! Ferrara ist nicht römischen Ursprungs und wird ob ihrer späteren urbanistischen Anlage auch gern als „erste moderne Stadt Europas“ definiert. Sie ist ein Juwel der Herrschaftsperiode der Estense-Familie (14. Jahrhundert), die auch für ihre legendären Bankette berühmt war. Diese Tradition der Tischkunst ist heute noch lebendig und wird von vielen Restaurants in Ferrara gepflegt. Viele indigene Pflanzen bestücken den direkt am Stadtpark liegenden Golfplatz, der erst im Jahre 2004 auf 18 Loch erweitert wurde. Mit 5.443 Metern ist der Parcours nicht unbedingt ein Monster, trotzdem zeigt dieser Zähne, da die Bahnen äußerst eng und die Greens gut bebunkert sind. Ein interessanter Platz, um en passant Golf zu spielen.

SPIELGENUSS BEI PARMA

Wo es den köstlichen Parma-Schinken gibt, da ist auch ausgezeichnetes Golf nicht weit entfernt. Die 18 Löcher von Golf Del Ducato, ehemals Golfclub La Rocca, in Sala Baganza liegen etwa 300 Meter hoch in den Hügeln des Apennins. Eichen- und Akazienwäldchen säumen die Fairways dieses technisch schwierigen Parcours, auf dem drei künstlich angelegte Seen mehrfach für Herausforderungen sorgen.
Nicht weit von Del Ducato trifft man – im Herzen der wundervollen Naturlandschaft des bekannten Val

Piazza del Duomo in Parma

Trebbia – auf die Spielbahnen des Croara Country Clubs, auf dem 1987 die 1. Italian Ladies Open stattfanden. Den technisch schwierigen Parcours, dessen Bahnen von Eichen, Kastanien, Pappeln und Robinien gesäumt und vom Fluss Trebbia begrenzt sind, sollte man ob seiner Tücken wohl zweimal spielen, um erfolgreich zu scoren. Von Anfang an ein voller Erfolg wird hingegen ein Besuch der Stadt Parma sein, und dies nicht nur wegen ihrer kulinarischen Genüsse. Die Käse- und Schinkenhochburg präsentiert sich auch als Schatztruhe besonderer Kunstschätze, man denke nur an den Dom, das Baptisterium, den Palazzo Pilotta, die Kirche Steccata und das Benediktiner-Kloster des Evangelisten Johannes. Als Heimatregion und Wirkungsstätte von Toscanini und Giuseppe Verdi gilt Parma zudem noch heute als Musikstadt. Etwas südlich, in Torrechiara, beeindruckt eines der schönsten Schlösser aus dem 15. Jahrhundert.

DER „GOLF-GANG NACH CANOSSA"

Ein geographischer Sprung ins Herz der sogenannten Terre Matildiche – eines landschaftlich äußerst reizvollen Landstriches um die Provinz Reggio nell´Emilia, der besonders viele, historisch-kulturelle Zeugnisse der Canossa-Dynastie aufweist – führt über die mittelalterliche Geschichte direkt zu den 18 Löchern des Golfclubs Matilde di Canossa. Der Name selbst erinnert an die bunte Geschichte Italiens, seine deutschen Kaiser und italienischen Päpste. War es im 11. Jahrhundert nicht ein Papst, der einen Kaiser bannte und ihn damit zum unterwürfigen „Gang nach Canossa" zwang? Designer Marco Croze – wohl der Fleißigste seiner Zunft in Italien – hat jedoch auf diesem Pacours auf Heimtücke und Hinterlist gänzlich verzichtet. Die sanften Abhänge, die natürliche Vegetation und der Bach Quaresimo, der das Gelände in seiner gesamten Länge durchfließt, machen das Spiel zwar überaus anspruchsvoll und unterhaltsam, aber durchwegs entspannend. Das angeschlossene Restaurant „Il Concilio" ist weit über die Grenzen der Stadt Reggio Emilia für die hervorragende und gleichermaßen kreative wie bodenständige Küche bekannt, so dass ein Besuch hier praktisch zum Muss wird.

SALSOMAGGIORE – ANTI-STRESS UND GUTES GOLF

Die Salzwasserthermen von Salsomaggiore weisen zwar noch nicht den hochgetrommelten Bekanntheitsgrad von Abano Terme im Veneto auf, stehen diesen in ihrer positiven Wirkung auf unsere Gesundheit jedoch um nichts nach, im Gegenteil. In

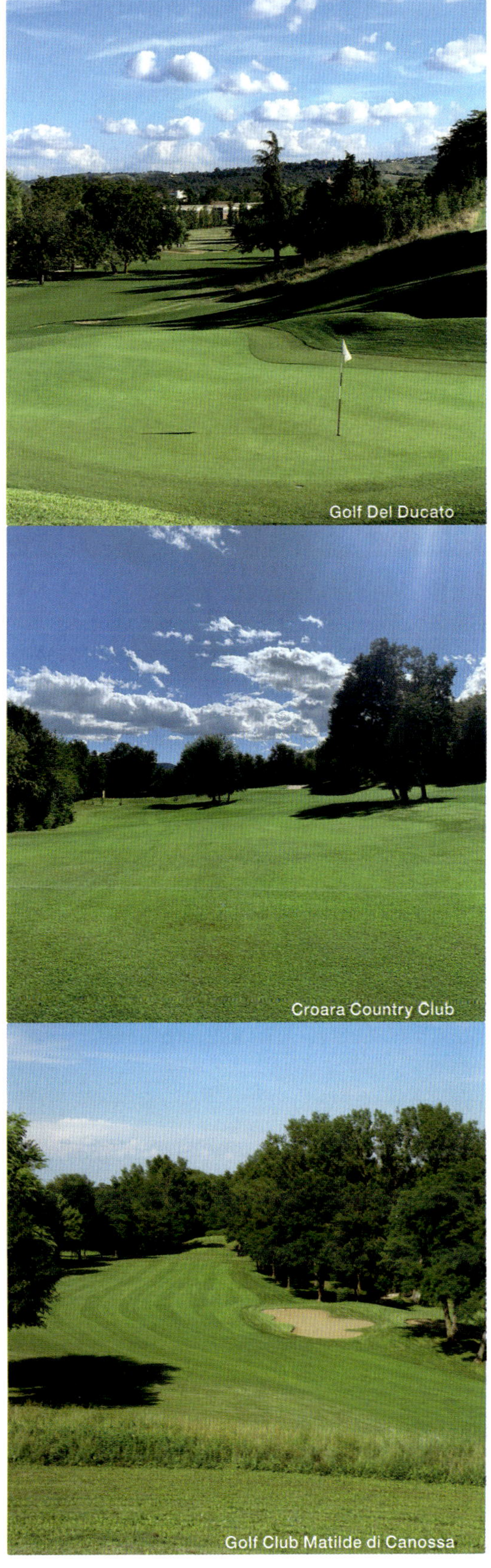
Golf Del Ducato
Croara Country Club
Golf Club Matilde di Canossa

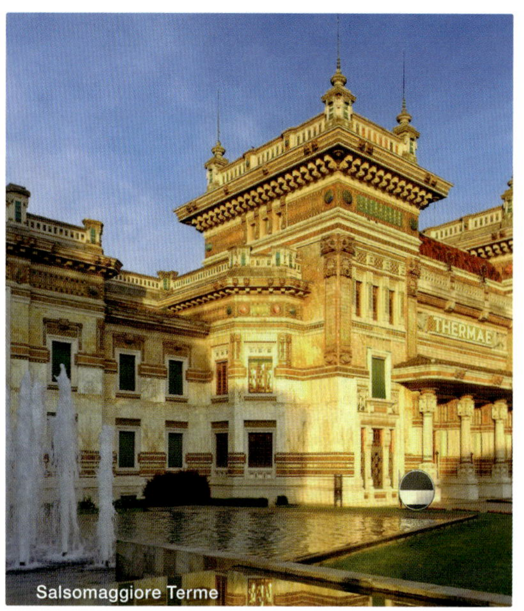

Salsomaggiore Terme

der Urzeit als die Po-Ebene aus dem großen Meer emporstieg, blieb unter ihr ein kleiner Salzwassersee mit einer hochwertigen Konzentration aus Jod, Brom, Schwefel und Kalk zurück. Von den Römern primär zur Salzgewinnung genutzt, stellt das Thermalbecken für die Neuzeit-Generation des 21. Jahrhunderts einen unschätzbaren gesundheitlichen Wert dar. Nebst prophylaktischer und heilender Wirkung zeigen die Thermalbehandlungen einen äußerst positiven Einfluss auf die Anti-Stress-Bekämpfung. Die Thermen Berzieri, „Palais der Gesundheit", sind das Zentrum der monumentalen und symbolträchtigen Stadt Salsomaggiore und gelten als eines der augenfälligsten Beispiele des italienischen Art déco mit einem Hauch Fernost. Interessant, dass partout in Salsomaggiore jährlich die Wahl zur Miss Italia stattfindet.

Ruhe und Entspannung abseits des Rummels und stressigen Alltags findet man – ein gutes Navigationsgerät vorausgesetzt – auch im 1992 eröffneten 18-Loch-Golfplatz des Salsomaggiore Golf & Country Clubs, der natürlich in einer 70 ha großen, hügeligen Landschaft angelegt wurde. Der Parcours zeigt sich äußerst abwechslungsreich, immer wieder kommt Wasser ins Spiel, Gräben und Bunker verteidigen die relativ kleinen, oft stark ondulierten Greens. Doglegs fordern strategisches Spiel, hohe Abschläge ins Tal sowie auf uneinsehbare Grüns machen den trotz allem fairen Platz interessant. Golf auf dieser Anlage versichert viel Spielspaß, auch wenn die ersten neun am Hang angelegten Löcher speziell bei Sonneneinstrahlung viel Ausdauer fordern. In der näheren Umgebung kann man in gemütlichen kleinen Restaurants die hervorragende regionale Küche und lokalen Weine zu attraktiven Preisen kennen und schätzen lernen. Kulturinteressierte können auch in dieser Region aus dem Vollen schöpfen, sind doch die Kunst- und Kulturstädte Parma, Cremona und Mantova schnell erreichbar.

FAYENCE UND GOLF – OHNE KÖNNEN GEHT NICHTS!

Nach einer Golfrunde auf der von Cotton & Pennick 1991 entworfenen Anlage von Castell Arquato (18 Löcher) verlassen wir die westliche Emilia-Romagna. Die Via Emilia bringt uns zu den Badeorten der Riviera Adriatica. Man berührt dabei Kulturzentren wie Forlì, das römische Livi und Cesena, ein wichtiges malatestianisches Zentrum. Zunächst aber steht Faenza auf der Tagesordnung, die Stadt, die zwischen malerischen Bogengängen und Glockentürmen historisch-künstlerische Schätze zuhauf birgt. Besonders

Salsomaggiore Golf & Country Club

Golf Club Castell'Arquato

sehenswert sind der Dom, die Piazza del Popolo, die Sammlungen der Welt mit antiken, mittelorientalischen Arbeiten und Werken großer moderner Maler wie Picasso, Chagall, Léger und Matisse. Von den „Botteghe del Fuoco“ (Brennwerkstätten), in denen einige der angesehensten zeitgenössischen Keramikkünstler an den Majolica oder Fayencen arbeiten, gibt es etwa 60 in der bereits 160 v. Chr. gegründeten Stadt.

GOLF LE FONTI – SCHMUCKSTÜCK ZWISCHEN BOLOGNA UND IMOLA

Wenn man dieser großartigen Gegend einen Besuch abstattet, dann sollte unbedingt eine Golfrunde am Gelände des Golfclubs Le Fonti auf Ihrem Reiseprogramm stehen. Nach einer völlig neuartigen Konstruktion wurde der im „Valle del Sillaro“-Tal eingebettete Course nach den Vorstellungen des Architekten Ivano Serrantoni gebaut. Auf dem extrem variantenreichen Parcours – in den Jahren 2006 und 2007 Austragungsort der Qualifying School zur Ladies European Tour – kommen auf einer Länge von 6.480 Metern, Par 72, sowohl Golfanfänger, als auch Profis auf ihre Kosten. Aufgrund der modernst ausgestatteten Golfakademie gilt Le Fonti auch als Technikzentrum des Damen-Nationalteams. Von der Golfanlage selbst genießt man einen wundervollen Blick auf die benachbarten Thermalanlagen von Castel San Pietro. Einen ausgezeichneten kulinarischen Ausklang findet man im exzellenten Clubrestaurant,

Golf Club Le Fonti

Die Biblioteca Classense in Ravenna

in dem die gesamte Bandbreite regionaler Köstlichkeiten angeboten wird.

Sollte noch Zeit und Lust vorhanden sein, kann man die Rosenkranzsäule auf der Piazza XX Settembre, die Festung in Dozza oder das Ippocampus Horses Centre besuchen. Motorsportbegeisterte können beim ehemaligen Formel-1-Kurs von Imola, nur etwa zehn Kilometer entfernt, einen zusätzlichen Stopp einlegen.

RAVENNA UND DIE ADRIA, KULTURELLES SCHATZKÄSTCHEN UND BADEHOCHBURG

Ihr eigenes Kunstvermächtnis und die Berufung der romagnolischen Küste zum Tourismus sind in Ravenna eine glückliche Ehe eingegangen. Die faszinierende Stadt präsentiert sich als ein Freilichtmuseum voller Wunder. Zahlreiche Monumente bezeugen die Pracht, den Reichtum und die Bedeutung der Stadt, die einstmals Hauptstadt des Oströmischen Reiches und Sitz des byzantinischen Exarchen gewesen ist. Das Kulturangebot ist riesig, nicht weniger als acht Gebäude wurden in das Weltkulturerbe der UNESCO aufgenommen. Nicht zu verpassen sind vor allem das Mausoleum di Teodorico mit seiner grandiosen Kuppel, die aus einem einzigen Marmorblock geschaffen wurde, sowie das Mausoleum der Galla Placidia, berühmt durch ausgezeichnet erhaltene Wandmosaike im Innern des byzantinischen Bauwerkes. Auch das Battistero Neoniano, bekannt als das älteste Monument in Ravenna, mit seiner faszinierenden, komplett mit Marmor verzierten Kuppel ist selbst für Kulturbanausen einen Besuch wert. Im Dante-Museum findet man zahlreiche Reste und Zimelien aus dem Leben des berühmten Dichters Dante Alighieri, der hier im Exil Schutz gefunden hatte.

Über den Canale Candiano ist Ravenna mit dem Meer verbunden, wo sich wichtige Badeurlaubszentren wie Milano Marittima oder Cervia befinden, womit man auch schon bei der wunderschönen Anlage des Adriatic Golf Club Cervia angelangt ist. Nur wenige Minuten vom Meer entfernt und von duftenden Pinienhainen und Salzwasserseen umrahmt, liegt dieser

Badevergnügen am Strand an der Adria

Kanal in Cesenatico

wunderschöne 27-Loch-Golfplatz mit einer Kurslänge von 6.246 Metern in einer natürlichen Umgebung. Die ersten neun Löcher bilden einen klassischen Dünen-Links-Course, dessen äußerst enge Fairways hook-oder slicegeplagten Schwungakrobaten Schweißperlen auf die Stirn treiben. Die zweiten neun Löcher haben die beiden Designer Marco Croze and Alvise Rossi Fioravanti nach amerikanischem Vorbild zwar sehr offen und weit angelegt, dafür aber mit reichlich Wasser versehen – eine reine Nervensache. Seit 2004 stehen noch weitere neun innovative Löcher für Golfenthusiasten zur Verfügung, die die großartige Anlage komplettieren.

RIMINI – GOLF UND VERGNÜGEN

Der Badeort an der Adria gilt als die Hauptstadt des Vergnügens mit weltweit bekannten In-Diskotheken und Parks für Unterhaltung und Zeitvertreib. Doch mit ihren römischen Reminiszenzen ist Rimini, Heimat Federico Fellinis, auch Stadt der Kultur und Historie.

Dies mag auch für den Course des Rimini-Golfclubs gelten, der – fernab der Touristenpfade – an den Ufern des Marecchia-Flusses liegt. US-Architekt Brian M. Silva, der sich unter anderem auch für das Redesign des berühmten Augusta-Golfplatzes verantwortlich zeigte, hat einen interessanten Parcours gestaltet, der

Adriatic Golf Club Cervia

Rimini-Verucchio Golf Club

einerseits einem Links-Course ähnelt, andererseits aber auch typische amerikanische Elemente aufweist. Das Gelände ist offen, aber an fast allen der 18 Löcher kommt Wasser direkt oder indirekt ins Spiel. Der meist von der Adria blasende Wind setzt zusätzliche Akzente für ein abwechslungsreiches Spiel. Obgleich der Platz flach ist, genießt man einen wunderbaren Ausblick auf die historischen Orte Verucchio, Torriana und San Leo. In der Ferne sind die Burgen der Republik der Freiheit – San Marino sowie Monte Carpegna – zu erkennen.

RIVIERA-GOLF-RESORT

Südlich von Rimini bereitet das Golfspiel auf der sanfthügeligen Anlage des Riviera-Golf-Resort viel Spaß. Der ursprüngliche 3.210 Meter lange 9-Loch-Platz wurde erst später auf 18 Loch erweitert. Graham Cooke, vielfach ausgezeichneter kanadischer Golfplatzbauer, der sich vor allem in seiner Heimat bereits zu Lebzeiten mit unzähligen Topplätzen ein Denkmal gesetzt hat, zeigt sich für die neuen Bahnen verantwortlich. Highlight der ersten Neun ist ein 570 Meter langes Par 5, das sowohl Longhitter als auch Strategen fordert.

Golf und Gourmet gespickt mit Kultur und Erholung – ein Urlaub, der ganz nach Ihrem Geschmack sicherlich auch für Sie das Richtige bereit hält. Buone Vacanze!

Riviera Golf Resort

139 Croara Country Club 18

Località Croara Nuova di Gazzola
I-29010 Gazzola
0523 977105 0523 977100
info@golfcroara.it
www.golfcroara.it

Länge: H 6065 m, D 5401 m, HCP 36 erforderlich. Dienstags (außer an Feiertagen) geschlossen!

Greenfee-Kat.: €€€

Der Croara Country Club liegt nur wenige Kilometer von Piacenza entfernt in einem Hügelgebiet, das vom milden Klima der nahe liegenden Region Ligurien beeinflusst wird. Die Bahnen wurden am Fluss Trebbia und auf den Hügeln der Ausläufer des Apennin angelegt. Hierdurch ergibt sich ein abwechslungsreiches Spiel auf den 18 Bahnen mit einem herrlichen Panorama. Der Platz bietet 18 technisch sehr anspruchsvolle Löcher und durchschnittlich enge Fairways, die auch mal von einem Flusslauf gesäumt werden. Die ersten Italian Open für Damen fanden hier statt.

Platzinformationen:

Croara Country Club

140 Golf Club Ca'Laura 9

Via Cristina, 70
I-44020 Bosco Mesola
0533 794372 0533 794372
segreteria@calauragolf.it
www.calauragolf.it

Länge: 1427 m

Greenfee-Kat.: €

Dieser sehr flache, kurze Kurs liegt im äußersten Westen der Emilia Romagna, im breiten Po-Delta bei Bosco Mesola. Den 9-Loch-Kurs kann man eher als Kurzplatz bezeichnen. Es gibt neben acht Par 3 Löchern mit Längen zwischen 105 und 190 Metern noch ein Par 4 mit einer Länge von 246 m. Die Gesamtlänge ist 1427 m, also ein idealer Platz, auf dem man das kurze Spiel intensiv üben kann. Darüber hinaus bietet Ca'Laura noch eine große Driving Range. Das Clubhaus mit Restaurant ist in einem italienischen Bauernhof untergebracht und bietet viele Produkte aus der Region.

Platzinformationen:

141 Golf Club Castell'Arquato 9

Località Borlacca, 1
I-29014 Castell'Arquato
0523 895557
segreteria@golfclubcastellarquato.com
www.golfclubcastellarquato.com

Länge: H 6052 m, D 5291 m, Sa./So./Feiertage HCP erforderlich.
Geschlossen dienstags (soweit nicht Feiertag) und vom 23. Dezember 2021 bis 16. Januar 2022

Greenfee-Kat.: €€€
Ermäßigung: Jugendl./Stud. 50%

Der im Jahre 1991 eröffnete Golf Club Castell'Arquato liegt dort, wo sich die grünen Täler von Piacenza und die Hügel von Parma treffen. Der Platz liegt 220 Meter über dem Meeresspiegel in 64 Hektar Grünland eingebettet, nicht weit von Piacenza und nur ein paar Minuten von dem schönen mittelalterlichen Ort Castell'Arquato entfernt. Der Platz führt über 18 Löcher durch ein grünes und kurvenreiches Tal. Der von Cotton & Pennick entworfene Spitzenplatz fordert Anfänger wie Profis. Ein geräumiges und helles Clubhaus mit Restaurant lädt nach der Runde zum Verweilen ein.

Platzinformationen:

142 Cus Ferrara Golf 18

Via Gramicia 41
I-44123 Ferrara
0532 708535 0532 708539
golf@unife.it
www.cusferraragolf.it

Länge: H 5456 m, D 4736 m, HCP 36 erforderlich.

Greenfee-Kat.: €€€

Der Golfclub Cus Ferrara Golf hat eine ganz einzigartige Lage. Er befindet sich innerhalb des bezaubernden Stadtparks mit Blick auf die Stadtmauern der Esten im Norden der Stadt und ist nur 500 Meter von der historischen Altstadt Ferraras entfernt. Der Par 68 Golfplatz mit seinen 18 Löchern und mit überaus interessanten Faiways ist umgeben von einer wunderschönen Natur. Die unzähligen Zypressen zwischen einigen Fairways machen das Bild eines typischen norditalienischen Platzes perfekt. Ein Clubhaus mit Restaurant und eine Übungsanlage sind auch Bestandteil der Anlage.

Platzinformationen:

143 Golf Club Santo Stefano 9

Via Vettigano, 26 SP30, Località Ponte Vettigano
I-42012 Campagnola Emilia (RE)
0522 652915
gare@golfsantostefano.eu
www.golfsantostefano.com

HCP 34 erforderlich.

Greenfee-Kat.: €

Die Einfahrt durch das Tor auf dieses herrschaftlich anmutenden Areal ist schon beeindruckend. Der Komplex des Golfclubs wurde im Stil des 16. Jahrhunderts erbaut und beinhaltet neben dem Hotel ein Restaurant, eine Bar, den Golf Course und einen Swimmingpool. Der 9-Loch-Platz liegt in einer sehr gepflegten, abwechslungsreich bewaldeten Landschaft. Der flache Kurs ist sehr schön zu begehen, beim Spielen sollte man jedoch die Bunker und Wasserhindernisse im Auge behalten. Außerdem stehen eine beleuchtete Driving Range sowie ein Pitching und Putting Green zur Verfügung.

Platzinformationen:

144 Golf Salsomaggiore Terme 18

Loc. Case Carancini 105/A, Frazione Contignaco
I-43039 Salsomaggiore Terme
0524 583102 0524 578649
salso@parmagolf.it
www.parmagolf.it/it/salsogolf/circolo/

Länge: H 5761 m, PE erforderlich.
Geschlossen mittwochs (ausgenommen Feiertage) von 1. Oktober bis 30. April.

Greenfee-Kat.: €€€
Ermäßigung: Jugendl. bis 18 J. 50%

Salsomaggiore Golf, ein 70 ha großes Naturparadies an den sanften Abhängen der Hügel von Salsomaggiore ist ein idealer Ort, um abzuschalten und Ruhe zu finden. Der Club wurde 2011 rundum erneuert und bietet seitdem zahlreiche Neuheiten. Der turnierfähige 18-Loch-Parcours kann aufgrund seiner technischen wie landschaftlichen Reize wirklich als überwältigend bezeichnet werden. Wellige Fairways und schnelle Greens, fordern Spieler jeden Niveaus. Putting, Pitching Green, ein Clubhaus mit Swimmingpool, Sonnenterrasse und Restaurant runden das Angebot ab.

Platzinformationen:

145 Golf Club Augusto Fava

9 Par 3

Via dei Tigli, 4
I-44042 Cento (FE)
051 683 0504 Fax 051 683 0504
info@golfcento.com
www.golfcento.com

Länge: H 1326 m, D 1166 m, HCP erforderlich.

Greenfee-Kat.: €
Ermäßigung: Jugendl./Stud. 50%

Der 1986 gegründete Club entstand dank der Initiative von Golfern der Kleinstadt Cento. Die romantische Lage in der Nähe des Flusses Reno, der auch als Hindernis bei mehreren Löchern ins Spielgeschehen eingreift, verschaffte diesem Platz einen sehr guten Ruf. Der kurze 9-Loch-Par3-Platz ist durch die Lage nahe des kleinen Städtchens von Mitgliedern sehr stark frequentiert. Gäste sind gerne gesehen und zahlen auch ein ganz passabeles Greenfee. Da lohnt sich eine Runde zum Üben, statt auf der Driving Range zu stehen und Bälle zu schlagen.

Platzinformationen:

146 Golf Del Ducato

18

Via Campi, 8
I-43038 Sala Baganza-Parma
0521 834037
larocca@parmagolf.it
www.parmagolf.it/it/la-rocca/circolo/

Länge: H 6292 m, D 5579 m, HCP 36 erforderlich.
Geschlossen im montags (außer an Feiertagen).

Greenfee-Kat.: €€€€
Ermäßigung: Jugendl.

Golf Del Ducato, ehemals Golf Club La Rocca, entstand im Jahre 1985 und erstreckt sich in unmittelbarer Nähe des alten herzoglichen Städtchens Sala Baganza auf den ersten Hügelausläufern der Ebene von Parma. Der Platz ist technisch anspruchsvoll, aber nicht anstrengend, und liegt inmitten von Eichen- und Akazienwäldern mit zwei kleinen Seen. Der Club bietet neben Golf noch andere Freizeitaktivitäten. Das Restaurant im Clubhaus bietet eine ausgezeichnete regionale Küche im alten „Casinetto“. Nach dem Golfen ist ein Besuch der Stadt Parma mit ihrem imposanten Domplatz zu empfehlen.

Platzinformationen:

Golf Del Ducato

147 Golf Club Matilde di Canossa

18

Via del Casinazzo, 1
I-42100 San Bartolomeo
0522 371295 Fax 0522 371204
info@golfmatildedicanossa.it
www.golfmatildedicanossa.it

Länge: H 6052 m, D 5273 m, HCP erforderlich.
Montags (außer an Feiertagen) geschlossen!

Greenfee-Kat.: €€€

Im Herzen der wundervollen Terre Matildiche, umgeben von geschichtsträchtigen und traditionsreichen Orten und einer zauberhaften Landschaft liegt der 1987 eröffnete Golfclub Matilde di Canossa. Der Platz mit seinen 18 Löchern, Par 72 und 6.231 m Länge, wurde vom Architekten Marco Croze designt. Eine Besonderheit stellt der Fluss Quaresimo dar, der den Platz durchquert. Sanfte natürliche Abhänge und eine wunderbare Vegetation umgeben die Fairways. Auf der Runde bieten sich dem Spieler immer wieder herrliche Ausblicke und nach dem Spiel feine Köstlichkeiten im Restaurant.

Platzinformationen:

148 Reggio Emilia Golf

9

Via G. Lorca, 5
I-42122 Reggio Emilia
0522 345209
info@reggioemiliagolf.com
www.reggioemiliagolf.com

Länge: 1382 m

Greenfee-Kat.: €
Ermäßigung: Jugendl. bis 18 J. 50%

Die Anlage befindet sich an der Via Emilia zwischen den Provinzen Reggio Emilia und Modena, nur wenige Minuten von den Stadtzentren und den Autobahnausfahrten entfernt. Reggio Emilia Golf ist Mitglied im Italienischen Golfverband und besteht aus einer 9-Loch-Anlage mit Doppelabschlag. Die gut gepflegten Fairways, aber auch die vorhandenen Wasserhindernisse und Bunker sind eine Herausforderung für jede Spielstärke. Eine beleuchtete Driving Range mit 35 Stationen, davon fünf überdacht, ein großes Pitching Grün, zwei große Bunker sowie ein Putting Green runden das Angebot ab.

Platzinformationen:

149 Argenta Golf Club

18

Via Poderi 2/A
I-44011 Argenta
0532 852545 0532 852545
segreteria@argentagolf.it
www.argentagolf.it

Länge: H 6300 m, D 5545 m, HCP erforderlich.
Ruhetag Montag (außer Feiertag)

Greenfee-Kat.: €€€
Ermäßigung: Jugendl. 20%

Zwischen Ferrara und Ravenna und nur 40 Minuten von Bologna entfernt, liegt der Argenta Golf Club mit seinem herrlichen Golfplatz inmitten des Po-Deltas. Der Golfplatz wurde der Topographie der Gegend mit ihren Flussdämmen angepasst. Wasserhindernisse, niedrige Dünen mit Sträuchern, kleine Wälder und einige erhöhte Tees sind prägend für diesen interessanten Golfkurs. Der 1991 von Giovanni Trasforini mit einer inzwischen gewachsenen und üppigen Baumlandschaft entworfene Golfplatz durfte nicht nur regionale Meister aus der Emilia Romagna begrüßen, sondern auch Jugend und Profiturniere austragen.

Platzinformationen:

Argenta Golf Club

150 Modena Golf & Country Club A.S.D.

18/9

Via Castelnuovo Rangone 4
I-41043 Colombaro di Formigine
059 553482 059 553696
segreteria@modenagolf.it
www.modenagolf.it

Länge: H 6423 m, D 5682 m, HCP 54 erforderlich.
Ganzjährig geöffnet, geschlossen dienstags außer an Feiertagen.

Greenfee-Kat.: €€€€
Ermäßigung: Jugendl./Stud. bis 18 J. 50%

Dank seiner günstigen Lage erreicht man den Modena Golf & Country Club bequem aus allen Richtungen. Von Modena nur ca. 10 km entfernt, befindet sich der Platz auf einem 100 ha großen Gelände. Designt von Bernhard Langer, gehört er zu den Top-Plätzen Italiens. Durch die großen Greens, die für Langer charakteristische Gestaltung der Fairways und die fünf künstlichen Seen ist dieser Course auch ein Austragungsort hochklassiger Turniere, wie z. B. die Italian Open. Die weitläufige Driving Range und die beiden Tennisplätze vervollständigen die sportlichen Einrichtungen.

Platzinformationen:

151 San Valentino Golf Club

18/5

Via Telarolo, 12
I-42014 San Valentino di Castellarano
0536 854512 · Fax 0536 854033
info@sanvalentino.it
www.sanvalentino.it

Länge: H 6203 m, D 5427 m,
Dienstags (außer an Feiertagen) geschlossen!

Greenfee-Kat.: €€€
Ermäßigung: Jugendl. bis 18 J. 50%, Stud. bis 27 J. 30%

Im gleichnamigen Ortsteil der Gemeinde Castellarano, auf 300 Meter Höhe, mitten in einem über 130 Hektar großen Wald- und Wiesengebiet mit vier Seen liegt der Golf Club San Valentino. Die Anlage ist perfekt in den Charakter der grünen Landschaft integriert. Der Parcours mit seinen 18 Löchern ist durch die hügelige Landschaft und den erheblichen Höhenunterschied zwischen den einzelnen Löchern sehr reizvoll und nicht einfach zu spielen. Die sehr schnellen Grüns sind fast alle durch Bunker geschützt. Das großzügig angelegte Clubhaus mit Restaurant lässt keine Wünsche offen.

Platzinformationen:

152 Golf Club Bologna

18

Via Sabattini, 69
I-40050 Crespellano
051 969100 · Fax 051 672 0017
info@golfclubbologna.it
www.golfclubbologna.it

Länge: H 6172 m, D 5450 m, HCP 34 erforderlich.
Montags (außer an Feiertagen) Ruhetag!

Greenfee-Kat.: €€€€
Ermäßigung: Jugendl./Stud.

Einer der historischen italienischen Golfplätze, der 1959 von Cotton & Harris entworfen und angelegt wurde, liegt in einem wunderbaren Hügelgebiet mit herrlichen Panoramaausblicken, die über die umliegenden Hügel und Ebenen reichen. Die konstant auf dem neuesten Stand gehaltenen 18 Bahnen hatten während der letzten Jahre zahlreiche Profiturniere und mehrmals die Italienischen Amateurmeisterschaften zu Gast. Das elegante Clubhaus wurde sehr schön in die Landschaft eingepasst. Das Restaurant wurde bereits mehrmals unter die zehn besten Club-Restaurants Italiens gewählt.

Platzinformationen:

153 Golf Club Casalunga

9

Viale Cà Belfiore 8
I-40055 Castenaso (BO)
051 605 0164 · Fax 051 605 2186
segreteria@casalungagolf.it
www.casalungagolf.it

Länge: H 2782 m, D 2483 m
Montags geschlossen (außer an Feiertagen).

Greenfee-Kat.: €€

Der Golf Club Casalunga liegt vor den Toren der Stadt Bologna, nur zehn Minuten von der Stadtmitte entfernt. Der ebene Platz mit neun Löchern ist realtiv einfach und liegt in einer bezaubernden Landschaft an einem wunderschönen See – einem Paradies für Zugvögel. Der Platz ist 3.010 m lang, Par 36, und bietet einige schwierige Löcher, die ein genaues und vorsichtiges Spiel erfordern. Bar, Umkleidekabine, Fitnesscenter und Freibad ergänzen das Angebot. Außerdem kann man sich im Restaurant im alten Clubhaus, einem perfekt renovierten Landhaus erlesene Speisen schmecken lassen.

Platzinformationen:

Golf Club Casalunga

154 Golf Club Le Fonti

18

Viale Terme 1800
I-40024 Castel San Pietro Terme
051 695 1958 051 694 9014
info@golfclublefonti.it
www.golfclublefonti.it

Länge: H 6480 m, D 5950 m, HCP 54 erforderlich.
Dienstags (außer an Feiertagen) Ruhetag von 1. November bis 31. März.

Greenfee-Kat.: **€€€€**
Ermäßigung: Jugendl./Stud. 10%

Der Golfplatz befindet sich im bezaubernd schönen Valle del Sillaro mit seinem milden, gesunden Klima und den sanften Linien der umgebenden Hügel. In der Nachbarschaft liegen namhafte, idyllische Thermalbäder wie Castel San Pietro und Villaggio della Salute Più. Der Parcours - 6.480 m, 18 Loch, Par 72 - ist höchst abwechslungsreich für jede Spielstärke. Das Clubhaus mit seinem gepflegten Restaurant, wo auch Weine und Produkte der Region angeboten werden, ist sehr zu empfehlen. Zu den Einrichtungen gehört auch die Golf Academy Le Fonti mit modernen Unterrichtsmethoden.

Platzinformationen:

Golf Club Le Fonti

155 Golf Club Faenza Le Cicogne

9

Via S. Orsola 10/A
I-48018 Faenza
0546 622410 0546 622410
info@faenzagolf.com
www.faenzagolf.com

Länge: 2700 m,
Montags (an Werktagen) geschlossen.

Greenfee-Kat.: **€€**

Der Golf Club Faenza feierte 2011 sein 20 jähriges Bestehen. Im Laufe der Jahre entwickelte er sich von einem Übungsplatz für Golfinteressierte zu einem FIG-zertifizierten 9-Loch-Platz. Mitten im Grünen, zu Füßen der Hügel um Faenza gelegen, stellt er heute einen unterhaltsamen, schnellen, technisch anspruchsvollen Par 35 Kurs dar. Enge Schneisen inmitten dichter Vegetation und breitere Löcher mit Teichen und Bunkern fordern eine sorgfältige Wahl des Schlägers und die präzise Ausführung jedes einzelnen Schlages. Clubhaus und Restaurant sind täglich außer Montag geöffnet.

Platzinformationen:

156 Adriatic Golf Club Cervia

27

Via Jelenia Gora 6
I-48016 Cervia Milano Marittima
0544 992786 0544 993410
info@golfcervia.com
www.golfcervia.com

Länge: H 6327 m, D 5522 m, HCP 54 erforderlich.

Greenfee-Kat.: **€€€€**
Ermäßigung: Jugendl.

Nur wenige Minuten von der Adria entfernt, umgeben von duftenden Pinienhainen und Salzwasserseen, liegt dieser wunderschöne 27-Loch-Golfplatz mit einer Kurslänge von 6.272 m vom weißen Tee, in einer anmutenden Landschaft. Die ersten neun Löcher, entlang eines Pinienwaldes, sind wie die eines klassischen, schottischen Links-Courses angelegt, die nächsten neun mit zahlreichen Wasserhindernissen erinnern eher an die großen amerikanischen Golfplätze. Die letzten neun Löcher mit 3000 m, 2004 eröffnet, haben ein sehr innovatives Design und machen den Platz besonders abwechslungsreich.

Platzinformationen:

157 Golf Club Molino del Pero

18

Via Molino del Pero, 323
I-40036 Monzuno
051 677 0506
info@golfmolinodelpero.it
www.golfmolinodelpero.it

Länge: H 5514 m
Montags (außer an Feiertagen) geschlossen!
Freie Golfcars an Wochentagen

Greenfee-Kat.: €€€

Der Golfclub Molino del Pero ist ein sehr abwechslungsreicher 18-Loch-Platz (Par 70, 5.480 Meter). Er liegt im wundervollen Hügelland des Bologneser Apennins und bietet sowohl technisch orientierten Spielern, als auch Genuss-Golfern, die auch die Landschaft ausgiebig genießen möchten, einen idealen Rahmen. Die ersten neun Löcher sind kurz und technisch anspruchsvoll, die folgenden Löcher spektakulär und länger. Das aus einer antiken Scheune entstandene Clubhaus mit Restaurant mit seinen riesigen Eichenholzbalken und dem großen Kamin bietet eine einladende Atmosphäre.

Platzinformationen:

Golf Club Molino del Pero

158 Monte Cimone Golf Club

9

Via Statale per Fanano, Loc. Serraventata
I-41029 Sestola
0536 1940913 / +39 3351416680
info@montecimonegolfclub.com
montecimonegolfclub.com

Länge: H 4388 m, D 3894 m
Geöffnet von Mitte April bis Mitte Oktober, in den Monaten Mai, Juni, September mittwochs Ruhetag.

Greenfee-Kat.: €€
Ermäßigung: Jugendl. bis 18 J. 20%

Umgeben von großartiger Natur in herrlicher unberührter Landschaft entstand der Monte Cimone Golf Club im Sommer 2003 im Schatten des gleichnamigen Berges, dem Monte Cimone. Ein Ort in den Bergen, weitab von Smog und Verkehr. 2005 wurden die ersten drei Löcher eröffnet und 2009 folgte der 9-Lochplatz. Es ist ein Bergparcours mit einer Länge von 2.194 m, Par 34, mit wellig verlaufenden Fairways und kleinen Grüns. Der Club hat eine schöne Bar mit Terrasse, Umkleideräume, einen kleinen Pro-Shop, Putting-Green, Übungsplatz mit zehn überdachten Abschlägen und Pitching-Green.

Platzinformationen:

159 Golf Club I Fiordalisi

9

Via Maglianella, 11/b
I-47121 Forlì (FC)
0338 281 3694
oasidimagliano@gmail.com
oasidimagliano.wixsite.com/ilmiosito/golf

Länge: H 3048 m, D 2453 m, HCP erforderlich.
Montags geschlossen (außer feiertags).

Greenfee-Kat.: €€

Der Golf Club I Fiordalisi liegt inmitten eines Naturschutzgebietes mit einem wundervollen Blick auf die Hügel von Bertinoro. Der besonders malerisch gelegene Platz verfügt über neun Löcher und bietet Überraschungen für Golfer aller Spielstärken. Er ist für Profis eine Herausforderung, aber eignet sich auch für Anfänger, denen qualifizierte Pros und gute Übungseinrichtungen zur Verfügung stehen, eine großzügig angelegte Driving Range, Chipping Green, zwei Putting Greens und schließlich zwei Executive Löcher. Im gemütlichen Restaurant werden Spezialitäten der Region angeboten.

Platzinformationen:

160 Rimini-Verucchio Golf Club S.S.D. 18/7

Via Molino Bianco, 109
I-47826 Villa Verucchio (RN)
0541 678122
info@riminiverucchiogolf.com
www.riminiverucchiogolf.com

Länge: H 6145 m, D 5407 m, PE erforderlich.
Das ganze Jahr geöffnet. Von Mitte Oktober bis Mitte März montags (an Werktagen) geschlossen.

Greenfee-Kat.: **€€€**
Ermäßigung: Jugendl. bis 18 J. 50%

Der von dem amerikanischen Architekten Brian M. Silva entworfene Golfplatz erstreckt sich über die grüne Landschaft des Marecchia-Tals. Ringsherum bieten sich herrliche Ausblicke auf die historischen, mittelalterlichen Orte Verucchio, Torriana sowie auf die Burgen von San Marino. Mit seinem 18-Loch-Championship-Course und einem Kurzplatz für Anfänger eignet sich der faszinierende Rimini Golf Club für Spieler aller Klassen. Die sanft gewellten Fairways sind mit vielen Bunkern und zahlreichen kleinen Seen versehen, was das Spiel noch interessanter und anspruchsvoller macht.

Platzinformationen:

Rimini-Verucchio Golf Club

161 Rivieragolf 18

Via Conca Nuova 1236
I-47842 San Giovanni in Marignano
0541 955009
segreteria@rivieragolf.it
www.rivieragolf.it

Länge: H 6061 m, D 4887 m, HCP 54 erforderlich. Sa./So./Feiertage HCP 36 erforderlich.
Im Winter montags Ruhetag

Greenfee-Kat.: **€€€€**
Ermäßigung: Jugendl. bis 18 J. 50%

Der Parcours verläuft entlang des rechten Conca-Ufers in einem landschaftlich schönen Gebiet. Der 18-Loch-Platz wurde von den Golfplatzarchitekten Luigi Rota Caremoli und Graham Cooke entworfen. Sie haben den Kurs dem sanften Verlauf des Hügellands um San Giovanni in Marignano angepasst. Auf einer Länge von 6412 m bietet er ein interessantes Spiel. Es gibt zwei Putting-Greens sowie Pitching- und Chipping Green und eine Driving Range. 2011 wurde die Anlage um einen 9-Loch-Pitch & Putt-Platz ergänzt. Nach dem Golf kann man sich auf Sauna, türkisches Dampfbad und einen Hydromassageparcours freuen. .

Platzinformationen:

Weinberge im Chianti

Golfclubs nach Kartennummern

 ■ = Partner Albrecht Greenfee-Aktion (Gutschein-Seite)

Luftaufnahme von Siena

Die Toskana, vom Tyrrhenischen Meer im Westen und dem Gebirgszug des Apennin im Norden begrenzt, schöpft aus dem Vollen, bedient sich aller Klisches inspiriert unsere Phantasie und macht mit ihrer Vielfalt an reizvollen Kontrasten Werbung in eigener Sache. Die klassische Toskana kennt man als kultivierte zauberhafte Landschaft mit satten, grünen Hügeln, romantischen Weinbergen und Olivenhainen, in der Hitze schimmernden Sonnenblumen und dunklen Silhouetten von schlanken Zypressen. Dieses harmonische, gesittete und zivilisierte Land ist jedoch nur die eine Seite der Toskana. Hinter dem klassischen Schachbrettmuster der Weingärten verbirgt sich eine raue, wilde Natur voller romantischer Geheimnisse. Im Nordwesten der Toskana erstrecken sich die Wälder so dicht wie in den Tropen, während im Süden die Ursprünglichkeit der Sieneser Mondlandschaft lockt. Kurz, eine Landschaft, die sich in voller Pracht und abwechslungsreicher Vielfalt dem Besucher präsentiert.

SCHATZTRUHE EINZIGARTIGER KULTUR

Die Region mit der Hauptstadt Florenz ist jedoch auch eine einzigartige Kulturlandschaft, die durch jahrhundertelangen Einfluss verschiedener Völker, zunächst der namengebenden Etrusker, später der Römer und Franken und vor allem durch die von den toskanischen freien Reichsstädten ausgehende Renaissance geprägt wurde. Als Geburtsort der Renaissance beherbergt die Region eine sagenhafte Dichte an welthistorischem Kunst- und Kulturerbe. Kaum eine Stadt auf der Welt hat mehr Kunstschätze zu bieten als Florenz. Arezzo und Siena spiegeln die Kulturepochen aus mehreren Jahrhunderten wider und die Städte Pisa und Lucca zählen wegen ihres mittelalterlichen Kerns zu den beliebtesten Reisezielen der Toskana. Ausgrabungen etruskischer Gräber, Baukunst unterschiedlichster Epochen vom Mittelalter bis über Romanik, Gotik und Barock sind in der reichen Region der Toskana zu finden.

BREITGEFÄCHERTES SPEKTRUM AN MÖGLICHKEITEN

Das natürliche Miteinander der traumhaften Natur, des archäologischen Reichtums und der antiken Traditionen, in wunderbarer Weise verbunden mit dem milden mediterranen Klima und den vielfältigen kulinarischen Genüssen, locken schon seit dem 19. Jahrhundert unzählige Besucher in die Region. Ein Urlaub in der Toskana lässt sich in der Tat vielfältig gestalten. Die pulsierenden, geschichtsträchtigen Städte wie Pisa und Florenz, die kleinen malerischen Bergdörfchen wie das von der UNESCO zum Weltkulturerbe ernannte mittelalterliche San Gimignano, die Flusstäler mit den Weinbaugebieten, Berge und das Meer bieten ein abwechslungsreiches Programm. Nicht zu vergessen die traumhaften Golfplätze, die spielerische Herausforderungen bieten und sportliche Genießer begeistern.

Sonnenuntergang in der Maremma

GEBURTSSTÄTTE UND WIEGE DER RENAISSANCE, URSPRUNG DER MODERNEN WELT

Als das Mittelalter zu Ende ging, wurde in der Toskana die Renaissance geboren, hier nahm sie ihren Anfang, bevor sie sich in den folgenden 150 Jahren in ganz Europa ausbreitete; nicht verwunderlich bei den großen Köpfen, die die Region aufzuweisen hatte: Die Künstler und Wissenschaftler Galileo in Pisa, Leonardo da Vinci, Michelangelo, Giotto, Donatello, die berühmten Dichter Dante, Petrarca und Bocaccio, den Philosoph Machiavelli, den Kaufmann und Entdecker Amerigo Vespucci, nach dem Amerika benannt wurde – sie alle stammen aus der Toskana. In der Zeit der Renaissance (= Wiedergeburt) kam es zur Rückbesinnung auf die Kunst- und Lebensauffassung der Antike. Die Bildhauerei und Malerei legten Wert auf die realistische, perspektivisch perfekte Darstellung von Mensch und Natur und zeigte diese in zum Teil heroischer Verklärung. Florenz gilt als Wiege der Renaissance, herrliche Kunstschätze und Baudenkmäler zeugen heute noch von dieser Epoche. Doch auch das humanistische Erbe, in dem der Mensch zum Maß aller Dinge und von großem Mäzenatentum und Kunstfertigkeit gefördert wurde, manifestierte sich in der Toskana.

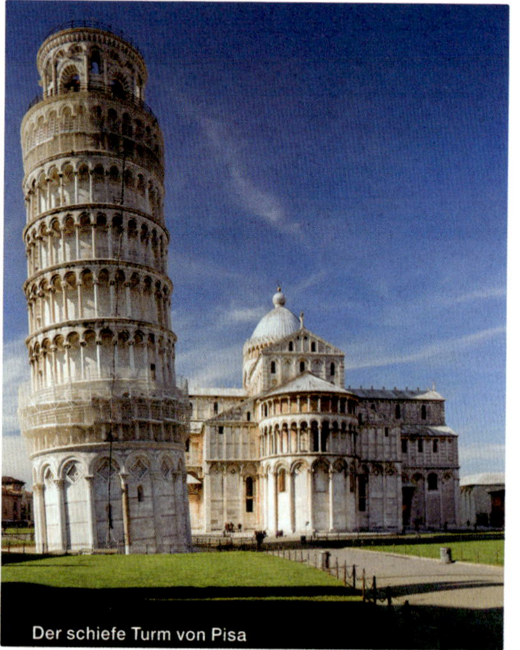
Der schiefe Turm von Pisa

Geistige Größe ist in der Regel mit Natur verbunden, die Kraft für Leistungen quillt aus der toskanischen Landschaft, die einerseits kraftvoll (von den gewaltigen Marmorbrüchen Carraras bis zur Ungezähmtheit der Maremmen, von der wilden Küste bei Livorno zum gebirgigen Casentino), an anderen Stellen jedoch wieder gezähmt und gebändigt erscheint (wie etwa in den Chianti-Hügeln und im überaus fruchtbaren Mugello-Tal). Die toskanische Größe zeigt sich aber auch in städtischer Natur: Von der mittelalterlichen Siedlung auf der Hügelkuppe über das etruskische Dorf, den Kurort aus der Zeit um 1900 bis zur luxuriösen Sommerfrische in den Bergen, von der Pracht eines Renaissance-Doms bis zur Schlichtheit einer romanischen Kirche – die Toskana hat alles.

Nicht nur die großen Künstler waren in der Toskana zu Hause, auch das Bankwesen (der Giro-Scheck) wurde bereits im Mittelalter in Siena erfunden. Das 1710 entwickelte Piano stammt genauso aus der Toskana wie der Komponist Puccini, der in Lucca

Blick auf Florenz

wohnte. Die bekanntesten Modeschöpfer wie Emilio Pucci und Guccio Gucci kommen ebenfalls aus dieser Region. Doch vor allem gilt die Toskana als Heimat der modernen italienischen Sprache, denn die in der Toskana gesprochene Sprache begründete das heutige Italienisch – wo Sprache entsteht, kann Kommunikation stattfinden – auch und gerade im Urlaub.

KULINARISCHE GENÜSSE

Auch aus enogastronomischer Sicht ist die Toskana ein wahres Schlaraffenland. Hier wächst all das, was Herz, Zunge und Magen begehren und ein verwöhnter Gaumen zu kosten wünscht: Eine große Vielfalt an Obst und Gemüse, eine fantastische Fülle an Meeresgetier, hervorragend zartes Rindfleisch für die „bistecca", wohlschmeckendes Schweinefleisch und Wild, zubereitet mit dem herrlichen Öl, das man vielseitig zum Kochen, Abschmecken und Garnieren verwendet, bis hin zu den superben Weinen, die das Essen begleiten und den Genuss erhöhen. Ihre Stärke ist die bodenständige, ehrliche Einfachheit bei Zubereitung und Zusammenstellung, die sie über Jahrhunderte in der ganzen Welt bekannt gemacht hat. Wie auch in allen anderen Bereichen ist sich die Toskana eben auch kulinarisch treu geblieben – das gilt für Pasta und Fleisch genauso wie für Pilze und Trüffel, vor allem aber natürlich für das flüssige Gold, ihr Olivenöl.

Porto Santo Stefano am Monte Argentario

Golf Montecatini Terme

IN VITE VITA – IM WEIN STECKT DAS LEBEN

Fleisch, Pasta, Kräuter, Pilze, aber auch Trüffel als „weißes" und Olivenöl als „flüssiges Gold" – die Toskana schöpft aus dem Vollen. Doch was wäre schließlich die Toskana ohne ihre Weine?

Die versteinerten Rebstöcke von San Miniato belegen, dass der Wein in der Toskana länger heimisch ist als der Mensch. Schon die Etrusker schwelgten in Wein, wie man aus Grabfunden in Castellina in Chianti und von etruskischen Fresken, die den römischen Weingott Bacchus darstellen, weiß. Wein ist wie die Olive und das Getreide seit frühgeschichtlicher Zeit elementarer Bestandteil der toskanischen Landwirtschaft. Wie so oft im mittelalterlichen Europa waren es die Klöster, die dem Weinbau zu einem erfolgreichen Start verhalfen. Auch heute noch sind etliche alte Klöster wie Badia a Coltibuono oder Badia de Passignano bedeutende Weingüter. Zwischen Florenz und Siena, im Herzland dieser Gegend, dem Chianti Classico, hat man sich am längsten mit der Produktion von hervorragenden Qualitätsweinen befasst. Zu den berühmtesten Spitzenweinen zählen der Brunello di Montalcino, Chianti und der Nobile di Montepulciano.

Wenn es speziell in der Toskana auch wichtigere Dinge als Golf gibt, so soll das Golfspiel in unserer Betrachtung nachfolgend dennoch Priorität genießen. Immerhin war es der toskanische Naturforscher Galileo Galilei, der die Prinzipien von Schwerkraft und seine Untersuchungen zu Fall- und Wurfbewegungen am Turm von Pisa anstellte. Damit konnte er nicht nur beweisen, dass sich die Erde dreht, sondern die Basis für ballistische Berechnungen treffen, ohne die logischerweise auch das Golfspiel nicht auskommt.

GOLFERISCHE RENAISSANCE

„Therme Europas" nennt man das lebendige Städtchen Montecatini im Herzen der Toskana, genauer gesagt im Arno-Tal zwischen Lucca und Florenz. Schließlich ist das wichtigste italienische Kurzentrum für seine Trink- und Fangokuren, die Bäderanwendungen und Inhalationen weltweit bekannt. Die Quellen der Wiedergeburt und die Grotten der körperlichen Genesung können auch dem Golfer nicht schaden, und deshalb liegt es auf der Hand, dass ein guter Golfplaz in unmittelbarer Nähe ist. Mit dem Montecatini-Golfplatz hat der italienische Architekt Marco Croze einen reizvollen, abwechslungsreichen Parcours harmonisch in die idyllische Landschaft gebettet. Zahlreiche natürliche Hindernisse wie Steinmauern, Bäche, Sträucher und Hügel sowie mehrere Dog-Legs verlangen ein strategisches Spiel. Exzellente Putter können mit ihrem Savoir-Faire auf den trickreichen Greens glänzen. An heißen Sommertagen sollte man sich nur früh in den Morgenstunden in die Hügel wagen, denn sonst können diese schnell als hochalpine Berge erscheinen. Wo können Sie golferische Renaissance und den Zusammenklang von gesunder Physis und innerer Ausgeglichenheit besser praktizieren als auf diesem Parcours?

GOLF BEIM FLORENTINISCHEN GALLO NERO

Bereits 1889 gründeten in Florenz lebende Engländer mit dem Florenz-Golf-Platz die erste Golfvereinigung

Circolo del Golf Ugolino Firenze

Italiens. Ein halbes Jahrhundert später realisierten die englischen Architekten 1933 Blandford und Gannon nach einem Ortswechsel ein Golfprojekt namens Ugolino Golf Club. In Grassina, mitten im Chianti, liegt somit der älteste Golfplatz der Toskana. Auf diesem hügeligen und interessanten 18-Loch-Championship-Course in schönster Panoramalage und unvergleichbarem Toskana-Flair hat vor einigen Jahren Bernhard Langer zum ersten Mal die Italian Open gewonnen. Ein Blick auf die Scorekarte lässt erst vermuten, dass der Platz aufgrund seiner geringen Länge (5.741 Meter) ein leichter sei. Doch jeder Meter muß hier hart erarbeitet werden, und nur der Stratege erspielt ein gutes Score. Schon beim ersten Abschlag – von einer Kanzel aus ein weites Dogleg nach links, geraten meist die mathematischen Gesetze ins Wanken, auch das von der Geraden, die die kürzeste Verbindung zwischen zwei Punkten sein soll; auf diesem delikaten Platz mit zum Teil engen Landezonen, abfallenden Fairways und mehrfachen Doglegs oftmals ein Desaster. Besonders schön sind die Abschläge auf Loch 10 und 18, wo ein tiefer liegender Teich überspielt werden muß. Oft genug verdecken schon nach kurzer Zeit Schweißtropfen den Augen die Sicht auf die herrliche Landschaft des Chianti, wo der „Gallo Nero“ (Schwarzer Hahn) als Wahrzeichen dieser

Golf Club Le Pavoniere

Golf & Country Club Poggio dei Medici

Region Köstlichkeiten für die Gourmets bereit hält. Doch auf diesem Platz, dem „Hügelchen“, bleibt kaum Zeit für Gedanken an die Palazzi von Firenze oder kulinarische Genüsse. Hier muss jeder Drive genau gewogen und jeder Putt gemessen werden. Ugolino liefert auch den sportlichen Beweis für die lateinische Philosophie der „Conditio sine qua non“ in vielfältiger Form, denn ohne Kondition geht nichts. Trotzdem sollte man diesen Topplatz unbedingt spielen, denn kaum ein anderer ist so perfekt in die typische Toskaner Landschaft integriert und bietet sowohl für Hobby- als auch Profigolfer ein unvergessliches Erlebnis.

Das historische Prato weist mit Le Pavoniere 18 Super-Golflöcher mit tollem Ambiente auf. Der Kurs, ein wahrer Champ, befindet sich im wunderschönen 60 Hektar großen Park des ehemaligen Anwesens der Familie Medici. Die flache Landschaft, das reichlich vorhandene Wasser und die beliebten toskanischen Zypressen bilden die Kulisse des schwierigen Parcours. Die Handschrift des bekannten Architekten Arnold Palmer ist auf den technisch anspruchsvollen Greens zu erkennen. Auf den Löchern 12 und 13 sind häufig Fasane zu sehen, doch Achtung, diese sind nicht zum Abschuss freigegeben. Die ganze Anlage, und nicht zuletzt das exklusive Clubhaus, sind äußerst gepflegt und tragen dazu bei, daß der Club zu den begehrtesten Italiens gehört.

Im Herzen des Mugellos, im nördlichen Arno-Bogen, bietet der Poggio dei Medici mit dem ausgezeichneten gleichnamigen Resort ebenfalls 18-Spielbahnen vom Feinsten. Der hügelige Parcours mit viel Weite bietet für alle Spielniveaus den gewünschten Nervenkitzel. Bäche, Bunker, Seen und Sträucher wurden von den Architekten eindrucksvoll in die harmonische Kulisse integriert. Erstklassige, schnelle Grüns zeichnen den gepflegten Spitzenplatz, auf dem von 1999-2003 auch die Ladies Italian Open gespielt wurden, aus.

Obgleich alle drei Championship-Plätze zum täglichen Spiel animieren, sollte man unbedingt der Hauptstadt selbst einen Besuch abstatten, denn Florenz, dessen historische Altstadt UNESCO-Weltkulturerbe ist, präsentiert sich als einziges Museum und zählt zu den faszinierensten Städten Europas. Sei es der gewaltige Dom, der alle Bauten der Stadt weitaus überragt, ein Besuch in den Uffizien, das Beschreiten des von Goldschmiedeläden gesäumten Ponte Vecchio oder ein Spaziergang im imposanten Giardino dei Boboli – Florenz bietet für den Kulturliebhaber alles, was das Herz begehrt. Auch berühmte Künstler wie Michelangelo oder Leonardo da Vinci weilten hier und ließen sich von der Schönheit der Stadt inspirieren. Den Kurzbesuch in Florenz lässt man am Piazzale Michelangelo mit herrlichem Blick auf die eindrucksvolle Stadt ausklingen, bevor man sich als Golfer mit seinen Fußabdrücken wieder zu den Spuren der namhaften Dichter und Denker gesellt.

CASTELFALFI IN NEUER PRACHT

Zwischen Pisa und Florenz, nicht weit von der Alabasterstadt Volterra, wurde im Sommer 2010 – nach erfolgreichem Redesign der zwanzig Jahre alten 27-Loch-Anlage Castelfalfi – der Spielbetrieb am 18-Loch-Mountain-Course des „Golf Club Castelfalfi“ aufgenommen. Unter Beibehaltung der schönsten landschaftlichen Aspekte wurde der bestehende Platz umgeplant und modernisiert. Dabei wurden zu steil

ansteigende und blinde Löcher eliminiert, neue Bahnen angelegt und teilweise in die beiden bestehenden Plätze integriert. Beim 6.351 Meter langen Mountain Course, Par 72, beginnen und enden beide Halbrunden südlich des Clubhauses. Der topografische Verlauf, die perfekte Positionierung der Hindernisse sowie die gezielte Einbindung in die waldreiche Landschaft geben jedem Loch einen individuellen Charakter. Insbesonders die neuen Spielbahnen, wie Loch 18, welches in Richtung Castello zu einem Halbinselgreen führt, und spektakuläre Par 3's wie Loch 9, sind eine golferische Bereicherung. Der Lake Course, Par 37, führt in einer langgezogenen Schleife in die südwestlich angrenzende sanfthügelige toskanische Landschaft und endet ebenfalls am Clubhaus. Eingebettet im Herzen der Golfanlage befindet sich das Clubhaus, das im Juni 2020 eingeweiht wurde. Nach der behutsamen Renovierung eines historischen toskanischen Bauernhauses und der dazugehörigen Scheune, unter Berücksichtigung der Denkmalpflege und Baubiologie, wurde hier ein Ort, reich an Geschichte und Tradition, wieder zu Leben erweckt. Neben einem großzügigen Pro Shop beherbergt es ein Restaurant, durch dessen große Fenster man tolle Aussicht auf den Mountain Course hat. Von der riesigen Panoramaterrasse hat man ebenfalls einen faszinierenden Blick über die Seenlandschaft, in die die Grüns der drei Abschlusslöcher eingebettet sind. Der Golf Club Castelfalfi im 1.100 Hektar großen Anwesen von Tenuta di Castelfalfi, das außerdem über ein Weingut, Olivenhaine und ein Castello verfügt, ist definitiv ein Muss für Golfer in der Toskana. Weitere Proben auf das toskanische Golf-Exempel sind die Plätze an oder in näherer Umgebung der Mittelmeerküste.

EDLER GOLFCLUB, TREFFPUNKT DER HIGH SOCIETY

Am Rande des Apuanischen Gebirges bei Forte dei Marmi, liegen die 18 Löcher des 1990 eröffneten Versilia Golf Resort (Forte dei Marmi Golf Club). Der venezianische Architekt Marco Croze zeigte sich für das Design des flachen Parkland-Kurses dessen Bahnen in einem von vielen Vogelarten bewohnten Tierschutzgebiet verlaufen, verantwortlich. Der hundertjährige Wald von Ontani Napolitani erstreckt sich am nördlichen Rand der Anlage. Wasser beeinflusst den Charakter dieses gepflegten Parcours, denn es wird zwischen Seen und Bächen gespielt. Eine Statue aus

Das neue Clubhaus von Castelfalfi

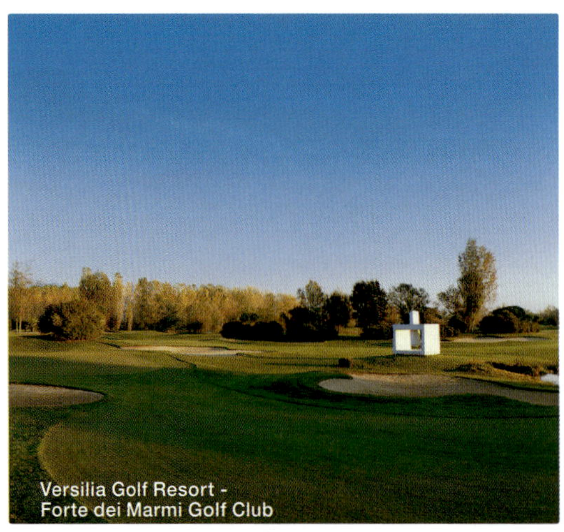
Versilia Golf Resort -
Forte dei Marmi Golf Club

weißem Carrara-Marmor, die der japanische Künstler Kan Yasuda schuf, verziert das Clubhaus und dient gleichsam als Clubsymbol.

Diese weltberühmten gigantischen Marmorsteinbrüche von Carrara sollte man jedenfalls in natura bewundern, auch die große Hafenstadt La Spezia, Viareggio und natürlich Pisa, deren Wahrzeichen – der Schiefe Turm – eigentlich nur der Glockenturm des viel bedeutenderen Domes ist, sind schnell erreichbar. Die historische Stadt Lucca mit ihrem vier Kilometer langen Mauerring, die bekannte Piazza dell'Anfiteatro, deren Häuserblock auf den Fundamenten des römischen Amphitheaters errichtet wurde, sowie der Torre Guinigi sind ebenfalls nur eine kurze Autofahrt entfernt und definitiv einen Besuch wert.

BADEFREUDEN ODER DOCH LIEBER GOLFVERGNÜGEN?

An der Küste, fast noch in Sichtweite des Schiefen Turms von Pisa, jedoch von weiten Pinienwäldern völlig verdeckt, befindet sich ein alter Platz in Pisa-Pineta, der Golfclub Tirrenia. Nur neun Löcher, aber die sind mit allem gespickt, was das Golfspiel schwer macht: Pinien, Pinien, Pinien und Bunker; dazwischen schmale, gepflegte Fairways und pfeilschnelle Grüns. Der Duft der uralten Bäume, der wohltuende Schatten an heißen Sommertagen sowie die absolute Ruhe, die vom Vogelgesang und der Meeresbrise noch unterstrichen wird, machen diesen Platz besonders beliebt. Auf der gegenüberliegenden Seite der Driving Range – diese wird von beiden Clubs genutzt – nach Süden zu befindet sich der nach schottischem Vorbild von Designer Davide Mezzacane als Links-Course angelegte Golf & Country Club Cosmopolitan. Der weitläufige 18-Loch-Platz ist flach und durch die Kombination Wind, Sand und Wasser, das bei elf Löchern ins Spiel kommt, technisch interessant und vielfältig. Wet or dry? Die beiden Par-5-Löcher 9 und 18 enden am Clubhaus, und es bedarf eines präzisen Annäherungsschlages um den Ball auf das von Wasser bewachte Grün zu setzen.

IM SÜDEN VON SIENA

Royal Golf Bagnaia wurde als erster 18-Loch-Golfplatz in der Toskana vom berühmten Architekten Robert Trent Jones, Jr. entworfen. Der 6.101 Meter lange Par 71-Platz verläuft auf einer Gesamtfläche von über 50 Hektar und fügt sich hierbei harmonisch in die Hügellandschaft Sienas ein. Breite Fairways, große Grüns sowie tiefe Sandbunker kennzeichnen den Platz, den man als Inland-Links bezeichnen könnte. Auch ein paar eindrucksvolle Seen kommen ins Spiel. Das majestätische Clubhaus thront auf einem Hügel, von dem man eine exklusive Aussicht auf alle 18 Löcher von Royal Golf Baganaia hat.

Golf & Country Club Cosmopolitan

Royal Golf La Bagnaia

GOLF IM „WILDEN WESTEN“ DER TOSKANA

Grüne Hügel, Sonnenblumenfelder, Olivenhaine, Weinberge – hier an der Maremma schöpft die toskanische Landschaft aus dem Vollen. Wo kann es schöner sein, Golf zu spielen als auf jenen herrlichen Plätzen, die mit viel Gefühl in diese großteils unberührte Natur hineinkomponiert wurden.

Ein besonderes Bravourstück ist der von Keith Preston 1999 gebaute 18-Loch-Pelagone Golf Club Toscana. Inmitten von silbernen Olivenbäumen, Weinbergen und endlosen Reihen von Zypressen entstand ein anspruchsvoller und interessanter Golfplatz, der sich harmonisch in die Landschaft einfügt. Kleine Seen, Wasserfälle und die mediterrane Fauna und Flora verleihen dem ganzjährig bespielbaren Platz seinen besonderen Charme. Der weitläufig angelegte Parcours ist nicht lang, verlangt jedoch genaues Spiel, da unzählige, trickreiche Wasserhindernisse – 12 der 18 Löcher sind mit einem der 13 kleinen Seen verbunden – Spielfehler erbarmungslos bestrafen. Bemerkenswert ist der Abschlag eines Par 4 über eine Schlucht mit Wasserfall und ein Par 3, wo das Green so viel tiefer liegt, dass man bereits mit einem Sandwedge das Grün überschlagen kann. Ab dem zehnten Loch wird das Gelände richtig hügelig, doch die Belohnung aller Anstrengungen kommt spätestens auf dem Green des 17. Lochs: ein unvergesslicher Blick auf Elba und Korsika!

Lediglich 15 Minuten dauert die Autofahrt vom Il Pelagone Golf Course zum jüngsten Golfplatz der Toskana – der 18-Lochplatz, Par 72, des Riva Toscana Golf Resort, der erst Anfang 2022 in Follonica eröffnet wurde und von zwölf Abschlägen tolle Blicke auf das Meer bietet. Hier stehen auch umfangreiche Übungseinrichtungen mit Driving Range, Putting Green und zwei Pitching Greens zur Verfügung.

Pelagone Golf Club Toscana

Weiter geht es in Richtung Süden zum Nobelbadeort Punta Ala, der auf einer pinienbewachsenen kleinen Halbinsel liegt und über den größten Yachthafen der Tyrrhenischen Küste triumphiert. Besonders im Monat August erkennt man sofort, dass sich in den mondänen Villen und Luxushotels trifft, wer in Italien Rang und Namen hat. Das Freizeitangebot ist vielseitig, am wunderschön angelegten Punta Ala Golfplatz können Golfer ihrer Leidenschaft frönen. Viele natürliche Hanglagen und ein beeindruckender Baumbestand aus Nadelhölzern, Pinien, Kork- und anderen Eichen sowie viel Buschwerk prägen den Platz. Atemberaubend präsentiert sich das Panorama, denn an klaren Tagen scheint die Insel Elba so nah, dass man sie greifen möchte. Eine täglich mehrmals verkehrende Fähre von Piombino bringt Sie in 30 Minuten tatsächlich auf diese traumhafte Mittelmeer-Insel.

DIE VERLORENEN PERLE DER VENUS VERZÜCKT AUCH GOLFSPIELER

Der Sage nach verlor Venus in dem Moment, als sie aus dem Meer auftauchte, um den Horizont zu umarmen, sieben Perlen aus dem Band, das ihren weißen Hals schmückte. Diese fielen ins Meer und aus ihnen entstanden die Inseln des toskanischen Archipels. Die größte und schönste Perle brachte die Insel Elba hervor, die in ihrer natürlichen Vielfalt einzigartig ist. Das Interesse vieler Besucher gilt auch Napoleon Bonaparte, dem die Insel von 1814 bis 1815 als Aufenthaltsort diente. Heute zeugen noch zwei herrschaftliche Villen an dieses geschichtliche Ereignis.

Golf Club Punta Ala

Zwei 9-Loch-Golfplätze, der Elba Golf Club Acquabona und der Hermitage Golf Club, erinnern im Prinzip ebenfalls an den Korsen, dessen Verbindung zum Golf durch seine Fähigkeiten als Artillerieoffizier und Ballistiker offenkundig erscheint. Der Elba-Golfplatz schlängelt sich durch Steineichen-, Pinien- und Eukalyptuswälder. Die würzige Luft, die Stille, die Vogelschwärme des elbanischen Naturparks, der Blick auf die Buchten, das klare, die felsige Küste umspielende Wasser und das Hinterland bilden den Rahmen für ein Spiel, das sich nicht nur interessant präsentiert, sondern gleichsam Anforderungen an Golfer aller Spielstärken stellt.

Kurz erwähnt sollte auch der von Ingenieur Paolo De Ferrari 1980 geplante Golfclub Hermitage werden, der in einer der schönsten Buchten der Insel liegt. Obgleich nur 1.210 Meter lang, macht es trotzdem Spaß, diesen Parcours zu spielen, wird man doch immer wieder mit fantastischen Ausblicken belohnt. Speziell Loch 8 besticht mit einer grandiosen Aussicht, liegen dem Spieler doch der Golf von Biodola, Scaglieri und an besonders klaren Tagen sogar die Insel von Capraia vor Füßen.

Wer außerdem die paradiesische Unterwasserwelt, die Berge mit ihren jahrhundertealten Wäldern, die felsigen Küsten mit ihren einsamen Stränden und kleinen Buchten, die noch heute im Dornröschenschlaf schlummernden Dörfer oder aber Geschichte, Kultur und Gastronomie erkunden und genießen möchte, ist auf der Insel Elba ebenfalls bestens aufgehoben.

INSEL-GOLF AUF DEN SPUREN VON CARAVAGGIO

Vor zirka 400 Jahren floh Caravaggio, der wegen Mordes verfolgte große Dramatiker der Barockmalerei, auf die Isola Argentario, wo er an den Folgen einer Prügelei starb. Als Fluchtort ist die von Massentourismus noch immer weitgehend verschont gebliebene Insel – von Rom in eineinhalb und von Florenz in zweieinhalb Autostunden erreichbar – bis heute keine schlechte Wahl, besonders seit kürzlich das Argentario Golf Resort & Spa mit angrenzendem tollen Golfplatz eröffnete. Die Bahnen des abwechslungsreichen Parcours führen durch die herrliche Flora der maritimen Maremma und zeigen eine außergewöhnliche und einzigartige Szenerie. Besonders imposant sind die Front-Nine, wo man immer wieder beeindruckende Ausblicke auf die glasklaren Lagunen und das blaue Meer bis Talamone und Punta Ala genießt. Ein hoher Slope (138 von gelb) lässt erahnen, dass auf diesem, von Golfplatz-Designer David Mezzacane entworfenen Parcours sowohl Präzision, als

Argentario Golf Club

auch Länge wesentlich sind. Die stetige leichte Brise stellt eine zusätzliche Spielvariable dar. Die wunderschönen, nur wenige Minuten entfernten Sandstrände von Feniglia und Giannella laden nach der Runde zum Relaxen ein.

TIERISCHE BEGLEITUNG IM HERZEN DER TUSCIA

Im Landesinneren, am Fuße einer Anhöhe auf der das legendenumworbene Städtchen Saturnia thront, befindet sich die ebenfalls relativ junge Anlage des Wellnesshotels Terme di Saturnia Spa & Golf Resort. Der zum Resort gehörende 6.294 Meter lange 18-Loch-Championship-Platz stammt aus der Feder des anerkannten Designers Ronald Fream, dem es hier im grünen Saturnia-Tal unter Einhaltung strenger Vorgaben gelang, einen traumhaften Parcours in die Naturlandschaft zu integrieren. Rehe, Stachelschweine, Hasen, Fasane und verschiedenste Vogelarten sind oft gesehene Begleiter auf der morgendlichen Golfrunde über das leicht kupierte Gelände. Drei kleine Wildbäche entlang der zum Teil welligen Fairways sowie einige große Wasserhindernisse auf den Löchern 1, 2, 3, 9 und 18 kommen immer wieder ins Spiel. Bunker aus Kiessand und stufenförmig angebrachte Grasmugel verteidigen die breiten und langen Greens. Technische Fertigkeiten, die man vor dem Spiel auf dem 30.000 Quadratmeter riesigen Übungsareal perfektionieren kann, sind für eine erfolgreiche Runde wesentlich. Doch egal ob Training oder Golfrunde, ein anschließendes Bad ist allemal empfehlenswert: Sei es in der nahen Thermenanlage oder kostenfrei im noch näher gelegenen Thermalbach.

Die Toskana bietet alles und davon noch mehr. Was man hier beginnt, hat die beste Chance, gut zu werden. Also dann: Schönen Urlaub!

Terme di Saturnia Golf Club

162 Poggio dei Medici Golf Club 18

Via S. Gavino, 27
I-50038 Scarperia e San Piero
055 84350 055 843 0439
info@golfpoggiodeimedici.com
www.golfpoggiodeimedici.com

Länge: H 6447 m, D 5457 m, HCP 36 erforderlich.

Greenfee-Kat.: €€€€
Ermäßigung: Jugendl./Stud. bis 17 J. 50%

Im Herzen des grünen Mugellos, nur 25 km von Florenz entfert, wurde Poggio dei Medici 1992 mit 18 Löchern eröffnet. Der Parcours ist sehr großzügig angelegt, häufig gilt es zwischen verschiedenen Bahnen längere Wege zu bewältigen. Trotzdem ist er fußläufig gut zu spielen. Von schwierigen Situationen an Wasserhindernissen bleibt der Spieler verschont, er muss sich dafür mit langen Par 4 Löchern anlegen und auf schmale und ondulierte Grüns spielen. Ein schönes Clubhaus mit Restaurant mit regionalen Spezialitäten runden das Angebot ab.

Platzinformationen:

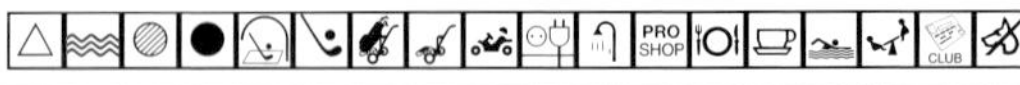

163 Versilia Golf Resort - Forte dei Marmi Golf Club 18

Via della Sipe 100
I-55045 Pietrasanta
0584 881574 0584 752272
golf@versiliagolf.com
www.versiliagolf.com

Länge: H 5873 m, D 5194 m, HCP 54 erforderlich.

Greenfee-Kat.: €€€€€
Ermäßigung: Jugendl. bis 18 J. 50%

Der Forte dei Marmi Golf Club im Versilia Golf Resort liegt in Pietrasanta bei Forte dei Marmi. Aufgrund der Lage, ein Meter über Meereshöhe und der vielen Wasserflächen hat dieser Golfplatz Eigenschaften, die man in Italien normalerweise nicht vorfindet. Tatsächlich erinnert er eher an den Süden der USA. Aus diesem Grunde gibt es an vielen Löchern Wasserhindernisse, bei denen es sich keineswegs um kleine Teiche handelt, sondern um weite Wasserflächen, die das Spiel ungeahnt beeinflussen können. Ein wunderschön gelegener 18-Loch-Platz mit einem sehr beeindruckenden Clubhaus in einem besonderen Baustil.

Platzinformationen:

164 Golf Montecatini Terme 18

Via dei Brogi 1652, Loc. Pievaccia
I-51015 Monsummano Terme
0572 62218 0572 617435
info@montecatinigolf.com
www.montecatinigolf.com

Länge: H 5857 m, D 5161 m, HCP erforderlich.

Greenfee-Kat.: €€€€€
Ermäßigung: Jugendl. bis 16 J. und Stud. bis 18 J. 50%

Der Platz erstreckt sich entlang der toskanischen Hügel, ohne die Landschaft zu beeinträchtigen. Es ist bewundernswert wie die natürlichen Gegebenheiten von Seen, Bächen und Wäldern des hügeligen Geländes in die Fairways einbezogen wurden. Die vielen Doglegs müssen mit Strategie und Weitsicht gespielt werden, aber auch die abgestuften Greens verlangen Erfahrung. Ein geschmackvoll eingerichtetes Clubhaus mit einem Restaurant sowie sanitäre Einrichtungen und Übungsanlagen geben der Anlage eine besondere Note.

Platzinformationen:

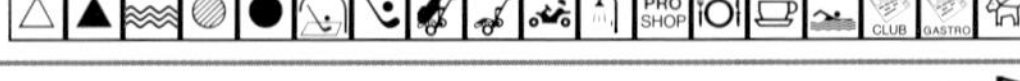

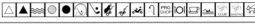

165 Golf & Country Club Le Pavoniere 18

Via Traversa del Crocifisso S.N.
I-59100 Prato
0574 620855 0574 624558
segreteria@pavoniere.it
www.pavoniere.it

Länge: H 6464 m, D 5678 m, HCP 36 erforderlich.
Geschlossen am 1.1., 15.8. und 25.12.

Greenfee-Kat.: €€€€€
Ermäßigung: Jugendl. bis 18 J.

Der Golfclub liegt 25 km von Florenz Zentrum und nur 3 km von Prato entfernt, einer alten Industriestadt in der Nähe von Florenz, die vor allem in den letzten Jahren eine führende Rolle in der Entwicklung der toskanischen Wirtschaft übernommen hat. Neben vieler Andenken an vergangene Jahrhunderte verfügt Prato mit der Pecci-Stiftung auch über eines der eher seltenen Museen moderner Kunst in Italien. Der 18 Loch Platz nach einem Arnold Palmer Entwurf gebaut, zeigt sich mit seinen langen Bahnen als sehr anspruchvoll. Wasserhindernisse sind an einigen Löchern ein Thema.

Platzinformationen:

166 Golf Club Bellosguardo

9

Via Provinciale di Mercatale, 25
I-50059 Vinci (FI)
0571 902035 0571 902035
segreteria@golfbellosguardovinci.it
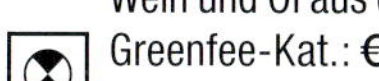

Länge: H 5768 m, D 4838 m, HCP 54 erforderlich.
Die Gäste des Bellosguardo können auf einen gemütlichen Weinkeller zählen, in dem sie typische Gerichte, Wein und Öl aus eigener Produktion probieren können.

Greenfee-Kat.: €€€

Hier treffen die sanften, mit Olivenbäumen und Weinstöcken bebauten Hügel von Vinci mit einem Golfplatz zusammen, der so angelegt ist, dass er die morphologische Struktur und die typischen Gräserkulturen des Gebiets unberührt lässt. Ein Golfplatz der sowohl aus technischer als auch aus landschaftlicher Perspektive bezaubernd ist. Man spielt auf fantastischen neun Löchern und somit auf einem der amüsantesten Kurse Italiens (5768 m Länge, Par 70 mit doppelten Abschlägen), der außerdem auch über eine große Driving Range, zwei Putting Greens und ein Pitching Green verfügt.

Platzinformationen:

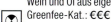

Golf Club Bellosguardo

167 Montelupo Golf Club

9

Via Le Piagge 4
I-50056 Montelupo Fiorentino
0571 541004 0571 911948
info@golfmontelupo.it
www.golfmontelupo.it

Länge: H 3067 m, HCP erforderlich.

Greenfee-Kat.: €€
Ermäßigung: Jugendl.

Der Golfclub wurde 1996 gegründet und ist dank seiner wunderbaren Lage zwischen dem Fluß Arno und einem See mitten auf dem Platz ein schönes golferisches Erlebnis. Die neun Bahnen liegen auf einem flachen Gelände, der Arno kommt einmal ins Spiel, der See lediglich an Loch 9. Ansonsten sind die Bahnen sehr übersichtlich angelegt und bereiten dem Spieler keine großen Schwierigkeiten. Die Nähe zu der schönen Stadt Montelupo mit ihrer imposanten Kathedrale und die umliegenden Weindörfer des Chianti-Gebietes machen den Aufenthalt zusätzlich attraktiv.

Platzinformationen:

168 Casentino Golf Club Arezzo

13

Via Fronzola, 6
I-52014 Poppi
0575 529810 0575 520167
info@golfclubcasentino.it
www.golfclubcasentino.it

Länge: H 5626 m, D 4969 m, HCP erforderlich. Sa./So./Feiertage HCP 54 erforderlich.

Greenfee-Kat.: €€€
Ermäßigung: Jugendl. bis 18 J. 50%
Das 18 Loch Green Fee ist unter der Woche als Daily Fee gültig.

Der Platz des Casentino Golf Club Arezzo mit seinen 13 Löchern liegt auf einem Hügel mit einem herrlichen Panoramablick auf das Arnotal, das grüne Herz der Toskana. Der nahegelegene Nationalpark sowie zahlreiche kulturhistorische Sehenswürdigkeiten wie mittelalterliche Burgen und Klöster machen einen Besuch, nicht nur zum Golfen, lohnenswert. Der Golfplatz spielt sich durch die offenen Bahnen nicht allzu schwer, da sich die Wasserhindernisse an fünf Löchern bei strategischem Spiel nicht negativ auf das Ergebnis auswirken. Clubhaus und Übungsanlagen sind auch vorhanden.

Platzinformationen:

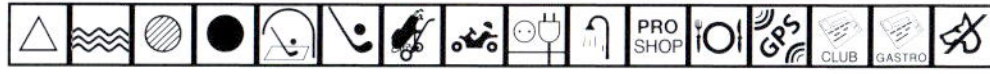

169 Circolo del Golf Ugolino Firenze

18

Via Chiantigiana per Strada, 3
I-50023 Impruneta
055 230 1009 · 055 230 1141
info@golfugolino.it
www.golfugolino.it

Länge: H 5676 m, D 4994 m, HCP 36 erforderlich.

Greenfee-Kat.: €€€€€
Ermäßigung: Jugendl./Stud. bis 18 J.

Der Club liegt in einer der malerischsten Gegenden Italiens und ist wegen seiner außerordentlich schönen Anlage und der Atmosphäre berühmt. Hier in den Hügeln des Chianti gibt es viele Stellen, an denen man das Spiel kurz unterbrechen sollte, um seinen Blick über die Berge am Horizont und die zahlreichen Weingärten schweifen zu lassen. Der Golfclub, der 1934 gegründet wurde, hat mit seinen 18 wunderschön angelegten Bahnen sehr viel zu bieten. Die ersten neun Löcher sind eng gesäumt von vielen alten Bäumen, die zweiten neun sind etwas breiter angelegt.

Platzinformationen:

170 Golf & Country Club Cosmopolitan

18

Via delle Ericke, 133
I-56018 Tirrenia-Pisa
050 33633 · 050 384707
info@cosmopolitangolf.it
www.cosmopolitangolf.it

Länge: H 6324 m, D 5503 m, HCP 54 erforderlich. Sa./So./Feiertage HCP 36 erforderlich.

Greenfee-Kat.: €€€€
Ermäßigung: Jugendl. 50%

Der Club liegt nur 500 m vom Meer entfernt und bietet einen an schottische Links Courses angelehnten Platz. Mit sich hinziehenden Dünen und Senken ist der Platz absichtlich so gestaltet, dass die ursprünglichen, mit der Umgebung harmonierenden Geländeeigenschaften erhalten blieben. Der Club ist ein Teil des Cosmopoliton Golf & Beach Resorts und verlangt mit seinen 18 Löchern dem Spieler einiges an golferischem Können ab. Die Wasserhindernisse an acht Bahnen und der kräftige Wind durch die Nähe zum Meer geben dem Spiel den Reiz. Dafür herrscht das ganz Jahr ein angenehmes Klima.

Platzinformationen:

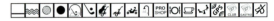

171 Golf Club Tirrenia

9

Viale San Guido
I-56018 Tirrenia-Pisa
050 37518 050 33286
info@golftirrenia.it
www.golftirrenia.it

Länge: H 6068 m, D 5556 m, PE erforderlich.

Greenfee-Kat.: €€€
Ermäßigung: Jugendl. bis 18 J.

Tirrenia befindet sich auf halbem Wege zwischen Pisa und Livorno. Der Platz liegt harmonisch auf einem 84 ha großen Gelände inmitten von Pinienwäldern. Alle für das mediterrane Maquis typischen Eigenschaften sind erhalten geblieben. Die Atmosphäre auf dem Platz, die herrlich grüne Landschaft, die Stille und die ständige sanfte Meeresbrise zeichnen diese Anlage aus. Der Platz ist ein schon etwas älterer Parklandkurs mit neun Löchern. Trotz der breiten Fairways sind gerade Schläge von Vorteil, da sehr oft dichte Büsche ins Spiel kommen. Ein Besuch im Restaurant ist zu empfehlen.

Platzinformationen:

172 Golf Club Castelfalfi

27

Loc. Castelfalfi
I-50050 Montaione
0571 890200
golf@castelfalfi.it
www.castelfalfi.it

Länge: H 6351 m, D 5140 m, HCP erforderlich.

Greenfee-Kat.: €€€€€
Ermäßigung: Jugendl./Stud.

Im Herzen der Toskana ist mit Castelfalfi eine Golfanlage mit einem 18-Loch-, einem 9-Loch-Golfplatz und einer Übungsanlage entstanden, die zu den besten der Toskana zählt. Die Golfplätze sind eingebettet in die 1.100 ha große Anlage der Tenuta di Castelfalfi, zu der ein mittelalterliches Dorf mit Castello, Weinberge sowie Olivenhaine gehören. Der ursprüngliche, über 20 Jahre alte, von Mancinelli geplante Platz wurde hierfür komplett überarbeitet. Durch die Neuorientierung des Clubhausstandortes inmitten der 27 Löcher an eine exponierte Stelle am Fuß des Castello wurde der Weg frei für ein komplettes Redesign.

Platzinformationen:

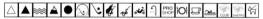

Golf Club Castelfalfi

173 Royal Golf La Bagnaia

18

S.S. 223 Siena-Grosseto km 56, Località Bagnaia
I-53016 Murlo (SI)
0577 818 7741 0577 818 7747
infogolf@labagnaiaresort.com
www.labagnaiaresort.com

Länge: H 6101 m, D 5236 m, HCP erforderlich.

Greenfee-Kat.: €€€€€

Royal Golf La Bagnaia wurde vom berühmten Architekten Robert Trent Jones Jr. entworfen. Der Par 71-Platz ist 6.101 Meter lang und erstreckt sich auf eine Fläche von 130 Hektar in der sanften Hügellandschaft von Siena. Die Morphologie der Toskana ist ein typisches Beispiel für Inland-Links, die mit ihren im Winde spielenden Rough-Flächen an die schottischen Highlands erinnern. Der Platz wird durch kleine Seen und ein schönes Clubhaus bereichert, von wo aus eine exklusive Aussicht auf die 18 Löcher und die Türme von Siena genossen werden kann.

Platzinformationen:

174 Golf Club Valdichiana 9

Loc. Esse Secco
I-53048 Sinalunga
0577 624439 0577 624439
info@golfclubvaldichiana.it
www.golfclubvaldichiana.it
Länge: H 5266 m, D 4570 m

Greenfee-Kat.: €€
Ermäßigung: Jugendl. bis 11 J. 100%, Stud. bis 18 J. 50%

Im Herzen der Toscana liegt der Val di Chiana Golfclub mit seinem imposanten alten Clubhaus im toskanischen Baustil. Man hat hier einen 9-Loch-Platz inmitten von Feldern und Obstwiesen gebaut, der trotz seiner flachen, ebenen Bahnen dem Spieler ein sehr präzises Spiel abverlangt. Gut gepflegte Übungsanlagen sowie sanitäre Anlagen für Gäste sind vorhanden. Besonders zu erwähnen ist das für die Region günstige Greenfee von 35 für 18 Loch. Ausrüstung kann gemietet werden. Im Clubhaus ist neben Konferenzräumen auch ein ansprechendes Restaurant untergebracht.

Platzinformationen:

175 The Club at Castiglion del Bosco 18

Località Castiglion del Bosco
I-53024 Montalcino
0577 807078 0577 808 266
golf@castigliondelbosco.com
www.castigliondelbosco.com
Länge: H 7187 yards, D 6537 yards

Greenfee-Kat.: €€€€€

The Club at Castiglion del Bosco ist ein Golfcourse der eigentlich nicht in diese Gegend passt. Der Besucher spielt auf einem schottischen Linkscourse ähnlichen Golfplatz mitten in der Toskana, in der berühmten Brunello-Region. Flache Bahnen umgeben von kniehohem hellem Gras, große Bunker mit weißem Sand mit Blick auf Weinberge und Zypressen machen das Spiel zu einem Erlebnis. Der 18-Loch-Platz aus der Feder von Tom Weiskopf ist eine gelungene Abwechslung zu den italienischen Plätzen, die man hier erwarten würde. Der Platz ist nur Mitgliedern zugänglich.

Platzinformationen:

176 Pelagone Golf Club Toscana 18

Loc. Il Pelagone 28
I-58023 Gavorrano
0566 820471 0566 820472
segreteria@golfclubtoscana.com
www.ilpelagone.com/golfclub/
Länge: H 5551 m, D 5218 m, HCP erforderlich.

Greenfee-Kat.: €€€
Hotelgäste der Partnerhotels erhalten ermäßigtes Greenfee.

Der 18-Loch-Golfplatz, Par 71, wurde vom englischen Stardesigner Keith Preston geplant und im Jahr 1999 eröffnet. Bereits 2003 wurde er als einer der zehn besten neuen Golfplätze Italiens ausgezeichnet und war schon Austragungsort der Alps Tour und vieler Pro Ams. Der Platz ist nicht sehr lang, aber verlangt genaues Spiel, da viele Wasserhindernisse Spielfehler erbarmungslos abstrafen. Jedes der 18 Löcher hat seinen eigenen Reiz. Die Fairways sind weitläufig und verlaufen kaum parallel. Der Platz ist hügelig, aber angenehm zu spielen und bietet einige spektakuläre Abschläge.

Platzinformationen:

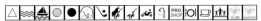

Pelagone Golf Club Toscana

177 Riva Toscana Golf Club 18

Strada Provinciale 152 Km 47,87
I-58022 Follonica (GR)
0566 028036
booking.riva@mirahotels.com
www.mirahotels.com/en/rivatoscanagolfresort

Länge: 6475 m

Greenfee-Kat.: €€€

Der neue 18-Lochplatz, Par 72, des Riva Toscana Golf Resort befindet sich nicht weit vom Meer entfernt am Golf von Follonica, im Süden der Toskana, in der herrlichen Maremma. Die Eröffnung ist für das Frühjahr 2022 geplant. Auch umfangreiche Übungseinrichtungen mit Driving Range, Putting Green und zwei Pitching Greens werden dann zur Verfügung stehen.

Platzinformationen:

178 Golf Club Punta Ala 18

Via del Golf, 1
I-58043 Punta Ala (GR)
0564 922121
info@golfpuntaala.it
www.golfpuntaala.it

Länge: H 6200 m, D 5427 m, HCP 54 erforderlich.

Greenfee-Kat.: €€€€€
Ermäßigung: Jugendl./Stud. bis 18 J. 40%

Von diesem herrlich angelegten Platz hat man einen atemberaubenden Blick auf das Meer, bei guter Sicht sogar bis zur Insel Elba. Neben der herrlichen Aussicht bietet der Kurs viele natürliche Hanglagen und einen beeindruckenden Baumbestand aus Nadelhölzern, Pinien und Korkeichen, ganz zu schweigen von den vielen Büschen, die für viele Golfer eine sehr spezielle Herausforderung darstellen. Die Bahnen sind als Schneißen in ein riesiges Waldgebiet geschlagen und ziehen sich an einem Berghang entlang. 18 Löcher unterschiedlichster Schwierigkeitsgrade, aber links und rechts flankiert von vielen Bäumen.

Platzinformationen:

Golf Club Punta Ala

179 Hermitage Golf Club 9

Localita' Biodola 1
I-57037 Portoferraio
0565 9740 0565 969868
info@golfhermitage.it
www.golfhermitage.it

Länge: H 1275 m

Greenfee-Kat.: €€
Ermäßigung: Jugendl. bis 18 J. 50%

Der Golf Club Hermitage befindet sich in einer der schönsten Buchten der Insel Elba. Herrliche Blicke über die Biodola-Bucht und zur Insel Capraia sind garantiert. Der Abschlag von Loch 1 liegt 16 Meter über dem Meeresspiegel und ist etwa 300 Meter vom Meer entfernt, während Loch 6, das höchstgelegene, sich in 60 Meter Höhe befindet und etwa 500 Meter vom Ufer entfernt liegt. Im ebenen Teil des Parcours wurden zur Sammlung von Regenwasser zwei Kunstseen angelegt. Neben dem 9-Loch-Kurs bietet die Anlage ein schickes Clubhaus mit Restaurant, Gästesanitär und vielen Möglichkeiten zum Verweilen.

Platzinformationen:

180 Elba Golf Club Acquabona 9

Loc. Acquabona
I-57037 Portoferraio-Isola d'Elba
0565 940066 0565 940066
info@elbagolfacquabona.it
www.elbagolfacquabona.it
Länge: H 5198 m, D 4714 m, HCP 54 erforderlich.

Greenfee-Kat.: €€€
Ermäßigung: Jugendl. bis 18 J. 50%

Elba ist die größte Insel im toskanischen Archipel und hat das ganze Jahr über ein mildes und mediterranes Klima. Es ist deshalb auch kein Wunder, dass der Golfplatz besonders beliebt ist. Der 9-Loch-Kurs liegt inmitten sanfter, bewachsener Hügel und weist einen mittleren Schwierigkeitsgrad auf. Der Golfplatz ist mit seinen 2675 Metern nicht sehr lang, hat aber trotz der kurzen Par 4 Löcher, bedingt durch die engen Fairways, seine Tücken. Die Insel bietet herrliche Ausblicke auf die felsige Küste mit ihrem glasklaren Wasser und kann mit der Fähre schnell erreicht werden.

Platzinformationen:

181 Terme di Saturnia Golf Club 18

Loc. Follonata
I-58014 Saturnia (GR)
0564 600111 0564 600836
segreteriagolf@termedisaturnia.it
www.termedisaturnia.it
Länge: H 6294 m, D 5493 m, HCP 36 erforderlich.

Greenfee-Kat.: €€€€
Ermäßigung: Jugendl.

Der zum Resort gehörende Golfplatz mit 18 Löchern, 6.294 Meter, Par 72, liegt nur 100 Meter vom Hotel entfernt und erstreckt sich über 70 Hektar. Einige leicht hügelige Bereiche und einige Fairways in welligem Gelände prägen den gesamten Platz. Drei Bäche, die großen Wasserhindernisse bei den Löchern Nr. 1, 2, 3, 9 und 18, die Bunker aus Kiessand und die mit stufenförmigen Mounts umgebenen Greens sorgen für den eindrucksvollen Gesamteindruck und heben die technischen Aspekte hervor. Im milden Klima der Maremma kann man diesen herrlichen Platz das ganze Jahr über genießen.

Platzinformationen:

182 Argentario Golf Club, PGA National Golf Course Italy 18

Via Acquedotto Leopoldino, SNC
I-58018 Porto Ercole
0564 888525 0564 810895
segreteria@argentariogolfclub.it
www.argentariogolfresortspa.it
Länge: H 6218 m, D 5432 m, HCP 36 erforderlich.

Greenfee-Kat.: €€€€€
Ermäßigung: Jugendl. bis 18 J. 50%

Im Herzen der Maremma, liegt der Argentario Golf Club (PGA National Italy), dessen Greens und Fairways sich durch eine von mediterranen Wäldern geschützte Oase schlängeln. Die sanften Hänge, das Meer und die Lagune bilden die Basis für das außergewöhnliche Mikroklima. Fast alle Greens sind relativ klein, und die fast immer wehende Brise verlangt vom Spieler ein präzises Spiel. Eindrucksvoll sind die Par 3-Löcher. Zwei werden von Meer und Lagune bestimmt, eines ist in den Wald eingebettet, eines ist von den Windverhältnissen abhängig und beim letzten spielt Wasser eine große Rolle.

Platzinformationen:

Argentario Golf Club

22
23
Liebe Golfer,
auf den nachfolgenden Seiten finden Sie alle Greenfee-Gutscheine der Ausgabe 2022 für das europäische Ausland. Die Gutscheine sind gültig bis einschließlich 30. Juni 2023. **Es ist untersagt, die Greenfee-Gutscheine gegen Entgelt zu veräußern oder mit diesen Handel zu treiben.** Bitte beachten Sie, dass die Gutscheine nur in Verbindung mit dieser Ausgabe des Albrecht Golf Guides oder der ALBRECHT GOLF CARD, die Sie am Ende des Buches finden, gelten.
Genaue Platzbeschreibungen, Routen, Wetter und vieles mehr zu den Golfplätzen finden Sie auch unter www.1golf.eu oder in unseren Golf Guide Apps für iPhone und iPad (Stichwort Albrecht).
Ein schönes Spiel wünscht Ihnen das Team vom Albrecht Golf Verlag
1golf.eu
ALBRECHT GOLF GUIDE
GOLF
GUIDE
olfclub Römergolf, Salzburg

Österreich
1 Golf Club Brand 355
2 Golfclub Tiroler Zugspitze 355
3 Golfpark Mieminger Plateau 355
4 Kaisergolf Ellmau 355, 357
5 Golfclub Walchsee Moarhof 357
6 Golfclub Reit im Winkl e.V. Kössen 357
7 Golfclub Urslautal 357
8 Golfclub Römergolf 359
9 Golfclub Lungau/Katschberg 359
10 Golfclub Drautal/Berg 359
11 Nassfeld Golf 359, 361
12 Golf Velden Wörthersee 361
13 AtterseeGolf Club Weyregg 361
14 GOLF REGAU • Attersee – Traunsee 361
15 Golfclub Pfarrkirchen im Mühlviertel 363
16 Golfclub Traunsee-Kirchham 363
17 Golfclub Schloß Frauenthal 363
18 Golfclub Schloss Feistritz 365
19 Golfclub Traminer Golf Klöch 365
20 Golfclub Weitra 365, 367
21 Golf Club Wachau 367
22 Diamond Club Ottenstein 367, 369
23 Golf Club Enzesfeld 369
24 GOLF ELDORADO-Bucklige Welt 369
25 Golfclub Linsberg 369
Exeter
Bruxelles
90
Mons
96
Amiens
Caen
Paris
Nantes
F
Limoges
Lyon
Bordeaux
93
94
Toulouse
Bilbao
Santiago de Compostela
85
Braga
Valladolid
Zaragoza
70
71
Barcelona
Madrid
72
73
74
E
P
Plasencia
75
76
77
78
Palma
València
Lissabon
Lisboa
86
Mérida
Córdoba
Murcia
Sevilla
Lagos
Almería
79
80
Málaga
81
82
Gibraltar

Erfurt
Marburg
Chemnitz
Fulda
Frankfurt am Main
Bayreuth
Praha
CZ
Mannheim
Nürnberg
Regensburg
SK
Stuttgart
Augsburg
Passau
Linz
Ulm
Wien
Bratislava
Freiburg
München
Konstanz
Kempten
A
Budapest
Zürich
Bregenz
Innsbruck
Graz
CH
Chur
Bern
H
Klagenfurt
Bozen
SLO
Lugano
Udine
Ljubljana
Trieste
Zagreb
Milano
Verona
Torino
Parma
Genova
Bologna
Lucca
Firenze
San Marino
Sarajevo
Siena
I
Teramo
Pescara
Ajaccio
Roma
Foggia
Napoli
Sassari
Potenza
Lecce
Cosenza
Cagliari
Palermo
Messina
t t e l m e

Italien

Tschechien, Polen, Slowenien, Ungarn, Griechenland, Zypern

Spanien, Portugal

Schweiz, Frankreich, Belgien, Niederlande, Luxemburg

Dänemark, Schweden, Finnland, Lettland, Estland, Island

Großbritanien

Irland

Mauritius

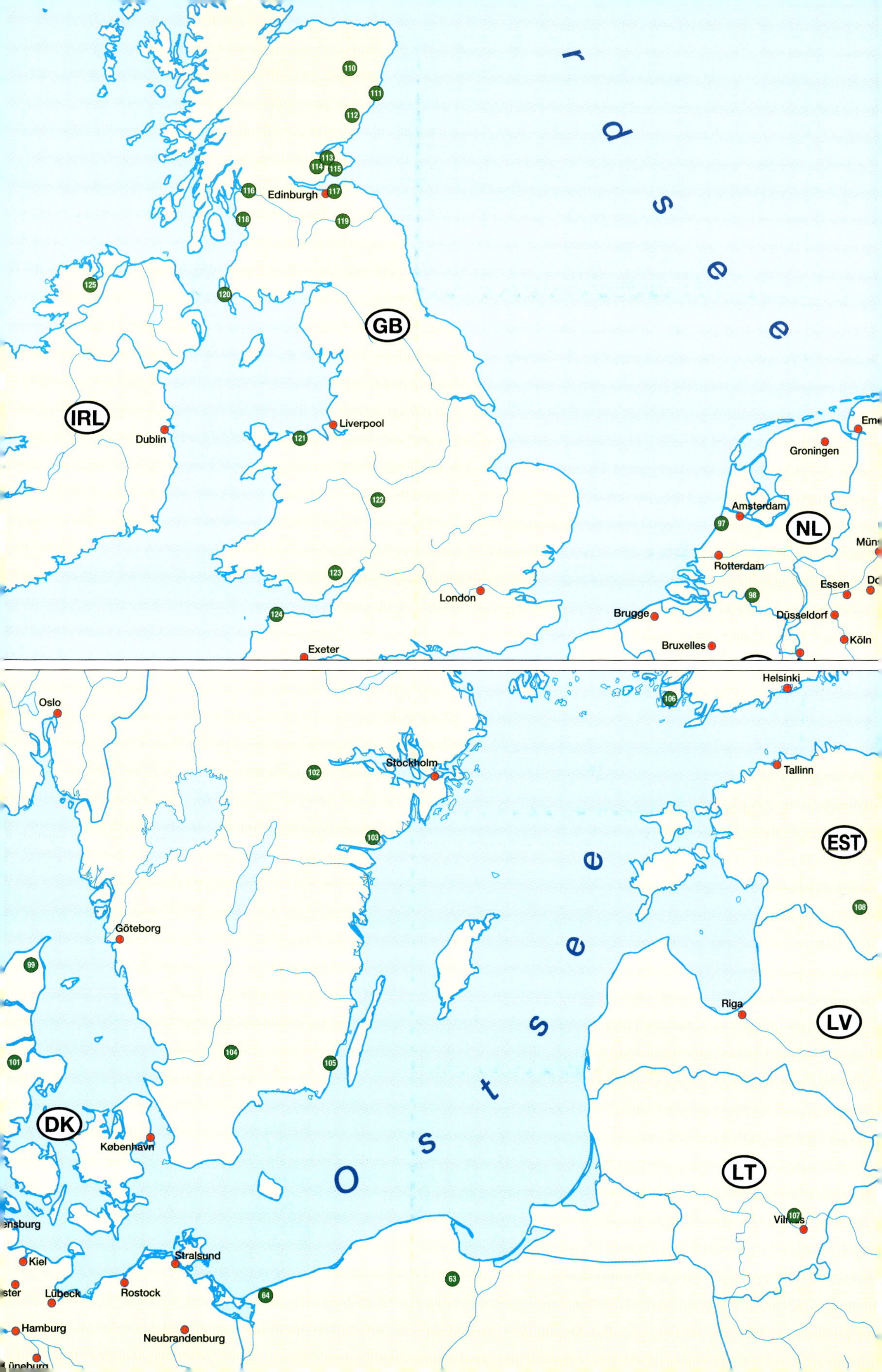Nordsee
IRL
GB
NL
Edinburgh
Dublin
Liverpool
London
Exeter
Groningen
Amsterdam
Rotterdam
Brugge
Bruxelles
Essen
Düsseldorf
Köln
110
111
112
113
114
115
116
117
118
119
120
121
122
123
124
125
97
98
Ostsee
DK
EST
LV
LT
Oslo
Stockholm
Helsinki
Tallinn
Göteborg
Riga
København
Kiel
Lübeck
Rostock
Stralsund
Hamburg
Neubrandenburg
Vilnius
99
101
102
103
104
105
106
107
108
63
64

ALBRECHT GOLF CARD MIT 50 EURO REISE-GUTSCHEIN.

Am Ende dieses Buches finden Sie die ALBRECHT GOLF CARD. Mit der ALBRECHT GOLF CARD können Sie die Greenfee-Gutscheine bei den Golfclubs einlösen und darüber hinaus mit dem Gutschein-Code auf der Kartenrückseite 50.- Euro sparen bei Ihrer nächsten Golfreise mit Albrecht Golf Travel.

DER GOLF ALBRECHT

Golf Club Brand

Studa 83
A-6708 Brand
✆ +43 5559 450
Vorarlberg

1

2 for 1 2 GF zum Preis von 1 wochentags

DER GOLF ALBRECHT

Golf Club Brand

Studa 83
A-6708 Brand
✆ +43 5559 450
Vorarlberg

1

2 for 1 2 GF zum Preis von 1 wochentags

DER GOLF ALBRECHT

Golf Club Brand

Studa 83
A-6708 Brand
✆ +43 5559 450
Vorarlberg

1

20% Greenfee-Ermäßigung

DER GOLF ALBRECHT

Golf Club Brand

Studa 83
A-6708 Brand
✆ +43 5559 450
Vorarlberg

1

20% Greenfee-Ermäßigung

DER GOLF ALBRECHT

Golfclub Tiroler Zugspitze

Am Rettensee 1
A-6632 Ehrwald
✆ +43 5673 22366
Tirol

2

2 for 1 2 GF zum Preis von 1

DER GOLF ALBRECHT

Golfpark Mieminger Plateau

Obermieming 141 e
A-6414 Mieming
✆ +43 5264 5336
Tirol

3

10% Greenfee-Ermäßigung

DER GOLF ALBRECHT

Golfpark Mieminger Plateau

Obermieming 141 e
A-6414 Mieming
✆ +43 5264 5336
Tirol

3

10% Greenfee-Ermäßigung

DER GOLF ALBRECHT

Golfpark Mieminger Plateau

Obermieming 141 e
A-6414 Mieming
✆ +43 5264 5336
Tirol

3

10% Greenfee-Ermäßigung

DER GOLF ALBRECHT

Kaisergolf Ellmau

Steinerner Tisch 17
A-6352 Ellmau
✆ +43 5358 2379
Tirol

4

2 for 1 2 GF zum Preis von 1

DER GOLF ALBRECHT

Kaisergolf Ellmau

Steinerner Tisch 17
A-6352 Ellmau
✆ +43 5358 2379
Tirol

4

2 for 1 2 GF zum Preis von 1

Diese Gutscheine gelten nur in Verbindung mit dem Buch/Albrecht Golf Card

Diese Gutscheine gelten nur in Verbindung mit dem Buch/Albrecht Golf Card

Bedingungen zur Einlösung des Discounts:
1. Das Angebot ist bis einschließlich 30.6.2023 gültig.
2. Der Golfspieler/Leser hat sich telefonisch eine Abschlagzeit geben zu lassen – dabei ist die Nutzung des Angebots anzugeben.
3. Eine Barauszahlung des Greenfee-Vorteils ist nicht möglich.
4. Das Kombinieren von Angeboten oder bestehenden Greenfee-Vorteilen ist nicht möglich. Der Vorteil bezieht sich jeweils ausschließlich auf die zum Zeitpunkt der Einlösung gültigen vollen Greenfee-Gebühren.
5. Gibt es Spielergruppen mit erhöhten Greenfee-Gebühren, ist ein Nachlass auf diese Gebühren nicht möglich.
6. Das Angebot allein berechtigt nicht zum Spiel gegen Greenfee. Die Erfüllung der Bestimmungen des jeweiligen Golfclubs zur Greenfee-Berechtigung (Mitgliedschaft in einem Golfclub, Mindesthandicap etc.) zum Zeitpunkt der Einlösung sind Voraussetzung.
7. Es ist untersagt, den Greenfee-Gutschein entgeltlich Dritten zu überlassen bzw. mit diesen Handel zu treiben. Insbesondere sind die teilnehmenden Golfclubs in diesem Falle berechtigt, die Einlösung der ausgeschriebenen Angebote zu verweigern.
8. Die teilnehmenden Golfclubs haben sich gegenüber dem Verlag unter den o.g. Bedingungen verpflichtet, die ausgeschriebenen Angebote einzulösen. Der Verlag übernimmt jedoch keine Gewähr und keine Haftung, wenn ein Angebot nicht eingelöst wird oder werden kann.

Bedingungen zur Einlösung des Discounts:
1. Das Angebot ist bis einschließlich 30.6.2023 gültig.
2. Der Golfspieler/Leser hat sich telefonisch eine Abschlagzeit geben zu lassen – dabei ist die Nutzung des Angebots anzugeben.
3. Eine Barauszahlung des Greenfee-Vorteils ist nicht möglich.
4. Das Kombinieren von Angeboten oder bestehenden Greenfee-Vorteilen ist nicht möglich. Der Vorteil bezieht sich jeweils ausschließlich auf die zum Zeitpunkt der Einlösung gültigen vollen Greenfee-Gebühren.
5. Gibt es Spielergruppen mit erhöhten Greenfee-Gebühren, ist ein Nachlass auf diese Gebühren nicht möglich.
6. Das Angebot allein berechtigt nicht zum Spiel gegen Greenfee. Die Erfüllung der Bestimmungen des jeweiligen Golfclubs zur Greenfee-Berechtigung (Mitgliedschaft in einem Golfclub, Mindesthandicap etc.) zum Zeitpunkt der Einlösung sind Voraussetzung.
7. Es ist untersagt, den Greenfee-Gutschein entgeltlich Dritten zu überlassen bzw. mit diesen Handel zu treiben. Insbesondere sind die teilnehmenden Golfclubs in diesem Falle berechtigt, die Einlösung der ausgeschriebenen Angebote zu verweigern.
8. Die teilnehmenden Golfclubs haben sich gegenüber dem Verlag unter den o.g. Bedingungen verpflichtet, die ausgeschriebenen Angebote einzulösen. Der Verlag übernimmt jedoch keine Gewähr und keine Haftung, wenn ein Angebot nicht eingelöst wird oder werden kann.

Bedingungen zur Einlösung des Discounts:
1. Das Angebot ist bis einschließlich 30.6.2023 gültig.
2. Der Golfspieler/Leser hat sich telefonisch eine Abschlagzeit geben zu lassen – dabei ist die Nutzung des Angebots anzugeben.
3. Eine Barauszahlung des Greenfee-Vorteils ist nicht möglich.
4. Das Kombinieren von Angeboten oder bestehenden Greenfee-Vorteilen ist nicht möglich. Der Vorteil bezieht sich jeweils ausschließlich auf die zum Zeitpunkt der Einlösung gültigen vollen Greenfee-Gebühren.
5. Gibt es Spielergruppen mit erhöhten Greenfee-Gebühren, ist ein Nachlass auf diese Gebühren nicht möglich.
6. Das Angebot allein berechtigt nicht zum Spiel gegen Greenfee. Die Erfüllung der Bestimmungen des jeweiligen Golfclubs zur Greenfee-Berechtigung (Mitgliedschaft in einem Golfclub, Mindesthandicap etc.) zum Zeitpunkt der Einlösung sind Voraussetzung.
7. Es ist untersagt, den Greenfee-Gutschein entgeltlich Dritten zu überlassen bzw. mit diesen Handel zu treiben. Insbesondere sind die teilnehmenden Golfclubs in diesem Falle berechtigt, die Einlösung der ausgeschriebenen Angebote zu verweigern.
8. Die teilnehmenden Golfclubs haben sich gegenüber dem Verlag unter den o.g. Bedingungen verpflichtet, die ausgeschriebenen Angebote einzulösen. Der Verlag übernimmt jedoch keine Gewähr und keine Haftung, wenn ein Angebot nicht eingelöst wird oder werden kann.

Bedingungen zur Einlösung des Discounts:
1. Das Angebot ist bis einschließlich 30.6.2023 gültig.
2. Der Golfspieler/Leser hat sich telefonisch eine Abschlagzeit geben zu lassen – dabei ist die Nutzung des Angebots anzugeben.
3. Eine Barauszahlung des Greenfee-Vorteils ist nicht möglich.
4. Das Kombinieren von Angeboten oder bestehenden Greenfee-Vorteilen ist nicht möglich. Der Vorteil bezieht sich jeweils ausschließlich auf die zum Zeitpunkt der Einlösung gültigen vollen Greenfee-Gebühren.
5. Gibt es Spielergruppen mit erhöhten Greenfee-Gebühren, ist ein Nachlass auf diese Gebühren nicht möglich.
6. Das Angebot allein berechtigt nicht zum Spiel gegen Greenfee. Die Erfüllung der Bestimmungen des jeweiligen Golfclubs zur Greenfee-Berechtigung (Mitgliedschaft in einem Golfclub, Mindesthandicap etc.) zum Zeitpunkt der Einlösung sind Voraussetzung.
7. Es ist untersagt, den Greenfee-Gutschein entgeltlich Dritten zu überlassen bzw. mit diesen Handel zu treiben. Insbesondere sind die teilnehmenden Golfclubs in diesem Falle berechtigt, die Einlösung der ausgeschriebenen Angebote zu verweigern.
8. Die teilnehmenden Golfclubs haben sich gegenüber dem Verlag unter den o.g. Bedingungen verpflichtet, die ausgeschriebenen Angebote einzulösen. Der Verlag übernimmt jedoch keine Gewähr und keine Haftung, wenn ein Angebot nicht eingelöst wird oder werden kann.

Bedingungen zur Einlösung des Discounts:
1. Das Angebot ist bis einschließlich 30.6.2023 gültig.
2. Der Golfspieler/Leser hat sich telefonisch eine Abschlagzeit geben zu lassen – dabei ist die Nutzung des Angebots anzugeben.
3. Eine Barauszahlung des Greenfee-Vorteils ist nicht möglich.
4. Das Kombinieren von Angeboten oder bestehenden Greenfee-Vorteilen ist nicht möglich. Der Vorteil bezieht sich jeweils ausschließlich auf die zum Zeitpunkt der Einlösung gültigen vollen Greenfee-Gebühren.
5. Gibt es Spielergruppen mit erhöhten Greenfee-Gebühren, ist ein Nachlass auf diese Gebühren nicht möglich.
6. Das Angebot allein berechtigt nicht zum Spiel gegen Greenfee. Die Erfüllung der Bestimmungen des jeweiligen Golfclubs zur Greenfee-Berechtigung (Mitgliedschaft in einem Golfclub, Mindesthandicap etc.) zum Zeitpunkt der Einlösung sind Voraussetzung.
7. Es ist untersagt, den Greenfee-Gutschein entgeltlich Dritten zu überlassen bzw. mit diesen Handel zu treiben. Insbesondere sind die teilnehmenden Golfclubs in diesem Falle berechtigt, die Einlösung der ausgeschriebenen Angebote zu verweigern.
8. Die teilnehmenden Golfclubs haben sich gegenüber dem Verlag unter den o.g. Bedingungen verpflichtet, die ausgeschriebenen Angebote einzulösen. Der Verlag übernimmt jedoch keine Gewähr und keine Haftung, wenn ein Angebot nicht eingelöst wird oder werden kann.

Bedingungen zur Einlösung des Discounts:
1. Das Angebot ist bis einschließlich 30.6.2023 gültig.
2. Der Golfspieler/Leser hat sich telefonisch eine Abschlagzeit geben zu lassen – dabei ist die Nutzung des Angebots anzugeben.
3. Eine Barauszahlung des Greenfee-Vorteils ist nicht möglich.
4. Das Kombinieren von Angeboten oder bestehenden Greenfee-Vorteilen ist nicht möglich. Der Vorteil bezieht sich jeweils ausschließlich auf die zum Zeitpunkt der Einlösung gültigen vollen Greenfee-Gebühren.
5. Gibt es Spielergruppen mit erhöhten Greenfee-Gebühren, ist ein Nachlass auf diese Gebühren nicht möglich.
6. Das Angebot allein berechtigt nicht zum Spiel gegen Greenfee. Die Erfüllung der Bestimmungen des jeweiligen Golfclubs zur Greenfee-Berechtigung (Mitgliedschaft in einem Golfclub, Mindesthandicap etc.) zum Zeitpunkt der Einlösung sind Voraussetzung.
7. Es ist untersagt, den Greenfee-Gutschein entgeltlich Dritten zu überlassen bzw. mit diesen Handel zu treiben. Insbesondere sind die teilnehmenden Golfclubs in diesem Falle berechtigt, die Einlösung der ausgeschriebenen Angebote zu verweigern.
8. Die teilnehmenden Golfclubs haben sich gegenüber dem Verlag unter den o.g. Bedingungen verpflichtet, die ausgeschriebenen Angebote einzulösen. Der Verlag übernimmt jedoch keine Gewähr und keine Haftung, wenn ein Angebot nicht eingelöst wird oder werden kann.

Bedingungen zur Einlösung des Discounts:
1. Das Angebot ist bis einschließlich 30.6.2023 gültig.
2. Der Golfspieler/Leser hat sich telefonisch eine Abschlagzeit geben zu lassen – dabei ist die Nutzung des Angebots anzugeben.
3. Eine Barauszahlung des Greenfee-Vorteils ist nicht möglich.
4. Das Kombinieren von Angeboten oder bestehenden Greenfee-Vorteilen ist nicht möglich. Der Vorteil bezieht sich jeweils ausschließlich auf die zum Zeitpunkt der Einlösung gültigen vollen Greenfee-Gebühren.
5. Gibt es Spielergruppen mit erhöhten Greenfee-Gebühren, ist ein Nachlass auf diese Gebühren nicht möglich.
6. Das Angebot allein berechtigt nicht zum Spiel gegen Greenfee. Die Erfüllung der Bestimmungen des jeweiligen Golfclubs zur Greenfee-Berechtigung (Mitgliedschaft in einem Golfclub, Mindesthandicap etc.) zum Zeitpunkt der Einlösung sind Voraussetzung.
7. Es ist untersagt, den Greenfee-Gutschein entgeltlich Dritten zu überlassen bzw. mit diesen Handel zu treiben. Insbesondere sind die teilnehmenden Golfclubs in diesem Falle berechtigt, die Einlösung der ausgeschriebenen Angebote zu verweigern.
8. Die teilnehmenden Golfclubs haben sich gegenüber dem Verlag unter den o.g. Bedingungen verpflichtet, die ausgeschriebenen Angebote einzulösen. Der Verlag übernimmt jedoch keine Gewähr und keine Haftung, wenn ein Angebot nicht eingelöst wird oder werden kann.

Bedingungen zur Einlösung des Discounts:
1. Das Angebot ist bis einschließlich 30.6.2023 gültig.
2. Der Golfspieler/Leser hat sich telefonisch eine Abschlagzeit geben zu lassen – dabei ist die Nutzung des Angebots anzugeben.
3. Eine Barauszahlung des Greenfee-Vorteils ist nicht möglich.
4. Das Kombinieren von Angeboten oder bestehenden Greenfee-Vorteilen ist nicht möglich. Der Vorteil bezieht sich jeweils ausschließlich auf die zum Zeitpunkt der Einlösung gültigen vollen Greenfee-Gebühren.
5. Gibt es Spielergruppen mit erhöhten Greenfee-Gebühren, ist ein Nachlass auf diese Gebühren nicht möglich.
6. Das Angebot allein berechtigt nicht zum Spiel gegen Greenfee. Die Erfüllung der Bestimmungen des jeweiligen Golfclubs zur Greenfee-Berechtigung (Mitgliedschaft in einem Golfclub, Mindesthandicap etc.) zum Zeitpunkt der Einlösung sind Voraussetzung.
7. Es ist untersagt, den Greenfee-Gutschein entgeltlich Dritten zu überlassen bzw. mit diesen Handel zu treiben. Insbesondere sind die teilnehmenden Golfclubs in diesem Falle berechtigt, die Einlösung der ausgeschriebenen Angebote zu verweigern.
8. Die teilnehmenden Golfclubs haben sich gegenüber dem Verlag unter den o.g. Bedingungen verpflichtet, die ausgeschriebenen Angebote einzulösen. Der Verlag übernimmt jedoch keine Gewähr und keine Haftung, wenn ein Angebot nicht eingelöst wird oder werden kann.

Bedingungen zur Einlösung des Discounts:
1. Das Angebot ist bis einschließlich 30.6.2023 gültig.
2. Der Golfspieler/Leser hat sich telefonisch eine Abschlagzeit geben zu lassen – dabei ist die Nutzung des Angebots anzugeben.
3. Eine Barauszahlung des Greenfee-Vorteils ist nicht möglich.
4. Das Kombinieren von Angeboten oder bestehenden Greenfee-Vorteilen ist nicht möglich. Der Vorteil bezieht sich jeweils ausschließlich auf die zum Zeitpunkt der Einlösung gültigen vollen Greenfee-Gebühren.
5. Gibt es Spielergruppen mit erhöhten Greenfee-Gebühren, ist ein Nachlass auf diese Gebühren nicht möglich.
6. Das Angebot allein berechtigt nicht zum Spiel gegen Greenfee. Die Erfüllung der Bestimmungen des jeweiligen Golfclubs zur Greenfee-Berechtigung (Mitgliedschaft in einem Golfclub, Mindesthandicap etc.) zum Zeitpunkt der Einlösung sind Voraussetzung.
7. Es ist untersagt, den Greenfee-Gutschein entgeltlich Dritten zu überlassen bzw. mit diesen Handel zu treiben. Insbesondere sind die teilnehmenden Golfclubs in diesem Falle berechtigt, die Einlösung der ausgeschriebenen Angebote zu verweigern.
8. Die teilnehmenden Golfclubs haben sich gegenüber dem Verlag unter den o.g. Bedingungen verpflichtet, die ausgeschriebenen Angebote einzulösen. Der Verlag übernimmt jedoch keine Gewähr und keine Haftung, wenn ein Angebot nicht eingelöst wird oder werden kann.

Bedingungen zur Einlösung des Discounts:
1. Das Angebot ist bis einschließlich 30.6.2023 gültig.
2. Der Golfspieler/Leser hat sich telefonisch eine Abschlagzeit geben zu lassen – dabei ist die Nutzung des Angebots anzugeben.
3. Eine Barauszahlung des Greenfee-Vorteils ist nicht möglich.
4. Das Kombinieren von Angeboten oder bestehenden Greenfee-Vorteilen ist nicht möglich. Der Vorteil bezieht sich jeweils ausschließlich auf die zum Zeitpunkt der Einlösung gültigen vollen Greenfee-Gebühren.
5. Gibt es Spielergruppen mit erhöhten Greenfee-Gebühren, ist ein Nachlass auf diese Gebühren nicht möglich.
6. Das Angebot allein berechtigt nicht zum Spiel gegen Greenfee. Die Erfüllung der Bestimmungen des jeweiligen Golfclubs zur Greenfee-Berechtigung (Mitgliedschaft in einem Golfclub, Mindesthandicap etc.) zum Zeitpunkt der Einlösung sind Voraussetzung.
7. Es ist untersagt, den Greenfee-Gutschein entgeltlich Dritten zu überlassen bzw. mit diesen Handel zu treiben. Insbesondere sind die teilnehmenden Golfclubs in diesem Falle berechtigt, die Einlösung der ausgeschriebenen Angebote zu verweigern.
8. Die teilnehmenden Golfclubs haben sich gegenüber dem Verlag unter den o.g. Bedingungen verpflichtet, die ausgeschriebenen Angebote einzulösen. Der Verlag übernimmt jedoch keine Gewähr und keine Haftung, wenn ein Angebot nicht eingelöst wird oder werden kann.

DER GOLF ALBRECHT

Kaisergolf Ellmau

Steinerner Tisch 17
A-6352 Ellmau
✆ +43 5358 2379
Tirol

4

20% Greenfee-Ermäßigung

DER GOLF ALBRECHT

Kaisergolf Ellmau

Steinerner Tisch 17
A-6352 Ellmau
✆ +43 5358 2379
Tirol

4

20% Greenfee-Ermäßigung

DER GOLF ALBRECHT

Golfclub Walchsee Moarhof

Golf-und Sporthotel Moarhof, Schwaigs 42
A-6344 Walchsee
✆ +43 5374 5378
Tirol

5

2 for 1 2 GF zum Preis von 1

DER GOLF ALBRECHT

Golfclub Walchsee Moarhof

Golf-und Sporthotel Moarhof, Schwaigs 42
A-6344 Walchsee
✆ +43 5374 5378
Tirol

5

2 for 1 2 GF zum Preis von 1

DER GOLF ALBRECHT

Golfclub Walchsee Moarhof

Golf-und Sporthotel Moarhof, Schwaigs 42
A-6344 Walchsee
✆ +43 5374 5378
Tirol

5

20% Greenfee-Ermäßigung

DER GOLF ALBRECHT

Golfclub Walchsee Moarhof

Golf-und Sporthotel Moarhof, Schwaigs 42
A-6344 Walchsee
✆ +43 5374 5378
Tirol

5

20% Greenfee-Ermäßigung

DER GOLF ALBRECHT

Golfclub Reit im Winkl e.V. Kössen

Moserbergweg 60
A-6345 Kössen
✆ +49-8640-798250/+43-5375-628535
Tirol
Hinweis: ab 13.00 Uhr

6

2 for 1 2 GF zum Preis von 1

DER GOLF ALBRECHT

Golfclub Reit im Winkl e.V. Kössen

Moserbergweg 60
A-6345 Kössen
✆ +49-8640-798250/+43-5375-628535
Tirol
Hinweis: ab 13.00 Uhr

6

2 for 1 2 GF zum Preis von 1

DER GOLF ALBRECHT

Golfclub Urslautal

Schinking 81
A-5760 Saalfelden/Maria Alm
✆ +43 6584 2000
Salzburg

7

20% Greenfee-Ermäßigung

DER GOLF ALBRECHT

Golfclub Urslautal

Schinking 81
A-5760 Saalfelden/Maria Alm
✆ +43 6584 2000
Salzburg

7

20% Greenfee-Ermäßigung

Diese Gutscheine gelten nur in Verbindung mit dem Buch/Albrecht Golf Card

Diese Gutscheine gelten nur in Verbindung mit dem Buch/Albrecht Golf Card

Bedingungen zur Einlösung des Discounts:

1. Das Angebot ist bis einschließlich 30.6.2023 gültig.
2. Der Golfspieler/Leser hat sich telefonisch eine Abschlagzeit geben zu lassen – dabei ist die Nutzung des Angebots anzugeben.
3. Eine Barauszahlung des Greenfee-Vorteils ist nicht möglich.
4. Das Kombinieren von Angeboten oder bestehenden Greenfee-Vorteilen ist nicht möglich. Der Vorteil bezieht sich jeweils ausschließlich auf die zum Zeitpunkt der Einlösung gültigen vollen Greenfee-Gebühren.
5. Gibt es Spielergruppen mit erhöhten Greenfee-Gebühren, ist ein Nachlass auf diese Gebühren nicht möglich.
6. Das Angebot allein berechtigt nicht zum Spiel gegen Greenfee. Die Erfüllung der Bestimmungen des jeweiligen Golfclubs zur Greenfee-Berechtigung (Mitgliedschaft in einem Golfclub, Mindesthandicap etc.) zum Zeitpunkt der Einlösung sind Voraussetzung.
7. Es ist untersagt, den Greenfee-Gutschein entgeltlich Dritten zu überlassen bzw. mit diesen Handel zu treiben. Insbesondere sind die teilnehmenden Golfclubs in diesem Falle berechtigt, die Einlösung der ausgeschriebenen Angebote zu verweigern.
8. Die teilnehmenden Golfclubs haben sich gegenüber dem Verlag unter den o.g. Bedingungen verpflichtet, die ausgeschriebenen Angebote einzulösen. Der Verlag übernimmt jedoch keine Gewähr und keine Haftung, wenn ein Angebot nicht eingelöst wird oder werden kann.

Bedingungen zur Einlösung des Discounts:

1. Das Angebot ist bis einschließlich 30.6.2023 gültig.
2. Der Golfspieler/Leser hat sich telefonisch eine Abschlagzeit geben zu lassen – dabei ist die Nutzung des Angebots anzugeben.
3. Eine Barauszahlung des Greenfee-Vorteils ist nicht möglich.
4. Das Kombinieren von Angeboten oder bestehenden Greenfee-Vorteilen ist nicht möglich. Der Vorteil bezieht sich jeweils ausschließlich auf die zum Zeitpunkt der Einlösung gültigen vollen Greenfee-Gebühren.
5. Gibt es Spielergruppen mit erhöhten Greenfee-Gebühren, ist ein Nachlass auf diese Gebühren nicht möglich.
6. Das Angebot allein berechtigt nicht zum Spiel gegen Greenfee. Die Erfüllung der Bestimmungen des jeweiligen Golfclubs zur Greenfee-Berechtigung (Mitgliedschaft in einem Golfclub, Mindesthandicap etc.) zum Zeitpunkt der Einlösung sind Voraussetzung.
7. Es ist untersagt, den Greenfee-Gutschein entgeltlich Dritten zu überlassen bzw. mit diesen Handel zu treiben. Insbesondere sind die teilnehmenden Golfclubs in diesem Falle berechtigt, die Einlösung der ausgeschriebenen Angebote zu verweigern.
8. Die teilnehmenden Golfclubs haben sich gegenüber dem Verlag unter den o.g. Bedingungen verpflichtet, die ausgeschriebenen Angebote einzulösen. Der Verlag übernimmt jedoch keine Gewähr und keine Haftung, wenn ein Angebot nicht eingelöst wird oder werden kann.

Bedingungen zur Einlösung des Discounts:

1. Das Angebot ist bis einschließlich 30.6.2023 gültig.
2. Der Golfspieler/Leser hat sich telefonisch eine Abschlagzeit geben zu lassen – dabei ist die Nutzung des Angebots anzugeben.
3. Eine Barauszahlung des Greenfee-Vorteils ist nicht möglich.
4. Das Kombinieren von Angeboten oder bestehenden Greenfee-Vorteilen ist nicht möglich. Der Vorteil bezieht sich jeweils ausschließlich auf die zum Zeitpunkt der Einlösung gültigen vollen Greenfee-Gebühren.
5. Gibt es Spielergruppen mit erhöhten Greenfee-Gebühren, ist ein Nachlass auf diese Gebühren nicht möglich.
6. Das Angebot allein berechtigt nicht zum Spiel gegen Greenfee. Die Erfüllung der Bestimmungen des jeweiligen Golfclubs zur Greenfee-Berechtigung (Mitgliedschaft in einem Golfclub, Mindesthandicap etc.) zum Zeitpunkt der Einlösung sind Voraussetzung.
7. Es ist untersagt, den Greenfee-Gutschein entgeltlich Dritten zu überlassen bzw. mit diesen Handel zu treiben. Insbesondere sind die teilnehmenden Golfclubs in diesem Falle berechtigt, die Einlösung der ausgeschriebenen Angebote zu verweigern.
8. Die teilnehmenden Golfclubs haben sich gegenüber dem Verlag unter den o.g. Bedingungen verpflichtet, die ausgeschriebenen Angebote einzulösen. Der Verlag übernimmt jedoch keine Gewähr und keine Haftung, wenn ein Angebot nicht eingelöst wird oder werden kann.

Bedingungen zur Einlösung des Discounts:

1. Das Angebot ist bis einschließlich 30.6.2023 gültig.
2. Der Golfspieler/Leser hat sich telefonisch eine Abschlagzeit geben zu lassen – dabei ist die Nutzung des Angebots anzugeben.
3. Eine Barauszahlung des Greenfee-Vorteils ist nicht möglich.
4. Das Kombinieren von Angeboten oder bestehenden Greenfee-Vorteilen ist nicht möglich. Der Vorteil bezieht sich jeweils ausschließlich auf die zum Zeitpunkt der Einlösung gültigen vollen Greenfee-Gebühren.
5. Gibt es Spielergruppen mit erhöhten Greenfee-Gebühren, ist ein Nachlass auf diese Gebühren nicht möglich.
6. Das Angebot allein berechtigt nicht zum Spiel gegen Greenfee. Die Erfüllung der Bestimmungen des jeweiligen Golfclubs zur Greenfee-Berechtigung (Mitgliedschaft in einem Golfclub, Mindesthandicap etc.) zum Zeitpunkt der Einlösung sind Voraussetzung.
7. Es ist untersagt, den Greenfee-Gutschein entgeltlich Dritten zu überlassen bzw. mit diesen Handel zu treiben. Insbesondere sind die teilnehmenden Golfclubs in diesem Falle berechtigt, die Einlösung der ausgeschriebenen Angebote zu verweigern.
8. Die teilnehmenden Golfclubs haben sich gegenüber dem Verlag unter den o.g. Bedingungen verpflichtet, die ausgeschriebenen Angebote einzulösen. Der Verlag übernimmt jedoch keine Gewähr und keine Haftung, wenn ein Angebot nicht eingelöst wird oder werden kann.

Bedingungen zur Einlösung des Discounts:

1. Das Angebot ist bis einschließlich 30.6.2023 gültig.
2. Der Golfspieler/Leser hat sich telefonisch eine Abschlagzeit geben zu lassen – dabei ist die Nutzung des Angebots anzugeben.
3. Eine Barauszahlung des Greenfee-Vorteils ist nicht möglich.
4. Das Kombinieren von Angeboten oder bestehenden Greenfee-Vorteilen ist nicht möglich. Der Vorteil bezieht sich jeweils ausschließlich auf die zum Zeitpunkt der Einlösung gültigen vollen Greenfee-Gebühren.
5. Gibt es Spielergruppen mit erhöhten Greenfee-Gebühren, ist ein Nachlass auf diese Gebühren nicht möglich.
6. Das Angebot allein berechtigt nicht zum Spiel gegen Greenfee. Die Erfüllung der Bestimmungen des jeweiligen Golfclubs zur Greenfee-Berechtigung (Mitgliedschaft in einem Golfclub, Mindesthandicap etc.) zum Zeitpunkt der Einlösung sind Voraussetzung.
7. Es ist untersagt, den Greenfee-Gutschein entgeltlich Dritten zu überlassen bzw. mit diesen Handel zu treiben. Insbesondere sind die teilnehmenden Golfclubs in diesem Falle berechtigt, die Einlösung der ausgeschriebenen Angebote zu verweigern.
8. Die teilnehmenden Golfclubs haben sich gegenüber dem Verlag unter den o.g. Bedingungen verpflichtet, die ausgeschriebenen Angebote einzulösen. Der Verlag übernimmt jedoch keine Gewähr und keine Haftung, wenn ein Angebot nicht eingelöst wird oder werden kann.

Bedingungen zur Einlösung des Discounts:

1. Das Angebot ist bis einschließlich 30.6.2023 gültig.
2. Der Golfspieler/Leser hat sich telefonisch eine Abschlagzeit geben zu lassen – dabei ist die Nutzung des Angebots anzugeben.
3. Eine Barauszahlung des Greenfee-Vorteils ist nicht möglich.
4. Das Kombinieren von Angeboten oder bestehenden Greenfee-Vorteilen ist nicht möglich. Der Vorteil bezieht sich jeweils ausschließlich auf die zum Zeitpunkt der Einlösung gültigen vollen Greenfee-Gebühren.
5. Gibt es Spielergruppen mit erhöhten Greenfee-Gebühren, ist ein Nachlass auf diese Gebühren nicht möglich.
6. Das Angebot allein berechtigt nicht zum Spiel gegen Greenfee. Die Erfüllung der Bestimmungen des jeweiligen Golfclubs zur Greenfee-Berechtigung (Mitgliedschaft in einem Golfclub, Mindesthandicap etc.) zum Zeitpunkt der Einlösung sind Voraussetzung.
7. Es ist untersagt, den Greenfee-Gutschein entgeltlich Dritten zu überlassen bzw. mit diesen Handel zu treiben. Insbesondere sind die teilnehmenden Golfclubs in diesem Falle berechtigt, die Einlösung der ausgeschriebenen Angebote zu verweigern.
8. Die teilnehmenden Golfclubs haben sich gegenüber dem Verlag unter den o.g. Bedingungen verpflichtet, die ausgeschriebenen Angebote einzulösen. Der Verlag übernimmt jedoch keine Gewähr und keine Haftung, wenn ein Angebot nicht eingelöst wird oder werden kann.

Bedingungen zur Einlösung des Discounts:

1. Das Angebot ist bis einschließlich 30.6.2023 gültig.
2. Der Golfspieler/Leser hat sich telefonisch eine Abschlagzeit geben zu lassen – dabei ist die Nutzung des Angebots anzugeben.
3. Eine Barauszahlung des Greenfee-Vorteils ist nicht möglich.
4. Das Kombinieren von Angeboten oder bestehenden Greenfee-Vorteilen ist nicht möglich. Der Vorteil bezieht sich jeweils ausschließlich auf die zum Zeitpunkt der Einlösung gültigen vollen Greenfee-Gebühren.
5. Gibt es Spielergruppen mit erhöhten Greenfee-Gebühren, ist ein Nachlass auf diese Gebühren nicht möglich.
6. Das Angebot allein berechtigt nicht zum Spiel gegen Greenfee. Die Erfüllung der Bestimmungen des jeweiligen Golfclubs zur Greenfee-Berechtigung (Mitgliedschaft in einem Golfclub, Mindesthandicap etc.) zum Zeitpunkt der Einlösung sind Voraussetzung.
7. Es ist untersagt, den Greenfee-Gutschein entgeltlich Dritten zu überlassen bzw. mit diesen Handel zu treiben. Insbesondere sind die teilnehmenden Golfclubs in diesem Falle berechtigt, die Einlösung der ausgeschriebenen Angebote zu verweigern.
8. Die teilnehmenden Golfclubs haben sich gegenüber dem Verlag unter den o.g. Bedingungen verpflichtet, die ausgeschriebenen Angebote einzulösen. Der Verlag übernimmt jedoch keine Gewähr und keine Haftung, wenn ein Angebot nicht eingelöst wird oder werden kann.

Bedingungen zur Einlösung des Discounts:

1. Das Angebot ist bis einschließlich 30.6.2023 gültig.
2. Der Golfspieler/Leser hat sich telefonisch eine Abschlagzeit geben zu lassen – dabei ist die Nutzung des Angebots anzugeben.
3. Eine Barauszahlung des Greenfee-Vorteils ist nicht möglich.
4. Das Kombinieren von Angeboten oder bestehenden Greenfee-Vorteilen ist nicht möglich. Der Vorteil bezieht sich jeweils ausschließlich auf die zum Zeitpunkt der Einlösung gültigen vollen Greenfee-Gebühren.
5. Gibt es Spielergruppen mit erhöhten Greenfee-Gebühren, ist ein Nachlass auf diese Gebühren nicht möglich.
6. Das Angebot allein berechtigt nicht zum Spiel gegen Greenfee. Die Erfüllung der Bestimmungen des jeweiligen Golfclubs zur Greenfee-Berechtigung (Mitgliedschaft in einem Golfclub, Mindesthandicap etc.) zum Zeitpunkt der Einlösung sind Voraussetzung.
7. Es ist untersagt, den Greenfee-Gutschein entgeltlich Dritten zu überlassen bzw. mit diesen Handel zu treiben. Insbesondere sind die teilnehmenden Golfclubs in diesem Falle berechtigt, die Einlösung der ausgeschriebenen Angebote zu verweigern.
8. Die teilnehmenden Golfclubs haben sich gegenüber dem Verlag unter den o.g. Bedingungen verpflichtet, die ausgeschriebenen Angebote einzulösen. Der Verlag übernimmt jedoch keine Gewähr und keine Haftung, wenn ein Angebot nicht eingelöst wird oder werden kann.

Bedingungen zur Einlösung des Discounts:

1. Das Angebot ist bis einschließlich 30.6.2023 gültig.
2. Der Golfspieler/Leser hat sich telefonisch eine Abschlagzeit geben zu lassen – dabei ist die Nutzung des Angebots anzugeben.
3. Eine Barauszahlung des Greenfee-Vorteils ist nicht möglich.
4. Das Kombinieren von Angeboten oder bestehenden Greenfee-Vorteilen ist nicht möglich. Der Vorteil bezieht sich jeweils ausschließlich auf die zum Zeitpunkt der Einlösung gültigen vollen Greenfee-Gebühren.
5. Gibt es Spielergruppen mit erhöhten Greenfee-Gebühren, ist ein Nachlass auf diese Gebühren nicht möglich.
6. Das Angebot allein berechtigt nicht zum Spiel gegen Greenfee. Die Erfüllung der Bestimmungen des jeweiligen Golfclubs zur Greenfee-Berechtigung (Mitgliedschaft in einem Golfclub, Mindesthandicap etc.) zum Zeitpunkt der Einlösung sind Voraussetzung.
7. Es ist untersagt, den Greenfee-Gutschein entgeltlich Dritten zu überlassen bzw. mit diesen Handel zu treiben. Insbesondere sind die teilnehmenden Golfclubs in diesem Falle berechtigt, die Einlösung der ausgeschriebenen Angebote zu verweigern.
8. Die teilnehmenden Golfclubs haben sich gegenüber dem Verlag unter den o.g. Bedingungen verpflichtet, die ausgeschriebenen Angebote einzulösen. Der Verlag übernimmt jedoch keine Gewähr und keine Haftung, wenn ein Angebot nicht eingelöst wird oder werden kann.

Bedingungen zur Einlösung des Discounts:

1. Das Angebot ist bis einschließlich 30.6.2023 gültig.
2. Der Golfspieler/Leser hat sich telefonisch eine Abschlagzeit geben zu lassen – dabei ist die Nutzung des Angebots anzugeben.
3. Eine Barauszahlung des Greenfee-Vorteils ist nicht möglich.
4. Das Kombinieren von Angeboten oder bestehenden Greenfee-Vorteilen ist nicht möglich. Der Vorteil bezieht sich jeweils ausschließlich auf die zum Zeitpunkt der Einlösung gültigen vollen Greenfee-Gebühren.
5. Gibt es Spielergruppen mit erhöhten Greenfee-Gebühren, ist ein Nachlass auf diese Gebühren nicht möglich.
6. Das Angebot allein berechtigt nicht zum Spiel gegen Greenfee. Die Erfüllung der Bestimmungen des jeweiligen Golfclubs zur Greenfee-Berechtigung (Mitgliedschaft in einem Golfclub, Mindesthandicap etc.) zum Zeitpunkt der Einlösung sind Voraussetzung.
7. Es ist untersagt, den Greenfee-Gutschein entgeltlich Dritten zu überlassen bzw. mit diesen Handel zu treiben. Insbesondere sind die teilnehmenden Golfclubs in diesem Falle berechtigt, die Einlösung der ausgeschriebenen Angebote zu verweigern.
8. Die teilnehmenden Golfclubs haben sich gegenüber dem Verlag unter den o.g. Bedingungen verpflichtet, die ausgeschriebenen Angebote einzulösen. Der Verlag übernimmt jedoch keine Gewähr und keine Haftung, wenn ein Angebot nicht eingelöst wird oder werden kann.

DER GOLF ALBRECHT

Golfclub Römergolf

Kraimoosweg 5 a
A-5301 Eugendorf
+43 6225 28300
Salzburg

8

2 for 1 2 GF zum Preis von 1

DER GOLF ALBRECHT

Golfclub Römergolf

Kraimoosweg 5 a
A-5301 Eugendorf
+43 6225 28300
Salzburg

8

2 for 1 2 GF zum Preis von 1

DER GOLF ALBRECHT

Golfclub Lungau/Katschberg

Feldnergasse 165
A-5582 St. Michael im Lungau
+43 6477 7448
Salzburg

9

2 for 1 2 GF zum Preis von 1

DER GOLF ALBRECHT

Golfclub Lungau/Katschberg

Feldnergasse 165
A-5582 St. Michael im Lungau
+43 6477 7448
Salzburg

2 for 1 2 GF zum Preis von 1

DER GOLF ALBRECHT

Golfclub Drautal/Berg

Berg 221
A-9771 Berg im Drautal
+43 4712 82255
Kärnten

Hinweis: Aktion ist nur gültig auf das Tages-Greenfee und nicht mit anderen Aktionen und Rabatten kombinierbar.

10

2 for 1 2 GF zum Preis von 1

DER GOLF ALBRECHT

Golfclub Drautal/Berg

Berg 221
A-9771 Berg im Drautal
+43 4712 82255
Kärnten

Hinweis: Aktion ist nur gültig auf das Tages-Greenfee und nicht mit anderen Aktionen und Rabatten kombinierbar.

10

2 for 1 2 GF zum Preis von 1

DER GOLF ALBRECHT

Golfclub Drautal/Berg

Berg 221
A-9771 Berg im Drautal
+43 4712 82255
Kärnten

Hinweis: Aktion ist nur gültig auf das Tages-Greenfee und nicht mit anderen Aktionen und Rabatten kombinierbar.

10

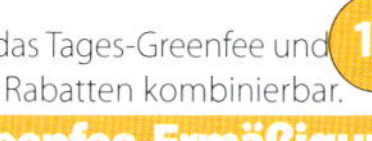

20% Greenfee-Ermäßigung

DER GOLF ALBRECHT

Golfclub Drautal/Berg

Berg 221
A-9771 Berg im Drautal
+43 4712 82255
Kärnten

Hinweis: Aktion ist nur gültig auf das Tages-Greenfee und nicht mit anderen Aktionen und Rabatten kombinierbar.

10

20% Greenfee-Ermäßigung

DER GOLF ALBRECHT

Nassfeld Golf

Waidegg 66
A-9631 Waidegg
+43 4284 20111
Kärnten

11

2 for 1 2 GF zum Preis von 1

DER GOLF ALBRECHT

Nassfeld Golf

Waidegg 66
A-9631 Waidegg
+43 4284 20111
Kärnten

11

2 for 1 2 GF zum Preis von 1

Diese Gutscheine gelten nur in Verbindung mit dem Buch/Albrecht Golf Card

Bedingungen zur Einlösung des Discounts:
1. Das Angebot ist bis einschließlich 30.6.2023 gültig.
2. Der Golfspieler/Leser hat sich telefonisch eine Abschlagzeit geben zu lassen – dabei ist die Nutzung des Angebots anzugeben.
3. Eine Barauszahlung des Greenfee-Vorteils ist nicht möglich.
4. Das Kombinieren von Angeboten oder bestehenden Greenfee-Vorteilen ist nicht möglich. Der Vorteil bezieht sich jeweils ausschließlich auf die zum Zeitpunkt der Einlösung gültigen vollen Greenfee-Gebühren.
5. Gibt es Spielergruppen mit erhöhten Greenfee-Gebühren, ist ein Nachlass auf diese Gebühren nicht möglich.
6. Das Angebot allein berechtigt nicht zum Spiel gegen Greenfee. Die Erfüllung der Bestimmungen des jeweiligen Golfclubs zur Greenfee-Berechtigung (Mitgliedschaft in einem Golfclub, Mindesthandicap etc.) zum Zeitpunkt der Einlösung sind Voraussetzung.
7. Es ist untersagt, den Greenfee-Gutschein entgeltlich Dritten zu überlassen bzw. mit diesen Handel zu treiben. Insbesondere sind die teilnehmenden Golfclubs in diesem Falle berechtigt, die Einlösung der ausgeschriebenen Angebote zu verweigern.
8. Die teilnehmenden Golfclubs haben sich gegenüber dem Verlag unter den o.g. Bedingungen verpflichtet, die ausgeschriebenen Angebote einzulösen. Der Verlag übernimmt jedoch keine Gewähr und keine Haftung, wenn ein Angebot nicht eingelöst wird oder werden kann.

Bedingungen zur Einlösung des Discounts:
1. Das Angebot ist bis einschließlich 30.6.2023 gültig.
2. Der Golfspieler/Leser hat sich telefonisch eine Abschlagzeit geben zu lassen – dabei ist die Nutzung des Angebots anzugeben.
3. Eine Barauszahlung des Greenfee-Vorteils ist nicht möglich.
4. Das Kombinieren von Angeboten oder bestehenden Greenfee-Vorteilen ist nicht möglich. Der Vorteil bezieht sich jeweils ausschließlich auf die zum Zeitpunkt der Einlösung gültigen vollen Greenfee-Gebühren.
5. Gibt es Spielergruppen mit erhöhten Greenfee-Gebühren, ist ein Nachlass auf diese Gebühren nicht möglich.
6. Das Angebot allein berechtigt nicht zum Spiel gegen Greenfee. Die Erfüllung der Bestimmungen des jeweiligen Golfclubs zur Greenfee-Berechtigung (Mitgliedschaft in einem Golfclub, Mindesthandicap etc.) zum Zeitpunkt der Einlösung sind Voraussetzung.
7. Es ist untersagt, den Greenfee-Gutschein entgeltlich Dritten zu überlassen bzw. mit diesen Handel zu treiben. Insbesondere sind die teilnehmenden Golfclubs in diesem Falle berechtigt, die Einlösung der ausgeschriebenen Angebote zu verweigern.
8. Die teilnehmenden Golfclubs haben sich gegenüber dem Verlag unter den o.g. Bedingungen verpflichtet, die ausgeschriebenen Angebote einzulösen. Der Verlag übernimmt jedoch keine Gewähr und keine Haftung, wenn ein Angebot nicht eingelöst wird oder werden kann.

Bedingungen zur Einlösung des Discounts:
1. Das Angebot ist bis einschließlich 30.6.2023 gültig.
2. Der Golfspieler/Leser hat sich telefonisch eine Abschlagzeit geben zu lassen – dabei ist die Nutzung des Angebots anzugeben.
3. Eine Barauszahlung des Greenfee-Vorteils ist nicht möglich.
4. Das Kombinieren von Angeboten oder bestehenden Greenfee-Vorteilen ist nicht möglich. Der Vorteil bezieht sich jeweils ausschließlich auf die zum Zeitpunkt der Einlösung gültigen vollen Greenfee-Gebühren.
5. Gibt es Spielergruppen mit erhöhten Greenfee-Gebühren, ist ein Nachlass auf diese Gebühren nicht möglich.
6. Das Angebot allein berechtigt nicht zum Spiel gegen Greenfee. Die Erfüllung der Bestimmungen des jeweiligen Golfclubs zur Greenfee-Berechtigung (Mitgliedschaft in einem Golfclub, Mindesthandicap etc.) zum Zeitpunkt der Einlösung sind Voraussetzung.
7. Es ist untersagt, den Greenfee-Gutschein entgeltlich Dritten zu überlassen bzw. mit diesen Handel zu treiben. Insbesondere sind die teilnehmenden Golfclubs in diesem Falle berechtigt, die Einlösung der ausgeschriebenen Angebote zu verweigern.
8. Die teilnehmenden Golfclubs haben sich gegenüber dem Verlag unter den o.g. Bedingungen verpflichtet, die ausgeschriebenen Angebote einzulösen. Der Verlag übernimmt jedoch keine Gewähr und keine Haftung, wenn ein Angebot nicht eingelöst wird oder werden kann.

Bedingungen zur Einlösung des Discounts:
1. Das Angebot ist bis einschließlich 30.6.2023 gültig.
2. Der Golfspieler/Leser hat sich telefonisch eine Abschlagzeit geben zu lassen – dabei ist die Nutzung des Angebots anzugeben.
3. Eine Barauszahlung des Greenfee-Vorteils ist nicht möglich.
4. Das Kombinieren von Angeboten oder bestehenden Greenfee-Vorteilen ist nicht möglich. Der Vorteil bezieht sich jeweils ausschließlich auf die zum Zeitpunkt der Einlösung gültigen vollen Greenfee-Gebühren.
5. Gibt es Spielergruppen mit erhöhten Greenfee-Gebühren, ist ein Nachlass auf diese Gebühren nicht möglich.
6. Das Angebot allein berechtigt nicht zum Spiel gegen Greenfee. Die Erfüllung der Bestimmungen des jeweiligen Golfclubs zur Greenfee-Berechtigung (Mitgliedschaft in einem Golfclub, Mindesthandicap etc.) zum Zeitpunkt der Einlösung sind Voraussetzung.
7. Es ist untersagt, den Greenfee-Gutschein entgeltlich Dritten zu überlassen bzw. mit diesen Handel zu treiben. Insbesondere sind die teilnehmenden Golfclubs in diesem Falle berechtigt, die Einlösung der ausgeschriebenen Angebote zu verweigern.
8. Die teilnehmenden Golfclubs haben sich gegenüber dem Verlag unter den o.g. Bedingungen verpflichtet, die ausgeschriebenen Angebote einzulösen. Der Verlag übernimmt jedoch keine Gewähr und keine Haftung, wenn ein Angebot nicht eingelöst wird oder werden kann.

Bedingungen zur Einlösung des Discounts:
1. Das Angebot ist bis einschließlich 30.6.2023 gültig.
2. Der Golfspieler/Leser hat sich telefonisch eine Abschlagzeit geben zu lassen – dabei ist die Nutzung des Angebots anzugeben.
3. Eine Barauszahlung des Greenfee-Vorteils ist nicht möglich.
4. Das Kombinieren von Angeboten oder bestehenden Greenfee-Vorteilen ist nicht möglich. Der Vorteil bezieht sich jeweils ausschließlich auf die zum Zeitpunkt der Einlösung gültigen vollen Greenfee-Gebühren.
5. Gibt es Spielergruppen mit erhöhten Greenfee-Gebühren, ist ein Nachlass auf diese Gebühren nicht möglich.
6. Das Angebot allein berechtigt nicht zum Spiel gegen Greenfee. Die Erfüllung der Bestimmungen des jeweiligen Golfclubs zur Greenfee-Berechtigung (Mitgliedschaft in einem Golfclub, Mindesthandicap etc.) zum Zeitpunkt der Einlösung sind Voraussetzung.
7. Es ist untersagt, den Greenfee-Gutschein entgeltlich Dritten zu überlassen bzw. mit diesen Handel zu treiben. Insbesondere sind die teilnehmenden Golfclubs in diesem Falle berechtigt, die Einlösung der ausgeschriebenen Angebote zu verweigern.
8. Die teilnehmenden Golfclubs haben sich gegenüber dem Verlag unter den o.g. Bedingungen verpflichtet, die ausgeschriebenen Angebote einzulösen. Der Verlag übernimmt jedoch keine Gewähr und keine Haftung, wenn ein Angebot nicht eingelöst wird oder werden kann.

Bedingungen zur Einlösung des Discounts:
1. Das Angebot ist bis einschließlich 30.6.2023 gültig.
2. Der Golfspieler/Leser hat sich telefonisch eine Abschlagzeit geben zu lassen – dabei ist die Nutzung des Angebots anzugeben.
3. Eine Barauszahlung des Greenfee-Vorteils ist nicht möglich.
4. Das Kombinieren von Angeboten oder bestehenden Greenfee-Vorteilen ist nicht möglich. Der Vorteil bezieht sich jeweils ausschließlich auf die zum Zeitpunkt der Einlösung gültigen vollen Greenfee-Gebühren.
5. Gibt es Spielergruppen mit erhöhten Greenfee-Gebühren, ist ein Nachlass auf diese Gebühren nicht möglich.
6. Das Angebot allein berechtigt nicht zum Spiel gegen Greenfee. Die Erfüllung der Bestimmungen des jeweiligen Golfclubs zur Greenfee-Berechtigung (Mitgliedschaft in einem Golfclub, Mindesthandicap etc.) zum Zeitpunkt der Einlösung sind Voraussetzung.
7. Es ist untersagt, den Greenfee-Gutschein entgeltlich Dritten zu überlassen bzw. mit diesen Handel zu treiben. Insbesondere sind die teilnehmenden Golfclubs in diesem Falle berechtigt, die Einlösung der ausgeschriebenen Angebote zu verweigern.
8. Die teilnehmenden Golfclubs haben sich gegenüber dem Verlag unter den o.g. Bedingungen verpflichtet, die ausgeschriebenen Angebote einzulösen. Der Verlag übernimmt jedoch keine Gewähr und keine Haftung, wenn ein Angebot nicht eingelöst wird oder werden kann.

Bedingungen zur Einlösung des Discounts:
1. Das Angebot ist bis einschließlich 30.6.2023 gültig.
2. Der Golfspieler/Leser hat sich telefonisch eine Abschlagzeit geben zu lassen – dabei ist die Nutzung des Angebots anzugeben.
3. Eine Barauszahlung des Greenfee-Vorteils ist nicht möglich.
4. Das Kombinieren von Angeboten oder bestehenden Greenfee-Vorteilen ist nicht möglich. Der Vorteil bezieht sich jeweils ausschließlich auf die zum Zeitpunkt der Einlösung gültigen vollen Greenfee-Gebühren.
5. Gibt es Spielergruppen mit erhöhten Greenfee-Gebühren, ist ein Nachlass auf diese Gebühren nicht möglich.
6. Das Angebot allein berechtigt nicht zum Spiel gegen Greenfee. Die Erfüllung der Bestimmungen des jeweiligen Golfclubs zur Greenfee-Berechtigung (Mitgliedschaft in einem Golfclub, Mindesthandicap etc.) zum Zeitpunkt der Einlösung sind Voraussetzung.
7. Es ist untersagt, den Greenfee-Gutschein entgeltlich Dritten zu überlassen bzw. mit diesen Handel zu treiben. Insbesondere sind die teilnehmenden Golfclubs in diesem Falle berechtigt, die Einlösung der ausgeschriebenen Angebote zu verweigern.
8. Die teilnehmenden Golfclubs haben sich gegenüber dem Verlag unter den o.g. Bedingungen verpflichtet, die ausgeschriebenen Angebote einzulösen. Der Verlag übernimmt jedoch keine Gewähr und keine Haftung, wenn ein Angebot nicht eingelöst wird oder werden kann.

Bedingungen zur Einlösung des Discounts:
1. Das Angebot ist bis einschließlich 30.6.2023 gültig.
2. Der Golfspieler/Leser hat sich telefonisch eine Abschlagzeit geben zu lassen – dabei ist die Nutzung des Angebots anzugeben.
3. Eine Barauszahlung des Greenfee-Vorteils ist nicht möglich.
4. Das Kombinieren von Angeboten oder bestehenden Greenfee-Vorteilen ist nicht möglich. Der Vorteil bezieht sich jeweils ausschließlich auf die zum Zeitpunkt der Einlösung gültigen vollen Greenfee-Gebühren.
5. Gibt es Spielergruppen mit erhöhten Greenfee-Gebühren, ist ein Nachlass auf diese Gebühren nicht möglich.
6. Das Angebot allein berechtigt nicht zum Spiel gegen Greenfee. Die Erfüllung der Bestimmungen des jeweiligen Golfclubs zur Greenfee-Berechtigung (Mitgliedschaft in einem Golfclub, Mindesthandicap etc.) zum Zeitpunkt der Einlösung sind Voraussetzung.
7. Es ist untersagt, den Greenfee-Gutschein entgeltlich Dritten zu überlassen bzw. mit diesen Handel zu treiben. Insbesondere sind die teilnehmenden Golfclubs in diesem Falle berechtigt, die Einlösung der ausgeschriebenen Angebote zu verweigern.
8. Die teilnehmenden Golfclubs haben sich gegenüber dem Verlag unter den o.g. Bedingungen verpflichtet, die ausgeschriebenen Angebote einzulösen. Der Verlag übernimmt jedoch keine Gewähr und keine Haftung, wenn ein Angebot nicht eingelöst wird oder werden kann.

Bedingungen zur Einlösung des Discounts:
1. Das Angebot ist bis einschließlich 30.6.2023 gültig.
2. Der Golfspieler/Leser hat sich telefonisch eine Abschlagzeit geben zu lassen – dabei ist die Nutzung des Angebots anzugeben.
3. Eine Barauszahlung des Greenfee-Vorteils ist nicht möglich.
4. Das Kombinieren von Angeboten oder bestehenden Greenfee-Vorteilen ist nicht möglich. Der Vorteil bezieht sich jeweils ausschließlich auf die zum Zeitpunkt der Einlösung gültigen vollen Greenfee-Gebühren.
5. Gibt es Spielergruppen mit erhöhten Greenfee-Gebühren, ist ein Nachlass auf diese Gebühren nicht möglich.
6. Das Angebot allein berechtigt nicht zum Spiel gegen Greenfee. Die Erfüllung der Bestimmungen des jeweiligen Golfclubs zur Greenfee-Berechtigung (Mitgliedschaft in einem Golfclub, Mindesthandicap etc.) zum Zeitpunkt der Einlösung sind Voraussetzung.
7. Es ist untersagt, den Greenfee-Gutschein entgeltlich Dritten zu überlassen bzw. mit diesen Handel zu treiben. Insbesondere sind die teilnehmenden Golfclubs in diesem Falle berechtigt, die Einlösung der ausgeschriebenen Angebote zu verweigern.
8. Die teilnehmenden Golfclubs haben sich gegenüber dem Verlag unter den o.g. Bedingungen verpflichtet, die ausgeschriebenen Angebote einzulösen. Der Verlag übernimmt jedoch keine Gewähr und keine Haftung, wenn ein Angebot nicht eingelöst wird oder werden kann.

Bedingungen zur Einlösung des Discounts:
1. Das Angebot ist bis einschließlich 30.6.2023 gültig.
2. Der Golfspieler/Leser hat sich telefonisch eine Abschlagzeit geben zu lassen – dabei ist die Nutzung des Angebots anzugeben.
3. Eine Barauszahlung des Greenfee-Vorteils ist nicht möglich.
4. Das Kombinieren von Angeboten oder bestehenden Greenfee-Vorteilen ist nicht möglich. Der Vorteil bezieht sich jeweils ausschließlich auf die zum Zeitpunkt der Einlösung gültigen vollen Greenfee-Gebühren.
5. Gibt es Spielergruppen mit erhöhten Greenfee-Gebühren, ist ein Nachlass auf diese Gebühren nicht möglich.
6. Das Angebot allein berechtigt nicht zum Spiel gegen Greenfee. Die Erfüllung der Bestimmungen des jeweiligen Golfclubs zur Greenfee-Berechtigung (Mitgliedschaft in einem Golfclub, Mindesthandicap etc.) zum Zeitpunkt der Einlösung sind Voraussetzung.
7. Es ist untersagt, den Greenfee-Gutschein entgeltlich Dritten zu überlassen bzw. mit diesen Handel zu treiben. Insbesondere sind die teilnehmenden Golfclubs in diesem Falle berechtigt, die Einlösung der ausgeschriebenen Angebote zu verweigern.
8. Die teilnehmenden Golfclubs haben sich gegenüber dem Verlag unter den o.g. Bedingungen verpflichtet, die ausgeschriebenen Angebote einzulösen. Der Verlag übernimmt jedoch keine Gewähr und keine Haftung, wenn ein Angebot nicht eingelöst wird oder werden kann.

Bedingungen zur Einlösung des Discounts:
1. Das Angebot ist bis einschließlich 30.6.2023 gültig.
2. Der Golfspieler/Leser hat sich telefonisch eine Abschlagzeit geben zu lassen – dabei ist die Nutzung des Angebots anzugeben.
3. Eine Barauszahlung des Greenfee-Vorteils ist nicht möglich.
4. Das Kombinieren von Angeboten oder bestehenden Greenfee-Vorteilen ist nicht möglich. Der Vorteil bezieht sich jeweils ausschließlich auf die zum Zeitpunkt der Einlösung gültigen vollen Greenfee-Gebühren.
5. Gibt es Spielergruppen mit erhöhten Greenfee-Gebühren, ist ein Nachlass auf diese Gebühren nicht möglich.
6. Das Angebot allein berechtigt nicht zum Spiel gegen Greenfee. Die Erfüllung der Bestimmungen des jeweiligen Golfclubs zur Greenfee-Berechtigung (Mitgliedschaft in einem Golfclub, Mindesthandicap etc.) zum Zeitpunkt der Einlösung sind Voraussetzung.
7. Es ist untersagt, den Greenfee-Gutschein entgeltlich Dritten zu überlassen bzw. mit diesen Handel zu treiben. Insbesondere sind die teilnehmenden Golfclubs in diesem Falle berechtigt, die Einlösung der ausgeschriebenen Angebote zu verweigern.
8. Die teilnehmenden Golfclubs haben sich gegenüber dem Verlag unter den o.g. Bedingungen verpflichtet, die ausgeschriebenen Angebote einzulösen. Der Verlag übernimmt jedoch keine Gewähr und keine Haftung, wenn ein Angebot nicht eingelöst wird oder werden kann.

Diese Gutscheine gelten nur in Verbindung mit dem Buch/Albrecht Golf Card

DER GOLF ALBRECHT

Nassfeld Golf — AT

Waidegg 66
A-9631 Waidegg
+43 4284 20111
Kärnten

11

2 for 1 — 2 GF zum Preis von 1

DER GOLF ALBRECHT

Nassfeld Golf 

Waidegg 66
A-9631 Waidegg
+43 4284 20111
Kärnten

11

20% — Greenfee-Ermäßigung

DER GOLF ALBRECHT

Nassfeld Golf — AT

Waidegg 66
A-9631 Waidegg
+43 4284 20111
Kärnten

11

20% — Greenfee-Ermäßigung

DER GOLF ALBRECHT

Golf Velden Wörthersee 

Golfweg 41
A-9231 Köstenberg-Velden
+43 4274 7045
Kärnten

12

20% — Greenfee-Ermäßigung

DER GOLF ALBRECHT

AtterseeGolf Club Weyregg 

Wachtbergstr. 30
A-4852 Weyregg am Attersee
+43 7664 20712
Oberösterreich

13

2 for 1 — 2 GF zum Preis von 1

DER GOLF ALBRECHT

AtterseeGolf Club Weyregg 

Wachtbergstr. 30
A-4852 Weyregg am Attersee
+43 7664 20712
Oberösterreich

13

2 for 1 — 2 GF zum Preis von 1

DER GOLF ALBRECHT

AtterseeGolf Club Weyregg 

Wachtbergstr. 30
A-4852 Weyregg am Attersee
+43 7664 20712
Oberösterreich

13

20% — Greenfee-Ermäßigung

DER GOLF ALBRECHT

AtterseeGolf Club Weyregg 

Wachtbergstr. 30
A-4852 Weyregg am Attersee
+43 7664 20712
Oberösterreich

13

20% — Greenfee-Ermäßigung

DER GOLF ALBRECHT

GOLF REGAU • Attersee – Traunsee 

Eck 3
A-4845 Regau
+43 7672 222020
Oberösterreich

14

2 for 1 — 2 GF zum Preis von 1

DER GOLF ALBRECHT

GOLF REGAU • Attersee – Traunsee 

Eck 3
A-4845 Regau
+43 7672 222020
Oberösterreich

14

2 for 1 — 2 GF zum Preis von 1

Diese Gutscheine gelten nur in Verbindung mit dem Buch/Albrecht Golf Card

Diese Gutscheine gelten nur in Verbindung mit dem Buch/Albrecht Golf Card

Bedingungen zur Einlösung des Discounts:

1. Das Angebot ist bis einschließlich 30.6.2023 gültig.
2. Der Golfspieler/Leser hat sich telefonisch eine Abschlagzeit geben zu lassen – dabei ist die Nutzung des Angebots anzugeben.
3. Eine Barauszahlung des Greenfee-Vorteils ist nicht möglich.
4. Das Kombinieren von Angeboten oder bestehenden Greenfee-Vorteilen ist nicht möglich. Der Vorteil bezieht sich jeweils ausschließlich auf die zum Zeitpunkt der Einlösung gültigen vollen Greenfee-Gebühren.
5. Gibt es Spielergruppen mit erhöhten Greenfee-Gebühren, ist ein Nachlass auf diese Gebühren nicht möglich.
6. Das Angebot allein berechtigt nicht zum Spiel gegen Greenfee. Die Erfüllung der Bestimmungen des jeweiligen Golfclubs zur Greenfee-Berechtigung (Mitgliedschaft in einem Golfclub, Mindesthandicap etc.) zum Zeitpunkt der Einlösung sind Voraussetzung.
7. Es ist untersagt, den Greenfee-Gutschein entgeltlich Dritten zu überlassen bzw. mit diesen Handel zu treiben. Insbesondere sind die teilnehmenden Golfclubs in diesem Falle berechtigt, die Einlösung der ausgeschriebenen Angebote zu verweigern.
8. Die teilnehmenden Golfclubs haben sich gegenüber dem Verlag unter den o.g. Bedingungen verpflichtet, die ausgeschriebenen Angebote einzulösen. Der Verlag übernimmt jedoch keine Gewähr und keine Haftung, wenn ein Angebot nicht eingelöst wird oder werden kann.

Bedingungen zur Einlösung des Discounts:

1. Das Angebot ist bis einschließlich 30.6.2023 gültig.
2. Der Golfspieler/Leser hat sich telefonisch eine Abschlagzeit geben zu lassen – dabei ist die Nutzung des Angebots anzugeben.
3. Eine Barauszahlung des Greenfee-Vorteils ist nicht möglich.
4. Das Kombinieren von Angeboten oder bestehenden Greenfee-Vorteilen ist nicht möglich. Der Vorteil bezieht sich jeweils ausschließlich auf die zum Zeitpunkt der Einlösung gültigen vollen Greenfee-Gebühren.
5. Gibt es Spielergruppen mit erhöhten Greenfee-Gebühren, ist ein Nachlass auf diese Gebühren nicht möglich.
6. Das Angebot allein berechtigt nicht zum Spiel gegen Greenfee. Die Erfüllung der Bestimmungen des jeweiligen Golfclubs zur Greenfee-Berechtigung (Mitgliedschaft in einem Golfclub, Mindesthandicap etc.) zum Zeitpunkt der Einlösung sind Voraussetzung.
7. Es ist untersagt, den Greenfee-Gutschein entgeltlich Dritten zu überlassen bzw. mit diesen Handel zu treiben. Insbesondere sind die teilnehmenden Golfclubs in diesem Falle berechtigt, die Einlösung der ausgeschriebenen Angebote zu verweigern.
8. Die teilnehmenden Golfclubs haben sich gegenüber dem Verlag unter den o.g. Bedingungen verpflichtet, die ausgeschriebenen Angebote einzulösen. Der Verlag übernimmt jedoch keine Gewähr und keine Haftung, wenn ein Angebot nicht eingelöst wird oder werden kann.

Bedingungen zur Einlösung des Discounts:

1. Das Angebot ist bis einschließlich 30.6.2023 gültig.
2. Der Golfspieler/Leser hat sich telefonisch eine Abschlagzeit geben zu lassen – dabei ist die Nutzung des Angebots anzugeben.
3. Eine Barauszahlung des Greenfee-Vorteils ist nicht möglich.
4. Das Kombinieren von Angeboten oder bestehenden Greenfee-Vorteilen ist nicht möglich. Der Vorteil bezieht sich jeweils ausschließlich auf die zum Zeitpunkt der Einlösung gültigen vollen Greenfee-Gebühren.
5. Gibt es Spielergruppen mit erhöhten Greenfee-Gebühren, ist ein Nachlass auf diese Gebühren nicht möglich.
6. Das Angebot allein berechtigt nicht zum Spiel gegen Greenfee. Die Erfüllung der Bestimmungen des jeweiligen Golfclubs zur Greenfee-Berechtigung (Mitgliedschaft in einem Golfclub, Mindesthandicap etc.) zum Zeitpunkt der Einlösung sind Voraussetzung.
7. Es ist untersagt, den Greenfee-Gutschein entgeltlich Dritten zu überlassen bzw. mit diesen Handel zu treiben. Insbesondere sind die teilnehmenden Golfclubs in diesem Falle berechtigt, die Einlösung der ausgeschriebenen Angebote zu verweigern.
8. Die teilnehmenden Golfclubs haben sich gegenüber dem Verlag unter den o.g. Bedingungen verpflichtet, die ausgeschriebenen Angebote einzulösen. Der Verlag übernimmt jedoch keine Gewähr und keine Haftung, wenn ein Angebot nicht eingelöst wird oder werden kann.

Bedingungen zur Einlösung des Discounts:

1. Das Angebot ist bis einschließlich 30.6.2023 gültig.
2. Der Golfspieler/Leser hat sich telefonisch eine Abschlagzeit geben zu lassen – dabei ist die Nutzung des Angebots anzugeben.
3. Eine Barauszahlung des Greenfee-Vorteils ist nicht möglich.
4. Das Kombinieren von Angeboten oder bestehenden Greenfee-Vorteilen ist nicht möglich. Der Vorteil bezieht sich jeweils ausschließlich auf die zum Zeitpunkt der Einlösung gültigen vollen Greenfee-Gebühren.
5. Gibt es Spielergruppen mit erhöhten Greenfee-Gebühren, ist ein Nachlass auf diese Gebühren nicht möglich.
6. Das Angebot allein berechtigt nicht zum Spiel gegen Greenfee. Die Erfüllung der Bestimmungen des jeweiligen Golfclubs zur Greenfee-Berechtigung (Mitgliedschaft in einem Golfclub, Mindesthandicap etc.) zum Zeitpunkt der Einlösung sind Voraussetzung.
7. Es ist untersagt, den Greenfee-Gutschein entgeltlich Dritten zu überlassen bzw. mit diesen Handel zu treiben. Insbesondere sind die teilnehmenden Golfclubs in diesem Falle berechtigt, die Einlösung der ausgeschriebenen Angebote zu verweigern.
8. Die teilnehmenden Golfclubs haben sich gegenüber dem Verlag unter den o.g. Bedingungen verpflichtet, die ausgeschriebenen Angebote einzulösen. Der Verlag übernimmt jedoch keine Gewähr und keine Haftung, wenn ein Angebot nicht eingelöst wird oder werden kann.

Bedingungen zur Einlösung des Discounts:

1. Das Angebot ist bis einschließlich 30.6.2023 gültig.
2. Der Golfspieler/Leser hat sich telefonisch eine Abschlagzeit geben zu lassen – dabei ist die Nutzung des Angebots anzugeben.
3. Eine Barauszahlung des Greenfee-Vorteils ist nicht möglich.
4. Das Kombinieren von Angeboten oder bestehenden Greenfee-Vorteilen ist nicht möglich. Der Vorteil bezieht sich jeweils ausschließlich auf die zum Zeitpunkt der Einlösung gültigen vollen Greenfee-Gebühren.
5. Gibt es Spielergruppen mit erhöhten Greenfee-Gebühren, ist ein Nachlass auf diese Gebühren nicht möglich.
6. Das Angebot allein berechtigt nicht zum Spiel gegen Greenfee. Die Erfüllung der Bestimmungen des jeweiligen Golfclubs zur Greenfee-Berechtigung (Mitgliedschaft in einem Golfclub, Mindesthandicap etc.) zum Zeitpunkt der Einlösung sind Voraussetzung.
7. Es ist untersagt, den Greenfee-Gutschein entgeltlich Dritten zu überlassen bzw. mit diesen Handel zu treiben. Insbesondere sind die teilnehmenden Golfclubs in diesem Falle berechtigt, die Einlösung der ausgeschriebenen Angebote zu verweigern.
8. Die teilnehmenden Golfclubs haben sich gegenüber dem Verlag unter den o.g. Bedingungen verpflichtet, die ausgeschriebenen Angebote einzulösen. Der Verlag übernimmt jedoch keine Gewähr und keine Haftung, wenn ein Angebot nicht eingelöst wird oder werden kann.

Bedingungen zur Einlösung des Discounts:

1. Das Angebot ist bis einschließlich 30.6.2023 gültig.
2. Der Golfspieler/Leser hat sich telefonisch eine Abschlagzeit geben zu lassen – dabei ist die Nutzung des Angebots anzugeben.
3. Eine Barauszahlung des Greenfee-Vorteils ist nicht möglich.
4. Das Kombinieren von Angeboten oder bestehenden Greenfee-Vorteilen ist nicht möglich. Der Vorteil bezieht sich jeweils ausschließlich auf die zum Zeitpunkt der Einlösung gültigen vollen Greenfee-Gebühren.
5. Gibt es Spielergruppen mit erhöhten Greenfee-Gebühren, ist ein Nachlass auf diese Gebühren nicht möglich.
6. Das Angebot allein berechtigt nicht zum Spiel gegen Greenfee. Die Erfüllung der Bestimmungen des jeweiligen Golfclubs zur Greenfee-Berechtigung (Mitgliedschaft in einem Golfclub, Mindesthandicap etc.) zum Zeitpunkt der Einlösung sind Voraussetzung.
7. Es ist untersagt, den Greenfee-Gutschein entgeltlich Dritten zu überlassen bzw. mit diesen Handel zu treiben. Insbesondere sind die teilnehmenden Golfclubs in diesem Falle berechtigt, die Einlösung der ausgeschriebenen Angebote zu verweigern.
8. Die teilnehmenden Golfclubs haben sich gegenüber dem Verlag unter den o.g. Bedingungen verpflichtet, die ausgeschriebenen Angebote einzulösen. Der Verlag übernimmt jedoch keine Gewähr und keine Haftung, wenn ein Angebot nicht eingelöst wird oder werden kann.

Bedingungen zur Einlösung des Discounts:

1. Das Angebot ist bis einschließlich 30.6.2023 gültig.
2. Der Golfspieler/Leser hat sich telefonisch eine Abschlagzeit geben zu lassen – dabei ist die Nutzung des Angebots anzugeben.
3. Eine Barauszahlung des Greenfee-Vorteils ist nicht möglich.
4. Das Kombinieren von Angeboten oder bestehenden Greenfee-Vorteilen ist nicht möglich. Der Vorteil bezieht sich jeweils ausschließlich auf die zum Zeitpunkt der Einlösung gültigen vollen Greenfee-Gebühren.
5. Gibt es Spielergruppen mit erhöhten Greenfee-Gebühren, ist ein Nachlass auf diese Gebühren nicht möglich.
6. Das Angebot allein berechtigt nicht zum Spiel gegen Greenfee. Die Erfüllung der Bestimmungen des jeweiligen Golfclubs zur Greenfee-Berechtigung (Mitgliedschaft in einem Golfclub, Mindesthandicap etc.) zum Zeitpunkt der Einlösung sind Voraussetzung.
7. Es ist untersagt, den Greenfee-Gutschein entgeltlich Dritten zu überlassen bzw. mit diesen Handel zu treiben. Insbesondere sind die teilnehmenden Golfclubs in diesem Falle berechtigt, die Einlösung der ausgeschriebenen Angebote zu verweigern.
8. Die teilnehmenden Golfclubs haben sich gegenüber dem Verlag unter den o.g. Bedingungen verpflichtet, die ausgeschriebenen Angebote einzulösen. Der Verlag übernimmt jedoch keine Gewähr und keine Haftung, wenn ein Angebot nicht eingelöst wird oder werden kann.

Bedingungen zur Einlösung des Discounts:

1. Das Angebot ist bis einschließlich 30.6.2023 gültig.
2. Der Golfspieler/Leser hat sich telefonisch eine Abschlagzeit geben zu lassen – dabei ist die Nutzung des Angebots anzugeben.
3. Eine Barauszahlung des Greenfee-Vorteils ist nicht möglich.
4. Das Kombinieren von Angeboten oder bestehenden Greenfee-Vorteilen ist nicht möglich. Der Vorteil bezieht sich jeweils ausschließlich auf die zum Zeitpunkt der Einlösung gültigen vollen Greenfee-Gebühren.
5. Gibt es Spielergruppen mit erhöhten Greenfee-Gebühren, ist ein Nachlass auf diese Gebühren nicht möglich.
6. Das Angebot allein berechtigt nicht zum Spiel gegen Greenfee. Die Erfüllung der Bestimmungen des jeweiligen Golfclubs zur Greenfee-Berechtigung (Mitgliedschaft in einem Golfclub, Mindesthandicap etc.) zum Zeitpunkt der Einlösung sind Voraussetzung.
7. Es ist untersagt, den Greenfee-Gutschein entgeltlich Dritten zu überlassen bzw. mit diesen Handel zu treiben. Insbesondere sind die teilnehmenden Golfclubs in diesem Falle berechtigt, die Einlösung der ausgeschriebenen Angebote zu verweigern.
8. Die teilnehmenden Golfclubs haben sich gegenüber dem Verlag unter den o.g. Bedingungen verpflichtet, die ausgeschriebenen Angebote einzulösen. Der Verlag übernimmt jedoch keine Gewähr und keine Haftung, wenn ein Angebot nicht eingelöst wird oder werden kann.

Bedingungen zur Einlösung des Discounts:

1. Das Angebot ist bis einschließlich 30.6.2023 gültig.
2. Der Golfspieler/Leser hat sich telefonisch eine Abschlagzeit geben zu lassen – dabei ist die Nutzung des Angebots anzugeben.
3. Eine Barauszahlung des Greenfee-Vorteils ist nicht möglich.
4. Das Kombinieren von Angeboten oder bestehenden Greenfee-Vorteilen ist nicht möglich. Der Vorteil bezieht sich jeweils ausschließlich auf die zum Zeitpunkt der Einlösung gültigen vollen Greenfee-Gebühren.
5. Gibt es Spielergruppen mit erhöhten Greenfee-Gebühren, ist ein Nachlass auf diese Gebühren nicht möglich.
6. Das Angebot allein berechtigt nicht zum Spiel gegen Greenfee. Die Erfüllung der Bestimmungen des jeweiligen Golfclubs zur Greenfee-Berechtigung (Mitgliedschaft in einem Golfclub, Mindesthandicap etc.) zum Zeitpunkt der Einlösung sind Voraussetzung.
7. Es ist untersagt, den Greenfee-Gutschein entgeltlich Dritten zu überlassen bzw. mit diesen Handel zu treiben. Insbesondere sind die teilnehmenden Golfclubs in diesem Falle berechtigt, die Einlösung der ausgeschriebenen Angebote zu verweigern.
8. Die teilnehmenden Golfclubs haben sich gegenüber dem Verlag unter den o.g. Bedingungen verpflichtet, die ausgeschriebenen Angebote einzulösen. Der Verlag übernimmt jedoch keine Gewähr und keine Haftung, wenn ein Angebot nicht eingelöst wird oder werden kann.

Bedingungen zur Einlösung des Discounts:

1. Das Angebot ist bis einschließlich 30.6.2023 gültig.
2. Der Golfspieler/Leser hat sich telefonisch eine Abschlagzeit geben zu lassen – dabei ist die Nutzung des Angebots anzugeben.
3. Eine Barauszahlung des Greenfee-Vorteils ist nicht möglich.
4. Das Kombinieren von Angeboten oder bestehenden Greenfee-Vorteilen ist nicht möglich. Der Vorteil bezieht sich jeweils ausschließlich auf die zum Zeitpunkt der Einlösung gültigen vollen Greenfee-Gebühren.
5. Gibt es Spielergruppen mit erhöhten Greenfee-Gebühren, ist ein Nachlass auf diese Gebühren nicht möglich.
6. Das Angebot allein berechtigt nicht zum Spiel gegen Greenfee. Die Erfüllung der Bestimmungen des jeweiligen Golfclubs zur Greenfee-Berechtigung (Mitgliedschaft in einem Golfclub, Mindesthandicap etc.) zum Zeitpunkt der Einlösung sind Voraussetzung.
7. Es ist untersagt, den Greenfee-Gutschein entgeltlich Dritten zu überlassen bzw. mit diesen Handel zu treiben. Insbesondere sind die teilnehmenden Golfclubs in diesem Falle berechtigt, die Einlösung der ausgeschriebenen Angebote zu verweigern.
8. Die teilnehmenden Golfclubs haben sich gegenüber dem Verlag unter den o.g. Bedingungen verpflichtet, die ausgeschriebenen Angebote einzulösen. Der Verlag übernimmt jedoch keine Gewähr und keine Haftung, wenn ein Angebot nicht eingelöst wird oder werden kann.

DER GOLF ALBRECHT

Golfclub Pfarrkirchen im Mühlviertel

AT

Pfarrkirchen 12
A-4141 Pfarrkirchen
✆ +43 7285 6420
Oberösterreich

15

2 for 1 2 GF zum Preis von 1

DER GOLF ALBRECHT

Golfclub Pfarrkirchen im Mühlviertel

Pfarrkirchen 12
A-4141 Pfarrkirchen
✆ +43 7285 6420
Oberösterreich

15

2 for 1 2 GF zum Preis von 1

DER GOLF ALBRECHT

Golfclub Pfarrkirchen im Mühlviertel

Pfarrkirchen 12
A-4141 Pfarrkirchen
✆ +43 7285 6420
Oberösterreich

15

20% Greenfee-Ermäßigung

DER GOLF ALBRECHT

Golfclub Pfarrkirchen im Mühlviertel

Pfarrkirchen 12
A-4141 Pfarrkirchen
✆ +43 7285 6420
Oberösterreich

15

20% Greenfee-Ermäßigung

DER GOLF ALBRECHT

Golfclub Traunsee-Kirchham

Kampesberg 21
A-4656 Kirchham
✆ +43 7619 2576
Oberösterreich

16

2 for 1 2 GF zum Preis von 1

DER GOLF ALBRECHT

Golfclub Traunsee-Kirchham

Kampesberg 21
A-4656 Kirchham
✆ +43 7619 2576
Oberösterreich

16

2 for 1 2 GF zum Preis von 1

DER GOLF ALBRECHT

Golfclub Schloß Frauenthal

Ulrichsberg 7
A-8530 Deutschlandsberg
✆ +43 3462 5717
Steiermark

17

2 for 1 2 GF zum Preis von 1

DER GOLF ALBRECHT

Golfclub Schloß Frauenthal

Ulrichsberg 7
A-8530 Deutschlandsberg
✆ +43 3462 5717
Steiermark

17

2 for 1 2 GF zum Preis von 1

DER GOLF ALBRECHT

Golfclub Schloß Frauenthal

Ulrichsberg 7
A-8530 Deutschlandsberg
✆ +43 3462 5717
Steiermark

17

30% Greenfee-Ermäßigung

DER GOLF ALBRECHT

Golfclub Schloß Frauenthal

Ulrichsberg 7
A-8530 Deutschlandsberg
✆ +43 3462 5717
Steiermark

17

30% Greenfee-Ermäßigung

Diese Gutscheine gelten nur in Verbindung mit dem Buch/Albrecht Golf Card

Diese Gutscheine gelten nur in Verbindung mit dem Buch/Albrecht Golf Card

Bedingungen zur Einlösung des Discounts:

1. Das Angebot ist bis einschließlich 30.6.2023 gültig.
2. Der Golfspieler/Leser hat sich telefonisch eine Abschlagzeit geben zu lassen – dabei ist die Nutzung des Angebots anzugeben.
3. Eine Barauszahlung des Greenfee-Vorteils ist nicht möglich.
4. Das Kombinieren von Angeboten oder bestehenden Greenfee-Vorteilen ist nicht möglich. Der Vorteil bezieht sich jeweils ausschließlich auf die zum Zeitpunkt der Einlösung gültigen vollen Greenfee-Gebühren.
5. Gibt es Spielergruppen mit erhöhten Greenfee-Gebühren, ist ein Nachlass auf diese Gebühren nicht möglich.
6. Das Angebot allein berechtigt nicht zum Spiel gegen Greenfee. Die Erfüllung der Bestimmungen des jeweiligen Golfclubs zur Greenfee-Berechtigung (Mitgliedschaft in einem Golfclub, Mindesthandicap etc.) zum Zeitpunkt der Einlösung sind Voraussetzung.
7. Es ist untersagt, den Greenfee-Gutschein entgeltlich Dritten zu überlassen bzw. mit diesen Handel zu treiben. Insbesondere sind die teilnehmenden Golfclubs in diesem Falle berechtigt, die Einlösung der ausgeschriebenen Angebote zu verweigern.
8. Die teilnehmenden Golfclubs haben sich gegenüber dem Verlag unter den o.g. Bedingungen verpflichtet, die ausgeschriebenen Angebote einzulösen. Der Verlag übernimmt jedoch keine Gewähr und keine Haftung, wenn ein Angebot nicht eingelöst wird oder werden kann.

Bedingungen zur Einlösung des Discounts:

1. Das Angebot ist bis einschließlich 30.6.2023 gültig.
2. Der Golfspieler/Leser hat sich telefonisch eine Abschlagzeit geben zu lassen – dabei ist die Nutzung des Angebots anzugeben.
3. Eine Barauszahlung des Greenfee-Vorteils ist nicht möglich.
4. Das Kombinieren von Angeboten oder bestehenden Greenfee-Vorteilen ist nicht möglich. Der Vorteil bezieht sich jeweils ausschließlich auf die zum Zeitpunkt der Einlösung gültigen vollen Greenfee-Gebühren.
5. Gibt es Spielergruppen mit erhöhten Greenfee-Gebühren, ist ein Nachlass auf diese Gebühren nicht möglich.
6. Das Angebot allein berechtigt nicht zum Spiel gegen Greenfee. Die Erfüllung der Bestimmungen des jeweiligen Golfclubs zur Greenfee-Berechtigung (Mitgliedschaft in einem Golfclub, Mindesthandicap etc.) zum Zeitpunkt der Einlösung sind Voraussetzung.
7. Es ist untersagt, den Greenfee-Gutschein entgeltlich Dritten zu überlassen bzw. mit diesen Handel zu treiben. Insbesondere sind die teilnehmenden Golfclubs in diesem Falle berechtigt, die Einlösung der ausgeschriebenen Angebote zu verweigern.
8. Die teilnehmenden Golfclubs haben sich gegenüber dem Verlag unter den o.g. Bedingungen verpflichtet, die ausgeschriebenen Angebote einzulösen. Der Verlag übernimmt jedoch keine Gewähr und keine Haftung, wenn ein Angebot nicht eingelöst wird oder werden kann.

Bedingungen zur Einlösung des Discounts:

1. Das Angebot ist bis einschließlich 30.6.2023 gültig.
2. Der Golfspieler/Leser hat sich telefonisch eine Abschlagzeit geben zu lassen – dabei ist die Nutzung des Angebots anzugeben.
3. Eine Barauszahlung des Greenfee-Vorteils ist nicht möglich.
4. Das Kombinieren von Angeboten oder bestehenden Greenfee-Vorteilen ist nicht möglich. Der Vorteil bezieht sich jeweils ausschließlich auf die zum Zeitpunkt der Einlösung gültigen vollen Greenfee-Gebühren.
5. Gibt es Spielergruppen mit erhöhten Greenfee-Gebühren, ist ein Nachlass auf diese Gebühren nicht möglich.
6. Das Angebot allein berechtigt nicht zum Spiel gegen Greenfee. Die Erfüllung der Bestimmungen des jeweiligen Golfclubs zur Greenfee-Berechtigung (Mitgliedschaft in einem Golfclub, Mindesthandicap etc.) zum Zeitpunkt der Einlösung sind Voraussetzung.
7. Es ist untersagt, den Greenfee-Gutschein entgeltlich Dritten zu überlassen bzw. mit diesen Handel zu treiben. Insbesondere sind die teilnehmenden Golfclubs in diesem Falle berechtigt, die Einlösung der ausgeschriebenen Angebote zu verweigern.
8. Die teilnehmenden Golfclubs haben sich gegenüber dem Verlag unter den o.g. Bedingungen verpflichtet, die ausgeschriebenen Angebote einzulösen. Der Verlag übernimmt jedoch keine Gewähr und keine Haftung, wenn ein Angebot nicht eingelöst wird oder werden kann.

Bedingungen zur Einlösung des Discounts:

1. Das Angebot ist bis einschließlich 30.6.2023 gültig.
2. Der Golfspieler/Leser hat sich telefonisch eine Abschlagzeit geben zu lassen – dabei ist die Nutzung des Angebots anzugeben.
3. Eine Barauszahlung des Greenfee-Vorteils ist nicht möglich.
4. Das Kombinieren von Angeboten oder bestehenden Greenfee-Vorteilen ist nicht möglich. Der Vorteil bezieht sich jeweils ausschließlich auf die zum Zeitpunkt der Einlösung gültigen vollen Greenfee-Gebühren.
5. Gibt es Spielergruppen mit erhöhten Greenfee-Gebühren, ist ein Nachlass auf diese Gebühren nicht möglich.
6. Das Angebot allein berechtigt nicht zum Spiel gegen Greenfee. Die Erfüllung der Bestimmungen des jeweiligen Golfclubs zur Greenfee-Berechtigung (Mitgliedschaft in einem Golfclub, Mindesthandicap etc.) zum Zeitpunkt der Einlösung sind Voraussetzung.
7. Es ist untersagt, den Greenfee-Gutschein entgeltlich Dritten zu überlassen bzw. mit diesen Handel zu treiben. Insbesondere sind die teilnehmenden Golfclubs in diesem Falle berechtigt, die Einlösung der ausgeschriebenen Angebote zu verweigern.
8. Die teilnehmenden Golfclubs haben sich gegenüber dem Verlag unter den o.g. Bedingungen verpflichtet, die ausgeschriebenen Angebote einzulösen. Der Verlag übernimmt jedoch keine Gewähr und keine Haftung, wenn ein Angebot nicht eingelöst wird oder werden kann.

Bedingungen zur Einlösung des Discounts:

1. Das Angebot ist bis einschließlich 30.6.2023 gültig.
2. Der Golfspieler/Leser hat sich telefonisch eine Abschlagzeit geben zu lassen – dabei ist die Nutzung des Angebots anzugeben.
3. Eine Barauszahlung des Greenfee-Vorteils ist nicht möglich.
4. Das Kombinieren von Angeboten oder bestehenden Greenfee-Vorteilen ist nicht möglich. Der Vorteil bezieht sich jeweils ausschließlich auf die zum Zeitpunkt der Einlösung gültigen vollen Greenfee-Gebühren.
5. Gibt es Spielergruppen mit erhöhten Greenfee-Gebühren, ist ein Nachlass auf diese Gebühren nicht möglich.
6. Das Angebot allein berechtigt nicht zum Spiel gegen Greenfee. Die Erfüllung der Bestimmungen des jeweiligen Golfclubs zur Greenfee-Berechtigung (Mitgliedschaft in einem Golfclub, Mindesthandicap etc.) zum Zeitpunkt der Einlösung sind Voraussetzung.
7. Es ist untersagt, den Greenfee-Gutschein entgeltlich Dritten zu überlassen bzw. mit diesen Handel zu treiben. Insbesondere sind die teilnehmenden Golfclubs in diesem Falle berechtigt, die Einlösung der ausgeschriebenen Angebote zu verweigern.
8. Die teilnehmenden Golfclubs haben sich gegenüber dem Verlag unter den o.g. Bedingungen verpflichtet, die ausgeschriebenen Angebote einzulösen. Der Verlag übernimmt jedoch keine Gewähr und keine Haftung, wenn ein Angebot nicht eingelöst wird oder werden kann.

Bedingungen zur Einlösung des Discounts:

1. Das Angebot ist bis einschließlich 30.6.2023 gültig.
2. Der Golfspieler/Leser hat sich telefonisch eine Abschlagzeit geben zu lassen – dabei ist die Nutzung des Angebots anzugeben.
3. Eine Barauszahlung des Greenfee-Vorteils ist nicht möglich.
4. Das Kombinieren von Angeboten oder bestehenden Greenfee-Vorteilen ist nicht möglich. Der Vorteil bezieht sich jeweils ausschließlich auf die zum Zeitpunkt der Einlösung gültigen vollen Greenfee-Gebühren.
5. Gibt es Spielergruppen mit erhöhten Greenfee-Gebühren, ist ein Nachlass auf diese Gebühren nicht möglich.
6. Das Angebot allein berechtigt nicht zum Spiel gegen Greenfee. Die Erfüllung der Bestimmungen des jeweiligen Golfclubs zur Greenfee-Berechtigung (Mitgliedschaft in einem Golfclub, Mindesthandicap etc.) zum Zeitpunkt der Einlösung sind Voraussetzung.
7. Es ist untersagt, den Greenfee-Gutschein entgeltlich Dritten zu überlassen bzw. mit diesen Handel zu treiben. Insbesondere sind die teilnehmenden Golfclubs in diesem Falle berechtigt, die Einlösung der ausgeschriebenen Angebote zu verweigern.
8. Die teilnehmenden Golfclubs haben sich gegenüber dem Verlag unter den o.g. Bedingungen verpflichtet, die ausgeschriebenen Angebote einzulösen. Der Verlag übernimmt jedoch keine Gewähr und keine Haftung, wenn ein Angebot nicht eingelöst wird oder werden kann.

Bedingungen zur Einlösung des Discounts:

1. Das Angebot ist bis einschließlich 30.6.2023 gültig.
2. Der Golfspieler/Leser hat sich telefonisch eine Abschlagzeit geben zu lassen – dabei ist die Nutzung des Angebots anzugeben.
3. Eine Barauszahlung des Greenfee-Vorteils ist nicht möglich.
4. Das Kombinieren von Angeboten oder bestehenden Greenfee-Vorteilen ist nicht möglich. Der Vorteil bezieht sich jeweils ausschließlich auf die zum Zeitpunkt der Einlösung gültigen vollen Greenfee-Gebühren.
5. Gibt es Spielergruppen mit erhöhten Greenfee-Gebühren, ist ein Nachlass auf diese Gebühren nicht möglich.
6. Das Angebot allein berechtigt nicht zum Spiel gegen Greenfee. Die Erfüllung der Bestimmungen des jeweiligen Golfclubs zur Greenfee-Berechtigung (Mitgliedschaft in einem Golfclub, Mindesthandicap etc.) zum Zeitpunkt der Einlösung sind Voraussetzung.
7. Es ist untersagt, den Greenfee-Gutschein entgeltlich Dritten zu überlassen bzw. mit diesen Handel zu treiben. Insbesondere sind die teilnehmenden Golfclubs in diesem Falle berechtigt, die Einlösung der ausgeschriebenen Angebote zu verweigern.
8. Die teilnehmenden Golfclubs haben sich gegenüber dem Verlag unter den o.g. Bedingungen verpflichtet, die ausgeschriebenen Angebote einzulösen. Der Verlag übernimmt jedoch keine Gewähr und keine Haftung, wenn ein Angebot nicht eingelöst wird oder werden kann.

Bedingungen zur Einlösung des Discounts:

1. Das Angebot ist bis einschließlich 30.6.2023 gültig.
2. Der Golfspieler/Leser hat sich telefonisch eine Abschlagzeit geben zu lassen – dabei ist die Nutzung des Angebots anzugeben.
3. Eine Barauszahlung des Greenfee-Vorteils ist nicht möglich.
4. Das Kombinieren von Angeboten oder bestehenden Greenfee-Vorteilen ist nicht möglich. Der Vorteil bezieht sich jeweils ausschließlich auf die zum Zeitpunkt der Einlösung gültigen vollen Greenfee-Gebühren.
5. Gibt es Spielergruppen mit erhöhten Greenfee-Gebühren, ist ein Nachlass auf diese Gebühren nicht möglich.
6. Das Angebot allein berechtigt nicht zum Spiel gegen Greenfee. Die Erfüllung der Bestimmungen des jeweiligen Golfclubs zur Greenfee-Berechtigung (Mitgliedschaft in einem Golfclub, Mindesthandicap etc.) zum Zeitpunkt der Einlösung sind Voraussetzung.
7. Es ist untersagt, den Greenfee-Gutschein entgeltlich Dritten zu überlassen bzw. mit diesen Handel zu treiben. Insbesondere sind die teilnehmenden Golfclubs in diesem Falle berechtigt, die Einlösung der ausgeschriebenen Angebote zu verweigern.
8. Die teilnehmenden Golfclubs haben sich gegenüber dem Verlag unter den o.g. Bedingungen verpflichtet, die ausgeschriebenen Angebote einzulösen. Der Verlag übernimmt jedoch keine Gewähr und keine Haftung, wenn ein Angebot nicht eingelöst wird oder werden kann.

Bedingungen zur Einlösung des Discounts:

1. Das Angebot ist bis einschließlich 30.6.2023 gültig.
2. Der Golfspieler/Leser hat sich telefonisch eine Abschlagzeit geben zu lassen – dabei ist die Nutzung des Angebots anzugeben.
3. Eine Barauszahlung des Greenfee-Vorteils ist nicht möglich.
4. Das Kombinieren von Angeboten oder bestehenden Greenfee-Vorteilen ist nicht möglich. Der Vorteil bezieht sich jeweils ausschließlich auf die zum Zeitpunkt der Einlösung gültigen vollen Greenfee-Gebühren.
5. Gibt es Spielergruppen mit erhöhten Greenfee-Gebühren, ist ein Nachlass auf diese Gebühren nicht möglich.
6. Das Angebot allein berechtigt nicht zum Spiel gegen Greenfee. Die Erfüllung der Bestimmungen des jeweiligen Golfclubs zur Greenfee-Berechtigung (Mitgliedschaft in einem Golfclub, Mindesthandicap etc.) zum Zeitpunkt der Einlösung sind Voraussetzung.
7. Es ist untersagt, den Greenfee-Gutschein entgeltlich Dritten zu überlassen bzw. mit diesen Handel zu treiben. Insbesondere sind die teilnehmenden Golfclubs in diesem Falle berechtigt, die Einlösung der ausgeschriebenen Angebote zu verweigern.
8. Die teilnehmenden Golfclubs haben sich gegenüber dem Verlag unter den o.g. Bedingungen verpflichtet, die ausgeschriebenen Angebote einzulösen. Der Verlag übernimmt jedoch keine Gewähr und keine Haftung, wenn ein Angebot nicht eingelöst wird oder werden kann.

Bedingungen zur Einlösung des Discounts:

1. Das Angebot ist bis einschließlich 30.6.2023 gültig.
2. Der Golfspieler/Leser hat sich telefonisch eine Abschlagzeit geben zu lassen – dabei ist die Nutzung des Angebots anzugeben.
3. Eine Barauszahlung des Greenfee-Vorteils ist nicht möglich.
4. Das Kombinieren von Angeboten oder bestehenden Greenfee-Vorteilen ist nicht möglich. Der Vorteil bezieht sich jeweils ausschließlich auf die zum Zeitpunkt der Einlösung gültigen vollen Greenfee-Gebühren.
5. Gibt es Spielergruppen mit erhöhten Greenfee-Gebühren, ist ein Nachlass auf diese Gebühren nicht möglich.
6. Das Angebot allein berechtigt nicht zum Spiel gegen Greenfee. Die Erfüllung der Bestimmungen des jeweiligen Golfclubs zur Greenfee-Berechtigung (Mitgliedschaft in einem Golfclub, Mindesthandicap etc.) zum Zeitpunkt der Einlösung sind Voraussetzung.
7. Es ist untersagt, den Greenfee-Gutschein entgeltlich Dritten zu überlassen bzw. mit diesen Handel zu treiben. Insbesondere sind die teilnehmenden Golfclubs in diesem Falle berechtigt, die Einlösung der ausgeschriebenen Angebote zu verweigern.
8. Die teilnehmenden Golfclubs haben sich gegenüber dem Verlag unter den o.g. Bedingungen verpflichtet, die ausgeschriebenen Angebote einzulösen. Der Verlag übernimmt jedoch keine Gewähr und keine Haftung, wenn ein Angebot nicht eingelöst wird oder werden kann.

DER GOLF ALBRECHT

Golfclub Schloss Feistritz

Feistritzberg 12
A-8670 Krieglach
✆ +43 664 3512507
Steiermark

18

2 for 1 2 GF zum Preis von 1

DER GOLF ALBRECHT

Golfclub Schloss Feistritz

Feistritzberg 12
A-8670 Krieglach
✆ +43 664 3512507
Steiermark

18

2 for 1 2 GF zum Preis von 1

DER GOLF ALBRECHT

Golfclub Schloss Feistritz

Feistritzberg 12
A-8670 Krieglach
✆ +43 664 3512507
Steiermark

18

30% Greenfee-Ermäßigung

DER GOLF ALBRECHT

Golfclub Schloss Feistritz

Feistritzberg 12
A-8670 Krieglach
✆ +43 664 3512507
Steiermark

18

30% Greenfee-Ermäßigung

DER GOLF ALBRECHT

Golfclub Traminer Golf Klöch

Klöch 192
A-8493 Klöch
✆ +43 3475 30033
Steiermark

19

2 for 1 2 GF zum Preis von 1 wochentags

DER GOLF ALBRECHT

Golfclub Traminer Golf Klöch

Klöch 192
A-8493 Klöch
✆ +43 3475 30033
Steiermark

19

2 for 1 2 GF zum Preis von 1 wochentags

DER GOLF ALBRECHT

Golfclub Traminer Golf Klöch

Klöch 192
A-8493 Klöch
✆ +43 3475 30033
Steiermark

19

25% Greenfee-Ermäßigung

DER GOLF ALBRECHT

Golfclub Weitra

Hausschachen 313
A-3970 Weitra
✆ +43 2856 2058
Niederösterreich/Wien

20

2 for 1 2 GF zum Preis von 1 wochentags

DER GOLF ALBRECHT

Golfclub Weitra

Hausschachen 313
A-3970 Weitra
✆ +43 2856 2058
Niederösterreich/Wien

20

2 for 1 2 GF zum Preis von 1 wochentags

DER GOLF ALBRECHT

Golfclub Weitra

Hausschachen 313
A-3970 Weitra
✆ +43 2856 2058
Niederösterreich/Wien

20

20% Greenfee-Ermäßigung

Diese Gutscheine gelten nur in Verbindung mit dem Buch/Albrecht Golf Card

Diese Gutscheine gelten nur in Verbindung mit dem Buch/Albrecht Golf Card

Bedingungen zur Einlösung des Discounts:

1. Das Angebot ist bis einschließlich 30.6.2023 gültig.
2. Der Golfspieler/Leser hat sich telefonisch eine Abschlagzeit geben zu lassen – dabei ist die Nutzung des Angebots anzugeben.
3. Eine Barauszahlung des Greenfee-Vorteils ist nicht möglich.
4. Das Kombinieren von Angeboten oder bestehenden Greenfee-Vorteilen ist nicht möglich. Der Vorteil bezieht sich jeweils ausschließlich auf die zum Zeitpunkt der Einlösung gültigen vollen Greenfee-Gebühren.
5. Gibt es Spielergruppen mit erhöhten Greenfee-Gebühren, ist ein Nachlass auf diese Gebühren nicht möglich.
6. Das Angebot allein berechtigt nicht zum Spiel gegen Greenfee. Die Erfüllung der Bestimmungen des jeweiligen Golfclubs zur Greenfee-Berechtigung (Mitgliedschaft in einem Golfclub, Mindesthandicap etc.) zum Zeitpunkt der Einlösung sind Voraussetzung.
7. Es ist untersagt, den Greenfee-Gutschein entgeltlich Dritten zu überlassen bzw. mit diesen Handel zu treiben. Insbesondere sind die teilnehmenden Golfclubs in diesem Falle berechtigt, die Einlösung der ausgeschriebenen Angebote zu verweigern.
8. Die teilnehmenden Golfclubs haben sich gegenüber dem Verlag unter den o.g. Bedingungen verpflichtet, die ausgeschriebenen Angebote einzulösen. Der Verlag übernimmt jedoch keine Gewähr und keine Haftung, wenn ein Angebot nicht eingelöst wird oder werden kann.

Bedingungen zur Einlösung des Discounts:

1. Das Angebot ist bis einschließlich 30.6.2023 gültig.
2. Der Golfspieler/Leser hat sich telefonisch eine Abschlagzeit geben zu lassen – dabei ist die Nutzung des Angebots anzugeben.
3. Eine Barauszahlung des Greenfee-Vorteils ist nicht möglich.
4. Das Kombinieren von Angeboten oder bestehenden Greenfee-Vorteilen ist nicht möglich. Der Vorteil bezieht sich jeweils ausschließlich auf die zum Zeitpunkt der Einlösung gültigen vollen Greenfee-Gebühren.
5. Gibt es Spielergruppen mit erhöhten Greenfee-Gebühren, ist ein Nachlass auf diese Gebühren nicht möglich.
6. Das Angebot allein berechtigt nicht zum Spiel gegen Greenfee. Die Erfüllung der Bestimmungen des jeweiligen Golfclubs zur Greenfee-Berechtigung (Mitgliedschaft in einem Golfclub, Mindesthandicap etc.) zum Zeitpunkt der Einlösung sind Voraussetzung.
7. Es ist untersagt, den Greenfee-Gutschein entgeltlich Dritten zu überlassen bzw. mit diesen Handel zu treiben. Insbesondere sind die teilnehmenden Golfclubs in diesem Falle berechtigt, die Einlösung der ausgeschriebenen Angebote zu verweigern.
8. Die teilnehmenden Golfclubs haben sich gegenüber dem Verlag unter den o.g. Bedingungen verpflichtet, die ausgeschriebenen Angebote einzulösen. Der Verlag übernimmt jedoch keine Gewähr und keine Haftung, wenn ein Angebot nicht eingelöst wird oder werden kann.

Bedingungen zur Einlösung des Discounts:

1. Das Angebot ist bis einschließlich 30.6.2023 gültig.
2. Der Golfspieler/Leser hat sich telefonisch eine Abschlagzeit geben zu lassen – dabei ist die Nutzung des Angebots anzugeben.
3. Eine Barauszahlung des Greenfee-Vorteils ist nicht möglich.
4. Das Kombinieren von Angeboten oder bestehenden Greenfee-Vorteilen ist nicht möglich. Der Vorteil bezieht sich jeweils ausschließlich auf die zum Zeitpunkt der Einlösung gültigen vollen Greenfee-Gebühren.
5. Gibt es Spielergruppen mit erhöhten Greenfee-Gebühren, ist ein Nachlass auf diese Gebühren nicht möglich.
6. Das Angebot allein berechtigt nicht zum Spiel gegen Greenfee. Die Erfüllung der Bestimmungen des jeweiligen Golfclubs zur Greenfee-Berechtigung (Mitgliedschaft in einem Golfclub, Mindesthandicap etc.) zum Zeitpunkt der Einlösung sind Voraussetzung.
7. Es ist untersagt, den Greenfee-Gutschein entgeltlich Dritten zu überlassen bzw. mit diesen Handel zu treiben. Insbesondere sind die teilnehmenden Golfclubs in diesem Falle berechtigt, die Einlösung der ausgeschriebenen Angebote zu verweigern.
8. Die teilnehmenden Golfclubs haben sich gegenüber dem Verlag unter den o.g. Bedingungen verpflichtet, die ausgeschriebenen Angebote einzulösen. Der Verlag übernimmt jedoch keine Gewähr und keine Haftung, wenn ein Angebot nicht eingelöst wird oder werden kann.

Bedingungen zur Einlösung des Discounts:

1. Das Angebot ist bis einschließlich 30.6.2023 gültig.
2. Der Golfspieler/Leser hat sich telefonisch eine Abschlagzeit geben zu lassen – dabei ist die Nutzung des Angebots anzugeben.
3. Eine Barauszahlung des Greenfee-Vorteils ist nicht möglich.
4. Das Kombinieren von Angeboten oder bestehenden Greenfee-Vorteilen ist nicht möglich. Der Vorteil bezieht sich jeweils ausschließlich auf die zum Zeitpunkt der Einlösung gültigen vollen Greenfee-Gebühren.
5. Gibt es Spielergruppen mit erhöhten Greenfee-Gebühren, ist ein Nachlass auf diese Gebühren nicht möglich.
6. Das Angebot allein berechtigt nicht zum Spiel gegen Greenfee. Die Erfüllung der Bestimmungen des jeweiligen Golfclubs zur Greenfee-Berechtigung (Mitgliedschaft in einem Golfclub, Mindesthandicap etc.) zum Zeitpunkt der Einlösung sind Voraussetzung.
7. Es ist untersagt, den Greenfee-Gutschein entgeltlich Dritten zu überlassen bzw. mit diesen Handel zu treiben. Insbesondere sind die teilnehmenden Golfclubs in diesem Falle berechtigt, die Einlösung der ausgeschriebenen Angebote zu verweigern.
8. Die teilnehmenden Golfclubs haben sich gegenüber dem Verlag unter den o.g. Bedingungen verpflichtet, die ausgeschriebenen Angebote einzulösen. Der Verlag übernimmt jedoch keine Gewähr und keine Haftung, wenn ein Angebot nicht eingelöst wird oder werden kann.

Bedingungen zur Einlösung des Discounts:

1. Das Angebot ist bis einschließlich 30.6.2023 gültig.
2. Der Golfspieler/Leser hat sich telefonisch eine Abschlagzeit geben zu lassen – dabei ist die Nutzung des Angebots anzugeben.
3. Eine Barauszahlung des Greenfee-Vorteils ist nicht möglich.
4. Das Kombinieren von Angeboten oder bestehenden Greenfee-Vorteilen ist nicht möglich. Der Vorteil bezieht sich jeweils ausschließlich auf die zum Zeitpunkt der Einlösung gültigen vollen Greenfee-Gebühren.
5. Gibt es Spielergruppen mit erhöhten Greenfee-Gebühren, ist ein Nachlass auf diese Gebühren nicht möglich.
6. Das Angebot allein berechtigt nicht zum Spiel gegen Greenfee. Die Erfüllung der Bestimmungen des jeweiligen Golfclubs zur Greenfee-Berechtigung (Mitgliedschaft in einem Golfclub, Mindesthandicap etc.) zum Zeitpunkt der Einlösung sind Voraussetzung.
7. Es ist untersagt, den Greenfee-Gutschein entgeltlich Dritten zu überlassen bzw. mit diesen Handel zu treiben. Insbesondere sind die teilnehmenden Golfclubs in diesem Falle berechtigt, die Einlösung der ausgeschriebenen Angebote zu verweigern.
8. Die teilnehmenden Golfclubs haben sich gegenüber dem Verlag unter den o.g. Bedingungen verpflichtet, die ausgeschriebenen Angebote einzulösen. Der Verlag übernimmt jedoch keine Gewähr und keine Haftung, wenn ein Angebot nicht eingelöst wird oder werden kann.

Bedingungen zur Einlösung des Discounts:

1. Das Angebot ist bis einschließlich 30.6.2023 gültig.
2. Der Golfspieler/Leser hat sich telefonisch eine Abschlagzeit geben zu lassen – dabei ist die Nutzung des Angebots anzugeben.
3. Eine Barauszahlung des Greenfee-Vorteils ist nicht möglich.
4. Das Kombinieren von Angeboten oder bestehenden Greenfee-Vorteilen ist nicht möglich. Der Vorteil bezieht sich jeweils ausschließlich auf die zum Zeitpunkt der Einlösung gültigen vollen Greenfee-Gebühren.
5. Gibt es Spielergruppen mit erhöhten Greenfee-Gebühren, ist ein Nachlass auf diese Gebühren nicht möglich.
6. Das Angebot allein berechtigt nicht zum Spiel gegen Greenfee. Die Erfüllung der Bestimmungen des jeweiligen Golfclubs zur Greenfee-Berechtigung (Mitgliedschaft in einem Golfclub, Mindesthandicap etc.) zum Zeitpunkt der Einlösung sind Voraussetzung.
7. Es ist untersagt, den Greenfee-Gutschein entgeltlich Dritten zu überlassen bzw. mit diesen Handel zu treiben. Insbesondere sind die teilnehmenden Golfclubs in diesem Falle berechtigt, die Einlösung der ausgeschriebenen Angebote zu verweigern.
8. Die teilnehmenden Golfclubs haben sich gegenüber dem Verlag unter den o.g. Bedingungen verpflichtet, die ausgeschriebenen Angebote einzulösen. Der Verlag übernimmt jedoch keine Gewähr und keine Haftung, wenn ein Angebot nicht eingelöst wird oder werden kann.

Bedingungen zur Einlösung des Discounts:

1. Das Angebot ist bis einschließlich 30.6.2023 gültig.
2. Der Golfspieler/Leser hat sich telefonisch eine Abschlagzeit geben zu lassen – dabei ist die Nutzung des Angebots anzugeben.
3. Eine Barauszahlung des Greenfee-Vorteils ist nicht möglich.
4. Das Kombinieren von Angeboten oder bestehenden Greenfee-Vorteilen ist nicht möglich. Der Vorteil bezieht sich jeweils ausschließlich auf die zum Zeitpunkt der Einlösung gültigen vollen Greenfee-Gebühren.
5. Gibt es Spielergruppen mit erhöhten Greenfee-Gebühren, ist ein Nachlass auf diese Gebühren nicht möglich.
6. Das Angebot allein berechtigt nicht zum Spiel gegen Greenfee. Die Erfüllung der Bestimmungen des jeweiligen Golfclubs zur Greenfee-Berechtigung (Mitgliedschaft in einem Golfclub, Mindesthandicap etc.) zum Zeitpunkt der Einlösung sind Voraussetzung.
7. Es ist untersagt, den Greenfee-Gutschein entgeltlich Dritten zu überlassen bzw. mit diesen Handel zu treiben. Insbesondere sind die teilnehmenden Golfclubs in diesem Falle berechtigt, die Einlösung der ausgeschriebenen Angebote zu verweigern.
8. Die teilnehmenden Golfclubs haben sich gegenüber dem Verlag unter den o.g. Bedingungen verpflichtet, die ausgeschriebenen Angebote einzulösen. Der Verlag übernimmt jedoch keine Gewähr und keine Haftung, wenn ein Angebot nicht eingelöst wird oder werden kann.

Bedingungen zur Einlösung des Discounts:

1. Das Angebot ist bis einschließlich 30.6.2023 gültig.
2. Der Golfspieler/Leser hat sich telefonisch eine Abschlagzeit geben zu lassen – dabei ist die Nutzung des Angebots anzugeben.
3. Eine Barauszahlung des Greenfee-Vorteils ist nicht möglich.
4. Das Kombinieren von Angeboten oder bestehenden Greenfee-Vorteilen ist nicht möglich. Der Vorteil bezieht sich jeweils ausschließlich auf die zum Zeitpunkt der Einlösung gültigen vollen Greenfee-Gebühren.
5. Gibt es Spielergruppen mit erhöhten Greenfee-Gebühren, ist ein Nachlass auf diese Gebühren nicht möglich.
6. Das Angebot allein berechtigt nicht zum Spiel gegen Greenfee. Die Erfüllung der Bestimmungen des jeweiligen Golfclubs zur Greenfee-Berechtigung (Mitgliedschaft in einem Golfclub, Mindesthandicap etc.) zum Zeitpunkt der Einlösung sind Voraussetzung.
7. Es ist untersagt, den Greenfee-Gutschein entgeltlich Dritten zu überlassen bzw. mit diesen Handel zu treiben. Insbesondere sind die teilnehmenden Golfclubs in diesem Falle berechtigt, die Einlösung der ausgeschriebenen Angebote zu verweigern.
8. Die teilnehmenden Golfclubs haben sich gegenüber dem Verlag unter den o.g. Bedingungen verpflichtet, die ausgeschriebenen Angebote einzulösen. Der Verlag übernimmt jedoch keine Gewähr und keine Haftung, wenn ein Angebot nicht eingelöst wird oder werden kann.

Bedingungen zur Einlösung des Discounts:

1. Das Angebot ist bis einschließlich 30.6.2023 gültig.
2. Der Golfspieler/Leser hat sich telefonisch eine Abschlagzeit geben zu lassen – dabei ist die Nutzung des Angebots anzugeben.
3. Eine Barauszahlung des Greenfee-Vorteils ist nicht möglich.
4. Das Kombinieren von Angeboten oder bestehenden Greenfee-Vorteilen ist nicht möglich. Der Vorteil bezieht sich jeweils ausschließlich auf die zum Zeitpunkt der Einlösung gültigen vollen Greenfee-Gebühren.
5. Gibt es Spielergruppen mit erhöhten Greenfee-Gebühren, ist ein Nachlass auf diese Gebühren nicht möglich.
6. Das Angebot allein berechtigt nicht zum Spiel gegen Greenfee. Die Erfüllung der Bestimmungen des jeweiligen Golfclubs zur Greenfee-Berechtigung (Mitgliedschaft in einem Golfclub, Mindesthandicap etc.) zum Zeitpunkt der Einlösung sind Voraussetzung.
7. Es ist untersagt, den Greenfee-Gutschein entgeltlich Dritten zu überlassen bzw. mit diesen Handel zu treiben. Insbesondere sind die teilnehmenden Golfclubs in diesem Falle berechtigt, die Einlösung der ausgeschriebenen Angebote zu verweigern.
8. Die teilnehmenden Golfclubs haben sich gegenüber dem Verlag unter den o.g. Bedingungen verpflichtet, die ausgeschriebenen Angebote einzulösen. Der Verlag übernimmt jedoch keine Gewähr und keine Haftung, wenn ein Angebot nicht eingelöst wird oder werden kann.

Bedingungen zur Einlösung des Discounts:

1. Das Angebot ist bis einschließlich 30.6.2023 gültig.
2. Der Golfspieler/Leser hat sich telefonisch eine Abschlagzeit geben zu lassen – dabei ist die Nutzung des Angebots anzugeben.
3. Eine Barauszahlung des Greenfee-Vorteils ist nicht möglich.
4. Das Kombinieren von Angeboten oder bestehenden Greenfee-Vorteilen ist nicht möglich. Der Vorteil bezieht sich jeweils ausschließlich auf die zum Zeitpunkt der Einlösung gültigen vollen Greenfee-Gebühren.
5. Gibt es Spielergruppen mit erhöhten Greenfee-Gebühren, ist ein Nachlass auf diese Gebühren nicht möglich.
6. Das Angebot allein berechtigt nicht zum Spiel gegen Greenfee. Die Erfüllung der Bestimmungen des jeweiligen Golfclubs zur Greenfee-Berechtigung (Mitgliedschaft in einem Golfclub, Mindesthandicap etc.) zum Zeitpunkt der Einlösung sind Voraussetzung.
7. Es ist untersagt, den Greenfee-Gutschein entgeltlich Dritten zu überlassen bzw. mit diesen Handel zu treiben. Insbesondere sind die teilnehmenden Golfclubs in diesem Falle berechtigt, die Einlösung der ausgeschriebenen Angebote zu verweigern.
8. Die teilnehmenden Golfclubs haben sich gegenüber dem Verlag unter den o.g. Bedingungen verpflichtet, die ausgeschriebenen Angebote einzulösen. Der Verlag übernimmt jedoch keine Gewähr und keine Haftung, wenn ein Angebot nicht eingelöst wird oder werden kann.

DER GOLF ALBRECHT

Golfclub Weitra

AT

Hausschachen 313
A-3970 Weitra
✆ +43 2856 2058
Niederösterreich/Wien

20

20% Greenfee-Ermäßigung

DER GOLF ALBRECHT

Golf Club Wachau

Maria Taferl 43
A-3672 Maria Taferl
✆ +43 7413 350
Niederösterreich/Wien

21

2 for 1 2 GF zum Preis von 1 wochentags

DER GOLF ALBRECHT

Golf Club Wachau

Maria Taferl 43
A-3672 Maria Taferl
✆ +43 7413 350
Niederösterreich/Wien

21

2 for 1 2 GF zum Preis von 1 wochentags

DER GOLF ALBRECHT

Golf Club Wachau

Maria Taferl 43
A-3672 Maria Taferl
✆ +43 7413 350
Niederösterreich/Wien

21

2 for 1 2 GF zum Preis von 1 wochentags

DER GOLF ALBRECHT

Golf Club Wachau

Maria Taferl 43
A-3672 Maria Taferl
✆ +43 7413 350
Niederösterreich/Wien

21

20% Greenfee-Ermäßigung wochentags

DER GOLF ALBRECHT

Golf Club Wachau

Maria Taferl 43
A-3672 Maria Taferl
✆ +43 7413 350
Niederösterreich/Wien

21

20% Greenfee-Ermäßigung wochentags

DER GOLF ALBRECHT

Golf Club Wachau

Maria Taferl 43
A-3672 Maria Taferl
✆ +43 7413 350
Niederösterreich/Wien

21

20% Greenfee-Ermäßigung wochentags

DER GOLF ALBRECHT

Diamond Club Ottenstein

Niedergrünbach 60
A-3532 Rastenfeld
✆ +43 2826 7476
Niederösterreich/Wien

22

2 for 1 2 GF zum Preis von 1

DER GOLF ALBRECHT

Diamond Club Ottenstein

Niedergrünbach 60
A-3532 Rastenfeld
✆ +43 2826 7476
Niederösterreich/Wien

22

2 for 1 2 GF zum Preis von 1

DER GOLF ALBRECHT

Diamond Club Ottenstein

Niedergrünbach 60
A-3532 Rastenfeld
✆ +43 2826 7476
Niederösterreich/Wien

22

20% Greenfee-Ermäßigung

Diese Gutscheine gelten nur in Verbindung mit dem Buch/Albrecht Golf Card

Diese Gutscheine gelten nur in Verbindung mit dem Buch/Albrecht Golf Card

Bedingungen zur Einlösung des Discounts:

1. Das Angebot ist bis einschließlich 30.6.2023 gültig.
2. Der Golfspieler/Leser hat sich telefonisch eine Abschlagzeit geben zu lassen – dabei ist die Nutzung des Angebots anzugeben.
3. Eine Barauszahlung des Greenfee-Vorteils ist nicht möglich.
4. Das Kombinieren von Angeboten oder bestehenden Greenfee-Vorteilen ist nicht möglich. Der Vorteil bezieht sich jeweils ausschließlich auf die zum Zeitpunkt der Einlösung gültigen vollen Greenfee-Gebühren.
5. Gibt es Spielergruppen mit erhöhten Greenfee-Gebühren, ist ein Nachlass auf diese Gebühren nicht möglich.
6. Das Angebot allein berechtigt nicht zum Spiel gegen Greenfee. Die Erfüllung der Bestimmungen des jeweiligen Golfclubs zur Greenfee-Berechtigung (Mitgliedschaft in einem Golfclub, Mindesthandicap etc.) zum Zeitpunkt der Einlösung sind Voraussetzung.
7. Es ist untersagt, den Greenfee-Gutschein entgeltlich Dritten zu überlassen bzw. mit diesen Handel zu treiben. Insbesondere sind die teilnehmenden Golfclubs in diesem Falle berechtigt, die Einlösung der ausgeschriebenen Angebote zu verweigern.
8. Die teilnehmenden Golfclubs haben sich gegenüber dem Verlag unter den o.g. Bedingungen verpflichtet, die ausgeschriebenen Angebote einzulösen. Der Verlag übernimmt jedoch keine Gewähr und keine Haftung, wenn ein Angebot nicht eingelöst wird oder werden kann.

Bedingungen zur Einlösung des Discounts:

1. Das Angebot ist bis einschließlich 30.6.2023 gültig.
2. Der Golfspieler/Leser hat sich telefonisch eine Abschlagzeit geben zu lassen – dabei ist die Nutzung des Angebots anzugeben.
3. Eine Barauszahlung des Greenfee-Vorteils ist nicht möglich.
4. Das Kombinieren von Angeboten oder bestehenden Greenfee-Vorteilen ist nicht möglich. Der Vorteil bezieht sich jeweils ausschließlich auf die zum Zeitpunkt der Einlösung gültigen vollen Greenfee-Gebühren.
5. Gibt es Spielergruppen mit erhöhten Greenfee-Gebühren, ist ein Nachlass auf diese Gebühren nicht möglich.
6. Das Angebot allein berechtigt nicht zum Spiel gegen Greenfee. Die Erfüllung der Bestimmungen des jeweiligen Golfclubs zur Greenfee-Berechtigung (Mitgliedschaft in einem Golfclub, Mindesthandicap etc.) zum Zeitpunkt der Einlösung sind Voraussetzung.
7. Es ist untersagt, den Greenfee-Gutschein entgeltlich Dritten zu überlassen bzw. mit diesen Handel zu treiben. Insbesondere sind die teilnehmenden Golfclubs in diesem Falle berechtigt, die Einlösung der ausgeschriebenen Angebote zu verweigern.
8. Die teilnehmenden Golfclubs haben sich gegenüber dem Verlag unter den o.g. Bedingungen verpflichtet, die ausgeschriebenen Angebote einzulösen. Der Verlag übernimmt jedoch keine Gewähr und keine Haftung, wenn ein Angebot nicht eingelöst wird oder werden kann.

Bedingungen zur Einlösung des Discounts:

1. Das Angebot ist bis einschließlich 30.6.2023 gültig.
2. Der Golfspieler/Leser hat sich telefonisch eine Abschlagzeit geben zu lassen – dabei ist die Nutzung des Angebots anzugeben.
3. Eine Barauszahlung des Greenfee-Vorteils ist nicht möglich.
4. Das Kombinieren von Angeboten oder bestehenden Greenfee-Vorteilen ist nicht möglich. Der Vorteil bezieht sich jeweils ausschließlich auf die zum Zeitpunkt der Einlösung gültigen vollen Greenfee-Gebühren.
5. Gibt es Spielergruppen mit erhöhten Greenfee-Gebühren, ist ein Nachlass auf diese Gebühren nicht möglich.
6. Das Angebot allein berechtigt nicht zum Spiel gegen Greenfee. Die Erfüllung der Bestimmungen des jeweiligen Golfclubs zur Greenfee-Berechtigung (Mitgliedschaft in einem Golfclub, Mindesthandicap etc.) zum Zeitpunkt der Einlösung sind Voraussetzung.
7. Es ist untersagt, den Greenfee-Gutschein entgeltlich Dritten zu überlassen bzw. mit diesen Handel zu treiben. Insbesondere sind die teilnehmenden Golfclubs in diesem Falle berechtigt, die Einlösung der ausgeschriebenen Angebote zu verweigern.
8. Die teilnehmenden Golfclubs haben sich gegenüber dem Verlag unter den o.g. Bedingungen verpflichtet, die ausgeschriebenen Angebote einzulösen. Der Verlag übernimmt jedoch keine Gewähr und keine Haftung, wenn ein Angebot nicht eingelöst wird oder werden kann.

Bedingungen zur Einlösung des Discounts:

1. Das Angebot ist bis einschließlich 30.6.2023 gültig.
2. Der Golfspieler/Leser hat sich telefonisch eine Abschlagzeit geben zu lassen – dabei ist die Nutzung des Angebots anzugeben.
3. Eine Barauszahlung des Greenfee-Vorteils ist nicht möglich.
4. Das Kombinieren von Angeboten oder bestehenden Greenfee-Vorteilen ist nicht möglich. Der Vorteil bezieht sich jeweils ausschließlich auf die zum Zeitpunkt der Einlösung gültigen vollen Greenfee-Gebühren.
5. Gibt es Spielergruppen mit erhöhten Greenfee-Gebühren, ist ein Nachlass auf diese Gebühren nicht möglich.
6. Das Angebot allein berechtigt nicht zum Spiel gegen Greenfee. Die Erfüllung der Bestimmungen des jeweiligen Golfclubs zur Greenfee-Berechtigung (Mitgliedschaft in einem Golfclub, Mindesthandicap etc.) zum Zeitpunkt der Einlösung sind Voraussetzung.
7. Es ist untersagt, den Greenfee-Gutschein entgeltlich Dritten zu überlassen bzw. mit diesen Handel zu treiben. Insbesondere sind die teilnehmenden Golfclubs in diesem Falle berechtigt, die Einlösung der ausgeschriebenen Angebote zu verweigern.
8. Die teilnehmenden Golfclubs haben sich gegenüber dem Verlag unter den o.g. Bedingungen verpflichtet, die ausgeschriebenen Angebote einzulösen. Der Verlag übernimmt jedoch keine Gewähr und keine Haftung, wenn ein Angebot nicht eingelöst wird oder werden kann.

Bedingungen zur Einlösung des Discounts:

1. Das Angebot ist bis einschließlich 30.6.2023 gültig.
2. Der Golfspieler/Leser hat sich telefonisch eine Abschlagzeit geben zu lassen – dabei ist die Nutzung des Angebots anzugeben.
3. Eine Barauszahlung des Greenfee-Vorteils ist nicht möglich.
4. Das Kombinieren von Angeboten oder bestehenden Greenfee-Vorteilen ist nicht möglich. Der Vorteil bezieht sich jeweils ausschließlich auf die zum Zeitpunkt der Einlösung gültigen vollen Greenfee-Gebühren.
5. Gibt es Spielergruppen mit erhöhten Greenfee-Gebühren, ist ein Nachlass auf diese Gebühren nicht möglich.
6. Das Angebot allein berechtigt nicht zum Spiel gegen Greenfee. Die Erfüllung der Bestimmungen des jeweiligen Golfclubs zur Greenfee-Berechtigung (Mitgliedschaft in einem Golfclub, Mindesthandicap etc.) zum Zeitpunkt der Einlösung sind Voraussetzung.
7. Es ist untersagt, den Greenfee-Gutschein entgeltlich Dritten zu überlassen bzw. mit diesen Handel zu treiben. Insbesondere sind die teilnehmenden Golfclubs in diesem Falle berechtigt, die Einlösung der ausgeschriebenen Angebote zu verweigern.
8. Die teilnehmenden Golfclubs haben sich gegenüber dem Verlag unter den o.g. Bedingungen verpflichtet, die ausgeschriebenen Angebote einzulösen. Der Verlag übernimmt jedoch keine Gewähr und keine Haftung, wenn ein Angebot nicht eingelöst wird oder werden kann.

Bedingungen zur Einlösung des Discounts:

1. Das Angebot ist bis einschließlich 30.6.2023 gültig.
2. Der Golfspieler/Leser hat sich telefonisch eine Abschlagzeit geben zu lassen – dabei ist die Nutzung des Angebots anzugeben.
3. Eine Barauszahlung des Greenfee-Vorteils ist nicht möglich.
4. Das Kombinieren von Angeboten oder bestehenden Greenfee-Vorteilen ist nicht möglich. Der Vorteil bezieht sich jeweils ausschließlich auf die zum Zeitpunkt der Einlösung gültigen vollen Greenfee-Gebühren.
5. Gibt es Spielergruppen mit erhöhten Greenfee-Gebühren, ist ein Nachlass auf diese Gebühren nicht möglich.
6. Das Angebot allein berechtigt nicht zum Spiel gegen Greenfee. Die Erfüllung der Bestimmungen des jeweiligen Golfclubs zur Greenfee-Berechtigung (Mitgliedschaft in einem Golfclub, Mindesthandicap etc.) zum Zeitpunkt der Einlösung sind Voraussetzung.
7. Es ist untersagt, den Greenfee-Gutschein entgeltlich Dritten zu überlassen bzw. mit diesen Handel zu treiben. Insbesondere sind die teilnehmenden Golfclubs in diesem Falle berechtigt, die Einlösung der ausgeschriebenen Angebote zu verweigern.
8. Die teilnehmenden Golfclubs haben sich gegenüber dem Verlag unter den o.g. Bedingungen verpflichtet, die ausgeschriebenen Angebote einzulösen. Der Verlag übernimmt jedoch keine Gewähr und keine Haftung, wenn ein Angebot nicht eingelöst wird oder werden kann.

Bedingungen zur Einlösung des Discounts:

1. Das Angebot ist bis einschließlich 30.6.2023 gültig.
2. Der Golfspieler/Leser hat sich telefonisch eine Abschlagzeit geben zu lassen – dabei ist die Nutzung des Angebots anzugeben.
3. Eine Barauszahlung des Greenfee-Vorteils ist nicht möglich.
4. Das Kombinieren von Angeboten oder bestehenden Greenfee-Vorteilen ist nicht möglich. Der Vorteil bezieht sich jeweils ausschließlich auf die zum Zeitpunkt der Einlösung gültigen vollen Greenfee-Gebühren.
5. Gibt es Spielergruppen mit erhöhten Greenfee-Gebühren, ist ein Nachlass auf diese Gebühren nicht möglich.
6. Das Angebot allein berechtigt nicht zum Spiel gegen Greenfee. Die Erfüllung der Bestimmungen des jeweiligen Golfclubs zur Greenfee-Berechtigung (Mitgliedschaft in einem Golfclub, Mindesthandicap etc.) zum Zeitpunkt der Einlösung sind Voraussetzung.
7. Es ist untersagt, den Greenfee-Gutschein entgeltlich Dritten zu überlassen bzw. mit diesen Handel zu treiben. Insbesondere sind die teilnehmenden Golfclubs in diesem Falle berechtigt, die Einlösung der ausgeschriebenen Angebote zu verweigern.
8. Die teilnehmenden Golfclubs haben sich gegenüber dem Verlag unter den o.g. Bedingungen verpflichtet, die ausgeschriebenen Angebote einzulösen. Der Verlag übernimmt jedoch keine Gewähr und keine Haftung, wenn ein Angebot nicht eingelöst wird oder werden kann.

Bedingungen zur Einlösung des Discounts:

1. Das Angebot ist bis einschließlich 30.6.2023 gültig.
2. Der Golfspieler/Leser hat sich telefonisch eine Abschlagzeit geben zu lassen – dabei ist die Nutzung des Angebots anzugeben.
3. Eine Barauszahlung des Greenfee-Vorteils ist nicht möglich.
4. Das Kombinieren von Angeboten oder bestehenden Greenfee-Vorteilen ist nicht möglich. Der Vorteil bezieht sich jeweils ausschließlich auf die zum Zeitpunkt der Einlösung gültigen vollen Greenfee-Gebühren.
5. Gibt es Spielergruppen mit erhöhten Greenfee-Gebühren, ist ein Nachlass auf diese Gebühren nicht möglich.
6. Das Angebot allein berechtigt nicht zum Spiel gegen Greenfee. Die Erfüllung der Bestimmungen des jeweiligen Golfclubs zur Greenfee-Berechtigung (Mitgliedschaft in einem Golfclub, Mindesthandicap etc.) zum Zeitpunkt der Einlösung sind Voraussetzung.
7. Es ist untersagt, den Greenfee-Gutschein entgeltlich Dritten zu überlassen bzw. mit diesen Handel zu treiben. Insbesondere sind die teilnehmenden Golfclubs in diesem Falle berechtigt, die Einlösung der ausgeschriebenen Angebote zu verweigern.
8. Die teilnehmenden Golfclubs haben sich gegenüber dem Verlag unter den o.g. Bedingungen verpflichtet, die ausgeschriebenen Angebote einzulösen. Der Verlag übernimmt jedoch keine Gewähr und keine Haftung, wenn ein Angebot nicht eingelöst wird oder werden kann.

Bedingungen zur Einlösung des Discounts:

1. Das Angebot ist bis einschließlich 30.6.2023 gültig.
2. Der Golfspieler/Leser hat sich telefonisch eine Abschlagzeit geben zu lassen – dabei ist die Nutzung des Angebots anzugeben.
3. Eine Barauszahlung des Greenfee-Vorteils ist nicht möglich.
4. Das Kombinieren von Angeboten oder bestehenden Greenfee-Vorteilen ist nicht möglich. Der Vorteil bezieht sich jeweils ausschließlich auf die zum Zeitpunkt der Einlösung gültigen vollen Greenfee-Gebühren.
5. Gibt es Spielergruppen mit erhöhten Greenfee-Gebühren, ist ein Nachlass auf diese Gebühren nicht möglich.
6. Das Angebot allein berechtigt nicht zum Spiel gegen Greenfee. Die Erfüllung der Bestimmungen des jeweiligen Golfclubs zur Greenfee-Berechtigung (Mitgliedschaft in einem Golfclub, Mindesthandicap etc.) zum Zeitpunkt der Einlösung sind Voraussetzung.
7. Es ist untersagt, den Greenfee-Gutschein entgeltlich Dritten zu überlassen bzw. mit diesen Handel zu treiben. Insbesondere sind die teilnehmenden Golfclubs in diesem Falle berechtigt, die Einlösung der ausgeschriebenen Angebote zu verweigern.
8. Die teilnehmenden Golfclubs haben sich gegenüber dem Verlag unter den o.g. Bedingungen verpflichtet, die ausgeschriebenen Angebote einzulösen. Der Verlag übernimmt jedoch keine Gewähr und keine Haftung, wenn ein Angebot nicht eingelöst wird oder werden kann.

Bedingungen zur Einlösung des Discounts:

1. Das Angebot ist bis einschließlich 30.6.2023 gültig.
2. Der Golfspieler/Leser hat sich telefonisch eine Abschlagzeit geben zu lassen – dabei ist die Nutzung des Angebots anzugeben.
3. Eine Barauszahlung des Greenfee-Vorteils ist nicht möglich.
4. Das Kombinieren von Angeboten oder bestehenden Greenfee-Vorteilen ist nicht möglich. Der Vorteil bezieht sich jeweils ausschließlich auf die zum Zeitpunkt der Einlösung gültigen vollen Greenfee-Gebühren.
5. Gibt es Spielergruppen mit erhöhten Greenfee-Gebühren, ist ein Nachlass auf diese Gebühren nicht möglich.
6. Das Angebot allein berechtigt nicht zum Spiel gegen Greenfee. Die Erfüllung der Bestimmungen des jeweiligen Golfclubs zur Greenfee-Berechtigung (Mitgliedschaft in einem Golfclub, Mindesthandicap etc.) zum Zeitpunkt der Einlösung sind Voraussetzung.
7. Es ist untersagt, den Greenfee-Gutschein entgeltlich Dritten zu überlassen bzw. mit diesen Handel zu treiben. Insbesondere sind die teilnehmenden Golfclubs in diesem Falle berechtigt, die Einlösung der ausgeschriebenen Angebote zu verweigern.
8. Die teilnehmenden Golfclubs haben sich gegenüber dem Verlag unter den o.g. Bedingungen verpflichtet, die ausgeschriebenen Angebote einzulösen. Der Verlag übernimmt jedoch keine Gewähr und keine Haftung, wenn ein Angebot nicht eingelöst wird oder werden kann.

DER GOLF ALBRECHT

Diamond Club Ottenstein

Niedergrünbach 60
A-3532 Rastenfeld
☏ +43 2826 7476
Niederösterreich/Wien

22

20% Greenfee-Ermäßigung

DER GOLF ALBRECHT

Golf Club Enzesfeld

Schlossstrasse 38, dann noch 4km über die Privatstrasse durch den Wald, In der Jauling
A-2551 Enzesfeld
Niederösterreich/Wien

23

30% Greenfee-Ermäßigung

DER GOLF ALBRECHT

Golf Club Enzesfeld

Schlossstrasse 38, dann noch 4km über die Privatstrasse durch den Wald, In der Jauling
A-2551 Enzesfeld
Niederösterreich/Wien

23

30% Greenfee-Ermäßigung

DER GOLF ALBRECHT

GOLF ELDORADO-Bucklige Welt / Zöbern

Golfplatz 1
A-2871 Zöbern
☏ +43 2642 8451
Niederösterreich/Wien
Hinweis: GF-Nachlass und 2 für 1 Gutscheine für Gäste nur zu den offiziellen Tages GF-Gebühren: 45,- / 60.-

24

2 for 1 2 GF zum Preis von 1

DER GOLF ALBRECHT

GOLF ELDORADO-Bucklige Welt / Zöbern

Golfplatz 1
A-2871 Zöbern
☏ +43 2642 8451
Niederösterreich/Wien
Hinweis: GF-Nachlass und 2 für 1 Gutscheine für Gäste nur zu den offiziellen Tages GF-Gebühren. 45,- / 60.-

24

2 for 1 2 GF zum Preis von 1

DER GOLF ALBRECHT

GOLF ELDORADO-Bucklige Welt / Zöbern

Golfplatz 1
A-2871 Zöbern
☏ +43 2642 8451
Niederösterreich/Wien
Hinweis: GF-Nachlass und 2 für 1 Gutscheine für Gäste nur zu den offiziellen Tages GF-Gebühren. 45,- / 60.-

24

30% Greenfee-Ermäßigung

DER GOLF ALBRECHT

GOLF ELDORADO-Bucklige Welt / Zöbern

Golfplatz 1
A-2871 Zöbern
☏ +43 2642 8451
Niederösterreich/Wien
Hinweis: GF-Nachlass und 2 für 1 Gutscheine für Gäste nur zu den offiziellen Tages GF-Gebühren. 45,- / 60.-

24

30% Greenfee-Ermäßigung

DER GOLF ALBRECHT

Golfclub Linsberg

Föhrenauer Straße 8/4
A-2821 Lanzenkirchen
☏ +43 2622 32626
Niederösterreich/Wien

25

30% Greenfee-Ermäßigung

DER GOLF ALBRECHT

Golfclub Linsberg

Föhrenauer Straße 8/4
A-2821 Lanzenkirchen
☏ +43 2622 32626
Niederösterreich/Wien

25

30% Greenfee-Ermäßigung

DER GOLF ALBRECHT

Golf Club Sterzing

Reifenstein - Sadobre
I-39049 Sterzing/Freienfeld
☏ +39 333 815 4350
Südtirol

26

2 for 1 2 GF zum Preis von 1

Diese Gutscheine gelten nur in Verbindung mit dem Buch/Albrecht Golf Card

Diese Gutscheine gelten nur in Verbindung mit dem Buch/Albrecht Golf Card

Bedingungen zur Einlösung des Discounts:
1. Das Angebot ist bis einschließlich 30.6.2023 gültig.
2. Der Golfspieler/Leser hat sich telefonisch eine Abschlagzeit geben zu lassen – dabei ist die Nutzung des Angebots anzugeben.
3. Eine Barauszahlung des Greenfee-Vorteils ist nicht möglich.
4. Das Kombinieren von Angeboten oder bestehenden Greenfee-Vorteilen ist nicht möglich. Der Vorteil bezieht sich jeweils ausschließlich auf die zum Zeitpunkt der Einlösung gültigen vollen Greenfee-Gebühren.
5. Gibt es Spielergruppen mit erhöhten Greenfee-Gebühren, ist ein Nachlass auf diese Gebühren nicht möglich.
6. Das Angebot allein berechtigt nicht zum Spiel gegen Greenfee. Die Erfüllung der Bestimmungen des jeweiligen Golfclubs zur Greenfee-Berechtigung (Mitgliedschaft in einem Golfclub, Mindesthandicap etc.) zum Zeitpunkt der Einlösung sind Voraussetzung.
7. Es ist untersagt, den Greenfee-Gutschein entgeltlich Dritten zu überlassen bzw. mit diesen Handel zu treiben. Insbesondere sind die teilnehmenden Golfclubs in diesem Falle berechtigt, die Einlösung der ausgeschriebenen Angebote zu verweigern.
8. Die teilnehmenden Golfclubs haben sich gegenüber dem Verlag unter den o.g. Bedingungen verpflichtet, die ausgeschriebenen Angebote einzulösen. Der Verlag übernimmt jedoch keine Gewähr und keine Haftung, wenn ein Angebot nicht eingelöst wird oder werden kann.

Bedingungen zur Einlösung des Discounts:
1. Das Angebot ist bis einschließlich 30.6.2023 gültig.
2. Der Golfspieler/Leser hat sich telefonisch eine Abschlagzeit geben zu lassen – dabei ist die Nutzung des Angebots anzugeben.
3. Eine Barauszahlung des Greenfee-Vorteils ist nicht möglich.
4. Das Kombinieren von Angeboten oder bestehenden Greenfee-Vorteilen ist nicht möglich. Der Vorteil bezieht sich jeweils ausschließlich auf die zum Zeitpunkt der Einlösung gültigen vollen Greenfee-Gebühren.
5. Gibt es Spielergruppen mit erhöhten Greenfee-Gebühren, ist ein Nachlass auf diese Gebühren nicht möglich.
6. Das Angebot allein berechtigt nicht zum Spiel gegen Greenfee. Die Erfüllung der Bestimmungen des jeweiligen Golfclubs zur Greenfee-Berechtigung (Mitgliedschaft in einem Golfclub, Mindesthandicap etc.) zum Zeitpunkt der Einlösung sind Voraussetzung.
7. Es ist untersagt, den Greenfee-Gutschein entgeltlich Dritten zu überlassen bzw. mit diesen Handel zu treiben. Insbesondere sind die teilnehmenden Golfclubs in diesem Falle berechtigt, die Einlösung der ausgeschriebenen Angebote zu verweigern.
8. Die teilnehmenden Golfclubs haben sich gegenüber dem Verlag unter den o.g. Bedingungen verpflichtet, die ausgeschriebenen Angebote einzulösen. Der Verlag übernimmt jedoch keine Gewähr und keine Haftung, wenn ein Angebot nicht eingelöst wird oder werden kann.

Bedingungen zur Einlösung des Discounts:
1. Das Angebot ist bis einschließlich 30.6.2023 gültig.
2. Der Golfspieler/Leser hat sich telefonisch eine Abschlagzeit geben zu lassen – dabei ist die Nutzung des Angebots anzugeben.
3. Eine Barauszahlung des Greenfee-Vorteils ist nicht möglich.
4. Das Kombinieren von Angeboten oder bestehenden Greenfee-Vorteilen ist nicht möglich. Der Vorteil bezieht sich jeweils ausschließlich auf die zum Zeitpunkt der Einlösung gültigen vollen Greenfee-Gebühren.
5. Gibt es Spielergruppen mit erhöhten Greenfee-Gebühren, ist ein Nachlass auf diese Gebühren nicht möglich.
6. Das Angebot allein berechtigt nicht zum Spiel gegen Greenfee. Die Erfüllung der Bestimmungen des jeweiligen Golfclubs zur Greenfee-Berechtigung (Mitgliedschaft in einem Golfclub, Mindesthandicap etc.) zum Zeitpunkt der Einlösung sind Voraussetzung.
7. Es ist untersagt, den Greenfee-Gutschein entgeltlich Dritten zu überlassen bzw. mit diesen Handel zu treiben. Insbesondere sind die teilnehmenden Golfclubs in diesem Falle berechtigt, die Einlösung der ausgeschriebenen Angebote zu verweigern.
8. Die teilnehmenden Golfclubs haben sich gegenüber dem Verlag unter den o.g. Bedingungen verpflichtet, die ausgeschriebenen Angebote einzulösen. Der Verlag übernimmt jedoch keine Gewähr und keine Haftung, wenn ein Angebot nicht eingelöst wird oder werden kann.

Bedingungen zur Einlösung des Discounts:
1. Das Angebot ist bis einschließlich 30.6.2023 gültig.
2. Der Golfspieler/Leser hat sich telefonisch eine Abschlagzeit geben zu lassen – dabei ist die Nutzung des Angebots anzugeben.
3. Eine Barauszahlung des Greenfee-Vorteils ist nicht möglich.
4. Das Kombinieren von Angeboten oder bestehenden Greenfee-Vorteilen ist nicht möglich. Der Vorteil bezieht sich jeweils ausschließlich auf die zum Zeitpunkt der Einlösung gültigen vollen Greenfee-Gebühren.
5. Gibt es Spielergruppen mit erhöhten Greenfee-Gebühren, ist ein Nachlass auf diese Gebühren nicht möglich.
6. Das Angebot allein berechtigt nicht zum Spiel gegen Greenfee. Die Erfüllung der Bestimmungen des jeweiligen Golfclubs zur Greenfee-Berechtigung (Mitgliedschaft in einem Golfclub, Mindesthandicap etc.) zum Zeitpunkt der Einlösung sind Voraussetzung.
7. Es ist untersagt, den Greenfee-Gutschein entgeltlich Dritten zu überlassen bzw. mit diesen Handel zu treiben. Insbesondere sind die teilnehmenden Golfclubs in diesem Falle berechtigt, die Einlösung der ausgeschriebenen Angebote zu verweigern.
8. Die teilnehmenden Golfclubs haben sich gegenüber dem Verlag unter den o.g. Bedingungen verpflichtet, die ausgeschriebenen Angebote einzulösen. Der Verlag übernimmt jedoch keine Gewähr und keine Haftung, wenn ein Angebot nicht eingelöst wird oder werden kann.

Bedingungen zur Einlösung des Discounts:
1. Das Angebot ist bis einschließlich 30.6.2023 gültig.
2. Der Golfspieler/Leser hat sich telefonisch eine Abschlagzeit geben zu lassen – dabei ist die Nutzung des Angebots anzugeben.
3. Eine Barauszahlung des Greenfee-Vorteils ist nicht möglich.
4. Das Kombinieren von Angeboten oder bestehenden Greenfee-Vorteilen ist nicht möglich. Der Vorteil bezieht sich jeweils ausschließlich auf die zum Zeitpunkt der Einlösung gültigen vollen Greenfee-Gebühren.
5. Gibt es Spielergruppen mit erhöhten Greenfee-Gebühren, ist ein Nachlass auf diese Gebühren nicht möglich.
6. Das Angebot allein berechtigt nicht zum Spiel gegen Greenfee. Die Erfüllung der Bestimmungen des jeweiligen Golfclubs zur Greenfee-Berechtigung (Mitgliedschaft in einem Golfclub, Mindesthandicap etc.) zum Zeitpunkt der Einlösung sind Voraussetzung.
7. Es ist untersagt, den Greenfee-Gutschein entgeltlich Dritten zu überlassen bzw. mit diesen Handel zu treiben. Insbesondere sind die teilnehmenden Golfclubs in diesem Falle berechtigt, die Einlösung der ausgeschriebenen Angebote zu verweigern.
8. Die teilnehmenden Golfclubs haben sich gegenüber dem Verlag unter den o.g. Bedingungen verpflichtet, die ausgeschriebenen Angebote einzulösen. Der Verlag übernimmt jedoch keine Gewähr und keine Haftung, wenn ein Angebot nicht eingelöst wird oder werden kann.

Bedingungen zur Einlösung des Discounts:
1. Das Angebot ist bis einschließlich 30.6.2023 gültig.
2. Der Golfspieler/Leser hat sich telefonisch eine Abschlagzeit geben zu lassen – dabei ist die Nutzung des Angebots anzugeben.
3. Eine Barauszahlung des Greenfee-Vorteils ist nicht möglich.
4. Das Kombinieren von Angeboten oder bestehenden Greenfee-Vorteilen ist nicht möglich. Der Vorteil bezieht sich jeweils ausschließlich auf die zum Zeitpunkt der Einlösung gültigen vollen Greenfee-Gebühren.
5. Gibt es Spielergruppen mit erhöhten Greenfee-Gebühren, ist ein Nachlass auf diese Gebühren nicht möglich.
6. Das Angebot allein berechtigt nicht zum Spiel gegen Greenfee. Die Erfüllung der Bestimmungen des jeweiligen Golfclubs zur Greenfee-Berechtigung (Mitgliedschaft in einem Golfclub, Mindesthandicap etc.) zum Zeitpunkt der Einlösung sind Voraussetzung.
7. Es ist untersagt, den Greenfee-Gutschein entgeltlich Dritten zu überlassen bzw. mit diesen Handel zu treiben. Insbesondere sind die teilnehmenden Golfclubs in diesem Falle berechtigt, die Einlösung der ausgeschriebenen Angebote zu verweigern.
8. Die teilnehmenden Golfclubs haben sich gegenüber dem Verlag unter den o.g. Bedingungen verpflichtet, die ausgeschriebenen Angebote einzulösen. Der Verlag übernimmt jedoch keine Gewähr und keine Haftung, wenn ein Angebot nicht eingelöst wird oder werden kann.

Bedingungen zur Einlösung des Discounts:
1. Das Angebot ist bis einschließlich 30.6.2023 gültig.
2. Der Golfspieler/Leser hat sich telefonisch eine Abschlagzeit geben zu lassen – dabei ist die Nutzung des Angebots anzugeben.
3. Eine Barauszahlung des Greenfee-Vorteils ist nicht möglich.
4. Das Kombinieren von Angeboten oder bestehenden Greenfee-Vorteilen ist nicht möglich. Der Vorteil bezieht sich jeweils ausschließlich auf die zum Zeitpunkt der Einlösung gültigen vollen Greenfee-Gebühren.
5. Gibt es Spielergruppen mit erhöhten Greenfee-Gebühren, ist ein Nachlass auf diese Gebühren nicht möglich.
6. Das Angebot allein berechtigt nicht zum Spiel gegen Greenfee. Die Erfüllung der Bestimmungen des jeweiligen Golfclubs zur Greenfee-Berechtigung (Mitgliedschaft in einem Golfclub, Mindesthandicap etc.) zum Zeitpunkt der Einlösung sind Voraussetzung.
7. Es ist untersagt, den Greenfee-Gutschein entgeltlich Dritten zu überlassen bzw. mit diesen Handel zu treiben. Insbesondere sind die teilnehmenden Golfclubs in diesem Falle berechtigt, die Einlösung der ausgeschriebenen Angebote zu verweigern.
8. Die teilnehmenden Golfclubs haben sich gegenüber dem Verlag unter den o.g. Bedingungen verpflichtet, die ausgeschriebenen Angebote einzulösen. Der Verlag übernimmt jedoch keine Gewähr und keine Haftung, wenn ein Angebot nicht eingelöst wird oder werden kann.

Bedingungen zur Einlösung des Discounts:
1. Das Angebot ist bis einschließlich 30.6.2023 gültig.
2. Der Golfspieler/Leser hat sich telefonisch eine Abschlagzeit geben zu lassen – dabei ist die Nutzung des Angebots anzugeben.
3. Eine Barauszahlung des Greenfee-Vorteils ist nicht möglich.
4. Das Kombinieren von Angeboten oder bestehenden Greenfee-Vorteilen ist nicht möglich. Der Vorteil bezieht sich jeweils ausschließlich auf die zum Zeitpunkt der Einlösung gültigen vollen Greenfee-Gebühren.
5. Gibt es Spielergruppen mit erhöhten Greenfee-Gebühren, ist ein Nachlass auf diese Gebühren nicht möglich.
6. Das Angebot allein berechtigt nicht zum Spiel gegen Greenfee. Die Erfüllung der Bestimmungen des jeweiligen Golfclubs zur Greenfee-Berechtigung (Mitgliedschaft in einem Golfclub, Mindesthandicap etc.) zum Zeitpunkt der Einlösung sind Voraussetzung.
7. Es ist untersagt, den Greenfee-Gutschein entgeltlich Dritten zu überlassen bzw. mit diesen Handel zu treiben. Insbesondere sind die teilnehmenden Golfclubs in diesem Falle berechtigt, die Einlösung der ausgeschriebenen Angebote zu verweigern.
8. Die teilnehmenden Golfclubs haben sich gegenüber dem Verlag unter den o.g. Bedingungen verpflichtet, die ausgeschriebenen Angebote einzulösen. Der Verlag übernimmt jedoch keine Gewähr und keine Haftung, wenn ein Angebot nicht eingelöst wird oder werden kann.

Bedingungen zur Einlösung des Discounts:
1. Das Angebot ist bis einschließlich 30.6.2023 gültig.
2. Der Golfspieler/Leser hat sich telefonisch eine Abschlagzeit geben zu lassen – dabei ist die Nutzung des Angebots anzugeben.
3. Eine Barauszahlung des Greenfee-Vorteils ist nicht möglich.
4. Das Kombinieren von Angeboten oder bestehenden Greenfee-Vorteilen ist nicht möglich. Der Vorteil bezieht sich jeweils ausschließlich auf die zum Zeitpunkt der Einlösung gültigen vollen Greenfee-Gebühren.
5. Gibt es Spielergruppen mit erhöhten Greenfee-Gebühren, ist ein Nachlass auf diese Gebühren nicht möglich.
6. Das Angebot allein berechtigt nicht zum Spiel gegen Greenfee. Die Erfüllung der Bestimmungen des jeweiligen Golfclubs zur Greenfee-Berechtigung (Mitgliedschaft in einem Golfclub, Mindesthandicap etc.) zum Zeitpunkt der Einlösung sind Voraussetzung.
7. Es ist untersagt, den Greenfee-Gutschein entgeltlich Dritten zu überlassen bzw. mit diesen Handel zu treiben. Insbesondere sind die teilnehmenden Golfclubs in diesem Falle berechtigt, die Einlösung der ausgeschriebenen Angebote zu verweigern.
8. Die teilnehmenden Golfclubs haben sich gegenüber dem Verlag unter den o.g. Bedingungen verpflichtet, die ausgeschriebenen Angebote einzulösen. Der Verlag übernimmt jedoch keine Gewähr und keine Haftung, wenn ein Angebot nicht eingelöst wird oder werden kann.

Bedingungen zur Einlösung des Discounts:
1. Das Angebot ist bis einschließlich 30.6.2023 gültig.
2. Der Golfspieler/Leser hat sich telefonisch eine Abschlagzeit geben zu lassen – dabei ist die Nutzung des Angebots anzugeben.
3. Eine Barauszahlung des Greenfee-Vorteils ist nicht möglich.
4. Das Kombinieren von Angeboten oder bestehenden Greenfee-Vorteilen ist nicht möglich. Der Vorteil bezieht sich jeweils ausschließlich auf die zum Zeitpunkt der Einlösung gültigen vollen Greenfee-Gebühren.
5. Gibt es Spielergruppen mit erhöhten Greenfee-Gebühren, ist ein Nachlass auf diese Gebühren nicht möglich.
6. Das Angebot allein berechtigt nicht zum Spiel gegen Greenfee. Die Erfüllung der Bestimmungen des jeweiligen Golfclubs zur Greenfee-Berechtigung (Mitgliedschaft in einem Golfclub, Mindesthandicap etc.) zum Zeitpunkt der Einlösung sind Voraussetzung.
7. Es ist untersagt, den Greenfee-Gutschein entgeltlich Dritten zu überlassen bzw. mit diesen Handel zu treiben. Insbesondere sind die teilnehmenden Golfclubs in diesem Falle berechtigt, die Einlösung der ausgeschriebenen Angebote zu verweigern.
8. Die teilnehmenden Golfclubs haben sich gegenüber dem Verlag unter den o.g. Bedingungen verpflichtet, die ausgeschriebenen Angebote einzulösen. Der Verlag übernimmt jedoch keine Gewähr und keine Haftung, wenn ein Angebot nicht eingelöst wird oder werden kann.

DER GOLF ALBRECHT

Golf Club Sterzing

Reifenstein - Sadobre
I-39049 Sterzing/Freienfeld
✆ +39 333 815 4350
Südtirol

26

2 for 1 2 GF zum Preis von 1

DER GOLF ALBRECHT

Golf Club Sterzing

Reifenstein - Sadobre
I-39049 Sterzing/Freienfeld
✆ +39 333 815 4350
Südtirol

26

20% Greenfee-Ermäßigung

DER GOLF ALBRECHT

Golf Club Sterzing

Reifenstein - Sadobre
I-39049 Sterzing/Freienfeld
✆ +39 333 815 4350
Südtirol

26

20% Greenfee-Ermäßigung

DER GOLF ALBRECHT

Golf Club Sterzing

Reifenstein - Sadobre
I-39049 Sterzing/Freienfeld
✆ +39 333 815 4350
Südtirol

26

20% Greenfee-Ermäßigung

DER GOLF ALBRECHT

Golf Club Alta Badia

Strada Planac, 9
I-39033 Corvara in Badia (BZ)
✆ +39 0471 836655
Südtirol
Hinweis: gilt nicht für Turniere

27

2 for 1 2 GF zum Preis von 1

DER GOLF ALBRECHT

Golf Club Alta Badia

Strada Planac, 9
I-39033 Corvara in Badia (BZ)
✆ +39 0471 836655
Südtirol
Hinweis: gilt nicht für Turniere

27

20% Greenfee-Ermäßigung

DER GOLF ALBRECHT

Golf Club Alta Badia

Strada Planac, 9
I-39033 Corvara in Badia (BZ)
✆ +39 0471 836655
Südtirol
Hinweis: gilt nicht für Turniere

27

20% Greenfee-Ermäßigung

DER GOLF ALBRECHT

Golf Club Petersberg

Petersberg - Unterwinkl 5
I-39050 Deutschnofen
✆ +39 0471 615122
Südtirol

28

20% Greenfee-Ermäßigung

DER GOLF ALBRECHT

Golf Club Petersberg

Petersberg - Unterwinkl 5
I-39050 Deutschnofen
✆ +39 0471 615122
Südtirol

28

20% Greenfee-Ermäßigung

DER GOLF ALBRECHT

Golf Club Dolomiti

Centro Sport Verde 1
I-38011 Sarnonico (TN)
✆ +39 0463 832698
Trentino
Hinweis: I voucher sono validi solo con presentazione della Albrecht Golf Card

29

2 for 1 2 GF zum Preis von 1 wochentags

Diese Gutscheine gelten nur in Verbindung mit dem Buch/Albrecht Golf Card

Bedingungen zur Einlösung des Discounts:

1. Das Angebot ist bis einschließlich 30.6.2023 gültig.
2. Der Golfspieler/Leser hat sich telefonisch eine Abschlagzeit geben zu lassen – dabei ist die Nutzung des Angebots anzugeben.
3. Eine Barauszahlung des Greenfee-Vorteils ist nicht möglich.
4. Das Kombinieren von Angeboten oder bestehenden Greenfee-Vorteilen ist nicht möglich. Der Vorteil bezieht sich jeweils ausschließlich auf die zum Zeitpunkt der Einlösung gültigen vollen Greenfee-Gebühren.
5. Gibt es Spielergruppen mit erhöhten Greenfee-Gebühren, ist ein Nachlass auf diese Gebühren nicht möglich.
6. Das Angebot allein berechtigt nicht zum Spiel gegen Greenfee. Die Erfüllung der Bestimmungen des jeweiligen Golfclubs zur Greenfee-Berechtigung (Mitgliedschaft in einem Golfclub, Mindesthandicap etc.) zum Zeitpunkt der Einlösung sind Voraussetzung.
7. Es ist untersagt, den Greenfee-Gutschein entgeltlich Dritten zu überlassen bzw. mit diesen Handel zu treiben. Insbesondere sind die teilnehmenden Golfclubs in diesem Falle berechtigt, die Einlösung der ausgeschriebenen Angebote zu verweigern.
8. Die teilnehmenden Golfclubs haben sich gegenüber dem Verlag unter den o.g. Bedingungen verpflichtet, die ausgeschriebenen Angebote einzulösen. Der Verlag übernimmt jedoch keine Gewähr und keine Haftung, wenn ein Angebot nicht eingelöst wird oder werden kann.

Bedingungen zur Einlösung des Discounts:

1. Das Angebot ist bis einschließlich 30.6.2023 gültig.
2. Der Golfspieler/Leser hat sich telefonisch eine Abschlagzeit geben zu lassen – dabei ist die Nutzung des Angebots anzugeben.
3. Eine Barauszahlung des Greenfee-Vorteils ist nicht möglich.
4. Das Kombinieren von Angeboten oder bestehenden Greenfee-Vorteilen ist nicht möglich. Der Vorteil bezieht sich jeweils ausschließlich auf die zum Zeitpunkt der Einlösung gültigen vollen Greenfee-Gebühren.
5. Gibt es Spielergruppen mit erhöhten Greenfee-Gebühren, ist ein Nachlass auf diese Gebühren nicht möglich.
6. Das Angebot allein berechtigt nicht zum Spiel gegen Greenfee. Die Erfüllung der Bestimmungen des jeweiligen Golfclubs zur Greenfee-Berechtigung (Mitgliedschaft in einem Golfclub, Mindesthandicap etc.) zum Zeitpunkt der Einlösung sind Voraussetzung.
7. Es ist untersagt, den Greenfee-Gutschein entgeltlich Dritten zu überlassen bzw. mit diesen Handel zu treiben. Insbesondere sind die teilnehmenden Golfclubs in diesem Falle berechtigt, die Einlösung der ausgeschriebenen Angebote zu verweigern.
8. Die teilnehmenden Golfclubs haben sich gegenüber dem Verlag unter den o.g. Bedingungen verpflichtet, die ausgeschriebenen Angebote einzulösen. Der Verlag übernimmt jedoch keine Gewähr und keine Haftung, wenn ein Angebot nicht eingelöst wird oder werden kann.

Bedingungen zur Einlösung des Discounts:

1. Das Angebot ist bis einschließlich 30.6.2023 gültig.
2. Der Golfspieler/Leser hat sich telefonisch eine Abschlagzeit geben zu lassen – dabei ist die Nutzung des Angebots anzugeben.
3. Eine Barauszahlung des Greenfee-Vorteils ist nicht möglich.
4. Das Kombinieren von Angeboten oder bestehenden Greenfee-Vorteilen ist nicht möglich. Der Vorteil bezieht sich jeweils ausschließlich auf die zum Zeitpunkt der Einlösung gültigen vollen Greenfee-Gebühren.
5. Gibt es Spielergruppen mit erhöhten Greenfee-Gebühren, ist ein Nachlass auf diese Gebühren nicht möglich.
6. Das Angebot allein berechtigt nicht zum Spiel gegen Greenfee. Die Erfüllung der Bestimmungen des jeweiligen Golfclubs zur Greenfee-Berechtigung (Mitgliedschaft in einem Golfclub, Mindesthandicap etc.) zum Zeitpunkt der Einlösung sind Voraussetzung.
7. Es ist untersagt, den Greenfee-Gutschein entgeltlich Dritten zu überlassen bzw. mit diesen Handel zu treiben. Insbesondere sind die teilnehmenden Golfclubs in diesem Falle berechtigt, die Einlösung der ausgeschriebenen Angebote zu verweigern.
8. Die teilnehmenden Golfclubs haben sich gegenüber dem Verlag unter den o.g. Bedingungen verpflichtet, die ausgeschriebenen Angebote einzulösen. Der Verlag übernimmt jedoch keine Gewähr und keine Haftung, wenn ein Angebot nicht eingelöst wird oder werden kann.

Bedingungen zur Einlösung des Discounts:

1. Das Angebot ist bis einschließlich 30.6.2023 gültig.
2. Der Golfspieler/Leser hat sich telefonisch eine Abschlagzeit geben zu lassen – dabei ist die Nutzung des Angebots anzugeben.
3. Eine Barauszahlung des Greenfee-Vorteils ist nicht möglich.
4. Das Kombinieren von Angeboten oder bestehenden Greenfee-Vorteilen ist nicht möglich. Der Vorteil bezieht sich jeweils ausschließlich auf die zum Zeitpunkt der Einlösung gültigen vollen Greenfee-Gebühren.
5. Gibt es Spielergruppen mit erhöhten Greenfee-Gebühren, ist ein Nachlass auf diese Gebühren nicht möglich.
6. Das Angebot allein berechtigt nicht zum Spiel gegen Greenfee. Die Erfüllung der Bestimmungen des jeweiligen Golfclubs zur Greenfee-Berechtigung (Mitgliedschaft in einem Golfclub, Mindesthandicap etc.) zum Zeitpunkt der Einlösung sind Voraussetzung.
7. Es ist untersagt, den Greenfee-Gutschein entgeltlich Dritten zu überlassen bzw. mit diesen Handel zu treiben. Insbesondere sind die teilnehmenden Golfclubs in diesem Falle berechtigt, die Einlösung der ausgeschriebenen Angebote zu verweigern.
8. Die teilnehmenden Golfclubs haben sich gegenüber dem Verlag unter den o.g. Bedingungen verpflichtet, die ausgeschriebenen Angebote einzulösen. Der Verlag übernimmt jedoch keine Gewähr und keine Haftung, wenn ein Angebot nicht eingelöst wird oder werden kann.

Bedingungen zur Einlösung des Discounts:

1. Das Angebot ist bis einschließlich 30.6.2023 gültig.
2. Der Golfspieler/Leser hat sich telefonisch eine Abschlagzeit geben zu lassen – dabei ist die Nutzung des Angebots anzugeben.
3. Eine Barauszahlung des Greenfee-Vorteils ist nicht möglich.
4. Das Kombinieren von Angeboten oder bestehenden Greenfee-Vorteilen ist nicht möglich. Der Vorteil bezieht sich jeweils ausschließlich auf die zum Zeitpunkt der Einlösung gültigen vollen Greenfee-Gebühren.
5. Gibt es Spielergruppen mit erhöhten Greenfee-Gebühren, ist ein Nachlass auf diese Gebühren nicht möglich.
6. Das Angebot allein berechtigt nicht zum Spiel gegen Greenfee. Die Erfüllung der Bestimmungen des jeweiligen Golfclubs zur Greenfee-Berechtigung (Mitgliedschaft in einem Golfclub, Mindesthandicap etc.) zum Zeitpunkt der Einlösung sind Voraussetzung.
7. Es ist untersagt, den Greenfee-Gutschein entgeltlich Dritten zu überlassen bzw. mit diesen Handel zu treiben. Insbesondere sind die teilnehmenden Golfclubs in diesem Falle berechtigt, die Einlösung der ausgeschriebenen Angebote zu verweigern.
8. Die teilnehmenden Golfclubs haben sich gegenüber dem Verlag unter den o.g. Bedingungen verpflichtet, die ausgeschriebenen Angebote einzulösen. Der Verlag übernimmt jedoch keine Gewähr und keine Haftung, wenn ein Angebot nicht eingelöst wird oder werden kann.

Bedingungen zur Einlösung des Discounts:

1. Das Angebot ist bis einschließlich 30.6.2023 gültig.
2. Der Golfspieler/Leser hat sich telefonisch eine Abschlagzeit geben zu lassen – dabei ist die Nutzung des Angebots anzugeben.
3. Eine Barauszahlung des Greenfee-Vorteils ist nicht möglich.
4. Das Kombinieren von Angeboten oder bestehenden Greenfee-Vorteilen ist nicht möglich. Der Vorteil bezieht sich jeweils ausschließlich auf die zum Zeitpunkt der Einlösung gültigen vollen Greenfee-Gebühren.
5. Gibt es Spielergruppen mit erhöhten Greenfee-Gebühren, ist ein Nachlass auf diese Gebühren nicht möglich.
6. Das Angebot allein berechtigt nicht zum Spiel gegen Greenfee. Die Erfüllung der Bestimmungen des jeweiligen Golfclubs zur Greenfee-Berechtigung (Mitgliedschaft in einem Golfclub, Mindesthandicap etc.) zum Zeitpunkt der Einlösung sind Voraussetzung.
7. Es ist untersagt, den Greenfee-Gutschein entgeltlich Dritten zu überlassen bzw. mit diesen Handel zu treiben. Insbesondere sind die teilnehmenden Golfclubs in diesem Falle berechtigt, die Einlösung der ausgeschriebenen Angebote zu verweigern.
8. Die teilnehmenden Golfclubs haben sich gegenüber dem Verlag unter den o.g. Bedingungen verpflichtet, die ausgeschriebenen Angebote einzulösen. Der Verlag übernimmt jedoch keine Gewähr und keine Haftung, wenn ein Angebot nicht eingelöst wird oder werden kann.

Bedingungen zur Einlösung des Discounts:

1. Das Angebot ist bis einschließlich 30.6.2023 gültig.
2. Der Golfspieler/Leser hat sich telefonisch eine Abschlagzeit geben zu lassen – dabei ist die Nutzung des Angebots anzugeben.
3. Eine Barauszahlung des Greenfee-Vorteils ist nicht möglich.
4. Das Kombinieren von Angeboten oder bestehenden Greenfee-Vorteilen ist nicht möglich. Der Vorteil bezieht sich jeweils ausschließlich auf die zum Zeitpunkt der Einlösung gültigen vollen Greenfee-Gebühren.
5. Gibt es Spielergruppen mit erhöhten Greenfee-Gebühren, ist ein Nachlass auf diese Gebühren nicht möglich.
6. Das Angebot allein berechtigt nicht zum Spiel gegen Greenfee. Die Erfüllung der Bestimmungen des jeweiligen Golfclubs zur Greenfee-Berechtigung (Mitgliedschaft in einem Golfclub, Mindesthandicap etc.) zum Zeitpunkt der Einlösung sind Voraussetzung.
7. Es ist untersagt, den Greenfee-Gutschein entgeltlich Dritten zu überlassen bzw. mit diesen Handel zu treiben. Insbesondere sind die teilnehmenden Golfclubs in diesem Falle berechtigt, die Einlösung der ausgeschriebenen Angebote zu verweigern.
8. Die teilnehmenden Golfclubs haben sich gegenüber dem Verlag unter den o.g. Bedingungen verpflichtet, die ausgeschriebenen Angebote einzulösen. Der Verlag übernimmt jedoch keine Gewähr und keine Haftung, wenn ein Angebot nicht eingelöst wird oder werden kann.

Bedingungen zur Einlösung des Discounts:

1. Das Angebot ist bis einschließlich 30.6.2023 gültig.
2. Der Golfspieler/Leser hat sich telefonisch eine Abschlagzeit geben zu lassen – dabei ist die Nutzung des Angebots anzugeben.
3. Eine Barauszahlung des Greenfee-Vorteils ist nicht möglich.
4. Das Kombinieren von Angeboten oder bestehenden Greenfee-Vorteilen ist nicht möglich. Der Vorteil bezieht sich jeweils ausschließlich auf die zum Zeitpunkt der Einlösung gültigen vollen Greenfee-Gebühren.
5. Gibt es Spielergruppen mit erhöhten Greenfee-Gebühren, ist ein Nachlass auf diese Gebühren nicht möglich.
6. Das Angebot allein berechtigt nicht zum Spiel gegen Greenfee. Die Erfüllung der Bestimmungen des jeweiligen Golfclubs zur Greenfee-Berechtigung (Mitgliedschaft in einem Golfclub, Mindesthandicap etc.) zum Zeitpunkt der Einlösung sind Voraussetzung.
7. Es ist untersagt, den Greenfee-Gutschein entgeltlich Dritten zu überlassen bzw. mit diesen Handel zu treiben. Insbesondere sind die teilnehmenden Golfclubs in diesem Falle berechtigt, die Einlösung der ausgeschriebenen Angebote zu verweigern.
8. Die teilnehmenden Golfclubs haben sich gegenüber dem Verlag unter den o.g. Bedingungen verpflichtet, die ausgeschriebenen Angebote einzulösen. Der Verlag übernimmt jedoch keine Gewähr und keine Haftung, wenn ein Angebot nicht eingelöst wird oder werden kann.

Bedingungen zur Einlösung des Discounts:

1. Das Angebot ist bis einschließlich 30.6.2023 gültig.
2. Der Golfspieler/Leser hat sich telefonisch eine Abschlagzeit geben zu lassen – dabei ist die Nutzung des Angebots anzugeben.
3. Eine Barauszahlung des Greenfee-Vorteils ist nicht möglich.
4. Das Kombinieren von Angeboten oder bestehenden Greenfee-Vorteilen ist nicht möglich. Der Vorteil bezieht sich jeweils ausschließlich auf die zum Zeitpunkt der Einlösung gültigen vollen Greenfee-Gebühren.
5. Gibt es Spielergruppen mit erhöhten Greenfee-Gebühren, ist ein Nachlass auf diese Gebühren nicht möglich.
6. Das Angebot allein berechtigt nicht zum Spiel gegen Greenfee. Die Erfüllung der Bestimmungen des jeweiligen Golfclubs zur Greenfee-Berechtigung (Mitgliedschaft in einem Golfclub, Mindesthandicap etc.) zum Zeitpunkt der Einlösung sind Voraussetzung.
7. Es ist untersagt, den Greenfee-Gutschein entgeltlich Dritten zu überlassen bzw. mit diesen Handel zu treiben. Insbesondere sind die teilnehmenden Golfclubs in diesem Falle berechtigt, die Einlösung der ausgeschriebenen Angebote zu verweigern.
8. Die teilnehmenden Golfclubs haben sich gegenüber dem Verlag unter den o.g. Bedingungen verpflichtet, die ausgeschriebenen Angebote einzulösen. Der Verlag übernimmt jedoch keine Gewähr und keine Haftung, wenn ein Angebot nicht eingelöst wird oder werden kann.

Bedingungen zur Einlösung des Discounts:

1. Das Angebot ist bis einschließlich 30.6.2023 gültig.
2. Der Golfspieler/Leser hat sich telefonisch eine Abschlagzeit geben zu lassen – dabei ist die Nutzung des Angebots anzugeben.
3. Eine Barauszahlung des Greenfee-Vorteils ist nicht möglich.
4. Das Kombinieren von Angeboten oder bestehenden Greenfee-Vorteilen ist nicht möglich. Der Vorteil bezieht sich jeweils ausschließlich auf die zum Zeitpunkt der Einlösung gültigen vollen Greenfee-Gebühren.
5. Gibt es Spielergruppen mit erhöhten Greenfee-Gebühren, ist ein Nachlass auf diese Gebühren nicht möglich.
6. Das Angebot allein berechtigt nicht zum Spiel gegen Greenfee. Die Erfüllung der Bestimmungen des jeweiligen Golfclubs zur Greenfee-Berechtigung (Mitgliedschaft in einem Golfclub, Mindesthandicap etc.) zum Zeitpunkt der Einlösung sind Voraussetzung.
7. Es ist untersagt, den Greenfee-Gutschein entgeltlich Dritten zu überlassen bzw. mit diesen Handel zu treiben. Insbesondere sind die teilnehmenden Golfclubs in diesem Falle berechtigt, die Einlösung der ausgeschriebenen Angebote zu verweigern.
8. Die teilnehmenden Golfclubs haben sich gegenüber dem Verlag unter den o.g. Bedingungen verpflichtet, die ausgeschriebenen Angebote einzulösen. Der Verlag übernimmt jedoch keine Gewähr und keine Haftung, wenn ein Angebot nicht eingelöst wird oder werden kann.

Diese Gutscheine gelten nur in Verbindung mit dem Buch/Albrecht Golf Card

DER GOLF ALBRECHT

Golf Club Dolomiti

Centro Sport Verde 1
I-38011 Sarnonico (TN)
✆ +39 0463 832698
Trentino
Hinweis: I voucher sono validi solo con presentazione della Albrecht Golf Card

29

20% Greenfee-Ermäßigung wochentags

DER GOLF ALBRECHT

Golf Club Rendena

Loc. Ischia 1
I-38080 Bocenago
✆ +39 0465 806049
Trentino

30

2 for 1 2 GF zum Preis von 1

DER GOLF ALBRECHT

Golf Club Rendena

Loc. Ischia 1
I-38080 Bocenago
✆ +39 0465 806049
Trentino

30

2 for 1 2 GF zum Preis von 1

DER GOLF ALBRECHT

Golf Club Rendena

Loc. Ischia 1
I-38080 Bocenago
✆ +39 0465 806049
Trentino

30

20% Greenfee-Ermäßigung

DER GOLF ALBRECHT

Golf Club Rendena

Loc. Ischia 1
I-38080 Bocenago
✆ +39 0465 806049
Trentino

30

20% Greenfee-Ermäßigung

DER GOLF ALBRECHT

Golf Club Folgaria

Località Maso Spilzi
I-38064 Folgaria-Trento
✆ +39-0464-720480 und +39-3334998644
Trentino
Hinweis: Season is from 1st of May until end of October!

31

2 for 1 2 GF zum Preis von 1

DER GOLF ALBRECHT

Golf Club Folgaria

Località Maso Spilzi
I-38064 Folgaria-Trento
✆ +39-0464-720480 und +39-3334998644
Trentino
Hinweis: Season is from 1st of May until end of October!

31

2 for 1 2 GF zum Preis von 1

DER GOLF ALBRECHT

Golf Club Folgaria

Località Maso Spilzi
I-38064 Folgaria-Trento
✆ +39-0464-720480 und +39-3334998644
Trentino
Hinweis: Season is from 1st of May until end of October!

31

20% Greenfee-Ermäßigung

DER GOLF ALBRECHT

Golf Club Folgaria

Località Maso Spilzi
I-38064 Folgaria-Trento
✆ +39-0464-720480 und +39-3334998644
Trentino
Hinweis: Season is from 1st of May until end of October!

31

20% Greenfee-Ermäßigung

DER GOLF ALBRECHT

Golf Club Folgaria

Località Maso Spilzi
I-38064 Folgaria-Trento
✆ +39-0464-720480 und +39-3334998644
Trentino
Hinweis: Season is from 1st of May until end of October!

31

20% Greenfee-Ermäßigung

Diese Gutscheine gelten nur in Verbindung mit dem Buch/Albrecht Golf Card

Diese Gutscheine gelten nur in Verbindung mit dem Buch/Albrecht Golf Card

Bedingungen zur Einlösung des Discounts:
1. Das Angebot ist bis einschließlich 30.6.2023 gültig.
2. Der Golfspieler/Leser hat sich telefonisch eine Abschlagzeit geben zu lassen – dabei ist die Nutzung des Angebots anzugeben.
3. Eine Barauszahlung des Greenfee-Vorteils ist nicht möglich.
4. Das Kombinieren von Angeboten oder bestehenden Greenfee-Vorteilen ist nicht möglich. Der Vorteil bezieht sich jeweils ausschließlich auf die zum Zeitpunkt der Einlösung gültigen vollen Greenfee-Gebühren.
5. Gibt es Spielergruppen mit erhöhten Greenfee-Gebühren, ist ein Nachlass auf diese Gebühren nicht möglich.
6. Das Angebot allein berechtigt nicht zum Spiel gegen Greenfee. Die Erfüllung der Bestimmungen des jeweiligen Golfclubs zur Greenfee-Berechtigung (Mitgliedschaft in einem Golfclub, Mindesthandicap etc.) zum Zeitpunkt der Einlösung sind Voraussetzung.
7. Es ist untersagt, den Greenfee-Gutschein entgeltlich Dritten zu überlassen bzw. mit diesen Handel zu treiben. Insbesondere sind die teilnehmenden Golfclubs in diesem Falle berechtigt, die Einlösung der ausgeschriebenen Angebote zu verweigern.
8. Die teilnehmenden Golfclubs haben sich gegenüber dem Verlag unter den o.g. Bedingungen verpflichtet, die ausgeschriebenen Angebote einzulösen. Der Verlag übernimmt jedoch keine Gewähr und keine Haftung, wenn ein Angebot nicht eingelöst wird oder werden kann.

Bedingungen zur Einlösung des Discounts:
1. Das Angebot ist bis einschließlich 30.6.2023 gültig.
2. Der Golfspieler/Leser hat sich telefonisch eine Abschlagzeit geben zu lassen – dabei ist die Nutzung des Angebots anzugeben.
3. Eine Barauszahlung des Greenfee-Vorteils ist nicht möglich.
4. Das Kombinieren von Angeboten oder bestehenden Greenfee-Vorteilen ist nicht möglich. Der Vorteil bezieht sich jeweils ausschließlich auf die zum Zeitpunkt der Einlösung gültigen vollen Greenfee-Gebühren.
5. Gibt es Spielergruppen mit erhöhten Greenfee-Gebühren, ist ein Nachlass auf diese Gebühren nicht möglich.
6. Das Angebot allein berechtigt nicht zum Spiel gegen Greenfee. Die Erfüllung der Bestimmungen des jeweiligen Golfclubs zur Greenfee-Berechtigung (Mitgliedschaft in einem Golfclub, Mindesthandicap etc.) zum Zeitpunkt der Einlösung sind Voraussetzung.
7. Es ist untersagt, den Greenfee-Gutschein entgeltlich Dritten zu überlassen bzw. mit diesen Handel zu treiben. Insbesondere sind die teilnehmenden Golfclubs in diesem Falle berechtigt, die Einlösung der ausgeschriebenen Angebote zu verweigern.
8. Die teilnehmenden Golfclubs haben sich gegenüber dem Verlag unter den o.g. Bedingungen verpflichtet, die ausgeschriebenen Angebote einzulösen. Der Verlag übernimmt jedoch keine Gewähr und keine Haftung, wenn ein Angebot nicht eingelöst wird oder werden kann.

Bedingungen zur Einlösung des Discounts:
1. Das Angebot ist bis einschließlich 30.6.2023 gültig.
2. Der Golfspieler/Leser hat sich telefonisch eine Abschlagzeit geben zu lassen – dabei ist die Nutzung des Angebots anzugeben.
3. Eine Barauszahlung des Greenfee-Vorteils ist nicht möglich.
4. Das Kombinieren von Angeboten oder bestehenden Greenfee-Vorteilen ist nicht möglich. Der Vorteil bezieht sich jeweils ausschließlich auf die zum Zeitpunkt der Einlösung gültigen vollen Greenfee-Gebühren.
5. Gibt es Spielergruppen mit erhöhten Greenfee-Gebühren, ist ein Nachlass auf diese Gebühren nicht möglich.
6. Das Angebot allein berechtigt nicht zum Spiel gegen Greenfee. Die Erfüllung der Bestimmungen des jeweiligen Golfclubs zur Greenfee-Berechtigung (Mitgliedschaft in einem Golfclub, Mindesthandicap etc.) zum Zeitpunkt der Einlösung sind Voraussetzung.
7. Es ist untersagt, den Greenfee-Gutschein entgeltlich Dritten zu überlassen bzw. mit diesen Handel zu treiben. Insbesondere sind die teilnehmenden Golfclubs in diesem Falle berechtigt, die Einlösung der ausgeschriebenen Angebote zu verweigern.
8. Die teilnehmenden Golfclubs haben sich gegenüber dem Verlag unter den o.g. Bedingungen verpflichtet, die ausgeschriebenen Angebote einzulösen. Der Verlag übernimmt jedoch keine Gewähr und keine Haftung, wenn ein Angebot nicht eingelöst wird oder werden kann.

Bedingungen zur Einlösung des Discounts:
1. Das Angebot ist bis einschließlich 30.6.2023 gültig.
2. Der Golfspieler/Leser hat sich telefonisch eine Abschlagzeit geben zu lassen – dabei ist die Nutzung des Angebots anzugeben.
3. Eine Barauszahlung des Greenfee-Vorteils ist nicht möglich.
4. Das Kombinieren von Angeboten oder bestehenden Greenfee-Vorteilen ist nicht möglich. Der Vorteil bezieht sich jeweils ausschließlich auf die zum Zeitpunkt der Einlösung gültigen vollen Greenfee-Gebühren.
5. Gibt es Spielergruppen mit erhöhten Greenfee-Gebühren, ist ein Nachlass auf diese Gebühren nicht möglich.
6. Das Angebot allein berechtigt nicht zum Spiel gegen Greenfee. Die Erfüllung der Bestimmungen des jeweiligen Golfclubs zur Greenfee-Berechtigung (Mitgliedschaft in einem Golfclub, Mindesthandicap etc.) zum Zeitpunkt der Einlösung sind Voraussetzung.
7. Es ist untersagt, den Greenfee-Gutschein entgeltlich Dritten zu überlassen bzw. mit diesen Handel zu treiben. Insbesondere sind die teilnehmenden Golfclubs in diesem Falle berechtigt, die Einlösung der ausgeschriebenen Angebote zu verweigern.
8. Die teilnehmenden Golfclubs haben sich gegenüber dem Verlag unter den o.g. Bedingungen verpflichtet, die ausgeschriebenen Angebote einzulösen. Der Verlag übernimmt jedoch keine Gewähr und keine Haftung, wenn ein Angebot nicht eingelöst wird oder werden kann.

Bedingungen zur Einlösung des Discounts:
1. Das Angebot ist bis einschließlich 30.6.2023 gültig.
2. Der Golfspieler/Leser hat sich telefonisch eine Abschlagzeit geben zu lassen – dabei ist die Nutzung des Angebots anzugeben.
3. Eine Barauszahlung des Greenfee-Vorteils ist nicht möglich.
4. Das Kombinieren von Angeboten oder bestehenden Greenfee-Vorteilen ist nicht möglich. Der Vorteil bezieht sich jeweils ausschließlich auf die zum Zeitpunkt der Einlösung gültigen vollen Greenfee-Gebühren.
5. Gibt es Spielergruppen mit erhöhten Greenfee-Gebühren, ist ein Nachlass auf diese Gebühren nicht möglich.
6. Das Angebot allein berechtigt nicht zum Spiel gegen Greenfee. Die Erfüllung der Bestimmungen des jeweiligen Golfclubs zur Greenfee-Berechtigung (Mitgliedschaft in einem Golfclub, Mindesthandicap etc.) zum Zeitpunkt der Einlösung sind Voraussetzung.
7. Es ist untersagt, den Greenfee-Gutschein entgeltlich Dritten zu überlassen bzw. mit diesen Handel zu treiben. Insbesondere sind die teilnehmenden Golfclubs in diesem Falle berechtigt, die Einlösung der ausgeschriebenen Angebote zu verweigern.
8. Die teilnehmenden Golfclubs haben sich gegenüber dem Verlag unter den o.g. Bedingungen verpflichtet, die ausgeschriebenen Angebote einzulösen. Der Verlag übernimmt jedoch keine Gewähr und keine Haftung, wenn ein Angebot nicht eingelöst wird oder werden kann.

Bedingungen zur Einlösung des Discounts:
1. Das Angebot ist bis einschließlich 30.6.2023 gültig.
2. Der Golfspieler/Leser hat sich telefonisch eine Abschlagzeit geben zu lassen – dabei ist die Nutzung des Angebots anzugeben.
3. Eine Barauszahlung des Greenfee-Vorteils ist nicht möglich.
4. Das Kombinieren von Angeboten oder bestehenden Greenfee-Vorteilen ist nicht möglich. Der Vorteil bezieht sich jeweils ausschließlich auf die zum Zeitpunkt der Einlösung gültigen vollen Greenfee-Gebühren.
5. Gibt es Spielergruppen mit erhöhten Greenfee-Gebühren, ist ein Nachlass auf diese Gebühren nicht möglich.
6. Das Angebot allein berechtigt nicht zum Spiel gegen Greenfee. Die Erfüllung der Bestimmungen des jeweiligen Golfclubs zur Greenfee-Berechtigung (Mitgliedschaft in einem Golfclub, Mindesthandicap etc.) zum Zeitpunkt der Einlösung sind Voraussetzung.
7. Es ist untersagt, den Greenfee-Gutschein entgeltlich Dritten zu überlassen bzw. mit diesen Handel zu treiben. Insbesondere sind die teilnehmenden Golfclubs in diesem Falle berechtigt, die Einlösung der ausgeschriebenen Angebote zu verweigern.
8. Die teilnehmenden Golfclubs haben sich gegenüber dem Verlag unter den o.g. Bedingungen verpflichtet, die ausgeschriebenen Angebote einzulösen. Der Verlag übernimmt jedoch keine Gewähr und keine Haftung, wenn ein Angebot nicht eingelöst wird oder werden kann.

Bedingungen zur Einlösung des Discounts:
1. Das Angebot ist bis einschließlich 30.6.2023 gültig.
2. Der Golfspieler/Leser hat sich telefonisch eine Abschlagzeit geben zu lassen – dabei ist die Nutzung des Angebots anzugeben.
3. Eine Barauszahlung des Greenfee-Vorteils ist nicht möglich.
4. Das Kombinieren von Angeboten oder bestehenden Greenfee-Vorteilen ist nicht möglich. Der Vorteil bezieht sich jeweils ausschließlich auf die zum Zeitpunkt der Einlösung gültigen vollen Greenfee-Gebühren.
5. Gibt es Spielergruppen mit erhöhten Greenfee-Gebühren, ist ein Nachlass auf diese Gebühren nicht möglich.
6. Das Angebot allein berechtigt nicht zum Spiel gegen Greenfee. Die Erfüllung der Bestimmungen des jeweiligen Golfclubs zur Greenfee-Berechtigung (Mitgliedschaft in einem Golfclub, Mindesthandicap etc.) zum Zeitpunkt der Einlösung sind Voraussetzung.
7. Es ist untersagt, den Greenfee-Gutschein entgeltlich Dritten zu überlassen bzw. mit diesen Handel zu treiben. Insbesondere sind die teilnehmenden Golfclubs in diesem Falle berechtigt, die Einlösung der ausgeschriebenen Angebote zu verweigern.
8. Die teilnehmenden Golfclubs haben sich gegenüber dem Verlag unter den o.g. Bedingungen verpflichtet, die ausgeschriebenen Angebote einzulösen. Der Verlag übernimmt jedoch keine Gewähr und keine Haftung, wenn ein Angebot nicht eingelöst wird oder werden kann.

Bedingungen zur Einlösung des Discounts:
1. Das Angebot ist bis einschließlich 30.6.2023 gültig.
2. Der Golfspieler/Leser hat sich telefonisch eine Abschlagzeit geben zu lassen – dabei ist die Nutzung des Angebots anzugeben.
3. Eine Barauszahlung des Greenfee-Vorteils ist nicht möglich.
4. Das Kombinieren von Angeboten oder bestehenden Greenfee-Vorteilen ist nicht möglich. Der Vorteil bezieht sich jeweils ausschließlich auf die zum Zeitpunkt der Einlösung gültigen vollen Greenfee-Gebühren.
5. Gibt es Spielergruppen mit erhöhten Greenfee-Gebühren, ist ein Nachlass auf diese Gebühren nicht möglich.
6. Das Angebot allein berechtigt nicht zum Spiel gegen Greenfee. Die Erfüllung der Bestimmungen des jeweiligen Golfclubs zur Greenfee-Berechtigung (Mitgliedschaft in einem Golfclub, Mindesthandicap etc.) zum Zeitpunkt der Einlösung sind Voraussetzung.
7. Es ist untersagt, den Greenfee-Gutschein entgeltlich Dritten zu überlassen bzw. mit diesen Handel zu treiben. Insbesondere sind die teilnehmenden Golfclubs in diesem Falle berechtigt, die Einlösung der ausgeschriebenen Angebote zu verweigern.
8. Die teilnehmenden Golfclubs haben sich gegenüber dem Verlag unter den o.g. Bedingungen verpflichtet, die ausgeschriebenen Angebote einzulösen. Der Verlag übernimmt jedoch keine Gewähr und keine Haftung, wenn ein Angebot nicht eingelöst wird oder werden kann.

Bedingungen zur Einlösung des Discounts:
1. Das Angebot ist bis einschließlich 30.6.2023 gültig.
2. Der Golfspieler/Leser hat sich telefonisch eine Abschlagzeit geben zu lassen – dabei ist die Nutzung des Angebots anzugeben.
3. Eine Barauszahlung des Greenfee-Vorteils ist nicht möglich.
4. Das Kombinieren von Angeboten oder bestehenden Greenfee-Vorteilen ist nicht möglich. Der Vorteil bezieht sich jeweils ausschließlich auf die zum Zeitpunkt der Einlösung gültigen vollen Greenfee-Gebühren.
5. Gibt es Spielergruppen mit erhöhten Greenfee-Gebühren, ist ein Nachlass auf diese Gebühren nicht möglich.
6. Das Angebot allein berechtigt nicht zum Spiel gegen Greenfee. Die Erfüllung der Bestimmungen des jeweiligen Golfclubs zur Greenfee-Berechtigung (Mitgliedschaft in einem Golfclub, Mindesthandicap etc.) zum Zeitpunkt der Einlösung sind Voraussetzung.
7. Es ist untersagt, den Greenfee-Gutschein entgeltlich Dritten zu überlassen bzw. mit diesen Handel zu treiben. Insbesondere sind die teilnehmenden Golfclubs in diesem Falle berechtigt, die Einlösung der ausgeschriebenen Angebote zu verweigern.
8. Die teilnehmenden Golfclubs haben sich gegenüber dem Verlag unter den o.g. Bedingungen verpflichtet, die ausgeschriebenen Angebote einzulösen. Der Verlag übernimmt jedoch keine Gewähr und keine Haftung, wenn ein Angebot nicht eingelöst wird oder werden kann.

Bedingungen zur Einlösung des Discounts:
1. Das Angebot ist bis einschließlich 30.6.2023 gültig.
2. Der Golfspieler/Leser hat sich telefonisch eine Abschlagzeit geben zu lassen – dabei ist die Nutzung des Angebots anzugeben.
3. Eine Barauszahlung des Greenfee-Vorteils ist nicht möglich.
4. Das Kombinieren von Angeboten oder bestehenden Greenfee-Vorteilen ist nicht möglich. Der Vorteil bezieht sich jeweils ausschließlich auf die zum Zeitpunkt der Einlösung gültigen vollen Greenfee-Gebühren.
5. Gibt es Spielergruppen mit erhöhten Greenfee-Gebühren, ist ein Nachlass auf diese Gebühren nicht möglich.
6. Das Angebot allein berechtigt nicht zum Spiel gegen Greenfee. Die Erfüllung der Bestimmungen des jeweiligen Golfclubs zur Greenfee-Berechtigung (Mitgliedschaft in einem Golfclub, Mindesthandicap etc.) zum Zeitpunkt der Einlösung sind Voraussetzung.
7. Es ist untersagt, den Greenfee-Gutschein entgeltlich Dritten zu überlassen bzw. mit diesen Handel zu treiben. Insbesondere sind die teilnehmenden Golfclubs in diesem Falle berechtigt, die Einlösung der ausgeschriebenen Angebote zu verweigern.
8. Die teilnehmenden Golfclubs haben sich gegenüber dem Verlag unter den o.g. Bedingungen verpflichtet, die ausgeschriebenen Angebote einzulösen. Der Verlag übernimmt jedoch keine Gewähr und keine Haftung, wenn ein Angebot nicht eingelöst wird oder werden kann.

DER GOLF ALBRECHT

Golf & Country Club Castello di Spessa

IT

Via Spessa 14, Capriva del Friuli
I-34070 Capriva del Friuli
✆ +39 0481 881009
Veneto und Friaul

32

2 for 1 2 GF zum Preis von 1 wochentags

DER GOLF ALBRECHT

Golf & Country Club Castello di Spessa

Via Spessa 14, Capriva del Friuli
I-34070 Capriva del Friuli
✆ +39 0481 881009
Veneto und Friaul

32

2 for 1 2 GF zum Preis von 1 wochentags

DER GOLF ALBRECHT

Golf & Country Club Castello di Spessa

IT

Via Spessa 14, Capriva del Friuli
I-34070 Capriva del Friuli
✆ +39 0481 881009
Veneto und Friaul

32

2 for 1 2 GF zum Preis von 1 wochentags

DER GOLF ALBRECHT

Golf Club Grado

Monfalcone, 27
I-34073 Grado
✆ +39 0431 896896
Veneto und Friaul

33

2 for 1 2 GF zum Preis von 1 wochentags

DER GOLF ALBRECHT

Golf Club Grado

IT

Monfalcone, 27
I-34073 Grado
✆ +39 0431 896896
Veneto und Friaul

33

2 for 1 2 GF zum Preis von 1 wochentags

DER GOLF ALBRECHT

Golf Club Grado

Monfalcone, 27
I-34073 Grado
✆ +39 0431 896896
Veneto und Friaul

33

20% Greenfee-Ermäßigung

DER GOLF ALBRECHT

Golf Club Grado

IT

Monfalcone, 27
I-34073 Grado
✆ +39 0431 896896
Veneto und Friaul

33

20% Greenfee-Ermäßigung

DER GOLF ALBRECHT

Golf Club Ca'Amata

Via Loreggia di Salvarosa 44
I-31033 Castelfranco Treviso
✆ +39 0423 493537
Veneto und Friaul

34

2 for 1 2 GF zum Preis von 1

DER GOLF ALBRECHT

Golf Club Ca'Amata

IT

Via Loreggia di Salvarosa 44
I-31033 Castelfranco Treviso
✆ +39 0423 493537
Veneto und Friaul

2 for 1 2 GF zum Preis von 1

DER GOLF ALBRECHT

Golf Club Ca'Amata

Via Loreggia di Salvarosa 44
I-31033 Castelfranco Treviso
✆ +39 0423 493537
Veneto und Friaul

34

20% Greenfee-Ermäßigung

Diese Gutscheine gelten nur in Verbindung mit dem Buch/Albrecht Golf Card

Diese Gutscheine gelten nur in Verbindung mit dem Buch/Albrecht Golf Card

Bedingungen zur Einlösung des Discounts:
1. Das Angebot ist bis einschließlich 30.6.2023 gültig.
2. Der Golfspieler/Leser hat sich telefonisch eine Abschlagzeit geben zu lassen – dabei ist die Nutzung des Angebots anzugeben.
3. Eine Barauszahlung des Greenfee-Vorteils ist nicht möglich.
4. Das Kombinieren von Angeboten oder bestehenden Greenfee-Vorteilen ist nicht möglich. Der Vorteil bezieht sich jeweils ausschließlich auf die zum Zeitpunkt der Einlösung gültigen vollen Greenfee-Gebühren.
5. Gibt es Spielergruppen mit erhöhten Greenfee-Gebühren, ist ein Nachlass auf diese Gebühren nicht möglich.
6. Das Angebot allein berechtigt nicht zum Spiel gegen Greenfee. Die Erfüllung der Bestimmungen des jeweiligen Golfclubs zur Greenfee-Berechtigung (Mitgliedschaft in einem Golfclub, Mindesthandicap etc.) zum Zeitpunkt der Einlösung sind Voraussetzung.
7. Es ist untersagt, den Greenfee-Gutschein entgeltlich Dritten zu überlassen bzw. mit diesen Handel zu treiben. Insbesondere sind die teilnehmenden Golfclubs in diesem Falle berechtigt, die Einlösung der ausgeschriebenen Angebote zu verweigern.
8. Die teilnehmenden Golfclubs haben sich gegenüber dem Verlag unter den o.g. Bedingungen verpflichtet, die ausgeschriebenen Angebote einzulösen. Der Verlag übernimmt jedoch keine Gewähr und keine Haftung, wenn ein Angebot nicht eingelöst wird oder werden kann.

Bedingungen zur Einlösung des Discounts:
1. Das Angebot ist bis einschließlich 30.6.2023 gültig.
2. Der Golfspieler/Leser hat sich telefonisch eine Abschlagzeit geben zu lassen – dabei ist die Nutzung des Angebots anzugeben.
3. Eine Barauszahlung des Greenfee-Vorteils ist nicht möglich.
4. Das Kombinieren von Angeboten oder bestehenden Greenfee-Vorteilen ist nicht möglich. Der Vorteil bezieht sich jeweils ausschließlich auf die zum Zeitpunkt der Einlösung gültigen vollen Greenfee-Gebühren.
5. Gibt es Spielergruppen mit erhöhten Greenfee-Gebühren, ist ein Nachlass auf diese Gebühren nicht möglich.
6. Das Angebot allein berechtigt nicht zum Spiel gegen Greenfee. Die Erfüllung der Bestimmungen des jeweiligen Golfclubs zur Greenfee-Berechtigung (Mitgliedschaft in einem Golfclub, Mindesthandicap etc.) zum Zeitpunkt der Einlösung sind Voraussetzung.
7. Es ist untersagt, den Greenfee-Gutschein entgeltlich Dritten zu überlassen bzw. mit diesen Handel zu treiben. Insbesondere sind die teilnehmenden Golfclubs in diesem Falle berechtigt, die Einlösung der ausgeschriebenen Angebote zu verweigern.
8. Die teilnehmenden Golfclubs haben sich gegenüber dem Verlag unter den o.g. Bedingungen verpflichtet, die ausgeschriebenen Angebote einzulösen. Der Verlag übernimmt jedoch keine Gewähr und keine Haftung, wenn ein Angebot nicht eingelöst wird oder werden kann.

Bedingungen zur Einlösung des Discounts:
1. Das Angebot ist bis einschließlich 30.6.2023 gültig.
2. Der Golfspieler/Leser hat sich telefonisch eine Abschlagzeit geben zu lassen – dabei ist die Nutzung des Angebots anzugeben.
3. Eine Barauszahlung des Greenfee-Vorteils ist nicht möglich.
4. Das Kombinieren von Angeboten oder bestehenden Greenfee-Vorteilen ist nicht möglich. Der Vorteil bezieht sich jeweils ausschließlich auf die zum Zeitpunkt der Einlösung gültigen vollen Greenfee-Gebühren.
5. Gibt es Spielergruppen mit erhöhten Greenfee-Gebühren, ist ein Nachlass auf diese Gebühren nicht möglich.
6. Das Angebot allein berechtigt nicht zum Spiel gegen Greenfee. Die Erfüllung der Bestimmungen des jeweiligen Golfclubs zur Greenfee-Berechtigung (Mitgliedschaft in einem Golfclub, Mindesthandicap etc.) zum Zeitpunkt der Einlösung sind Voraussetzung.
7. Es ist untersagt, den Greenfee-Gutschein entgeltlich Dritten zu überlassen bzw. mit diesen Handel zu treiben. Insbesondere sind die teilnehmenden Golfclubs in diesem Falle berechtigt, die Einlösung der ausgeschriebenen Angebote zu verweigern.
8. Die teilnehmenden Golfclubs haben sich gegenüber dem Verlag unter den o.g. Bedingungen verpflichtet, die ausgeschriebenen Angebote einzulösen. Der Verlag übernimmt jedoch keine Gewähr und keine Haftung, wenn ein Angebot nicht eingelöst wird oder werden kann.

Bedingungen zur Einlösung des Discounts:
1. Das Angebot ist bis einschließlich 30.6.2023 gültig.
2. Der Golfspieler/Leser hat sich telefonisch eine Abschlagzeit geben zu lassen – dabei ist die Nutzung des Angebots anzugeben.
3. Eine Barauszahlung des Greenfee-Vorteils ist nicht möglich.
4. Das Kombinieren von Angeboten oder bestehenden Greenfee-Vorteilen ist nicht möglich. Der Vorteil bezieht sich jeweils ausschließlich auf die zum Zeitpunkt der Einlösung gültigen vollen Greenfee-Gebühren.
5. Gibt es Spielergruppen mit erhöhten Greenfee-Gebühren, ist ein Nachlass auf diese Gebühren nicht möglich.
6. Das Angebot allein berechtigt nicht zum Spiel gegen Greenfee. Die Erfüllung der Bestimmungen des jeweiligen Golfclubs zur Greenfee-Berechtigung (Mitgliedschaft in einem Golfclub, Mindesthandicap etc.) zum Zeitpunkt der Einlösung sind Voraussetzung.
7. Es ist untersagt, den Greenfee-Gutschein entgeltlich Dritten zu überlassen bzw. mit diesen Handel zu treiben. Insbesondere sind die teilnehmenden Golfclubs in diesem Falle berechtigt, die Einlösung der ausgeschriebenen Angebote zu verweigern.
8. Die teilnehmenden Golfclubs haben sich gegenüber dem Verlag unter den o.g. Bedingungen verpflichtet, die ausgeschriebenen Angebote einzulösen. Der Verlag übernimmt jedoch keine Gewähr und keine Haftung, wenn ein Angebot nicht eingelöst wird oder werden kann.

Bedingungen zur Einlösung des Discounts:
1. Das Angebot ist bis einschließlich 30.6.2023 gültig.
2. Der Golfspieler/Leser hat sich telefonisch eine Abschlagzeit geben zu lassen – dabei ist die Nutzung des Angebots anzugeben.
3. Eine Barauszahlung des Greenfee-Vorteils ist nicht möglich.
4. Das Kombinieren von Angeboten oder bestehenden Greenfee-Vorteilen ist nicht möglich. Der Vorteil bezieht sich jeweils ausschließlich auf die zum Zeitpunkt der Einlösung gültigen vollen Greenfee-Gebühren.
5. Gibt es Spielergruppen mit erhöhten Greenfee-Gebühren, ist ein Nachlass auf diese Gebühren nicht möglich.
6. Das Angebot allein berechtigt nicht zum Spiel gegen Greenfee. Die Erfüllung der Bestimmungen des jeweiligen Golfclubs zur Greenfee-Berechtigung (Mitgliedschaft in einem Golfclub, Mindesthandicap etc.) zum Zeitpunkt der Einlösung sind Voraussetzung.
7. Es ist untersagt, den Greenfee-Gutschein entgeltlich Dritten zu überlassen bzw. mit diesen Handel zu treiben. Insbesondere sind die teilnehmenden Golfclubs in diesem Falle berechtigt, die Einlösung der ausgeschriebenen Angebote zu verweigern.
8. Die teilnehmenden Golfclubs haben sich gegenüber dem Verlag unter den o.g. Bedingungen verpflichtet, die ausgeschriebenen Angebote einzulösen. Der Verlag übernimmt jedoch keine Gewähr und keine Haftung, wenn ein Angebot nicht eingelöst wird oder werden kann.

Bedingungen zur Einlösung des Discounts:
1. Das Angebot ist bis einschließlich 30.6.2023 gültig.
2. Der Golfspieler/Leser hat sich telefonisch eine Abschlagzeit geben zu lassen – dabei ist die Nutzung des Angebots anzugeben.
3. Eine Barauszahlung des Greenfee-Vorteils ist nicht möglich.
4. Das Kombinieren von Angeboten oder bestehenden Greenfee-Vorteilen ist nicht möglich. Der Vorteil bezieht sich jeweils ausschließlich auf die zum Zeitpunkt der Einlösung gültigen vollen Greenfee-Gebühren.
5. Gibt es Spielergruppen mit erhöhten Greenfee-Gebühren, ist ein Nachlass auf diese Gebühren nicht möglich.
6. Das Angebot allein berechtigt nicht zum Spiel gegen Greenfee. Die Erfüllung der Bestimmungen des jeweiligen Golfclubs zur Greenfee-Berechtigung (Mitgliedschaft in einem Golfclub, Mindesthandicap etc.) zum Zeitpunkt der Einlösung sind Voraussetzung.
7. Es ist untersagt, den Greenfee-Gutschein entgeltlich Dritten zu überlassen bzw. mit diesen Handel zu treiben. Insbesondere sind die teilnehmenden Golfclubs in diesem Falle berechtigt, die Einlösung der ausgeschriebenen Angebote zu verweigern.
8. Die teilnehmenden Golfclubs haben sich gegenüber dem Verlag unter den o.g. Bedingungen verpflichtet, die ausgeschriebenen Angebote einzulösen. Der Verlag übernimmt jedoch keine Gewähr und keine Haftung, wenn ein Angebot nicht eingelöst wird oder werden kann.

Bedingungen zur Einlösung des Discounts:
1. Das Angebot ist bis einschließlich 30.6.2023 gültig.
2. Der Golfspieler/Leser hat sich telefonisch eine Abschlagzeit geben zu lassen – dabei ist die Nutzung des Angebots anzugeben.
3. Eine Barauszahlung des Greenfee-Vorteils ist nicht möglich.
4. Das Kombinieren von Angeboten oder bestehenden Greenfee-Vorteilen ist nicht möglich. Der Vorteil bezieht sich jeweils ausschließlich auf die zum Zeitpunkt der Einlösung gültigen vollen Greenfee-Gebühren.
5. Gibt es Spielergruppen mit erhöhten Greenfee-Gebühren, ist ein Nachlass auf diese Gebühren nicht möglich.
6. Das Angebot allein berechtigt nicht zum Spiel gegen Greenfee. Die Erfüllung der Bestimmungen des jeweiligen Golfclubs zur Greenfee-Berechtigung (Mitgliedschaft in einem Golfclub, Mindesthandicap etc.) zum Zeitpunkt der Einlösung sind Voraussetzung.
7. Es ist untersagt, den Greenfee-Gutschein entgeltlich Dritten zu überlassen bzw. mit diesen Handel zu treiben. Insbesondere sind die teilnehmenden Golfclubs in diesem Falle berechtigt, die Einlösung der ausgeschriebenen Angebote zu verweigern.
8. Die teilnehmenden Golfclubs haben sich gegenüber dem Verlag unter den o.g. Bedingungen verpflichtet, die ausgeschriebenen Angebote einzulösen. Der Verlag übernimmt jedoch keine Gewähr und keine Haftung, wenn ein Angebot nicht eingelöst wird oder werden kann.

Bedingungen zur Einlösung des Discounts:
1. Das Angebot ist bis einschließlich 30.6.2023 gültig.
2. Der Golfspieler/Leser hat sich telefonisch eine Abschlagzeit geben zu lassen – dabei ist die Nutzung des Angebots anzugeben.
3. Eine Barauszahlung des Greenfee-Vorteils ist nicht möglich.
4. Das Kombinieren von Angeboten oder bestehenden Greenfee-Vorteilen ist nicht möglich. Der Vorteil bezieht sich jeweils ausschließlich auf die zum Zeitpunkt der Einlösung gültigen vollen Greenfee-Gebühren.
5. Gibt es Spielergruppen mit erhöhten Greenfee-Gebühren, ist ein Nachlass auf diese Gebühren nicht möglich.
6. Das Angebot allein berechtigt nicht zum Spiel gegen Greenfee. Die Erfüllung der Bestimmungen des jeweiligen Golfclubs zur Greenfee-Berechtigung (Mitgliedschaft in einem Golfclub, Mindesthandicap etc.) zum Zeitpunkt der Einlösung sind Voraussetzung.
7. Es ist untersagt, den Greenfee-Gutschein entgeltlich Dritten zu überlassen bzw. mit diesen Handel zu treiben. Insbesondere sind die teilnehmenden Golfclubs in diesem Falle berechtigt, die Einlösung der ausgeschriebenen Angebote zu verweigern.
8. Die teilnehmenden Golfclubs haben sich gegenüber dem Verlag unter den o.g. Bedingungen verpflichtet, die ausgeschriebenen Angebote einzulösen. Der Verlag übernimmt jedoch keine Gewähr und keine Haftung, wenn ein Angebot nicht eingelöst wird oder werden kann.

Bedingungen zur Einlösung des Discounts:
1. Das Angebot ist bis einschließlich 30.6.2023 gültig.
2. Der Golfspieler/Leser hat sich telefonisch eine Abschlagzeit geben zu lassen – dabei ist die Nutzung des Angebots anzugeben.
3. Eine Barauszahlung des Greenfee-Vorteils ist nicht möglich.
4. Das Kombinieren von Angeboten oder bestehenden Greenfee-Vorteilen ist nicht möglich. Der Vorteil bezieht sich jeweils ausschließlich auf die zum Zeitpunkt der Einlösung gültigen vollen Greenfee-Gebühren.
5. Gibt es Spielergruppen mit erhöhten Greenfee-Gebühren, ist ein Nachlass auf diese Gebühren nicht möglich.
6. Das Angebot allein berechtigt nicht zum Spiel gegen Greenfee. Die Erfüllung der Bestimmungen des jeweiligen Golfclubs zur Greenfee-Berechtigung (Mitgliedschaft in einem Golfclub, Mindesthandicap etc.) zum Zeitpunkt der Einlösung sind Voraussetzung.
7. Es ist untersagt, den Greenfee-Gutschein entgeltlich Dritten zu überlassen bzw. mit diesen Handel zu treiben. Insbesondere sind die teilnehmenden Golfclubs in diesem Falle berechtigt, die Einlösung der ausgeschriebenen Angebote zu verweigern.
8. Die teilnehmenden Golfclubs haben sich gegenüber dem Verlag unter den o.g. Bedingungen verpflichtet, die ausgeschriebenen Angebote einzulösen. Der Verlag übernimmt jedoch keine Gewähr und keine Haftung, wenn ein Angebot nicht eingelöst wird oder werden kann.

Bedingungen zur Einlösung des Discounts:
1. Das Angebot ist bis einschließlich 30.6.2023 gültig.
2. Der Golfspieler/Leser hat sich telefonisch eine Abschlagzeit geben zu lassen – dabei ist die Nutzung des Angebots anzugeben.
3. Eine Barauszahlung des Greenfee-Vorteils ist nicht möglich.
4. Das Kombinieren von Angeboten oder bestehenden Greenfee-Vorteilen ist nicht möglich. Der Vorteil bezieht sich jeweils ausschließlich auf die zum Zeitpunkt der Einlösung gültigen vollen Greenfee-Gebühren.
5. Gibt es Spielergruppen mit erhöhten Greenfee-Gebühren, ist ein Nachlass auf diese Gebühren nicht möglich.
6. Das Angebot allein berechtigt nicht zum Spiel gegen Greenfee. Die Erfüllung der Bestimmungen des jeweiligen Golfclubs zur Greenfee-Berechtigung (Mitgliedschaft in einem Golfclub, Mindesthandicap etc.) zum Zeitpunkt der Einlösung sind Voraussetzung.
7. Es ist untersagt, den Greenfee-Gutschein entgeltlich Dritten zu überlassen bzw. mit diesen Handel zu treiben. Insbesondere sind die teilnehmenden Golfclubs in diesem Falle berechtigt, die Einlösung der ausgeschriebenen Angebote zu verweigern.
8. Die teilnehmenden Golfclubs haben sich gegenüber dem Verlag unter den o.g. Bedingungen verpflichtet, die ausgeschriebenen Angebote einzulösen. Der Verlag übernimmt jedoch keine Gewähr und keine Haftung, wenn ein Angebot nicht eingelöst wird oder werden kann.

DER GOLF ALBRECHT

Golf Club Ca'Amata

IT

Via Loreggia di Salvarosa 44
I-31033 Castelfranco Treviso
✆ +39 0423 493537
Veneto und Friaul

34

20% Greenfee-Ermäßigung

DER GOLF ALBRECHT

Golf Club Lignano

Via Casabianca, 6
I-33054 Lignano Sabbiadoro
✆ +39 0431 428025
Veneto und Friaul
Hinweis: Valido per una persona solo sul green fee 18 buche (a prezzo pieno) dal 1° marzo al 31 ottobre. Non cumulabile con altri sconti/offerte.

35

20% Greenfee-Ermäßigung

DER GOLF ALBRECHT

Golf Club Lignano

IT

Via Casabianca, 6
I-33054 Lignano Sabbiadoro
✆ +39 0431 428025
Veneto und Friaul
Hinweis: Valido per una persona solo sul green fee 18 buche (a prezzo pieno) dal 1° marzo al 31 ottobre. Non cumulabile con altri sconti/offerte.

35

20% Greenfee-Ermäßigung

DER GOLF ALBRECHT

Golf Pra' Delle Torri Caorle

IT

Viale Altanea 201
I-30021 Caorle (VE)
✆ +39 0421 299570
Veneto und Friaul

36

2 for 1 2 GF zum Preis von 1

DER GOLF ALBRECHT

Golf Pra' Delle Torri Caorle

IT

Viale Altanea 201
I-30021 Caorle (VE)
✆ +39 0421 299570
Veneto und Friaul

36

2 for 1 2 GF zum Preis von 1

DER GOLF ALBRECHT

Golf Pra' Delle Torri Caorle

Viale Altanea 201
I-30021 Caorle (VE)
✆ +39 0421 299570
Veneto und Friaul

36

20% Greenfee-Ermäßigung

DER GOLF ALBRECHT

Golf Pra' Delle Torri Caorle

Viale Altanea 201
I-30021 Caorle (VE)
✆ +39 0421 299570
Veneto und Friaul

36

20% Greenfee-Ermäßigung

DER GOLF ALBRECHT

Golf Pra' Delle Torri Caorle

Viale Altanea 201
I-30021 Caorle (VE)
✆ +39 0421 299570
Veneto und Friaul

36

20% Greenfee-Ermäßigung

DER GOLF ALBRECHT

Golf Club Ca'della Nave

Piazza della Vittoria, 14
I-30030 Martellago
✆ +39 041 540 1555
Veneto und Friaul

2 for 1 2 GF zum Preis von 1

DER GOLF ALBRECHT

Golf Club Ca'della Nave

Piazza della Vittoria, 14
I-30030 Martellago
✆ +39 041 540 1555
Veneto und Friaul

37

2 for 1 2 GF zum Preis von 1

Diese Gutscheine gelten nur in Verbindung mit dem Buch/Albrecht Golf Card

Diese Gutscheine gelten nur in Verbindung mit dem Buch/Albrecht Golf Card

Bedingungen zur Einlösung des Discounts:

1. Das Angebot ist bis einschließlich 30.6.2023 gültig.
2. Der Golfspieler/Leser hat sich telefonisch eine Abschlagzeit geben zu lassen – dabei ist die Nutzung des Angebots anzugeben.
3. Eine Barauszahlung des Greenfee-Vorteils ist nicht möglich.
4. Das Kombinieren von Angeboten oder bestehenden Greenfee-Vorteilen ist nicht möglich. Der Vorteil bezieht sich jeweils ausschließlich auf die zum Zeitpunkt der Einlösung gültigen vollen Greenfee-Gebühren.
5. Gibt es Spielergruppen mit erhöhten Greenfee-Gebühren, ist ein Nachlass auf diese Gebühren nicht möglich.
6. Das Angebot allein berechtigt nicht zum Spiel gegen Greenfee. Die Erfüllung der Bestimmungen des jeweiligen Golfclubs zur Greenfee-Berechtigung (Mitgliedschaft in einem Golfclub, Mindesthandicap etc.) zum Zeitpunkt der Einlösung sind Voraussetzung.
7. Es ist untersagt, den Greenfee-Gutschein entgeltlich Dritten zu überlassen bzw. mit diesen Handel zu treiben. Insbesondere sind die teilnehmenden Golfclubs in diesem Falle berechtigt, die Einlösung der ausgeschriebenen Angebote zu verweigern.
8. Die teilnehmenden Golfclubs haben sich gegenüber dem Verlag unter den o.g. Bedingungen verpflichtet, die ausgeschriebenen Angebote einzulösen. Der Verlag übernimmt jedoch keine Gewähr und keine Haftung, wenn ein Angebot nicht eingelöst wird oder werden kann.

Bedingungen zur Einlösung des Discounts:

1. Das Angebot ist bis einschließlich 30.6.2023 gültig.
2. Der Golfspieler/Leser hat sich telefonisch eine Abschlagzeit geben zu lassen – dabei ist die Nutzung des Angebots anzugeben.
3. Eine Barauszahlung des Greenfee-Vorteils ist nicht möglich.
4. Das Kombinieren von Angeboten oder bestehenden Greenfee-Vorteilen ist nicht möglich. Der Vorteil bezieht sich jeweils ausschließlich auf die zum Zeitpunkt der Einlösung gültigen vollen Greenfee-Gebühren.
5. Gibt es Spielergruppen mit erhöhten Greenfee-Gebühren, ist ein Nachlass auf diese Gebühren nicht möglich.
6. Das Angebot allein berechtigt nicht zum Spiel gegen Greenfee. Die Erfüllung der Bestimmungen des jeweiligen Golfclubs zur Greenfee-Berechtigung (Mitgliedschaft in einem Golfclub, Mindesthandicap etc.) zum Zeitpunkt der Einlösung sind Voraussetzung.
7. Es ist untersagt, den Greenfee-Gutschein entgeltlich Dritten zu überlassen bzw. mit diesen Handel zu treiben. Insbesondere sind die teilnehmenden Golfclubs in diesem Falle berechtigt, die Einlösung der ausgeschriebenen Angebote zu verweigern.
8. Die teilnehmenden Golfclubs haben sich gegenüber dem Verlag unter den o.g. Bedingungen verpflichtet, die ausgeschriebenen Angebote einzulösen. Der Verlag übernimmt jedoch keine Gewähr und keine Haftung, wenn ein Angebot nicht eingelöst wird oder werden kann.

Bedingungen zur Einlösung des Discounts:

1. Das Angebot ist bis einschließlich 30.6.2023 gültig.
2. Der Golfspieler/Leser hat sich telefonisch eine Abschlagzeit geben zu lassen – dabei ist die Nutzung des Angebots anzugeben.
3. Eine Barauszahlung des Greenfee-Vorteils ist nicht möglich.
4. Das Kombinieren von Angeboten oder bestehenden Greenfee-Vorteilen ist nicht möglich. Der Vorteil bezieht sich jeweils ausschließlich auf die zum Zeitpunkt der Einlösung gültigen vollen Greenfee-Gebühren.
5. Gibt es Spielergruppen mit erhöhten Greenfee-Gebühren, ist ein Nachlass auf diese Gebühren nicht möglich.
6. Das Angebot allein berechtigt nicht zum Spiel gegen Greenfee. Die Erfüllung der Bestimmungen des jeweiligen Golfclubs zur Greenfee-Berechtigung (Mitgliedschaft in einem Golfclub, Mindesthandicap etc.) zum Zeitpunkt der Einlösung sind Voraussetzung.
7. Es ist untersagt, den Greenfee-Gutschein entgeltlich Dritten zu überlassen bzw. mit diesen Handel zu treiben. Insbesondere sind die teilnehmenden Golfclubs in diesem Falle berechtigt, die Einlösung der ausgeschriebenen Angebote zu verweigern.
8. Die teilnehmenden Golfclubs haben sich gegenüber dem Verlag unter den o.g. Bedingungen verpflichtet, die ausgeschriebenen Angebote einzulösen. Der Verlag übernimmt jedoch keine Gewähr und keine Haftung, wenn ein Angebot nicht eingelöst wird oder werden kann.

Bedingungen zur Einlösung des Discounts:

1. Das Angebot ist bis einschließlich 30.6.2023 gültig.
2. Der Golfspieler/Leser hat sich telefonisch eine Abschlagzeit geben zu lassen – dabei ist die Nutzung des Angebots anzugeben.
3. Eine Barauszahlung des Greenfee-Vorteils ist nicht möglich.
4. Das Kombinieren von Angeboten oder bestehenden Greenfee-Vorteilen ist nicht möglich. Der Vorteil bezieht sich jeweils ausschließlich auf die zum Zeitpunkt der Einlösung gültigen vollen Greenfee-Gebühren.
5. Gibt es Spielergruppen mit erhöhten Greenfee-Gebühren, ist ein Nachlass auf diese Gebühren nicht möglich.
6. Das Angebot allein berechtigt nicht zum Spiel gegen Greenfee. Die Erfüllung der Bestimmungen des jeweiligen Golfclubs zur Greenfee-Berechtigung (Mitgliedschaft in einem Golfclub, Mindesthandicap etc.) zum Zeitpunkt der Einlösung sind Voraussetzung.
7. Es ist untersagt, den Greenfee-Gutschein entgeltlich Dritten zu überlassen bzw. mit diesen Handel zu treiben. Insbesondere sind die teilnehmenden Golfclubs in diesem Falle berechtigt, die Einlösung der ausgeschriebenen Angebote zu verweigern.
8. Die teilnehmenden Golfclubs haben sich gegenüber dem Verlag unter den o.g. Bedingungen verpflichtet, die ausgeschriebenen Angebote einzulösen. Der Verlag übernimmt jedoch keine Gewähr und keine Haftung, wenn ein Angebot nicht eingelöst wird oder werden kann.

Bedingungen zur Einlösung des Discounts:

1. Das Angebot ist bis einschließlich 30.6.2023 gültig.
2. Der Golfspieler/Leser hat sich telefonisch eine Abschlagzeit geben zu lassen – dabei ist die Nutzung des Angebots anzugeben.
3. Eine Barauszahlung des Greenfee-Vorteils ist nicht möglich.
4. Das Kombinieren von Angeboten oder bestehenden Greenfee-Vorteilen ist nicht möglich. Der Vorteil bezieht sich jeweils ausschließlich auf die zum Zeitpunkt der Einlösung gültigen vollen Greenfee-Gebühren.
5. Gibt es Spielergruppen mit erhöhten Greenfee-Gebühren, ist ein Nachlass auf diese Gebühren nicht möglich.
6. Das Angebot allein berechtigt nicht zum Spiel gegen Greenfee. Die Erfüllung der Bestimmungen des jeweiligen Golfclubs zur Greenfee-Berechtigung (Mitgliedschaft in einem Golfclub, Mindesthandicap etc.) zum Zeitpunkt der Einlösung sind Voraussetzung.
7. Es ist untersagt, den Greenfee-Gutschein entgeltlich Dritten zu überlassen bzw. mit diesen Handel zu treiben. Insbesondere sind die teilnehmenden Golfclubs in diesem Falle berechtigt, die Einlösung der ausgeschriebenen Angebote zu verweigern.
8. Die teilnehmenden Golfclubs haben sich gegenüber dem Verlag unter den o.g. Bedingungen verpflichtet, die ausgeschriebenen Angebote einzulösen. Der Verlag übernimmt jedoch keine Gewähr und keine Haftung, wenn ein Angebot nicht eingelöst wird oder werden kann.

Bedingungen zur Einlösung des Discounts:

1. Das Angebot ist bis einschließlich 30.6.2023 gültig.
2. Der Golfspieler/Leser hat sich telefonisch eine Abschlagzeit geben zu lassen – dabei ist die Nutzung des Angebots anzugeben.
3. Eine Barauszahlung des Greenfee-Vorteils ist nicht möglich.
4. Das Kombinieren von Angeboten oder bestehenden Greenfee-Vorteilen ist nicht möglich. Der Vorteil bezieht sich jeweils ausschließlich auf die zum Zeitpunkt der Einlösung gültigen vollen Greenfee-Gebühren.
5. Gibt es Spielergruppen mit erhöhten Greenfee-Gebühren, ist ein Nachlass auf diese Gebühren nicht möglich.
6. Das Angebot allein berechtigt nicht zum Spiel gegen Greenfee. Die Erfüllung der Bestimmungen des jeweiligen Golfclubs zur Greenfee-Berechtigung (Mitgliedschaft in einem Golfclub, Mindesthandicap etc.) zum Zeitpunkt der Einlösung sind Voraussetzung.
7. Es ist untersagt, den Greenfee-Gutschein entgeltlich Dritten zu überlassen bzw. mit diesen Handel zu treiben. Insbesondere sind die teilnehmenden Golfclubs in diesem Falle berechtigt, die Einlösung der ausgeschriebenen Angebote zu verweigern.
8. Die teilnehmenden Golfclubs haben sich gegenüber dem Verlag unter den o.g. Bedingungen verpflichtet, die ausgeschriebenen Angebote einzulösen. Der Verlag übernimmt jedoch keine Gewähr und keine Haftung, wenn ein Angebot nicht eingelöst wird oder werden kann.

Bedingungen zur Einlösung des Discounts:

1. Das Angebot ist bis einschließlich 30.6.2023 gültig.
2. Der Golfspieler/Leser hat sich telefonisch eine Abschlagzeit geben zu lassen – dabei ist die Nutzung des Angebots anzugeben.
3. Eine Barauszahlung des Greenfee-Vorteils ist nicht möglich.
4. Das Kombinieren von Angeboten oder bestehenden Greenfee-Vorteilen ist nicht möglich. Der Vorteil bezieht sich jeweils ausschließlich auf die zum Zeitpunkt der Einlösung gültigen vollen Greenfee-Gebühren.
5. Gibt es Spielergruppen mit erhöhten Greenfee-Gebühren, ist ein Nachlass auf diese Gebühren nicht möglich.
6. Das Angebot allein berechtigt nicht zum Spiel gegen Greenfee. Die Erfüllung der Bestimmungen des jeweiligen Golfclubs zur Greenfee-Berechtigung (Mitgliedschaft in einem Golfclub, Mindesthandicap etc.) zum Zeitpunkt der Einlösung sind Voraussetzung.
7. Es ist untersagt, den Greenfee-Gutschein entgeltlich Dritten zu überlassen bzw. mit diesen Handel zu treiben. Insbesondere sind die teilnehmenden Golfclubs in diesem Falle berechtigt, die Einlösung der ausgeschriebenen Angebote zu verweigern.
8. Die teilnehmenden Golfclubs haben sich gegenüber dem Verlag unter den o.g. Bedingungen verpflichtet, die ausgeschriebenen Angebote einzulösen. Der Verlag übernimmt jedoch keine Gewähr und keine Haftung, wenn ein Angebot nicht eingelöst wird oder werden kann.

Bedingungen zur Einlösung des Discounts:

1. Das Angebot ist bis einschließlich 30.6.2023 gültig.
2. Der Golfspieler/Leser hat sich telefonisch eine Abschlagzeit geben zu lassen – dabei ist die Nutzung des Angebots anzugeben.
3. Eine Barauszahlung des Greenfee-Vorteils ist nicht möglich.
4. Das Kombinieren von Angeboten oder bestehenden Greenfee-Vorteilen ist nicht möglich. Der Vorteil bezieht sich jeweils ausschließlich auf die zum Zeitpunkt der Einlösung gültigen vollen Greenfee-Gebühren.
5. Gibt es Spielergruppen mit erhöhten Greenfee-Gebühren, ist ein Nachlass auf diese Gebühren nicht möglich.
6. Das Angebot allein berechtigt nicht zum Spiel gegen Greenfee. Die Erfüllung der Bestimmungen des jeweiligen Golfclubs zur Greenfee-Berechtigung (Mitgliedschaft in einem Golfclub, Mindesthandicap etc.) zum Zeitpunkt der Einlösung sind Voraussetzung.
7. Es ist untersagt, den Greenfee-Gutschein entgeltlich Dritten zu überlassen bzw. mit diesen Handel zu treiben. Insbesondere sind die teilnehmenden Golfclubs in diesem Falle berechtigt, die Einlösung der ausgeschriebenen Angebote zu verweigern.
8. Die teilnehmenden Golfclubs haben sich gegenüber dem Verlag unter den o.g. Bedingungen verpflichtet, die ausgeschriebenen Angebote einzulösen. Der Verlag übernimmt jedoch keine Gewähr und keine Haftung, wenn ein Angebot nicht eingelöst wird oder werden kann.

Bedingungen zur Einlösung des Discounts:

1. Das Angebot ist bis einschließlich 30.6.2023 gültig.
2. Der Golfspieler/Leser hat sich telefonisch eine Abschlagzeit geben zu lassen – dabei ist die Nutzung des Angebots anzugeben.
3. Eine Barauszahlung des Greenfee-Vorteils ist nicht möglich.
4. Das Kombinieren von Angeboten oder bestehenden Greenfee-Vorteilen ist nicht möglich. Der Vorteil bezieht sich jeweils ausschließlich auf die zum Zeitpunkt der Einlösung gültigen vollen Greenfee-Gebühren.
5. Gibt es Spielergruppen mit erhöhten Greenfee-Gebühren, ist ein Nachlass auf diese Gebühren nicht möglich.
6. Das Angebot allein berechtigt nicht zum Spiel gegen Greenfee. Die Erfüllung der Bestimmungen des jeweiligen Golfclubs zur Greenfee-Berechtigung (Mitgliedschaft in einem Golfclub, Mindesthandicap etc.) zum Zeitpunkt der Einlösung sind Voraussetzung.
7. Es ist untersagt, den Greenfee-Gutschein entgeltlich Dritten zu überlassen bzw. mit diesen Handel zu treiben. Insbesondere sind die teilnehmenden Golfclubs in diesem Falle berechtigt, die Einlösung der ausgeschriebenen Angebote zu verweigern.
8. Die teilnehmenden Golfclubs haben sich gegenüber dem Verlag unter den o.g. Bedingungen verpflichtet, die ausgeschriebenen Angebote einzulösen. Der Verlag übernimmt jedoch keine Gewähr und keine Haftung, wenn ein Angebot nicht eingelöst wird oder werden kann.

Bedingungen zur Einlösung des Discounts:

1. Das Angebot ist bis einschließlich 30.6.2023 gültig.
2. Der Golfspieler/Leser hat sich telefonisch eine Abschlagzeit geben zu lassen – dabei ist die Nutzung des Angebots anzugeben.
3. Eine Barauszahlung des Greenfee-Vorteils ist nicht möglich.
4. Das Kombinieren von Angeboten oder bestehenden Greenfee-Vorteilen ist nicht möglich. Der Vorteil bezieht sich jeweils ausschließlich auf die zum Zeitpunkt der Einlösung gültigen vollen Greenfee-Gebühren.
5. Gibt es Spielergruppen mit erhöhten Greenfee-Gebühren, ist ein Nachlass auf diese Gebühren nicht möglich.
6. Das Angebot allein berechtigt nicht zum Spiel gegen Greenfee. Die Erfüllung der Bestimmungen des jeweiligen Golfclubs zur Greenfee-Berechtigung (Mitgliedschaft in einem Golfclub, Mindesthandicap etc.) zum Zeitpunkt der Einlösung sind Voraussetzung.
7. Es ist untersagt, den Greenfee-Gutschein entgeltlich Dritten zu überlassen bzw. mit diesen Handel zu treiben. Insbesondere sind die teilnehmenden Golfclubs in diesem Falle berechtigt, die Einlösung der ausgeschriebenen Angebote zu verweigern.
8. Die teilnehmenden Golfclubs haben sich gegenüber dem Verlag unter den o.g. Bedingungen verpflichtet, die ausgeschriebenen Angebote einzulösen. Der Verlag übernimmt jedoch keine Gewähr und keine Haftung, wenn ein Angebot nicht eingelöst wird oder werden kann.

DER GOLF ALBRECHT

Golf Club Ca'della Nave

Piazza della Vittoria, 14
I-30030 Martellago
✆ +39 041 540 1555
Veneto und Friaul

37

20% Greenfee-Ermäßigung

DER GOLF ALBRECHT

Golf Club Ca'della Nave

Piazza della Vittoria, 14
I-30030 Martellago
✆ +39 041 540 1555
Veneto und Friaul

37

20% Greenfee-Ermäßigung

DER GOLF ALBRECHT

Golf Club Jesolo

Via St. Andrews, 2
I-30016 Lido di Jesolo
✆ +39 0421 372862
Veneto und Friaul
Hinweis: Not valid saturday, sunday and bank holidays!

2 for 1 2 GF zum Preis von 1 wochentags

DER GOLF ALBRECHT

Golf Club Jesolo

Via St. Andrews, 2
I-30016 Lido di Jesolo
✆ +39 0421 372862
Veneto und Friaul
Hinweis: Not valid saturday, sunday and bank holidays!

2 for 1 2 GF zum Preis von 1 wochentags

DER GOLF ALBRECHT

Albarella Golf Links

Via Po di Levante, 4, Isola di Albarella
I-45010 Rosolina
✆ +39 0426 330124
Veneto und Friaul

39

2 for 1 2 GF zum Preis von 1

DER GOLF ALBRECHT

Albarella Golf Links

Via Po di Levante, 4, Isola di Albarella
I-45010 Rosolina
✆ +39 0426 330124
Veneto und Friaul

39

2 for 1 2 GF zum Preis von 1

DER GOLF ALBRECHT

Albarella Golf Links

Via Po di Levante, 4, Isola di Albarella
I-45010 Rosolina
✆ +39 0426 330124
Veneto und Friaul

39

20% Greenfee-Ermäßigung

DER GOLF ALBRECHT

Albarella Golf Links

Via Po di Levante, 4, Isola di Albarella
I-45010 Rosolina
✆ +39 0426 330124
Veneto und Friaul

39

20% Greenfee-Ermäßigung

DER GOLF ALBRECHT

Valtellina Golf Club

Via Valeriana, 29/A
I-23010 Caiolo (SO)
✆ +39 0342 354009
Lombardei

2 for 1 2 GF zum Preis von 1 wochentags

DER GOLF ALBRECHT

Valtellina Golf Club

Via Valeriana, 29/A
I-23010 Caiolo (SO)
✆ +39 0342 354009
Lombardei

20% Greenfee-Ermäßigung

Diese Gutscheine gelten nur in Verbindung mit dem Buch/Albrecht Golf Card

Diese Gutscheine gelten nur in Verbindung mit dem Buch/Albrecht Golf Card

Bedingungen zur Einlösung des Discounts:

1. Das Angebot ist bis einschließlich 30.6.2023 gültig.
2. Der Golfspieler/Leser hat sich telefonisch eine Abschlagzeit geben zu lassen – dabei ist die Nutzung des Angebots anzugeben.
3. Eine Barauszahlung des Greenfee-Vorteils ist nicht möglich.
4. Das Kombinieren von Angeboten oder bestehenden Greenfee-Vorteilen ist nicht möglich. Der Vorteil bezieht sich jeweils ausschließlich auf die zum Zeitpunkt der Einlösung gültigen vollen Greenfee-Gebühren.
5. Gibt es Spielergruppen mit erhöhten Greenfee-Gebühren, ist ein Nachlass auf diese Gebühren nicht möglich.
6. Das Angebot allein berechtigt nicht zum Spiel gegen Greenfee. Die Erfüllung der Bestimmungen des jeweiligen Golfclubs zur Greenfee-Berechtigung (Mitgliedschaft in einem Golfclub, Mindesthandicap etc.) zum Zeitpunkt der Einlösung sind Voraussetzung.
7. Es ist untersagt, den Greenfee-Gutschein entgeltlich Dritten zu überlassen bzw. mit diesen Handel zu treiben. Insbesondere sind die teilnehmenden Golfclubs in diesem Falle berechtigt, die Einlösung der ausgeschriebenen Angebote zu verweigern.
8. Die teilnehmenden Golfclubs haben sich gegenüber dem Verlag unter den o.g. Bedingungen verpflichtet, die ausgeschriebenen Angebote einzulösen. Der Verlag übernimmt jedoch keine Gewähr und keine Haftung, wenn ein Angebot nicht eingelöst wird oder werden kann.

Bedingungen zur Einlösung des Discounts:

1. Das Angebot ist bis einschließlich 30.6.2023 gültig.
2. Der Golfspieler/Leser hat sich telefonisch eine Abschlagzeit geben zu lassen – dabei ist die Nutzung des Angebots anzugeben.
3. Eine Barauszahlung des Greenfee-Vorteils ist nicht möglich.
4. Das Kombinieren von Angeboten oder bestehenden Greenfee-Vorteilen ist nicht möglich. Der Vorteil bezieht sich jeweils ausschließlich auf die zum Zeitpunkt der Einlösung gültigen vollen Greenfee-Gebühren.
5. Gibt es Spielergruppen mit erhöhten Greenfee-Gebühren, ist ein Nachlass auf diese Gebühren nicht möglich.
6. Das Angebot allein berechtigt nicht zum Spiel gegen Greenfee. Die Erfüllung der Bestimmungen des jeweiligen Golfclubs zur Greenfee-Berechtigung (Mitgliedschaft in einem Golfclub, Mindesthandicap etc.) zum Zeitpunkt der Einlösung sind Voraussetzung.
7. Es ist untersagt, den Greenfee-Gutschein entgeltlich Dritten zu überlassen bzw. mit diesen Handel zu treiben. Insbesondere sind die teilnehmenden Golfclubs in diesem Falle berechtigt, die Einlösung der ausgeschriebenen Angebote zu verweigern.
8. Die teilnehmenden Golfclubs haben sich gegenüber dem Verlag unter den o.g. Bedingungen verpflichtet, die ausgeschriebenen Angebote einzulösen. Der Verlag übernimmt jedoch keine Gewähr und keine Haftung, wenn ein Angebot nicht eingelöst wird oder werden kann.

Bedingungen zur Einlösung des Discounts:

1. Das Angebot ist bis einschließlich 30.6.2023 gültig.
2. Der Golfspieler/Leser hat sich telefonisch eine Abschlagzeit geben zu lassen – dabei ist die Nutzung des Angebots anzugeben.
3. Eine Barauszahlung des Greenfee-Vorteils ist nicht möglich.
4. Das Kombinieren von Angeboten oder bestehenden Greenfee-Vorteilen ist nicht möglich. Der Vorteil bezieht sich jeweils ausschließlich auf die zum Zeitpunkt der Einlösung gültigen vollen Greenfee-Gebühren.
5. Gibt es Spielergruppen mit erhöhten Greenfee-Gebühren, ist ein Nachlass auf diese Gebühren nicht möglich.
6. Das Angebot allein berechtigt nicht zum Spiel gegen Greenfee. Die Erfüllung der Bestimmungen des jeweiligen Golfclubs zur Greenfee-Berechtigung (Mitgliedschaft in einem Golfclub, Mindesthandicap etc.) zum Zeitpunkt der Einlösung sind Voraussetzung.
7. Es ist untersagt, den Greenfee-Gutschein entgeltlich Dritten zu überlassen bzw. mit diesen Handel zu treiben. Insbesondere sind die teilnehmenden Golfclubs in diesem Falle berechtigt, die Einlösung der ausgeschriebenen Angebote zu verweigern.
8. Die teilnehmenden Golfclubs haben sich gegenüber dem Verlag unter den o.g. Bedingungen verpflichtet, die ausgeschriebenen Angebote einzulösen. Der Verlag übernimmt jedoch keine Gewähr und keine Haftung, wenn ein Angebot nicht eingelöst wird oder werden kann.

Bedingungen zur Einlösung des Discounts:

1. Das Angebot ist bis einschließlich 30.6.2023 gültig.
2. Der Golfspieler/Leser hat sich telefonisch eine Abschlagzeit geben zu lassen – dabei ist die Nutzung des Angebots anzugeben.
3. Eine Barauszahlung des Greenfee-Vorteils ist nicht möglich.
4. Das Kombinieren von Angeboten oder bestehenden Greenfee-Vorteilen ist nicht möglich. Der Vorteil bezieht sich jeweils ausschließlich auf die zum Zeitpunkt der Einlösung gültigen vollen Greenfee-Gebühren.
5. Gibt es Spielergruppen mit erhöhten Greenfee-Gebühren, ist ein Nachlass auf diese Gebühren nicht möglich.
6. Das Angebot allein berechtigt nicht zum Spiel gegen Greenfee. Die Erfüllung der Bestimmungen des jeweiligen Golfclubs zur Greenfee-Berechtigung (Mitgliedschaft in einem Golfclub, Mindesthandicap etc.) zum Zeitpunkt der Einlösung sind Voraussetzung.
7. Es ist untersagt, den Greenfee-Gutschein entgeltlich Dritten zu überlassen bzw. mit diesen Handel zu treiben. Insbesondere sind die teilnehmenden Golfclubs in diesem Falle berechtigt, die Einlösung der ausgeschriebenen Angebote zu verweigern.
8. Die teilnehmenden Golfclubs haben sich gegenüber dem Verlag unter den o.g. Bedingungen verpflichtet, die ausgeschriebenen Angebote einzulösen. Der Verlag übernimmt jedoch keine Gewähr und keine Haftung, wenn ein Angebot nicht eingelöst wird oder werden kann.

Bedingungen zur Einlösung des Discounts:

1. Das Angebot ist bis einschließlich 30.6.2023 gültig.
2. Der Golfspieler/Leser hat sich telefonisch eine Abschlagzeit geben zu lassen – dabei ist die Nutzung des Angebots anzugeben.
3. Eine Barauszahlung des Greenfee-Vorteils ist nicht möglich.
4. Das Kombinieren von Angeboten oder bestehenden Greenfee-Vorteilen ist nicht möglich. Der Vorteil bezieht sich jeweils ausschließlich auf die zum Zeitpunkt der Einlösung gültigen vollen Greenfee-Gebühren.
5. Gibt es Spielergruppen mit erhöhten Greenfee-Gebühren, ist ein Nachlass auf diese Gebühren nicht möglich.
6. Das Angebot allein berechtigt nicht zum Spiel gegen Greenfee. Die Erfüllung der Bestimmungen des jeweiligen Golfclubs zur Greenfee-Berechtigung (Mitgliedschaft in einem Golfclub, Mindesthandicap etc.) zum Zeitpunkt der Einlösung sind Voraussetzung.
7. Es ist untersagt, den Greenfee-Gutschein entgeltlich Dritten zu überlassen bzw. mit diesen Handel zu treiben. Insbesondere sind die teilnehmenden Golfclubs in diesem Falle berechtigt, die Einlösung der ausgeschriebenen Angebote zu verweigern.
8. Die teilnehmenden Golfclubs haben sich gegenüber dem Verlag unter den o.g. Bedingungen verpflichtet, die ausgeschriebenen Angebote einzulösen. Der Verlag übernimmt jedoch keine Gewähr und keine Haftung, wenn ein Angebot nicht eingelöst wird oder werden kann.

Bedingungen zur Einlösung des Discounts:

1. Das Angebot ist bis einschließlich 30.6.2023 gültig.
2. Der Golfspieler/Leser hat sich telefonisch eine Abschlagzeit geben zu lassen – dabei ist die Nutzung des Angebots anzugeben.
3. Eine Barauszahlung des Greenfee-Vorteils ist nicht möglich.
4. Das Kombinieren von Angeboten oder bestehenden Greenfee-Vorteilen ist nicht möglich. Der Vorteil bezieht sich jeweils ausschließlich auf die zum Zeitpunkt der Einlösung gültigen vollen Greenfee-Gebühren.
5. Gibt es Spielergruppen mit erhöhten Greenfee-Gebühren, ist ein Nachlass auf diese Gebühren nicht möglich.
6. Das Angebot allein berechtigt nicht zum Spiel gegen Greenfee. Die Erfüllung der Bestimmungen des jeweiligen Golfclubs zur Greenfee-Berechtigung (Mitgliedschaft in einem Golfclub, Mindesthandicap etc.) zum Zeitpunkt der Einlösung sind Voraussetzung.
7. Es ist untersagt, den Greenfee-Gutschein entgeltlich Dritten zu überlassen bzw. mit diesen Handel zu treiben. Insbesondere sind die teilnehmenden Golfclubs in diesem Falle berechtigt, die Einlösung der ausgeschriebenen Angebote zu verweigern.
8. Die teilnehmenden Golfclubs haben sich gegenüber dem Verlag unter den o.g. Bedingungen verpflichtet, die ausgeschriebenen Angebote einzulösen. Der Verlag übernimmt jedoch keine Gewähr und keine Haftung, wenn ein Angebot nicht eingelöst wird oder werden kann.

Bedingungen zur Einlösung des Discounts:

1. Das Angebot ist bis einschließlich 30.6.2023 gültig.
2. Der Golfspieler/Leser hat sich telefonisch eine Abschlagzeit geben zu lassen – dabei ist die Nutzung des Angebots anzugeben.
3. Eine Barauszahlung des Greenfee-Vorteils ist nicht möglich.
4. Das Kombinieren von Angeboten oder bestehenden Greenfee-Vorteilen ist nicht möglich. Der Vorteil bezieht sich jeweils ausschließlich auf die zum Zeitpunkt der Einlösung gültigen vollen Greenfee-Gebühren.
5. Gibt es Spielergruppen mit erhöhten Greenfee-Gebühren, ist ein Nachlass auf diese Gebühren nicht möglich.
6. Das Angebot allein berechtigt nicht zum Spiel gegen Greenfee. Die Erfüllung der Bestimmungen des jeweiligen Golfclubs zur Greenfee-Berechtigung (Mitgliedschaft in einem Golfclub, Mindesthandicap etc.) zum Zeitpunkt der Einlösung sind Voraussetzung.
7. Es ist untersagt, den Greenfee-Gutschein entgeltlich Dritten zu überlassen bzw. mit diesen Handel zu treiben. Insbesondere sind die teilnehmenden Golfclubs in diesem Falle berechtigt, die Einlösung der ausgeschriebenen Angebote zu verweigern.
8. Die teilnehmenden Golfclubs haben sich gegenüber dem Verlag unter den o.g. Bedingungen verpflichtet, die ausgeschriebenen Angebote einzulösen. Der Verlag übernimmt jedoch keine Gewähr und keine Haftung, wenn ein Angebot nicht eingelöst wird oder werden kann.

Bedingungen zur Einlösung des Discounts:

1. Das Angebot ist bis einschließlich 30.6.2023 gültig.
2. Der Golfspieler/Leser hat sich telefonisch eine Abschlagzeit geben zu lassen – dabei ist die Nutzung des Angebots anzugeben.
3. Eine Barauszahlung des Greenfee-Vorteils ist nicht möglich.
4. Das Kombinieren von Angeboten oder bestehenden Greenfee-Vorteilen ist nicht möglich. Der Vorteil bezieht sich jeweils ausschließlich auf die zum Zeitpunkt der Einlösung gültigen vollen Greenfee-Gebühren.
5. Gibt es Spielergruppen mit erhöhten Greenfee-Gebühren, ist ein Nachlass auf diese Gebühren nicht möglich.
6. Das Angebot allein berechtigt nicht zum Spiel gegen Greenfee. Die Erfüllung der Bestimmungen des jeweiligen Golfclubs zur Greenfee-Berechtigung (Mitgliedschaft in einem Golfclub, Mindesthandicap etc.) zum Zeitpunkt der Einlösung sind Voraussetzung.
7. Es ist untersagt, den Greenfee-Gutschein entgeltlich Dritten zu überlassen bzw. mit diesen Handel zu treiben. Insbesondere sind die teilnehmenden Golfclubs in diesem Falle berechtigt, die Einlösung der ausgeschriebenen Angebote zu verweigern.
8. Die teilnehmenden Golfclubs haben sich gegenüber dem Verlag unter den o.g. Bedingungen verpflichtet, die ausgeschriebenen Angebote einzulösen. Der Verlag übernimmt jedoch keine Gewähr und keine Haftung, wenn ein Angebot nicht eingelöst wird oder werden kann.

Bedingungen zur Einlösung des Discounts:

1. Das Angebot ist bis einschließlich 30.6.2023 gültig.
2. Der Golfspieler/Leser hat sich telefonisch eine Abschlagzeit geben zu lassen – dabei ist die Nutzung des Angebots anzugeben.
3. Eine Barauszahlung des Greenfee-Vorteils ist nicht möglich.
4. Das Kombinieren von Angeboten oder bestehenden Greenfee-Vorteilen ist nicht möglich. Der Vorteil bezieht sich jeweils ausschließlich auf die zum Zeitpunkt der Einlösung gültigen vollen Greenfee-Gebühren.
5. Gibt es Spielergruppen mit erhöhten Greenfee-Gebühren, ist ein Nachlass auf diese Gebühren nicht möglich.
6. Das Angebot allein berechtigt nicht zum Spiel gegen Greenfee. Die Erfüllung der Bestimmungen des jeweiligen Golfclubs zur Greenfee-Berechtigung (Mitgliedschaft in einem Golfclub, Mindesthandicap etc.) zum Zeitpunkt der Einlösung sind Voraussetzung.
7. Es ist untersagt, den Greenfee-Gutschein entgeltlich Dritten zu überlassen bzw. mit diesen Handel zu treiben. Insbesondere sind die teilnehmenden Golfclubs in diesem Falle berechtigt, die Einlösung der ausgeschriebenen Angebote zu verweigern.
8. Die teilnehmenden Golfclubs haben sich gegenüber dem Verlag unter den o.g. Bedingungen verpflichtet, die ausgeschriebenen Angebote einzulösen. Der Verlag übernimmt jedoch keine Gewähr und keine Haftung, wenn ein Angebot nicht eingelöst wird oder werden kann.

Bedingungen zur Einlösung des Discounts:

1. Das Angebot ist bis einschließlich 30.6.2023 gültig.
2. Der Golfspieler/Leser hat sich telefonisch eine Abschlagzeit geben zu lassen – dabei ist die Nutzung des Angebots anzugeben.
3. Eine Barauszahlung des Greenfee-Vorteils ist nicht möglich.
4. Das Kombinieren von Angeboten oder bestehenden Greenfee-Vorteilen ist nicht möglich. Der Vorteil bezieht sich jeweils ausschließlich auf die zum Zeitpunkt der Einlösung gültigen vollen Greenfee-Gebühren.
5. Gibt es Spielergruppen mit erhöhten Greenfee-Gebühren, ist ein Nachlass auf diese Gebühren nicht möglich.
6. Das Angebot allein berechtigt nicht zum Spiel gegen Greenfee. Die Erfüllung der Bestimmungen des jeweiligen Golfclubs zur Greenfee-Berechtigung (Mitgliedschaft in einem Golfclub, Mindesthandicap etc.) zum Zeitpunkt der Einlösung sind Voraussetzung.
7. Es ist untersagt, den Greenfee-Gutschein entgeltlich Dritten zu überlassen bzw. mit diesen Handel zu treiben. Insbesondere sind die teilnehmenden Golfclubs in diesem Falle berechtigt, die Einlösung der ausgeschriebenen Angebote zu verweigern.
8. Die teilnehmenden Golfclubs haben sich gegenüber dem Verlag unter den o.g. Bedingungen verpflichtet, die ausgeschriebenen Angebote einzulösen. Der Verlag übernimmt jedoch keine Gewähr und keine Haftung, wenn ein Angebot nicht eingelöst wird oder werden kann.

DER GOLF ALBRECHT

Valtellina Golf Club

Via Valeriana, 29/A
I-23010 Caiolo (SO)
✆ +39 0342 354009
Lombardei

40

20% Greenfee-Ermäßigung

DER GOLF ALBRECHT

Valtellina Golf Club

Via Valeriana, 29/A
I-23010 Caiolo (SO)
✆ +39 0342 354009
Lombardei

40

20% Greenfee-Ermäßigung

DER GOLF ALBRECHT

Golf Club Menaggio & Cadenabbia

Via Wyatt n. 54
I-22017 Fraz. Croce, Menaggio
✆ +39 0344 32103
Lombardei

41

20% Greenfee-Ermäßigung

DER GOLF ALBRECHT

Golf Club Menaggio & Cadenabbia

Via Wyatt n. 54
I-22017 Fraz. Croce, Menaggio
✆ +39 0344 32103
Lombardei

41

20% Greenfee-Ermäßigung

DER GOLF ALBRECHT

Golf Dei Laghi

Via Trevisani, 926
I-21028 Travedona Monate
✆ +39 0332 978101
Lombardei

42

2 for 1 2 GF zum Preis von 1

DER GOLF ALBRECHT

Golf Dei Laghi

Via Trevisani, 926
I-21028 Travedona Monate
✆ +39 0332 978101
Lombardei

42

2 for 1 2 GF zum Preis von 1

DER GOLF ALBRECHT

Golf Dei Laghi

Via Trevisani, 926
I-21028 Travedona Monate
✆ +39 0332 978101
Lombardei

42

20% Greenfee-Ermäßigung

DER GOLF ALBRECHT

Golf Dei Laghi

IT

Via Trevisani, 926
I-21028 Travedona Monate
✆ +39 0332 978101
Lombardei

42

20% Greenfee-Ermäßigung

DER GOLF ALBRECHT

Golf Dei Laghi

Via Trevisani, 926
I-21028 Travedona Monate
✆ +39 0332 978101
Lombardei

42

20% Greenfee-Ermäßigung

DER GOLF ALBRECHT

Franciacorta Golf Club

Via Provinciale, 34/B
I-25040 Nigoline di Corte Franca (BS)
✆ +39 030 984167
Lombardei

20% Greenfee-Ermäßigung wochentags

Diese Gutscheine gelten nur in Verbindung mit dem Buch/Albrecht Golf Card

Diese Gutscheine gelten nur in Verbindung mit dem Buch/Albrecht Golf Card

Bedingungen zur Einlösung des Discounts:
1. Das Angebot ist bis einschließlich 30.6.2023 gültig.
2. Der Golfspieler/Leser hat sich telefonisch eine Abschlagzeit geben zu lassen – dabei ist die Nutzung des Angebots anzugeben.
3. Eine Barauszahlung des Greenfee-Vorteils ist nicht möglich.
4. Das Kombinieren von Angeboten oder bestehenden Greenfee-Vorteilen ist nicht möglich. Der Vorteil bezieht sich jeweils ausschließlich auf die zum Zeitpunkt der Einlösung gültigen vollen Greenfee-Gebühren.
5. Gibt es Spielergruppen mit erhöhten Greenfee-Gebühren, ist ein Nachlass auf diese Gebühren nicht möglich.
6. Das Angebot allein berechtigt nicht zum Spiel gegen Greenfee. Die Erfüllung der Bestimmungen des jeweiligen Golfclubs zur Greenfee-Berechtigung (Mitgliedschaft in einem Golfclub, Mindesthandicap etc.) zum Zeitpunkt der Einlösung sind Voraussetzung.
7. Es ist untersagt, den Greenfee-Gutschein entgeltlich Dritten zu überlassen bzw. mit diesen Handel zu treiben. Insbesondere sind die teilnehmenden Golfclubs in diesem Falle berechtigt, die Einlösung der ausgeschriebenen Angebote zu verweigern.
8. Die teilnehmenden Golfclubs haben sich gegenüber dem Verlag unter den o.g. Bedingungen verpflichtet, die ausgeschriebenen Angebote einzulösen. Der Verlag übernimmt jedoch keine Gewähr und keine Haftung, wenn ein Angebot nicht eingelöst wird oder werden kann.

Bedingungen zur Einlösung des Discounts:
1. Das Angebot ist bis einschließlich 30.6.2023 gültig.
2. Der Golfspieler/Leser hat sich telefonisch eine Abschlagzeit geben zu lassen – dabei ist die Nutzung des Angebots anzugeben.
3. Eine Barauszahlung des Greenfee-Vorteils ist nicht möglich.
4. Das Kombinieren von Angeboten oder bestehenden Greenfee-Vorteilen ist nicht möglich. Der Vorteil bezieht sich jeweils ausschließlich auf die zum Zeitpunkt der Einlösung gültigen vollen Greenfee-Gebühren.
5. Gibt es Spielergruppen mit erhöhten Greenfee-Gebühren, ist ein Nachlass auf diese Gebühren nicht möglich.
6. Das Angebot allein berechtigt nicht zum Spiel gegen Greenfee. Die Erfüllung der Bestimmungen des jeweiligen Golfclubs zur Greenfee-Berechtigung (Mitgliedschaft in einem Golfclub, Mindesthandicap etc.) zum Zeitpunkt der Einlösung sind Voraussetzung.
7. Es ist untersagt, den Greenfee-Gutschein entgeltlich Dritten zu überlassen bzw. mit diesen Handel zu treiben. Insbesondere sind die teilnehmenden Golfclubs in diesem Falle berechtigt, die Einlösung der ausgeschriebenen Angebote zu verweigern.
8. Die teilnehmenden Golfclubs haben sich gegenüber dem Verlag unter den o.g. Bedingungen verpflichtet, die ausgeschriebenen Angebote einzulösen. Der Verlag übernimmt jedoch keine Gewähr und keine Haftung, wenn ein Angebot nicht eingelöst wird oder werden kann.

Bedingungen zur Einlösung des Discounts:
1. Das Angebot ist bis einschließlich 30.6.2023 gültig.
2. Der Golfspieler/Leser hat sich telefonisch eine Abschlagzeit geben zu lassen – dabei ist die Nutzung des Angebots anzugeben.
3. Eine Barauszahlung des Greenfee-Vorteils ist nicht möglich.
4. Das Kombinieren von Angeboten oder bestehenden Greenfee-Vorteilen ist nicht möglich. Der Vorteil bezieht sich jeweils ausschließlich auf die zum Zeitpunkt der Einlösung gültigen vollen Greenfee-Gebühren.
5. Gibt es Spielergruppen mit erhöhten Greenfee-Gebühren, ist ein Nachlass auf diese Gebühren nicht möglich.
6. Das Angebot allein berechtigt nicht zum Spiel gegen Greenfee. Die Erfüllung der Bestimmungen des jeweiligen Golfclubs zur Greenfee-Berechtigung (Mitgliedschaft in einem Golfclub, Mindesthandicap etc.) zum Zeitpunkt der Einlösung sind Voraussetzung.
7. Es ist untersagt, den Greenfee-Gutschein entgeltlich Dritten zu überlassen bzw. mit diesen Handel zu treiben. Insbesondere sind die teilnehmenden Golfclubs in diesem Falle berechtigt, die Einlösung der ausgeschriebenen Angebote zu verweigern.
8. Die teilnehmenden Golfclubs haben sich gegenüber dem Verlag unter den o.g. Bedingungen verpflichtet, die ausgeschriebenen Angebote einzulösen. Der Verlag übernimmt jedoch keine Gewähr und keine Haftung, wenn ein Angebot nicht eingelöst wird oder werden kann.

Bedingungen zur Einlösung des Discounts:
1. Das Angebot ist bis einschließlich 30.6.2023 gültig.
2. Der Golfspieler/Leser hat sich telefonisch eine Abschlagzeit geben zu lassen – dabei ist die Nutzung des Angebots anzugeben.
3. Eine Barauszahlung des Greenfee-Vorteils ist nicht möglich.
4. Das Kombinieren von Angeboten oder bestehenden Greenfee-Vorteilen ist nicht möglich. Der Vorteil bezieht sich jeweils ausschließlich auf die zum Zeitpunkt der Einlösung gültigen vollen Greenfee-Gebühren.
5. Gibt es Spielergruppen mit erhöhten Greenfee-Gebühren, ist ein Nachlass auf diese Gebühren nicht möglich.
6. Das Angebot allein berechtigt nicht zum Spiel gegen Greenfee. Die Erfüllung der Bestimmungen des jeweiligen Golfclubs zur Greenfee-Berechtigung (Mitgliedschaft in einem Golfclub, Mindesthandicap etc.) zum Zeitpunkt der Einlösung sind Voraussetzung.
7. Es ist untersagt, den Greenfee-Gutschein entgeltlich Dritten zu überlassen bzw. mit diesen Handel zu treiben. Insbesondere sind die teilnehmenden Golfclubs in diesem Falle berechtigt, die Einlösung der ausgeschriebenen Angebote zu verweigern.
8. Die teilnehmenden Golfclubs haben sich gegenüber dem Verlag unter den o.g. Bedingungen verpflichtet, die ausgeschriebenen Angebote einzulösen. Der Verlag übernimmt jedoch keine Gewähr und keine Haftung, wenn ein Angebot nicht eingelöst wird oder werden kann.

Bedingungen zur Einlösung des Discounts:
1. Das Angebot ist bis einschließlich 30.6.2023 gültig.
2. Der Golfspieler/Leser hat sich telefonisch eine Abschlagzeit geben zu lassen – dabei ist die Nutzung des Angebots anzugeben.
3. Eine Barauszahlung des Greenfee-Vorteils ist nicht möglich.
4. Das Kombinieren von Angeboten oder bestehenden Greenfee-Vorteilen ist nicht möglich. Der Vorteil bezieht sich jeweils ausschließlich auf die zum Zeitpunkt der Einlösung gültigen vollen Greenfee-Gebühren.
5. Gibt es Spielergruppen mit erhöhten Greenfee-Gebühren, ist ein Nachlass auf diese Gebühren nicht möglich.
6. Das Angebot allein berechtigt nicht zum Spiel gegen Greenfee. Die Erfüllung der Bestimmungen des jeweiligen Golfclubs zur Greenfee-Berechtigung (Mitgliedschaft in einem Golfclub, Mindesthandicap etc.) zum Zeitpunkt der Einlösung sind Voraussetzung.
7. Es ist untersagt, den Greenfee-Gutschein entgeltlich Dritten zu überlassen bzw. mit diesen Handel zu treiben. Insbesondere sind die teilnehmenden Golfclubs in diesem Falle berechtigt, die Einlösung der ausgeschriebenen Angebote zu verweigern.
8. Die teilnehmenden Golfclubs haben sich gegenüber dem Verlag unter den o.g. Bedingungen verpflichtet, die ausgeschriebenen Angebote einzulösen. Der Verlag übernimmt jedoch keine Gewähr und keine Haftung, wenn ein Angebot nicht eingelöst wird oder werden kann.

Bedingungen zur Einlösung des Discounts:
1. Das Angebot ist bis einschließlich 30.6.2023 gültig.
2. Der Golfspieler/Leser hat sich telefonisch eine Abschlagzeit geben zu lassen – dabei ist die Nutzung des Angebots anzugeben.
3. Eine Barauszahlung des Greenfee-Vorteils ist nicht möglich.
4. Das Kombinieren von Angeboten oder bestehenden Greenfee-Vorteilen ist nicht möglich. Der Vorteil bezieht sich jeweils ausschließlich auf die zum Zeitpunkt der Einlösung gültigen vollen Greenfee-Gebühren.
5. Gibt es Spielergruppen mit erhöhten Greenfee-Gebühren, ist ein Nachlass auf diese Gebühren nicht möglich.
6. Das Angebot allein berechtigt nicht zum Spiel gegen Greenfee. Die Erfüllung der Bestimmungen des jeweiligen Golfclubs zur Greenfee-Berechtigung (Mitgliedschaft in einem Golfclub, Mindesthandicap etc.) zum Zeitpunkt der Einlösung sind Voraussetzung.
7. Es ist untersagt, den Greenfee-Gutschein entgeltlich Dritten zu überlassen bzw. mit diesen Handel zu treiben. Insbesondere sind die teilnehmenden Golfclubs in diesem Falle berechtigt, die Einlösung der ausgeschriebenen Angebote zu verweigern.
8. Die teilnehmenden Golfclubs haben sich gegenüber dem Verlag unter den o.g. Bedingungen verpflichtet, die ausgeschriebenen Angebote einzulösen. Der Verlag übernimmt jedoch keine Gewähr und keine Haftung, wenn ein Angebot nicht eingelöst wird oder werden kann.

Bedingungen zur Einlösung des Discounts:
1. Das Angebot ist bis einschließlich 30.6.2023 gültig.
2. Der Golfspieler/Leser hat sich telefonisch eine Abschlagzeit geben zu lassen – dabei ist die Nutzung des Angebots anzugeben.
3. Eine Barauszahlung des Greenfee-Vorteils ist nicht möglich.
4. Das Kombinieren von Angeboten oder bestehenden Greenfee-Vorteilen ist nicht möglich. Der Vorteil bezieht sich jeweils ausschließlich auf die zum Zeitpunkt der Einlösung gültigen vollen Greenfee-Gebühren.
5. Gibt es Spielergruppen mit erhöhten Greenfee-Gebühren, ist ein Nachlass auf diese Gebühren nicht möglich.
6. Das Angebot allein berechtigt nicht zum Spiel gegen Greenfee. Die Erfüllung der Bestimmungen des jeweiligen Golfclubs zur Greenfee-Berechtigung (Mitgliedschaft in einem Golfclub, Mindesthandicap etc.) zum Zeitpunkt der Einlösung sind Voraussetzung.
7. Es ist untersagt, den Greenfee-Gutschein entgeltlich Dritten zu überlassen bzw. mit diesen Handel zu treiben. Insbesondere sind die teilnehmenden Golfclubs in diesem Falle berechtigt, die Einlösung der ausgeschriebenen Angebote zu verweigern.
8. Die teilnehmenden Golfclubs haben sich gegenüber dem Verlag unter den o.g. Bedingungen verpflichtet, die ausgeschriebenen Angebote einzulösen. Der Verlag übernimmt jedoch keine Gewähr und keine Haftung, wenn ein Angebot nicht eingelöst wird oder werden kann.

Bedingungen zur Einlösung des Discounts:
1. Das Angebot ist bis einschließlich 30.6.2023 gültig.
2. Der Golfspieler/Leser hat sich telefonisch eine Abschlagzeit geben zu lassen – dabei ist die Nutzung des Angebots anzugeben.
3. Eine Barauszahlung des Greenfee-Vorteils ist nicht möglich.
4. Das Kombinieren von Angeboten oder bestehenden Greenfee-Vorteilen ist nicht möglich. Der Vorteil bezieht sich jeweils ausschließlich auf die zum Zeitpunkt der Einlösung gültigen vollen Greenfee-Gebühren.
5. Gibt es Spielergruppen mit erhöhten Greenfee-Gebühren, ist ein Nachlass auf diese Gebühren nicht möglich.
6. Das Angebot allein berechtigt nicht zum Spiel gegen Greenfee. Die Erfüllung der Bestimmungen des jeweiligen Golfclubs zur Greenfee-Berechtigung (Mitgliedschaft in einem Golfclub, Mindesthandicap etc.) zum Zeitpunkt der Einlösung sind Voraussetzung.
7. Es ist untersagt, den Greenfee-Gutschein entgeltlich Dritten zu überlassen bzw. mit diesen Handel zu treiben. Insbesondere sind die teilnehmenden Golfclubs in diesem Falle berechtigt, die Einlösung der ausgeschriebenen Angebote zu verweigern.
8. Die teilnehmenden Golfclubs haben sich gegenüber dem Verlag unter den o.g. Bedingungen verpflichtet, die ausgeschriebenen Angebote einzulösen. Der Verlag übernimmt jedoch keine Gewähr und keine Haftung, wenn ein Angebot nicht eingelöst wird oder werden kann.

Bedingungen zur Einlösung des Discounts:
1. Das Angebot ist bis einschließlich 30.6.2023 gültig.
2. Der Golfspieler/Leser hat sich telefonisch eine Abschlagzeit geben zu lassen – dabei ist die Nutzung des Angebots anzugeben.
3. Eine Barauszahlung des Greenfee-Vorteils ist nicht möglich.
4. Das Kombinieren von Angeboten oder bestehenden Greenfee-Vorteilen ist nicht möglich. Der Vorteil bezieht sich jeweils ausschließlich auf die zum Zeitpunkt der Einlösung gültigen vollen Greenfee-Gebühren.
5. Gibt es Spielergruppen mit erhöhten Greenfee-Gebühren, ist ein Nachlass auf diese Gebühren nicht möglich.
6. Das Angebot allein berechtigt nicht zum Spiel gegen Greenfee. Die Erfüllung der Bestimmungen des jeweiligen Golfclubs zur Greenfee-Berechtigung (Mitgliedschaft in einem Golfclub, Mindesthandicap etc.) zum Zeitpunkt der Einlösung sind Voraussetzung.
7. Es ist untersagt, den Greenfee-Gutschein entgeltlich Dritten zu überlassen bzw. mit diesen Handel zu treiben. Insbesondere sind die teilnehmenden Golfclubs in diesem Falle berechtigt, die Einlösung der ausgeschriebenen Angebote zu verweigern.
8. Die teilnehmenden Golfclubs haben sich gegenüber dem Verlag unter den o.g. Bedingungen verpflichtet, die ausgeschriebenen Angebote einzulösen. Der Verlag übernimmt jedoch keine Gewähr und keine Haftung, wenn ein Angebot nicht eingelöst wird oder werden kann.

Bedingungen zur Einlösung des Discounts:
1. Das Angebot ist bis einschließlich 30.6.2023 gültig.
2. Der Golfspieler/Leser hat sich telefonisch eine Abschlagzeit geben zu lassen – dabei ist die Nutzung des Angebots anzugeben.
3. Eine Barauszahlung des Greenfee-Vorteils ist nicht möglich.
4. Das Kombinieren von Angeboten oder bestehenden Greenfee-Vorteilen ist nicht möglich. Der Vorteil bezieht sich jeweils ausschließlich auf die zum Zeitpunkt der Einlösung gültigen vollen Greenfee-Gebühren.
5. Gibt es Spielergruppen mit erhöhten Greenfee-Gebühren, ist ein Nachlass auf diese Gebühren nicht möglich.
6. Das Angebot allein berechtigt nicht zum Spiel gegen Greenfee. Die Erfüllung der Bestimmungen des jeweiligen Golfclubs zur Greenfee-Berechtigung (Mitgliedschaft in einem Golfclub, Mindesthandicap etc.) zum Zeitpunkt der Einlösung sind Voraussetzung.
7. Es ist untersagt, den Greenfee-Gutschein entgeltlich Dritten zu überlassen bzw. mit diesen Handel zu treiben. Insbesondere sind die teilnehmenden Golfclubs in diesem Falle berechtigt, die Einlösung der ausgeschriebenen Angebote zu verweigern.
8. Die teilnehmenden Golfclubs haben sich gegenüber dem Verlag unter den o.g. Bedingungen verpflichtet, die ausgeschriebenen Angebote einzulösen. Der Verlag übernimmt jedoch keine Gewähr und keine Haftung, wenn ein Angebot nicht eingelöst wird oder werden kann.

DER GOLF ALBRECHT

Franciacorta Golf Club

IT

Via Provinciale, 34/B
I-25040 Nigoline di Corte Franca (BS)
☎ +39 030 984167
Lombardei

43

20% Greenfee-Ermäßigung wochentags

DER GOLF ALBRECHT

Golf Green Club Lainate

Via Manzoni, 45
I-20020 Lainate (MI)
☎ +39 02 937 0869
Lombardei

44

2 for 1 2 GF zum Preis von 1

DER GOLF ALBRECHT

Golf Green Club Lainate

Via Manzoni, 45
I-20020 Lainate (MI)
☎ +39 02 937 0869
Lombardei

44

2 for 1 2 GF zum Preis von 1

DER GOLF ALBRECHT

Golf Green Club Lainate

Via Manzoni, 45
I-20020 Lainate (MI)
☎ +39 02 937 0869
Lombardei

44

20% Greenfee-Ermäßigung

DER GOLF ALBRECHT

Golf Green Club Lainate

Via Manzoni, 45
I-20020 Lainate (MI)
☎ +39 02 937 0869
Lombardei

44

20% Greenfee-Ermäßigung

DER GOLF ALBRECHT

Golf Piandisole

Via Pineta 1
I-28818 Pian di sole - Premeno Verbania
☎ +39 0323 587816

Piemont und Ligurien

45

2 for 1 2 GF zum Preis von 1

DER GOLF ALBRECHT

Golf Piandisole

Via Pineta 1
I-28818 Pian di sole - Premeno Verbania

☎ +39 0323 587816
Piemont und Ligurien

45

2 for 1 2 GF zum Preis von 1

DER GOLF ALBRECHT

Golf Piandisole

Via Pineta 1
I-28818 Pian di sole - Premeno Verbania
☎ +39 0323 587816
Piemont und Ligurien

45

20% Greenfee-Ermäßigung

DER GOLF ALBRECHT

Golf Piandisole

Via Pineta 1
I-28818 Pian di sole - Premeno Verbania
☎ +39 0323 587816

Piemont und Ligurien

45

20% Greenfee-Ermäßigung

DER GOLF ALBRECHT

Golf Club Alpino di Stresa

Viale Golf Panorama, 48
I-28839 Vezzo
☎ +39 0323 20642
Piemont und Ligurien

46

20% Greenfee-Ermäßigung

Diese Gutscheine gelten nur in Verbindung mit dem Buch/Albrecht Golf Card

Diese Gutscheine gelten nur in Verbindung mit dem Buch/Albrecht Golf Card

Bedingungen zur Einlösung des Discounts:
1. Das Angebot ist bis einschließlich 30.6.2023 gültig.
2. Der Golfspieler/Leser hat sich telefonisch eine Abschlagzeit geben zu lassen – dabei ist die Nutzung des Angebots anzugeben.
3. Eine Barauszahlung des Greenfee-Vorteils ist nicht möglich.
4. Das Kombinieren von Angeboten oder bestehenden Greenfee-Vorteilen ist nicht möglich. Der Vorteil bezieht sich jeweils ausschließlich auf die zum Zeitpunkt der Einlösung gültigen vollen Greenfee-Gebühren.
5. Gibt es Spielergruppen mit erhöhten Greenfee-Gebühren, ist ein Nachlass auf diese Gebühren nicht möglich.
6. Das Angebot allein berechtigt nicht zum Spiel gegen Greenfee. Die Erfüllung der Bestimmungen des jeweiligen Golfclubs zur Greenfee-Berechtigung (Mitgliedschaft in einem Golfclub, Mindesthandicap etc.) zum Zeitpunkt der Einlösung sind Voraussetzung.
7. Es ist untersagt, den Greenfee-Gutschein entgeltlich Dritten zu überlassen bzw. mit diesen Handel zu treiben. Insbesondere sind die teilnehmenden Golfclubs in diesem Falle berechtigt, die Einlösung der ausgeschriebenen Angebote zu verweigern.
8. Die teilnehmenden Golfclubs haben sich gegenüber dem Verlag unter den o.g. Bedingungen verpflichtet, die ausgeschriebenen Angebote einzulösen. Der Verlag übernimmt jedoch keine Gewähr und keine Haftung, wenn ein Angebot nicht eingelöst wird oder werden kann.

Bedingungen zur Einlösung des Discounts:
1. Das Angebot ist bis einschließlich 30.6.2023 gültig.
2. Der Golfspieler/Leser hat sich telefonisch eine Abschlagzeit geben zu lassen – dabei ist die Nutzung des Angebots anzugeben.
3. Eine Barauszahlung des Greenfee-Vorteils ist nicht möglich.
4. Das Kombinieren von Angeboten oder bestehenden Greenfee-Vorteilen ist nicht möglich. Der Vorteil bezieht sich jeweils ausschließlich auf die zum Zeitpunkt der Einlösung gültigen vollen Greenfee-Gebühren.
5. Gibt es Spielergruppen mit erhöhten Greenfee-Gebühren, ist ein Nachlass auf diese Gebühren nicht möglich.
6. Das Angebot allein berechtigt nicht zum Spiel gegen Greenfee. Die Erfüllung der Bestimmungen des jeweiligen Golfclubs zur Greenfee-Berechtigung (Mitgliedschaft in einem Golfclub, Mindesthandicap etc.) zum Zeitpunkt der Einlösung sind Voraussetzung.
7. Es ist untersagt, den Greenfee-Gutschein entgeltlich Dritten zu überlassen bzw. mit diesen Handel zu treiben. Insbesondere sind die teilnehmenden Golfclubs in diesem Falle berechtigt, die Einlösung der ausgeschriebenen Angebote zu verweigern.
8. Die teilnehmenden Golfclubs haben sich gegenüber dem Verlag unter den o.g. Bedingungen verpflichtet, die ausgeschriebenen Angebote einzulösen. Der Verlag übernimmt jedoch keine Gewähr und keine Haftung, wenn ein Angebot nicht eingelöst wird oder werden kann.

Bedingungen zur Einlösung des Discounts:
1. Das Angebot ist bis einschließlich 30.6.2023 gültig.
2. Der Golfspieler/Leser hat sich telefonisch eine Abschlagzeit geben zu lassen – dabei ist die Nutzung des Angebots anzugeben.
3. Eine Barauszahlung des Greenfee-Vorteils ist nicht möglich.
4. Das Kombinieren von Angeboten oder bestehenden Greenfee-Vorteilen ist nicht möglich. Der Vorteil bezieht sich jeweils ausschließlich auf die zum Zeitpunkt der Einlösung gültigen vollen Greenfee-Gebühren.
5. Gibt es Spielergruppen mit erhöhten Greenfee-Gebühren, ist ein Nachlass auf diese Gebühren nicht möglich.
6. Das Angebot allein berechtigt nicht zum Spiel gegen Greenfee. Die Erfüllung der Bestimmungen des jeweiligen Golfclubs zur Greenfee-Berechtigung (Mitgliedschaft in einem Golfclub, Mindesthandicap etc.) zum Zeitpunkt der Einlösung sind Voraussetzung.
7. Es ist untersagt, den Greenfee-Gutschein entgeltlich Dritten zu überlassen bzw. mit diesen Handel zu treiben. Insbesondere sind die teilnehmenden Golfclubs in diesem Falle berechtigt, die Einlösung der ausgeschriebenen Angebote zu verweigern.
8. Die teilnehmenden Golfclubs haben sich gegenüber dem Verlag unter den o.g. Bedingungen verpflichtet, die ausgeschriebenen Angebote einzulösen. Der Verlag übernimmt jedoch keine Gewähr und keine Haftung, wenn ein Angebot nicht eingelöst wird oder werden kann.

Bedingungen zur Einlösung des Discounts:
1. Das Angebot ist bis einschließlich 30.6.2023 gültig.
2. Der Golfspieler/Leser hat sich telefonisch eine Abschlagzeit geben zu lassen – dabei ist die Nutzung des Angebots anzugeben.
3. Eine Barauszahlung des Greenfee-Vorteils ist nicht möglich.
4. Das Kombinieren von Angeboten oder bestehenden Greenfee-Vorteilen ist nicht möglich. Der Vorteil bezieht sich jeweils ausschließlich auf die zum Zeitpunkt der Einlösung gültigen vollen Greenfee-Gebühren.
5. Gibt es Spielergruppen mit erhöhten Greenfee-Gebühren, ist ein Nachlass auf diese Gebühren nicht möglich.
6. Das Angebot allein berechtigt nicht zum Spiel gegen Greenfee. Die Erfüllung der Bestimmungen des jeweiligen Golfclubs zur Greenfee-Berechtigung (Mitgliedschaft in einem Golfclub, Mindesthandicap etc.) zum Zeitpunkt der Einlösung sind Voraussetzung.
7. Es ist untersagt, den Greenfee-Gutschein entgeltlich Dritten zu überlassen bzw. mit diesen Handel zu treiben. Insbesondere sind die teilnehmenden Golfclubs in diesem Falle berechtigt, die Einlösung der ausgeschriebenen Angebote zu verweigern.
8. Die teilnehmenden Golfclubs haben sich gegenüber dem Verlag unter den o.g. Bedingungen verpflichtet, die ausgeschriebenen Angebote einzulösen. Der Verlag übernimmt jedoch keine Gewähr und keine Haftung, wenn ein Angebot nicht eingelöst wird oder werden kann.

Bedingungen zur Einlösung des Discounts:
1. Das Angebot ist bis einschließlich 30.6.2023 gültig.
2. Der Golfspieler/Leser hat sich telefonisch eine Abschlagzeit geben zu lassen – dabei ist die Nutzung des Angebots anzugeben.
3. Eine Barauszahlung des Greenfee-Vorteils ist nicht möglich.
4. Das Kombinieren von Angeboten oder bestehenden Greenfee-Vorteilen ist nicht möglich. Der Vorteil bezieht sich jeweils ausschließlich auf die zum Zeitpunkt der Einlösung gültigen vollen Greenfee-Gebühren.
5. Gibt es Spielergruppen mit erhöhten Greenfee-Gebühren, ist ein Nachlass auf diese Gebühren nicht möglich.
6. Das Angebot allein berechtigt nicht zum Spiel gegen Greenfee. Die Erfüllung der Bestimmungen des jeweiligen Golfclubs zur Greenfee-Berechtigung (Mitgliedschaft in einem Golfclub, Mindesthandicap etc.) zum Zeitpunkt der Einlösung sind Voraussetzung.
7. Es ist untersagt, den Greenfee-Gutschein entgeltlich Dritten zu überlassen bzw. mit diesen Handel zu treiben. Insbesondere sind die teilnehmenden Golfclubs in diesem Falle berechtigt, die Einlösung der ausgeschriebenen Angebote zu verweigern.
8. Die teilnehmenden Golfclubs haben sich gegenüber dem Verlag unter den o.g. Bedingungen verpflichtet, die ausgeschriebenen Angebote einzulösen. Der Verlag übernimmt jedoch keine Gewähr und keine Haftung, wenn ein Angebot nicht eingelöst wird oder werden kann.

Bedingungen zur Einlösung des Discounts:
1. Das Angebot ist bis einschließlich 30.6.2023 gültig.
2. Der Golfspieler/Leser hat sich telefonisch eine Abschlagzeit geben zu lassen – dabei ist die Nutzung des Angebots anzugeben.
3. Eine Barauszahlung des Greenfee-Vorteils ist nicht möglich.
4. Das Kombinieren von Angeboten oder bestehenden Greenfee-Vorteilen ist nicht möglich. Der Vorteil bezieht sich jeweils ausschließlich auf die zum Zeitpunkt der Einlösung gültigen vollen Greenfee-Gebühren.
5. Gibt es Spielergruppen mit erhöhten Greenfee-Gebühren, ist ein Nachlass auf diese Gebühren nicht möglich.
6. Das Angebot allein berechtigt nicht zum Spiel gegen Greenfee. Die Erfüllung der Bestimmungen des jeweiligen Golfclubs zur Greenfee-Berechtigung (Mitgliedschaft in einem Golfclub, Mindesthandicap etc.) zum Zeitpunkt der Einlösung sind Voraussetzung.
7. Es ist untersagt, den Greenfee-Gutschein entgeltlich Dritten zu überlassen bzw. mit diesen Handel zu treiben. Insbesondere sind die teilnehmenden Golfclubs in diesem Falle berechtigt, die Einlösung der ausgeschriebenen Angebote zu verweigern.
8. Die teilnehmenden Golfclubs haben sich gegenüber dem Verlag unter den o.g. Bedingungen verpflichtet, die ausgeschriebenen Angebote einzulösen. Der Verlag übernimmt jedoch keine Gewähr und keine Haftung, wenn ein Angebot nicht eingelöst wird oder werden kann.

Bedingungen zur Einlösung des Discounts:
1. Das Angebot ist bis einschließlich 30.6.2023 gültig.
2. Der Golfspieler/Leser hat sich telefonisch eine Abschlagzeit geben zu lassen – dabei ist die Nutzung des Angebots anzugeben.
3. Eine Barauszahlung des Greenfee-Vorteils ist nicht möglich.
4. Das Kombinieren von Angeboten oder bestehenden Greenfee-Vorteilen ist nicht möglich. Der Vorteil bezieht sich jeweils ausschließlich auf die zum Zeitpunkt der Einlösung gültigen vollen Greenfee-Gebühren.
5. Gibt es Spielergruppen mit erhöhten Greenfee-Gebühren, ist ein Nachlass auf diese Gebühren nicht möglich.
6. Das Angebot allein berechtigt nicht zum Spiel gegen Greenfee. Die Erfüllung der Bestimmungen des jeweiligen Golfclubs zur Greenfee-Berechtigung (Mitgliedschaft in einem Golfclub, Mindesthandicap etc.) zum Zeitpunkt der Einlösung sind Voraussetzung.
7. Es ist untersagt, den Greenfee-Gutschein entgeltlich Dritten zu überlassen bzw. mit diesen Handel zu treiben. Insbesondere sind die teilnehmenden Golfclubs in diesem Falle berechtigt, die Einlösung der ausgeschriebenen Angebote zu verweigern.
8. Die teilnehmenden Golfclubs haben sich gegenüber dem Verlag unter den o.g. Bedingungen verpflichtet, die ausgeschriebenen Angebote einzulösen. Der Verlag übernimmt jedoch keine Gewähr und keine Haftung, wenn ein Angebot nicht eingelöst wird oder werden kann.

Bedingungen zur Einlösung des Discounts:
1. Das Angebot ist bis einschließlich 30.6.2023 gültig.
2. Der Golfspieler/Leser hat sich telefonisch eine Abschlagzeit geben zu lassen – dabei ist die Nutzung des Angebots anzugeben.
3. Eine Barauszahlung des Greenfee-Vorteils ist nicht möglich.
4. Das Kombinieren von Angeboten oder bestehenden Greenfee-Vorteilen ist nicht möglich. Der Vorteil bezieht sich jeweils ausschließlich auf die zum Zeitpunkt der Einlösung gültigen vollen Greenfee-Gebühren.
5. Gibt es Spielergruppen mit erhöhten Greenfee-Gebühren, ist ein Nachlass auf diese Gebühren nicht möglich.
6. Das Angebot allein berechtigt nicht zum Spiel gegen Greenfee. Die Erfüllung der Bestimmungen des jeweiligen Golfclubs zur Greenfee-Berechtigung (Mitgliedschaft in einem Golfclub, Mindesthandicap etc.) zum Zeitpunkt der Einlösung sind Voraussetzung.
7. Es ist untersagt, den Greenfee-Gutschein entgeltlich Dritten zu überlassen bzw. mit diesen Handel zu treiben. Insbesondere sind die teilnehmenden Golfclubs in diesem Falle berechtigt, die Einlösung der ausgeschriebenen Angebote zu verweigern.
8. Die teilnehmenden Golfclubs haben sich gegenüber dem Verlag unter den o.g. Bedingungen verpflichtet, die ausgeschriebenen Angebote einzulösen. Der Verlag übernimmt jedoch keine Gewähr und keine Haftung, wenn ein Angebot nicht eingelöst wird oder werden kann.

Bedingungen zur Einlösung des Discounts:
1. Das Angebot ist bis einschließlich 30.6.2023 gültig.
2. Der Golfspieler/Leser hat sich telefonisch eine Abschlagzeit geben zu lassen – dabei ist die Nutzung des Angebots anzugeben.
3. Eine Barauszahlung des Greenfee-Vorteils ist nicht möglich.
4. Das Kombinieren von Angeboten oder bestehenden Greenfee-Vorteilen ist nicht möglich. Der Vorteil bezieht sich jeweils ausschließlich auf die zum Zeitpunkt der Einlösung gültigen vollen Greenfee-Gebühren.
5. Gibt es Spielergruppen mit erhöhten Greenfee-Gebühren, ist ein Nachlass auf diese Gebühren nicht möglich.
6. Das Angebot allein berechtigt nicht zum Spiel gegen Greenfee. Die Erfüllung der Bestimmungen des jeweiligen Golfclubs zur Greenfee-Berechtigung (Mitgliedschaft in einem Golfclub, Mindesthandicap etc.) zum Zeitpunkt der Einlösung sind Voraussetzung.
7. Es ist untersagt, den Greenfee-Gutschein entgeltlich Dritten zu überlassen bzw. mit diesen Handel zu treiben. Insbesondere sind die teilnehmenden Golfclubs in diesem Falle berechtigt, die Einlösung der ausgeschriebenen Angebote zu verweigern.
8. Die teilnehmenden Golfclubs haben sich gegenüber dem Verlag unter den o.g. Bedingungen verpflichtet, die ausgeschriebenen Angebote einzulösen. Der Verlag übernimmt jedoch keine Gewähr und keine Haftung, wenn ein Angebot nicht eingelöst wird oder werden kann.

Bedingungen zur Einlösung des Discounts:
1. Das Angebot ist bis einschließlich 30.6.2023 gültig.
2. Der Golfspieler/Leser hat sich telefonisch eine Abschlagzeit geben zu lassen – dabei ist die Nutzung des Angebots anzugeben.
3. Eine Barauszahlung des Greenfee-Vorteils ist nicht möglich.
4. Das Kombinieren von Angeboten oder bestehenden Greenfee-Vorteilen ist nicht möglich. Der Vorteil bezieht sich jeweils ausschließlich auf die zum Zeitpunkt der Einlösung gültigen vollen Greenfee-Gebühren.
5. Gibt es Spielergruppen mit erhöhten Greenfee-Gebühren, ist ein Nachlass auf diese Gebühren nicht möglich.
6. Das Angebot allein berechtigt nicht zum Spiel gegen Greenfee. Die Erfüllung der Bestimmungen des jeweiligen Golfclubs zur Greenfee-Berechtigung (Mitgliedschaft in einem Golfclub, Mindesthandicap etc.) zum Zeitpunkt der Einlösung sind Voraussetzung.
7. Es ist untersagt, den Greenfee-Gutschein entgeltlich Dritten zu überlassen bzw. mit diesen Handel zu treiben. Insbesondere sind die teilnehmenden Golfclubs in diesem Falle berechtigt, die Einlösung der ausgeschriebenen Angebote zu verweigern.
8. Die teilnehmenden Golfclubs haben sich gegenüber dem Verlag unter den o.g. Bedingungen verpflichtet, die ausgeschriebenen Angebote einzulösen. Der Verlag übernimmt jedoch keine Gewähr und keine Haftung, wenn ein Angebot nicht eingelöst wird oder werden kann.

DER GOLF ALBRECHT

Golf Club Alpino di Stresa

Viale Golf Panorama, 48
I-28839 Vezzo
☽ +39 0323 20642
Piemont und Ligurien

46

20% Greenfee-Ermäßigung

DER GOLF ALBRECHT

Golf Club Alpino di Stresa

Viale Golf Panorama, 48
I-28839 Vezzo
☽ +39 0323 20642
Piemont und Ligurien

46

20% Greenfee-Ermäßigung

DER GOLF ALBRECHT

Arona Golf Club

Via In Prè
I-28040 Borgoticino (NO)
☽ +39 0321 907034
Piemont und Ligurien

47

2 for 1 2 GF zum Preis von 1 wochentags

DER GOLF ALBRECHT

Arona Golf Club

Via In Prè
I-28040 Borgoticino (NO)
☽ +39 0321 907034
Piemont und Ligurien

47

2 for 1 2 GF zum Preis von 1 wochentags

DER GOLF ALBRECHT

Arona Golf Club

Via In Prè
I-28040 Borgoticino (NO)
☽ +39 0321 907034
Piemont und Ligurien

47

20% Greenfee-Ermäßigung wochentags

DER GOLF ALBRECHT

Arona Golf Club

Via In Prè
I-28040 Borgoticino (NO)
☽ +39 0321 907034
Piemont und Ligurien

47

20% Greenfee-Ermäßigung wochentags

DER GOLF ALBRECHT

Golf Club Biella Le Betulle

Regione Valcarozza
I-13887 Magnano Biellese
☽ +39 015 679151
Piemont und Ligurien

48

10% Greenfee-Ermäßigung wochentags

DER GOLF ALBRECHT

Golf Club Biella Le Betulle

Regione Valcarozza
I-13887 Magnano Biellese
☽ +39 015 679151
Piemont und Ligurien

48

10% Greenfee-Ermäßigung wochentags

DER GOLF ALBRECHT

Castellaro Golf Club

Strada per i Piani, 1
I-18011 Castellaro
☽ +39 0184 482641
Piemont und Ligurien

49

10% Greenfee-Ermäßigung

DER GOLF ALBRECHT

Castellaro Golf Club

Strada per i Piani, 1
I-18011 Castellaro
☽ +39 0184 482641
Piemont und Ligurien

49

10% Greenfee-Ermäßigung

Diese Gutscheine gelten nur in Verbindung mit dem Buch/Albrecht Golf Card

Diese Gutscheine gelten nur in Verbindung mit dem Buch/Albrecht Golf Card

Bedingungen zur Einlösung des Discounts:
1. Das Angebot ist bis einschließlich 30.6.2023 gültig.
2. Der Golfspieler/Leser hat sich telefonisch eine Abschlagzeit geben zu lassen – dabei ist die Nutzung des Angebots anzugeben.
3. Eine Barauszahlung des Greenfee-Vorteils ist nicht möglich.
4. Das Kombinieren von Angeboten oder bestehenden Greenfee-Vorteilen ist nicht möglich. Der Vorteil bezieht sich jeweils ausschließlich auf die zum Zeitpunkt der Einlösung gültigen vollen Greenfee-Gebühren.
5. Gibt es Spielergruppen mit erhöhten Greenfee-Gebühren, ist ein Nachlass auf diese Gebühren nicht möglich.
6. Das Angebot allein berechtigt nicht zum Spiel gegen Greenfee. Die Erfüllung der Bestimmungen des jeweiligen Golfclubs zur Greenfee-Berechtigung (Mitgliedschaft in einem Golfclub, Mindesthandicap etc.) zum Zeitpunkt der Einlösung sind Voraussetzung.
7. Es ist untersagt, den Greenfee-Gutschein entgeltlich Dritten zu überlassen bzw. mit diesen Handel zu treiben. Insbesondere sind die teilnehmenden Golfclubs in diesem Falle berechtigt, die Einlösung der ausgeschriebenen Angebote zu verweigern.
8. Die teilnehmenden Golfclubs haben sich gegenüber dem Verlag unter den o.g. Bedingungen verpflichtet, die ausgeschriebenen Angebote einzulösen. Der Verlag übernimmt jedoch keine Gewähr und keine Haftung, wenn ein Angebot nicht eingelöst wird oder werden kann.

Bedingungen zur Einlösung des Discounts:
1. Das Angebot ist bis einschließlich 30.6.2023 gültig.
2. Der Golfspieler/Leser hat sich telefonisch eine Abschlagzeit geben zu lassen – dabei ist die Nutzung des Angebots anzugeben.
3. Eine Barauszahlung des Greenfee-Vorteils ist nicht möglich.
4. Das Kombinieren von Angeboten oder bestehenden Greenfee-Vorteilen ist nicht möglich. Der Vorteil bezieht sich jeweils ausschließlich auf die zum Zeitpunkt der Einlösung gültigen vollen Greenfee-Gebühren.
5. Gibt es Spielergruppen mit erhöhten Greenfee-Gebühren, ist ein Nachlass auf diese Gebühren nicht möglich.
6. Das Angebot allein berechtigt nicht zum Spiel gegen Greenfee. Die Erfüllung der Bestimmungen des jeweiligen Golfclubs zur Greenfee-Berechtigung (Mitgliedschaft in einem Golfclub, Mindesthandicap etc.) zum Zeitpunkt der Einlösung sind Voraussetzung.
7. Es ist untersagt, den Greenfee-Gutschein entgeltlich Dritten zu überlassen bzw. mit diesen Handel zu treiben. Insbesondere sind die teilnehmenden Golfclubs in diesem Falle berechtigt, die Einlösung der ausgeschriebenen Angebote zu verweigern.
8. Die teilnehmenden Golfclubs haben sich gegenüber dem Verlag unter den o.g. Bedingungen verpflichtet, die ausgeschriebenen Angebote einzulösen. Der Verlag übernimmt jedoch keine Gewähr und keine Haftung, wenn ein Angebot nicht eingelöst wird oder werden kann.

Bedingungen zur Einlösung des Discounts:
1. Das Angebot ist bis einschließlich 30.6.2023 gültig.
2. Der Golfspieler/Leser hat sich telefonisch eine Abschlagzeit geben zu lassen – dabei ist die Nutzung des Angebots anzugeben.
3. Eine Barauszahlung des Greenfee-Vorteils ist nicht möglich.
4. Das Kombinieren von Angeboten oder bestehenden Greenfee-Vorteilen ist nicht möglich. Der Vorteil bezieht sich jeweils ausschließlich auf die zum Zeitpunkt der Einlösung gültigen vollen Greenfee-Gebühren.
5. Gibt es Spielergruppen mit erhöhten Greenfee-Gebühren, ist ein Nachlass auf diese Gebühren nicht möglich.
6. Das Angebot allein berechtigt nicht zum Spiel gegen Greenfee. Die Erfüllung der Bestimmungen des jeweiligen Golfclubs zur Greenfee-Berechtigung (Mitgliedschaft in einem Golfclub, Mindesthandicap etc.) zum Zeitpunkt der Einlösung sind Voraussetzung.
7. Es ist untersagt, den Greenfee-Gutschein entgeltlich Dritten zu überlassen bzw. mit diesen Handel zu treiben. Insbesondere sind die teilnehmenden Golfclubs in diesem Falle berechtigt, die Einlösung der ausgeschriebenen Angebote zu verweigern.
8. Die teilnehmenden Golfclubs haben sich gegenüber dem Verlag unter den o.g. Bedingungen verpflichtet, die ausgeschriebenen Angebote einzulösen. Der Verlag übernimmt jedoch keine Gewähr und keine Haftung, wenn ein Angebot nicht eingelöst wird oder werden kann.

Bedingungen zur Einlösung des Discounts:
1. Das Angebot ist bis einschließlich 30.6.2023 gültig.
2. Der Golfspieler/Leser hat sich telefonisch eine Abschlagzeit geben zu lassen – dabei ist die Nutzung des Angebots anzugeben.
3. Eine Barauszahlung des Greenfee-Vorteils ist nicht möglich.
4. Das Kombinieren von Angeboten oder bestehenden Greenfee-Vorteilen ist nicht möglich. Der Vorteil bezieht sich jeweils ausschließlich auf die zum Zeitpunkt der Einlösung gültigen vollen Greenfee-Gebühren.
5. Gibt es Spielergruppen mit erhöhten Greenfee-Gebühren, ist ein Nachlass auf diese Gebühren nicht möglich.
6. Das Angebot allein berechtigt nicht zum Spiel gegen Greenfee. Die Erfüllung der Bestimmungen des jeweiligen Golfclubs zur Greenfee-Berechtigung (Mitgliedschaft in einem Golfclub, Mindesthandicap etc.) zum Zeitpunkt der Einlösung sind Voraussetzung.
7. Es ist untersagt, den Greenfee-Gutschein entgeltlich Dritten zu überlassen bzw. mit diesen Handel zu treiben. Insbesondere sind die teilnehmenden Golfclubs in diesem Falle berechtigt, die Einlösung der ausgeschriebenen Angebote zu verweigern.
8. Die teilnehmenden Golfclubs haben sich gegenüber dem Verlag unter den o.g. Bedingungen verpflichtet, die ausgeschriebenen Angebote einzulösen. Der Verlag übernimmt jedoch keine Gewähr und keine Haftung, wenn ein Angebot nicht eingelöst wird oder werden kann.

Bedingungen zur Einlösung des Discounts:
1. Das Angebot ist bis einschließlich 30.6.2023 gültig.
2. Der Golfspieler/Leser hat sich telefonisch eine Abschlagzeit geben zu lassen – dabei ist die Nutzung des Angebots anzugeben.
3. Eine Barauszahlung des Greenfee-Vorteils ist nicht möglich.
4. Das Kombinieren von Angeboten oder bestehenden Greenfee-Vorteilen ist nicht möglich. Der Vorteil bezieht sich jeweils ausschließlich auf die zum Zeitpunkt der Einlösung gültigen vollen Greenfee-Gebühren.
5. Gibt es Spielergruppen mit erhöhten Greenfee-Gebühren, ist ein Nachlass auf diese Gebühren nicht möglich.
6. Das Angebot allein berechtigt nicht zum Spiel gegen Greenfee. Die Erfüllung der Bestimmungen des jeweiligen Golfclubs zur Greenfee-Berechtigung (Mitgliedschaft in einem Golfclub, Mindesthandicap etc.) zum Zeitpunkt der Einlösung sind Voraussetzung.
7. Es ist untersagt, den Greenfee-Gutschein entgeltlich Dritten zu überlassen bzw. mit diesen Handel zu treiben. Insbesondere sind die teilnehmenden Golfclubs in diesem Falle berechtigt, die Einlösung der ausgeschriebenen Angebote zu verweigern.
8. Die teilnehmenden Golfclubs haben sich gegenüber dem Verlag unter den o.g. Bedingungen verpflichtet, die ausgeschriebenen Angebote einzulösen. Der Verlag übernimmt jedoch keine Gewähr und keine Haftung, wenn ein Angebot nicht eingelöst wird oder werden kann.

Bedingungen zur Einlösung des Discounts:
1. Das Angebot ist bis einschließlich 30.6.2023 gültig.
2. Der Golfspieler/Leser hat sich telefonisch eine Abschlagzeit geben zu lassen – dabei ist die Nutzung des Angebots anzugeben.
3. Eine Barauszahlung des Greenfee-Vorteils ist nicht möglich.
4. Das Kombinieren von Angeboten oder bestehenden Greenfee-Vorteilen ist nicht möglich. Der Vorteil bezieht sich jeweils ausschließlich auf die zum Zeitpunkt der Einlösung gültigen vollen Greenfee-Gebühren.
5. Gibt es Spielergruppen mit erhöhten Greenfee-Gebühren, ist ein Nachlass auf diese Gebühren nicht möglich.
6. Das Angebot allein berechtigt nicht zum Spiel gegen Greenfee. Die Erfüllung der Bestimmungen des jeweiligen Golfclubs zur Greenfee-Berechtigung (Mitgliedschaft in einem Golfclub, Mindesthandicap etc.) zum Zeitpunkt der Einlösung sind Voraussetzung.
7. Es ist untersagt, den Greenfee-Gutschein entgeltlich Dritten zu überlassen bzw. mit diesen Handel zu treiben. Insbesondere sind die teilnehmenden Golfclubs in diesem Falle berechtigt, die Einlösung der ausgeschriebenen Angebote zu verweigern.
8. Die teilnehmenden Golfclubs haben sich gegenüber dem Verlag unter den o.g. Bedingungen verpflichtet, die ausgeschriebenen Angebote einzulösen. Der Verlag übernimmt jedoch keine Gewähr und keine Haftung, wenn ein Angebot nicht eingelöst wird oder werden kann.

Bedingungen zur Einlösung des Discounts:
1. Das Angebot ist bis einschließlich 30.6.2023 gültig.
2. Der Golfspieler/Leser hat sich telefonisch eine Abschlagzeit geben zu lassen – dabei ist die Nutzung des Angebots anzugeben.
3. Eine Barauszahlung des Greenfee-Vorteils ist nicht möglich.
4. Das Kombinieren von Angeboten oder bestehenden Greenfee-Vorteilen ist nicht möglich. Der Vorteil bezieht sich jeweils ausschließlich auf die zum Zeitpunkt der Einlösung gültigen vollen Greenfee-Gebühren.
5. Gibt es Spielergruppen mit erhöhten Greenfee-Gebühren, ist ein Nachlass auf diese Gebühren nicht möglich.
6. Das Angebot allein berechtigt nicht zum Spiel gegen Greenfee. Die Erfüllung der Bestimmungen des jeweiligen Golfclubs zur Greenfee-Berechtigung (Mitgliedschaft in einem Golfclub, Mindesthandicap etc.) zum Zeitpunkt der Einlösung sind Voraussetzung.
7. Es ist untersagt, den Greenfee-Gutschein entgeltlich Dritten zu überlassen bzw. mit diesen Handel zu treiben. Insbesondere sind die teilnehmenden Golfclubs in diesem Falle berechtigt, die Einlösung der ausgeschriebenen Angebote zu verweigern.
8. Die teilnehmenden Golfclubs haben sich gegenüber dem Verlag unter den o.g. Bedingungen verpflichtet, die ausgeschriebenen Angebote einzulösen. Der Verlag übernimmt jedoch keine Gewähr und keine Haftung, wenn ein Angebot nicht eingelöst wird oder werden kann.

Bedingungen zur Einlösung des Discounts:
1. Das Angebot ist bis einschließlich 30.6.2023 gültig.
2. Der Golfspieler/Leser hat sich telefonisch eine Abschlagzeit geben zu lassen – dabei ist die Nutzung des Angebots anzugeben.
3. Eine Barauszahlung des Greenfee-Vorteils ist nicht möglich.
4. Das Kombinieren von Angeboten oder bestehenden Greenfee-Vorteilen ist nicht möglich. Der Vorteil bezieht sich jeweils ausschließlich auf die zum Zeitpunkt der Einlösung gültigen vollen Greenfee-Gebühren.
5. Gibt es Spielergruppen mit erhöhten Greenfee-Gebühren, ist ein Nachlass auf diese Gebühren nicht möglich.
6. Das Angebot allein berechtigt nicht zum Spiel gegen Greenfee. Die Erfüllung der Bestimmungen des jeweiligen Golfclubs zur Greenfee-Berechtigung (Mitgliedschaft in einem Golfclub, Mindesthandicap etc.) zum Zeitpunkt der Einlösung sind Voraussetzung.
7. Es ist untersagt, den Greenfee-Gutschein entgeltlich Dritten zu überlassen bzw. mit diesen Handel zu treiben. Insbesondere sind die teilnehmenden Golfclubs in diesem Falle berechtigt, die Einlösung der ausgeschriebenen Angebote zu verweigern.
8. Die teilnehmenden Golfclubs haben sich gegenüber dem Verlag unter den o.g. Bedingungen verpflichtet, die ausgeschriebenen Angebote einzulösen. Der Verlag übernimmt jedoch keine Gewähr und keine Haftung, wenn ein Angebot nicht eingelöst wird oder werden kann.

Bedingungen zur Einlösung des Discounts:
1. Das Angebot ist bis einschließlich 30.6.2023 gültig.
2. Der Golfspieler/Leser hat sich telefonisch eine Abschlagzeit geben zu lassen – dabei ist die Nutzung des Angebots anzugeben.
3. Eine Barauszahlung des Greenfee-Vorteils ist nicht möglich.
4. Das Kombinieren von Angeboten oder bestehenden Greenfee-Vorteilen ist nicht möglich. Der Vorteil bezieht sich jeweils ausschließlich auf die zum Zeitpunkt der Einlösung gültigen vollen Greenfee-Gebühren.
5. Gibt es Spielergruppen mit erhöhten Greenfee-Gebühren, ist ein Nachlass auf diese Gebühren nicht möglich.
6. Das Angebot allein berechtigt nicht zum Spiel gegen Greenfee. Die Erfüllung der Bestimmungen des jeweiligen Golfclubs zur Greenfee-Berechtigung (Mitgliedschaft in einem Golfclub, Mindesthandicap etc.) zum Zeitpunkt der Einlösung sind Voraussetzung.
7. Es ist untersagt, den Greenfee-Gutschein entgeltlich Dritten zu überlassen bzw. mit diesen Handel zu treiben. Insbesondere sind die teilnehmenden Golfclubs in diesem Falle berechtigt, die Einlösung der ausgeschriebenen Angebote zu verweigern.
8. Die teilnehmenden Golfclubs haben sich gegenüber dem Verlag unter den o.g. Bedingungen verpflichtet, die ausgeschriebenen Angebote einzulösen. Der Verlag übernimmt jedoch keine Gewähr und keine Haftung, wenn ein Angebot nicht eingelöst wird oder werden kann.

Bedingungen zur Einlösung des Discounts:
1. Das Angebot ist bis einschließlich 30.6.2023 gültig.
2. Der Golfspieler/Leser hat sich telefonisch eine Abschlagzeit geben zu lassen – dabei ist die Nutzung des Angebots anzugeben.
3. Eine Barauszahlung des Greenfee-Vorteils ist nicht möglich.
4. Das Kombinieren von Angeboten oder bestehenden Greenfee-Vorteilen ist nicht möglich. Der Vorteil bezieht sich jeweils ausschließlich auf die zum Zeitpunkt der Einlösung gültigen vollen Greenfee-Gebühren.
5. Gibt es Spielergruppen mit erhöhten Greenfee-Gebühren, ist ein Nachlass auf diese Gebühren nicht möglich.
6. Das Angebot allein berechtigt nicht zum Spiel gegen Greenfee. Die Erfüllung der Bestimmungen des jeweiligen Golfclubs zur Greenfee-Berechtigung (Mitgliedschaft in einem Golfclub, Mindesthandicap etc.) zum Zeitpunkt der Einlösung sind Voraussetzung.
7. Es ist untersagt, den Greenfee-Gutschein entgeltlich Dritten zu überlassen bzw. mit diesen Handel zu treiben. Insbesondere sind die teilnehmenden Golfclubs in diesem Falle berechtigt, die Einlösung der ausgeschriebenen Angebote zu verweigern.
8. Die teilnehmenden Golfclubs haben sich gegenüber dem Verlag unter den o.g. Bedingungen verpflichtet, die ausgeschriebenen Angebote einzulösen. Der Verlag übernimmt jedoch keine Gewähr und keine Haftung, wenn ein Angebot nicht eingelöst wird oder werden kann.

DER GOLF ALBRECHT

Castellaro Golf Club

Strada per i Piani, 1
I-18011 Castellaro
✆ +39 0184 482641
Piemont und Ligurien

49

10% Greenfee-Ermäßigung

DER GOLF ALBRECHT

Modena Golf & Country Club A.S.D.

Via Castelnuovo Rangone 4
I-41043 Colombaro di Formigine
✆ +39 059 553482
Emilia Romagna

50

30% Greenfee-Ermäßigung

DER GOLF ALBRECHT

Modena Golf & Country Club A.S.D.

Via Castelnuovo Rangone 4
I-41043 Colombaro di Formigine
✆ +39 059 553482
Emilia Romagna

50

30% Greenfee-Ermäßigung

DER GOLF ALBRECHT

Modena Golf & Country Club A.S.D.

Via Castelnuovo Rangone 4
I-41043 Colombaro di Formigine
✆ +39 059 553482
Emilia Romagna

50

30% Greenfee-Ermäßigung

DER GOLF ALBRECHT

San Valentino Golf Club

Via Telarolo, 12
I-42014 San Valentino di Castellarano
✆ +39 0536 854512
Emilia Romagna

51

2 for 1 2 GF zum Preis von 1

DER GOLF ALBRECHT

San Valentino Golf Club

Via Telarolo, 12
I-42014 San Valentino di Castellarano
✆ +39 0536 854512
Emilia Romagna

51

2 for 1 2 GF zum Preis von 1

DER GOLF ALBRECHT

San Valentino Golf Club

Via Telarolo, 12
I-42014 San Valentino di Castellarano
✆ +39 0536 854512
Emilia Romagna

51

20% Greenfee-Ermäßigung

DER GOLF ALBRECHT

San Valentino Golf Club

Via Telarolo, 12
I-42014 San Valentino di Castellarano
✆ +39 0536 854512
Emilia Romagna

51

20% Greenfee-Ermäßigung

DER GOLF ALBRECHT

Rivieragolf

Via Conca Nuova 1236
I-47842 San Giovanni in Marignano
✆ +39 0541 955009
Emilia Romagna

52

20% Greenfee-Ermäßigung wochentags

DER GOLF ALBRECHT

Rivieragolf

Via Conca Nuova 1236
I-47842 San Giovanni in Marignano
✆ +39 0541 955009
Emilia Romagna

52

20% Greenfee-Ermäßigung wochentags

Diese Gutscheine gelten nur in Verbindung mit dem Buch/Albrecht Golf Card

Diese Gutscheine gelten nur in Verbindung mit dem Buch/Albrecht Golf Card

Bedingungen zur Einlösung des Discounts:

1. Das Angebot ist bis einschließlich 30.6.2023 gültig.
2. Der Golfspieler/Leser hat sich telefonisch eine Abschlagzeit geben zu lassen – dabei ist die Nutzung des Angebots anzugeben.
3. Eine Barauszahlung des Greenfee-Vorteils ist nicht möglich.
4. Das Kombinieren von Angeboten oder bestehenden Greenfee-Vorteilen ist nicht möglich. Der Vorteil bezieht sich jeweils ausschließlich auf die zum Zeitpunkt der Einlösung gültigen vollen Greenfee-Gebühren.
5. Gibt es Spielergruppen mit erhöhten Greenfee-Gebühren, ist ein Nachlass auf diese Gebühren nicht möglich.
6. Das Angebot allein berechtigt nicht zum Spiel gegen Greenfee. Die Erfüllung der Bestimmungen des jeweiligen Golfclubs zur Greenfee-Berechtigung (Mitgliedschaft in einem Golfclub, Mindesthandicap etc.) zum Zeitpunkt der Einlösung sind Voraussetzung.
7. Es ist untersagt, den Greenfee-Gutschein entgeltlich Dritten zu überlassen bzw. mit diesen Handel zu treiben. Insbesondere sind die teilnehmenden Golfclubs in diesem Falle berechtigt, die Einlösung der ausgeschriebenen Angebote zu verweigern.
8. Die teilnehmenden Golfclubs haben sich gegenüber dem Verlag unter den o.g. Bedingungen verpflichtet, die ausgeschriebenen Angebote einzulösen. Der Verlag übernimmt jedoch keine Gewähr und keine Haftung, wenn ein Angebot nicht eingelöst wird oder werden kann.

Bedingungen zur Einlösung des Discounts:

1. Das Angebot ist bis einschließlich 30.6.2023 gültig.
2. Der Golfspieler/Leser hat sich telefonisch eine Abschlagzeit geben zu lassen – dabei ist die Nutzung des Angebots anzugeben.
3. Eine Barauszahlung des Greenfee-Vorteils ist nicht möglich.
4. Das Kombinieren von Angeboten oder bestehenden Greenfee-Vorteilen ist nicht möglich. Der Vorteil bezieht sich jeweils ausschließlich auf die zum Zeitpunkt der Einlösung gültigen vollen Greenfee-Gebühren.
5. Gibt es Spielergruppen mit erhöhten Greenfee-Gebühren, ist ein Nachlass auf diese Gebühren nicht möglich.
6. Das Angebot allein berechtigt nicht zum Spiel gegen Greenfee. Die Erfüllung der Bestimmungen des jeweiligen Golfclubs zur Greenfee-Berechtigung (Mitgliedschaft in einem Golfclub, Mindesthandicap etc.) zum Zeitpunkt der Einlösung sind Voraussetzung.
7. Es ist untersagt, den Greenfee-Gutschein entgeltlich Dritten zu überlassen bzw. mit diesen Handel zu treiben. Insbesondere sind die teilnehmenden Golfclubs in diesem Falle berechtigt, die Einlösung der ausgeschriebenen Angebote zu verweigern.
8. Die teilnehmenden Golfclubs haben sich gegenüber dem Verlag unter den o.g. Bedingungen verpflichtet, die ausgeschriebenen Angebote einzulösen. Der Verlag übernimmt jedoch keine Gewähr und keine Haftung, wenn ein Angebot nicht eingelöst wird oder werden kann.

Bedingungen zur Einlösung des Discounts:

1. Das Angebot ist bis einschließlich 30.6.2023 gültig.
2. Der Golfspieler/Leser hat sich telefonisch eine Abschlagzeit geben zu lassen – dabei ist die Nutzung des Angebots anzugeben.
3. Eine Barauszahlung des Greenfee-Vorteils ist nicht möglich.
4. Das Kombinieren von Angeboten oder bestehenden Greenfee-Vorteilen ist nicht möglich. Der Vorteil bezieht sich jeweils ausschließlich auf die zum Zeitpunkt der Einlösung gültigen vollen Greenfee-Gebühren.
5. Gibt es Spielergruppen mit erhöhten Greenfee-Gebühren, ist ein Nachlass auf diese Gebühren nicht möglich.
6. Das Angebot allein berechtigt nicht zum Spiel gegen Greenfee. Die Erfüllung der Bestimmungen des jeweiligen Golfclubs zur Greenfee-Berechtigung (Mitgliedschaft in einem Golfclub, Mindesthandicap etc.) zum Zeitpunkt der Einlösung sind Voraussetzung.
7. Es ist untersagt, den Greenfee-Gutschein entgeltlich Dritten zu überlassen bzw. mit diesen Handel zu treiben. Insbesondere sind die teilnehmenden Golfclubs in diesem Falle berechtigt, die Einlösung der ausgeschriebenen Angebote zu verweigern.
8. Die teilnehmenden Golfclubs haben sich gegenüber dem Verlag unter den o.g. Bedingungen verpflichtet, die ausgeschriebenen Angebote einzulösen. Der Verlag übernimmt jedoch keine Gewähr und keine Haftung, wenn ein Angebot nicht eingelöst wird oder werden kann.

Bedingungen zur Einlösung des Discounts:

1. Das Angebot ist bis einschließlich 30.6.2023 gültig.
2. Der Golfspieler/Leser hat sich telefonisch eine Abschlagzeit geben zu lassen – dabei ist die Nutzung des Angebots anzugeben.
3. Eine Barauszahlung des Greenfee-Vorteils ist nicht möglich.
4. Das Kombinieren von Angeboten oder bestehenden Greenfee-Vorteilen ist nicht möglich. Der Vorteil bezieht sich jeweils ausschließlich auf die zum Zeitpunkt der Einlösung gültigen vollen Greenfee-Gebühren.
5. Gibt es Spielergruppen mit erhöhten Greenfee-Gebühren, ist ein Nachlass auf diese Gebühren nicht möglich.
6. Das Angebot allein berechtigt nicht zum Spiel gegen Greenfee. Die Erfüllung der Bestimmungen des jeweiligen Golfclubs zur Greenfee-Berechtigung (Mitgliedschaft in einem Golfclub, Mindesthandicap etc.) zum Zeitpunkt der Einlösung sind Voraussetzung.
7. Es ist untersagt, den Greenfee-Gutschein entgeltlich Dritten zu überlassen bzw. mit diesen Handel zu treiben. Insbesondere sind die teilnehmenden Golfclubs in diesem Falle berechtigt, die Einlösung der ausgeschriebenen Angebote zu verweigern.
8. Die teilnehmenden Golfclubs haben sich gegenüber dem Verlag unter den o.g. Bedingungen verpflichtet, die ausgeschriebenen Angebote einzulösen. Der Verlag übernimmt jedoch keine Gewähr und keine Haftung, wenn ein Angebot nicht eingelöst wird oder werden kann.

Bedingungen zur Einlösung des Discounts:

1. Das Angebot ist bis einschließlich 30.6.2023 gültig.
2. Der Golfspieler/Leser hat sich telefonisch eine Abschlagzeit geben zu lassen – dabei ist die Nutzung des Angebots anzugeben.
3. Eine Barauszahlung des Greenfee-Vorteils ist nicht möglich.
4. Das Kombinieren von Angeboten oder bestehenden Greenfee-Vorteilen ist nicht möglich. Der Vorteil bezieht sich jeweils ausschließlich auf die zum Zeitpunkt der Einlösung gültigen vollen Greenfee-Gebühren.
5. Gibt es Spielergruppen mit erhöhten Greenfee-Gebühren, ist ein Nachlass auf diese Gebühren nicht möglich.
6. Das Angebot allein berechtigt nicht zum Spiel gegen Greenfee. Die Erfüllung der Bestimmungen des jeweiligen Golfclubs zur Greenfee-Berechtigung (Mitgliedschaft in einem Golfclub, Mindesthandicap etc.) zum Zeitpunkt der Einlösung sind Voraussetzung.
7. Es ist untersagt, den Greenfee-Gutschein entgeltlich Dritten zu überlassen bzw. mit diesen Handel zu treiben. Insbesondere sind die teilnehmenden Golfclubs in diesem Falle berechtigt, die Einlösung der ausgeschriebenen Angebote zu verweigern.
8. Die teilnehmenden Golfclubs haben sich gegenüber dem Verlag unter den o.g. Bedingungen verpflichtet, die ausgeschriebenen Angebote einzulösen. Der Verlag übernimmt jedoch keine Gewähr und keine Haftung, wenn ein Angebot nicht eingelöst wird oder werden kann.

Bedingungen zur Einlösung des Discounts:

1. Das Angebot ist bis einschließlich 30.6.2023 gültig.
2. Der Golfspieler/Leser hat sich telefonisch eine Abschlagzeit geben zu lassen – dabei ist die Nutzung des Angebots anzugeben.
3. Eine Barauszahlung des Greenfee-Vorteils ist nicht möglich.
4. Das Kombinieren von Angeboten oder bestehenden Greenfee-Vorteilen ist nicht möglich. Der Vorteil bezieht sich jeweils ausschließlich auf die zum Zeitpunkt der Einlösung gültigen vollen Greenfee-Gebühren.
5. Gibt es Spielergruppen mit erhöhten Greenfee-Gebühren, ist ein Nachlass auf diese Gebühren nicht möglich.
6. Das Angebot allein berechtigt nicht zum Spiel gegen Greenfee. Die Erfüllung der Bestimmungen des jeweiligen Golfclubs zur Greenfee-Berechtigung (Mitgliedschaft in einem Golfclub, Mindesthandicap etc.) zum Zeitpunkt der Einlösung sind Voraussetzung.
7. Es ist untersagt, den Greenfee-Gutschein entgeltlich Dritten zu überlassen bzw. mit diesen Handel zu treiben. Insbesondere sind die teilnehmenden Golfclubs in diesem Falle berechtigt, die Einlösung der ausgeschriebenen Angebote zu verweigern.
8. Die teilnehmenden Golfclubs haben sich gegenüber dem Verlag unter den o.g. Bedingungen verpflichtet, die ausgeschriebenen Angebote einzulösen. Der Verlag übernimmt jedoch keine Gewähr und keine Haftung, wenn ein Angebot nicht eingelöst wird oder werden kann.

Bedingungen zur Einlösung des Discounts:

1. Das Angebot ist bis einschließlich 30.6.2023 gültig.
2. Der Golfspieler/Leser hat sich telefonisch eine Abschlagzeit geben zu lassen – dabei ist die Nutzung des Angebots anzugeben.
3. Eine Barauszahlung des Greenfee-Vorteils ist nicht möglich.
4. Das Kombinieren von Angeboten oder bestehenden Greenfee-Vorteilen ist nicht möglich. Der Vorteil bezieht sich jeweils ausschließlich auf die zum Zeitpunkt der Einlösung gültigen vollen Greenfee-Gebühren.
5. Gibt es Spielergruppen mit erhöhten Greenfee-Gebühren, ist ein Nachlass auf diese Gebühren nicht möglich.
6. Das Angebot allein berechtigt nicht zum Spiel gegen Greenfee. Die Erfüllung der Bestimmungen des jeweiligen Golfclubs zur Greenfee-Berechtigung (Mitgliedschaft in einem Golfclub, Mindesthandicap etc.) zum Zeitpunkt der Einlösung sind Voraussetzung.
7. Es ist untersagt, den Greenfee-Gutschein entgeltlich Dritten zu überlassen bzw. mit diesen Handel zu treiben. Insbesondere sind die teilnehmenden Golfclubs in diesem Falle berechtigt, die Einlösung der ausgeschriebenen Angebote zu verweigern.
8. Die teilnehmenden Golfclubs haben sich gegenüber dem Verlag unter den o.g. Bedingungen verpflichtet, die ausgeschriebenen Angebote einzulösen. Der Verlag übernimmt jedoch keine Gewähr und keine Haftung, wenn ein Angebot nicht eingelöst wird oder werden kann.

Bedingungen zur Einlösung des Discounts:

1. Das Angebot ist bis einschließlich 30.6.2023 gültig.
2. Der Golfspieler/Leser hat sich telefonisch eine Abschlagzeit geben zu lassen – dabei ist die Nutzung des Angebots anzugeben.
3. Eine Barauszahlung des Greenfee-Vorteils ist nicht möglich.
4. Das Kombinieren von Angeboten oder bestehenden Greenfee-Vorteilen ist nicht möglich. Der Vorteil bezieht sich jeweils ausschließlich auf die zum Zeitpunkt der Einlösung gültigen vollen Greenfee-Gebühren.
5. Gibt es Spielergruppen mit erhöhten Greenfee-Gebühren, ist ein Nachlass auf diese Gebühren nicht möglich.
6. Das Angebot allein berechtigt nicht zum Spiel gegen Greenfee. Die Erfüllung der Bestimmungen des jeweiligen Golfclubs zur Greenfee-Berechtigung (Mitgliedschaft in einem Golfclub, Mindesthandicap etc.) zum Zeitpunkt der Einlösung sind Voraussetzung.
7. Es ist untersagt, den Greenfee-Gutschein entgeltlich Dritten zu überlassen bzw. mit diesen Handel zu treiben. Insbesondere sind die teilnehmenden Golfclubs in diesem Falle berechtigt, die Einlösung der ausgeschriebenen Angebote zu verweigern.
8. Die teilnehmenden Golfclubs haben sich gegenüber dem Verlag unter den o.g. Bedingungen verpflichtet, die ausgeschriebenen Angebote einzulösen. Der Verlag übernimmt jedoch keine Gewähr und keine Haftung, wenn ein Angebot nicht eingelöst wird oder werden kann.

Bedingungen zur Einlösung des Discounts:

1. Das Angebot ist bis einschließlich 30.6.2023 gültig.
2. Der Golfspieler/Leser hat sich telefonisch eine Abschlagzeit geben zu lassen – dabei ist die Nutzung des Angebots anzugeben.
3. Eine Barauszahlung des Greenfee-Vorteils ist nicht möglich.
4. Das Kombinieren von Angeboten oder bestehenden Greenfee-Vorteilen ist nicht möglich. Der Vorteil bezieht sich jeweils ausschließlich auf die zum Zeitpunkt der Einlösung gültigen vollen Greenfee-Gebühren.
5. Gibt es Spielergruppen mit erhöhten Greenfee-Gebühren, ist ein Nachlass auf diese Gebühren nicht möglich.
6. Das Angebot allein berechtigt nicht zum Spiel gegen Greenfee. Die Erfüllung der Bestimmungen des jeweiligen Golfclubs zur Greenfee-Berechtigung (Mitgliedschaft in einem Golfclub, Mindesthandicap etc.) zum Zeitpunkt der Einlösung sind Voraussetzung.
7. Es ist untersagt, den Greenfee-Gutschein entgeltlich Dritten zu überlassen bzw. mit diesen Handel zu treiben. Insbesondere sind die teilnehmenden Golfclubs in diesem Falle berechtigt, die Einlösung der ausgeschriebenen Angebote zu verweigern.
8. Die teilnehmenden Golfclubs haben sich gegenüber dem Verlag unter den o.g. Bedingungen verpflichtet, die ausgeschriebenen Angebote einzulösen. Der Verlag übernimmt jedoch keine Gewähr und keine Haftung, wenn ein Angebot nicht eingelöst wird oder werden kann.

Bedingungen zur Einlösung des Discounts:

1. Das Angebot ist bis einschließlich 30.6.2023 gültig.
2. Der Golfspieler/Leser hat sich telefonisch eine Abschlagzeit geben zu lassen – dabei ist die Nutzung des Angebots anzugeben.
3. Eine Barauszahlung des Greenfee-Vorteils ist nicht möglich.
4. Das Kombinieren von Angeboten oder bestehenden Greenfee-Vorteilen ist nicht möglich. Der Vorteil bezieht sich jeweils ausschließlich auf die zum Zeitpunkt der Einlösung gültigen vollen Greenfee-Gebühren.
5. Gibt es Spielergruppen mit erhöhten Greenfee-Gebühren, ist ein Nachlass auf diese Gebühren nicht möglich.
6. Das Angebot allein berechtigt nicht zum Spiel gegen Greenfee. Die Erfüllung der Bestimmungen des jeweiligen Golfclubs zur Greenfee-Berechtigung (Mitgliedschaft in einem Golfclub, Mindesthandicap etc.) zum Zeitpunkt der Einlösung sind Voraussetzung.
7. Es ist untersagt, den Greenfee-Gutschein entgeltlich Dritten zu überlassen bzw. mit diesen Handel zu treiben. Insbesondere sind die teilnehmenden Golfclubs in diesem Falle berechtigt, die Einlösung der ausgeschriebenen Angebote zu verweigern.
8. Die teilnehmenden Golfclubs haben sich gegenüber dem Verlag unter den o.g. Bedingungen verpflichtet, die ausgeschriebenen Angebote einzulösen. Der Verlag übernimmt jedoch keine Gewähr und keine Haftung, wenn ein Angebot nicht eingelöst wird oder werden kann.

DER GOLF ALBRECHT

Golf Montecatini Terme

Via dei Brogi 1652, Loc. Pievaccia
I-51015 Monsummano Terme
✆ +39 0572 62218
Toskana

53

2 for 1 2 GF zum Preis von 1

DER GOLF ALBRECHT

Golf Montecatini Terme

Via dei Brogi 1652, Loc. Pievaccia
I-51015 Monsummano Terme
✆ +39 0572 62218
Toskana

53

2 for 1 2 GF zum Preis von 1

DER GOLF ALBRECHT

Golf Montecatini Terme

Via dei Brogi 1652, Loc. Pievaccia
I-51015 Monsummano Terme
✆ +39 0572 62218
Toskana

53

20% Greenfee-Ermäßigung

DER GOLF ALBRECHT

Golf Montecatini Terme

Via dei Brogi 1652, Loc. Pievaccia
I-51015 Monsummano Terme
✆ +39 0572 62218
Toskana

53

20% Greenfee-Ermäßigung

DER GOLF ALBRECHT

Golf Club Bellosguardo

Via Provinciale di Mercatale, 25
I-50059 Vinci (FI)
✆ +39 57 190 2035
Toskana

54

2 for 1 2 GF zum Preis von 1 wochentags

DER GOLF ALBRECHT

Golf Club Bellosguardo

Via Provinciale di Mercatale, 25
I-50059 Vinci (FI)
✆ +39 57 190 2035
Toskana

54

2 for 1 2 GF zum Preis von 1 wochentags

DER GOLF ALBRECHT

Golf Club Bellosguardo

Via Provinciale di Mercatale, 25
I-50059 Vinci (FI)
✆ +39 57 190 2035
Toskana

54

2 for 1 2 GF zum Preis von 1 wochentags

DER GOLF ALBRECHT

Golf Club Bellosguardo

Via Provinciale di Mercatale, 25
I-50059 Vinci (FI)
✆ +39 57 190 2035
Toskana

54

20% Greenfee-Ermäßigung wochentags

DER GOLF ALBRECHT

Golf Club Bellosguardo

Via Provinciale di Mercatale, 25
I-50059 Vinci (FI)
✆ +39 57 190 2035
Toskana

54

20% Greenfee-Ermäßigung wochentags

DER GOLF ALBRECHT

Golf Club Bellosguardo

Via Provinciale di Mercatale, 25
I-50059 Vinci (FI)
✆ +39 57 190 2035
Toskana

54

20% Greenfee-Ermäßigung wochentags

Diese Gutscheine gelten nur in Verbindung mit dem Buch/Albrecht Golf Card

Diese Gutscheine gelten nur in Verbindung mit dem Buch/Albrecht Golf Card

Bedingungen zur Einlösung des Discounts:

1. Das Angebot ist bis einschließlich 30.6.2023 gültig.
2. Der Golfspieler/Leser hat sich telefonisch eine Abschlagzeit geben zu lassen – dabei ist die Nutzung des Angebots anzugeben.
3. Eine Barauszahlung des Greenfee-Vorteils ist nicht möglich.
4. Das Kombinieren von Angeboten oder bestehenden Greenfee-Vorteilen ist nicht möglich. Der Vorteil bezieht sich jeweils ausschließlich auf die zum Zeitpunkt der Einlösung gültigen vollen Greenfee-Gebühren.
5. Gibt es Spielergruppen mit erhöhten Greenfee-Gebühren, ist ein Nachlass auf diese Gebühren nicht möglich.
6. Das Angebot allein berechtigt nicht zum Spiel gegen Greenfee. Die Erfüllung der Bestimmungen des jeweiligen Golfclubs zur Greenfee-Berechtigung (Mitgliedschaft in einem Golfclub, Mindesthandicap etc.) zum Zeitpunkt der Einlösung sind Voraussetzung.
7. Es ist untersagt, den Greenfee-Gutschein entgeltlich Dritten zu überlassen bzw. mit diesen Handel zu treiben. Insbesondere sind die teilnehmenden Golfclubs in diesem Falle berechtigt, die Einlösung der ausgeschriebenen Angebote zu verweigern.
8. Die teilnehmenden Golfclubs haben sich gegenüber dem Verlag unter den o.g. Bedingungen verpflichtet, die ausgeschriebenen Angebote einzulösen. Der Verlag übernimmt jedoch keine Gewähr und keine Haftung, wenn ein Angebot nicht eingelöst wird oder werden kann.

Bedingungen zur Einlösung des Discounts:

1. Das Angebot ist bis einschließlich 30.6.2023 gültig.
2. Der Golfspieler/Leser hat sich telefonisch eine Abschlagzeit geben zu lassen – dabei ist die Nutzung des Angebots anzugeben.
3. Eine Barauszahlung des Greenfee-Vorteils ist nicht möglich.
4. Das Kombinieren von Angeboten oder bestehenden Greenfee-Vorteilen ist nicht möglich. Der Vorteil bezieht sich jeweils ausschließlich auf die zum Zeitpunkt der Einlösung gültigen vollen Greenfee-Gebühren.
5. Gibt es Spielergruppen mit erhöhten Greenfee-Gebühren, ist ein Nachlass auf diese Gebühren nicht möglich.
6. Das Angebot allein berechtigt nicht zum Spiel gegen Greenfee. Die Erfüllung der Bestimmungen des jeweiligen Golfclubs zur Greenfee-Berechtigung (Mitgliedschaft in einem Golfclub, Mindesthandicap etc.) zum Zeitpunkt der Einlösung sind Voraussetzung.
7. Es ist untersagt, den Greenfee-Gutschein entgeltlich Dritten zu überlassen bzw. mit diesen Handel zu treiben. Insbesondere sind die teilnehmenden Golfclubs in diesem Falle berechtigt, die Einlösung der ausgeschriebenen Angebote zu verweigern.
8. Die teilnehmenden Golfclubs haben sich gegenüber dem Verlag unter den o.g. Bedingungen verpflichtet, die ausgeschriebenen Angebote einzulösen. Der Verlag übernimmt jedoch keine Gewähr und keine Haftung, wenn ein Angebot nicht eingelöst wird oder werden kann.

Bedingungen zur Einlösung des Discounts:

1. Das Angebot ist bis einschließlich 30.6.2023 gültig.
2. Der Golfspieler/Leser hat sich telefonisch eine Abschlagzeit geben zu lassen – dabei ist die Nutzung des Angebots anzugeben.
3. Eine Barauszahlung des Greenfee-Vorteils ist nicht möglich.
4. Das Kombinieren von Angeboten oder bestehenden Greenfee-Vorteilen ist nicht möglich. Der Vorteil bezieht sich jeweils ausschließlich auf die zum Zeitpunkt der Einlösung gültigen vollen Greenfee-Gebühren.
5. Gibt es Spielergruppen mit erhöhten Greenfee-Gebühren, ist ein Nachlass auf diese Gebühren nicht möglich.
6. Das Angebot allein berechtigt nicht zum Spiel gegen Greenfee. Die Erfüllung der Bestimmungen des jeweiligen Golfclubs zur Greenfee-Berechtigung (Mitgliedschaft in einem Golfclub, Mindesthandicap etc.) zum Zeitpunkt der Einlösung sind Voraussetzung.
7. Es ist untersagt, den Greenfee-Gutschein entgeltlich Dritten zu überlassen bzw. mit diesen Handel zu treiben. Insbesondere sind die teilnehmenden Golfclubs in diesem Falle berechtigt, die Einlösung der ausgeschriebenen Angebote zu verweigern.
8. Die teilnehmenden Golfclubs haben sich gegenüber dem Verlag unter den o.g. Bedingungen verpflichtet, die ausgeschriebenen Angebote einzulösen. Der Verlag übernimmt jedoch keine Gewähr und keine Haftung, wenn ein Angebot nicht eingelöst wird oder werden kann.

Bedingungen zur Einlösung des Discounts:

1. Das Angebot ist bis einschließlich 30.6.2023 gültig.
2. Der Golfspieler/Leser hat sich telefonisch eine Abschlagzeit geben zu lassen – dabei ist die Nutzung des Angebots anzugeben.
3. Eine Barauszahlung des Greenfee-Vorteils ist nicht möglich.
4. Das Kombinieren von Angeboten oder bestehenden Greenfee-Vorteilen ist nicht möglich. Der Vorteil bezieht sich jeweils ausschließlich auf die zum Zeitpunkt der Einlösung gültigen vollen Greenfee-Gebühren.
5. Gibt es Spielergruppen mit erhöhten Greenfee-Gebühren, ist ein Nachlass auf diese Gebühren nicht möglich.
6. Das Angebot allein berechtigt nicht zum Spiel gegen Greenfee. Die Erfüllung der Bestimmungen des jeweiligen Golfclubs zur Greenfee-Berechtigung (Mitgliedschaft in einem Golfclub, Mindesthandicap etc.) zum Zeitpunkt der Einlösung sind Voraussetzung.
7. Es ist untersagt, den Greenfee-Gutschein entgeltlich Dritten zu überlassen bzw. mit diesen Handel zu treiben. Insbesondere sind die teilnehmenden Golfclubs in diesem Falle berechtigt, die Einlösung der ausgeschriebenen Angebote zu verweigern.
8. Die teilnehmenden Golfclubs haben sich gegenüber dem Verlag unter den o.g. Bedingungen verpflichtet, die ausgeschriebenen Angebote einzulösen. Der Verlag übernimmt jedoch keine Gewähr und keine Haftung, wenn ein Angebot nicht eingelöst wird oder werden kann.

Bedingungen zur Einlösung des Discounts:

1. Das Angebot ist bis einschließlich 30.6.2023 gültig.
2. Der Golfspieler/Leser hat sich telefonisch eine Abschlagzeit geben zu lassen – dabei ist die Nutzung des Angebots anzugeben.
3. Eine Barauszahlung des Greenfee-Vorteils ist nicht möglich.
4. Das Kombinieren von Angeboten oder bestehenden Greenfee-Vorteilen ist nicht möglich. Der Vorteil bezieht sich jeweils ausschließlich auf die zum Zeitpunkt der Einlösung gültigen vollen Greenfee-Gebühren.
5. Gibt es Spielergruppen mit erhöhten Greenfee-Gebühren, ist ein Nachlass auf diese Gebühren nicht möglich.
6. Das Angebot allein berechtigt nicht zum Spiel gegen Greenfee. Die Erfüllung der Bestimmungen des jeweiligen Golfclubs zur Greenfee-Berechtigung (Mitgliedschaft in einem Golfclub, Mindesthandicap etc.) zum Zeitpunkt der Einlösung sind Voraussetzung.
7. Es ist untersagt, den Greenfee-Gutschein entgeltlich Dritten zu überlassen bzw. mit diesen Handel zu treiben. Insbesondere sind die teilnehmenden Golfclubs in diesem Falle berechtigt, die Einlösung der ausgeschriebenen Angebote zu verweigern.
8. Die teilnehmenden Golfclubs haben sich gegenüber dem Verlag unter den o.g. Bedingungen verpflichtet, die ausgeschriebenen Angebote einzulösen. Der Verlag übernimmt jedoch keine Gewähr und keine Haftung, wenn ein Angebot nicht eingelöst wird oder werden kann.

Bedingungen zur Einlösung des Discounts:

1. Das Angebot ist bis einschließlich 30.6.2023 gültig.
2. Der Golfspieler/Leser hat sich telefonisch eine Abschlagzeit geben zu lassen – dabei ist die Nutzung des Angebots anzugeben.
3. Eine Barauszahlung des Greenfee-Vorteils ist nicht möglich.
4. Das Kombinieren von Angeboten oder bestehenden Greenfee-Vorteilen ist nicht möglich. Der Vorteil bezieht sich jeweils ausschließlich auf die zum Zeitpunkt der Einlösung gültigen vollen Greenfee-Gebühren.
5. Gibt es Spielergruppen mit erhöhten Greenfee-Gebühren, ist ein Nachlass auf diese Gebühren nicht möglich.
6. Das Angebot allein berechtigt nicht zum Spiel gegen Greenfee. Die Erfüllung der Bestimmungen des jeweiligen Golfclubs zur Greenfee-Berechtigung (Mitgliedschaft in einem Golfclub, Mindesthandicap etc.) zum Zeitpunkt der Einlösung sind Voraussetzung.
7. Es ist untersagt, den Greenfee-Gutschein entgeltlich Dritten zu überlassen bzw. mit diesen Handel zu treiben. Insbesondere sind die teilnehmenden Golfclubs in diesem Falle berechtigt, die Einlösung der ausgeschriebenen Angebote zu verweigern.
8. Die teilnehmenden Golfclubs haben sich gegenüber dem Verlag unter den o.g. Bedingungen verpflichtet, die ausgeschriebenen Angebote einzulösen. Der Verlag übernimmt jedoch keine Gewähr und keine Haftung, wenn ein Angebot nicht eingelöst wird oder werden kann.

Bedingungen zur Einlösung des Discounts:

1. Das Angebot ist bis einschließlich 30.6.2023 gültig.
2. Der Golfspieler/Leser hat sich telefonisch eine Abschlagzeit geben zu lassen – dabei ist die Nutzung des Angebots anzugeben.
3. Eine Barauszahlung des Greenfee-Vorteils ist nicht möglich.
4. Das Kombinieren von Angeboten oder bestehenden Greenfee-Vorteilen ist nicht möglich. Der Vorteil bezieht sich jeweils ausschließlich auf die zum Zeitpunkt der Einlösung gültigen vollen Greenfee-Gebühren.
5. Gibt es Spielergruppen mit erhöhten Greenfee-Gebühren, ist ein Nachlass auf diese Gebühren nicht möglich.
6. Das Angebot allein berechtigt nicht zum Spiel gegen Greenfee. Die Erfüllung der Bestimmungen des jeweiligen Golfclubs zur Greenfee-Berechtigung (Mitgliedschaft in einem Golfclub, Mindesthandicap etc.) zum Zeitpunkt der Einlösung sind Voraussetzung.
7. Es ist untersagt, den Greenfee-Gutschein entgeltlich Dritten zu überlassen bzw. mit diesen Handel zu treiben. Insbesondere sind die teilnehmenden Golfclubs in diesem Falle berechtigt, die Einlösung der ausgeschriebenen Angebote zu verweigern.
8. Die teilnehmenden Golfclubs haben sich gegenüber dem Verlag unter den o.g. Bedingungen verpflichtet, die ausgeschriebenen Angebote einzulösen. Der Verlag übernimmt jedoch keine Gewähr und keine Haftung, wenn ein Angebot nicht eingelöst wird oder werden kann.

Bedingungen zur Einlösung des Discounts:

1. Das Angebot ist bis einschließlich 30.6.2023 gültig.
2. Der Golfspieler/Leser hat sich telefonisch eine Abschlagzeit geben zu lassen – dabei ist die Nutzung des Angebots anzugeben.
3. Eine Barauszahlung des Greenfee-Vorteils ist nicht möglich.
4. Das Kombinieren von Angeboten oder bestehenden Greenfee-Vorteilen ist nicht möglich. Der Vorteil bezieht sich jeweils ausschließlich auf die zum Zeitpunkt der Einlösung gültigen vollen Greenfee-Gebühren.
5. Gibt es Spielergruppen mit erhöhten Greenfee-Gebühren, ist ein Nachlass auf diese Gebühren nicht möglich.
6. Das Angebot allein berechtigt nicht zum Spiel gegen Greenfee. Die Erfüllung der Bestimmungen des jeweiligen Golfclubs zur Greenfee-Berechtigung (Mitgliedschaft in einem Golfclub, Mindesthandicap etc.) zum Zeitpunkt der Einlösung sind Voraussetzung.
7. Es ist untersagt, den Greenfee-Gutschein entgeltlich Dritten zu überlassen bzw. mit diesen Handel zu treiben. Insbesondere sind die teilnehmenden Golfclubs in diesem Falle berechtigt, die Einlösung der ausgeschriebenen Angebote zu verweigern.
8. Die teilnehmenden Golfclubs haben sich gegenüber dem Verlag unter den o.g. Bedingungen verpflichtet, die ausgeschriebenen Angebote einzulösen. Der Verlag übernimmt jedoch keine Gewähr und keine Haftung, wenn ein Angebot nicht eingelöst wird oder werden kann.

Bedingungen zur Einlösung des Discounts:

1. Das Angebot ist bis einschließlich 30.6.2023 gültig.
2. Der Golfspieler/Leser hat sich telefonisch eine Abschlagzeit geben zu lassen – dabei ist die Nutzung des Angebots anzugeben.
3. Eine Barauszahlung des Greenfee-Vorteils ist nicht möglich.
4. Das Kombinieren von Angeboten oder bestehenden Greenfee-Vorteilen ist nicht möglich. Der Vorteil bezieht sich jeweils ausschließlich auf die zum Zeitpunkt der Einlösung gültigen vollen Greenfee-Gebühren.
5. Gibt es Spielergruppen mit erhöhten Greenfee-Gebühren, ist ein Nachlass auf diese Gebühren nicht möglich.
6. Das Angebot allein berechtigt nicht zum Spiel gegen Greenfee. Die Erfüllung der Bestimmungen des jeweiligen Golfclubs zur Greenfee-Berechtigung (Mitgliedschaft in einem Golfclub, Mindesthandicap etc.) zum Zeitpunkt der Einlösung sind Voraussetzung.
7. Es ist untersagt, den Greenfee-Gutschein entgeltlich Dritten zu überlassen bzw. mit diesen Handel zu treiben. Insbesondere sind die teilnehmenden Golfclubs in diesem Falle berechtigt, die Einlösung der ausgeschriebenen Angebote zu verweigern.
8. Die teilnehmenden Golfclubs haben sich gegenüber dem Verlag unter den o.g. Bedingungen verpflichtet, die ausgeschriebenen Angebote einzulösen. Der Verlag übernimmt jedoch keine Gewähr und keine Haftung, wenn ein Angebot nicht eingelöst wird oder werden kann.

Bedingungen zur Einlösung des Discounts:

1. Das Angebot ist bis einschließlich 30.6.2023 gültig.
2. Der Golfspieler/Leser hat sich telefonisch eine Abschlagzeit geben zu lassen – dabei ist die Nutzung des Angebots anzugeben.
3. Eine Barauszahlung des Greenfee-Vorteils ist nicht möglich.
4. Das Kombinieren von Angeboten oder bestehenden Greenfee-Vorteilen ist nicht möglich. Der Vorteil bezieht sich jeweils ausschließlich auf die zum Zeitpunkt der Einlösung gültigen vollen Greenfee-Gebühren.
5. Gibt es Spielergruppen mit erhöhten Greenfee-Gebühren, ist ein Nachlass auf diese Gebühren nicht möglich.
6. Das Angebot allein berechtigt nicht zum Spiel gegen Greenfee. Die Erfüllung der Bestimmungen des jeweiligen Golfclubs zur Greenfee-Berechtigung (Mitgliedschaft in einem Golfclub, Mindesthandicap etc.) zum Zeitpunkt der Einlösung sind Voraussetzung.
7. Es ist untersagt, den Greenfee-Gutschein entgeltlich Dritten zu überlassen bzw. mit diesen Handel zu treiben. Insbesondere sind die teilnehmenden Golfclubs in diesem Falle berechtigt, die Einlösung der ausgeschriebenen Angebote zu verweigern.
8. Die teilnehmenden Golfclubs haben sich gegenüber dem Verlag unter den o.g. Bedingungen verpflichtet, die ausgeschriebenen Angebote einzulösen. Der Verlag übernimmt jedoch keine Gewähr und keine Haftung, wenn ein Angebot nicht eingelöst wird oder werden kann.

DER GOLF ALBRECHT

Casentino Golf Club Arezzo

Via Fronzola, 6
I-52014 Poppi
+39 0575 529810
Toskana

55

2 for 1 2 GF zum Preis von 1

DER GOLF ALBRECHT

Casentino Golf Club Arezzo

Via Fronzola, 6
I-52014 Poppi
+39 0575 529810
Toskana

55

2 for 1 2 GF zum Preis von 1

DER GOLF ALBRECHT

Casentino Golf Club Arezzo

Via Fronzola, 6
I-52014 Poppi
+39 0575 529810
Toskana

55

20% Greenfee-Ermäßigung

DER GOLF ALBRECHT

Casentino Golf Club Arezzo

Via Fronzola, 6
I-52014 Poppi
+39 0575 529810
Toskana

55

20% Greenfee-Ermäßigung

DER GOLF ALBRECHT

Golf Club Punta Ala

Via del Golf, 1
I-58043 Punta Ala (GR)
+39 0564 922121
Toskana
Hinweis: July and August not included in both offers!

56

30% Greenfee-Ermäßigung

DER GOLF ALBRECHT

Golf Club Punta Ala

Via del Golf, 1
I-58043 Punta Ala (GR)
+39 0564 922121
Toskana
Hinweis: July and August not included in both offers!

56

30% Greenfee-Ermäßigung

DER GOLF ALBRECHT

Golf Club Punta Ala

Via del Golf, 1
I-58043 Punta Ala (GR)
+39 0564 922121
Toskana
Hinweis: July and August not included in both offers!

56

30% Greenfee-Ermäßigung

DER GOLF ALBRECHT

Palmanova Village

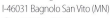

SP126 Km 1,6
I-33041 Aiello del Friuli (UD)
+39 0432 837810
Veneto und Friaul
Hinweis: Sie erhalten 10% auf Ihren Einkauf. Gutschein einfach am Infopoint einlösen.

57

10% Ermäßigung

DER GOLF ALBRECHT

Franciacorta Village

Piazza Cascina Moie, 1/2
I-25050 Rodengo-Saiano (BS)
+39 030 681 0364
Gardasee
Hinweis: Sie erhalten 10% auf Ihren Einkauf. Gutschein einfach am Infopoint einlösen.

58

10% Ermäßigung

DER GOLF ALBRECHT

Mantova Village

Via Marco Biagi
I-46031 Bagnolo San Vito (MN)
+39 0376 25041
Lombardei
Hinweis: Sie erhalten 10% auf Ihren Einkauf. Gutschein einfach am Infopoint einlösen.

59

10% Ermäßigung

Diese Gutscheine gelten nur in Verbindung mit dem Buch/Albrecht Golf Card

Diese Gutscheine gelten nur in Verbindung mit dem Buch/Albrecht Golf Card

Bedingungen zur Einlösung des Discounts:

1. Das Angebot ist bis einschließlich 30.6.2023 gültig.
2. Der Golfspieler/Leser hat sich telefonisch eine Abschlagzeit geben zu lassen – dabei ist die Nutzung des Angebots anzugeben.
3. Eine Barauszahlung des Greenfee-Vorteils ist nicht möglich.
4. Das Kombinieren von Angeboten oder bestehenden Greenfee-Vorteilen ist nicht möglich. Der Vorteil bezieht sich jeweils ausschließlich auf die zum Zeitpunkt der Einlösung gültigen vollen Greenfee-Gebühren.
5. Gibt es Spielergruppen mit erhöhten Greenfee-Gebühren, ist ein Nachlass auf diese Gebühren nicht möglich.
6. Das Angebot allein berechtigt nicht zum Spiel gegen Greenfee. Die Erfüllung der Bestimmungen des jeweiligen Golfclubs zur Greenfee-Berechtigung (Mitgliedschaft in einem Golfclub, Mindesthandicap etc.) zum Zeitpunkt der Einlösung sind Voraussetzung.
7. Es ist untersagt, den Greenfee-Gutschein entgeltlich Dritten zu überlassen bzw. mit diesen Handel zu treiben. Insbesondere sind die teilnehmenden Golfclubs in diesem Falle berechtigt, die Einlösung der ausgeschriebenen Angebote zu verweigern.
8. Die teilnehmenden Golfclubs haben sich gegenüber dem Verlag unter den o.g. Bedingungen verpflichtet, die ausgeschriebenen Angebote einzulösen. Der Verlag übernimmt jedoch keine Gewähr und keine Haftung, wenn ein Angebot nicht eingelöst wird oder werden kann.

Bedingungen zur Einlösung des Discounts:

1. Das Angebot ist bis einschließlich 30.6.2023 gültig.
2. Der Golfspieler/Leser hat sich telefonisch eine Abschlagzeit geben zu lassen – dabei ist die Nutzung des Angebots anzugeben.
3. Eine Barauszahlung des Greenfee-Vorteils ist nicht möglich.
4. Das Kombinieren von Angeboten oder bestehenden Greenfee-Vorteilen ist nicht möglich. Der Vorteil bezieht sich jeweils ausschließlich auf die zum Zeitpunkt der Einlösung gültigen vollen Greenfee-Gebühren.
5. Gibt es Spielergruppen mit erhöhten Greenfee-Gebühren, ist ein Nachlass auf diese Gebühren nicht möglich.
6. Das Angebot allein berechtigt nicht zum Spiel gegen Greenfee. Die Erfüllung der Bestimmungen des jeweiligen Golfclubs zur Greenfee-Berechtigung (Mitgliedschaft in einem Golfclub, Mindesthandicap etc.) zum Zeitpunkt der Einlösung sind Voraussetzung.
7. Es ist untersagt, den Greenfee-Gutschein entgeltlich Dritten zu überlassen bzw. mit diesen Handel zu treiben. Insbesondere sind die teilnehmenden Golfclubs in diesem Falle berechtigt, die Einlösung der ausgeschriebenen Angebote zu verweigern.
8. Die teilnehmenden Golfclubs haben sich gegenüber dem Verlag unter den o.g. Bedingungen verpflichtet, die ausgeschriebenen Angebote einzulösen. Der Verlag übernimmt jedoch keine Gewähr und keine Haftung, wenn ein Angebot nicht eingelöst wird oder werden kann.

Bedingungen zur Einlösung des Discounts:

1. Das Angebot ist bis einschließlich 30.6.2023 gültig.
2. Der Golfspieler/Leser hat sich telefonisch eine Abschlagzeit geben zu lassen – dabei ist die Nutzung des Angebots anzugeben.
3. Eine Barauszahlung des Greenfee-Vorteils ist nicht möglich.
4. Das Kombinieren von Angeboten oder bestehenden Greenfee-Vorteilen ist nicht möglich. Der Vorteil bezieht sich jeweils ausschließlich auf die zum Zeitpunkt der Einlösung gültigen vollen Greenfee-Gebühren.
5. Gibt es Spielergruppen mit erhöhten Greenfee-Gebühren, ist ein Nachlass auf diese Gebühren nicht möglich.
6. Das Angebot allein berechtigt nicht zum Spiel gegen Greenfee. Die Erfüllung der Bestimmungen des jeweiligen Golfclubs zur Greenfee-Berechtigung (Mitgliedschaft in einem Golfclub, Mindesthandicap etc.) zum Zeitpunkt der Einlösung sind Voraussetzung.
7. Es ist untersagt, den Greenfee-Gutschein entgeltlich Dritten zu überlassen bzw. mit diesen Handel zu treiben. Insbesondere sind die teilnehmenden Golfclubs in diesem Falle berechtigt, die Einlösung der ausgeschriebenen Angebote zu verweigern.
8. Die teilnehmenden Golfclubs haben sich gegenüber dem Verlag unter den o.g. Bedingungen verpflichtet, die ausgeschriebenen Angebote einzulösen. Der Verlag übernimmt jedoch keine Gewähr und keine Haftung, wenn ein Angebot nicht eingelöst wird oder werden kann.

Bedingungen zur Einlösung des Discounts:

1. Das Angebot ist bis einschließlich 30.6.2023 gültig.
2. Der Golfspieler/Leser hat sich telefonisch eine Abschlagzeit geben zu lassen – dabei ist die Nutzung des Angebots anzugeben.
3. Eine Barauszahlung des Greenfee-Vorteils ist nicht möglich.
4. Das Kombinieren von Angeboten oder bestehenden Greenfee-Vorteilen ist nicht möglich. Der Vorteil bezieht sich jeweils ausschließlich auf die zum Zeitpunkt der Einlösung gültigen vollen Greenfee-Gebühren.
5. Gibt es Spielergruppen mit erhöhten Greenfee-Gebühren, ist ein Nachlass auf diese Gebühren nicht möglich.
6. Das Angebot allein berechtigt nicht zum Spiel gegen Greenfee. Die Erfüllung der Bestimmungen des jeweiligen Golfclubs zur Greenfee-Berechtigung (Mitgliedschaft in einem Golfclub, Mindesthandicap etc.) zum Zeitpunkt der Einlösung sind Voraussetzung.
7. Es ist untersagt, den Greenfee-Gutschein entgeltlich Dritten zu überlassen bzw. mit diesen Handel zu treiben. Insbesondere sind die teilnehmenden Golfclubs in diesem Falle berechtigt, die Einlösung der ausgeschriebenen Angebote zu verweigern.
8. Die teilnehmenden Golfclubs haben sich gegenüber dem Verlag unter den o.g. Bedingungen verpflichtet, die ausgeschriebenen Angebote einzulösen. Der Verlag übernimmt jedoch keine Gewähr und keine Haftung, wenn ein Angebot nicht eingelöst wird oder werden kann.

Bedingungen zur Einlösung des Discounts:

1. Das Angebot ist bis einschließlich 30.6.2023 gültig.
2. Der Golfspieler/Leser hat sich telefonisch eine Abschlagzeit geben zu lassen – dabei ist die Nutzung des Angebots anzugeben.
3. Eine Barauszahlung des Greenfee-Vorteils ist nicht möglich.
4. Das Kombinieren von Angeboten oder bestehenden Greenfee-Vorteilen ist nicht möglich. Der Vorteil bezieht sich jeweils ausschließlich auf die zum Zeitpunkt der Einlösung gültigen vollen Greenfee-Gebühren.
5. Gibt es Spielergruppen mit erhöhten Greenfee-Gebühren, ist ein Nachlass auf diese Gebühren nicht möglich.
6. Das Angebot allein berechtigt nicht zum Spiel gegen Greenfee. Die Erfüllung der Bestimmungen des jeweiligen Golfclubs zur Greenfee-Berechtigung (Mitgliedschaft in einem Golfclub, Mindesthandicap etc.) zum Zeitpunkt der Einlösung sind Voraussetzung.
7. Es ist untersagt, den Greenfee-Gutschein entgeltlich Dritten zu überlassen bzw. mit diesen Handel zu treiben. Insbesondere sind die teilnehmenden Golfclubs in diesem Falle berechtigt, die Einlösung der ausgeschriebenen Angebote zu verweigern.
8. Die teilnehmenden Golfclubs haben sich gegenüber dem Verlag unter den o.g. Bedingungen verpflichtet, die ausgeschriebenen Angebote einzulösen. Der Verlag übernimmt jedoch keine Gewähr und keine Haftung, wenn ein Angebot nicht eingelöst wird oder werden kann.

Bedingungen zur Einlösung des Discounts:

1. Das Angebot ist bis einschließlich 30.6.2023 gültig.
2. Der Golfspieler/Leser hat sich telefonisch eine Abschlagzeit geben zu lassen – dabei ist die Nutzung des Angebots anzugeben.
3. Eine Barauszahlung des Greenfee-Vorteils ist nicht möglich.
4. Das Kombinieren von Angeboten oder bestehenden Greenfee-Vorteilen ist nicht möglich. Der Vorteil bezieht sich jeweils ausschließlich auf die zum Zeitpunkt der Einlösung gültigen vollen Greenfee-Gebühren.
5. Gibt es Spielergruppen mit erhöhten Greenfee-Gebühren, ist ein Nachlass auf diese Gebühren nicht möglich.
6. Das Angebot allein berechtigt nicht zum Spiel gegen Greenfee. Die Erfüllung der Bestimmungen des jeweiligen Golfclubs zur Greenfee-Berechtigung (Mitgliedschaft in einem Golfclub, Mindesthandicap etc.) zum Zeitpunkt der Einlösung sind Voraussetzung.
7. Es ist untersagt, den Greenfee-Gutschein entgeltlich Dritten zu überlassen bzw. mit diesen Handel zu treiben. Insbesondere sind die teilnehmenden Golfclubs in diesem Falle berechtigt, die Einlösung der ausgeschriebenen Angebote zu verweigern.
8. Die teilnehmenden Golfclubs haben sich gegenüber dem Verlag unter den o.g. Bedingungen verpflichtet, die ausgeschriebenen Angebote einzulösen. Der Verlag übernimmt jedoch keine Gewähr und keine Haftung, wenn ein Angebot nicht eingelöst wird oder werden kann.

Bedingungen zur Einlösung des Discounts:

1. Das Angebot ist bis einschließlich 30.6.2023 gültig.
2. Der Golfspieler/Leser hat sich telefonisch eine Abschlagzeit geben zu lassen – dabei ist die Nutzung des Angebots anzugeben.
3. Eine Barauszahlung des Greenfee-Vorteils ist nicht möglich.
4. Das Kombinieren von Angeboten oder bestehenden Greenfee-Vorteilen ist nicht möglich. Der Vorteil bezieht sich jeweils ausschließlich auf die zum Zeitpunkt der Einlösung gültigen vollen Greenfee-Gebühren.
5. Gibt es Spielergruppen mit erhöhten Greenfee-Gebühren, ist ein Nachlass auf diese Gebühren nicht möglich.
6. Das Angebot allein berechtigt nicht zum Spiel gegen Greenfee. Die Erfüllung der Bestimmungen des jeweiligen Golfclubs zur Greenfee-Berechtigung (Mitgliedschaft in einem Golfclub, Mindesthandicap etc.) zum Zeitpunkt der Einlösung sind Voraussetzung.
7. Es ist untersagt, den Greenfee-Gutschein entgeltlich Dritten zu überlassen bzw. mit diesen Handel zu treiben. Insbesondere sind die teilnehmenden Golfclubs in diesem Falle berechtigt, die Einlösung der ausgeschriebenen Angebote zu verweigern.
8. Die teilnehmenden Golfclubs haben sich gegenüber dem Verlag unter den o.g. Bedingungen verpflichtet, die ausgeschriebenen Angebote einzulösen. Der Verlag übernimmt jedoch keine Gewähr und keine Haftung, wenn ein Angebot nicht eingelöst wird oder werden kann.

Bedingungen zur Einlösung des Discounts:

1. Das Angebot ist bis einschließlich 30.6.2023 gültig.
2. Der Golfspieler/Leser hat sich telefonisch eine Abschlagzeit geben zu lassen – dabei ist die Nutzung des Angebots anzugeben.
3. Eine Barauszahlung des Greenfee-Vorteils ist nicht möglich.
4. Das Kombinieren von Angeboten oder bestehenden Greenfee-Vorteilen ist nicht möglich. Der Vorteil bezieht sich jeweils ausschließlich auf die zum Zeitpunkt der Einlösung gültigen vollen Greenfee-Gebühren.
5. Gibt es Spielergruppen mit erhöhten Greenfee-Gebühren, ist ein Nachlass auf diese Gebühren nicht möglich.
6. Das Angebot allein berechtigt nicht zum Spiel gegen Greenfee. Die Erfüllung der Bestimmungen des jeweiligen Golfclubs zur Greenfee-Berechtigung (Mitgliedschaft in einem Golfclub, Mindesthandicap etc.) zum Zeitpunkt der Einlösung sind Voraussetzung.
7. Es ist untersagt, den Greenfee-Gutschein entgeltlich Dritten zu überlassen bzw. mit diesen Handel zu treiben. Insbesondere sind die teilnehmenden Golfclubs in diesem Falle berechtigt, die Einlösung der ausgeschriebenen Angebote zu verweigern.
8. Die teilnehmenden Golfclubs haben sich gegenüber dem Verlag unter den o.g. Bedingungen verpflichtet, die ausgeschriebenen Angebote einzulösen. Der Verlag übernimmt jedoch keine Gewähr und keine Haftung, wenn ein Angebot nicht eingelöst wird oder werden kann.

Bedingungen zur Einlösung des Discounts:

1. Das Angebot ist bis einschließlich 30.6.2023 gültig.
2. Der Golfspieler/Leser hat sich telefonisch eine Abschlagzeit geben zu lassen – dabei ist die Nutzung des Angebots anzugeben.
3. Eine Barauszahlung des Greenfee-Vorteils ist nicht möglich.
4. Das Kombinieren von Angeboten oder bestehenden Greenfee-Vorteilen ist nicht möglich. Der Vorteil bezieht sich jeweils ausschließlich auf die zum Zeitpunkt der Einlösung gültigen vollen Greenfee-Gebühren.
5. Gibt es Spielergruppen mit erhöhten Greenfee-Gebühren, ist ein Nachlass auf diese Gebühren nicht möglich.
6. Das Angebot allein berechtigt nicht zum Spiel gegen Greenfee. Die Erfüllung der Bestimmungen des jeweiligen Golfclubs zur Greenfee-Berechtigung (Mitgliedschaft in einem Golfclub, Mindesthandicap etc.) zum Zeitpunkt der Einlösung sind Voraussetzung.
7. Es ist untersagt, den Greenfee-Gutschein entgeltlich Dritten zu überlassen bzw. mit diesen Handel zu treiben. Insbesondere sind die teilnehmenden Golfclubs in diesem Falle berechtigt, die Einlösung der ausgeschriebenen Angebote zu verweigern.
8. Die teilnehmenden Golfclubs haben sich gegenüber dem Verlag unter den o.g. Bedingungen verpflichtet, die ausgeschriebenen Angebote einzulösen. Der Verlag übernimmt jedoch keine Gewähr und keine Haftung, wenn ein Angebot nicht eingelöst wird oder werden kann.

Bedingungen zur Einlösung des Discounts:

1. Das Angebot ist bis einschließlich 30.6.2023 gültig.
2. Der Golfspieler/Leser hat sich telefonisch eine Abschlagzeit geben zu lassen – dabei ist die Nutzung des Angebots anzugeben.
3. Eine Barauszahlung des Greenfee-Vorteils ist nicht möglich.
4. Das Kombinieren von Angeboten oder bestehenden Greenfee-Vorteilen ist nicht möglich. Der Vorteil bezieht sich jeweils ausschließlich auf die zum Zeitpunkt der Einlösung gültigen vollen Greenfee-Gebühren.
5. Gibt es Spielergruppen mit erhöhten Greenfee-Gebühren, ist ein Nachlass auf diese Gebühren nicht möglich.
6. Das Angebot allein berechtigt nicht zum Spiel gegen Greenfee. Die Erfüllung der Bestimmungen des jeweiligen Golfclubs zur Greenfee-Berechtigung (Mitgliedschaft in einem Golfclub, Mindesthandicap etc.) zum Zeitpunkt der Einlösung sind Voraussetzung.
7. Es ist untersagt, den Greenfee-Gutschein entgeltlich Dritten zu überlassen bzw. mit diesen Handel zu treiben. Insbesondere sind die teilnehmenden Golfclubs in diesem Falle berechtigt, die Einlösung der ausgeschriebenen Angebote zu verweigern.
8. Die teilnehmenden Golfclubs haben sich gegenüber dem Verlag unter den o.g. Bedingungen verpflichtet, die ausgeschriebenen Angebote einzulösen. Der Verlag übernimmt jedoch keine Gewähr und keine Haftung, wenn ein Angebot nicht eingelöst wird oder werden kann.

DER GOLF ALBRECHT

Kotlina Golf Course Terezín

Litoměřická kotlina 386
CZ-41155 Terezín
☎ +420 608 400 377

CZ

60

2 for 1 2 GF zum Preis von 1

DER GOLF ALBRECHT

Kotlina Golf Course Terezín

Litoměřická kotlina 386
CZ-41155 Terezín
☎ +420 608 400 377

60

2 for 1 2 GF zum Preis von 1

DER GOLF ALBRECHT

Kotlina Golf Course Terezín

Litoměřická kotlina 386
CZ-41155 Terezín
☎ +420 608 400 377

60

30% Greenfee-Ermäßigung

DER GOLF ALBRECHT

Kotlina Golf Course Terezín

Litoměřická kotlina 386
CZ-41155 Terezín
☎ +420 608 400 377

60

30% Greenfee-Ermäßigung

DER GOLF ALBRECHT

Golfclub Bad Elster/Bad Brambach

Golfové hřiště
CZ-35132 Hazlov
☎ +420 354 595 402

61

2 for 1 2 GF zum Preis von 1

DER GOLF ALBRECHT

Golfclub Bad Elster/Bad Brambach

Golfové hřiště
CZ-35132 Hazlov
☎ +420 354 595 402

61

2 for 1 2 GF zum Preis von 1

DER GOLF ALBRECHT

Golfclub Bad Elster/Bad Brambach

Golfové hřiště
CZ-35132 Hazlov
☎ +420 354 595 402

61

2 for 1 2 GF zum Preis von 1

DER GOLF ALBRECHT

Golfclub Bad Elster/Bad Brambach

Golfové hřiště
CZ-35132 Hazlov
☎ +420 354 595 402

61

50% Greenfee-Ermäßigung

DER GOLF ALBRECHT

Golfclub Bad Elster/Bad Brambach

Golfové hřiště
CZ-35132 Hazlov
☎ +420 354 595 402

61

50% Greenfee-Ermäßigung

DER GOLF ALBRECHT

Golfclub Bad Elster/Bad Brambach

Golfové hřiště
CZ-35132 Hazlov
☎ +420 354 595 402

61

50% Greenfee-Ermäßigung

Diese Gutscheine gelten nur in Verbindung mit dem Buch/Albrecht Golf Card

Diese Gutscheine gelten nur in Verbindung mit dem Buch/Albrecht Golf Card

Bedingungen zur Einlösung des Discounts:

1. Das Angebot ist bis einschließlich 30.6.2023 gültig.
2. Der Golfspieler/Leser hat sich telefonisch eine Abschlagzeit geben zu lassen – dabei ist die Nutzung des Angebots anzugeben.
3. Eine Barauszahlung des Greenfee-Vorteils ist nicht möglich.
4. Das Kombinieren von Angeboten oder bestehenden Greenfee-Vorteilen ist nicht möglich. Der Vorteil bezieht sich jeweils ausschließlich auf die zum Zeitpunkt der Einlösung gültigen vollen Greenfee-Gebühren.
5. Gibt es Spielergruppen mit erhöhten Greenfee-Gebühren, ist ein Nachlass auf diese Gebühren nicht möglich.
6. Das Angebot allein berechtigt nicht zum Spiel gegen Greenfee. Die Erfüllung der Bestimmungen des jeweiligen Golfclubs zur Greenfee-Berechtigung (Mitgliedschaft in einem Golfclub, Mindesthandicap etc.) zum Zeitpunkt der Einlösung sind Voraussetzung.
7. Es ist untersagt, den Greenfee-Gutschein entgeltlich Dritten zu überlassen bzw. mit diesen Handel zu treiben. Insbesondere sind die teilnehmenden Golfclubs in diesem Falle berechtigt, die Einlösung der ausgeschriebenen Angebote zu verweigern.
8. Die teilnehmenden Golfclubs haben sich gegenüber dem Verlag unter den o.g. Bedingungen verpflichtet, die ausgeschriebenen Angebote einzulösen. Der Verlag übernimmt jedoch keine Gewähr und keine Haftung, wenn ein Angebot nicht eingelöst wird oder werden kann.

Bedingungen zur Einlösung des Discounts:

1. Das Angebot ist bis einschließlich 30.6.2023 gültig.
2. Der Golfspieler/Leser hat sich telefonisch eine Abschlagzeit geben zu lassen – dabei ist die Nutzung des Angebots anzugeben.
3. Eine Barauszahlung des Greenfee-Vorteils ist nicht möglich.
4. Das Kombinieren von Angeboten oder bestehenden Greenfee-Vorteilen ist nicht möglich. Der Vorteil bezieht sich jeweils ausschließlich auf die zum Zeitpunkt der Einlösung gültigen vollen Greenfee-Gebühren.
5. Gibt es Spielergruppen mit erhöhten Greenfee-Gebühren, ist ein Nachlass auf diese Gebühren nicht möglich.
6. Das Angebot allein berechtigt nicht zum Spiel gegen Greenfee. Die Erfüllung der Bestimmungen des jeweiligen Golfclubs zur Greenfee-Berechtigung (Mitgliedschaft in einem Golfclub, Mindesthandicap etc.) zum Zeitpunkt der Einlösung sind Voraussetzung.
7. Es ist untersagt, den Greenfee-Gutschein entgeltlich Dritten zu überlassen bzw. mit diesen Handel zu treiben. Insbesondere sind die teilnehmenden Golfclubs in diesem Falle berechtigt, die Einlösung der ausgeschriebenen Angebote zu verweigern.
8. Die teilnehmenden Golfclubs haben sich gegenüber dem Verlag unter den o.g. Bedingungen verpflichtet, die ausgeschriebenen Angebote einzulösen. Der Verlag übernimmt jedoch keine Gewähr und keine Haftung, wenn ein Angebot nicht eingelöst wird oder werden kann.

Bedingungen zur Einlösung des Discounts:

1. Das Angebot ist bis einschließlich 30.6.2023 gültig.
2. Der Golfspieler/Leser hat sich telefonisch eine Abschlagzeit geben zu lassen – dabei ist die Nutzung des Angebots anzugeben.
3. Eine Barauszahlung des Greenfee-Vorteils ist nicht möglich.
4. Das Kombinieren von Angeboten oder bestehenden Greenfee-Vorteilen ist nicht möglich. Der Vorteil bezieht sich jeweils ausschließlich auf die zum Zeitpunkt der Einlösung gültigen vollen Greenfee-Gebühren.
5. Gibt es Spielergruppen mit erhöhten Greenfee-Gebühren, ist ein Nachlass auf diese Gebühren nicht möglich.
6. Das Angebot allein berechtigt nicht zum Spiel gegen Greenfee. Die Erfüllung der Bestimmungen des jeweiligen Golfclubs zur Greenfee-Berechtigung (Mitgliedschaft in einem Golfclub, Mindesthandicap etc.) zum Zeitpunkt der Einlösung sind Voraussetzung.
7. Es ist untersagt, den Greenfee-Gutschein entgeltlich Dritten zu überlassen bzw. mit diesen Handel zu treiben. Insbesondere sind die teilnehmenden Golfclubs in diesem Falle berechtigt, die Einlösung der ausgeschriebenen Angebote zu verweigern.
8. Die teilnehmenden Golfclubs haben sich gegenüber dem Verlag unter den o.g. Bedingungen verpflichtet, die ausgeschriebenen Angebote einzulösen. Der Verlag übernimmt jedoch keine Gewähr und keine Haftung, wenn ein Angebot nicht eingelöst wird oder werden kann.

Bedingungen zur Einlösung des Discounts:

1. Das Angebot ist bis einschließlich 30.6.2023 gültig.
2. Der Golfspieler/Leser hat sich telefonisch eine Abschlagzeit geben zu lassen – dabei ist die Nutzung des Angebots anzugeben.
3. Eine Barauszahlung des Greenfee-Vorteils ist nicht möglich.
4. Das Kombinieren von Angeboten oder bestehenden Greenfee-Vorteilen ist nicht möglich. Der Vorteil bezieht sich jeweils ausschließlich auf die zum Zeitpunkt der Einlösung gültigen vollen Greenfee-Gebühren.
5. Gibt es Spielergruppen mit erhöhten Greenfee-Gebühren, ist ein Nachlass auf diese Gebühren nicht möglich.
6. Das Angebot allein berechtigt nicht zum Spiel gegen Greenfee. Die Erfüllung der Bestimmungen des jeweiligen Golfclubs zur Greenfee-Berechtigung (Mitgliedschaft in einem Golfclub, Mindesthandicap etc.) zum Zeitpunkt der Einlösung sind Voraussetzung.
7. Es ist untersagt, den Greenfee-Gutschein entgeltlich Dritten zu überlassen bzw. mit diesen Handel zu treiben. Insbesondere sind die teilnehmenden Golfclubs in diesem Falle berechtigt, die Einlösung der ausgeschriebenen Angebote zu verweigern.
8. Die teilnehmenden Golfclubs haben sich gegenüber dem Verlag unter den o.g. Bedingungen verpflichtet, die ausgeschriebenen Angebote einzulösen. Der Verlag übernimmt jedoch keine Gewähr und keine Haftung, wenn ein Angebot nicht eingelöst wird oder werden kann.

Bedingungen zur Einlösung des Discounts:

1. Das Angebot ist bis einschließlich 30.6.2023 gültig.
2. Der Golfspieler/Leser hat sich telefonisch eine Abschlagzeit geben zu lassen – dabei ist die Nutzung des Angebots anzugeben.
3. Eine Barauszahlung des Greenfee-Vorteils ist nicht möglich.
4. Das Kombinieren von Angeboten oder bestehenden Greenfee-Vorteilen ist nicht möglich. Der Vorteil bezieht sich jeweils ausschließlich auf die zum Zeitpunkt der Einlösung gültigen vollen Greenfee-Gebühren.
5. Gibt es Spielergruppen mit erhöhten Greenfee-Gebühren, ist ein Nachlass auf diese Gebühren nicht möglich.
6. Das Angebot allein berechtigt nicht zum Spiel gegen Greenfee. Die Erfüllung der Bestimmungen des jeweiligen Golfclubs zur Greenfee-Berechtigung (Mitgliedschaft in einem Golfclub, Mindesthandicap etc.) zum Zeitpunkt der Einlösung sind Voraussetzung.
7. Es ist untersagt, den Greenfee-Gutschein entgeltlich Dritten zu überlassen bzw. mit diesen Handel zu treiben. Insbesondere sind die teilnehmenden Golfclubs in diesem Falle berechtigt, die Einlösung der ausgeschriebenen Angebote zu verweigern.
8. Die teilnehmenden Golfclubs haben sich gegenüber dem Verlag unter den o.g. Bedingungen verpflichtet, die ausgeschriebenen Angebote einzulösen. Der Verlag übernimmt jedoch keine Gewähr und keine Haftung, wenn ein Angebot nicht eingelöst wird oder werden kann.

Bedingungen zur Einlösung des Discounts:

1. Das Angebot ist bis einschließlich 30.6.2023 gültig.
2. Der Golfspieler/Leser hat sich telefonisch eine Abschlagzeit geben zu lassen – dabei ist die Nutzung des Angebots anzugeben.
3. Eine Barauszahlung des Greenfee-Vorteils ist nicht möglich.
4. Das Kombinieren von Angeboten oder bestehenden Greenfee-Vorteilen ist nicht möglich. Der Vorteil bezieht sich jeweils ausschließlich auf die zum Zeitpunkt der Einlösung gültigen vollen Greenfee-Gebühren.
5. Gibt es Spielergruppen mit erhöhten Greenfee-Gebühren, ist ein Nachlass auf diese Gebühren nicht möglich.
6. Das Angebot allein berechtigt nicht zum Spiel gegen Greenfee. Die Erfüllung der Bestimmungen des jeweiligen Golfclubs zur Greenfee-Berechtigung (Mitgliedschaft in einem Golfclub, Mindesthandicap etc.) zum Zeitpunkt der Einlösung sind Voraussetzung.
7. Es ist untersagt, den Greenfee-Gutschein entgeltlich Dritten zu überlassen bzw. mit diesen Handel zu treiben. Insbesondere sind die teilnehmenden Golfclubs in diesem Falle berechtigt, die Einlösung der ausgeschriebenen Angebote zu verweigern.
8. Die teilnehmenden Golfclubs haben sich gegenüber dem Verlag unter den o.g. Bedingungen verpflichtet, die ausgeschriebenen Angebote einzulösen. Der Verlag übernimmt jedoch keine Gewähr und keine Haftung, wenn ein Angebot nicht eingelöst wird oder werden kann.

Bedingungen zur Einlösung des Discounts:

1. Das Angebot ist bis einschließlich 30.6.2023 gültig.
2. Der Golfspieler/Leser hat sich telefonisch eine Abschlagzeit geben zu lassen – dabei ist die Nutzung des Angebots anzugeben.
3. Eine Barauszahlung des Greenfee-Vorteils ist nicht möglich.
4. Das Kombinieren von Angeboten oder bestehenden Greenfee-Vorteilen ist nicht möglich. Der Vorteil bezieht sich jeweils ausschließlich auf die zum Zeitpunkt der Einlösung gültigen vollen Greenfee-Gebühren.
5. Gibt es Spielergruppen mit erhöhten Greenfee-Gebühren, ist ein Nachlass auf diese Gebühren nicht möglich.
6. Das Angebot allein berechtigt nicht zum Spiel gegen Greenfee. Die Erfüllung der Bestimmungen des jeweiligen Golfclubs zur Greenfee-Berechtigung (Mitgliedschaft in einem Golfclub, Mindesthandicap etc.) zum Zeitpunkt der Einlösung sind Voraussetzung.
7. Es ist untersagt, den Greenfee-Gutschein entgeltlich Dritten zu überlassen bzw. mit diesen Handel zu treiben. Insbesondere sind die teilnehmenden Golfclubs in diesem Falle berechtigt, die Einlösung der ausgeschriebenen Angebote zu verweigern.
8. Die teilnehmenden Golfclubs haben sich gegenüber dem Verlag unter den o.g. Bedingungen verpflichtet, die ausgeschriebenen Angebote einzulösen. Der Verlag übernimmt jedoch keine Gewähr und keine Haftung, wenn ein Angebot nicht eingelöst wird oder werden kann.

Bedingungen zur Einlösung des Discounts:

1. Das Angebot ist bis einschließlich 30.6.2023 gültig.
2. Der Golfspieler/Leser hat sich telefonisch eine Abschlagzeit geben zu lassen – dabei ist die Nutzung des Angebots anzugeben.
3. Eine Barauszahlung des Greenfee-Vorteils ist nicht möglich.
4. Das Kombinieren von Angeboten oder bestehenden Greenfee-Vorteilen ist nicht möglich. Der Vorteil bezieht sich jeweils ausschließlich auf die zum Zeitpunkt der Einlösung gültigen vollen Greenfee-Gebühren.
5. Gibt es Spielergruppen mit erhöhten Greenfee-Gebühren, ist ein Nachlass auf diese Gebühren nicht möglich.
6. Das Angebot allein berechtigt nicht zum Spiel gegen Greenfee. Die Erfüllung der Bestimmungen des jeweiligen Golfclubs zur Greenfee-Berechtigung (Mitgliedschaft in einem Golfclub, Mindesthandicap etc.) zum Zeitpunkt der Einlösung sind Voraussetzung.
7. Es ist untersagt, den Greenfee-Gutschein entgeltlich Dritten zu überlassen bzw. mit diesen Handel zu treiben. Insbesondere sind die teilnehmenden Golfclubs in diesem Falle berechtigt, die Einlösung der ausgeschriebenen Angebote zu verweigern.
8. Die teilnehmenden Golfclubs haben sich gegenüber dem Verlag unter den o.g. Bedingungen verpflichtet, die ausgeschriebenen Angebote einzulösen. Der Verlag übernimmt jedoch keine Gewähr und keine Haftung, wenn ein Angebot nicht eingelöst wird oder werden kann.

Bedingungen zur Einlösung des Discounts:

1. Das Angebot ist bis einschließlich 30.6.2023 gültig.
2. Der Golfspieler/Leser hat sich telefonisch eine Abschlagzeit geben zu lassen – dabei ist die Nutzung des Angebots anzugeben.
3. Eine Barauszahlung des Greenfee-Vorteils ist nicht möglich.
4. Das Kombinieren von Angeboten oder bestehenden Greenfee-Vorteilen ist nicht möglich. Der Vorteil bezieht sich jeweils ausschließlich auf die zum Zeitpunkt der Einlösung gültigen vollen Greenfee-Gebühren.
5. Gibt es Spielergruppen mit erhöhten Greenfee-Gebühren, ist ein Nachlass auf diese Gebühren nicht möglich.
6. Das Angebot allein berechtigt nicht zum Spiel gegen Greenfee. Die Erfüllung der Bestimmungen des jeweiligen Golfclubs zur Greenfee-Berechtigung (Mitgliedschaft in einem Golfclub, Mindesthandicap etc.) zum Zeitpunkt der Einlösung sind Voraussetzung.
7. Es ist untersagt, den Greenfee-Gutschein entgeltlich Dritten zu überlassen bzw. mit diesen Handel zu treiben. Insbesondere sind die teilnehmenden Golfclubs in diesem Falle berechtigt, die Einlösung der ausgeschriebenen Angebote zu verweigern.
8. Die teilnehmenden Golfclubs haben sich gegenüber dem Verlag unter den o.g. Bedingungen verpflichtet, die ausgeschriebenen Angebote einzulösen. Der Verlag übernimmt jedoch keine Gewähr und keine Haftung, wenn ein Angebot nicht eingelöst wird oder werden kann.

Bedingungen zur Einlösung des Discounts:

1. Das Angebot ist bis einschließlich 30.6.2023 gültig.
2. Der Golfspieler/Leser hat sich telefonisch eine Abschlagzeit geben zu lassen – dabei ist die Nutzung des Angebots anzugeben.
3. Eine Barauszahlung des Greenfee-Vorteils ist nicht möglich.
4. Das Kombinieren von Angeboten oder bestehenden Greenfee-Vorteilen ist nicht möglich. Der Vorteil bezieht sich jeweils ausschließlich auf die zum Zeitpunkt der Einlösung gültigen vollen Greenfee-Gebühren.
5. Gibt es Spielergruppen mit erhöhten Greenfee-Gebühren, ist ein Nachlass auf diese Gebühren nicht möglich.
6. Das Angebot allein berechtigt nicht zum Spiel gegen Greenfee. Die Erfüllung der Bestimmungen des jeweiligen Golfclubs zur Greenfee-Berechtigung (Mitgliedschaft in einem Golfclub, Mindesthandicap etc.) zum Zeitpunkt der Einlösung sind Voraussetzung.
7. Es ist untersagt, den Greenfee-Gutschein entgeltlich Dritten zu überlassen bzw. mit diesen Handel zu treiben. Insbesondere sind die teilnehmenden Golfclubs in diesem Falle berechtigt, die Einlösung der ausgeschriebenen Angebote zu verweigern.
8. Die teilnehmenden Golfclubs haben sich gegenüber dem Verlag unter den o.g. Bedingungen verpflichtet, die ausgeschriebenen Angebote einzulösen. Der Verlag übernimmt jedoch keine Gewähr und keine Haftung, wenn ein Angebot nicht eingelöst wird oder werden kann.

DER GOLF ALBRECHT

Golf Dobrouč

Dolní Dobrouč 700
CZ-561 02 Dolní Dobrouč
+420 734 720 682

62

20% Greenfee-Ermäßigung

DER GOLF ALBRECHT

Golf Dobrouč

Dolní Dobrouč 700
CZ-561 02 Dolní Dobrouč
+420 734 720 682

62

20% Greenfee-Ermäßigung

DER GOLF ALBRECHT

Golf Dobrouč

Dolní Dobrouč 700
CZ-561 02 Dolní Dobrouč
+420 734 720 682

62

20% Greenfee-Ermäßigung

DER GOLF ALBRECHT

Gdansk Golf & Country Club -Postolowo

Postolowo
PL-83-042 Gdansk/ Postolowo
+48 58 683 71 00

63

20% Greenfee-Ermäßigung

DER GOLF ALBRECHT

Gdansk Golf & Country Club -Postolowo

Postolowo
PL-83-042 Gdansk/ Postolowo
+48 58 683 71 00

63

20% Greenfee-Ermäßigung

DER GOLF ALBRECHT

Kamień Country Club

Grębowo 42
PL-72-400 Kamień Pomorski
+48 605 044 452

64

20% Greenfee-Ermäßigung wochentags

DER GOLF ALBRECHT

Kamień Country Club

Grębowo 42
PL-72-400 Kamień Pomorski
+48 605 044 452

64

20% Greenfee-Ermäßigung wochentags

DER GOLF ALBRECHT

Kamień Country Club

Grębowo 42
PL-72-400 Kamień Pomorski
+48 605 044 452

64

20% Greenfee-Ermäßigung wochentags

DER GOLF ALBRECHT

Golf Klub Kranjska Gora

Golf Klub Kranjska Gora, Čičare 2
SI-4280 Kranjska Gora
+386 31 447 407

65

2 for 1 2 GF zum Preis von 1

DER GOLF ALBRECHT

Golf Klub Kranjska Gora

Golf Klub Kranjska Gora, Čičare 2
SI-4280 Kranjska Gora
+386 31 447 407

65

2 for 1 2 GF zum Preis von 1

Diese Gutscheine gelten nur in Verbindung mit dem Buch/Albrecht Golf Card

Diese Gutscheine gelten nur in Verbindung mit dem Buch/Albrecht Golf Card

Bedingungen zur Einlösung des Discounts:

1. Das Angebot ist bis einschließlich 30.6.2023 gültig.
2. Der Golfspieler/Leser hat sich telefonisch eine Abschlagzeit geben zu lassen – dabei ist die Nutzung des Angebots anzugeben.
3. Eine Barauszahlung des Greenfee-Vorteils ist nicht möglich.
4. Das Kombinieren von Angeboten oder bestehenden Greenfee-Vorteilen ist nicht möglich. Der Vorteil bezieht sich jeweils ausschließlich auf die zum Zeitpunkt der Einlösung gültigen vollen Greenfee-Gebühren.
5. Gibt es Spielergruppen mit erhöhten Greenfee-Gebühren, ist ein Nachlass auf diese Gebühren nicht möglich.
6. Das Angebot allein berechtigt nicht zum Spiel gegen Greenfee. Die Erfüllung der Bestimmungen des jeweiligen Golfclubs zur Greenfee-Berechtigung (Mitgliedschaft in einem Golfclub, Mindesthandicap etc.) zum Zeitpunkt der Einlösung sind Voraussetzung.
7. Es ist untersagt, den Greenfee-Gutschein entgeltlich Dritten zu überlassen bzw. mit diesen Handel zu treiben. Insbesondere sind die teilnehmenden Golfclubs in diesem Falle berechtigt, die Einlösung der ausgeschriebenen Angebote zu verweigern.
8. Die teilnehmenden Golfclubs haben sich gegenüber dem Verlag unter den o.g. Bedingungen verpflichtet, die ausgeschriebenen Angebote einzulösen. Der Verlag übernimmt jedoch keine Gewähr und keine Haftung, wenn ein Angebot nicht eingelöst wird oder werden kann.

Bedingungen zur Einlösung des Discounts:

1. Das Angebot ist bis einschließlich 30.6.2023 gültig.
2. Der Golfspieler/Leser hat sich telefonisch eine Abschlagzeit geben zu lassen – dabei ist die Nutzung des Angebots anzugeben.
3. Eine Barauszahlung des Greenfee-Vorteils ist nicht möglich.
4. Das Kombinieren von Angeboten oder bestehenden Greenfee-Vorteilen ist nicht möglich. Der Vorteil bezieht sich jeweils ausschließlich auf die zum Zeitpunkt der Einlösung gültigen vollen Greenfee-Gebühren.
5. Gibt es Spielergruppen mit erhöhten Greenfee-Gebühren, ist ein Nachlass auf diese Gebühren nicht möglich.
6. Das Angebot allein berechtigt nicht zum Spiel gegen Greenfee. Die Erfüllung der Bestimmungen des jeweiligen Golfclubs zur Greenfee-Berechtigung (Mitgliedschaft in einem Golfclub, Mindesthandicap etc.) zum Zeitpunkt der Einlösung sind Voraussetzung.
7. Es ist untersagt, den Greenfee-Gutschein entgeltlich Dritten zu überlassen bzw. mit diesen Handel zu treiben. Insbesondere sind die teilnehmenden Golfclubs in diesem Falle berechtigt, die Einlösung der ausgeschriebenen Angebote zu verweigern.
8. Die teilnehmenden Golfclubs haben sich gegenüber dem Verlag unter den o.g. Bedingungen verpflichtet, die ausgeschriebenen Angebote einzulösen. Der Verlag übernimmt jedoch keine Gewähr und keine Haftung, wenn ein Angebot nicht eingelöst wird oder werden kann.

Bedingungen zur Einlösung des Discounts:

1. Das Angebot ist bis einschließlich 30.6.2023 gültig.
2. Der Golfspieler/Leser hat sich telefonisch eine Abschlagzeit geben zu lassen – dabei ist die Nutzung des Angebots anzugeben.
3. Eine Barauszahlung des Greenfee-Vorteils ist nicht möglich.
4. Das Kombinieren von Angeboten oder bestehenden Greenfee-Vorteilen ist nicht möglich. Der Vorteil bezieht sich jeweils ausschließlich auf die zum Zeitpunkt der Einlösung gültigen vollen Greenfee-Gebühren.
5. Gibt es Spielergruppen mit erhöhten Greenfee-Gebühren, ist ein Nachlass auf diese Gebühren nicht möglich.
6. Das Angebot allein berechtigt nicht zum Spiel gegen Greenfee. Die Erfüllung der Bestimmungen des jeweiligen Golfclubs zur Greenfee-Berechtigung (Mitgliedschaft in einem Golfclub, Mindesthandicap etc.) zum Zeitpunkt der Einlösung sind Voraussetzung.
7. Es ist untersagt, den Greenfee-Gutschein entgeltlich Dritten zu überlassen bzw. mit diesen Handel zu treiben. Insbesondere sind die teilnehmenden Golfclubs in diesem Falle berechtigt, die Einlösung der ausgeschriebenen Angebote zu verweigern.
8. Die teilnehmenden Golfclubs haben sich gegenüber dem Verlag unter den o.g. Bedingungen verpflichtet, die ausgeschriebenen Angebote einzulösen. Der Verlag übernimmt jedoch keine Gewähr und keine Haftung, wenn ein Angebot nicht eingelöst wird oder werden kann.

Bedingungen zur Einlösung des Discounts:

1. Das Angebot ist bis einschließlich 30.6.2023 gültig.
2. Der Golfspieler/Leser hat sich telefonisch eine Abschlagzeit geben zu lassen – dabei ist die Nutzung des Angebots anzugeben.
3. Eine Barauszahlung des Greenfee-Vorteils ist nicht möglich.
4. Das Kombinieren von Angeboten oder bestehenden Greenfee-Vorteilen ist nicht möglich. Der Vorteil bezieht sich jeweils ausschließlich auf die zum Zeitpunkt der Einlösung gültigen vollen Greenfee-Gebühren.
5. Gibt es Spielergruppen mit erhöhten Greenfee-Gebühren, ist ein Nachlass auf diese Gebühren nicht möglich.
6. Das Angebot allein berechtigt nicht zum Spiel gegen Greenfee. Die Erfüllung der Bestimmungen des jeweiligen Golfclubs zur Greenfee-Berechtigung (Mitgliedschaft in einem Golfclub, Mindesthandicap etc.) zum Zeitpunkt der Einlösung sind Voraussetzung.
7. Es ist untersagt, den Greenfee-Gutschein entgeltlich Dritten zu überlassen bzw. mit diesen Handel zu treiben. Insbesondere sind die teilnehmenden Golfclubs in diesem Falle berechtigt, die Einlösung der ausgeschriebenen Angebote zu verweigern.
8. Die teilnehmenden Golfclubs haben sich gegenüber dem Verlag unter den o.g. Bedingungen verpflichtet, die ausgeschriebenen Angebote einzulösen. Der Verlag übernimmt jedoch keine Gewähr und keine Haftung, wenn ein Angebot nicht eingelöst wird oder werden kann.

Bedingungen zur Einlösung des Discounts:

1. Das Angebot ist bis einschließlich 30.6.2023 gültig.
2. Der Golfspieler/Leser hat sich telefonisch eine Abschlagzeit geben zu lassen – dabei ist die Nutzung des Angebots anzugeben.
3. Eine Barauszahlung des Greenfee-Vorteils ist nicht möglich.
4. Das Kombinieren von Angeboten oder bestehenden Greenfee-Vorteilen ist nicht möglich. Der Vorteil bezieht sich jeweils ausschließlich auf die zum Zeitpunkt der Einlösung gültigen vollen Greenfee-Gebühren.
5. Gibt es Spielergruppen mit erhöhten Greenfee-Gebühren, ist ein Nachlass auf diese Gebühren nicht möglich.
6. Das Angebot allein berechtigt nicht zum Spiel gegen Greenfee. Die Erfüllung der Bestimmungen des jeweiligen Golfclubs zur Greenfee-Berechtigung (Mitgliedschaft in einem Golfclub, Mindesthandicap etc.) zum Zeitpunkt der Einlösung sind Voraussetzung.
7. Es ist untersagt, den Greenfee-Gutschein entgeltlich Dritten zu überlassen bzw. mit diesen Handel zu treiben. Insbesondere sind die teilnehmenden Golfclubs in diesem Falle berechtigt, die Einlösung der ausgeschriebenen Angebote zu verweigern.
8. Die teilnehmenden Golfclubs haben sich gegenüber dem Verlag unter den o.g. Bedingungen verpflichtet, die ausgeschriebenen Angebote einzulösen. Der Verlag übernimmt jedoch keine Gewähr und keine Haftung, wenn ein Angebot nicht eingelöst wird oder werden kann.

Bedingungen zur Einlösung des Discounts:

1. Das Angebot ist bis einschließlich 30.6.2023 gültig.
2. Der Golfspieler/Leser hat sich telefonisch eine Abschlagzeit geben zu lassen – dabei ist die Nutzung des Angebots anzugeben.
3. Eine Barauszahlung des Greenfee-Vorteils ist nicht möglich.
4. Das Kombinieren von Angeboten oder bestehenden Greenfee-Vorteilen ist nicht möglich. Der Vorteil bezieht sich jeweils ausschließlich auf die zum Zeitpunkt der Einlösung gültigen vollen Greenfee-Gebühren.
5. Gibt es Spielergruppen mit erhöhten Greenfee-Gebühren, ist ein Nachlass auf diese Gebühren nicht möglich.
6. Das Angebot allein berechtigt nicht zum Spiel gegen Greenfee. Die Erfüllung der Bestimmungen des jeweiligen Golfclubs zur Greenfee-Berechtigung (Mitgliedschaft in einem Golfclub, Mindesthandicap etc.) zum Zeitpunkt der Einlösung sind Voraussetzung.
7. Es ist untersagt, den Greenfee-Gutschein entgeltlich Dritten zu überlassen bzw. mit diesen Handel zu treiben. Insbesondere sind die teilnehmenden Golfclubs in diesem Falle berechtigt, die Einlösung der ausgeschriebenen Angebote zu verweigern.
8. Die teilnehmenden Golfclubs haben sich gegenüber dem Verlag unter den o.g. Bedingungen verpflichtet, die ausgeschriebenen Angebote einzulösen. Der Verlag übernimmt jedoch keine Gewähr und keine Haftung, wenn ein Angebot nicht eingelöst wird oder werden kann.

Bedingungen zur Einlösung des Discounts:

1. Das Angebot ist bis einschließlich 30.6.2023 gültig.
2. Der Golfspieler/Leser hat sich telefonisch eine Abschlagzeit geben zu lassen – dabei ist die Nutzung des Angebots anzugeben.
3. Eine Barauszahlung des Greenfee-Vorteils ist nicht möglich.
4. Das Kombinieren von Angeboten oder bestehenden Greenfee-Vorteilen ist nicht möglich. Der Vorteil bezieht sich jeweils ausschließlich auf die zum Zeitpunkt der Einlösung gültigen vollen Greenfee-Gebühren.
5. Gibt es Spielergruppen mit erhöhten Greenfee-Gebühren, ist ein Nachlass auf diese Gebühren nicht möglich.
6. Das Angebot allein berechtigt nicht zum Spiel gegen Greenfee. Die Erfüllung der Bestimmungen des jeweiligen Golfclubs zur Greenfee-Berechtigung (Mitgliedschaft in einem Golfclub, Mindesthandicap etc.) zum Zeitpunkt der Einlösung sind Voraussetzung.
7. Es ist untersagt, den Greenfee-Gutschein entgeltlich Dritten zu überlassen bzw. mit diesen Handel zu treiben. Insbesondere sind die teilnehmenden Golfclubs in diesem Falle berechtigt, die Einlösung der ausgeschriebenen Angebote zu verweigern.
8. Die teilnehmenden Golfclubs haben sich gegenüber dem Verlag unter den o.g. Bedingungen verpflichtet, die ausgeschriebenen Angebote einzulösen. Der Verlag übernimmt jedoch keine Gewähr und keine Haftung, wenn ein Angebot nicht eingelöst wird oder werden kann.

Bedingungen zur Einlösung des Discounts:

1. Das Angebot ist bis einschließlich 30.6.2023 gültig.
2. Der Golfspieler/Leser hat sich telefonisch eine Abschlagzeit geben zu lassen – dabei ist die Nutzung des Angebots anzugeben.
3. Eine Barauszahlung des Greenfee-Vorteils ist nicht möglich.
4. Das Kombinieren von Angeboten oder bestehenden Greenfee-Vorteilen ist nicht möglich. Der Vorteil bezieht sich jeweils ausschließlich auf die zum Zeitpunkt der Einlösung gültigen vollen Greenfee-Gebühren.
5. Gibt es Spielergruppen mit erhöhten Greenfee-Gebühren, ist ein Nachlass auf diese Gebühren nicht möglich.
6. Das Angebot allein berechtigt nicht zum Spiel gegen Greenfee. Die Erfüllung der Bestimmungen des jeweiligen Golfclubs zur Greenfee-Berechtigung (Mitgliedschaft in einem Golfclub, Mindesthandicap etc.) zum Zeitpunkt der Einlösung sind Voraussetzung.
7. Es ist untersagt, den Greenfee-Gutschein entgeltlich Dritten zu überlassen bzw. mit diesen Handel zu treiben. Insbesondere sind die teilnehmenden Golfclubs in diesem Falle berechtigt, die Einlösung der ausgeschriebenen Angebote zu verweigern.
8. Die teilnehmenden Golfclubs haben sich gegenüber dem Verlag unter den o.g. Bedingungen verpflichtet, die ausgeschriebenen Angebote einzulösen. Der Verlag übernimmt jedoch keine Gewähr und keine Haftung, wenn ein Angebot nicht eingelöst wird oder werden kann.

Bedingungen zur Einlösung des Discounts:

1. Das Angebot ist bis einschließlich 30.6.2023 gültig.
2. Der Golfspieler/Leser hat sich telefonisch eine Abschlagzeit geben zu lassen – dabei ist die Nutzung des Angebots anzugeben.
3. Eine Barauszahlung des Greenfee-Vorteils ist nicht möglich.
4. Das Kombinieren von Angeboten oder bestehenden Greenfee-Vorteilen ist nicht möglich. Der Vorteil bezieht sich jeweils ausschließlich auf die zum Zeitpunkt der Einlösung gültigen vollen Greenfee-Gebühren.
5. Gibt es Spielergruppen mit erhöhten Greenfee-Gebühren, ist ein Nachlass auf diese Gebühren nicht möglich.
6. Das Angebot allein berechtigt nicht zum Spiel gegen Greenfee. Die Erfüllung der Bestimmungen des jeweiligen Golfclubs zur Greenfee-Berechtigung (Mitgliedschaft in einem Golfclub, Mindesthandicap etc.) zum Zeitpunkt der Einlösung sind Voraussetzung.
7. Es ist untersagt, den Greenfee-Gutschein entgeltlich Dritten zu überlassen bzw. mit diesen Handel zu treiben. Insbesondere sind die teilnehmenden Golfclubs in diesem Falle berechtigt, die Einlösung der ausgeschriebenen Angebote zu verweigern.
8. Die teilnehmenden Golfclubs haben sich gegenüber dem Verlag unter den o.g. Bedingungen verpflichtet, die ausgeschriebenen Angebote einzulösen. Der Verlag übernimmt jedoch keine Gewähr und keine Haftung, wenn ein Angebot nicht eingelöst wird oder werden kann.

Bedingungen zur Einlösung des Discounts:

1. Das Angebot ist bis einschließlich 30.6.2023 gültig.
2. Der Golfspieler/Leser hat sich telefonisch eine Abschlagzeit geben zu lassen – dabei ist die Nutzung des Angebots anzugeben.
3. Eine Barauszahlung des Greenfee-Vorteils ist nicht möglich.
4. Das Kombinieren von Angeboten oder bestehenden Greenfee-Vorteilen ist nicht möglich. Der Vorteil bezieht sich jeweils ausschließlich auf die zum Zeitpunkt der Einlösung gültigen vollen Greenfee-Gebühren.
5. Gibt es Spielergruppen mit erhöhten Greenfee-Gebühren, ist ein Nachlass auf diese Gebühren nicht möglich.
6. Das Angebot allein berechtigt nicht zum Spiel gegen Greenfee. Die Erfüllung der Bestimmungen des jeweiligen Golfclubs zur Greenfee-Berechtigung (Mitgliedschaft in einem Golfclub, Mindesthandicap etc.) zum Zeitpunkt der Einlösung sind Voraussetzung.
7. Es ist untersagt, den Greenfee-Gutschein entgeltlich Dritten zu überlassen bzw. mit diesen Handel zu treiben. Insbesondere sind die teilnehmenden Golfclubs in diesem Falle berechtigt, die Einlösung der ausgeschriebenen Angebote zu verweigern.
8. Die teilnehmenden Golfclubs haben sich gegenüber dem Verlag unter den o.g. Bedingungen verpflichtet, die ausgeschriebenen Angebote einzulösen. Der Verlag übernimmt jedoch keine Gewähr und keine Haftung, wenn ein Angebot nicht eingelöst wird oder werden kann.

DER GOLF ALBRECHT

Golf Klub Kranjska Gora SI

Golf Klub Kranjska Gora, Čičare 2
SI-4280 Kranjska Gora
✆ +386 31 447 407

65

2 for 1 2 GF zum Preis von 1

DER GOLF ALBRECHT

Golf Klub Kranjska Gora SI

Golf Klub Kranjska Gora, Čičare 2
SI-4280 Kranjska Gora
✆ +386 31 447 407

65

20% Greenfee-Ermäßigung

DER GOLF ALBRECHT

Golf Klub Kranjska Gora

Golf Klub Kranjska Gora, Čičare 2
SI-4280 Kranjska Gora
✆ +386 31 447 407

65

20% Greenfee-Ermäßigung

DER GOLF ALBRECHT

Golf Klub Kranjska Gora

Golf Klub Kranjska Gora, Čičare 2
SI-4280 Kranjska Gora
✆ +386 31 447 407

65

20% Greenfee-Ermäßigung

DER GOLF ALBRECHT

Golfplatz Zlati Grič

Skalce 91
SI-3210 Slovenske Konjice
✆ +386 3758 03 62 +386 41 780 405

66

2 for 1 2 GF zum Preis von 1

DER GOLF ALBRECHT

Golfplatz Zlati Grič

Skalce 91
SI-3210 Slovenske Konjice
✆ +386 3758 03 62 +386 41 780 405

66

2 for 1 2 GF zum Preis von 1

DER GOLF ALBRECHT

Golfplatz Zlati Grič

Skalce 91
SI-3210 Slovenske Konjice
✆ +386 3758 03 62 +386 41 780 405

66

20% Greenfee-Ermäßigung

DER GOLF ALBRECHT

Golfplatz Zlati Grič

Skalce 91
SI-3210 Slovenske Konjice
✆ +386 3758 03 62 +386 41 780 405

66

20% Greenfee-Ermäßigung

DER GOLF ALBRECHT

Zala Springs Golf Resort

Zala Springs Golf Resort
H-8782 Zalacsány
✆ +36 20 403 4960
Hinweis: 2 for 1 Gutscheine einlösbar mit Reservierungsbestätigung von Montag bis Freitag.

67

2 for 1 2 GF zum Preis von 1 wochentags

DER GOLF ALBRECHT

Zala Springs Golf Resort

Zala Springs Golf Resort
H-8782 Zalacsány
✆ +36 20 403 4960

67

20% Greenfee-Ermäßigung

Diese Gutscheine gelten nur in Verbindung mit dem Buch/Albrecht Golf Card

Diese Gutscheine gelten nur in Verbindung mit dem Buch/Albrecht Golf Card

Bedingungen zur Einlösung des Discounts:
1. Das Angebot ist bis einschließlich 30.6.2023 gültig.
2. Der Golfspieler/Leser hat sich telefonisch eine Abschlagzeit geben zu lassen – dabei ist die Nutzung des Angebots anzugeben.
3. Eine Barauszahlung des Greenfee-Vorteils ist nicht möglich.
4. Das Kombinieren von Angeboten oder bestehenden Greenfee-Vorteilen ist nicht möglich. Der Vorteil bezieht sich jeweils ausschließlich auf die zum Zeitpunkt der Einlösung gültigen vollen Greenfee-Gebühren.
5. Gibt es Spielergruppen mit erhöhten Greenfee-Gebühren, ist ein Nachlass auf diese Gebühren nicht möglich.
6. Das Angebot allein berechtigt nicht zum Spiel gegen Greenfee. Die Erfüllung der Bestimmungen des jeweiligen Golfclubs zur Greenfee-Berechtigung (Mitgliedschaft in einem Golfclub, Mindesthandicap etc.) zum Zeitpunkt der Einlösung sind Voraussetzung.
7. Es ist untersagt, den Greenfee-Gutschein entgeltlich Dritten zu überlassen bzw. mit diesen Handel zu treiben. Insbesondere sind die teilnehmenden Golfclubs in diesem Falle berechtigt, die Einlösung der ausgeschriebenen Angebote zu verweigern.
8. Die teilnehmenden Golfclubs haben sich gegenüber dem Verlag unter den o.g. Bedingungen verpflichtet, die ausgeschriebenen Angebote einzulösen. Der Verlag übernimmt jedoch keine Gewähr und keine Haftung, wenn ein Angebot nicht eingelöst wird oder werden kann.

Bedingungen zur Einlösung des Discounts:
1. Das Angebot ist bis einschließlich 30.6.2023 gültig.
2. Der Golfspieler/Leser hat sich telefonisch eine Abschlagzeit geben zu lassen – dabei ist die Nutzung des Angebots anzugeben.
3. Eine Barauszahlung des Greenfee-Vorteils ist nicht möglich.
4. Das Kombinieren von Angeboten oder bestehenden Greenfee-Vorteilen ist nicht möglich. Der Vorteil bezieht sich jeweils ausschließlich auf die zum Zeitpunkt der Einlösung gültigen vollen Greenfee-Gebühren.
5. Gibt es Spielergruppen mit erhöhten Greenfee-Gebühren, ist ein Nachlass auf diese Gebühren nicht möglich.
6. Das Angebot allein berechtigt nicht zum Spiel gegen Greenfee. Die Erfüllung der Bestimmungen des jeweiligen Golfclubs zur Greenfee-Berechtigung (Mitgliedschaft in einem Golfclub, Mindesthandicap etc.) zum Zeitpunkt der Einlösung sind Voraussetzung.
7. Es ist untersagt, den Greenfee-Gutschein entgeltlich Dritten zu überlassen bzw. mit diesen Handel zu treiben. Insbesondere sind die teilnehmenden Golfclubs in diesem Falle berechtigt, die Einlösung der ausgeschriebenen Angebote zu verweigern.
8. Die teilnehmenden Golfclubs haben sich gegenüber dem Verlag unter den o.g. Bedingungen verpflichtet, die ausgeschriebenen Angebote einzulösen. Der Verlag übernimmt jedoch keine Gewähr und keine Haftung, wenn ein Angebot nicht eingelöst wird oder werden kann.

Bedingungen zur Einlösung des Discounts:
1. Das Angebot ist bis einschließlich 30.6.2023 gültig.
2. Der Golfspieler/Leser hat sich telefonisch eine Abschlagzeit geben zu lassen – dabei ist die Nutzung des Angebots anzugeben.
3. Eine Barauszahlung des Greenfee-Vorteils ist nicht möglich.
4. Das Kombinieren von Angeboten oder bestehenden Greenfee-Vorteilen ist nicht möglich. Der Vorteil bezieht sich jeweils ausschließlich auf die zum Zeitpunkt der Einlösung gültigen vollen Greenfee-Gebühren.
5. Gibt es Spielergruppen mit erhöhten Greenfee-Gebühren, ist ein Nachlass auf diese Gebühren nicht möglich.
6. Das Angebot allein berechtigt nicht zum Spiel gegen Greenfee. Die Erfüllung der Bestimmungen des jeweiligen Golfclubs zur Greenfee-Berechtigung (Mitgliedschaft in einem Golfclub, Mindesthandicap etc.) zum Zeitpunkt der Einlösung sind Voraussetzung.
7. Es ist untersagt, den Greenfee-Gutschein entgeltlich Dritten zu überlassen bzw. mit diesen Handel zu treiben. Insbesondere sind die teilnehmenden Golfclubs in diesem Falle berechtigt, die Einlösung der ausgeschriebenen Angebote zu verweigern.
8. Die teilnehmenden Golfclubs haben sich gegenüber dem Verlag unter den o.g. Bedingungen verpflichtet, die ausgeschriebenen Angebote einzulösen. Der Verlag übernimmt jedoch keine Gewähr und keine Haftung, wenn ein Angebot nicht eingelöst wird oder werden kann.

Bedingungen zur Einlösung des Discounts:
1. Das Angebot ist bis einschließlich 30.6.2023 gültig.
2. Der Golfspieler/Leser hat sich telefonisch eine Abschlagzeit geben zu lassen – dabei ist die Nutzung des Angebots anzugeben.
3. Eine Barauszahlung des Greenfee-Vorteils ist nicht möglich.
4. Das Kombinieren von Angeboten oder bestehenden Greenfee-Vorteilen ist nicht möglich. Der Vorteil bezieht sich jeweils ausschließlich auf die zum Zeitpunkt der Einlösung gültigen vollen Greenfee-Gebühren.
5. Gibt es Spielergruppen mit erhöhten Greenfee-Gebühren, ist ein Nachlass auf diese Gebühren nicht möglich.
6. Das Angebot allein berechtigt nicht zum Spiel gegen Greenfee. Die Erfüllung der Bestimmungen des jeweiligen Golfclubs zur Greenfee-Berechtigung (Mitgliedschaft in einem Golfclub, Mindesthandicap etc.) zum Zeitpunkt der Einlösung sind Voraussetzung.
7. Es ist untersagt, den Greenfee-Gutschein entgeltlich Dritten zu überlassen bzw. mit diesen Handel zu treiben. Insbesondere sind die teilnehmenden Golfclubs in diesem Falle berechtigt, die Einlösung der ausgeschriebenen Angebote zu verweigern.
8. Die teilnehmenden Golfclubs haben sich gegenüber dem Verlag unter den o.g. Bedingungen verpflichtet, die ausgeschriebenen Angebote einzulösen. Der Verlag übernimmt jedoch keine Gewähr und keine Haftung, wenn ein Angebot nicht eingelöst wird oder werden kann.

Bedingungen zur Einlösung des Discounts:
1. Das Angebot ist bis einschließlich 30.6.2023 gültig.
2. Der Golfspieler/Leser hat sich telefonisch eine Abschlagzeit geben zu lassen – dabei ist die Nutzung des Angebots anzugeben.
3. Eine Barauszahlung des Greenfee-Vorteils ist nicht möglich.
4. Das Kombinieren von Angeboten oder bestehenden Greenfee-Vorteilen ist nicht möglich. Der Vorteil bezieht sich jeweils ausschließlich auf die zum Zeitpunkt der Einlösung gültigen vollen Greenfee-Gebühren.
5. Gibt es Spielergruppen mit erhöhten Greenfee-Gebühren, ist ein Nachlass auf diese Gebühren nicht möglich.
6. Das Angebot allein berechtigt nicht zum Spiel gegen Greenfee. Die Erfüllung der Bestimmungen des jeweiligen Golfclubs zur Greenfee-Berechtigung (Mitgliedschaft in einem Golfclub, Mindesthandicap etc.) zum Zeitpunkt der Einlösung sind Voraussetzung.
7. Es ist untersagt, den Greenfee-Gutschein entgeltlich Dritten zu überlassen bzw. mit diesen Handel zu treiben. Insbesondere sind die teilnehmenden Golfclubs in diesem Falle berechtigt, die Einlösung der ausgeschriebenen Angebote zu verweigern.
8. Die teilnehmenden Golfclubs haben sich gegenüber dem Verlag unter den o.g. Bedingungen verpflichtet, die ausgeschriebenen Angebote einzulösen. Der Verlag übernimmt jedoch keine Gewähr und keine Haftung, wenn ein Angebot nicht eingelöst wird oder werden kann.

Bedingungen zur Einlösung des Discounts:
1. Das Angebot ist bis einschließlich 30.6.2023 gültig.
2. Der Golfspieler/Leser hat sich telefonisch eine Abschlagzeit geben zu lassen – dabei ist die Nutzung des Angebots anzugeben.
3. Eine Barauszahlung des Greenfee-Vorteils ist nicht möglich.
4. Das Kombinieren von Angeboten oder bestehenden Greenfee-Vorteilen ist nicht möglich. Der Vorteil bezieht sich jeweils ausschließlich auf die zum Zeitpunkt der Einlösung gültigen vollen Greenfee-Gebühren.
5. Gibt es Spielergruppen mit erhöhten Greenfee-Gebühren, ist ein Nachlass auf diese Gebühren nicht möglich.
6. Das Angebot allein berechtigt nicht zum Spiel gegen Greenfee. Die Erfüllung der Bestimmungen des jeweiligen Golfclubs zur Greenfee-Berechtigung (Mitgliedschaft in einem Golfclub, Mindesthandicap etc.) zum Zeitpunkt der Einlösung sind Voraussetzung.
7. Es ist untersagt, den Greenfee-Gutschein entgeltlich Dritten zu überlassen bzw. mit diesen Handel zu treiben. Insbesondere sind die teilnehmenden Golfclubs in diesem Falle berechtigt, die Einlösung der ausgeschriebenen Angebote zu verweigern.
8. Die teilnehmenden Golfclubs haben sich gegenüber dem Verlag unter den o.g. Bedingungen verpflichtet, die ausgeschriebenen Angebote einzulösen. Der Verlag übernimmt jedoch keine Gewähr und keine Haftung, wenn ein Angebot nicht eingelöst wird oder werden kann.

Bedingungen zur Einlösung des Discounts:
1. Das Angebot ist bis einschließlich 30.6.2023 gültig.
2. Der Golfspieler/Leser hat sich telefonisch eine Abschlagzeit geben zu lassen – dabei ist die Nutzung des Angebots anzugeben.
3. Eine Barauszahlung des Greenfee-Vorteils ist nicht möglich.
4. Das Kombinieren von Angeboten oder bestehenden Greenfee-Vorteilen ist nicht möglich. Der Vorteil bezieht sich jeweils ausschließlich auf die zum Zeitpunkt der Einlösung gültigen vollen Greenfee-Gebühren.
5. Gibt es Spielergruppen mit erhöhten Greenfee-Gebühren, ist ein Nachlass auf diese Gebühren nicht möglich.
6. Das Angebot allein berechtigt nicht zum Spiel gegen Greenfee. Die Erfüllung der Bestimmungen des jeweiligen Golfclubs zur Greenfee-Berechtigung (Mitgliedschaft in einem Golfclub, Mindesthandicap etc.) zum Zeitpunkt der Einlösung sind Voraussetzung.
7. Es ist untersagt, den Greenfee-Gutschein entgeltlich Dritten zu überlassen bzw. mit diesen Handel zu treiben. Insbesondere sind die teilnehmenden Golfclubs in diesem Falle berechtigt, die Einlösung der ausgeschriebenen Angebote zu verweigern.
8. Die teilnehmenden Golfclubs haben sich gegenüber dem Verlag unter den o.g. Bedingungen verpflichtet, die ausgeschriebenen Angebote einzulösen. Der Verlag übernimmt jedoch keine Gewähr und keine Haftung, wenn ein Angebot nicht eingelöst wird oder werden kann.

Bedingungen zur Einlösung des Discounts:
1. Das Angebot ist bis einschließlich 30.6.2023 gültig.
2. Der Golfspieler/Leser hat sich telefonisch eine Abschlagzeit geben zu lassen – dabei ist die Nutzung des Angebots anzugeben.
3. Eine Barauszahlung des Greenfee-Vorteils ist nicht möglich.
4. Das Kombinieren von Angeboten oder bestehenden Greenfee-Vorteilen ist nicht möglich. Der Vorteil bezieht sich jeweils ausschließlich auf die zum Zeitpunkt der Einlösung gültigen vollen Greenfee-Gebühren.
5. Gibt es Spielergruppen mit erhöhten Greenfee-Gebühren, ist ein Nachlass auf diese Gebühren nicht möglich.
6. Das Angebot allein berechtigt nicht zum Spiel gegen Greenfee. Die Erfüllung der Bestimmungen des jeweiligen Golfclubs zur Greenfee-Berechtigung (Mitgliedschaft in einem Golfclub, Mindesthandicap etc.) zum Zeitpunkt der Einlösung sind Voraussetzung.
7. Es ist untersagt, den Greenfee-Gutschein entgeltlich Dritten zu überlassen bzw. mit diesen Handel zu treiben. Insbesondere sind die teilnehmenden Golfclubs in diesem Falle berechtigt, die Einlösung der ausgeschriebenen Angebote zu verweigern.
8. Die teilnehmenden Golfclubs haben sich gegenüber dem Verlag unter den o.g. Bedingungen verpflichtet, die ausgeschriebenen Angebote einzulösen. Der Verlag übernimmt jedoch keine Gewähr und keine Haftung, wenn ein Angebot nicht eingelöst wird oder werden kann.

Bedingungen zur Einlösung des Discounts:
1. Das Angebot ist bis einschließlich 30.6.2023 gültig.
2. Der Golfspieler/Leser hat sich telefonisch eine Abschlagzeit geben zu lassen – dabei ist die Nutzung des Angebots anzugeben.
3. Eine Barauszahlung des Greenfee-Vorteils ist nicht möglich.
4. Das Kombinieren von Angeboten oder bestehenden Greenfee-Vorteilen ist nicht möglich. Der Vorteil bezieht sich jeweils ausschließlich auf die zum Zeitpunkt der Einlösung gültigen vollen Greenfee-Gebühren.
5. Gibt es Spielergruppen mit erhöhten Greenfee-Gebühren, ist ein Nachlass auf diese Gebühren nicht möglich.
6. Das Angebot allein berechtigt nicht zum Spiel gegen Greenfee. Die Erfüllung der Bestimmungen des jeweiligen Golfclubs zur Greenfee-Berechtigung (Mitgliedschaft in einem Golfclub, Mindesthandicap etc.) zum Zeitpunkt der Einlösung sind Voraussetzung.
7. Es ist untersagt, den Greenfee-Gutschein entgeltlich Dritten zu überlassen bzw. mit diesen Handel zu treiben. Insbesondere sind die teilnehmenden Golfclubs in diesem Falle berechtigt, die Einlösung der ausgeschriebenen Angebote zu verweigern.
8. Die teilnehmenden Golfclubs haben sich gegenüber dem Verlag unter den o.g. Bedingungen verpflichtet, die ausgeschriebenen Angebote einzulösen. Der Verlag übernimmt jedoch keine Gewähr und keine Haftung, wenn ein Angebot nicht eingelöst wird oder werden kann.

Bedingungen zur Einlösung des Discounts:
1. Das Angebot ist bis einschließlich 30.6.2023 gültig.
2. Der Golfspieler/Leser hat sich telefonisch eine Abschlagzeit geben zu lassen – dabei ist die Nutzung des Angebots anzugeben.
3. Eine Barauszahlung des Greenfee-Vorteils ist nicht möglich.
4. Das Kombinieren von Angeboten oder bestehenden Greenfee-Vorteilen ist nicht möglich. Der Vorteil bezieht sich jeweils ausschließlich auf die zum Zeitpunkt der Einlösung gültigen vollen Greenfee-Gebühren.
5. Gibt es Spielergruppen mit erhöhten Greenfee-Gebühren, ist ein Nachlass auf diese Gebühren nicht möglich.
6. Das Angebot allein berechtigt nicht zum Spiel gegen Greenfee. Die Erfüllung der Bestimmungen des jeweiligen Golfclubs zur Greenfee-Berechtigung (Mitgliedschaft in einem Golfclub, Mindesthandicap etc.) zum Zeitpunkt der Einlösung sind Voraussetzung.
7. Es ist untersagt, den Greenfee-Gutschein entgeltlich Dritten zu überlassen bzw. mit diesen Handel zu treiben. Insbesondere sind die teilnehmenden Golfclubs in diesem Falle berechtigt, die Einlösung der ausgeschriebenen Angebote zu verweigern.
8. Die teilnehmenden Golfclubs haben sich gegenüber dem Verlag unter den o.g. Bedingungen verpflichtet, die ausgeschriebenen Angebote einzulösen. Der Verlag übernimmt jedoch keine Gewähr und keine Haftung, wenn ein Angebot nicht eingelöst wird oder werden kann.

DER GOLF ALBRECHT

Corfu Golf Club

Ermones, Ropa Valley, P.O. Box 71
GR-49100 Corfu
✆ +30 2661 094220

68

2 for 1 2 GF zum Preis von 1

DER GOLF ALBRECHT

Corfu Golf Club

Ermones, Ropa Valley, P.O. Box 71
GR-49100 Corfu
✆ +30 2661 094220

68

2 for 1 2 GF zum Preis von 1

DER GOLF ALBRECHT

Corfu Golf Club

Ermones, Ropa Valley, P.O. Box 71
GR-49100 Corfu
✆ +30 2661 094220

68

2 for 1 2 GF zum Preis von 1

DER GOLF ALBRECHT

Corfu Golf Club

Ermones, Ropa Valley, P.O. Box 71
GR-49100 Corfu
✆ +30 2661 094220

68

20% Greenfee-Ermäßigung

DER GOLF ALBRECHT

Corfu Golf Club

Ermones, Ropa Valley, P.O. Box 71
GR-49100 Corfu
✆ +30 2661 094220

68

20% Greenfee-Ermäßigung

DER GOLF ALBRECHT

Corfu Golf Club

Ermones, Ropa Valley, P.O. Box 71
GR-49100 Corfu
✆ +30 2661 094220

20% Greenfee-Ermäßigung

DER GOLF ALBRECHT

The Crete Golf Club

P.O. Box 106, Hersonissos
GR-70014 Crete, Greece
✆ +30 2897 026000

69

20% Greenfee-Ermäßigung

DER GOLF ALBRECHT

The Crete Golf Club

P.O. Box 106, Hersonissos
GR-70014 Crete, Greece
✆ +30 2897 026000

69

20% Greenfee-Ermäßigung

DER GOLF ALBRECHT

The Crete Golf Club

P.O. Box 106, Hersonissos
GR-70014 Crete, Greece
✆ +30 2897 026000

69

20% Greenfee-Ermäßigung

DER GOLF ALBRECHT

Club Golf d' Aro-Mas Nou

Urb. Mas Nou. s/n, Aptdo. 429
E-17250 Platja d'Aro
✆ +34 972 81 67 27
Katalonien
Hinweis: Estas promociones se aplicarán todo el año ba
reserva previa a info@golfdaro.com

70

2 for 1 2 GF zum Preis von 1

Diese Gutscheine gelten nur in Verbindung mit dem Buch/Albrecht Golf Card

Diese Gutscheine gelten nur in Verbindung mit dem Buch/Albrecht Golf Card

Bedingungen zur Einlösung des Discounts:
1. Das Angebot ist bis einschließlich 30.6.2023 gültig.
2. Der Golfspieler/Leser hat sich telefonisch eine Abschlagzeit geben zu lassen – dabei ist die Nutzung des Angebots anzugeben.
3. Eine Barauszahlung des Greenfee-Vorteils ist nicht möglich.
4. Das Kombinieren von Angeboten oder bestehenden Greenfee-Vorteilen ist nicht möglich. Der Vorteil bezieht sich jeweils ausschließlich auf die zum Zeitpunkt der Einlösung gültigen vollen Greenfee-Gebühren.
5. Gibt es Spielergruppen mit erhöhten Greenfee-Gebühren, ist ein Nachlass auf diese Gebühren nicht möglich.
6. Das Angebot allein berechtigt nicht zum Spiel gegen Greenfee. Die Erfüllung der Bestimmungen des jeweiligen Golfclubs zur Greenfee-Berechtigung (Mitgliedschaft in einem Golfclub, Mindesthandicap etc.) zum Zeitpunkt der Einlösung sind Voraussetzung.
7. Es ist untersagt, den Greenfee-Gutschein entgeltlich Dritten zu überlassen bzw. mit diesen Handel zu treiben. Insbesondere sind die teilnehmenden Golfclubs in diesem Falle berechtigt, die Einlösung der ausgeschriebenen Angebote zu verweigern.
8. Die teilnehmenden Golfclubs haben sich gegenüber dem Verlag unter den o.g. Bedingungen verpflichtet, die ausgeschriebenen Angebote einzulösen. Der Verlag übernimmt jedoch keine Gewähr und keine Haftung, wenn ein Angebot nicht eingelöst wird oder werden kann.

Bedingungen zur Einlösung des Discounts:
1. Das Angebot ist bis einschließlich 30.6.2023 gültig.
2. Der Golfspieler/Leser hat sich telefonisch eine Abschlagzeit geben zu lassen – dabei ist die Nutzung des Angebots anzugeben.
3. Eine Barauszahlung des Greenfee-Vorteils ist nicht möglich.
4. Das Kombinieren von Angeboten oder bestehenden Greenfee-Vorteilen ist nicht möglich. Der Vorteil bezieht sich jeweils ausschließlich auf die zum Zeitpunkt der Einlösung gültigen vollen Greenfee-Gebühren.
5. Gibt es Spielergruppen mit erhöhten Greenfee-Gebühren, ist ein Nachlass auf diese Gebühren nicht möglich.
6. Das Angebot allein berechtigt nicht zum Spiel gegen Greenfee. Die Erfüllung der Bestimmungen des jeweiligen Golfclubs zur Greenfee-Berechtigung (Mitgliedschaft in einem Golfclub, Mindesthandicap etc.) zum Zeitpunkt der Einlösung sind Voraussetzung.
7. Es ist untersagt, den Greenfee-Gutschein entgeltlich Dritten zu überlassen bzw. mit diesen Handel zu treiben. Insbesondere sind die teilnehmenden Golfclubs in diesem Falle berechtigt, die Einlösung der ausgeschriebenen Angebote zu verweigern.
8. Die teilnehmenden Golfclubs haben sich gegenüber dem Verlag unter den o.g. Bedingungen verpflichtet, die ausgeschriebenen Angebote einzulösen. Der Verlag übernimmt jedoch keine Gewähr und keine Haftung, wenn ein Angebot nicht eingelöst wird oder werden kann.

Bedingungen zur Einlösung des Discounts:
1. Das Angebot ist bis einschließlich 30.6.2023 gültig.
2. Der Golfspieler/Leser hat sich telefonisch eine Abschlagzeit geben zu lassen – dabei ist die Nutzung des Angebots anzugeben.
3. Eine Barauszahlung des Greenfee-Vorteils ist nicht möglich.
4. Das Kombinieren von Angeboten oder bestehenden Greenfee-Vorteilen ist nicht möglich. Der Vorteil bezieht sich jeweils ausschließlich auf die zum Zeitpunkt der Einlösung gültigen vollen Greenfee-Gebühren.
5. Gibt es Spielergruppen mit erhöhten Greenfee-Gebühren, ist ein Nachlass auf diese Gebühren nicht möglich.
6. Das Angebot allein berechtigt nicht zum Spiel gegen Greenfee. Die Erfüllung der Bestimmungen des jeweiligen Golfclubs zur Greenfee-Berechtigung (Mitgliedschaft in einem Golfclub, Mindesthandicap etc.) zum Zeitpunkt der Einlösung sind Voraussetzung.
7. Es ist untersagt, den Greenfee-Gutschein entgeltlich Dritten zu überlassen bzw. mit diesen Handel zu treiben. Insbesondere sind die teilnehmenden Golfclubs in diesem Falle berechtigt, die Einlösung der ausgeschriebenen Angebote zu verweigern.
8. Die teilnehmenden Golfclubs haben sich gegenüber dem Verlag unter den o.g. Bedingungen verpflichtet, die ausgeschriebenen Angebote einzulösen. Der Verlag übernimmt jedoch keine Gewähr und keine Haftung, wenn ein Angebot nicht eingelöst wird oder werden kann.

Bedingungen zur Einlösung des Discounts:
1. Das Angebot ist bis einschließlich 30.6.2023 gültig.
2. Der Golfspieler/Leser hat sich telefonisch eine Abschlagzeit geben zu lassen – dabei ist die Nutzung des Angebots anzugeben.
3. Eine Barauszahlung des Greenfee-Vorteils ist nicht möglich.
4. Das Kombinieren von Angeboten oder bestehenden Greenfee-Vorteilen ist nicht möglich. Der Vorteil bezieht sich jeweils ausschließlich auf die zum Zeitpunkt der Einlösung gültigen vollen Greenfee-Gebühren.
5. Gibt es Spielergruppen mit erhöhten Greenfee-Gebühren, ist ein Nachlass auf diese Gebühren nicht möglich.
6. Das Angebot allein berechtigt nicht zum Spiel gegen Greenfee. Die Erfüllung der Bestimmungen des jeweiligen Golfclubs zur Greenfee-Berechtigung (Mitgliedschaft in einem Golfclub, Mindesthandicap etc.) zum Zeitpunkt der Einlösung sind Voraussetzung.
7. Es ist untersagt, den Greenfee-Gutschein entgeltlich Dritten zu überlassen bzw. mit diesen Handel zu treiben. Insbesondere sind die teilnehmenden Golfclubs in diesem Falle berechtigt, die Einlösung der ausgeschriebenen Angebote zu verweigern.
8. Die teilnehmenden Golfclubs haben sich gegenüber dem Verlag unter den o.g. Bedingungen verpflichtet, die ausgeschriebenen Angebote einzulösen. Der Verlag übernimmt jedoch keine Gewähr und keine Haftung, wenn ein Angebot nicht eingelöst wird oder werden kann.

Bedingungen zur Einlösung des Discounts:
1. Das Angebot ist bis einschließlich 30.6.2023 gültig.
2. Der Golfspieler/Leser hat sich telefonisch eine Abschlagzeit geben zu lassen – dabei ist die Nutzung des Angebots anzugeben.
3. Eine Barauszahlung des Greenfee-Vorteils ist nicht möglich.
4. Das Kombinieren von Angeboten oder bestehenden Greenfee-Vorteilen ist nicht möglich. Der Vorteil bezieht sich jeweils ausschließlich auf die zum Zeitpunkt der Einlösung gültigen vollen Greenfee-Gebühren.
5. Gibt es Spielergruppen mit erhöhten Greenfee-Gebühren, ist ein Nachlass auf diese Gebühren nicht möglich.
6. Das Angebot allein berechtigt nicht zum Spiel gegen Greenfee. Die Erfüllung der Bestimmungen des jeweiligen Golfclubs zur Greenfee-Berechtigung (Mitgliedschaft in einem Golfclub, Mindesthandicap etc.) zum Zeitpunkt der Einlösung sind Voraussetzung.
7. Es ist untersagt, den Greenfee-Gutschein entgeltlich Dritten zu überlassen bzw. mit diesen Handel zu treiben. Insbesondere sind die teilnehmenden Golfclubs in diesem Falle berechtigt, die Einlösung der ausgeschriebenen Angebote zu verweigern.
8. Die teilnehmenden Golfclubs haben sich gegenüber dem Verlag unter den o.g. Bedingungen verpflichtet, die ausgeschriebenen Angebote einzulösen. Der Verlag übernimmt jedoch keine Gewähr und keine Haftung, wenn ein Angebot nicht eingelöst wird oder werden kann.

Bedingungen zur Einlösung des Discounts:
1. Das Angebot ist bis einschließlich 30.6.2023 gültig.
2. Der Golfspieler/Leser hat sich telefonisch eine Abschlagzeit geben zu lassen – dabei ist die Nutzung des Angebots anzugeben.
3. Eine Barauszahlung des Greenfee-Vorteils ist nicht möglich.
4. Das Kombinieren von Angeboten oder bestehenden Greenfee-Vorteilen ist nicht möglich. Der Vorteil bezieht sich jeweils ausschließlich auf die zum Zeitpunkt der Einlösung gültigen vollen Greenfee-Gebühren.
5. Gibt es Spielergruppen mit erhöhten Greenfee-Gebühren, ist ein Nachlass auf diese Gebühren nicht möglich.
6. Das Angebot allein berechtigt nicht zum Spiel gegen Greenfee. Die Erfüllung der Bestimmungen des jeweiligen Golfclubs zur Greenfee-Berechtigung (Mitgliedschaft in einem Golfclub, Mindesthandicap etc.) zum Zeitpunkt der Einlösung sind Voraussetzung.
7. Es ist untersagt, den Greenfee-Gutschein entgeltlich Dritten zu überlassen bzw. mit diesen Handel zu treiben. Insbesondere sind die teilnehmenden Golfclubs in diesem Falle berechtigt, die Einlösung der ausgeschriebenen Angebote zu verweigern.
8. Die teilnehmenden Golfclubs haben sich gegenüber dem Verlag unter den o.g. Bedingungen verpflichtet, die ausgeschriebenen Angebote einzulösen. Der Verlag übernimmt jedoch keine Gewähr und keine Haftung, wenn ein Angebot nicht eingelöst wird oder werden kann.

Bedingungen zur Einlösung des Discounts:
1. Das Angebot ist bis einschließlich 30.6.2023 gültig.
2. Der Golfspieler/Leser hat sich telefonisch eine Abschlagzeit geben zu lassen – dabei ist die Nutzung des Angebots anzugeben.
3. Eine Barauszahlung des Greenfee-Vorteils ist nicht möglich.
4. Das Kombinieren von Angeboten oder bestehenden Greenfee-Vorteilen ist nicht möglich. Der Vorteil bezieht sich jeweils ausschließlich auf die zum Zeitpunkt der Einlösung gültigen vollen Greenfee-Gebühren.
5. Gibt es Spielergruppen mit erhöhten Greenfee-Gebühren, ist ein Nachlass auf diese Gebühren nicht möglich.
6. Das Angebot allein berechtigt nicht zum Spiel gegen Greenfee. Die Erfüllung der Bestimmungen des jeweiligen Golfclubs zur Greenfee-Berechtigung (Mitgliedschaft in einem Golfclub, Mindesthandicap etc.) zum Zeitpunkt der Einlösung sind Voraussetzung.
7. Es ist untersagt, den Greenfee-Gutschein entgeltlich Dritten zu überlassen bzw. mit diesen Handel zu treiben. Insbesondere sind die teilnehmenden Golfclubs in diesem Falle berechtigt, die Einlösung der ausgeschriebenen Angebote zu verweigern.
8. Die teilnehmenden Golfclubs haben sich gegenüber dem Verlag unter den o.g. Bedingungen verpflichtet, die ausgeschriebenen Angebote einzulösen. Der Verlag übernimmt jedoch keine Gewähr und keine Haftung, wenn ein Angebot nicht eingelöst wird oder werden kann.

Bedingungen zur Einlösung des Discounts:
1. Das Angebot ist bis einschließlich 30.6.2023 gültig.
2. Der Golfspieler/Leser hat sich telefonisch eine Abschlagzeit geben zu lassen – dabei ist die Nutzung des Angebots anzugeben.
3. Eine Barauszahlung des Greenfee-Vorteils ist nicht möglich.
4. Das Kombinieren von Angeboten oder bestehenden Greenfee-Vorteilen ist nicht möglich. Der Vorteil bezieht sich jeweils ausschließlich auf die zum Zeitpunkt der Einlösung gültigen vollen Greenfee-Gebühren.
5. Gibt es Spielergruppen mit erhöhten Greenfee-Gebühren, ist ein Nachlass auf diese Gebühren nicht möglich.
6. Das Angebot allein berechtigt nicht zum Spiel gegen Greenfee. Die Erfüllung der Bestimmungen des jeweiligen Golfclubs zur Greenfee-Berechtigung (Mitgliedschaft in einem Golfclub, Mindesthandicap etc.) zum Zeitpunkt der Einlösung sind Voraussetzung.
7. Es ist untersagt, den Greenfee-Gutschein entgeltlich Dritten zu überlassen bzw. mit diesen Handel zu treiben. Insbesondere sind die teilnehmenden Golfclubs in diesem Falle berechtigt, die Einlösung der ausgeschriebenen Angebote zu verweigern.
8. Die teilnehmenden Golfclubs haben sich gegenüber dem Verlag unter den o.g. Bedingungen verpflichtet, die ausgeschriebenen Angebote einzulösen. Der Verlag übernimmt jedoch keine Gewähr und keine Haftung, wenn ein Angebot nicht eingelöst wird oder werden kann.

Bedingungen zur Einlösung des Discounts:
1. Das Angebot ist bis einschließlich 30.6.2023 gültig.
2. Der Golfspieler/Leser hat sich telefonisch eine Abschlagzeit geben zu lassen – dabei ist die Nutzung des Angebots anzugeben.
3. Eine Barauszahlung des Greenfee-Vorteils ist nicht möglich.
4. Das Kombinieren von Angeboten oder bestehenden Greenfee-Vorteilen ist nicht möglich. Der Vorteil bezieht sich jeweils ausschließlich auf die zum Zeitpunkt der Einlösung gültigen vollen Greenfee-Gebühren.
5. Gibt es Spielergruppen mit erhöhten Greenfee-Gebühren, ist ein Nachlass auf diese Gebühren nicht möglich.
6. Das Angebot allein berechtigt nicht zum Spiel gegen Greenfee. Die Erfüllung der Bestimmungen des jeweiligen Golfclubs zur Greenfee-Berechtigung (Mitgliedschaft in einem Golfclub, Mindesthandicap etc.) zum Zeitpunkt der Einlösung sind Voraussetzung.
7. Es ist untersagt, den Greenfee-Gutschein entgeltlich Dritten zu überlassen bzw. mit diesen Handel zu treiben. Insbesondere sind die teilnehmenden Golfclubs in diesem Falle berechtigt, die Einlösung der ausgeschriebenen Angebote zu verweigern.
8. Die teilnehmenden Golfclubs haben sich gegenüber dem Verlag unter den o.g. Bedingungen verpflichtet, die ausgeschriebenen Angebote einzulösen. Der Verlag übernimmt jedoch keine Gewähr und keine Haftung, wenn ein Angebot nicht eingelöst wird oder werden kann.

Bedingungen zur Einlösung des Discounts:
1. Das Angebot ist bis einschließlich 30.6.2023 gültig.
2. Der Golfspieler/Leser hat sich telefonisch eine Abschlagzeit geben zu lassen – dabei ist die Nutzung des Angebots anzugeben.
3. Eine Barauszahlung des Greenfee-Vorteils ist nicht möglich.
4. Das Kombinieren von Angeboten oder bestehenden Greenfee-Vorteilen ist nicht möglich. Der Vorteil bezieht sich jeweils ausschließlich auf die zum Zeitpunkt der Einlösung gültigen vollen Greenfee-Gebühren.
5. Gibt es Spielergruppen mit erhöhten Greenfee-Gebühren, ist ein Nachlass auf diese Gebühren nicht möglich.
6. Das Angebot allein berechtigt nicht zum Spiel gegen Greenfee. Die Erfüllung der Bestimmungen des jeweiligen Golfclubs zur Greenfee-Berechtigung (Mitgliedschaft in einem Golfclub, Mindesthandicap etc.) zum Zeitpunkt der Einlösung sind Voraussetzung.
7. Es ist untersagt, den Greenfee-Gutschein entgeltlich Dritten zu überlassen bzw. mit diesen Handel zu treiben. Insbesondere sind die teilnehmenden Golfclubs in diesem Falle berechtigt, die Einlösung der ausgeschriebenen Angebote zu verweigern.
8. Die teilnehmenden Golfclubs haben sich gegenüber dem Verlag unter den o.g. Bedingungen verpflichtet, die ausgeschriebenen Angebote einzulösen. Der Verlag übernimmt jedoch keine Gewähr und keine Haftung, wenn ein Angebot nicht eingelöst wird oder werden kann.

DER GOLF ALBRECHT

Club Golf d' Aro-Mas Nou

ES

Urb. Mas Nou. s/n, Aptdo. 429
E-17250 Platja d'Aro
+34 972 81 67 27
Katalonien
Hinweis: Estas promociones se aplicarán todo el año ba[jo]
reserva previa a info@golfdaro.com

70

2 for 1 2 GF zum Preis von 1

DER GOLF ALBRECHT

Club Golf d' Aro-Mas Nou

Urb. Mas Nou. s/n, Aptdo. 429
E-17250 Platja d'Aro
+34 972 81 67 27
Katalonien
Hinweis: Estas promociones se aplicarán todo el año ba[jo]
reserva previa a info@golfdaro.com

70

2 for 1 2 GF zum Preis von 1

DER GOLF ALBRECHT

Club Golf d' Aro-Mas Nou

Urb. Mas Nou. s/n, Aptdo. 429
E-17250 Platja d'Aro
+34 972 81 67 27
Katalonien
Hinweis: Estas promociones se aplicarán todo el año ba[jo]
reserva previa a info@golfdaro.com

70

25% Greenfee-Ermäßigung

DER GOLF ALBRECHT

Club Golf d' Aro-Mas Nou

Urb. Mas Nou. s/n, Aptdo. 429
E-17250 Platja d'Aro
+34 972 81 67 27
Katalonien
Hinweis: Estas promociones se aplicarán todo el año ba[jo]
reserva previa a info@golfdaro.com

70

25% Greenfee-Ermäßigung

DER GOLF ALBRECHT

Club Golf d' Aro-Mas Nou

Urb. Mas Nou. s/n, Aptdo. 429
E-17250 Platja d'Aro
+34 972 81 67 27
Katalonien
Hinweis: Estas promociones se aplicarán todo el año ba[jo]
reserva previa a info@golfdaro.com

70

25% Greenfee-Ermäßigung

DER GOLF ALBRECHT

Club de Golf Llavaneras

Camí del Golf 49-51
E-08392 Sant Andreu de Llavaneras
+34 937 92 60 50
Katalonien

2 for 1 2 GF zum Preis von 1 wochentags

DER GOLF ALBRECHT

Club de Golf Llavaneras

Camí del Golf 49-51
E-08392 Sant Andreu de Llavaneras
+34 937 92 60 50
Katalonien

71

2 for 1 2 GF zum Preis von 1 wochentags

DER GOLF ALBRECHT

Club de Golf Llavaneras

Camí del Golf 49-51
E-08392 Sant Andreu de Llavaneras
+34 937 92 60 50
Katalonien

15% Greenfee-Ermäßigung wochentags

DER GOLF ALBRECHT

Club de Golf Llavaneras

Camí del Golf 49-51
E-08392 Sant Andreu de Llavaneras
+34 937 92 60 50
Katalonien

15% Greenfee-Ermäßigung wochentags

DER GOLF ALBRECHT

Club de Golf Retamares & Suites

Ctra. Algete-Alalpardo, Km 2,3, Miraval
E-28130 Valdeolmos
+34 916 20 25 40
Madrid, Kastilien-La Mancha und Extremadura
Hinweis: On rack rate

20% Greenfee-Ermäßigung

Diese Gutscheine gelten nur in Verbindung mit dem Buch/Albrecht Golf Card

Diese Gutscheine gelten nur in Verbindung mit dem Buch/Albrecht Golf Card

Bedingungen zur Einlösung des Discounts:

1. Das Angebot ist bis einschließlich 30.6.2023 gültig.
2. Der Golfspieler/Leser hat sich telefonisch eine Abschlagzeit geben zu lassen – dabei ist die Nutzung des Angebots anzugeben.
3. Eine Barauszahlung des Greenfee-Vorteils ist nicht möglich.
4. Das Kombinieren von Angeboten oder bestehenden Greenfee-Vorteilen ist nicht möglich. Der Vorteil bezieht sich jeweils ausschließlich auf die zum Zeitpunkt der Einlösung gültigen vollen Greenfee-Gebühren.
5. Gibt es Spielergruppen mit erhöhten Greenfee-Gebühren, ist ein Nachlass auf diese Gebühren nicht möglich.
6. Das Angebot allein berechtigt nicht zum Spiel gegen Greenfee. Die Erfüllung der Bestimmungen des jeweiligen Golfclubs zur Greenfee-Berechtigung (Mitgliedschaft in einem Golfclub, Mindesthandicap etc.) zum Zeitpunkt der Einlösung sind Voraussetzung.
7. Es ist untersagt, den Greenfee-Gutschein entgeltlich Dritten zu überlassen bzw. mit diesen Handel zu treiben. Insbesondere sind die teilnehmenden Golfclubs in diesem Falle berechtigt, die Einlösung der ausgeschriebenen Angebote zu verweigern.
8. Die teilnehmenden Golfclubs haben sich gegenüber dem Verlag unter den o.g. Bedingungen verpflichtet, die ausgeschriebenen Angebote einzulösen. Der Verlag übernimmt jedoch keine Gewähr und keine Haftung, wenn ein Angebot nicht eingelöst wird oder werden kann.

Bedingungen zur Einlösung des Discounts:

1. Das Angebot ist bis einschließlich 30.6.2023 gültig.
2. Der Golfspieler/Leser hat sich telefonisch eine Abschlagzeit geben zu lassen – dabei ist die Nutzung des Angebots anzugeben.
3. Eine Barauszahlung des Greenfee-Vorteils ist nicht möglich.
4. Das Kombinieren von Angeboten oder bestehenden Greenfee-Vorteilen ist nicht möglich. Der Vorteil bezieht sich jeweils ausschließlich auf die zum Zeitpunkt der Einlösung gültigen vollen Greenfee-Gebühren.
5. Gibt es Spielergruppen mit erhöhten Greenfee-Gebühren, ist ein Nachlass auf diese Gebühren nicht möglich.
6. Das Angebot allein berechtigt nicht zum Spiel gegen Greenfee. Die Erfüllung der Bestimmungen des jeweiligen Golfclubs zur Greenfee-Berechtigung (Mitgliedschaft in einem Golfclub, Mindesthandicap etc.) zum Zeitpunkt der Einlösung sind Voraussetzung.
7. Es ist untersagt, den Greenfee-Gutschein entgeltlich Dritten zu überlassen bzw. mit diesen Handel zu treiben. Insbesondere sind die teilnehmenden Golfclubs in diesem Falle berechtigt, die Einlösung der ausgeschriebenen Angebote zu verweigern.
8. Die teilnehmenden Golfclubs haben sich gegenüber dem Verlag unter den o.g. Bedingungen verpflichtet, die ausgeschriebenen Angebote einzulösen. Der Verlag übernimmt jedoch keine Gewähr und keine Haftung, wenn ein Angebot nicht eingelöst wird oder werden kann.

Bedingungen zur Einlösung des Discounts:

1. Das Angebot ist bis einschließlich 30.6.2023 gültig.
2. Der Golfspieler/Leser hat sich telefonisch eine Abschlagzeit geben zu lassen – dabei ist die Nutzung des Angebots anzugeben.
3. Eine Barauszahlung des Greenfee-Vorteils ist nicht möglich.
4. Das Kombinieren von Angeboten oder bestehenden Greenfee-Vorteilen ist nicht möglich. Der Vorteil bezieht sich jeweils ausschließlich auf die zum Zeitpunkt der Einlösung gültigen vollen Greenfee-Gebühren.
5. Gibt es Spielergruppen mit erhöhten Greenfee-Gebühren, ist ein Nachlass auf diese Gebühren nicht möglich.
6. Das Angebot allein berechtigt nicht zum Spiel gegen Greenfee. Die Erfüllung der Bestimmungen des jeweiligen Golfclubs zur Greenfee-Berechtigung (Mitgliedschaft in einem Golfclub, Mindesthandicap etc.) zum Zeitpunkt der Einlösung sind Voraussetzung.
7. Es ist untersagt, den Greenfee-Gutschein entgeltlich Dritten zu überlassen bzw. mit diesen Handel zu treiben. Insbesondere sind die teilnehmenden Golfclubs in diesem Falle berechtigt, die Einlösung der ausgeschriebenen Angebote zu verweigern.
8. Die teilnehmenden Golfclubs haben sich gegenüber dem Verlag unter den o.g. Bedingungen verpflichtet, die ausgeschriebenen Angebote einzulösen. Der Verlag übernimmt jedoch keine Gewähr und keine Haftung, wenn ein Angebot nicht eingelöst wird oder werden kann.

Bedingungen zur Einlösung des Discounts:

1. Das Angebot ist bis einschließlich 30.6.2023 gültig.
2. Der Golfspieler/Leser hat sich telefonisch eine Abschlagzeit geben zu lassen – dabei ist die Nutzung des Angebots anzugeben.
3. Eine Barauszahlung des Greenfee-Vorteils ist nicht möglich.
4. Das Kombinieren von Angeboten oder bestehenden Greenfee-Vorteilen ist nicht möglich. Der Vorteil bezieht sich jeweils ausschließlich auf die zum Zeitpunkt der Einlösung gültigen vollen Greenfee-Gebühren.
5. Gibt es Spielergruppen mit erhöhten Greenfee-Gebühren, ist ein Nachlass auf diese Gebühren nicht möglich.
6. Das Angebot allein berechtigt nicht zum Spiel gegen Greenfee. Die Erfüllung der Bestimmungen des jeweiligen Golfclubs zur Greenfee-Berechtigung (Mitgliedschaft in einem Golfclub, Mindesthandicap etc.) zum Zeitpunkt der Einlösung sind Voraussetzung.
7. Es ist untersagt, den Greenfee-Gutschein entgeltlich Dritten zu überlassen bzw. mit diesen Handel zu treiben. Insbesondere sind die teilnehmenden Golfclubs in diesem Falle berechtigt, die Einlösung der ausgeschriebenen Angebote zu verweigern.
8. Die teilnehmenden Golfclubs haben sich gegenüber dem Verlag unter den o.g. Bedingungen verpflichtet, die ausgeschriebenen Angebote einzulösen. Der Verlag übernimmt jedoch keine Gewähr und keine Haftung, wenn ein Angebot nicht eingelöst wird oder werden kann.

Bedingungen zur Einlösung des Discounts:

1. Das Angebot ist bis einschließlich 30.6.2023 gültig.
2. Der Golfspieler/Leser hat sich telefonisch eine Abschlagzeit geben zu lassen – dabei ist die Nutzung des Angebots anzugeben.
3. Eine Barauszahlung des Greenfee-Vorteils ist nicht möglich.
4. Das Kombinieren von Angeboten oder bestehenden Greenfee-Vorteilen ist nicht möglich. Der Vorteil bezieht sich jeweils ausschließlich auf die zum Zeitpunkt der Einlösung gültigen vollen Greenfee-Gebühren.
5. Gibt es Spielergruppen mit erhöhten Greenfee-Gebühren, ist ein Nachlass auf diese Gebühren nicht möglich.
6. Das Angebot allein berechtigt nicht zum Spiel gegen Greenfee. Die Erfüllung der Bestimmungen des jeweiligen Golfclubs zur Greenfee-Berechtigung (Mitgliedschaft in einem Golfclub, Mindesthandicap etc.) zum Zeitpunkt der Einlösung sind Voraussetzung.
7. Es ist untersagt, den Greenfee-Gutschein entgeltlich Dritten zu überlassen bzw. mit diesen Handel zu treiben. Insbesondere sind die teilnehmenden Golfclubs in diesem Falle berechtigt, die Einlösung der ausgeschriebenen Angebote zu verweigern.
8. Die teilnehmenden Golfclubs haben sich gegenüber dem Verlag unter den o.g. Bedingungen verpflichtet, die ausgeschriebenen Angebote einzulösen. Der Verlag übernimmt jedoch keine Gewähr und keine Haftung, wenn ein Angebot nicht eingelöst wird oder werden kann.

Bedingungen zur Einlösung des Discounts:

1. Das Angebot ist bis einschließlich 30.6.2023 gültig.
2. Der Golfspieler/Leser hat sich telefonisch eine Abschlagzeit geben zu lassen – dabei ist die Nutzung des Angebots anzugeben.
3. Eine Barauszahlung des Greenfee-Vorteils ist nicht möglich.
4. Das Kombinieren von Angeboten oder bestehenden Greenfee-Vorteilen ist nicht möglich. Der Vorteil bezieht sich jeweils ausschließlich auf die zum Zeitpunkt der Einlösung gültigen vollen Greenfee-Gebühren.
5. Gibt es Spielergruppen mit erhöhten Greenfee-Gebühren, ist ein Nachlass auf diese Gebühren nicht möglich.
6. Das Angebot allein berechtigt nicht zum Spiel gegen Greenfee. Die Erfüllung der Bestimmungen des jeweiligen Golfclubs zur Greenfee-Berechtigung (Mitgliedschaft in einem Golfclub, Mindesthandicap etc.) zum Zeitpunkt der Einlösung sind Voraussetzung.
7. Es ist untersagt, den Greenfee-Gutschein entgeltlich Dritten zu überlassen bzw. mit diesen Handel zu treiben. Insbesondere sind die teilnehmenden Golfclubs in diesem Falle berechtigt, die Einlösung der ausgeschriebenen Angebote zu verweigern.
8. Die teilnehmenden Golfclubs haben sich gegenüber dem Verlag unter den o.g. Bedingungen verpflichtet, die ausgeschriebenen Angebote einzulösen. Der Verlag übernimmt jedoch keine Gewähr und keine Haftung, wenn ein Angebot nicht eingelöst wird oder werden kann.

Bedingungen zur Einlösung des Discounts:

1. Das Angebot ist bis einschließlich 30.6.2023 gültig.
2. Der Golfspieler/Leser hat sich telefonisch eine Abschlagzeit geben zu lassen – dabei ist die Nutzung des Angebots anzugeben.
3. Eine Barauszahlung des Greenfee-Vorteils ist nicht möglich.
4. Das Kombinieren von Angeboten oder bestehenden Greenfee-Vorteilen ist nicht möglich. Der Vorteil bezieht sich jeweils ausschließlich auf die zum Zeitpunkt der Einlösung gültigen vollen Greenfee-Gebühren.
5. Gibt es Spielergruppen mit erhöhten Greenfee-Gebühren, ist ein Nachlass auf diese Gebühren nicht möglich.
6. Das Angebot allein berechtigt nicht zum Spiel gegen Greenfee. Die Erfüllung der Bestimmungen des jeweiligen Golfclubs zur Greenfee-Berechtigung (Mitgliedschaft in einem Golfclub, Mindesthandicap etc.) zum Zeitpunkt der Einlösung sind Voraussetzung.
7. Es ist untersagt, den Greenfee-Gutschein entgeltlich Dritten zu überlassen bzw. mit diesen Handel zu treiben. Insbesondere sind die teilnehmenden Golfclubs in diesem Falle berechtigt, die Einlösung der ausgeschriebenen Angebote zu verweigern.
8. Die teilnehmenden Golfclubs haben sich gegenüber dem Verlag unter den o.g. Bedingungen verpflichtet, die ausgeschriebenen Angebote einzulösen. Der Verlag übernimmt jedoch keine Gewähr und keine Haftung, wenn ein Angebot nicht eingelöst wird oder werden kann.

Bedingungen zur Einlösung des Discounts:

1. Das Angebot ist bis einschließlich 30.6.2023 gültig.
2. Der Golfspieler/Leser hat sich telefonisch eine Abschlagzeit geben zu lassen – dabei ist die Nutzung des Angebots anzugeben.
3. Eine Barauszahlung des Greenfee-Vorteils ist nicht möglich.
4. Das Kombinieren von Angeboten oder bestehenden Greenfee-Vorteilen ist nicht möglich. Der Vorteil bezieht sich jeweils ausschließlich auf die zum Zeitpunkt der Einlösung gültigen vollen Greenfee-Gebühren.
5. Gibt es Spielergruppen mit erhöhten Greenfee-Gebühren, ist ein Nachlass auf diese Gebühren nicht möglich.
6. Das Angebot allein berechtigt nicht zum Spiel gegen Greenfee. Die Erfüllung der Bestimmungen des jeweiligen Golfclubs zur Greenfee-Berechtigung (Mitgliedschaft in einem Golfclub, Mindesthandicap etc.) zum Zeitpunkt der Einlösung sind Voraussetzung.
7. Es ist untersagt, den Greenfee-Gutschein entgeltlich Dritten zu überlassen bzw. mit diesen Handel zu treiben. Insbesondere sind die teilnehmenden Golfclubs in diesem Falle berechtigt, die Einlösung der ausgeschriebenen Angebote zu verweigern.
8. Die teilnehmenden Golfclubs haben sich gegenüber dem Verlag unter den o.g. Bedingungen verpflichtet, die ausgeschriebenen Angebote einzulösen. Der Verlag übernimmt jedoch keine Gewähr und keine Haftung, wenn ein Angebot nicht eingelöst wird oder werden kann.

Bedingungen zur Einlösung des Discounts:

1. Das Angebot ist bis einschließlich 30.6.2023 gültig.
2. Der Golfspieler/Leser hat sich telefonisch eine Abschlagzeit geben zu lassen – dabei ist die Nutzung des Angebots anzugeben.
3. Eine Barauszahlung des Greenfee-Vorteils ist nicht möglich.
4. Das Kombinieren von Angeboten oder bestehenden Greenfee-Vorteilen ist nicht möglich. Der Vorteil bezieht sich jeweils ausschließlich auf die zum Zeitpunkt der Einlösung gültigen vollen Greenfee-Gebühren.
5. Gibt es Spielergruppen mit erhöhten Greenfee-Gebühren, ist ein Nachlass auf diese Gebühren nicht möglich.
6. Das Angebot allein berechtigt nicht zum Spiel gegen Greenfee. Die Erfüllung der Bestimmungen des jeweiligen Golfclubs zur Greenfee-Berechtigung (Mitgliedschaft in einem Golfclub, Mindesthandicap etc.) zum Zeitpunkt der Einlösung sind Voraussetzung.
7. Es ist untersagt, den Greenfee-Gutschein entgeltlich Dritten zu überlassen bzw. mit diesen Handel zu treiben. Insbesondere sind die teilnehmenden Golfclubs in diesem Falle berechtigt, die Einlösung der ausgeschriebenen Angebote zu verweigern.
8. Die teilnehmenden Golfclubs haben sich gegenüber dem Verlag unter den o.g. Bedingungen verpflichtet, die ausgeschriebenen Angebote einzulösen. Der Verlag übernimmt jedoch keine Gewähr und keine Haftung, wenn ein Angebot nicht eingelöst wird oder werden kann.

Bedingungen zur Einlösung des Discounts:

1. Das Angebot ist bis einschließlich 30.6.2023 gültig.
2. Der Golfspieler/Leser hat sich telefonisch eine Abschlagzeit geben zu lassen – dabei ist die Nutzung des Angebots anzugeben.
3. Eine Barauszahlung des Greenfee-Vorteils ist nicht möglich.
4. Das Kombinieren von Angeboten oder bestehenden Greenfee-Vorteilen ist nicht möglich. Der Vorteil bezieht sich jeweils ausschließlich auf die zum Zeitpunkt der Einlösung gültigen vollen Greenfee-Gebühren.
5. Gibt es Spielergruppen mit erhöhten Greenfee-Gebühren, ist ein Nachlass auf diese Gebühren nicht möglich.
6. Das Angebot allein berechtigt nicht zum Spiel gegen Greenfee. Die Erfüllung der Bestimmungen des jeweiligen Golfclubs zur Greenfee-Berechtigung (Mitgliedschaft in einem Golfclub, Mindesthandicap etc.) zum Zeitpunkt der Einlösung sind Voraussetzung.
7. Es ist untersagt, den Greenfee-Gutschein entgeltlich Dritten zu überlassen bzw. mit diesen Handel zu treiben. Insbesondere sind die teilnehmenden Golfclubs in diesem Falle berechtigt, die Einlösung der ausgeschriebenen Angebote zu verweigern.
8. Die teilnehmenden Golfclubs haben sich gegenüber dem Verlag unter den o.g. Bedingungen verpflichtet, die ausgeschriebenen Angebote einzulösen. Der Verlag übernimmt jedoch keine Gewähr und keine Haftung, wenn ein Angebot nicht eingelöst wird oder werden kann.

DER GOLF ALBRECHT

Club de Golf Retamares & Suites

Ctra. Algete-Alalpardo, Km 2,3, Miraval
E-28130 Valdeolmos
✆ +34 916 20 25 40
Madrid, Kastilien-La Mancha und Extremadura
Hinweis: On rack rate

72

20% Greenfee-Ermäßigung

DER GOLF ALBRECHT

Centro Nacional de la RFEG

Arroyo del Monte, 5
E-28035 Madrid
✆ +34 913 76 90 60
Madrid, Kastilien-La Mancha und Extremadura
Hinweis: On rack rate

73

20% Greenfee-Ermäßigung

DER GOLF ALBRECHT

Centro Nacional de la RFEG

Arroyo del Monte, 5
E-28035 Madrid
✆ +34 913 76 90 60
Madrid, Kastilien-La Mancha und Extremadura
Hinweis: On rack rate

73

20% Greenfee-Ermäßigung

DER GOLF ALBRECHT

Golf Santander

Avda. Ciudad de Santander s/n
E-28660 Boadilla del Monte
✆ +34 91257392930
Madrid, Kastilien-La Mancha und Extremadura
Hinweis: On rack rate

74

20% Greenfee-Ermäßigung

DER GOLF ALBRECHT

Golf Santander

Avda. Ciudad de Santander s/n
E-28660 Boadilla del Monte
✆ +34 91257392930
Madrid, Kastilien-La Mancha und Extremadura
Hinweis: On rack rate

74

20% Greenfee-Ermäßigung

DER GOLF ALBRECHT

Golf Son Parc Menorca

Urb. Son Parc s/n
E-07740 Es Mercadal
✆ +34 971 18 88 75
Balearen
Hinweis: La ofertas serán validas SOLAMENTE a partir de las 12.00 horas.

75

2 for 1 2 GF zum Preis von 1 wochentags

DER GOLF ALBRECHT

Golf Son Parc Menorca

Urb. Son Parc s/n
E-07740 Es Mercadal
✆ +34 971 18 88 75
Balearen
Hinweis: La ofertas serán validas SOLAMENTE a partir de las 12.00 horas.

75

2 for 1 2 GF zum Preis von 1 wochentags

DER GOLF ALBRECHT

Golf Son Parc Menorca

Urb. Son Parc s/n
E-07740 Es Mercadal
✆ +34 971 18 88 75
Balearen
Hinweis: La ofertas serán validas SOLAMENTE a partir de las 12.00 horas.

75

15% Greenfee-Ermäßigung wochentags

DER GOLF ALBRECHT

Golf Son Parc Menorca

Urb. Son Parc s/n
E-07740 Es Mercadal
✆ +34 971 18 88 75
Balearen
Hinweis: La ofertas serán validas SOLAMENTE a partir de las 12.00 horas.

75

15% Greenfee-Ermäßigung wochentags

DER GOLF ALBRECHT

Golf Son Parc Menorca

Urb. Son Parc s/n
E-07740 Es Mercadal
✆ +34 971 18 88 75
Balearen
Hinweis: La ofertas serán validas SOLAMENTE a partir de las 12.00 horas.

75

15% Greenfee-Ermäßigung wochentags

Diese Gutscheine gelten nur in Verbindung mit dem Buch/Albrecht Golf Card

Diese Gutscheine gelten nur in Verbindung mit dem Buch/Albrecht Golf Card

Bedingungen zur Einlösung des Discounts:

1. Das Angebot ist bis einschließlich 30.6.2023 gültig.
2. Der Golfspieler/Leser hat sich telefonisch eine Abschlagzeit geben zu lassen – dabei ist die Nutzung des Angebots anzugeben.
3. Eine Barauszahlung des Greenfee-Vorteils ist nicht möglich.
4. Das Kombinieren von Angeboten oder bestehenden Greenfee-Vorteilen ist nicht möglich. Der Vorteil bezieht sich jeweils ausschließlich auf die zum Zeitpunkt der Einlösung gültigen vollen Greenfee-Gebühren.
5. Gibt es Spielergruppen mit erhöhten Greenfee-Gebühren, ist ein Nachlass auf diese Gebühren nicht möglich.
6. Das Angebot allein berechtigt nicht zum Spiel gegen Greenfee. Die Erfüllung der Bestimmungen des jeweiligen Golfclubs zur Greenfee-Berechtigung (Mitgliedschaft in einem Golfclub, Mindesthandicap etc.) zum Zeitpunkt der Einlösung sind Voraussetzung.
7. Es ist untersagt, den Greenfee-Gutschein entgeltlich Dritten zu überlassen bzw. mit diesen Handel zu treiben. Insbesondere sind die teilnehmenden Golfclubs in diesem Falle berechtigt, die Einlösung der ausgeschriebenen Angebote zu verweigern.
8. Die teilnehmenden Golfclubs haben sich gegenüber dem Verlag unter den o.g. Bedingungen verpflichtet, die ausgeschriebenen Angebote einzulösen. Der Verlag übernimmt jedoch keine Gewähr und keine Haftung, wenn ein Angebot nicht eingelöst wird oder werden kann.

Bedingungen zur Einlösung des Discounts:

1. Das Angebot ist bis einschließlich 30.6.2023 gültig.
2. Der Golfspieler/Leser hat sich telefonisch eine Abschlagzeit geben zu lassen – dabei ist die Nutzung des Angebots anzugeben.
3. Eine Barauszahlung des Greenfee-Vorteils ist nicht möglich.
4. Das Kombinieren von Angeboten oder bestehenden Greenfee-Vorteilen ist nicht möglich. Der Vorteil bezieht sich jeweils ausschließlich auf die zum Zeitpunkt der Einlösung gültigen vollen Greenfee-Gebühren.
5. Gibt es Spielergruppen mit erhöhten Greenfee-Gebühren, ist ein Nachlass auf diese Gebühren nicht möglich.
6. Das Angebot allein berechtigt nicht zum Spiel gegen Greenfee. Die Erfüllung der Bestimmungen des jeweiligen Golfclubs zur Greenfee-Berechtigung (Mitgliedschaft in einem Golfclub, Mindesthandicap etc.) zum Zeitpunkt der Einlösung sind Voraussetzung.
7. Es ist untersagt, den Greenfee-Gutschein entgeltlich Dritten zu überlassen bzw. mit diesen Handel zu treiben. Insbesondere sind die teilnehmenden Golfclubs in diesem Falle berechtigt, die Einlösung der ausgeschriebenen Angebote zu verweigern.
8. Die teilnehmenden Golfclubs haben sich gegenüber dem Verlag unter den o.g. Bedingungen verpflichtet, die ausgeschriebenen Angebote einzulösen. Der Verlag übernimmt jedoch keine Gewähr und keine Haftung, wenn ein Angebot nicht eingelöst wird oder werden kann.

Bedingungen zur Einlösung des Discounts:

1. Das Angebot ist bis einschließlich 30.6.2023 gültig.
2. Der Golfspieler/Leser hat sich telefonisch eine Abschlagzeit geben zu lassen – dabei ist die Nutzung des Angebots anzugeben.
3. Eine Barauszahlung des Greenfee-Vorteils ist nicht möglich.
4. Das Kombinieren von Angeboten oder bestehenden Greenfee-Vorteilen ist nicht möglich. Der Vorteil bezieht sich jeweils ausschließlich auf die zum Zeitpunkt der Einlösung gültigen vollen Greenfee-Gebühren.
5. Gibt es Spielergruppen mit erhöhten Greenfee-Gebühren, ist ein Nachlass auf diese Gebühren nicht möglich.
6. Das Angebot allein berechtigt nicht zum Spiel gegen Greenfee. Die Erfüllung der Bestimmungen des jeweiligen Golfclubs zur Greenfee-Berechtigung (Mitgliedschaft in einem Golfclub, Mindesthandicap etc.) zum Zeitpunkt der Einlösung sind Voraussetzung.
7. Es ist untersagt, den Greenfee-Gutschein entgeltlich Dritten zu überlassen bzw. mit diesen Handel zu treiben. Insbesondere sind die teilnehmenden Golfclubs in diesem Falle berechtigt, die Einlösung der ausgeschriebenen Angebote zu verweigern.
8. Die teilnehmenden Golfclubs haben sich gegenüber dem Verlag unter den o.g. Bedingungen verpflichtet, die ausgeschriebenen Angebote einzulösen. Der Verlag übernimmt jedoch keine Gewähr und keine Haftung, wenn ein Angebot nicht eingelöst wird oder werden kann.

Bedingungen zur Einlösung des Discounts:

1. Das Angebot ist bis einschließlich 30.6.2023 gültig.
2. Der Golfspieler/Leser hat sich telefonisch eine Abschlagzeit geben zu lassen – dabei ist die Nutzung des Angebots anzugeben.
3. Eine Barauszahlung des Greenfee-Vorteils ist nicht möglich.
4. Das Kombinieren von Angeboten oder bestehenden Greenfee-Vorteilen ist nicht möglich. Der Vorteil bezieht sich jeweils ausschließlich auf die zum Zeitpunkt der Einlösung gültigen vollen Greenfee-Gebühren.
5. Gibt es Spielergruppen mit erhöhten Greenfee-Gebühren, ist ein Nachlass auf diese Gebühren nicht möglich.
6. Das Angebot allein berechtigt nicht zum Spiel gegen Greenfee. Die Erfüllung der Bestimmungen des jeweiligen Golfclubs zur Greenfee-Berechtigung (Mitgliedschaft in einem Golfclub, Mindesthandicap etc.) zum Zeitpunkt der Einlösung sind Voraussetzung.
7. Es ist untersagt, den Greenfee-Gutschein entgeltlich Dritten zu überlassen bzw. mit diesen Handel zu treiben. Insbesondere sind die teilnehmenden Golfclubs in diesem Falle berechtigt, die Einlösung der ausgeschriebenen Angebote zu verweigern.
8. Die teilnehmenden Golfclubs haben sich gegenüber dem Verlag unter den o.g. Bedingungen verpflichtet, die ausgeschriebenen Angebote einzulösen. Der Verlag übernimmt jedoch keine Gewähr und keine Haftung, wenn ein Angebot nicht eingelöst wird oder werden kann.

Bedingungen zur Einlösung des Discounts:

1. Das Angebot ist bis einschließlich 30.6.2023 gültig.
2. Der Golfspieler/Leser hat sich telefonisch eine Abschlagzeit geben zu lassen – dabei ist die Nutzung des Angebots anzugeben.
3. Eine Barauszahlung des Greenfee-Vorteils ist nicht möglich.
4. Das Kombinieren von Angeboten oder bestehenden Greenfee-Vorteilen ist nicht möglich. Der Vorteil bezieht sich jeweils ausschließlich auf die zum Zeitpunkt der Einlösung gültigen vollen Greenfee-Gebühren.
5. Gibt es Spielergruppen mit erhöhten Greenfee-Gebühren, ist ein Nachlass auf diese Gebühren nicht möglich.
6. Das Angebot allein berechtigt nicht zum Spiel gegen Greenfee. Die Erfüllung der Bestimmungen des jeweiligen Golfclubs zur Greenfee-Berechtigung (Mitgliedschaft in einem Golfclub, Mindesthandicap etc.) zum Zeitpunkt der Einlösung sind Voraussetzung.
7. Es ist untersagt, den Greenfee-Gutschein entgeltlich Dritten zu überlassen bzw. mit diesen Handel zu treiben. Insbesondere sind die teilnehmenden Golfclubs in diesem Falle berechtigt, die Einlösung der ausgeschriebenen Angebote zu verweigern.
8. Die teilnehmenden Golfclubs haben sich gegenüber dem Verlag unter den o.g. Bedingungen verpflichtet, die ausgeschriebenen Angebote einzulösen. Der Verlag übernimmt jedoch keine Gewähr und keine Haftung, wenn ein Angebot nicht eingelöst wird oder werden kann.

Bedingungen zur Einlösung des Discounts:

1. Das Angebot ist bis einschließlich 30.6.2023 gültig.
2. Der Golfspieler/Leser hat sich telefonisch eine Abschlagzeit geben zu lassen – dabei ist die Nutzung des Angebots anzugeben.
3. Eine Barauszahlung des Greenfee-Vorteils ist nicht möglich.
4. Das Kombinieren von Angeboten oder bestehenden Greenfee-Vorteilen ist nicht möglich. Der Vorteil bezieht sich jeweils ausschließlich auf die zum Zeitpunkt der Einlösung gültigen vollen Greenfee-Gebühren.
5. Gibt es Spielergruppen mit erhöhten Greenfee-Gebühren, ist ein Nachlass auf diese Gebühren nicht möglich.
6. Das Angebot allein berechtigt nicht zum Spiel gegen Greenfee. Die Erfüllung der Bestimmungen des jeweiligen Golfclubs zur Greenfee-Berechtigung (Mitgliedschaft in einem Golfclub, Mindesthandicap etc.) zum Zeitpunkt der Einlösung sind Voraussetzung.
7. Es ist untersagt, den Greenfee-Gutschein entgeltlich Dritten zu überlassen bzw. mit diesen Handel zu treiben. Insbesondere sind die teilnehmenden Golfclubs in diesem Falle berechtigt, die Einlösung der ausgeschriebenen Angebote zu verweigern.
8. Die teilnehmenden Golfclubs haben sich gegenüber dem Verlag unter den o.g. Bedingungen verpflichtet, die ausgeschriebenen Angebote einzulösen. Der Verlag übernimmt jedoch keine Gewähr und keine Haftung, wenn ein Angebot nicht eingelöst wird oder werden kann.

Bedingungen zur Einlösung des Discounts:

1. Das Angebot ist bis einschließlich 30.6.2023 gültig.
2. Der Golfspieler/Leser hat sich telefonisch eine Abschlagzeit geben zu lassen – dabei ist die Nutzung des Angebots anzugeben.
3. Eine Barauszahlung des Greenfee-Vorteils ist nicht möglich.
4. Das Kombinieren von Angeboten oder bestehenden Greenfee-Vorteilen ist nicht möglich. Der Vorteil bezieht sich jeweils ausschließlich auf die zum Zeitpunkt der Einlösung gültigen vollen Greenfee-Gebühren.
5. Gibt es Spielergruppen mit erhöhten Greenfee-Gebühren, ist ein Nachlass auf diese Gebühren nicht möglich.
6. Das Angebot allein berechtigt nicht zum Spiel gegen Greenfee. Die Erfüllung der Bestimmungen des jeweiligen Golfclubs zur Greenfee-Berechtigung (Mitgliedschaft in einem Golfclub, Mindesthandicap etc.) zum Zeitpunkt der Einlösung sind Voraussetzung.
7. Es ist untersagt, den Greenfee-Gutschein entgeltlich Dritten zu überlassen bzw. mit diesen Handel zu treiben. Insbesondere sind die teilnehmenden Golfclubs in diesem Falle berechtigt, die Einlösung der ausgeschriebenen Angebote zu verweigern.
8. Die teilnehmenden Golfclubs haben sich gegenüber dem Verlag unter den o.g. Bedingungen verpflichtet, die ausgeschriebenen Angebote einzulösen. Der Verlag übernimmt jedoch keine Gewähr und keine Haftung, wenn ein Angebot nicht eingelöst wird oder werden kann.

Bedingungen zur Einlösung des Discounts:

1. Das Angebot ist bis einschließlich 30.6.2023 gültig.
2. Der Golfspieler/Leser hat sich telefonisch eine Abschlagzeit geben zu lassen – dabei ist die Nutzung des Angebots anzugeben.
3. Eine Barauszahlung des Greenfee-Vorteils ist nicht möglich.
4. Das Kombinieren von Angeboten oder bestehenden Greenfee-Vorteilen ist nicht möglich. Der Vorteil bezieht sich jeweils ausschließlich auf die zum Zeitpunkt der Einlösung gültigen vollen Greenfee-Gebühren.
5. Gibt es Spielergruppen mit erhöhten Greenfee-Gebühren, ist ein Nachlass auf diese Gebühren nicht möglich.
6. Das Angebot allein berechtigt nicht zum Spiel gegen Greenfee. Die Erfüllung der Bestimmungen des jeweiligen Golfclubs zur Greenfee-Berechtigung (Mitgliedschaft in einem Golfclub, Mindesthandicap etc.) zum Zeitpunkt der Einlösung sind Voraussetzung.
7. Es ist untersagt, den Greenfee-Gutschein entgeltlich Dritten zu überlassen bzw. mit diesen Handel zu treiben. Insbesondere sind die teilnehmenden Golfclubs in diesem Falle berechtigt, die Einlösung der ausgeschriebenen Angebote zu verweigern.
8. Die teilnehmenden Golfclubs haben sich gegenüber dem Verlag unter den o.g. Bedingungen verpflichtet, die ausgeschriebenen Angebote einzulösen. Der Verlag übernimmt jedoch keine Gewähr und keine Haftung, wenn ein Angebot nicht eingelöst wird oder werden kann.

Bedingungen zur Einlösung des Discounts:

1. Das Angebot ist bis einschließlich 30.6.2023 gültig.
2. Der Golfspieler/Leser hat sich telefonisch eine Abschlagzeit geben zu lassen – dabei ist die Nutzung des Angebots anzugeben.
3. Eine Barauszahlung des Greenfee-Vorteils ist nicht möglich.
4. Das Kombinieren von Angeboten oder bestehenden Greenfee-Vorteilen ist nicht möglich. Der Vorteil bezieht sich jeweils ausschließlich auf die zum Zeitpunkt der Einlösung gültigen vollen Greenfee-Gebühren.
5. Gibt es Spielergruppen mit erhöhten Greenfee-Gebühren, ist ein Nachlass auf diese Gebühren nicht möglich.
6. Das Angebot allein berechtigt nicht zum Spiel gegen Greenfee. Die Erfüllung der Bestimmungen des jeweiligen Golfclubs zur Greenfee-Berechtigung (Mitgliedschaft in einem Golfclub, Mindesthandicap etc.) zum Zeitpunkt der Einlösung sind Voraussetzung.
7. Es ist untersagt, den Greenfee-Gutschein entgeltlich Dritten zu überlassen bzw. mit diesen Handel zu treiben. Insbesondere sind die teilnehmenden Golfclubs in diesem Falle berechtigt, die Einlösung der ausgeschriebenen Angebote zu verweigern.
8. Die teilnehmenden Golfclubs haben sich gegenüber dem Verlag unter den o.g. Bedingungen verpflichtet, die ausgeschriebenen Angebote einzulösen. Der Verlag übernimmt jedoch keine Gewähr und keine Haftung, wenn ein Angebot nicht eingelöst wird oder werden kann.

Bedingungen zur Einlösung des Discounts:

1. Das Angebot ist bis einschließlich 30.6.2023 gültig.
2. Der Golfspieler/Leser hat sich telefonisch eine Abschlagzeit geben zu lassen – dabei ist die Nutzung des Angebots anzugeben.
3. Eine Barauszahlung des Greenfee-Vorteils ist nicht möglich.
4. Das Kombinieren von Angeboten oder bestehenden Greenfee-Vorteilen ist nicht möglich. Der Vorteil bezieht sich jeweils ausschließlich auf die zum Zeitpunkt der Einlösung gültigen vollen Greenfee-Gebühren.
5. Gibt es Spielergruppen mit erhöhten Greenfee-Gebühren, ist ein Nachlass auf diese Gebühren nicht möglich.
6. Das Angebot allein berechtigt nicht zum Spiel gegen Greenfee. Die Erfüllung der Bestimmungen des jeweiligen Golfclubs zur Greenfee-Berechtigung (Mitgliedschaft in einem Golfclub, Mindesthandicap etc.) zum Zeitpunkt der Einlösung sind Voraussetzung.
7. Es ist untersagt, den Greenfee-Gutschein entgeltlich Dritten zu überlassen bzw. mit diesen Handel zu treiben. Insbesondere sind die teilnehmenden Golfclubs in diesem Falle berechtigt, die Einlösung der ausgeschriebenen Angebote zu verweigern.
8. Die teilnehmenden Golfclubs haben sich gegenüber dem Verlag unter den o.g. Bedingungen verpflichtet, die ausgeschriebenen Angebote einzulösen. Der Verlag übernimmt jedoch keine Gewähr und keine Haftung, wenn ein Angebot nicht eingelöst wird oder werden kann.

DER GOLF ALBRECHT

Club de Golf Alcanada ES

Carretera del Faro s/n
E-07400 Alcudia
✆ +34 971 54 95 60
Balearen

76

15% Greenfee-Ermäßigung

DER GOLF ALBRECHT

Golf Park Puntiró

Cami Vell de Sineu Km 9,45, S´Estanyol de Puntiró
E-07198 Palma de Mallorca
✆ +34 971 79 73 30
Balearen

77

20% Greenfee-Ermäßigung

DER GOLF ALBRECHT

Golf Park Puntiró

Cami Vell de Sineu Km 9,45, S´Estanyol de Puntiró
E-07198 Palma de Mallorca
✆ +34 971 79 73 30
Balearen

77

20% Greenfee-Ermäßigung

DER GOLF ALBRECHT

Golf Son Gual S.L.

Finca Son Gual, MA 15 Palma-Manacor, Km 11,5
E-07199 Palma de Mallorca
✆ +34 971 78 58 88
Balearen

78

10% Greenfee-Ermäßigung

DER GOLF ALBRECHT

Golf Son Gual S.L.

Finca Son Gual, MA 15 Palma-Manacor, Km 11,5
E-07199 Palma de Mallorca
✆ +34 971 78 58 88
Balearen

78

10% Greenfee-Ermäßigung

DER GOLF ALBRECHT

Añoreta Golf

Avda. del Golf, s/n
E-29730 Rincón de la Victoria
✆ +34 952 40 40 00
Andalusien
Hinweis: On rack rate

79

50% Greenfee-Ermäßigung

DER GOLF ALBRECHT

Añoreta Golf

Avda. del Golf, s/n
E-29730 Rincón de la Victoria
✆ +34 952 40 40 00
Andalusien
Hinweis: On rack rate

79

50% Greenfee-Ermäßigung

DER GOLF ALBRECHT

Los Moriscos Club de Golf ES

Urb. Playa Granada, s/n
E-18600 Motril
✆ +34 958 82 55 27
Andalusien
Hinweis: On rack rate

80

15% Greenfee-Ermäßigung

DER GOLF ALBRECHT

Los Moriscos Club de Golf

Urb. Playa Granada, s/n
E-18600 Motril
✆ +34 958 82 55 27
Andalusien
Hinweis: On rack rate

80

15% Greenfee-Ermäßigung

DER GOLF ALBRECHT

La Estancia Golf

Colada de Fuenteamarga s/n, Urbanizacion Novo Sancti Petri, E-11130 Chiclana de la Frontera
✆ +34 956 53 20 96
Andalusien
Hinweis: On rack rate

81

50% Greenfee-Ermäßigung

Diese Gutscheine gelten nur in Verbindung mit dem Buch/Albrecht Golf Card

Diese Gutscheine gelten nur in Verbindung mit dem Buch/Albrecht Golf Card

Bedingungen zur Einlösung des Discounts:
1. Das Angebot ist bis einschließlich 30.6.2023 gültig.
2. Der Golfspieler/Leser hat sich telefonisch eine Abschlagzeit geben zu lassen – dabei ist die Nutzung des Angebots anzugeben.
3. Eine Barauszahlung des Greenfee-Vorteils ist nicht möglich.
4. Das Kombinieren von Angeboten oder bestehenden Greenfee-Vorteilen ist nicht möglich. Der Vorteil bezieht sich jeweils ausschließlich auf die zum Zeitpunkt der Einlösung gültigen vollen Greenfee-Gebühren.
5. Gibt es Spielergruppen mit erhöhten Greenfee-Gebühren, ist ein Nachlass auf diese Gebühren nicht möglich.
6. Das Angebot allein berechtigt nicht zum Spiel gegen Greenfee. Die Erfüllung der Bestimmungen des jeweiligen Golfclubs zur Greenfee-Berechtigung (Mitgliedschaft in einem Golfclub, Mindesthandicap etc.) zum Zeitpunkt der Einlösung sind Voraussetzung.
7. Es ist untersagt, den Greenfee-Gutschein entgeltlich Dritten zu überlassen bzw. mit diesen Handel zu treiben. Insbesondere sind die teilnehmenden Golfclubs in diesem Falle berechtigt, die Einlösung der ausgeschriebenen Angebote zu verweigern.
8. Die teilnehmenden Golfclubs haben sich gegenüber dem Verlag unter den o.g. Bedingungen verpflichtet, die ausgeschriebenen Angebote einzulösen. Der Verlag übernimmt jedoch keine Gewähr und keine Haftung, wenn ein Angebot nicht eingelöst wird oder werden kann.

Bedingungen zur Einlösung des Discounts:
1. Das Angebot ist bis einschließlich 30.6.2023 gültig.
2. Der Golfspieler/Leser hat sich telefonisch eine Abschlagzeit geben zu lassen – dabei ist die Nutzung des Angebots anzugeben.
3. Eine Barauszahlung des Greenfee-Vorteils ist nicht möglich.
4. Das Kombinieren von Angeboten oder bestehenden Greenfee-Vorteilen ist nicht möglich. Der Vorteil bezieht sich jeweils ausschließlich auf die zum Zeitpunkt der Einlösung gültigen vollen Greenfee-Gebühren.
5. Gibt es Spielergruppen mit erhöhten Greenfee-Gebühren, ist ein Nachlass auf diese Gebühren nicht möglich.
6. Das Angebot allein berechtigt nicht zum Spiel gegen Greenfee. Die Erfüllung der Bestimmungen des jeweiligen Golfclubs zur Greenfee-Berechtigung (Mitgliedschaft in einem Golfclub, Mindesthandicap etc.) zum Zeitpunkt der Einlösung sind Voraussetzung.
7. Es ist untersagt, den Greenfee-Gutschein entgeltlich Dritten zu überlassen bzw. mit diesen Handel zu treiben. Insbesondere sind die teilnehmenden Golfclubs in diesem Falle berechtigt, die Einlösung der ausgeschriebenen Angebote zu verweigern.
8. Die teilnehmenden Golfclubs haben sich gegenüber dem Verlag unter den o.g. Bedingungen verpflichtet, die ausgeschriebenen Angebote einzulösen. Der Verlag übernimmt jedoch keine Gewähr und keine Haftung, wenn ein Angebot nicht eingelöst wird oder werden kann.

Bedingungen zur Einlösung des Discounts:
1. Das Angebot ist bis einschließlich 30.6.2023 gültig.
2. Der Golfspieler/Leser hat sich telefonisch eine Abschlagzeit geben zu lassen – dabei ist die Nutzung des Angebots anzugeben.
3. Eine Barauszahlung des Greenfee-Vorteils ist nicht möglich.
4. Das Kombinieren von Angeboten oder bestehenden Greenfee-Vorteilen ist nicht möglich. Der Vorteil bezieht sich jeweils ausschließlich auf die zum Zeitpunkt der Einlösung gültigen vollen Greenfee-Gebühren.
5. Gibt es Spielergruppen mit erhöhten Greenfee-Gebühren, ist ein Nachlass auf diese Gebühren nicht möglich.
6. Das Angebot allein berechtigt nicht zum Spiel gegen Greenfee. Die Erfüllung der Bestimmungen des jeweiligen Golfclubs zur Greenfee-Berechtigung (Mitgliedschaft in einem Golfclub, Mindesthandicap etc.) zum Zeitpunkt der Einlösung sind Voraussetzung.
7. Es ist untersagt, den Greenfee-Gutschein entgeltlich Dritten zu überlassen bzw. mit diesen Handel zu treiben. Insbesondere sind die teilnehmenden Golfclubs in diesem Falle berechtigt, die Einlösung der ausgeschriebenen Angebote zu verweigern.
8. Die teilnehmenden Golfclubs haben sich gegenüber dem Verlag unter den o.g. Bedingungen verpflichtet, die ausgeschriebenen Angebote einzulösen. Der Verlag übernimmt jedoch keine Gewähr und keine Haftung, wenn ein Angebot nicht eingelöst wird oder werden kann.

Bedingungen zur Einlösung des Discounts:
1. Das Angebot ist bis einschließlich 30.6.2023 gültig.
2. Der Golfspieler/Leser hat sich telefonisch eine Abschlagzeit geben zu lassen – dabei ist die Nutzung des Angebots anzugeben.
3. Eine Barauszahlung des Greenfee-Vorteils ist nicht möglich.
4. Das Kombinieren von Angeboten oder bestehenden Greenfee-Vorteilen ist nicht möglich. Der Vorteil bezieht sich jeweils ausschließlich auf die zum Zeitpunkt der Einlösung gültigen vollen Greenfee-Gebühren.
5. Gibt es Spielergruppen mit erhöhten Greenfee-Gebühren, ist ein Nachlass auf diese Gebühren nicht möglich.
6. Das Angebot allein berechtigt nicht zum Spiel gegen Greenfee. Die Erfüllung der Bestimmungen des jeweiligen Golfclubs zur Greenfee-Berechtigung (Mitgliedschaft in einem Golfclub, Mindesthandicap etc.) zum Zeitpunkt der Einlösung sind Voraussetzung.
7. Es ist untersagt, den Greenfee-Gutschein entgeltlich Dritten zu überlassen bzw. mit diesen Handel zu treiben. Insbesondere sind die teilnehmenden Golfclubs in diesem Falle berechtigt, die Einlösung der ausgeschriebenen Angebote zu verweigern.
8. Die teilnehmenden Golfclubs haben sich gegenüber dem Verlag unter den o.g. Bedingungen verpflichtet, die ausgeschriebenen Angebote einzulösen. Der Verlag übernimmt jedoch keine Gewähr und keine Haftung, wenn ein Angebot nicht eingelöst wird oder werden kann.

Bedingungen zur Einlösung des Discounts:
1. Das Angebot ist bis einschließlich 30.6.2023 gültig.
2. Der Golfspieler/Leser hat sich telefonisch eine Abschlagzeit geben zu lassen – dabei ist die Nutzung des Angebots anzugeben.
3. Eine Barauszahlung des Greenfee-Vorteils ist nicht möglich.
4. Das Kombinieren von Angeboten oder bestehenden Greenfee-Vorteilen ist nicht möglich. Der Vorteil bezieht sich jeweils ausschließlich auf die zum Zeitpunkt der Einlösung gültigen vollen Greenfee-Gebühren.
5. Gibt es Spielergruppen mit erhöhten Greenfee-Gebühren, ist ein Nachlass auf diese Gebühren nicht möglich.
6. Das Angebot allein berechtigt nicht zum Spiel gegen Greenfee. Die Erfüllung der Bestimmungen des jeweiligen Golfclubs zur Greenfee-Berechtigung (Mitgliedschaft in einem Golfclub, Mindesthandicap etc.) zum Zeitpunkt der Einlösung sind Voraussetzung.
7. Es ist untersagt, den Greenfee-Gutschein entgeltlich Dritten zu überlassen bzw. mit diesen Handel zu treiben. Insbesondere sind die teilnehmenden Golfclubs in diesem Falle berechtigt, die Einlösung der ausgeschriebenen Angebote zu verweigern.
8. Die teilnehmenden Golfclubs haben sich gegenüber dem Verlag unter den o.g. Bedingungen verpflichtet, die ausgeschriebenen Angebote einzulösen. Der Verlag übernimmt jedoch keine Gewähr und keine Haftung, wenn ein Angebot nicht eingelöst wird oder werden kann.

Bedingungen zur Einlösung des Discounts:
1. Das Angebot ist bis einschließlich 30.6.2023 gültig.
2. Der Golfspieler/Leser hat sich telefonisch eine Abschlagzeit geben zu lassen – dabei ist die Nutzung des Angebots anzugeben.
3. Eine Barauszahlung des Greenfee-Vorteils ist nicht möglich.
4. Das Kombinieren von Angeboten oder bestehenden Greenfee-Vorteilen ist nicht möglich. Der Vorteil bezieht sich jeweils ausschließlich auf die zum Zeitpunkt der Einlösung gültigen vollen Greenfee-Gebühren.
5. Gibt es Spielergruppen mit erhöhten Greenfee-Gebühren, ist ein Nachlass auf diese Gebühren nicht möglich.
6. Das Angebot allein berechtigt nicht zum Spiel gegen Greenfee. Die Erfüllung der Bestimmungen des jeweiligen Golfclubs zur Greenfee-Berechtigung (Mitgliedschaft in einem Golfclub, Mindesthandicap etc.) zum Zeitpunkt der Einlösung sind Voraussetzung.
7. Es ist untersagt, den Greenfee-Gutschein entgeltlich Dritten zu überlassen bzw. mit diesen Handel zu treiben. Insbesondere sind die teilnehmenden Golfclubs in diesem Falle berechtigt, die Einlösung der ausgeschriebenen Angebote zu verweigern.
8. Die teilnehmenden Golfclubs haben sich gegenüber dem Verlag unter den o.g. Bedingungen verpflichtet, die ausgeschriebenen Angebote einzulösen. Der Verlag übernimmt jedoch keine Gewähr und keine Haftung, wenn ein Angebot nicht eingelöst wird oder werden kann.

Bedingungen zur Einlösung des Discounts:
1. Das Angebot ist bis einschließlich 30.6.2023 gültig.
2. Der Golfspieler/Leser hat sich telefonisch eine Abschlagzeit geben zu lassen – dabei ist die Nutzung des Angebots anzugeben.
3. Eine Barauszahlung des Greenfee-Vorteils ist nicht möglich.
4. Das Kombinieren von Angeboten oder bestehenden Greenfee-Vorteilen ist nicht möglich. Der Vorteil bezieht sich jeweils ausschließlich auf die zum Zeitpunkt der Einlösung gültigen vollen Greenfee-Gebühren.
5. Gibt es Spielergruppen mit erhöhten Greenfee-Gebühren, ist ein Nachlass auf diese Gebühren nicht möglich.
6. Das Angebot allein berechtigt nicht zum Spiel gegen Greenfee. Die Erfüllung der Bestimmungen des jeweiligen Golfclubs zur Greenfee-Berechtigung (Mitgliedschaft in einem Golfclub, Mindesthandicap etc.) zum Zeitpunkt der Einlösung sind Voraussetzung.
7. Es ist untersagt, den Greenfee-Gutschein entgeltlich Dritten zu überlassen bzw. mit diesen Handel zu treiben. Insbesondere sind die teilnehmenden Golfclubs in diesem Falle berechtigt, die Einlösung der ausgeschriebenen Angebote zu verweigern.
8. Die teilnehmenden Golfclubs haben sich gegenüber dem Verlag unter den o.g. Bedingungen verpflichtet, die ausgeschriebenen Angebote einzulösen. Der Verlag übernimmt jedoch keine Gewähr und keine Haftung, wenn ein Angebot nicht eingelöst wird oder werden kann.

Bedingungen zur Einlösung des Discounts:
1. Das Angebot ist bis einschließlich 30.6.2023 gültig.
2. Der Golfspieler/Leser hat sich telefonisch eine Abschlagzeit geben zu lassen – dabei ist die Nutzung des Angebots anzugeben.
3. Eine Barauszahlung des Greenfee-Vorteils ist nicht möglich.
4. Das Kombinieren von Angeboten oder bestehenden Greenfee-Vorteilen ist nicht möglich. Der Vorteil bezieht sich jeweils ausschließlich auf die zum Zeitpunkt der Einlösung gültigen vollen Greenfee-Gebühren.
5. Gibt es Spielergruppen mit erhöhten Greenfee-Gebühren, ist ein Nachlass auf diese Gebühren nicht möglich.
6. Das Angebot allein berechtigt nicht zum Spiel gegen Greenfee. Die Erfüllung der Bestimmungen des jeweiligen Golfclubs zur Greenfee-Berechtigung (Mitgliedschaft in einem Golfclub, Mindesthandicap etc.) zum Zeitpunkt der Einlösung sind Voraussetzung.
7. Es ist untersagt, den Greenfee-Gutschein entgeltlich Dritten zu überlassen bzw. mit diesen Handel zu treiben. Insbesondere sind die teilnehmenden Golfclubs in diesem Falle berechtigt, die Einlösung der ausgeschriebenen Angebote zu verweigern.
8. Die teilnehmenden Golfclubs haben sich gegenüber dem Verlag unter den o.g. Bedingungen verpflichtet, die ausgeschriebenen Angebote einzulösen. Der Verlag übernimmt jedoch keine Gewähr und keine Haftung, wenn ein Angebot nicht eingelöst wird oder werden kann.

Bedingungen zur Einlösung des Discounts:
1. Das Angebot ist bis einschließlich 30.6.2023 gültig.
2. Der Golfspieler/Leser hat sich telefonisch eine Abschlagzeit geben zu lassen – dabei ist die Nutzung des Angebots anzugeben.
3. Eine Barauszahlung des Greenfee-Vorteils ist nicht möglich.
4. Das Kombinieren von Angeboten oder bestehenden Greenfee-Vorteilen ist nicht möglich. Der Vorteil bezieht sich jeweils ausschließlich auf die zum Zeitpunkt der Einlösung gültigen vollen Greenfee-Gebühren.
5. Gibt es Spielergruppen mit erhöhten Greenfee-Gebühren, ist ein Nachlass auf diese Gebühren nicht möglich.
6. Das Angebot allein berechtigt nicht zum Spiel gegen Greenfee. Die Erfüllung der Bestimmungen des jeweiligen Golfclubs zur Greenfee-Berechtigung (Mitgliedschaft in einem Golfclub, Mindesthandicap etc.) zum Zeitpunkt der Einlösung sind Voraussetzung.
7. Es ist untersagt, den Greenfee-Gutschein entgeltlich Dritten zu überlassen bzw. mit diesen Handel zu treiben. Insbesondere sind die teilnehmenden Golfclubs in diesem Falle berechtigt, die Einlösung der ausgeschriebenen Angebote zu verweigern.
8. Die teilnehmenden Golfclubs haben sich gegenüber dem Verlag unter den o.g. Bedingungen verpflichtet, die ausgeschriebenen Angebote einzulösen. Der Verlag übernimmt jedoch keine Gewähr und keine Haftung, wenn ein Angebot nicht eingelöst wird oder werden kann.

Bedingungen zur Einlösung des Discounts:
1. Das Angebot ist bis einschließlich 30.6.2023 gültig.
2. Der Golfspieler/Leser hat sich telefonisch eine Abschlagzeit geben zu lassen – dabei ist die Nutzung des Angebots anzugeben.
3. Eine Barauszahlung des Greenfee-Vorteils ist nicht möglich.
4. Das Kombinieren von Angeboten oder bestehenden Greenfee-Vorteilen ist nicht möglich. Der Vorteil bezieht sich jeweils ausschließlich auf die zum Zeitpunkt der Einlösung gültigen vollen Greenfee-Gebühren.
5. Gibt es Spielergruppen mit erhöhten Greenfee-Gebühren, ist ein Nachlass auf diese Gebühren nicht möglich.
6. Das Angebot allein berechtigt nicht zum Spiel gegen Greenfee. Die Erfüllung der Bestimmungen des jeweiligen Golfclubs zur Greenfee-Berechtigung (Mitgliedschaft in einem Golfclub, Mindesthandicap etc.) zum Zeitpunkt der Einlösung sind Voraussetzung.
7. Es ist untersagt, den Greenfee-Gutschein entgeltlich Dritten zu überlassen bzw. mit diesen Handel zu treiben. Insbesondere sind die teilnehmenden Golfclubs in diesem Falle berechtigt, die Einlösung der ausgeschriebenen Angebote zu verweigern.
8. Die teilnehmenden Golfclubs haben sich gegenüber dem Verlag unter den o.g. Bedingungen verpflichtet, die ausgeschriebenen Angebote einzulösen. Der Verlag übernimmt jedoch keine Gewähr und keine Haftung, wenn ein Angebot nicht eingelöst wird oder werden kann.

DER GOLF ALBRECHT

La Estancia Golf

Colada de Fuenteamarga s/n, Urbanizacion Novo Sancti Petri, E-11130 Chiclana de la Frontera
✆ +34 956 53 20 96
Andalusien
Hinweis: On rack rate

81

50% Greenfee-Ermäßigung

DER GOLF ALBRECHT

Sancti Petri Hills Golf

ES

C/Marco Aurelio s/n, Urb. Lomas de Sancti Petri, s/n
E-11139 Chiclana de la Frontera
✆ +34 956856924668
Andalusien
Hinweis: Valid on rack rate, not valid on occasional offers and other promotional services. Only valid : Jan., Feb., May, June, July, 1.09. to 18.10. and 16.11 to 31.12.

82

30% Greenfee-Ermäßigung

DER GOLF ALBRECHT

Sancti Petri Hills Golf

C/Marco Aurelio s/n, Urb. Lomas de Sancti Petri, s/n
E-11139 Chiclana de la Frontera
✆ +34 956856924668
Andalusien
Hinweis: Valid on rack rate, not valid on occasional offers and other promotional services. Only valid : Jan., Feb., May, June, July, 1.09. to 18.10. and 16.11 to 31.12.

82

30% Greenfee-Ermäßigung

DER GOLF ALBRECHT

Costa Teguise Golf Club

Avenida del Golf, s/n
E-35508 Costa Teguise-Lanzarote
✆ +34 928 59 05 12
Kanarische Inseln - Lanzarote
Hinweis: On rack rate

83

20% Greenfee-Ermäßigung

DER GOLF ALBRECHT

Costa Teguise Golf Club

Avenida del Golf, s/n
E-35508 Costa Teguise-Lanzarote
✆ +34 928 59 05 12
Kanarische Inseln - Lanzarote
Hinweis: On rack rate

83

20% Greenfee-Ermäßigung

DER GOLF ALBRECHT

Playitas Golf

ES

Urb. Las Playitas
E-35629 Fuerteventura
✆ +34 928 86 04 00
Kanarische Inseln - Fuerteventura

84

30% Greenfee-Ermäßigung

DER GOLF ALBRECHT

Axis Golfe Ponte de Lima

Quinta de Pias, Fornelos
P-4990 Ponte de Lima
✆ +351 258 743 414
Der Norden und Beiras
Hinweis: The base price of the green fee is €72.

85

2 for 1 2 GF zum Preis von 1 wochentags

DER GOLF ALBRECHT

Tróia Golf

7570-789
P-7570-789 Carvalhal
✆ +351 265 494 024
Lisboa Golf Coast

86

2 for 1 2 GF zum Preis von 1

DER GOLF ALBRECHT

Tróia Golf

7570-789
P-7570-789 Carvalhal
✆ +351 265 494 024
Lisboa Golf Coast

86

2 for 1 2 GF zum Preis von 1

DER GOLF ALBRECHT

Tróia Golf

7570-789
P-7570-789 Carvalhal
✆ +351 265 494 024
Lisboa Golf Coast

86

20% Greenfee-Ermäßigung

Diese Gutscheine gelten nur in Verbindung mit dem Buch/Albrecht Golf Card

Diese Gutscheine gelten nur in Verbindung mit dem Buch/Albrecht Golf Card

Bedingungen zur Einlösung des Discounts:
1. Das Angebot ist bis einschließlich 30.6.2023 gültig.
2. Der Golfspieler/Leser hat sich telefonisch eine Abschlagzeit geben zu lassen – dabei ist die Nutzung des Angebots anzugeben.
3. Eine Barauszahlung des Greenfee-Vorteils ist nicht möglich.
4. Das Kombinieren von Angeboten oder bestehenden Greenfee-Vorteilen ist nicht möglich. Der Vorteil bezieht sich jeweils ausschließlich auf die zum Zeitpunkt der Einlösung gültigen vollen Greenfee-Gebühren.
5. Gibt es Spielergruppen mit erhöhten Greenfee-Gebühren, ist ein Nachlass auf diese Gebühren nicht möglich.
6. Das Angebot allein berechtigt nicht zum Spiel gegen Greenfee. Die Erfüllung der Bestimmungen des jeweiligen Golfclubs zur Greenfee-Berechtigung (Mitgliedschaft in einem Golfclub, Mindesthandicap etc.) zum Zeitpunkt der Einlösung sind Voraussetzung.
7. Es ist untersagt, den Greenfee-Gutschein entgeltlich Dritten zu überlassen bzw. mit diesen Handel zu treiben. Insbesondere sind die teilnehmenden Golfclubs in diesem Falle berechtigt, die Einlösung der ausgeschriebenen Angebote zu verweigern.
8. Die teilnehmenden Golfclubs haben sich gegenüber dem Verlag unter den o.g. Bedingungen verpflichtet, die ausgeschriebenen Angebote einzulösen. Der Verlag übernimmt jedoch keine Gewähr und keine Haftung, wenn ein Angebot nicht eingelöst wird oder werden kann.

Bedingungen zur Einlösung des Discounts:
1. Das Angebot ist bis einschließlich 30.6.2023 gültig.
2. Der Golfspieler/Leser hat sich telefonisch eine Abschlagzeit geben zu lassen – dabei ist die Nutzung des Angebots anzugeben.
3. Eine Barauszahlung des Greenfee-Vorteils ist nicht möglich.
4. Das Kombinieren von Angeboten oder bestehenden Greenfee-Vorteilen ist nicht möglich. Der Vorteil bezieht sich jeweils ausschließlich auf die zum Zeitpunkt der Einlösung gültigen vollen Greenfee-Gebühren.
5. Gibt es Spielergruppen mit erhöhten Greenfee-Gebühren, ist ein Nachlass auf diese Gebühren nicht möglich.
6. Das Angebot allein berechtigt nicht zum Spiel gegen Greenfee. Die Erfüllung der Bestimmungen des jeweiligen Golfclubs zur Greenfee-Berechtigung (Mitgliedschaft in einem Golfclub, Mindesthandicap etc.) zum Zeitpunkt der Einlösung sind Voraussetzung.
7. Es ist untersagt, den Greenfee-Gutschein entgeltlich Dritten zu überlassen bzw. mit diesen Handel zu treiben. Insbesondere sind die teilnehmenden Golfclubs in diesem Falle berechtigt, die Einlösung der ausgeschriebenen Angebote zu verweigern.
8. Die teilnehmenden Golfclubs haben sich gegenüber dem Verlag unter den o.g. Bedingungen verpflichtet, die ausgeschriebenen Angebote einzulösen. Der Verlag übernimmt jedoch keine Gewähr und keine Haftung, wenn ein Angebot nicht eingelöst wird oder werden kann.

Bedingungen zur Einlösung des Discounts:
1. Das Angebot ist bis einschließlich 30.6.2023 gültig.
2. Der Golfspieler/Leser hat sich telefonisch eine Abschlagzeit geben zu lassen – dabei ist die Nutzung des Angebots anzugeben.
3. Eine Barauszahlung des Greenfee-Vorteils ist nicht möglich.
4. Das Kombinieren von Angeboten oder bestehenden Greenfee-Vorteilen ist nicht möglich. Der Vorteil bezieht sich jeweils ausschließlich auf die zum Zeitpunkt der Einlösung gültigen vollen Greenfee-Gebühren.
5. Gibt es Spielergruppen mit erhöhten Greenfee-Gebühren, ist ein Nachlass auf diese Gebühren nicht möglich.
6. Das Angebot allein berechtigt nicht zum Spiel gegen Greenfee. Die Erfüllung der Bestimmungen des jeweiligen Golfclubs zur Greenfee-Berechtigung (Mitgliedschaft in einem Golfclub, Mindesthandicap etc.) zum Zeitpunkt der Einlösung sind Voraussetzung.
7. Es ist untersagt, den Greenfee-Gutschein entgeltlich Dritten zu überlassen bzw. mit diesen Handel zu treiben. Insbesondere sind die teilnehmenden Golfclubs in diesem Falle berechtigt, die Einlösung der ausgeschriebenen Angebote zu verweigern.
8. Die teilnehmenden Golfclubs haben sich gegenüber dem Verlag unter den o.g. Bedingungen verpflichtet, die ausgeschriebenen Angebote einzulösen. Der Verlag übernimmt jedoch keine Gewähr und keine Haftung, wenn ein Angebot nicht eingelöst wird oder werden kann.

Bedingungen zur Einlösung des Discounts:
1. Das Angebot ist bis einschließlich 30.6.2023 gültig.
2. Der Golfspieler/Leser hat sich telefonisch eine Abschlagzeit geben zu lassen – dabei ist die Nutzung des Angebots anzugeben.
3. Eine Barauszahlung des Greenfee-Vorteils ist nicht möglich.
4. Das Kombinieren von Angeboten oder bestehenden Greenfee-Vorteilen ist nicht möglich. Der Vorteil bezieht sich jeweils ausschließlich auf die zum Zeitpunkt der Einlösung gültigen vollen Greenfee-Gebühren.
5. Gibt es Spielergruppen mit erhöhten Greenfee-Gebühren, ist ein Nachlass auf diese Gebühren nicht möglich.
6. Das Angebot allein berechtigt nicht zum Spiel gegen Greenfee. Die Erfüllung der Bestimmungen des jeweiligen Golfclubs zur Greenfee-Berechtigung (Mitgliedschaft in einem Golfclub, Mindesthandicap etc.) zum Zeitpunkt der Einlösung sind Voraussetzung.
7. Es ist untersagt, den Greenfee-Gutschein entgeltlich Dritten zu überlassen bzw. mit diesen Handel zu treiben. Insbesondere sind die teilnehmenden Golfclubs in diesem Falle berechtigt, die Einlösung der ausgeschriebenen Angebote zu verweigern.
8. Die teilnehmenden Golfclubs haben sich gegenüber dem Verlag unter den o.g. Bedingungen verpflichtet, die ausgeschriebenen Angebote einzulösen. Der Verlag übernimmt jedoch keine Gewähr und keine Haftung, wenn ein Angebot nicht eingelöst wird oder werden kann.

Bedingungen zur Einlösung des Discounts:
1. Das Angebot ist bis einschließlich 30.6.2023 gültig.
2. Der Golfspieler/Leser hat sich telefonisch eine Abschlagzeit geben zu lassen – dabei ist die Nutzung des Angebots anzugeben.
3. Eine Barauszahlung des Greenfee-Vorteils ist nicht möglich.
4. Das Kombinieren von Angeboten oder bestehenden Greenfee-Vorteilen ist nicht möglich. Der Vorteil bezieht sich jeweils ausschließlich auf die zum Zeitpunkt der Einlösung gültigen vollen Greenfee-Gebühren.
5. Gibt es Spielergruppen mit erhöhten Greenfee-Gebühren, ist ein Nachlass auf diese Gebühren nicht möglich.
6. Das Angebot allein berechtigt nicht zum Spiel gegen Greenfee. Die Erfüllung der Bestimmungen des jeweiligen Golfclubs zur Greenfee-Berechtigung (Mitgliedschaft in einem Golfclub, Mindesthandicap etc.) zum Zeitpunkt der Einlösung sind Voraussetzung.
7. Es ist untersagt, den Greenfee-Gutschein entgeltlich Dritten zu überlassen bzw. mit diesen Handel zu treiben. Insbesondere sind die teilnehmenden Golfclubs in diesem Falle berechtigt, die Einlösung der ausgeschriebenen Angebote zu verweigern.
8. Die teilnehmenden Golfclubs haben sich gegenüber dem Verlag unter den o.g. Bedingungen verpflichtet, die ausgeschriebenen Angebote einzulösen. Der Verlag übernimmt jedoch keine Gewähr und keine Haftung, wenn ein Angebot nicht eingelöst wird oder werden kann.

Bedingungen zur Einlösung des Discounts:
1. Das Angebot ist bis einschließlich 30.6.2023 gültig.
2. Der Golfspieler/Leser hat sich telefonisch eine Abschlagzeit geben zu lassen – dabei ist die Nutzung des Angebots anzugeben.
3. Eine Barauszahlung des Greenfee-Vorteils ist nicht möglich.
4. Das Kombinieren von Angeboten oder bestehenden Greenfee-Vorteilen ist nicht möglich. Der Vorteil bezieht sich jeweils ausschließlich auf die zum Zeitpunkt der Einlösung gültigen vollen Greenfee-Gebühren.
5. Gibt es Spielergruppen mit erhöhten Greenfee-Gebühren, ist ein Nachlass auf diese Gebühren nicht möglich.
6. Das Angebot allein berechtigt nicht zum Spiel gegen Greenfee. Die Erfüllung der Bestimmungen des jeweiligen Golfclubs zur Greenfee-Berechtigung (Mitgliedschaft in einem Golfclub, Mindesthandicap etc.) zum Zeitpunkt der Einlösung sind Voraussetzung.
7. Es ist untersagt, den Greenfee-Gutschein entgeltlich Dritten zu überlassen bzw. mit diesen Handel zu treiben. Insbesondere sind die teilnehmenden Golfclubs in diesem Falle berechtigt, die Einlösung der ausgeschriebenen Angebote zu verweigern.
8. Die teilnehmenden Golfclubs haben sich gegenüber dem Verlag unter den o.g. Bedingungen verpflichtet, die ausgeschriebenen Angebote einzulösen. Der Verlag übernimmt jedoch keine Gewähr und keine Haftung, wenn ein Angebot nicht eingelöst wird oder werden kann.

Bedingungen zur Einlösung des Discounts:
1. Das Angebot ist bis einschließlich 30.6.2023 gültig.
2. Der Golfspieler/Leser hat sich telefonisch eine Abschlagzeit geben zu lassen – dabei ist die Nutzung des Angebots anzugeben.
3. Eine Barauszahlung des Greenfee-Vorteils ist nicht möglich.
4. Das Kombinieren von Angeboten oder bestehenden Greenfee-Vorteilen ist nicht möglich. Der Vorteil bezieht sich jeweils ausschließlich auf die zum Zeitpunkt der Einlösung gültigen vollen Greenfee-Gebühren.
5. Gibt es Spielergruppen mit erhöhten Greenfee-Gebühren, ist ein Nachlass auf diese Gebühren nicht möglich.
6. Das Angebot allein berechtigt nicht zum Spiel gegen Greenfee. Die Erfüllung der Bestimmungen des jeweiligen Golfclubs zur Greenfee-Berechtigung (Mitgliedschaft in einem Golfclub, Mindesthandicap etc.) zum Zeitpunkt der Einlösung sind Voraussetzung.
7. Es ist untersagt, den Greenfee-Gutschein entgeltlich Dritten zu überlassen bzw. mit diesen Handel zu treiben. Insbesondere sind die teilnehmenden Golfclubs in diesem Falle berechtigt, die Einlösung der ausgeschriebenen Angebote zu verweigern.
8. Die teilnehmenden Golfclubs haben sich gegenüber dem Verlag unter den o.g. Bedingungen verpflichtet, die ausgeschriebenen Angebote einzulösen. Der Verlag übernimmt jedoch keine Gewähr und keine Haftung, wenn ein Angebot nicht eingelöst wird oder werden kann.

Bedingungen zur Einlösung des Discounts:
1. Das Angebot ist bis einschließlich 30.6.2023 gültig.
2. Der Golfspieler/Leser hat sich telefonisch eine Abschlagzeit geben zu lassen – dabei ist die Nutzung des Angebots anzugeben.
3. Eine Barauszahlung des Greenfee-Vorteils ist nicht möglich.
4. Das Kombinieren von Angeboten oder bestehenden Greenfee-Vorteilen ist nicht möglich. Der Vorteil bezieht sich jeweils ausschließlich auf die zum Zeitpunkt der Einlösung gültigen vollen Greenfee-Gebühren.
5. Gibt es Spielergruppen mit erhöhten Greenfee-Gebühren, ist ein Nachlass auf diese Gebühren nicht möglich.
6. Das Angebot allein berechtigt nicht zum Spiel gegen Greenfee. Die Erfüllung der Bestimmungen des jeweiligen Golfclubs zur Greenfee-Berechtigung (Mitgliedschaft in einem Golfclub, Mindesthandicap etc.) zum Zeitpunkt der Einlösung sind Voraussetzung.
7. Es ist untersagt, den Greenfee-Gutschein entgeltlich Dritten zu überlassen bzw. mit diesen Handel zu treiben. Insbesondere sind die teilnehmenden Golfclubs in diesem Falle berechtigt, die Einlösung der ausgeschriebenen Angebote zu verweigern.
8. Die teilnehmenden Golfclubs haben sich gegenüber dem Verlag unter den o.g. Bedingungen verpflichtet, die ausgeschriebenen Angebote einzulösen. Der Verlag übernimmt jedoch keine Gewähr und keine Haftung, wenn ein Angebot nicht eingelöst wird oder werden kann.

Bedingungen zur Einlösung des Discounts:
1. Das Angebot ist bis einschließlich 30.6.2023 gültig.
2. Der Golfspieler/Leser hat sich telefonisch eine Abschlagzeit geben zu lassen – dabei ist die Nutzung des Angebots anzugeben.
3. Eine Barauszahlung des Greenfee-Vorteils ist nicht möglich.
4. Das Kombinieren von Angeboten oder bestehenden Greenfee-Vorteilen ist nicht möglich. Der Vorteil bezieht sich jeweils ausschließlich auf die zum Zeitpunkt der Einlösung gültigen vollen Greenfee-Gebühren.
5. Gibt es Spielergruppen mit erhöhten Greenfee-Gebühren, ist ein Nachlass auf diese Gebühren nicht möglich.
6. Das Angebot allein berechtigt nicht zum Spiel gegen Greenfee. Die Erfüllung der Bestimmungen des jeweiligen Golfclubs zur Greenfee-Berechtigung (Mitgliedschaft in einem Golfclub, Mindesthandicap etc.) zum Zeitpunkt der Einlösung sind Voraussetzung.
7. Es ist untersagt, den Greenfee-Gutschein entgeltlich Dritten zu überlassen bzw. mit diesen Handel zu treiben. Insbesondere sind die teilnehmenden Golfclubs in diesem Falle berechtigt, die Einlösung der ausgeschriebenen Angebote zu verweigern.
8. Die teilnehmenden Golfclubs haben sich gegenüber dem Verlag unter den o.g. Bedingungen verpflichtet, die ausgeschriebenen Angebote einzulösen. Der Verlag übernimmt jedoch keine Gewähr und keine Haftung, wenn ein Angebot nicht eingelöst wird oder werden kann.

Bedingungen zur Einlösung des Discounts:
1. Das Angebot ist bis einschließlich 30.6.2023 gültig.
2. Der Golfspieler/Leser hat sich telefonisch eine Abschlagzeit geben zu lassen – dabei ist die Nutzung des Angebots anzugeben.
3. Eine Barauszahlung des Greenfee-Vorteils ist nicht möglich.
4. Das Kombinieren von Angeboten oder bestehenden Greenfee-Vorteilen ist nicht möglich. Der Vorteil bezieht sich jeweils ausschließlich auf die zum Zeitpunkt der Einlösung gültigen vollen Greenfee-Gebühren.
5. Gibt es Spielergruppen mit erhöhten Greenfee-Gebühren, ist ein Nachlass auf diese Gebühren nicht möglich.
6. Das Angebot allein berechtigt nicht zum Spiel gegen Greenfee. Die Erfüllung der Bestimmungen des jeweiligen Golfclubs zur Greenfee-Berechtigung (Mitgliedschaft in einem Golfclub, Mindesthandicap etc.) zum Zeitpunkt der Einlösung sind Voraussetzung.
7. Es ist untersagt, den Greenfee-Gutschein entgeltlich Dritten zu überlassen bzw. mit diesen Handel zu treiben. Insbesondere sind die teilnehmenden Golfclubs in diesem Falle berechtigt, die Einlösung der ausgeschriebenen Angebote zu verweigern.
8. Die teilnehmenden Golfclubs haben sich gegenüber dem Verlag unter den o.g. Bedingungen verpflichtet, die ausgeschriebenen Angebote einzulösen. Der Verlag übernimmt jedoch keine Gewähr und keine Haftung, wenn ein Angebot nicht eingelöst wird oder werden kann.

DER GOLF ALBRECHT

Tróia Golf

PT

7570-789
P-7570-789 Carvalhal
✆ +351 265 494 024
Lisboa Golf Coast

86

20% Greenfee-Ermäßigung

DER GOLF ALBRECHT

Batalha Golf Course

PT

Rua do Bom Jesus - Aflitos
P-9545-234 Fenais da Luz, Ponta Delgada, Açores
✆ +351 296 498 559
Azoren

87

2 for 1 2 GF zum Preis von 1

DER GOLF ALBRECHT

Batalha Golf Course

PT

Rua do Bom Jesus - Aflitos
P-9545-234 Fenais da Luz, Ponta Delgada, Açores
✆ +351 296 498 559
Azoren

87

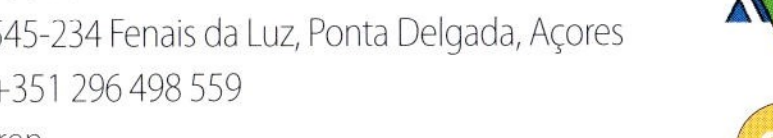

2 for 1 2 GF zum Preis von 1

DER GOLF ALBRECHT

Batalha Golf Course

PT

Rua do Bom Jesus - Aflitos
P-9545-234 Fenais da Luz, Ponta Delgada, Açores
✆ +351 296 498 559
Azoren

87

2 for 1 2 GF zum Preis von 1

DER GOLF ALBRECHT

Furnas Golf Course

PT

Achada das Furnas
P-9675 Furnas-Sao Miguel Island Azoren
✆ +351 296 584 651
Azoren

88

2 for 1 2 GF zum Preis von 1

DER GOLF ALBRECHT

Furnas Golf Course

PT

Achada das Furnas
P-9675 Furnas-Sao Miguel Island Azoren
✆ +351 296 584 651
Azoren

88

2 for 1 2 GF zum Preis von 1

DER GOLF ALBRECHT

Golf Grindelwald

CH

Aspistrasse
CH-3818 Grindelwald
✆ +41 79 658 88 66

89

2 for 1 2 GF zum Preis von 1

DER GOLF ALBRECHT

Golf Grindelwald

CH

Aspistrasse
CH-3818 Grindelwald
✆ +41 79 658 88 66

89

2 for 1 2 GF zum Preis von 1

DER GOLF ALBRECHT

Golf Grindelwald

CH

Aspistrasse
CH-3818 Grindelwald
✆ +41 79 658 88 66

89

2 for 1 2 GF zum Preis von 1

DER GOLF ALBRECHT

Golf Grindelwald

CH

Aspistrasse
CH-3818 Grindelwald
✆ +41 79 658 88 66

89

20% Greenfee-Ermäßigung

Diese Gutscheine gelten nur in Verbindung mit dem Buch/Albrecht Golf Card

Diese Gutscheine gelten nur in Verbindung mit dem Buch/Albrecht Golf Card

Bedingungen zur Einlösung des Discounts:
1. Das Angebot ist bis einschließlich 30.6.2023 gültig.
2. Der Golfspieler/Leser hat sich telefonisch eine Abschlagzeit geben zu lassen – dabei ist die Nutzung des Angebots anzugeben.
3. Eine Barauszahlung des Greenfee-Vorteils ist nicht möglich.
4. Das Kombinieren von Angeboten oder bestehenden Greenfee-Vorteilen ist nicht möglich. Der Vorteil bezieht sich jeweils ausschließlich auf die zum Zeitpunkt der Einlösung gültigen vollen Greenfee-Gebühren.
5. Gibt es Spielergruppen mit erhöhten Greenfee-Gebühren, ist ein Nachlass auf diese Gebühren nicht möglich.
6. Das Angebot allein berechtigt nicht zum Spiel gegen Greenfee. Die Erfüllung der Bestimmungen des jeweiligen Golfclubs zur Greenfee-Berechtigung (Mitgliedschaft in einem Golfclub, Mindesthandicap etc.) zum Zeitpunkt der Einlösung sind Voraussetzung.
7. Es ist untersagt, den Greenfee-Gutschein entgeltlich Dritten zu überlassen bzw. mit diesen Handel zu treiben. Insbesondere sind die teilnehmenden Golfclubs in diesem Falle berechtigt, die Einlösung der ausgeschriebenen Angebote zu verweigern.
8. Die teilnehmenden Golfclubs haben sich gegenüber dem Verlag unter den o.g. Bedingungen verpflichtet, die ausgeschriebenen Angebote einzulösen. Der Verlag übernimmt jedoch keine Gewähr und keine Haftung, wenn ein Angebot nicht eingelöst wird oder werden kann.

Bedingungen zur Einlösung des Discounts:
1. Das Angebot ist bis einschließlich 30.6.2023 gültig.
2. Der Golfspieler/Leser hat sich telefonisch eine Abschlagzeit geben zu lassen – dabei ist die Nutzung des Angebots anzugeben.
3. Eine Barauszahlung des Greenfee-Vorteils ist nicht möglich.
4. Das Kombinieren von Angeboten oder bestehenden Greenfee-Vorteilen ist nicht möglich. Der Vorteil bezieht sich jeweils ausschließlich auf die zum Zeitpunkt der Einlösung gültigen vollen Greenfee-Gebühren.
5. Gibt es Spielergruppen mit erhöhten Greenfee-Gebühren, ist ein Nachlass auf diese Gebühren nicht möglich.
6. Das Angebot allein berechtigt nicht zum Spiel gegen Greenfee. Die Erfüllung der Bestimmungen des jeweiligen Golfclubs zur Greenfee-Berechtigung (Mitgliedschaft in einem Golfclub, Mindesthandicap etc.) zum Zeitpunkt der Einlösung sind Voraussetzung.
7. Es ist untersagt, den Greenfee-Gutschein entgeltlich Dritten zu überlassen bzw. mit diesen Handel zu treiben. Insbesondere sind die teilnehmenden Golfclubs in diesem Falle berechtigt, die Einlösung der ausgeschriebenen Angebote zu verweigern.
8. Die teilnehmenden Golfclubs haben sich gegenüber dem Verlag unter den o.g. Bedingungen verpflichtet, die ausgeschriebenen Angebote einzulösen. Der Verlag übernimmt jedoch keine Gewähr und keine Haftung, wenn ein Angebot nicht eingelöst wird oder werden kann.

Bedingungen zur Einlösung des Discounts:
1. Das Angebot ist bis einschließlich 30.6.2023 gültig.
2. Der Golfspieler/Leser hat sich telefonisch eine Abschlagzeit geben zu lassen – dabei ist die Nutzung des Angebots anzugeben.
3. Eine Barauszahlung des Greenfee-Vorteils ist nicht möglich.
4. Das Kombinieren von Angeboten oder bestehenden Greenfee-Vorteilen ist nicht möglich. Der Vorteil bezieht sich jeweils ausschließlich auf die zum Zeitpunkt der Einlösung gültigen vollen Greenfee-Gebühren.
5. Gibt es Spielergruppen mit erhöhten Greenfee-Gebühren, ist ein Nachlass auf diese Gebühren nicht möglich.
6. Das Angebot allein berechtigt nicht zum Spiel gegen Greenfee. Die Erfüllung der Bestimmungen des jeweiligen Golfclubs zur Greenfee-Berechtigung (Mitgliedschaft in einem Golfclub, Mindesthandicap etc.) zum Zeitpunkt der Einlösung sind Voraussetzung.
7. Es ist untersagt, den Greenfee-Gutschein entgeltlich Dritten zu überlassen bzw. mit diesen Handel zu treiben. Insbesondere sind die teilnehmenden Golfclubs in diesem Falle berechtigt, die Einlösung der ausgeschriebenen Angebote zu verweigern.
8. Die teilnehmenden Golfclubs haben sich gegenüber dem Verlag unter den o.g. Bedingungen verpflichtet, die ausgeschriebenen Angebote einzulösen. Der Verlag übernimmt jedoch keine Gewähr und keine Haftung, wenn ein Angebot nicht eingelöst wird oder werden kann.

Bedingungen zur Einlösung des Discounts:
1. Das Angebot ist bis einschließlich 30.6.2023 gültig.
2. Der Golfspieler/Leser hat sich telefonisch eine Abschlagzeit geben zu lassen – dabei ist die Nutzung des Angebots anzugeben.
3. Eine Barauszahlung des Greenfee-Vorteils ist nicht möglich.
4. Das Kombinieren von Angeboten oder bestehenden Greenfee-Vorteilen ist nicht möglich. Der Vorteil bezieht sich jeweils ausschließlich auf die zum Zeitpunkt der Einlösung gültigen vollen Greenfee-Gebühren.
5. Gibt es Spielergruppen mit erhöhten Greenfee-Gebühren, ist ein Nachlass auf diese Gebühren nicht möglich.
6. Das Angebot allein berechtigt nicht zum Spiel gegen Greenfee. Die Erfüllung der Bestimmungen des jeweiligen Golfclubs zur Greenfee-Berechtigung (Mitgliedschaft in einem Golfclub, Mindesthandicap etc.) zum Zeitpunkt der Einlösung sind Voraussetzung.
7. Es ist untersagt, den Greenfee-Gutschein entgeltlich Dritten zu überlassen bzw. mit diesen Handel zu treiben. Insbesondere sind die teilnehmenden Golfclubs in diesem Falle berechtigt, die Einlösung der ausgeschriebenen Angebote zu verweigern.
8. Die teilnehmenden Golfclubs haben sich gegenüber dem Verlag unter den o.g. Bedingungen verpflichtet, die ausgeschriebenen Angebote einzulösen. Der Verlag übernimmt jedoch keine Gewähr und keine Haftung, wenn ein Angebot nicht eingelöst wird oder werden kann.

Bedingungen zur Einlösung des Discounts:
1. Das Angebot ist bis einschließlich 30.6.2023 gültig.
2. Der Golfspieler/Leser hat sich telefonisch eine Abschlagzeit geben zu lassen – dabei ist die Nutzung des Angebots anzugeben.
3. Eine Barauszahlung des Greenfee-Vorteils ist nicht möglich.
4. Das Kombinieren von Angeboten oder bestehenden Greenfee-Vorteilen ist nicht möglich. Der Vorteil bezieht sich jeweils ausschließlich auf die zum Zeitpunkt der Einlösung gültigen vollen Greenfee-Gebühren.
5. Gibt es Spielergruppen mit erhöhten Greenfee-Gebühren, ist ein Nachlass auf diese Gebühren nicht möglich.
6. Das Angebot allein berechtigt nicht zum Spiel gegen Greenfee. Die Erfüllung der Bestimmungen des jeweiligen Golfclubs zur Greenfee-Berechtigung (Mitgliedschaft in einem Golfclub, Mindesthandicap etc.) zum Zeitpunkt der Einlösung sind Voraussetzung.
7. Es ist untersagt, den Greenfee-Gutschein entgeltlich Dritten zu überlassen bzw. mit diesen Handel zu treiben. Insbesondere sind die teilnehmenden Golfclubs in diesem Falle berechtigt, die Einlösung der ausgeschriebenen Angebote zu verweigern.
8. Die teilnehmenden Golfclubs haben sich gegenüber dem Verlag unter den o.g. Bedingungen verpflichtet, die ausgeschriebenen Angebote einzulösen. Der Verlag übernimmt jedoch keine Gewähr und keine Haftung, wenn ein Angebot nicht eingelöst wird oder werden kann.

Bedingungen zur Einlösung des Discounts:
1. Das Angebot ist bis einschließlich 30.6.2023 gültig
2. Der Golfspieler/Leser hat sich telefonisch eine Abschlagzeit geben zu lassen – dabei ist die Nutzung des Angebots anzugeben.
3. Eine Barauszahlung des Greenfee-Vorteils ist nicht möglich.
4. Das Kombinieren von Angeboten oder bestehenden Greenfee-Vorteilen ist nicht möglich. Der Vorteil bezieht sich jeweils ausschließlich auf die zum Zeitpunkt der Einlösung gültigen vollen Greenfee-Gebühren.
5. Gibt es Spielergruppen mit erhöhten Greenfee-Gebühren, ist ein Nachlass auf diese Gebühren nicht möglich.
6. Das Angebot allein berechtigt nicht zum Spiel gegen Greenfee. Die Erfüllung der Bestimmungen des jeweiligen Golfclubs zur Greenfee-Berechtigung (Mitgliedschaft in einem Golfclub, Mindesthandicap etc.) zum Zeitpunkt der Einlösung sind Voraussetzung.
7. Es ist untersagt, den Greenfee-Gutschein entgeltlich Dritten zu überlassen bzw. mit diesen Handel zu treiben. Insbesondere sind die teilnehmenden Golfclubs in diesem Falle berechtigt, die Einlösung der ausgeschriebenen Angebote zu verweigern.
8. Die teilnehmenden Golfclubs haben sich gegenüber dem Verlag unter den o.g. Bedingungen verpflichtet, die ausgeschriebenen Angebote einzulösen. Der Verlag übernimmt jedoch keine Gewähr und keine Haftung, wenn ein Angebot nicht eingelöst wird oder werden kann.

Bedingungen zur Einlösung des Discounts:
1. Das Angebot ist bis einschließlich 30.6.2023 gültig.
2. Der Golfspieler/Leser hat sich telefonisch eine Abschlagzeit geben zu lassen – dabei ist die Nutzung des Angebots anzugeben.
3. Eine Barauszahlung des Greenfee-Vorteils ist nicht möglich.
4. Das Kombinieren von Angeboten oder bestehenden Greenfee-Vorteilen ist nicht möglich. Der Vorteil bezieht sich jeweils ausschließlich auf die zum Zeitpunkt der Einlösung gültigen vollen Greenfee-Gebühren.
5. Gibt es Spielergruppen mit erhöhten Greenfee-Gebühren, ist ein Nachlass auf diese Gebühren nicht möglich.
6. Das Angebot allein berechtigt nicht zum Spiel gegen Greenfee. Die Erfüllung der Bestimmungen des jeweiligen Golfclubs zur Greenfee-Berechtigung (Mitgliedschaft in einem Golfclub, Mindesthandicap etc.) zum Zeitpunkt der Einlösung sind Voraussetzung.
7. Es ist untersagt, den Greenfee-Gutschein entgeltlich Dritten zu überlassen bzw. mit diesen Handel zu treiben. Insbesondere sind die teilnehmenden Golfclubs in diesem Falle berechtigt, die Einlösung der ausgeschriebenen Angebote zu verweigern.
8. Die teilnehmenden Golfclubs haben sich gegenüber dem Verlag unter den o.g. Bedingungen verpflichtet, die ausgeschriebenen Angebote einzulösen. Der Verlag übernimmt jedoch keine Gewähr und keine Haftung, wenn ein Angebot nicht eingelöst wird oder werden kann.

Bedingungen zur Einlösung des Discounts:
1. Das Angebot ist bis einschließlich 30.6.2023 gültig.
2. Der Golfspieler/Leser hat sich telefonisch eine Abschlagzeit geben zu lassen – dabei ist die Nutzung des Angebots anzugeben.
3. Eine Barauszahlung des Greenfee-Vorteils ist nicht möglich.
4. Das Kombinieren von Angeboten oder bestehenden Greenfee-Vorteilen ist nicht möglich. Der Vorteil bezieht sich jeweils ausschließlich auf die zum Zeitpunkt der Einlösung gültigen vollen Greenfee-Gebühren.
5. Gibt es Spielergruppen mit erhöhten Greenfee-Gebühren, ist ein Nachlass auf diese Gebühren nicht möglich.
6. Das Angebot allein berechtigt nicht zum Spiel gegen Greenfee. Die Erfüllung der Bestimmungen des jeweiligen Golfclubs zur Greenfee-Berechtigung (Mitgliedschaft in einem Golfclub, Mindesthandicap etc.) zum Zeitpunkt der Einlösung sind Voraussetzung.
7. Es ist untersagt, den Greenfee-Gutschein entgeltlich Dritten zu überlassen bzw. mit diesen Handel zu treiben. Insbesondere sind die teilnehmenden Golfclubs in diesem Falle berechtigt, die Einlösung der ausgeschriebenen Angebote zu verweigern.
8. Die teilnehmenden Golfclubs haben sich gegenüber dem Verlag unter den o.g. Bedingungen verpflichtet, die ausgeschriebenen Angebote einzulösen. Der Verlag übernimmt jedoch keine Gewähr und keine Haftung, wenn ein Angebot nicht eingelöst wird oder werden kann.

Bedingungen zur Einlösung des Discounts:
1. Das Angebot ist bis einschließlich 30.6.2023 gültig.
2. Der Golfspieler/Leser hat sich telefonisch eine Abschlagzeit geben zu lassen – dabei ist die Nutzung des Angebots anzugeben.
3. Eine Barauszahlung des Greenfee-Vorteils ist nicht möglich.
4. Das Kombinieren von Angeboten oder bestehenden Greenfee-Vorteilen ist nicht möglich. Der Vorteil bezieht sich jeweils ausschließlich auf die zum Zeitpunkt der Einlösung gültigen vollen Greenfee-Gebühren.
5. Gibt es Spielergruppen mit erhöhten Greenfee-Gebühren, ist ein Nachlass auf diese Gebühren nicht möglich.
6. Das Angebot allein berechtigt nicht zum Spiel gegen Greenfee. Die Erfüllung der Bestimmungen des jeweiligen Golfclubs zur Greenfee-Berechtigung (Mitgliedschaft in einem Golfclub, Mindesthandicap etc.) zum Zeitpunkt der Einlösung sind Voraussetzung.
7. Es ist untersagt, den Greenfee-Gutschein entgeltlich Dritten zu überlassen bzw. mit diesen Handel zu treiben. Insbesondere sind die teilnehmenden Golfclubs in diesem Falle berechtigt, die Einlösung der ausgeschriebenen Angebote zu verweigern.
8. Die teilnehmenden Golfclubs haben sich gegenüber dem Verlag unter den o.g. Bedingungen verpflichtet, die ausgeschriebenen Angebote einzulösen. Der Verlag übernimmt jedoch keine Gewähr und keine Haftung, wenn ein Angebot nicht eingelöst wird oder werden kann.

Bedingungen zur Einlösung des Discounts:
1. Das Angebot ist bis einschließlich 30.6.2023 gültig.
2. Der Golfspieler/Leser hat sich telefonisch eine Abschlagzeit geben zu lassen – dabei ist die Nutzung des Angebots anzugeben.
3. Eine Barauszahlung des Greenfee-Vorteils ist nicht möglich.
4. Das Kombinieren von Angeboten oder bestehenden Greenfee-Vorteilen ist nicht möglich. Der Vorteil bezieht sich jeweils ausschließlich auf die zum Zeitpunkt der Einlösung gültigen vollen Greenfee-Gebühren.
5. Gibt es Spielergruppen mit erhöhten Greenfee-Gebühren, ist ein Nachlass auf diese Gebühren nicht möglich.
6. Das Angebot allein berechtigt nicht zum Spiel gegen Greenfee. Die Erfüllung der Bestimmungen des jeweiligen Golfclubs zur Greenfee-Berechtigung (Mitgliedschaft in einem Golfclub, Mindesthandicap etc.) zum Zeitpunkt der Einlösung sind Voraussetzung.
7. Es ist untersagt, den Greenfee-Gutschein entgeltlich Dritten zu überlassen bzw. mit diesen Handel zu treiben. Insbesondere sind die teilnehmenden Golfclubs in diesem Falle berechtigt, die Einlösung der ausgeschriebenen Angebote zu verweigern.
8. Die teilnehmenden Golfclubs haben sich gegenüber dem Verlag unter den o.g. Bedingungen verpflichtet, die ausgeschriebenen Angebote einzulösen. Der Verlag übernimmt jedoch keine Gewähr und keine Haftung, wenn ein Angebot nicht eingelöst wird oder werden kann.

Bedingungen zur Einlösung des Discounts:
1. Das Angebot ist bis einschließlich 30.6.2023 gültig.
2. Der Golfspieler/Leser hat sich telefonisch eine Abschlagzeit geben zu lassen – dabei ist die Nutzung des Angebots anzugeben.
3. Eine Barauszahlung des Greenfee-Vorteils ist nicht möglich.
4. Das Kombinieren von Angeboten oder bestehenden Greenfee-Vorteilen ist nicht möglich. Der Vorteil bezieht sich jeweils ausschließlich auf die zum Zeitpunkt der Einlösung gültigen vollen Greenfee-Gebühren.
5. Gibt es Spielergruppen mit erhöhten Greenfee-Gebühren, ist ein Nachlass auf diese Gebühren nicht möglich.
6. Das Angebot allein berechtigt nicht zum Spiel gegen Greenfee. Die Erfüllung der Bestimmungen des jeweiligen Golfclubs zur Greenfee-Berechtigung (Mitgliedschaft in einem Golfclub, Mindesthandicap etc.) zum Zeitpunkt der Einlösung sind Voraussetzung.
7. Es ist untersagt, den Greenfee-Gutschein entgeltlich Dritten zu überlassen bzw. mit diesen Handel zu treiben. Insbesondere sind die teilnehmenden Golfclubs in diesem Falle berechtigt, die Einlösung der ausgeschriebenen Angebote zu verweigern.
8. Die teilnehmenden Golfclubs haben sich gegenüber dem Verlag unter den o.g. Bedingungen verpflichtet, die ausgeschriebenen Angebote einzulösen. Der Verlag übernimmt jedoch keine Gewähr und keine Haftung, wenn ein Angebot nicht eingelöst wird oder werden kann.

DER GOLF ALBRECHT

Golf Grindelwald

Aspistrasse
CH-3818 Grindelwald
✆ +41 79 658 88 66

89

20% Greenfee-Ermäßigung

DER GOLF ALBRECHT

Golf Grindelwald

Aspistrasse
CH-3818 Grindelwald
✆ +41 79 658 88 66

89

20% Greenfee-Ermäßigung

DER GOLF ALBRECHT

Golf de Nampont St Martin

Maison Forte
F-80120 Nampont St Martin
✆ +33 3 22 29 92 90

90

20% Greenfee-Ermäßigung

DER GOLF ALBRECHT

Golf de Nampont St Martin

Maison Forte
F-80120 Nampont St Martin
✆ +33 3 22 29 92 90

90

20% Greenfee-Ermäßigung

DER GOLF ALBRECHT

Alsace Golf Links

Moulin de Blitzheim
F-68250 Rouffach
✆ +33 3 89 78 52 12

91

25% Greenfee-Ermäßigung

DER GOLF ALBRECHT

Alsace Golf Links

Moulin de Blitzheim
F-68250 Rouffach
✆ +33 3 89 78 52 12

91

25% Greenfee-Ermäßigung

DER GOLF ALBRECHT

Golf de Rougemont

Route de Masevaux
F-90110 Rougemont-Le-Château
✆ +33 3 84 23 74 74

92

20% Greenfee-Ermäßigung

DER GOLF ALBRECHT

Golf de Rougemont

Route de Masevaux
F-90110 Rougemont-Le-Château
✆ +33 3 84 23 74 74

92

20% Greenfee-Ermäßigung

DER GOLF ALBRECHT

Golf du Château les Merles

Tuiliéres
F-24520 Mouleydier
✆ +33 5 53 63 13 42

93

20% Greenfee-Ermäßigung

DER GOLF ALBRECHT

Golf du Château les Merles

Tuiliéres
F-24520 Mouleydier
✆ +33 5 53 63 13 42

93

20% Greenfee-Ermäßigung

Diese Gutscheine gelten nur in Verbindung mit dem Buch/Albrecht Golf Card

Diese Gutscheine gelten nur in Verbindung mit dem Buch/Albrecht Golf Card

Bedingungen zur Einlösung des Discounts:

1. Das Angebot ist bis einschließlich 30.6.2023 gültig.
2. Der Golfspieler/Leser hat sich telefonisch eine Abschlagzeit geben zu lassen – dabei ist die Nutzung des Angebots anzugeben.
3. Eine Barauszahlung des Greenfee-Vorteils ist nicht möglich.
4. Das Kombinieren von Angeboten oder bestehenden Greenfee-Vorteilen ist nicht möglich. Der Vorteil bezieht sich jeweils ausschließlich auf die zum Zeitpunkt der Einlösung gültigen vollen Greenfee-Gebühren.
5. Gibt es Spielergruppen mit erhöhten Greenfee-Gebühren, ist ein Nachlass auf diese Gebühren nicht möglich.
6. Das Angebot allein berechtigt nicht zum Spiel gegen Greenfee. Die Erfüllung der Bestimmungen des jeweiligen Golfclubs zur Greenfee-Berechtigung (Mitgliedschaft in einem Golfclub, Mindesthandicap etc.) zum Zeitpunkt der Einlösung sind Voraussetzung.
7. Es ist untersagt, den Greenfee-Gutschein entgeltlich Dritten zu überlassen bzw. mit diesen Handel zu treiben. Insbesondere sind die teilnehmenden Golfclubs in diesem Falle berechtigt, die Einlösung der ausgeschriebenen Angebote zu verweigern.
8. Die teilnehmenden Golfclubs haben sich gegenüber dem Verlag unter den o.g. Bedingungen verpflichtet, die ausgeschriebenen Angebote einzulösen. Der Verlag übernimmt jedoch keine Gewähr und keine Haftung, wenn ein Angebot nicht eingelöst wird oder werden kann.

Bedingungen zur Einlösung des Discounts:

1. Das Angebot ist bis einschließlich 30.6.2023 gültig.
2. Der Golfspieler/Leser hat sich telefonisch eine Abschlagzeit geben zu lassen – dabei ist die Nutzung des Angebots anzugeben.
3. Eine Barauszahlung des Greenfee-Vorteils ist nicht möglich.
4. Das Kombinieren von Angeboten oder bestehenden Greenfee-Vorteilen ist nicht möglich. Der Vorteil bezieht sich jeweils ausschließlich auf die zum Zeitpunkt der Einlösung gültigen vollen Greenfee-Gebühren.
5. Gibt es Spielergruppen mit erhöhten Greenfee-Gebühren, ist ein Nachlass auf diese Gebühren nicht möglich.
6. Das Angebot allein berechtigt nicht zum Spiel gegen Greenfee. Die Erfüllung der Bestimmungen des jeweiligen Golfclubs zur Greenfee-Berechtigung (Mitgliedschaft in einem Golfclub, Mindesthandicap etc.) zum Zeitpunkt der Einlösung sind Voraussetzung.
7. Es ist untersagt, den Greenfee-Gutschein entgeltlich Dritten zu überlassen bzw. mit diesen Handel zu treiben. Insbesondere sind die teilnehmenden Golfclubs in diesem Falle berechtigt, die Einlösung der ausgeschriebenen Angebote zu verweigern.
8. Die teilnehmenden Golfclubs haben sich gegenüber dem Verlag unter den o.g. Bedingungen verpflichtet, die ausgeschriebenen Angebote einzulösen. Der Verlag übernimmt jedoch keine Gewähr und keine Haftung, wenn ein Angebot nicht eingelöst wird oder werden kann.

Bedingungen zur Einlösung des Discounts:

1. Das Angebot ist bis einschließlich 30.6.2023 gültig.
2. Der Golfspieler/Leser hat sich telefonisch eine Abschlagzeit geben zu lassen – dabei ist die Nutzung des Angebots anzugeben.
3. Eine Barauszahlung des Greenfee-Vorteils ist nicht möglich.
4. Das Kombinieren von Angeboten oder bestehenden Greenfee-Vorteilen ist nicht möglich. Der Vorteil bezieht sich jeweils ausschließlich auf die zum Zeitpunkt der Einlösung gültigen vollen Greenfee-Gebühren.
5. Gibt es Spielergruppen mit erhöhten Greenfee-Gebühren, ist ein Nachlass auf diese Gebühren nicht möglich.
6. Das Angebot allein berechtigt nicht zum Spiel gegen Greenfee. Die Erfüllung der Bestimmungen des jeweiligen Golfclubs zur Greenfee-Berechtigung (Mitgliedschaft in einem Golfclub, Mindesthandicap etc.) zum Zeitpunkt der Einlösung sind Voraussetzung.
7. Es ist untersagt, den Greenfee-Gutschein entgeltlich Dritten zu überlassen bzw. mit diesen Handel zu treiben. Insbesondere sind die teilnehmenden Golfclubs in diesem Falle berechtigt, die Einlösung der ausgeschriebenen Angebote zu verweigern.
8. Die teilnehmenden Golfclubs haben sich gegenüber dem Verlag unter den o.g. Bedingungen verpflichtet, die ausgeschriebenen Angebote einzulösen. Der Verlag übernimmt jedoch keine Gewähr und keine Haftung, wenn ein Angebot nicht eingelöst wird oder werden kann.

Bedingungen zur Einlösung des Discounts:

1. Das Angebot ist bis einschließlich 30.6.2023 gültig.
2. Der Golfspieler/Leser hat sich telefonisch eine Abschlagzeit geben zu lassen – dabei ist die Nutzung des Angebots anzugeben.
3. Eine Barauszahlung des Greenfee-Vorteils ist nicht möglich.
4. Das Kombinieren von Angeboten oder bestehenden Greenfee-Vorteilen ist nicht möglich. Der Vorteil bezieht sich jeweils ausschließlich auf die zum Zeitpunkt der Einlösung gültigen vollen Greenfee-Gebühren.
5. Gibt es Spielergruppen mit erhöhten Greenfee-Gebühren, ist ein Nachlass auf diese Gebühren nicht möglich.
6. Das Angebot allein berechtigt nicht zum Spiel gegen Greenfee. Die Erfüllung der Bestimmungen des jeweiligen Golfclubs zur Greenfee-Berechtigung (Mitgliedschaft in einem Golfclub, Mindesthandicap etc.) zum Zeitpunkt der Einlösung sind Voraussetzung.
7. Es ist untersagt, den Greenfee-Gutschein entgeltlich Dritten zu überlassen bzw. mit diesen Handel zu treiben. Insbesondere sind die teilnehmenden Golfclubs in diesem Falle berechtigt, die Einlösung der ausgeschriebenen Angebote zu verweigern.
8. Die teilnehmenden Golfclubs haben sich gegenüber dem Verlag unter den o.g. Bedingungen verpflichtet, die ausgeschriebenen Angebote einzulösen. Der Verlag übernimmt jedoch keine Gewähr und keine Haftung, wenn ein Angebot nicht eingelöst wird oder werden kann.

Bedingungen zur Einlösung des Discounts:

1. Das Angebot ist bis einschließlich 30.6.2023 gültig.
2. Der Golfspieler/Leser hat sich telefonisch eine Abschlagzeit geben zu lassen – dabei ist die Nutzung des Angebots anzugeben.
3. Eine Barauszahlung des Greenfee-Vorteils ist nicht möglich.
4. Das Kombinieren von Angeboten oder bestehenden Greenfee-Vorteilen ist nicht möglich. Der Vorteil bezieht sich jeweils ausschließlich auf die zum Zeitpunkt der Einlösung gültigen vollen Greenfee-Gebühren.
5. Gibt es Spielergruppen mit erhöhten Greenfee-Gebühren, ist ein Nachlass auf diese Gebühren nicht möglich.
6. Das Angebot allein berechtigt nicht zum Spiel gegen Greenfee. Die Erfüllung der Bestimmungen des jeweiligen Golfclubs zur Greenfee-Berechtigung (Mitgliedschaft in einem Golfclub, Mindesthandicap etc.) zum Zeitpunkt der Einlösung sind Voraussetzung.
7. Es ist untersagt, den Greenfee-Gutschein entgeltlich Dritten zu überlassen bzw. mit diesen Handel zu treiben. Insbesondere sind die teilnehmenden Golfclubs in diesem Falle berechtigt, die Einlösung der ausgeschriebenen Angebote zu verweigern.
8. Die teilnehmenden Golfclubs haben sich gegenüber dem Verlag unter den o.g. Bedingungen verpflichtet, die ausgeschriebenen Angebote einzulösen. Der Verlag übernimmt jedoch keine Gewähr und keine Haftung, wenn ein Angebot nicht eingelöst wird oder werden kann.

Bedingungen zur Einlösung des Discounts:

1. Das Angebot ist bis einschließlich 30.6.2023 gültig.
2. Der Golfspieler/Leser hat sich telefonisch eine Abschlagzeit geben zu lassen – dabei ist die Nutzung des Angebots anzugeben.
3. Eine Barauszahlung des Greenfee-Vorteils ist nicht möglich.
4. Das Kombinieren von Angeboten oder bestehenden Greenfee-Vorteilen ist nicht möglich. Der Vorteil bezieht sich jeweils ausschließlich auf die zum Zeitpunkt der Einlösung gültigen vollen Greenfee-Gebühren.
5. Gibt es Spielergruppen mit erhöhten Greenfee-Gebühren, ist ein Nachlass auf diese Gebühren nicht möglich.
6. Das Angebot allein berechtigt nicht zum Spiel gegen Greenfee. Die Erfüllung der Bestimmungen des jeweiligen Golfclubs zur Greenfee-Berechtigung (Mitgliedschaft in einem Golfclub, Mindesthandicap etc.) zum Zeitpunkt der Einlösung sind Voraussetzung.
7. Es ist untersagt, den Greenfee-Gutschein entgeltlich Dritten zu überlassen bzw. mit diesen Handel zu treiben. Insbesondere sind die teilnehmenden Golfclubs in diesem Falle berechtigt, die Einlösung der ausgeschriebenen Angebote zu verweigern.
8. Die teilnehmenden Golfclubs haben sich gegenüber dem Verlag unter den o.g. Bedingungen verpflichtet, die ausgeschriebenen Angebote einzulösen. Der Verlag übernimmt jedoch keine Gewähr und keine Haftung, wenn ein Angebot nicht eingelöst wird oder werden kann.

Bedingungen zur Einlösung des Discounts:

1. Das Angebot ist bis einschließlich 30.6.2023 gültig.
2. Der Golfspieler/Leser hat sich telefonisch eine Abschlagzeit geben zu lassen – dabei ist die Nutzung des Angebots anzugeben.
3. Eine Barauszahlung des Greenfee-Vorteils ist nicht möglich.
4. Das Kombinieren von Angeboten oder bestehenden Greenfee-Vorteilen ist nicht möglich. Der Vorteil bezieht sich jeweils ausschließlich auf die zum Zeitpunkt der Einlösung gültigen vollen Greenfee-Gebühren.
5. Gibt es Spielergruppen mit erhöhten Greenfee-Gebühren, ist ein Nachlass auf diese Gebühren nicht möglich.
6. Das Angebot allein berechtigt nicht zum Spiel gegen Greenfee. Die Erfüllung der Bestimmungen des jeweiligen Golfclubs zur Greenfee-Berechtigung (Mitgliedschaft in einem Golfclub, Mindesthandicap etc.) zum Zeitpunkt der Einlösung sind Voraussetzung.
7. Es ist untersagt, den Greenfee-Gutschein entgeltlich Dritten zu überlassen bzw. mit diesen Handel zu treiben. Insbesondere sind die teilnehmenden Golfclubs in diesem Falle berechtigt, die Einlösung der ausgeschriebenen Angebote zu verweigern.
8. Die teilnehmenden Golfclubs haben sich gegenüber dem Verlag unter den o.g. Bedingungen verpflichtet, die ausgeschriebenen Angebote einzulösen. Der Verlag übernimmt jedoch keine Gewähr und keine Haftung, wenn ein Angebot nicht eingelöst wird oder werden kann.

Bedingungen zur Einlösung des Discounts:

1. Das Angebot ist bis einschließlich 30.6.2023 gültig.
2. Der Golfspieler/Leser hat sich telefonisch eine Abschlagzeit geben zu lassen – dabei ist die Nutzung des Angebots anzugeben.
3. Eine Barauszahlung des Greenfee-Vorteils ist nicht möglich.
4. Das Kombinieren von Angeboten oder bestehenden Greenfee-Vorteilen ist nicht möglich. Der Vorteil bezieht sich jeweils ausschließlich auf die zum Zeitpunkt der Einlösung gültigen vollen Greenfee-Gebühren.
5. Gibt es Spielergruppen mit erhöhten Greenfee-Gebühren, ist ein Nachlass auf diese Gebühren nicht möglich.
6. Das Angebot allein berechtigt nicht zum Spiel gegen Greenfee. Die Erfüllung der Bestimmungen des jeweiligen Golfclubs zur Greenfee-Berechtigung (Mitgliedschaft in einem Golfclub, Mindesthandicap etc.) zum Zeitpunkt der Einlösung sind Voraussetzung.
7. Es ist untersagt, den Greenfee-Gutschein entgeltlich Dritten zu überlassen bzw. mit diesen Handel zu treiben. Insbesondere sind die teilnehmenden Golfclubs in diesem Falle berechtigt, die Einlösung der ausgeschriebenen Angebote zu verweigern.
8. Die teilnehmenden Golfclubs haben sich gegenüber dem Verlag unter den o.g. Bedingungen verpflichtet, die ausgeschriebenen Angebote einzulösen. Der Verlag übernimmt jedoch keine Gewähr und keine Haftung, wenn ein Angebot nicht eingelöst wird oder werden kann.

Bedingungen zur Einlösung des Discounts:

1. Das Angebot ist bis einschließlich 30.6.2023 gültig.
2. Der Golfspieler/Leser hat sich telefonisch eine Abschlagzeit geben zu lassen – dabei ist die Nutzung des Angebots anzugeben.
3. Eine Barauszahlung des Greenfee-Vorteils ist nicht möglich.
4. Das Kombinieren von Angeboten oder bestehenden Greenfee-Vorteilen ist nicht möglich. Der Vorteil bezieht sich jeweils ausschließlich auf die zum Zeitpunkt der Einlösung gültigen vollen Greenfee-Gebühren.
5. Gibt es Spielergruppen mit erhöhten Greenfee-Gebühren, ist ein Nachlass auf diese Gebühren nicht möglich.
6. Das Angebot allein berechtigt nicht zum Spiel gegen Greenfee. Die Erfüllung der Bestimmungen des jeweiligen Golfclubs zur Greenfee-Berechtigung (Mitgliedschaft in einem Golfclub, Mindesthandicap etc.) zum Zeitpunkt der Einlösung sind Voraussetzung.
7. Es ist untersagt, den Greenfee-Gutschein entgeltlich Dritten zu überlassen bzw. mit diesen Handel zu treiben. Insbesondere sind die teilnehmenden Golfclubs in diesem Falle berechtigt, die Einlösung der ausgeschriebenen Angebote zu verweigern.
8. Die teilnehmenden Golfclubs haben sich gegenüber dem Verlag unter den o.g. Bedingungen verpflichtet, die ausgeschriebenen Angebote einzulösen. Der Verlag übernimmt jedoch keine Gewähr und keine Haftung, wenn ein Angebot nicht eingelöst wird oder werden kann.

Bedingungen zur Einlösung des Discounts:

1. Das Angebot ist bis einschließlich 30.6.2023 gültig.
2. Der Golfspieler/Leser hat sich telefonisch eine Abschlagzeit geben zu lassen – dabei ist die Nutzung des Angebots anzugeben.
3. Eine Barauszahlung des Greenfee-Vorteils ist nicht möglich.
4. Das Kombinieren von Angeboten oder bestehenden Greenfee-Vorteilen ist nicht möglich. Der Vorteil bezieht sich jeweils ausschließlich auf die zum Zeitpunkt der Einlösung gültigen vollen Greenfee-Gebühren.
5. Gibt es Spielergruppen mit erhöhten Greenfee-Gebühren, ist ein Nachlass auf diese Gebühren nicht möglich.
6. Das Angebot allein berechtigt nicht zum Spiel gegen Greenfee. Die Erfüllung der Bestimmungen des jeweiligen Golfclubs zur Greenfee-Berechtigung (Mitgliedschaft in einem Golfclub, Mindesthandicap etc.) zum Zeitpunkt der Einlösung sind Voraussetzung.
7. Es ist untersagt, den Greenfee-Gutschein entgeltlich Dritten zu überlassen bzw. mit diesen Handel zu treiben. Insbesondere sind die teilnehmenden Golfclubs in diesem Falle berechtigt, die Einlösung der ausgeschriebenen Angebote zu verweigern.
8. Die teilnehmenden Golfclubs haben sich gegenüber dem Verlag unter den o.g. Bedingungen verpflichtet, die ausgeschriebenen Angebote einzulösen. Der Verlag übernimmt jedoch keine Gewähr und keine Haftung, wenn ein Angebot nicht eingelöst wird oder werden kann.

DER GOLF ALBRECHT

Golf Club d' Uzes

FR

Mas de la Place-Pont des Charettes
F-30700 Uzes
☎ +33 4 66 22 40 03

94

Hinweis: Offre valable en semaine et week-end (hors jours fériés et compétitions)

20% Greenfee-Ermäßigung

DER GOLF ALBRECHT

Golf Club d' Uzes

Mas de la Place-Pont des Charettes
F-30700 Uzes
☎ +33 4 66 22 40 03

Hinweis: Offre valable en semaine et week-end (hors jours fériés et compétitions)

20% Greenfee-Ermäßigung

DER GOLF ALBRECHT

Golf de St. Donat

270, Route de Cannes 270
F-06130 Grasse
☎ +33 4 93 09 76 60

95

20% Greenfee-Ermäßigung

DER GOLF ALBRECHT

Golf de St. Donat

270, Route de Cannes 270
F-06130 Grasse
☎ +33 4 93 09 76 60

95

20% Greenfee-Ermäßigung

DER GOLF ALBRECHT

Golf de St. Donat

270, Route de Cannes 270
F-06130 Grasse
☎ +33 4 93 09 76 60

95

20% Greenfee-Ermäßigung

DER GOLF ALBRECHT

Pro1Golf - Golf Club des Lacs

Rue du Cierneau 1
B-6440 Froidchapelle
☎ +32 60 39 90 37

96

2 for 1 2 GF zum Preis von 1

DER GOLF ALBRECHT

Pro1Golf - Golf Club des Lacs

Rue du Cierneau 1
B-6440 Froidchapelle
☎ +32 60 39 90 37

96

20% Greenfee-Ermäßigung

DER GOLF ALBRECHT

Pro1Golf - Golf Club des Lacs

Rue du Cierneau 1
B-6440 Froidchapelle
☎ +32 60 39 90 37

96

20% Greenfee-Ermäßigung

DER GOLF ALBRECHT

Pro1Golf - Golf Club des Lacs

Rue du Cierneau 1
B-6440 Froidchapelle
☎ +32 60 39 90 37

96

20% Greenfee-Ermäßigung

DER GOLF ALBRECHT

Golfbaan Tespelduyn

Landgoed & Golfbaan Tespelduyn, Tespellaan 53
2211 VT Noordwijkerhout
☎ +31 252 241 333

97

2 for 1 2 GF zum Preis von 1

Diese Gutscheine gelten nur in Verbindung mit dem Buch/Albrecht Golf Card

Diese Gutscheine gelten nur in Verbindung mit dem Buch/Albrecht Golf Card

Bedingungen zur Einlösung des Discounts:

1. Das Angebot ist bis einschließlich 30.6.2023 gültig.
2. Der Golfspieler/Leser hat sich telefonisch eine Abschlagzeit geben zu lassen – dabei ist die Nutzung des Angebots anzugeben.
3. Eine Barauszahlung des Greenfee-Vorteils ist nicht möglich.
4. Das Kombinieren von Angeboten oder bestehenden Greenfee-Vorteilen ist nicht möglich. Der Vorteil bezieht sich jeweils ausschließlich auf die zum Zeitpunkt der Einlösung gültigen vollen Greenfee-Gebühren.
5. Gibt es Spielergruppen mit erhöhten Greenfee-Gebühren, ist ein Nachlass auf diese Gebühren nicht möglich.
6. Das Angebot allein berechtigt nicht zum Spiel gegen Greenfee. Die Erfüllung der Bestimmungen des jeweiligen Golfclubs zur Greenfee-Berechtigung (Mitgliedschaft in einem Golfclub, Mindesthandicap etc.) zum Zeitpunkt der Einlösung sind Voraussetzung.
7. Es ist untersagt, den Greenfee-Gutschein entgeltlich Dritten zu überlassen bzw. mit diesen Handel zu treiben. Insbesondere sind die teilnehmenden Golfclubs in diesem Falle berechtigt, die Einlösung der ausgeschriebenen Angebote zu verweigern.
8. Die teilnehmenden Golfclubs haben sich gegenüber dem Verlag unter den o.g. Bedingungen verpflichtet, die ausgeschriebenen Angebote einzulösen. Der Verlag übernimmt jedoch keine Gewähr und keine Haftung, wenn ein Angebot nicht eingelöst wird oder werden kann.

Bedingungen zur Einlösung des Discounts:

1. Das Angebot ist bis einschließlich 30.6.2023 gültig.
2. Der Golfspieler/Leser hat sich telefonisch eine Abschlagzeit geben zu lassen – dabei ist die Nutzung des Angebots anzugeben.
3. Eine Barauszahlung des Greenfee-Vorteils ist nicht möglich.
4. Das Kombinieren von Angeboten oder bestehenden Greenfee-Vorteilen ist nicht möglich. Der Vorteil bezieht sich jeweils ausschließlich auf die zum Zeitpunkt der Einlösung gültigen vollen Greenfee-Gebühren.
5. Gibt es Spielergruppen mit erhöhten Greenfee-Gebühren, ist ein Nachlass auf diese Gebühren nicht möglich.
6. Das Angebot allein berechtigt nicht zum Spiel gegen Greenfee. Die Erfüllung der Bestimmungen des jeweiligen Golfclubs zur Greenfee-Berechtigung (Mitgliedschaft in einem Golfclub, Mindesthandicap etc.) zum Zeitpunkt der Einlösung sind Voraussetzung.
7. Es ist untersagt, den Greenfee-Gutschein entgeltlich Dritten zu überlassen bzw. mit diesen Handel zu treiben. Insbesondere sind die teilnehmenden Golfclubs in diesem Falle berechtigt, die Einlösung der ausgeschriebenen Angebote zu verweigern.
8. Die teilnehmenden Golfclubs haben sich gegenüber dem Verlag unter den o.g. Bedingungen verpflichtet, die ausgeschriebenen Angebote einzulösen. Der Verlag übernimmt jedoch keine Gewähr und keine Haftung, wenn ein Angebot nicht eingelöst wird oder werden kann.

Bedingungen zur Einlösung des Discounts:

1. Das Angebot ist bis einschließlich 30.6.2023 gültig.
2. Der Golfspieler/Leser hat sich telefonisch eine Abschlagzeit geben zu lassen – dabei ist die Nutzung des Angebots anzugeben.
3. Eine Barauszahlung des Greenfee-Vorteils ist nicht möglich.
4. Das Kombinieren von Angeboten oder bestehenden Greenfee-Vorteilen ist nicht möglich. Der Vorteil bezieht sich jeweils ausschließlich auf die zum Zeitpunkt der Einlösung gültigen vollen Greenfee-Gebühren.
5. Gibt es Spielergruppen mit erhöhten Greenfee-Gebühren, ist ein Nachlass auf diese Gebühren nicht möglich.
6. Das Angebot allein berechtigt nicht zum Spiel gegen Greenfee. Die Erfüllung der Bestimmungen des jeweiligen Golfclubs zur Greenfee-Berechtigung (Mitgliedschaft in einem Golfclub, Mindesthandicap etc.) zum Zeitpunkt der Einlösung sind Voraussetzung.
7. Es ist untersagt, den Greenfee-Gutschein entgeltlich Dritten zu überlassen bzw. mit diesen Handel zu treiben. Insbesondere sind die teilnehmenden Golfclubs in diesem Falle berechtigt, die Einlösung der ausgeschriebenen Angebote zu verweigern.
8. Die teilnehmenden Golfclubs haben sich gegenüber dem Verlag unter den o.g. Bedingungen verpflichtet, die ausgeschriebenen Angebote einzulösen. Der Verlag übernimmt jedoch keine Gewähr und keine Haftung, wenn ein Angebot nicht eingelöst wird oder werden kann.

Bedingungen zur Einlösung des Discounts:

1. Das Angebot ist bis einschließlich 30.6.2023 gültig.
2. Der Golfspieler/Leser hat sich telefonisch eine Abschlagzeit geben zu lassen – dabei ist die Nutzung des Angebots anzugeben.
3. Eine Barauszahlung des Greenfee-Vorteils ist nicht möglich.
4. Das Kombinieren von Angeboten oder bestehenden Greenfee-Vorteilen ist nicht möglich. Der Vorteil bezieht sich jeweils ausschließlich auf die zum Zeitpunkt der Einlösung gültigen vollen Greenfee-Gebühren.
5. Gibt es Spielergruppen mit erhöhten Greenfee-Gebühren, ist ein Nachlass auf diese Gebühren nicht möglich.
6. Das Angebot allein berechtigt nicht zum Spiel gegen Greenfee. Die Erfüllung der Bestimmungen des jeweiligen Golfclubs zur Greenfee-Berechtigung (Mitgliedschaft in einem Golfclub, Mindesthandicap etc.) zum Zeitpunkt der Einlösung sind Voraussetzung.
7. Es ist untersagt, den Greenfee-Gutschein entgeltlich Dritten zu überlassen bzw. mit diesen Handel zu treiben. Insbesondere sind die teilnehmenden Golfclubs in diesem Falle berechtigt, die Einlösung der ausgeschriebenen Angebote zu verweigern.
8. Die teilnehmenden Golfclubs haben sich gegenüber dem Verlag unter den o.g. Bedingungen verpflichtet, die ausgeschriebenen Angebote einzulösen. Der Verlag übernimmt jedoch keine Gewähr und keine Haftung, wenn ein Angebot nicht eingelöst wird oder werden kann.

Bedingungen zur Einlösung des Discounts:

1. Das Angebot ist bis einschließlich 30.6.2023 gültig.
2. Der Golfspieler/Leser hat sich telefonisch eine Abschlagzeit geben zu lassen – dabei ist die Nutzung des Angebots anzugeben.
3. Eine Barauszahlung des Greenfee-Vorteils ist nicht möglich.
4. Das Kombinieren von Angeboten oder bestehenden Greenfee-Vorteilen ist nicht möglich. Der Vorteil bezieht sich jeweils ausschließlich auf die zum Zeitpunkt der Einlösung gültigen vollen Greenfee-Gebühren.
5. Gibt es Spielergruppen mit erhöhten Greenfee-Gebühren, ist ein Nachlass auf diese Gebühren nicht möglich.
6. Das Angebot allein berechtigt nicht zum Spiel gegen Greenfee. Die Erfüllung der Bestimmungen des jeweiligen Golfclubs zur Greenfee-Berechtigung (Mitgliedschaft in einem Golfclub, Mindesthandicap etc.) zum Zeitpunkt der Einlösung sind Voraussetzung.
7. Es ist untersagt, den Greenfee-Gutschein entgeltlich Dritten zu überlassen bzw. mit diesen Handel zu treiben. Insbesondere sind die teilnehmenden Golfclubs in diesem Falle berechtigt, die Einlösung der ausgeschriebenen Angebote zu verweigern.
8. Die teilnehmenden Golfclubs haben sich gegenüber dem Verlag unter den o.g. Bedingungen verpflichtet, die ausgeschriebenen Angebote einzulösen. Der Verlag übernimmt jedoch keine Gewähr und keine Haftung, wenn ein Angebot nicht eingelöst wird oder werden kann.

Bedingungen zur Einlösung des Discounts:

1. Das Angebot ist bis einschließlich 30.6.2023 gültig.
2. Der Golfspieler/Leser hat sich telefonisch eine Abschlagzeit geben zu lassen – dabei ist die Nutzung des Angebots anzugeben.
3. Eine Barauszahlung des Greenfee-Vorteils ist nicht möglich.
4. Das Kombinieren von Angeboten oder bestehenden Greenfee-Vorteilen ist nicht möglich. Der Vorteil bezieht sich jeweils ausschließlich auf die zum Zeitpunkt der Einlösung gültigen vollen Greenfee-Gebühren.
5. Gibt es Spielergruppen mit erhöhten Greenfee-Gebühren, ist ein Nachlass auf diese Gebühren nicht möglich.
6. Das Angebot allein berechtigt nicht zum Spiel gegen Greenfee. Die Erfüllung der Bestimmungen des jeweiligen Golfclubs zur Greenfee-Berechtigung (Mitgliedschaft in einem Golfclub, Mindesthandicap etc.) zum Zeitpunkt der Einlösung sind Voraussetzung.
7. Es ist untersagt, den Greenfee-Gutschein entgeltlich Dritten zu überlassen bzw. mit diesen Handel zu treiben. Insbesondere sind die teilnehmenden Golfclubs in diesem Falle berechtigt, die Einlösung der ausgeschriebenen Angebote zu verweigern.
8. Die teilnehmenden Golfclubs haben sich gegenüber dem Verlag unter den o.g. Bedingungen verpflichtet, die ausgeschriebenen Angebote einzulösen. Der Verlag übernimmt jedoch keine Gewähr und keine Haftung, wenn ein Angebot nicht eingelöst wird oder werden kann.

Bedingungen zur Einlösung des Discounts:

1. Das Angebot ist bis einschließlich 30.6.2023 gültig.
2. Der Golfspieler/Leser hat sich telefonisch eine Abschlagzeit geben zu lassen – dabei ist die Nutzung des Angebots anzugeben.
3. Eine Barauszahlung des Greenfee-Vorteils ist nicht möglich.
4. Das Kombinieren von Angeboten oder bestehenden Greenfee-Vorteilen ist nicht möglich. Der Vorteil bezieht sich jeweils ausschließlich auf die zum Zeitpunkt der Einlösung gültigen vollen Greenfee-Gebühren.
5. Gibt es Spielergruppen mit erhöhten Greenfee-Gebühren, ist ein Nachlass auf diese Gebühren nicht möglich.
6. Das Angebot allein berechtigt nicht zum Spiel gegen Greenfee. Die Erfüllung der Bestimmungen des jeweiligen Golfclubs zur Greenfee-Berechtigung (Mitgliedschaft in einem Golfclub, Mindesthandicap etc.) zum Zeitpunkt der Einlösung sind Voraussetzung.
7. Es ist untersagt, den Greenfee-Gutschein entgeltlich Dritten zu überlassen bzw. mit diesen Handel zu treiben. Insbesondere sind die teilnehmenden Golfclubs in diesem Falle berechtigt, die Einlösung der ausgeschriebenen Angebote zu verweigern.
8. Die teilnehmenden Golfclubs haben sich gegenüber dem Verlag unter den o.g. Bedingungen verpflichtet, die ausgeschriebenen Angebote einzulösen. Der Verlag übernimmt jedoch keine Gewähr und keine Haftung, wenn ein Angebot nicht eingelöst wird oder werden kann.

Bedingungen zur Einlösung des Discounts:

1. Das Angebot ist bis einschließlich 30.6.2023 gültig.
2. Der Golfspieler/Leser hat sich telefonisch eine Abschlagzeit geben zu lassen – dabei ist die Nutzung des Angebots anzugeben.
3. Eine Barauszahlung des Greenfee-Vorteils ist nicht möglich.
4. Das Kombinieren von Angeboten oder bestehenden Greenfee-Vorteilen ist nicht möglich. Der Vorteil bezieht sich jeweils ausschließlich auf die zum Zeitpunkt der Einlösung gültigen vollen Greenfee-Gebühren.
5. Gibt es Spielergruppen mit erhöhten Greenfee-Gebühren, ist ein Nachlass auf diese Gebühren nicht möglich.
6. Das Angebot allein berechtigt nicht zum Spiel gegen Greenfee. Die Erfüllung der Bestimmungen des jeweiligen Golfclubs zur Greenfee-Berechtigung (Mitgliedschaft in einem Golfclub, Mindesthandicap etc.) zum Zeitpunkt der Einlösung sind Voraussetzung.
7. Es ist untersagt, den Greenfee-Gutschein entgeltlich Dritten zu überlassen bzw. mit diesen Handel zu treiben. Insbesondere sind die teilnehmenden Golfclubs in diesem Falle berechtigt, die Einlösung der ausgeschriebenen Angebote zu verweigern.
8. Die teilnehmenden Golfclubs haben sich gegenüber dem Verlag unter den o.g. Bedingungen verpflichtet, die ausgeschriebenen Angebote einzulösen. Der Verlag übernimmt jedoch keine Gewähr und keine Haftung, wenn ein Angebot nicht eingelöst wird oder werden kann.

Bedingungen zur Einlösung des Discounts:

1. Das Angebot ist bis einschließlich 30.6.2023 gültig.
2. Der Golfspieler/Leser hat sich telefonisch eine Abschlagzeit geben zu lassen – dabei ist die Nutzung des Angebots anzugeben.
3. Eine Barauszahlung des Greenfee-Vorteils ist nicht möglich.
4. Das Kombinieren von Angeboten oder bestehenden Greenfee-Vorteilen ist nicht möglich. Der Vorteil bezieht sich jeweils ausschließlich auf die zum Zeitpunkt der Einlösung gültigen vollen Greenfee-Gebühren.
5. Gibt es Spielergruppen mit erhöhten Greenfee-Gebühren, ist ein Nachlass auf diese Gebühren nicht möglich.
6. Das Angebot allein berechtigt nicht zum Spiel gegen Greenfee. Die Erfüllung der Bestimmungen des jeweiligen Golfclubs zur Greenfee-Berechtigung (Mitgliedschaft in einem Golfclub, Mindesthandicap etc.) zum Zeitpunkt der Einlösung sind Voraussetzung.
7. Es ist untersagt, den Greenfee-Gutschein entgeltlich Dritten zu überlassen bzw. mit diesen Handel zu treiben. Insbesondere sind die teilnehmenden Golfclubs in diesem Falle berechtigt, die Einlösung der ausgeschriebenen Angebote zu verweigern.
8. Die teilnehmenden Golfclubs haben sich gegenüber dem Verlag unter den o.g. Bedingungen verpflichtet, die ausgeschriebenen Angebote einzulösen. Der Verlag übernimmt jedoch keine Gewähr und keine Haftung, wenn ein Angebot nicht eingelöst wird oder werden kann.

Bedingungen zur Einlösung des Discounts:

1. Das Angebot ist bis einschließlich 30.6.2023 gültig.
2. Der Golfspieler/Leser hat sich telefonisch eine Abschlagzeit geben zu lassen – dabei ist die Nutzung des Angebots anzugeben.
3. Eine Barauszahlung des Greenfee-Vorteils ist nicht möglich.
4. Das Kombinieren von Angeboten oder bestehenden Greenfee-Vorteilen ist nicht möglich. Der Vorteil bezieht sich jeweils ausschließlich auf die zum Zeitpunkt der Einlösung gültigen vollen Greenfee-Gebühren.
5. Gibt es Spielergruppen mit erhöhten Greenfee-Gebühren, ist ein Nachlass auf diese Gebühren nicht möglich.
6. Das Angebot allein berechtigt nicht zum Spiel gegen Greenfee. Die Erfüllung der Bestimmungen des jeweiligen Golfclubs zur Greenfee-Berechtigung (Mitgliedschaft in einem Golfclub, Mindesthandicap etc.) zum Zeitpunkt der Einlösung sind Voraussetzung.
7. Es ist untersagt, den Greenfee-Gutschein entgeltlich Dritten zu überlassen bzw. mit diesen Handel zu treiben. Insbesondere sind die teilnehmenden Golfclubs in diesem Falle berechtigt, die Einlösung der ausgeschriebenen Angebote zu verweigern.
8. Die teilnehmenden Golfclubs haben sich gegenüber dem Verlag unter den o.g. Bedingungen verpflichtet, die ausgeschriebenen Angebote einzulösen. Der Verlag übernimmt jedoch keine Gewähr und keine Haftung, wenn ein Angebot nicht eingelöst wird oder werden kann.

DER GOLF ALBRECHT

Golfbaan Tespelduyn

Landgoed & Golfbaan Tespelduyn, Tespellaan 53
2211 VT Noordwijkerhout
✆ +31 252 241 333

97

2 for 1 2 GF zum Preis von 1

DER GOLF ALBRECHT

Golf Midden-Brabant

Dunsedijk 1
5085ND Esbeek
✆ +31 13 516 9966
Hinweis: Valid on all days of the week starting after 16.00 h and on wednesdays also before 10.00 h (only on regular rates).

98

2 for 1 2 GF zum Preis von 1

DER GOLF ALBRECHT

Golf Midden-Brabant

Dunsedijk 1
5085ND Esbeek
✆ +31 13 516 9966
Hinweis: Valid on all days of the week starting after 16.00 h and on wednesdays also before 10.00 h (only on regular rates).

98

2 for 1 2 GF zum Preis von 1

DER GOLF ALBRECHT

Sindal Golf Klub

Volstrupvej 135, Hørmested
DK-9870 Sindal
✆ +45 98 93 44 22

99

2 for 1 2 GF zum Preis von 1

DER GOLF ALBRECHT

Sindal Golf Klub

Volstrupvej 135, Hørmested
DK-9870 Sindal
✆ +45 98 93 44 22

99

2 for 1 2 GF zum Preis von 1

DER GOLF ALBRECHT

Jammerbugtens Golfklub

Starkærvej 20
DK-9690 Fjerritslev
✆ +45 98 21 26 66

100

50% Greenfee-Ermäßigung wochentags

DER GOLF ALBRECHT

Jammerbugtens Golfklub

Starkærvej 20
DK-9690 Fjerritslev
✆ +45 98 21 26 66

100

50% Greenfee-Ermäßigung wochentags

DER GOLF ALBRECHT

Jammerbugtens Golfklub

Starkærvej 20
DK-9690 Fjerritslev
✆ +45 98 21 26 66

100

50% Greenfee-Ermäßigung wochentags

DER GOLF ALBRECHT

Randers Golf Klub

Himmelbovej 22, Fladbro
DK-8920 Randers NV
✆ +45 86 42 88 69

101

25% Greenfee-Ermäßigung

DER GOLF ALBRECHT

Randers Golf Klub

Himmelbovej 22, Fladbro
DK-8920 Randers NV
✆ +45 86 42 88 69

101

25% Greenfee-Ermäßigung

Diese Gutscheine gelten nur in Verbindung mit dem Buch/Albrecht Golf Card

Bedingungen zur Einlösung des Discounts:
1. Das Angebot ist bis einschließlich 30.6.2023 gültig.
2. Der Golfspieler/Leser hat sich telefonisch eine Abschlagzeit geben zu lassen – dabei ist die Nutzung des Angebots anzugeben.
3. Eine Barauszahlung des Greenfee-Vorteils ist nicht möglich.
4. Das Kombinieren von Angeboten oder bestehenden Greenfee-Vorteilen ist nicht möglich. Der Vorteil bezieht sich jeweils ausschließlich auf die zum Zeitpunkt der Einlösung gültigen vollen Greenfee-Gebühren.
5. Gibt es Spielergruppen mit erhöhten Greenfee-Gebühren, ist ein Nachlass auf diese Gebühren nicht möglich.
6. Das Angebot allein berechtigt nicht zum Spiel gegen Greenfee. Die Erfüllung der Bestimmungen des jeweiligen Golfclubs zur Greenfee-Berechtigung (Mitgliedschaft in einem Golfclub, Mindesthandicap etc.) zum Zeitpunkt der Einlösung sind Voraussetzung.
7. Es ist untersagt, den Greenfee-Gutschein entgeltlich Dritten zu überlassen bzw. mit diesen Handel zu treiben. Insbesondere sind die teilnehmenden Golfclubs in diesem Falle berechtigt, die Einlösung der ausgeschriebenen Angebote zu verweigern.
8. Die teilnehmenden Golfclubs haben sich gegenüber dem Verlag unter den o.g. Bedingungen verpflichtet, die ausgeschriebenen Angebote einzulösen. Der Verlag übernimmt jedoch keine Gewähr und keine Haftung, wenn ein Angebot nicht eingelöst wird oder werden kann.

Bedingungen zur Einlösung des Discounts:
1. Das Angebot ist bis einschließlich 30.6.2023 gültig.
2. Der Golfspieler/Leser hat sich telefonisch eine Abschlagzeit geben zu lassen – dabei ist die Nutzung des Angebots anzugeben.
3. Eine Barauszahlung des Greenfee-Vorteils ist nicht möglich.
4. Das Kombinieren von Angeboten oder bestehenden Greenfee-Vorteilen ist nicht möglich. Der Vorteil bezieht sich jeweils ausschließlich auf die zum Zeitpunkt der Einlösung gültigen vollen Greenfee-Gebühren.
5. Gibt es Spielergruppen mit erhöhten Greenfee-Gebühren, ist ein Nachlass auf diese Gebühren nicht möglich.
6. Das Angebot allein berechtigt nicht zum Spiel gegen Greenfee. Die Erfüllung der Bestimmungen des jeweiligen Golfclubs zur Greenfee-Berechtigung (Mitgliedschaft in einem Golfclub, Mindesthandicap etc.) zum Zeitpunkt der Einlösung sind Voraussetzung.
7. Es ist untersagt, den Greenfee-Gutschein entgeltlich Dritten zu überlassen bzw. mit diesen Handel zu treiben. Insbesondere sind die teilnehmenden Golfclubs in diesem Falle berechtigt, die Einlösung der ausgeschriebenen Angebote zu verweigern.
8. Die teilnehmenden Golfclubs haben sich gegenüber dem Verlag unter den o.g. Bedingungen verpflichtet, die ausgeschriebenen Angebote einzulösen. Der Verlag übernimmt jedoch keine Gewähr und keine Haftung, wenn ein Angebot nicht eingelöst wird oder werden kann.

Bedingungen zur Einlösung des Discounts:
1. Das Angebot ist bis einschließlich 30.6.2023 gültig.
2. Der Golfspieler/Leser hat sich telefonisch eine Abschlagzeit geben zu lassen – dabei ist die Nutzung des Angebots anzugeben.
3. Eine Barauszahlung des Greenfee-Vorteils ist nicht möglich.
4. Das Kombinieren von Angeboten oder bestehenden Greenfee-Vorteilen ist nicht möglich. Der Vorteil bezieht sich jeweils ausschließlich auf die zum Zeitpunkt der Einlösung gültigen vollen Greenfee-Gebühren.
5. Gibt es Spielergruppen mit erhöhten Greenfee-Gebühren, ist ein Nachlass auf diese Gebühren nicht möglich.
6. Das Angebot allein berechtigt nicht zum Spiel gegen Greenfee. Die Erfüllung der Bestimmungen des jeweiligen Golfclubs zur Greenfee-Berechtigung (Mitgliedschaft in einem Golfclub, Mindesthandicap etc.) zum Zeitpunkt der Einlösung sind Voraussetzung.
7. Es ist untersagt, den Greenfee-Gutschein entgeltlich Dritten zu überlassen bzw. mit diesen Handel zu treiben. Insbesondere sind die teilnehmenden Golfclubs in diesem Falle berechtigt, die Einlösung der ausgeschriebenen Angebote zu verweigern.
8. Die teilnehmenden Golfclubs haben sich gegenüber dem Verlag unter den o.g. Bedingungen verpflichtet, die ausgeschriebenen Angebote einzulösen. Der Verlag übernimmt jedoch keine Gewähr und keine Haftung, wenn ein Angebot nicht eingelöst wird oder werden kann.

Bedingungen zur Einlösung des Discounts:
1. Das Angebot ist bis einschließlich 30.6.2023 gültig.
2. Der Golfspieler/Leser hat sich telefonisch eine Abschlagzeit geben zu lassen – dabei ist die Nutzung des Angebots anzugeben.
3. Eine Barauszahlung des Greenfee-Vorteils ist nicht möglich.
4. Das Kombinieren von Angeboten oder bestehenden Greenfee-Vorteilen ist nicht möglich. Der Vorteil bezieht sich jeweils ausschließlich auf die zum Zeitpunkt der Einlösung gültigen vollen Greenfee-Gebühren.
5. Gibt es Spielergruppen mit erhöhten Greenfee-Gebühren, ist ein Nachlass auf diese Gebühren nicht möglich.
6. Das Angebot allein berechtigt nicht zum Spiel gegen Greenfee. Die Erfüllung der Bestimmungen des jeweiligen Golfclubs zur Greenfee-Berechtigung (Mitgliedschaft in einem Golfclub, Mindesthandicap etc.) zum Zeitpunkt der Einlösung sind Voraussetzung.
7. Es ist untersagt, den Greenfee-Gutschein entgeltlich Dritten zu überlassen bzw. mit diesen Handel zu treiben. Insbesondere sind die teilnehmenden Golfclubs in diesem Falle berechtigt, die Einlösung der ausgeschriebenen Angebote zu verweigern.
8. Die teilnehmenden Golfclubs haben sich gegenüber dem Verlag unter den o.g. Bedingungen verpflichtet, die ausgeschriebenen Angebote einzulösen. Der Verlag übernimmt jedoch keine Gewähr und keine Haftung, wenn ein Angebot nicht eingelöst wird oder werden kann.

Bedingungen zur Einlösung des Discounts:
1. Das Angebot ist bis einschließlich 30.6.2023 gültig.
2. Der Golfspieler/Leser hat sich telefonisch eine Abschlagzeit geben zu lassen – dabei ist die Nutzung des Angebots anzugeben.
3. Eine Barauszahlung des Greenfee-Vorteils ist nicht möglich.
4. Das Kombinieren von Angeboten oder bestehenden Greenfee-Vorteilen ist nicht möglich. Der Vorteil bezieht sich jeweils ausschließlich auf die zum Zeitpunkt der Einlösung gültigen vollen Greenfee-Gebühren.
5. Gibt es Spielergruppen mit erhöhten Greenfee-Gebühren, ist ein Nachlass auf diese Gebühren nicht möglich.
6. Das Angebot allein berechtigt nicht zum Spiel gegen Greenfee. Die Erfüllung der Bestimmungen des jeweiligen Golfclubs zur Greenfee-Berechtigung (Mitgliedschaft in einem Golfclub, Mindesthandicap etc.) zum Zeitpunkt der Einlösung sind Voraussetzung.
7. Es ist untersagt, den Greenfee-Gutschein entgeltlich Dritten zu überlassen bzw. mit diesen Handel zu treiben. Insbesondere sind die teilnehmenden Golfclubs in diesem Falle berechtigt, die Einlösung der ausgeschriebenen Angebote zu verweigern.
8. Die teilnehmenden Golfclubs haben sich gegenüber dem Verlag unter den o.g. Bedingungen verpflichtet, die ausgeschriebenen Angebote einzulösen. Der Verlag übernimmt jedoch keine Gewähr und keine Haftung, wenn ein Angebot nicht eingelöst wird oder werden kann.

Bedingungen zur Einlösung des Discounts:
1. Das Angebot ist bis einschließlich 30.6.2023 gültig.
2. Der Golfspieler/Leser hat sich telefonisch eine Abschlagzeit geben zu lassen – dabei ist die Nutzung des Angebots anzugeben.
3. Eine Barauszahlung des Greenfee-Vorteils ist nicht möglich.
4. Das Kombinieren von Angeboten oder bestehenden Greenfee-Vorteilen ist nicht möglich. Der Vorteil bezieht sich jeweils ausschließlich auf die zum Zeitpunkt der Einlösung gültigen vollen Greenfee-Gebühren.
5. Gibt es Spielergruppen mit erhöhten Greenfee-Gebühren, ist ein Nachlass auf diese Gebühren nicht möglich.
6. Das Angebot allein berechtigt nicht zum Spiel gegen Greenfee. Die Erfüllung der Bestimmungen des jeweiligen Golfclubs zur Greenfee-Berechtigung (Mitgliedschaft in einem Golfclub, Mindesthandicap etc.) zum Zeitpunkt der Einlösung sind Voraussetzung.
7. Es ist untersagt, den Greenfee-Gutschein entgeltlich Dritten zu überlassen bzw. mit diesen Handel zu treiben. Insbesondere sind die teilnehmenden Golfclubs in diesem Falle berechtigt, die Einlösung der ausgeschriebenen Angebote zu verweigern.
8. Die teilnehmenden Golfclubs haben sich gegenüber dem Verlag unter den o.g. Bedingungen verpflichtet, die ausgeschriebenen Angebote einzulösen. Der Verlag übernimmt jedoch keine Gewähr und keine Haftung, wenn ein Angebot nicht eingelöst wird oder werden kann.

Bedingungen zur Einlösung des Discounts:
1. Das Angebot ist bis einschließlich 30.6.2023 gültig.
2. Der Golfspieler/Leser hat sich telefonisch eine Abschlagzeit geben zu lassen – dabei ist die Nutzung des Angebots anzugeben.
3. Eine Barauszahlung des Greenfee-Vorteils ist nicht möglich.
4. Das Kombinieren von Angeboten oder bestehenden Greenfee-Vorteilen ist nicht möglich. Der Vorteil bezieht sich jeweils ausschließlich auf die zum Zeitpunkt der Einlösung gültigen vollen Greenfee-Gebühren.
5. Gibt es Spielergruppen mit erhöhten Greenfee-Gebühren, ist ein Nachlass auf diese Gebühren nicht möglich.
6. Das Angebot allein berechtigt nicht zum Spiel gegen Greenfee. Die Erfüllung der Bestimmungen des jeweiligen Golfclubs zur Greenfee-Berechtigung (Mitgliedschaft in einem Golfclub, Mindesthandicap etc.) zum Zeitpunkt der Einlösung sind Voraussetzung.
7. Es ist untersagt, den Greenfee-Gutschein entgeltlich Dritten zu überlassen bzw. mit diesen Handel zu treiben. Insbesondere sind die teilnehmenden Golfclubs in diesem Falle berechtigt, die Einlösung der ausgeschriebenen Angebote zu verweigern.
8. Die teilnehmenden Golfclubs haben sich gegenüber dem Verlag unter den o.g. Bedingungen verpflichtet, die ausgeschriebenen Angebote einzulösen. Der Verlag übernimmt jedoch keine Gewähr und keine Haftung, wenn ein Angebot nicht eingelöst wird oder werden kann.

Bedingungen zur Einlösung des Discounts:
1. Das Angebot ist bis einschließlich 30.6.2023 gültig.
2. Der Golfspieler/Leser hat sich telefonisch eine Abschlagzeit geben zu lassen – dabei ist die Nutzung des Angebots anzugeben.
3. Eine Barauszahlung des Greenfee-Vorteils ist nicht möglich.
4. Das Kombinieren von Angeboten oder bestehenden Greenfee-Vorteilen ist nicht möglich. Der Vorteil bezieht sich jeweils ausschließlich auf die zum Zeitpunkt der Einlösung gültigen vollen Greenfee-Gebühren.
5. Gibt es Spielergruppen mit erhöhten Greenfee-Gebühren, ist ein Nachlass auf diese Gebühren nicht möglich.
6. Das Angebot allein berechtigt nicht zum Spiel gegen Greenfee. Die Erfüllung der Bestimmungen des jeweiligen Golfclubs zur Greenfee-Berechtigung (Mitgliedschaft in einem Golfclub, Mindesthandicap etc.) zum Zeitpunkt der Einlösung sind Voraussetzung.
7. Es ist untersagt, den Greenfee-Gutschein entgeltlich Dritten zu überlassen bzw. mit diesen Handel zu treiben. Insbesondere sind die teilnehmenden Golfclubs in diesem Falle berechtigt, die Einlösung der ausgeschriebenen Angebote zu verweigern.
8. Die teilnehmenden Golfclubs haben sich gegenüber dem Verlag unter den o.g. Bedingungen verpflichtet, die ausgeschriebenen Angebote einzulösen. Der Verlag übernimmt jedoch keine Gewähr und keine Haftung, wenn ein Angebot nicht eingelöst wird oder werden kann.

Bedingungen zur Einlösung des Discounts:
1. Das Angebot ist bis einschließlich 30.6.2023 gültig.
2. Der Golfspieler/Leser hat sich telefonisch eine Abschlagzeit geben zu lassen – dabei ist die Nutzung des Angebots anzugeben.
3. Eine Barauszahlung des Greenfee-Vorteils ist nicht möglich.
4. Das Kombinieren von Angeboten oder bestehenden Greenfee-Vorteilen ist nicht möglich. Der Vorteil bezieht sich jeweils ausschließlich auf die zum Zeitpunkt der Einlösung gültigen vollen Greenfee-Gebühren.
5. Gibt es Spielergruppen mit erhöhten Greenfee-Gebühren, ist ein Nachlass auf diese Gebühren nicht möglich.
6. Das Angebot allein berechtigt nicht zum Spiel gegen Greenfee. Die Erfüllung der Bestimmungen des jeweiligen Golfclubs zur Greenfee-Berechtigung (Mitgliedschaft in einem Golfclub, Mindesthandicap etc.) zum Zeitpunkt der Einlösung sind Voraussetzung.
7. Es ist untersagt, den Greenfee-Gutschein entgeltlich Dritten zu überlassen bzw. mit diesen Handel zu treiben. Insbesondere sind die teilnehmenden Golfclubs in diesem Falle berechtigt, die Einlösung der ausgeschriebenen Angebote zu verweigern.
8. Die teilnehmenden Golfclubs haben sich gegenüber dem Verlag unter den o.g. Bedingungen verpflichtet, die ausgeschriebenen Angebote einzulösen. Der Verlag übernimmt jedoch keine Gewähr und keine Haftung, wenn ein Angebot nicht eingelöst wird oder werden kann.

Bedingungen zur Einlösung des Discounts:
1. Das Angebot ist bis einschließlich 30.6.2023 gültig.
2. Der Golfspieler/Leser hat sich telefonisch eine Abschlagzeit geben zu lassen – dabei ist die Nutzung des Angebots anzugeben.
3. Eine Barauszahlung des Greenfee-Vorteils ist nicht möglich.
4. Das Kombinieren von Angeboten oder bestehenden Greenfee-Vorteilen ist nicht möglich. Der Vorteil bezieht sich jeweils ausschließlich auf die zum Zeitpunkt der Einlösung gültigen vollen Greenfee-Gebühren.
5. Gibt es Spielergruppen mit erhöhten Greenfee-Gebühren, ist ein Nachlass auf diese Gebühren nicht möglich.
6. Das Angebot allein berechtigt nicht zum Spiel gegen Greenfee. Die Erfüllung der Bestimmungen des jeweiligen Golfclubs zur Greenfee-Berechtigung (Mitgliedschaft in einem Golfclub, Mindesthandicap etc.) zum Zeitpunkt der Einlösung sind Voraussetzung.
7. Es ist untersagt, den Greenfee-Gutschein entgeltlich Dritten zu überlassen bzw. mit diesen Handel zu treiben. Insbesondere sind die teilnehmenden Golfclubs in diesem Falle berechtigt, die Einlösung der ausgeschriebenen Angebote zu verweigern.
8. Die teilnehmenden Golfclubs haben sich gegenüber dem Verlag unter den o.g. Bedingungen verpflichtet, die ausgeschriebenen Angebote einzulösen. Der Verlag übernimmt jedoch keine Gewähr und keine Haftung, wenn ein Angebot nicht eingelöst wird oder werden kann.

DER GOLF ALBRECHT

Arboga Golfklubb

263
S-73225 Arboga
✆ +46 589 701 00

102

2 for 1 2 GF zum Preis von 1

DER GOLF ALBRECHT

Arboga Golfklubb

263
S-73225 Arboga
✆ +46 589 701 00

102

2 for 1 2 GF zum Preis von 1

DER GOLF ALBRECHT

Arboga Golfklubb

263
S-73225 Arboga
✆ +46 589 701 00

102

2 for 1 2 GF zum Preis von 1

DER GOLF ALBRECHT

Kiladalens Golfklubb

Åby Gård
S-61195 Nyköping
✆ +46 155 582 71

103

2 for 1 2 GF zum Preis von 1

DER GOLF ALBRECHT

Kiladalens Golfklubb

Åby Gård
S-61195 Nyköping
✆ +46 155 582 71

103

2 for 1 2 GF zum Preis von 1

DER GOLF ALBRECHT

Älmhults Golfklubb

Äskya 1215
S-34390 Älmhult
✆ +46 476 141 35

104

2 for 1 2 GF zum Preis von 1

DER GOLF ALBRECHT

Möre Golfklubb

Golfbanan
S-38503 Söderåkra
✆ +46 486 219 14

105

2 for 1 2 GF zum Preis von 1 wochentags

DER GOLF ALBRECHT

Möre Golfklubb

Golfbanan
S-38503 Söderåkra
✆ +46 486 219 14

105

2 for 1 2 GF zum Preis von 1 wochentags

DER GOLF ALBRECHT

Möre Golfklubb

Golfbanan
S-38503 Söderåkra
✆ +46 486 219 14

105

20% Greenfee-Ermäßigung wochentags

DER GOLF ALBRECHT

Möre Golfklubb

Golfbanan
S-38503 Söderåkra
✆ +46 486 219 14

105

20% Greenfee-Ermäßigung wochentags

Diese Gutscheine gelten nur in Verbindung mit dem Buch/Albrecht Golf Card

Diese Gutscheine gelten nur in Verbindung mit dem Buch/Albrecht Golf Card

Bedingungen zur Einlösung des Discounts:

1. Das Angebot ist bis einschließlich 30.6.2023 gültig.
2. Der Golfspieler/Leser hat sich telefonisch eine Abschlagzeit geben zu lassen – dabei ist die Nutzung des Angebots anzugeben.
3. Eine Barauszahlung des Greenfee-Vorteils ist nicht möglich.
4. Das Kombinieren von Angeboten oder bestehenden Greenfee-Vorteilen ist nicht möglich. Der Vorteil bezieht sich jeweils ausschließlich auf die zum Zeitpunkt der Einlösung gültigen vollen Greenfee-Gebühren.
5. Gibt es Spielergruppen mit erhöhten Greenfee-Gebühren, ist ein Nachlass auf diese Gebühren nicht möglich.
6. Das Angebot allein berechtigt nicht zum Spiel gegen Greenfee. Die Erfüllung der Bestimmungen des jeweiligen Golfclubs zur Greenfee-Berechtigung (Mitgliedschaft in einem Golfclub, Mindesthandicap etc.) zum Zeitpunkt der Einlösung sind Voraussetzung.
7. Es ist untersagt, den Greenfee-Gutschein entgeltlich Dritten zu überlassen bzw. mit diesen Handel zu treiben. Insbesondere sind die teilnehmenden Golfclubs in diesem Falle berechtigt, die Einlösung der ausgeschriebenen Angebote zu verweigern.
8. Die teilnehmenden Golfclubs haben sich gegenüber dem Verlag unter den o.g. Bedingungen verpflichtet, die ausgeschriebenen Angebote einzulösen. Der Verlag übernimmt jedoch keine Gewähr und keine Haftung, wenn ein Angebot nicht eingelöst wird oder werden kann.

Bedingungen zur Einlösung des Discounts:

1. Das Angebot ist bis einschließlich 30.6.2023 gültig.
2. Der Golfspieler/Leser hat sich telefonisch eine Abschlagzeit geben zu lassen – dabei ist die Nutzung des Angebots anzugeben.
3. Eine Barauszahlung des Greenfee-Vorteils ist nicht möglich.
4. Das Kombinieren von Angeboten oder bestehenden Greenfee-Vorteilen ist nicht möglich. Der Vorteil bezieht sich jeweils ausschließlich auf die zum Zeitpunkt der Einlösung gültigen vollen Greenfee-Gebühren.
5. Gibt es Spielergruppen mit erhöhten Greenfee-Gebühren, ist ein Nachlass auf diese Gebühren nicht möglich.
6. Das Angebot allein berechtigt nicht zum Spiel gegen Greenfee. Die Erfüllung der Bestimmungen des jeweiligen Golfclubs zur Greenfee-Berechtigung (Mitgliedschaft in einem Golfclub, Mindesthandicap etc.) zum Zeitpunkt der Einlösung sind Voraussetzung.
7. Es ist untersagt, den Greenfee-Gutschein entgeltlich Dritten zu überlassen bzw. mit diesen Handel zu treiben. Insbesondere sind die teilnehmenden Golfclubs in diesem Falle berechtigt, die Einlösung der ausgeschriebenen Angebote zu verweigern.
8. Die teilnehmenden Golfclubs haben sich gegenüber dem Verlag unter den o.g. Bedingungen verpflichtet, die ausgeschriebenen Angebote einzulösen. Der Verlag übernimmt jedoch keine Gewähr und keine Haftung, wenn ein Angebot nicht eingelöst wird oder werden kann.

Bedingungen zur Einlösung des Discounts:

1. Das Angebot ist bis einschließlich 30.6.2023 gültig.
2. Der Golfspieler/Leser hat sich telefonisch eine Abschlagzeit geben zu lassen – dabei ist die Nutzung des Angebots anzugeben.
3. Eine Barauszahlung des Greenfee-Vorteils ist nicht möglich.
4. Das Kombinieren von Angeboten oder bestehenden Greenfee-Vorteilen ist nicht möglich. Der Vorteil bezieht sich jeweils ausschließlich auf die zum Zeitpunkt der Einlösung gültigen vollen Greenfee-Gebühren.
5. Gibt es Spielergruppen mit erhöhten Greenfee-Gebühren, ist ein Nachlass auf diese Gebühren nicht möglich.
6. Das Angebot allein berechtigt nicht zum Spiel gegen Greenfee. Die Erfüllung der Bestimmungen des jeweiligen Golfclubs zur Greenfee-Berechtigung (Mitgliedschaft in einem Golfclub, Mindesthandicap etc.) zum Zeitpunkt der Einlösung sind Voraussetzung.
7. Es ist untersagt, den Greenfee-Gutschein entgeltlich Dritten zu überlassen bzw. mit diesen Handel zu treiben. Insbesondere sind die teilnehmenden Golfclubs in diesem Falle berechtigt, die Einlösung der ausgeschriebenen Angebote zu verweigern.
8. Die teilnehmenden Golfclubs haben sich gegenüber dem Verlag unter den o.g. Bedingungen verpflichtet, die ausgeschriebenen Angebote einzulösen. Der Verlag übernimmt jedoch keine Gewähr und keine Haftung, wenn ein Angebot nicht eingelöst wird oder werden kann.

Bedingungen zur Einlösung des Discounts:

1. Das Angebot ist bis einschließlich 30.6.2023 gültig.
2. Der Golfspieler/Leser hat sich telefonisch eine Abschlagzeit geben zu lassen – dabei ist die Nutzung des Angebots anzugeben.
3. Eine Barauszahlung des Greenfee-Vorteils ist nicht möglich.
4. Das Kombinieren von Angeboten oder bestehenden Greenfee-Vorteilen ist nicht möglich. Der Vorteil bezieht sich jeweils ausschließlich auf die zum Zeitpunkt der Einlösung gültigen vollen Greenfee-Gebühren.
5. Gibt es Spielergruppen mit erhöhten Greenfee-Gebühren, ist ein Nachlass auf diese Gebühren nicht möglich.
6. Das Angebot allein berechtigt nicht zum Spiel gegen Greenfee. Die Erfüllung der Bestimmungen des jeweiligen Golfclubs zur Greenfee-Berechtigung (Mitgliedschaft in einem Golfclub, Mindesthandicap etc.) zum Zeitpunkt der Einlösung sind Voraussetzung.
7. Es ist untersagt, den Greenfee-Gutschein entgeltlich Dritten zu überlassen bzw. mit diesen Handel zu treiben. Insbesondere sind die teilnehmenden Golfclubs in diesem Falle berechtigt, die Einlösung der ausgeschriebenen Angebote zu verweigern.
8. Die teilnehmenden Golfclubs haben sich gegenüber dem Verlag unter den o.g. Bedingungen verpflichtet, die ausgeschriebenen Angebote einzulösen. Der Verlag übernimmt jedoch keine Gewähr und keine Haftung, wenn ein Angebot nicht eingelöst wird oder werden kann.

Bedingungen zur Einlösung des Discounts:

1. Das Angebot ist bis einschließlich 30.6.2023 gültig.
2. Der Golfspieler/Leser hat sich telefonisch eine Abschlagzeit geben zu lassen – dabei ist die Nutzung des Angebots anzugeben.
3. Eine Barauszahlung des Greenfee-Vorteils ist nicht möglich.
4. Das Kombinieren von Angeboten oder bestehenden Greenfee-Vorteilen ist nicht möglich. Der Vorteil bezieht sich jeweils ausschließlich auf die zum Zeitpunkt der Einlösung gültigen vollen Greenfee-Gebühren.
5. Gibt es Spielergruppen mit erhöhten Greenfee-Gebühren, ist ein Nachlass auf diese Gebühren nicht möglich.
6. Das Angebot allein berechtigt nicht zum Spiel gegen Greenfee. Die Erfüllung der Bestimmungen des jeweiligen Golfclubs zur Greenfee-Berechtigung (Mitgliedschaft in einem Golfclub, Mindesthandicap etc.) zum Zeitpunkt der Einlösung sind Voraussetzung.
7. Es ist untersagt, den Greenfee-Gutschein entgeltlich Dritten zu überlassen bzw. mit diesen Handel zu treiben. Insbesondere sind die teilnehmenden Golfclubs in diesem Falle berechtigt, die Einlösung der ausgeschriebenen Angebote zu verweigern.
8. Die teilnehmenden Golfclubs haben sich gegenüber dem Verlag unter den o.g. Bedingungen verpflichtet, die ausgeschriebenen Angebote einzulösen. Der Verlag übernimmt jedoch keine Gewähr und keine Haftung, wenn ein Angebot nicht eingelöst wird oder werden kann.

Bedingungen zur Einlösung des Discounts:

1. Das Angebot ist bis einschließlich 30.6.2023 gültig.
2. Der Golfspieler/Leser hat sich telefonisch eine Abschlagzeit geben zu lassen – dabei ist die Nutzung des Angebots anzugeben.
3. Eine Barauszahlung des Greenfee-Vorteils ist nicht möglich.
4. Das Kombinieren von Angeboten oder bestehenden Greenfee-Vorteilen ist nicht möglich. Der Vorteil bezieht sich jeweils ausschließlich auf die zum Zeitpunkt der Einlösung gültigen vollen Greenfee-Gebühren.
5. Gibt es Spielergruppen mit erhöhten Greenfee-Gebühren, ist ein Nachlass auf diese Gebühren nicht möglich.
6. Das Angebot allein berechtigt nicht zum Spiel gegen Greenfee. Die Erfüllung der Bestimmungen des jeweiligen Golfclubs zur Greenfee-Berechtigung (Mitgliedschaft in einem Golfclub, Mindesthandicap etc.) zum Zeitpunkt der Einlösung sind Voraussetzung.
7. Es ist untersagt, den Greenfee-Gutschein entgeltlich Dritten zu überlassen bzw. mit diesen Handel zu treiben. Insbesondere sind die teilnehmenden Golfclubs in diesem Falle berechtigt, die Einlösung der ausgeschriebenen Angebote zu verweigern.
8. Die teilnehmenden Golfclubs haben sich gegenüber dem Verlag unter den o.g. Bedingungen verpflichtet, die ausgeschriebenen Angebote einzulösen. Der Verlag übernimmt jedoch keine Gewähr und keine Haftung, wenn ein Angebot nicht eingelöst wird oder werden kann.

Bedingungen zur Einlösung des Discounts:

1. Das Angebot ist bis einschließlich 30.6.2023 gültig.
2. Der Golfspieler/Leser hat sich telefonisch eine Abschlagzeit geben zu lassen – dabei ist die Nutzung des Angebots anzugeben.
3. Eine Barauszahlung des Greenfee-Vorteils ist nicht möglich.
4. Das Kombinieren von Angeboten oder bestehenden Greenfee-Vorteilen ist nicht möglich. Der Vorteil bezieht sich jeweils ausschließlich auf die zum Zeitpunkt der Einlösung gültigen vollen Greenfee-Gebühren.
5. Gibt es Spielergruppen mit erhöhten Greenfee-Gebühren, ist ein Nachlass auf diese Gebühren nicht möglich.
6. Das Angebot allein berechtigt nicht zum Spiel gegen Greenfee. Die Erfüllung der Bestimmungen des jeweiligen Golfclubs zur Greenfee-Berechtigung (Mitgliedschaft in einem Golfclub, Mindesthandicap etc.) zum Zeitpunkt der Einlösung sind Voraussetzung.
7. Es ist untersagt, den Greenfee-Gutschein entgeltlich Dritten zu überlassen bzw. mit diesen Handel zu treiben. Insbesondere sind die teilnehmenden Golfclubs in diesem Falle berechtigt, die Einlösung der ausgeschriebenen Angebote zu verweigern.
8. Die teilnehmenden Golfclubs haben sich gegenüber dem Verlag unter den o.g. Bedingungen verpflichtet, die ausgeschriebenen Angebote einzulösen. Der Verlag übernimmt jedoch keine Gewähr und keine Haftung, wenn ein Angebot nicht eingelöst wird oder werden kann.

Bedingungen zur Einlösung des Discounts:

1. Das Angebot ist bis einschließlich 30.6.2023 gültig.
2. Der Golfspieler/Leser hat sich telefonisch eine Abschlagzeit geben zu lassen – dabei ist die Nutzung des Angebots anzugeben.
3. Eine Barauszahlung des Greenfee-Vorteils ist nicht möglich.
4. Das Kombinieren von Angeboten oder bestehenden Greenfee-Vorteilen ist nicht möglich. Der Vorteil bezieht sich jeweils ausschließlich auf die zum Zeitpunkt der Einlösung gültigen vollen Greenfee-Gebühren.
5. Gibt es Spielergruppen mit erhöhten Greenfee-Gebühren, ist ein Nachlass auf diese Gebühren nicht möglich.
6. Das Angebot allein berechtigt nicht zum Spiel gegen Greenfee. Die Erfüllung der Bestimmungen des jeweiligen Golfclubs zur Greenfee-Berechtigung (Mitgliedschaft in einem Golfclub, Mindesthandicap etc.) zum Zeitpunkt der Einlösung sind Voraussetzung.
7. Es ist untersagt, den Greenfee-Gutschein entgeltlich Dritten zu überlassen bzw. mit diesen Handel zu treiben. Insbesondere sind die teilnehmenden Golfclubs in diesem Falle berechtigt, die Einlösung der ausgeschriebenen Angebote zu verweigern.
8. Die teilnehmenden Golfclubs haben sich gegenüber dem Verlag unter den o.g. Bedingungen verpflichtet, die ausgeschriebenen Angebote einzulösen. Der Verlag übernimmt jedoch keine Gewähr und keine Haftung, wenn ein Angebot nicht eingelöst wird oder werden kann.

Bedingungen zur Einlösung des Discounts:

1. Das Angebot ist bis einschließlich 30.6.2023 gültig.
2. Der Golfspieler/Leser hat sich telefonisch eine Abschlagzeit geben zu lassen – dabei ist die Nutzung des Angebots anzugeben.
3. Eine Barauszahlung des Greenfee-Vorteils ist nicht möglich.
4. Das Kombinieren von Angeboten oder bestehenden Greenfee-Vorteilen ist nicht möglich. Der Vorteil bezieht sich jeweils ausschließlich auf die zum Zeitpunkt der Einlösung gültigen vollen Greenfee-Gebühren.
5. Gibt es Spielergruppen mit erhöhten Greenfee-Gebühren, ist ein Nachlass auf diese Gebühren nicht möglich.
6. Das Angebot allein berechtigt nicht zum Spiel gegen Greenfee. Die Erfüllung der Bestimmungen des jeweiligen Golfclubs zur Greenfee-Berechtigung (Mitgliedschaft in einem Golfclub, Mindesthandicap etc.) zum Zeitpunkt der Einlösung sind Voraussetzung.
7. Es ist untersagt, den Greenfee-Gutschein entgeltlich Dritten zu überlassen bzw. mit diesen Handel zu treiben. Insbesondere sind die teilnehmenden Golfclubs in diesem Falle berechtigt, die Einlösung der ausgeschriebenen Angebote zu verweigern.
8. Die teilnehmenden Golfclubs haben sich gegenüber dem Verlag unter den o.g. Bedingungen verpflichtet, die ausgeschriebenen Angebote einzulösen. Der Verlag übernimmt jedoch keine Gewähr und keine Haftung, wenn ein Angebot nicht eingelöst wird oder werden kann.

Bedingungen zur Einlösung des Discounts:

1. Das Angebot ist bis einschließlich 30.6.2023 gültig.
2. Der Golfspieler/Leser hat sich telefonisch eine Abschlagzeit geben zu lassen – dabei ist die Nutzung des Angebots anzugeben.
3. Eine Barauszahlung des Greenfee-Vorteils ist nicht möglich.
4. Das Kombinieren von Angeboten oder bestehenden Greenfee-Vorteilen ist nicht möglich. Der Vorteil bezieht sich jeweils ausschließlich auf die zum Zeitpunkt der Einlösung gültigen vollen Greenfee-Gebühren.
5. Gibt es Spielergruppen mit erhöhten Greenfee-Gebühren, ist ein Nachlass auf diese Gebühren nicht möglich.
6. Das Angebot allein berechtigt nicht zum Spiel gegen Greenfee. Die Erfüllung der Bestimmungen des jeweiligen Golfclubs zur Greenfee-Berechtigung (Mitgliedschaft in einem Golfclub, Mindesthandicap etc.) zum Zeitpunkt der Einlösung sind Voraussetzung.
7. Es ist untersagt, den Greenfee-Gutschein entgeltlich Dritten zu überlassen bzw. mit diesen Handel zu treiben. Insbesondere sind die teilnehmenden Golfclubs in diesem Falle berechtigt, die Einlösung der ausgeschriebenen Angebote zu verweigern.
8. Die teilnehmenden Golfclubs haben sich gegenüber dem Verlag unter den o.g. Bedingungen verpflichtet, die ausgeschriebenen Angebote einzulösen. Der Verlag übernimmt jedoch keine Gewähr und keine Haftung, wenn ein Angebot nicht eingelöst wird oder werden kann.

DER GOLF ALBRECHT

Bjärkas Golf

FI

Västanfjärdintie 655
25840 Nivelax
✆ +358 44 0184653

106

2 for 1 2 GF zum Preis von 1

DER GOLF ALBRECHT

Bjärkas Golf

FI

Västanfjärdintie 655
25840 Nivelax
✆ +358 44 0184653

106

2 for 1 2 GF zum Preis von 1

DER GOLF ALBRECHT

The V Golf Club

LT

Highway A2 Vilnius - Riga, 19th km
03005 Vilnius
✆ +370 5 273 9788

107

20% Greenfee-Ermäßigung

DER GOLF ALBRECHT

The V Golf Club

LT

Highway A2 Vilnius - Riga, 19th km
03005 Vilnius
✆ +370 5 273 9788

107

20% Greenfee-Ermäßigung

DER GOLF ALBRECHT

Otepää Golf Center

EE

67409 Mäha village, Otepää Parish, Valgamaa County
✆ +37256200115, +37256239302 Man. Dir.

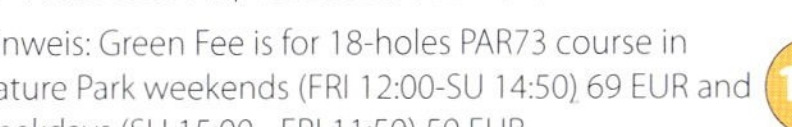

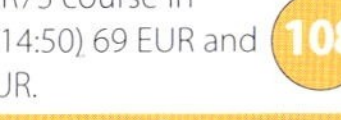

Hinweis: Green Fee is for 18-holes PAR73 course in Nature Park weekends (FRI 12:00-SU 14:50) 69 EUR and weekdays (SU 15:00 - FRI 11:50) 59 EUR.

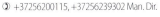

108

2 for 1 2 GF zum Preis von 1

DER GOLF ALBRECHT

Otepää Golf Center

EE

67409 Mäha village, Otepää Parish, Valgamaa County
✆ +37256200115, +37256239302 Man. Dir.
Hinweis: Green Fee is for 18-holes PAR73 course in Nature Park weekends (FRI 12:00-SU 14:50) 69 EUR and weekdays (SU 15:00 - FRI 11:50) 59 EUR.

108

30% Greenfee-Ermäßigung

DER GOLF ALBRECHT

Otepää Golf Center

EE

67409 Mäha village, Otepää Parish, Valgamaa County
✆ +37256200115, +37256239302 Man. Dir.
Hinweis: Green Fee is for 18-holes PAR73 course in Nature Park weekends (FRI 12:00-SU 14:50) 69 EUR and weekdays (SU 15:00 - FRI 11:50) 59 EUR.

108

30% Greenfee-Ermäßigung

DER GOLF ALBRECHT

Stadarsveit Golf Course

IS

Ytri-Gordum, Snaefellsnesvegi 54, Langaholt
356 Snaefellsbae
✆ +354 893 8328

109

2 for 1 2 GF zum Preis von 1

DER GOLF ALBRECHT

Stadarsveit Golf Course

IS

Ytri-Gordum, Snaefellsnesvegi 54, Langaholt
356 Snaefellsbae
✆ +354 893 8328

109

2 for 1 2 GF zum Preis von 1

DER GOLF ALBRECHT

Stadarsveit Golf Course

IS

Ytri-Gordum, Snaefellsnesvegi 54, Langaholt
356 Snaefellsbae
✆ +354 893 8328

109

2 for 1 2 GF zum Preis von 1

Diese Gutscheine gelten nur in Verbindung mit dem Buch/Albrecht Golf Card

Diese Gutscheine gelten nur in Verbindung mit dem Buch/Albrecht Golf Card

Bedingungen zur Einlösung des Discounts:

1. Das Angebot ist bis einschließlich 30.6.2023 gültig.
2. Der Golfspieler/Leser hat sich telefonisch eine Abschlagzeit geben zu lassen – dabei ist die Nutzung des Angebots anzugeben.
3. Eine Barauszahlung des Greenfee-Vorteils ist nicht möglich.
4. Das Kombinieren von Angeboten oder bestehenden Greenfee-Vorteilen ist nicht möglich. Der Vorteil bezieht sich jeweils ausschließlich auf die zum Zeitpunkt der Einlösung gültigen vollen Greenfee-Gebühren.
5. Gibt es Spielergruppen mit erhöhten Greenfee-Gebühren, ist ein Nachlass auf diese Gebühren nicht möglich.
6. Das Angebot allein berechtigt nicht zum Spiel gegen Greenfee. Die Erfüllung der Bestimmungen des jeweiligen Golfclubs zur Greenfee-Berechtigung (Mitgliedschaft in einem Golfclub, Mindesthandicap etc.) zum Zeitpunkt der Einlösung sind Voraussetzung.
7. Es ist untersagt, den Greenfee-Gutschein entgeltlich Dritten zu überlassen bzw. mit diesen Handel zu treiben. Insbesondere sind die teilnehmenden Golfclubs in diesem Falle berechtigt, die Einlösung der ausgeschriebenen Angebote zu verweigern.
8. Die teilnehmenden Golfclubs haben sich gegenüber dem Verlag unter den o.g. Bedingungen verpflichtet, die ausgeschriebenen Angebote einzulösen. Der Verlag übernimmt jedoch keine Gewähr und keine Haftung, wenn ein Angebot nicht eingelöst wird oder werden kann.

Bedingungen zur Einlösung des Discounts:

1. Das Angebot ist bis einschließlich 30.6.2023 gültig.
2. Der Golfspieler/Leser hat sich telefonisch eine Abschlagzeit geben zu lassen – dabei ist die Nutzung des Angebots anzugeben.
3. Eine Barauszahlung des Greenfee-Vorteils ist nicht möglich.
4. Das Kombinieren von Angeboten oder bestehenden Greenfee-Vorteilen ist nicht möglich. Der Vorteil bezieht sich jeweils ausschließlich auf die zum Zeitpunkt der Einlösung gültigen vollen Greenfee-Gebühren.
5. Gibt es Spielergruppen mit erhöhten Greenfee-Gebühren, ist ein Nachlass auf diese Gebühren nicht möglich.
6. Das Angebot allein berechtigt nicht zum Spiel gegen Greenfee. Die Erfüllung der Bestimmungen des jeweiligen Golfclubs zur Greenfee-Berechtigung (Mitgliedschaft in einem Golfclub, Mindesthandicap etc.) zum Zeitpunkt der Einlösung sind Voraussetzung.
7. Es ist untersagt, den Greenfee-Gutschein entgeltlich Dritten zu überlassen bzw. mit diesen Handel zu treiben. Insbesondere sind die teilnehmenden Golfclubs in diesem Falle berechtigt, die Einlösung der ausgeschriebenen Angebote zu verweigern.
8. Die teilnehmenden Golfclubs haben sich gegenüber dem Verlag unter den o.g. Bedingungen verpflichtet, die ausgeschriebenen Angebote einzulösen. Der Verlag übernimmt jedoch keine Gewähr und keine Haftung, wenn ein Angebot nicht eingelöst wird oder werden kann.

Bedingungen zur Einlösung des Discounts:

1. Das Angebot ist bis einschließlich 30.6.2023 gültig.
2. Der Golfspieler/Leser hat sich telefonisch eine Abschlagzeit geben zu lassen – dabei ist die Nutzung des Angebots anzugeben.
3. Eine Barauszahlung des Greenfee-Vorteils ist nicht möglich.
4. Das Kombinieren von Angeboten oder bestehenden Greenfee-Vorteilen ist nicht möglich. Der Vorteil bezieht sich jeweils ausschließlich auf die zum Zeitpunkt der Einlösung gültigen vollen Greenfee-Gebühren.
5. Gibt es Spielergruppen mit erhöhten Greenfee-Gebühren, ist ein Nachlass auf diese Gebühren nicht möglich.
6. Das Angebot allein berechtigt nicht zum Spiel gegen Greenfee. Die Erfüllung der Bestimmungen des jeweiligen Golfclubs zur Greenfee-Berechtigung (Mitgliedschaft in einem Golfclub, Mindesthandicap etc.) zum Zeitpunkt der Einlösung sind Voraussetzung.
7. Es ist untersagt, den Greenfee-Gutschein entgeltlich Dritten zu überlassen bzw. mit diesen Handel zu treiben. Insbesondere sind die teilnehmenden Golfclubs in diesem Falle berechtigt, die Einlösung der ausgeschriebenen Angebote zu verweigern.
8. Die teilnehmenden Golfclubs haben sich gegenüber dem Verlag unter den o.g. Bedingungen verpflichtet, die ausgeschriebenen Angebote einzulösen. Der Verlag übernimmt jedoch keine Gewähr und keine Haftung, wenn ein Angebot nicht eingelöst wird oder werden kann.

Bedingungen zur Einlösung des Discounts:

1. Das Angebot ist bis einschließlich 30.6.2023 gültig.
2. Der Golfspieler/Leser hat sich telefonisch eine Abschlagzeit geben zu lassen – dabei ist die Nutzung des Angebots anzugeben.
3. Eine Barauszahlung des Greenfee-Vorteils ist nicht möglich.
4. Das Kombinieren von Angeboten oder bestehenden Greenfee-Vorteilen ist nicht möglich. Der Vorteil bezieht sich jeweils ausschließlich auf die zum Zeitpunkt der Einlösung gültigen vollen Greenfee-Gebühren.
5. Gibt es Spielergruppen mit erhöhten Greenfee-Gebühren, ist ein Nachlass auf diese Gebühren nicht möglich.
6. Das Angebot allein berechtigt nicht zum Spiel gegen Greenfee. Die Erfüllung der Bestimmungen des jeweiligen Golfclubs zur Greenfee-Berechtigung (Mitgliedschaft in einem Golfclub, Mindesthandicap etc.) zum Zeitpunkt der Einlösung sind Voraussetzung.
7. Es ist untersagt, den Greenfee-Gutschein entgeltlich Dritten zu überlassen bzw. mit diesen Handel zu treiben. Insbesondere sind die teilnehmenden Golfclubs in diesem Falle berechtigt, die Einlösung der ausgeschriebenen Angebote zu verweigern.
8. Die teilnehmenden Golfclubs haben sich gegenüber dem Verlag unter den o.g. Bedingungen verpflichtet, die ausgeschriebenen Angebote einzulösen. Der Verlag übernimmt jedoch keine Gewähr und keine Haftung, wenn ein Angebot nicht eingelöst wird oder werden kann.

Bedingungen zur Einlösung des Discounts:

1. Das Angebot ist bis einschließlich 30.6.2023 gültig.
2. Der Golfspieler/Leser hat sich telefonisch eine Abschlagzeit geben zu lassen – dabei ist die Nutzung des Angebots anzugeben.
3. Eine Barauszahlung des Greenfee-Vorteils ist nicht möglich.
4. Das Kombinieren von Angeboten oder bestehenden Greenfee-Vorteilen ist nicht möglich. Der Vorteil bezieht sich jeweils ausschließlich auf die zum Zeitpunkt der Einlösung gültigen vollen Greenfee-Gebühren.
5. Gibt es Spielergruppen mit erhöhten Greenfee-Gebühren, ist ein Nachlass auf diese Gebühren nicht möglich.
6. Das Angebot allein berechtigt nicht zum Spiel gegen Greenfee. Die Erfüllung der Bestimmungen des jeweiligen Golfclubs zur Greenfee-Berechtigung (Mitgliedschaft in einem Golfclub, Mindesthandicap etc.) zum Zeitpunkt der Einlösung sind Voraussetzung.
7. Es ist untersagt, den Greenfee-Gutschein entgeltlich Dritten zu überlassen bzw. mit diesen Handel zu treiben. Insbesondere sind die teilnehmenden Golfclubs in diesem Falle berechtigt, die Einlösung der ausgeschriebenen Angebote zu verweigern.
8. Die teilnehmenden Golfclubs haben sich gegenüber dem Verlag unter den o.g. Bedingungen verpflichtet, die ausgeschriebenen Angebote einzulösen. Der Verlag übernimmt jedoch keine Gewähr und keine Haftung, wenn ein Angebot nicht eingelöst wird oder werden kann.

Bedingungen zur Einlösung des Discounts:

1. Das Angebot ist bis einschließlich 30.6.2023 gültig.
2. Der Golfspieler/Leser hat sich telefonisch eine Abschlagzeit geben zu lassen – dabei ist die Nutzung des Angebots anzugeben.
3. Eine Barauszahlung des Greenfee-Vorteils ist nicht möglich.
4. Das Kombinieren von Angeboten oder bestehenden Greenfee-Vorteilen ist nicht möglich. Der Vorteil bezieht sich jeweils ausschließlich auf die zum Zeitpunkt der Einlösung gültigen vollen Greenfee-Gebühren.
5. Gibt es Spielergruppen mit erhöhten Greenfee-Gebühren, ist ein Nachlass auf diese Gebühren nicht möglich.
6. Das Angebot allein berechtigt nicht zum Spiel gegen Greenfee. Die Erfüllung der Bestimmungen des jeweiligen Golfclubs zur Greenfee-Berechtigung (Mitgliedschaft in einem Golfclub, Mindesthandicap etc.) zum Zeitpunkt der Einlösung sind Voraussetzung.
7. Es ist untersagt, den Greenfee-Gutschein entgeltlich Dritten zu überlassen bzw. mit diesen Handel zu treiben. Insbesondere sind die teilnehmenden Golfclubs in diesem Falle berechtigt, die Einlösung der ausgeschriebenen Angebote zu verweigern.
8. Die teilnehmenden Golfclubs haben sich gegenüber dem Verlag unter den o.g. Bedingungen verpflichtet, die ausgeschriebenen Angebote einzulösen. Der Verlag übernimmt jedoch keine Gewähr und keine Haftung, wenn ein Angebot nicht eingelöst wird oder werden kann.

Bedingungen zur Einlösung des Discounts:

1. Das Angebot ist bis einschließlich 30.6.2023 gültig.
2. Der Golfspieler/Leser hat sich telefonisch eine Abschlagzeit geben zu lassen – dabei ist die Nutzung des Angebots anzugeben.
3. Eine Barauszahlung des Greenfee-Vorteils ist nicht möglich.
4. Das Kombinieren von Angeboten oder bestehenden Greenfee-Vorteilen ist nicht möglich. Der Vorteil bezieht sich jeweils ausschließlich auf die zum Zeitpunkt der Einlösung gültigen vollen Greenfee-Gebühren.
5. Gibt es Spielergruppen mit erhöhten Greenfee-Gebühren, ist ein Nachlass auf diese Gebühren nicht möglich.
6. Das Angebot allein berechtigt nicht zum Spiel gegen Greenfee. Die Erfüllung der Bestimmungen des jeweiligen Golfclubs zur Greenfee-Berechtigung (Mitgliedschaft in einem Golfclub, Mindesthandicap etc.) zum Zeitpunkt der Einlösung sind Voraussetzung.
7. Es ist untersagt, den Greenfee-Gutschein entgeltlich Dritten zu überlassen bzw. mit diesen Handel zu treiben. Insbesondere sind die teilnehmenden Golfclubs in diesem Falle berechtigt, die Einlösung der ausgeschriebenen Angebote zu verweigern.
8. Die teilnehmenden Golfclubs haben sich gegenüber dem Verlag unter den o.g. Bedingungen verpflichtet, die ausgeschriebenen Angebote einzulösen. Der Verlag übernimmt jedoch keine Gewähr und keine Haftung, wenn ein Angebot nicht eingelöst wird oder werden kann.

Bedingungen zur Einlösung des Discounts:

1. Das Angebot ist bis einschließlich 30.6.2023 gültig.
2. Der Golfspieler/Leser hat sich telefonisch eine Abschlagzeit geben zu lassen – dabei ist die Nutzung des Angebots anzugeben.
3. Eine Barauszahlung des Greenfee-Vorteils ist nicht möglich.
4. Das Kombinieren von Angeboten oder bestehenden Greenfee-Vorteilen ist nicht möglich. Der Vorteil bezieht sich jeweils ausschließlich auf die zum Zeitpunkt der Einlösung gültigen vollen Greenfee-Gebühren.
5. Gibt es Spielergruppen mit erhöhten Greenfee-Gebühren, ist ein Nachlass auf diese Gebühren nicht möglich.
6. Das Angebot allein berechtigt nicht zum Spiel gegen Greenfee. Die Erfüllung der Bestimmungen des jeweiligen Golfclubs zur Greenfee-Berechtigung (Mitgliedschaft in einem Golfclub, Mindesthandicap etc.) zum Zeitpunkt der Einlösung sind Voraussetzung.
7. Es ist untersagt, den Greenfee-Gutschein entgeltlich Dritten zu überlassen bzw. mit diesen Handel zu treiben. Insbesondere sind die teilnehmenden Golfclubs in diesem Falle berechtigt, die Einlösung der ausgeschriebenen Angebote zu verweigern.
8. Die teilnehmenden Golfclubs haben sich gegenüber dem Verlag unter den o.g. Bedingungen verpflichtet, die ausgeschriebenen Angebote einzulösen. Der Verlag übernimmt jedoch keine Gewähr und keine Haftung, wenn ein Angebot nicht eingelöst wird oder werden kann.

Bedingungen zur Einlösung des Discounts:

1. Das Angebot ist bis einschließlich 30.6.2023 gültig.
2. Der Golfspieler/Leser hat sich telefonisch eine Abschlagzeit geben zu lassen – dabei ist die Nutzung des Angebots anzugeben.
3. Eine Barauszahlung des Greenfee-Vorteils ist nicht möglich.
4. Das Kombinieren von Angeboten oder bestehenden Greenfee-Vorteilen ist nicht möglich. Der Vorteil bezieht sich jeweils ausschließlich auf die zum Zeitpunkt der Einlösung gültigen vollen Greenfee-Gebühren.
5. Gibt es Spielergruppen mit erhöhten Greenfee-Gebühren, ist ein Nachlass auf diese Gebühren nicht möglich.
6. Das Angebot allein berechtigt nicht zum Spiel gegen Greenfee. Die Erfüllung der Bestimmungen des jeweiligen Golfclubs zur Greenfee-Berechtigung (Mitgliedschaft in einem Golfclub, Mindesthandicap etc.) zum Zeitpunkt der Einlösung sind Voraussetzung.
7. Es ist untersagt, den Greenfee-Gutschein entgeltlich Dritten zu überlassen bzw. mit diesen Handel zu treiben. Insbesondere sind die teilnehmenden Golfclubs in diesem Falle berechtigt, die Einlösung der ausgeschriebenen Angebote zu verweigern.
8. Die teilnehmenden Golfclubs haben sich gegenüber dem Verlag unter den o.g. Bedingungen verpflichtet, die ausgeschriebenen Angebote einzulösen. Der Verlag übernimmt jedoch keine Gewähr und keine Haftung, wenn ein Angebot nicht eingelöst wird oder werden kann.

Bedingungen zur Einlösung des Discounts:

1. Das Angebot ist bis einschließlich 30.6.2023 gültig.
2. Der Golfspieler/Leser hat sich telefonisch eine Abschlagzeit geben zu lassen – dabei ist die Nutzung des Angebots anzugeben.
3. Eine Barauszahlung des Greenfee-Vorteils ist nicht möglich.
4. Das Kombinieren von Angeboten oder bestehenden Greenfee-Vorteilen ist nicht möglich. Der Vorteil bezieht sich jeweils ausschließlich auf die zum Zeitpunkt der Einlösung gültigen vollen Greenfee-Gebühren.
5. Gibt es Spielergruppen mit erhöhten Greenfee-Gebühren, ist ein Nachlass auf diese Gebühren nicht möglich.
6. Das Angebot allein berechtigt nicht zum Spiel gegen Greenfee. Die Erfüllung der Bestimmungen des jeweiligen Golfclubs zur Greenfee-Berechtigung (Mitgliedschaft in einem Golfclub, Mindesthandicap etc.) zum Zeitpunkt der Einlösung sind Voraussetzung.
7. Es ist untersagt, den Greenfee-Gutschein entgeltlich Dritten zu überlassen bzw. mit diesen Handel zu treiben. Insbesondere sind die teilnehmenden Golfclubs in diesem Falle berechtigt, die Einlösung der ausgeschriebenen Angebote zu verweigern.
8. Die teilnehmenden Golfclubs haben sich gegenüber dem Verlag unter den o.g. Bedingungen verpflichtet, die ausgeschriebenen Angebote einzulösen. Der Verlag übernimmt jedoch keine Gewähr und keine Haftung, wenn ein Angebot nicht eingelöst wird oder werden kann.

DER GOLF ALBRECHT

Stadarsveit Golf Course

Ytri-Gordum, Snaefellsnesvegi 54, Langaholt
356 Snaefellsbae
✆ +354 893 8328

109

20% Greenfee-Ermäßigung

DER GOLF ALBRECHT

Stadarsveit Golf Course

Ytri-Gordum, Snaefellsnesvegi 54, Langaholt
356 Snaefellsbae
✆ +354 893 8328

109

20% Greenfee-Ermäßigung

DER GOLF ALBRECHT

Stadarsveit Golf Course

Ytri-Gordum, Snaefellsnesvegi 54, Langaholt
356 Snaefellsbae
✆ +354 893 8328

109

20% Greenfee-Ermäßigung

DER GOLF ALBRECHT

Alford Golf Club

Montgarrie Road
AB33 8AE Alford
✆ +44 1975 562178

110

20% Greenfee-Ermäßigung

DER GOLF ALBRECHT

Alford Golf Club

Montgarrie Road
AB33 8AE Alford
✆ +44 1975 562178

110

20% Greenfee-Ermäßigung

DER GOLF ALBRECHT

Stonehaven Golf Club

Cowie
AB39 3RH Stonehaven
✆ +44 1569 762124

111

20% Greenfee-Ermäßigung wochentags

DER GOLF ALBRECHT

Stonehaven Golf Club

Cowie
AB39 3RH Stonehaven
✆ +44 1569 762124

111

20% Greenfee-Ermäßigung wochentags

DER GOLF ALBRECHT

Brechin Golf Club

Trinity
DD9 7PD Brechin
✆ 01356622383 club / 01356 625270 Pro Shop

112

2 for 1 2 GF zum Preis von 1

DER GOLF ALBRECHT

Brechin Golf Club

Trinity
DD9 7PD Brechin
✆ 01356622383 club / 01356 625270 Pro Shop

112

2 for 1 2 GF zum Preis von 1

DER GOLF ALBRECHT

Brechin Golf Club

Trinity
DD9 7PD Brechin
✆ 01356622383 club / 01356 625270 Pro Shop

112

50% Greenfee-Ermäßigung wochentags

Diese Gutscheine gelten nur in Verbindung mit dem Buch/Albrecht Golf Card

Diese Gutscheine gelten nur in Verbindung mit dem Buch/Albrecht Golf Card

Bedingungen zur Einlösung des Discounts:
1. Das Angebot ist bis einschließlich 30.6.2023 gültig.
2. Der Golfspieler/Leser hat sich telefonisch eine Abschlagzeit geben zu lassen – dabei ist die Nutzung des Angebots anzugeben.
3. Eine Barauszahlung des Greenfee-Vorteils ist nicht möglich.
4. Das Kombinieren von Angeboten oder bestehenden Greenfee-Vorteilen ist nicht möglich. Der Vorteil bezieht sich jeweils ausschließlich auf die zum Zeitpunkt der Einlösung gültigen vollen Greenfee-Gebühren.
5. Gibt es Spielergruppen mit erhöhten Greenfee-Gebühren, ist ein Nachlass auf diese Gebühren nicht möglich.
6. Das Angebot allein berechtigt nicht zum Spiel gegen Greenfee. Die Erfüllung der Bestimmungen des jeweiligen Golfclubs zur Greenfee-Berechtigung (Mitgliedschaft in einem Golfclub, Mindesthandicap etc.) zum Zeitpunkt der Einlösung sind Voraussetzung.
7. Es ist untersagt, den Greenfee-Gutschein entgeltlich Dritten zu überlassen bzw. mit diesen Handel zu treiben. Insbesondere sind die teilnehmenden Golfclubs in diesem Falle berechtigt, die Einlösung der ausgeschriebenen Angebote zu verweigern.
8. Die teilnehmenden Golfclubs haben sich gegenüber dem Verlag unter den o.g. Bedingungen verpflichtet, die ausgeschriebenen Angebote einzulösen. Der Verlag übernimmt jedoch keine Gewähr und keine Haftung, wenn ein Angebot nicht eingelöst wird oder werden kann.

Bedingungen zur Einlösung des Discounts:
1. Das Angebot ist bis einschließlich 30.6.2023 gültig.
2. Der Golfspieler/Leser hat sich telefonisch eine Abschlagzeit geben zu lassen – dabei ist die Nutzung des Angebots anzugeben.
3. Eine Barauszahlung des Greenfee-Vorteils ist nicht möglich.
4. Das Kombinieren von Angeboten oder bestehenden Greenfee-Vorteilen ist nicht möglich. Der Vorteil bezieht sich jeweils ausschließlich auf die zum Zeitpunkt der Einlösung gültigen vollen Greenfee-Gebühren.
5. Gibt es Spielergruppen mit erhöhten Greenfee-Gebühren, ist ein Nachlass auf diese Gebühren nicht möglich.
6. Das Angebot allein berechtigt nicht zum Spiel gegen Greenfee. Die Erfüllung der Bestimmungen des jeweiligen Golfclubs zur Greenfee-Berechtigung (Mitgliedschaft in einem Golfclub, Mindesthandicap etc.) zum Zeitpunkt der Einlösung sind Voraussetzung.
7. Es ist untersagt, den Greenfee-Gutschein entgeltlich Dritten zu überlassen bzw. mit diesen Handel zu treiben. Insbesondere sind die teilnehmenden Golfclubs in diesem Falle berechtigt, die Einlösung der ausgeschriebenen Angebote zu verweigern.
8. Die teilnehmenden Golfclubs haben sich gegenüber dem Verlag unter den o.g. Bedingungen verpflichtet, die ausgeschriebenen Angebote einzulösen. Der Verlag übernimmt jedoch keine Gewähr und keine Haftung, wenn ein Angebot nicht eingelöst wird oder werden kann.

Bedingungen zur Einlösung des Discounts:
1. Das Angebot ist bis einschließlich 30.6.2023 gültig.
2. Der Golfspieler/Leser hat sich telefonisch eine Abschlagzeit geben zu lassen – dabei ist die Nutzung des Angebots anzugeben.
3. Eine Barauszahlung des Greenfee-Vorteils ist nicht möglich.
4. Das Kombinieren von Angeboten oder bestehenden Greenfee-Vorteilen ist nicht möglich. Der Vorteil bezieht sich jeweils ausschließlich auf die zum Zeitpunkt der Einlösung gültigen vollen Greenfee-Gebühren.
5. Gibt es Spielergruppen mit erhöhten Greenfee-Gebühren, ist ein Nachlass auf diese Gebühren nicht möglich.
6. Das Angebot allein berechtigt nicht zum Spiel gegen Greenfee. Die Erfüllung der Bestimmungen des jeweiligen Golfclubs zur Greenfee-Berechtigung (Mitgliedschaft in einem Golfclub, Mindesthandicap etc.) zum Zeitpunkt der Einlösung sind Voraussetzung.
7. Es ist untersagt, den Greenfee-Gutschein entgeltlich Dritten zu überlassen bzw. mit diesen Handel zu treiben. Insbesondere sind die teilnehmenden Golfclubs in diesem Falle berechtigt, die Einlösung der ausgeschriebenen Angebote zu verweigern.
8. Die teilnehmenden Golfclubs haben sich gegenüber dem Verlag unter den o.g. Bedingungen verpflichtet, die ausgeschriebenen Angebote einzulösen. Der Verlag übernimmt jedoch keine Gewähr und keine Haftung, wenn ein Angebot nicht eingelöst wird oder werden kann.

Bedingungen zur Einlösung des Discounts:
1. Das Angebot ist bis einschließlich 30.6.2023 gültig.
2. Der Golfspieler/Leser hat sich telefonisch eine Abschlagzeit geben zu lassen – dabei ist die Nutzung des Angebots anzugeben.
3. Eine Barauszahlung des Greenfee-Vorteils ist nicht möglich.
4. Das Kombinieren von Angeboten oder bestehenden Greenfee-Vorteilen ist nicht möglich. Der Vorteil bezieht sich jeweils ausschließlich auf die zum Zeitpunkt der Einlösung gültigen vollen Greenfee-Gebühren.
5. Gibt es Spielergruppen mit erhöhten Greenfee-Gebühren, ist ein Nachlass auf diese Gebühren nicht möglich.
6. Das Angebot allein berechtigt nicht zum Spiel gegen Greenfee. Die Erfüllung der Bestimmungen des jeweiligen Golfclubs zur Greenfee-Berechtigung (Mitgliedschaft in einem Golfclub, Mindesthandicap etc.) zum Zeitpunkt der Einlösung sind Voraussetzung.
7. Es ist untersagt, den Greenfee-Gutschein entgeltlich Dritten zu überlassen bzw. mit diesen Handel zu treiben. Insbesondere sind die teilnehmenden Golfclubs in diesem Falle berechtigt, die Einlösung der ausgeschriebenen Angebote zu verweigern.
8. Die teilnehmenden Golfclubs haben sich gegenüber dem Verlag unter den o.g. Bedingungen verpflichtet, die ausgeschriebenen Angebote einzulösen. Der Verlag übernimmt jedoch keine Gewähr und keine Haftung, wenn ein Angebot nicht eingelöst wird oder werden kann.

Bedingungen zur Einlösung des Discounts:
1. Das Angebot ist bis einschließlich 30.6.2023 gültig.
2. Der Golfspieler/Leser hat sich telefonisch eine Abschlagzeit geben zu lassen – dabei ist die Nutzung des Angebots anzugeben.
3. Eine Barauszahlung des Greenfee-Vorteils ist nicht möglich.
4. Das Kombinieren von Angeboten oder bestehenden Greenfee-Vorteilen ist nicht möglich. Der Vorteil bezieht sich jeweils ausschließlich auf die zum Zeitpunkt der Einlösung gültigen vollen Greenfee-Gebühren.
5. Gibt es Spielergruppen mit erhöhten Greenfee-Gebühren, ist ein Nachlass auf diese Gebühren nicht möglich.
6. Das Angebot allein berechtigt nicht zum Spiel gegen Greenfee. Die Erfüllung der Bestimmungen des jeweiligen Golfclubs zur Greenfee-Berechtigung (Mitgliedschaft in einem Golfclub, Mindesthandicap etc.) zum Zeitpunkt der Einlösung sind Voraussetzung.
7. Es ist untersagt, den Greenfee-Gutschein entgeltlich Dritten zu überlassen bzw. mit diesen Handel zu treiben. Insbesondere sind die teilnehmenden Golfclubs in diesem Falle berechtigt, die Einlösung der ausgeschriebenen Angebote zu verweigern.
8. Die teilnehmenden Golfclubs haben sich gegenüber dem Verlag unter den o.g. Bedingungen verpflichtet, die ausgeschriebenen Angebote einzulösen. Der Verlag übernimmt jedoch keine Gewähr und keine Haftung, wenn ein Angebot nicht eingelöst wird oder werden kann.

Bedingungen zur Einlösung des Discounts:
1. Das Angebot ist bis einschließlich 30.6.2023 gültig.
2. Der Golfspieler/Leser hat sich telefonisch eine Abschlagzeit geben zu lassen – dabei ist die Nutzung des Angebots anzugeben.
3. Eine Barauszahlung des Greenfee-Vorteils ist nicht möglich.
4. Das Kombinieren von Angeboten oder bestehenden Greenfee-Vorteilen ist nicht möglich. Der Vorteil bezieht sich jeweils ausschließlich auf die zum Zeitpunkt der Einlösung gültigen vollen Greenfee-Gebühren.
5. Gibt es Spielergruppen mit erhöhten Greenfee-Gebühren, ist ein Nachlass auf diese Gebühren nicht möglich.
6. Das Angebot allein berechtigt nicht zum Spiel gegen Greenfee. Die Erfüllung der Bestimmungen des jeweiligen Golfclubs zur Greenfee-Berechtigung (Mitgliedschaft in einem Golfclub, Mindesthandicap etc.) zum Zeitpunkt der Einlösung sind Voraussetzung.
7. Es ist untersagt, den Greenfee-Gutschein entgeltlich Dritten zu überlassen bzw. mit diesen Handel zu treiben. Insbesondere sind die teilnehmenden Golfclubs in diesem Falle berechtigt, die Einlösung der ausgeschriebenen Angebote zu verweigern.
8. Die teilnehmenden Golfclubs haben sich gegenüber dem Verlag unter den o.g. Bedingungen verpflichtet, die ausgeschriebenen Angebote einzulösen. Der Verlag übernimmt jedoch keine Gewähr und keine Haftung, wenn ein Angebot nicht eingelöst wird oder werden kann.

Bedingungen zur Einlösung des Discounts:
1. Das Angebot ist bis einschließlich 30.6.2023 gültig.
2. Der Golfspieler/Leser hat sich telefonisch eine Abschlagzeit geben zu lassen – dabei ist die Nutzung des Angebots anzugeben.
3. Eine Barauszahlung des Greenfee-Vorteils ist nicht möglich.
4. Das Kombinieren von Angeboten oder bestehenden Greenfee-Vorteilen ist nicht möglich. Der Vorteil bezieht sich jeweils ausschließlich auf die zum Zeitpunkt der Einlösung gültigen vollen Greenfee-Gebühren.
5. Gibt es Spielergruppen mit erhöhten Greenfee-Gebühren, ist ein Nachlass auf diese Gebühren nicht möglich.
6. Das Angebot allein berechtigt nicht zum Spiel gegen Greenfee. Die Erfüllung der Bestimmungen des jeweiligen Golfclubs zur Greenfee-Berechtigung (Mitgliedschaft in einem Golfclub, Mindesthandicap etc.) zum Zeitpunkt der Einlösung sind Voraussetzung.
7. Es ist untersagt, den Greenfee-Gutschein entgeltlich Dritten zu überlassen bzw. mit diesen Handel zu treiben. Insbesondere sind die teilnehmenden Golfclubs in diesem Falle berechtigt, die Einlösung der ausgeschriebenen Angebote zu verweigern.
8. Die teilnehmenden Golfclubs haben sich gegenüber dem Verlag unter den o.g. Bedingungen verpflichtet, die ausgeschriebenen Angebote einzulösen. Der Verlag übernimmt jedoch keine Gewähr und keine Haftung, wenn ein Angebot nicht eingelöst wird oder werden kann.

Bedingungen zur Einlösung des Discounts:
1. Das Angebot ist bis einschließlich 30.6.2023 gültig.
2. Der Golfspieler/Leser hat sich telefonisch eine Abschlagzeit geben zu lassen – dabei ist die Nutzung des Angebots anzugeben.
3. Eine Barauszahlung des Greenfee-Vorteils ist nicht möglich.
4. Das Kombinieren von Angeboten oder bestehenden Greenfee-Vorteilen ist nicht möglich. Der Vorteil bezieht sich jeweils ausschließlich auf die zum Zeitpunkt der Einlösung gültigen vollen Greenfee-Gebühren.
5. Gibt es Spielergruppen mit erhöhten Greenfee-Gebühren, ist ein Nachlass auf diese Gebühren nicht möglich.
6. Das Angebot allein berechtigt nicht zum Spiel gegen Greenfee. Die Erfüllung der Bestimmungen des jeweiligen Golfclubs zur Greenfee-Berechtigung (Mitgliedschaft in einem Golfclub, Mindesthandicap etc.) zum Zeitpunkt der Einlösung sind Voraussetzung.
7. Es ist untersagt, den Greenfee-Gutschein entgeltlich Dritten zu überlassen bzw. mit diesen Handel zu treiben. Insbesondere sind die teilnehmenden Golfclubs in diesem Falle berechtigt, die Einlösung der ausgeschriebenen Angebote zu verweigern.
8. Die teilnehmenden Golfclubs haben sich gegenüber dem Verlag unter den o.g. Bedingungen verpflichtet, die ausgeschriebenen Angebote einzulösen. Der Verlag übernimmt jedoch keine Gewähr und keine Haftung, wenn ein Angebot nicht eingelöst wird oder werden kann.

Bedingungen zur Einlösung des Discounts:
1. Das Angebot ist bis einschließlich 30.6.2023 gültig.
2. Der Golfspieler/Leser hat sich telefonisch eine Abschlagzeit geben zu lassen – dabei ist die Nutzung des Angebots anzugeben.
3. Eine Barauszahlung des Greenfee-Vorteils ist nicht möglich.
4. Das Kombinieren von Angeboten oder bestehenden Greenfee-Vorteilen ist nicht möglich. Der Vorteil bezieht sich jeweils ausschließlich auf die zum Zeitpunkt der Einlösung gültigen vollen Greenfee-Gebühren.
5. Gibt es Spielergruppen mit erhöhten Greenfee-Gebühren, ist ein Nachlass auf diese Gebühren nicht möglich.
6. Das Angebot allein berechtigt nicht zum Spiel gegen Greenfee. Die Erfüllung der Bestimmungen des jeweiligen Golfclubs zur Greenfee-Berechtigung (Mitgliedschaft in einem Golfclub, Mindesthandicap etc.) zum Zeitpunkt der Einlösung sind Voraussetzung.
7. Es ist untersagt, den Greenfee-Gutschein entgeltlich Dritten zu überlassen bzw. mit diesen Handel zu treiben. Insbesondere sind die teilnehmenden Golfclubs in diesem Falle berechtigt, die Einlösung der ausgeschriebenen Angebote zu verweigern.
8. Die teilnehmenden Golfclubs haben sich gegenüber dem Verlag unter den o.g. Bedingungen verpflichtet, die ausgeschriebenen Angebote einzulösen. Der Verlag übernimmt jedoch keine Gewähr und keine Haftung, wenn ein Angebot nicht eingelöst wird oder werden kann.

Bedingungen zur Einlösung des Discounts:
1. Das Angebot ist bis einschließlich 30.6.2023 gültig.
2. Der Golfspieler/Leser hat sich telefonisch eine Abschlagzeit geben zu lassen – dabei ist die Nutzung des Angebots anzugeben.
3. Eine Barauszahlung des Greenfee-Vorteils ist nicht möglich.
4. Das Kombinieren von Angeboten oder bestehenden Greenfee-Vorteilen ist nicht möglich. Der Vorteil bezieht sich jeweils ausschließlich auf die zum Zeitpunkt der Einlösung gültigen vollen Greenfee-Gebühren.
5. Gibt es Spielergruppen mit erhöhten Greenfee-Gebühren, ist ein Nachlass auf diese Gebühren nicht möglich.
6. Das Angebot allein berechtigt nicht zum Spiel gegen Greenfee. Die Erfüllung der Bestimmungen des jeweiligen Golfclubs zur Greenfee-Berechtigung (Mitgliedschaft in einem Golfclub, Mindesthandicap etc.) zum Zeitpunkt der Einlösung sind Voraussetzung.
7. Es ist untersagt, den Greenfee-Gutschein entgeltlich Dritten zu überlassen bzw. mit diesen Handel zu treiben. Insbesondere sind die teilnehmenden Golfclubs in diesem Falle berechtigt, die Einlösung der ausgeschriebenen Angebote zu verweigern.
8. Die teilnehmenden Golfclubs haben sich gegenüber dem Verlag unter den o.g. Bedingungen verpflichtet, die ausgeschriebenen Angebote einzulösen. Der Verlag übernimmt jedoch keine Gewähr und keine Haftung, wenn ein Angebot nicht eingelöst wird oder werden kann.

DER GOLF ALBRECHT

Brechin Golf Club

GB

Trinity
DD9 7PD Brechin
☎ 01356622383 club / 01356 625270 Pro Shop

112

50% Greenfee-Ermäßigung wochentags

Ladybank Golf Club

Annsmuir
KY15 7RA Ladybank
☎ +44 1337 830814
Hinweis: The 20%discount can only be deducted from the FULL rate. This does not apply to those rates already discounted (twilight rate).

113

20% Greenfee-Ermäßigung

DER GOLF ALBRECHT

Ladybank Golf Club

GB

Annsmuir
KY15 7RA Ladybank
☎ +44 1337 830814
Hinweis: The 20%discount can only be deducted from the FULL rate. This does not apply to those rates already discounted (twilight rate).

113

Greenfee-Ermäßigung

DER GOLF ALBRECHT

Falkland Golf Club

The Myre
KY15 7AA Falkland
☎ +44 1337 857404

114

2 for 1 2 GF zum Preis von 1

DER GOLF ALBRECHT

Falkland Golf Club

The Myre
KY15 7AA Falkland
☎ +44 1337 857404

114

2 for 1 2 GF zum Preis von 1

DER GOLF ALBRECHT

Leven Links Golf Club

The Promenade
KY8 4HS Leven
☎ +44 1333 421390

115

20% Greenfee-Ermäßigung wochentags

DER GOLF ALBRECHT

Leven Links Golf Club

The Promenade
KY8 4HS Leven
☎ +44 1333 421390

115

20% Greenfee-Ermäßigung wochentags

DER GOLF ALBRECHT

Cardross Golf Club

Main Street
G82 5LB Cardross
☎ +44 1389 841754

10% Greenfee-Ermäßigung

DER GOLF ALBRECHT

Royal Musselburgh Golf Club

Prestongrange House
EH32 9RP Prestonpans
☎ +44 1875 819000

2 for 1 2 GF zum Preis von 1 wochentags

DER GOLF ALBRECHT

Royal Musselburgh Golf Club

Prestongrange House
EH32 9RP Prestonpans
☎ +44 1875 819000

117

2 for 1 2 GF zum Preis von 1 wochentags

Diese Gutscheine gelten nur in Verbindung mit dem Buch/Albrecht Golf Card

Diese Gutscheine gelten nur in Verbindung mit dem Buch/Albrecht Golf Card

Bedingungen zur Einlösung des Discounts:

1. Das Angebot ist bis einschließlich 30.6.2023 gültig.
2. Der Golfspieler/Leser hat sich telefonisch eine Abschlagzeit geben zu lassen – dabei ist die Nutzung des Angebots anzugeben.
3. Eine Barauszahlung des Greenfee-Vorteils ist nicht möglich.
4. Das Kombinieren von Angeboten oder bestehenden Greenfee-Vorteilen ist nicht möglich. Der Vorteil bezieht sich jeweils ausschließlich auf die zum Zeitpunkt der Einlösung gültigen vollen Greenfee-Gebühren.
5. Gibt es Spielergruppen mit erhöhten Greenfee-Gebühren, ist ein Nachlass auf diese Gebühren nicht möglich.
6. Das Angebot allein berechtigt nicht zum Spiel gegen Greenfee. Die Erfüllung der Bestimmungen des jeweiligen Golfclubs zur Greenfee-Berechtigung (Mitgliedschaft in einem Golfclub, Mindesthandicap etc.) zum Zeitpunkt der Einlösung sind Voraussetzung.
7. Es ist untersagt, den Greenfee-Gutschein entgeltlich Dritten zu überlassen bzw. mit diesen Handel zu treiben. Insbesondere sind die teilnehmenden Golfclubs in diesem Falle berechtigt, die Einlösung der ausgeschriebenen Angebote zu verweigern.
8. Die teilnehmenden Golfclubs haben sich gegenüber dem Verlag unter den o.g. Bedingungen verpflichtet, die ausgeschriebenen Angebote einzulösen. Der Verlag übernimmt jedoch keine Gewähr und keine Haftung, wenn ein Angebot nicht eingelöst wird oder werden kann.

Bedingungen zur Einlösung des Discounts:

1. Das Angebot ist bis einschließlich 30.6.2023 gültig.
2. Der Golfspieler/Leser hat sich telefonisch eine Abschlagzeit geben zu lassen – dabei ist die Nutzung des Angebots anzugeben.
3. Eine Barauszahlung des Greenfee-Vorteils ist nicht möglich.
4. Das Kombinieren von Angeboten oder bestehenden Greenfee-Vorteilen ist nicht möglich. Der Vorteil bezieht sich jeweils ausschließlich auf die zum Zeitpunkt der Einlösung gültigen vollen Greenfee-Gebühren.
5. Gibt es Spielergruppen mit erhöhten Greenfee-Gebühren, ist ein Nachlass auf diese Gebühren nicht möglich.
6. Das Angebot allein berechtigt nicht zum Spiel gegen Greenfee. Die Erfüllung der Bestimmungen des jeweiligen Golfclubs zur Greenfee-Berechtigung (Mitgliedschaft in einem Golfclub, Mindesthandicap etc.) zum Zeitpunkt der Einlösung sind Voraussetzung.
7. Es ist untersagt, den Greenfee-Gutschein entgeltlich Dritten zu überlassen bzw. mit diesen Handel zu treiben. Insbesondere sind die teilnehmenden Golfclubs in diesem Falle berechtigt, die Einlösung der ausgeschriebenen Angebote zu verweigern.
8. Die teilnehmenden Golfclubs haben sich gegenüber dem Verlag unter den o.g. Bedingungen verpflichtet, die ausgeschriebenen Angebote einzulösen. Der Verlag übernimmt jedoch keine Gewähr und keine Haftung, wenn ein Angebot nicht eingelöst wird oder werden kann.

Bedingungen zur Einlösung des Discounts:

1. Das Angebot ist bis einschließlich 30.6.2023 gültig.
2. Der Golfspieler/Leser hat sich telefonisch eine Abschlagzeit geben zu lassen – dabei ist die Nutzung des Angebots anzugeben.
3. Eine Barauszahlung des Greenfee-Vorteils ist nicht möglich.
4. Das Kombinieren von Angeboten oder bestehenden Greenfee-Vorteilen ist nicht möglich. Der Vorteil bezieht sich jeweils ausschließlich auf die zum Zeitpunkt der Einlösung gültigen vollen Greenfee-Gebühren.
5. Gibt es Spielergruppen mit erhöhten Greenfee-Gebühren, ist ein Nachlass auf diese Gebühren nicht möglich.
6. Das Angebot allein berechtigt nicht zum Spiel gegen Greenfee. Die Erfüllung der Bestimmungen des jeweiligen Golfclubs zur Greenfee-Berechtigung (Mitgliedschaft in einem Golfclub, Mindesthandicap etc.) zum Zeitpunkt der Einlösung sind Voraussetzung.
7. Es ist untersagt, den Greenfee-Gutschein entgeltlich Dritten zu überlassen bzw. mit diesen Handel zu treiben. Insbesondere sind die teilnehmenden Golfclubs in diesem Falle berechtigt, die Einlösung der ausgeschriebenen Angebote zu verweigern.
8. Die teilnehmenden Golfclubs haben sich gegenüber dem Verlag unter den o.g. Bedingungen verpflichtet, die ausgeschriebenen Angebote einzulösen. Der Verlag übernimmt jedoch keine Gewähr und keine Haftung, wenn ein Angebot nicht eingelöst wird oder werden kann.

Bedingungen zur Einlösung des Discounts:

1. Das Angebot ist bis einschließlich 30.6.2023 gültig.
2. Der Golfspieler/Leser hat sich telefonisch eine Abschlagzeit geben zu lassen – dabei ist die Nutzung des Angebots anzugeben.
3. Eine Barauszahlung des Greenfee-Vorteils ist nicht möglich.
4. Das Kombinieren von Angeboten oder bestehenden Greenfee-Vorteilen ist nicht möglich. Der Vorteil bezieht sich jeweils ausschließlich auf die zum Zeitpunkt der Einlösung gültigen vollen Greenfee-Gebühren.
5. Gibt es Spielergruppen mit erhöhten Greenfee-Gebühren, ist ein Nachlass auf diese Gebühren nicht möglich.
6. Das Angebot allein berechtigt nicht zum Spiel gegen Greenfee. Die Erfüllung der Bestimmungen des jeweiligen Golfclubs zur Greenfee-Berechtigung (Mitgliedschaft in einem Golfclub, Mindesthandicap etc.) zum Zeitpunkt der Einlösung sind Voraussetzung.
7. Es ist untersagt, den Greenfee-Gutschein entgeltlich Dritten zu überlassen bzw. mit diesen Handel zu treiben. Insbesondere sind die teilnehmenden Golfclubs in diesem Falle berechtigt, die Einlösung der ausgeschriebenen Angebote zu verweigern.
8. Die teilnehmenden Golfclubs haben sich gegenüber dem Verlag unter den o.g. Bedingungen verpflichtet, die ausgeschriebenen Angebote einzulösen. Der Verlag übernimmt jedoch keine Gewähr und keine Haftung, wenn ein Angebot nicht eingelöst wird oder werden kann.

Bedingungen zur Einlösung des Discounts:

1. Das Angebot ist bis einschließlich 30.6.2023 gültig.
2. Der Golfspieler/Leser hat sich telefonisch eine Abschlagzeit geben zu lassen – dabei ist die Nutzung des Angebots anzugeben.
3. Eine Barauszahlung des Greenfee-Vorteils ist nicht möglich.
4. Das Kombinieren von Angeboten oder bestehenden Greenfee-Vorteilen ist nicht möglich. Der Vorteil bezieht sich jeweils ausschließlich auf die zum Zeitpunkt der Einlösung gültigen vollen Greenfee-Gebühren.
5. Gibt es Spielergruppen mit erhöhten Greenfee-Gebühren, ist ein Nachlass auf diese Gebühren nicht möglich.
6. Das Angebot allein berechtigt nicht zum Spiel gegen Greenfee. Die Erfüllung der Bestimmungen des jeweiligen Golfclubs zur Greenfee-Berechtigung (Mitgliedschaft in einem Golfclub, Mindesthandicap etc.) zum Zeitpunkt der Einlösung sind Voraussetzung.
7. Es ist untersagt, den Greenfee-Gutschein entgeltlich Dritten zu überlassen bzw. mit diesen Handel zu treiben. Insbesondere sind die teilnehmenden Golfclubs in diesem Falle berechtigt, die Einlösung der ausgeschriebenen Angebote zu verweigern.
8. Die teilnehmenden Golfclubs haben sich gegenüber dem Verlag unter den o.g. Bedingungen verpflichtet, die ausgeschriebenen Angebote einzulösen. Der Verlag übernimmt jedoch keine Gewähr und keine Haftung, wenn ein Angebot nicht eingelöst wird oder werden kann.

Bedingungen zur Einlösung des Discounts:

1. Das Angebot ist bis einschließlich 30.6.2023 gültig.
2. Der Golfspieler/Leser hat sich telefonisch eine Abschlagzeit geben zu lassen – dabei ist die Nutzung des Angebots anzugeben.
3. Eine Barauszahlung des Greenfee-Vorteils ist nicht möglich.
4. Das Kombinieren von Angeboten oder bestehenden Greenfee-Vorteilen ist nicht möglich. Der Vorteil bezieht sich jeweils ausschließlich auf die zum Zeitpunkt der Einlösung gültigen vollen Greenfee-Gebühren.
5. Gibt es Spielergruppen mit erhöhten Greenfee-Gebühren, ist ein Nachlass auf diese Gebühren nicht möglich.
6. Das Angebot allein berechtigt nicht zum Spiel gegen Greenfee. Die Erfüllung der Bestimmungen des jeweiligen Golfclubs zur Greenfee-Berechtigung (Mitgliedschaft in einem Golfclub, Mindesthandicap etc.) zum Zeitpunkt der Einlösung sind Voraussetzung.
7. Es ist untersagt, den Greenfee-Gutschein entgeltlich Dritten zu überlassen bzw. mit diesen Handel zu treiben. Insbesondere sind die teilnehmenden Golfclubs in diesem Falle berechtigt, die Einlösung der ausgeschriebenen Angebote zu verweigern.
8. Die teilnehmenden Golfclubs haben sich gegenüber dem Verlag unter den o.g. Bedingungen verpflichtet, die ausgeschriebenen Angebote einzulösen. Der Verlag übernimmt jedoch keine Gewähr und keine Haftung, wenn ein Angebot nicht eingelöst wird oder werden kann.

Bedingungen zur Einlösung des Discounts:

1. Das Angebot ist bis einschließlich 30.6.2023 gültig.
2. Der Golfspieler/Leser hat sich telefonisch eine Abschlagzeit geben zu lassen – dabei ist die Nutzung des Angebots anzugeben.
3. Eine Barauszahlung des Greenfee-Vorteils ist nicht möglich.
4. Das Kombinieren von Angeboten oder bestehenden Greenfee-Vorteilen ist nicht möglich. Der Vorteil bezieht sich jeweils ausschließlich auf die zum Zeitpunkt der Einlösung gültigen vollen Greenfee-Gebühren.
5. Gibt es Spielergruppen mit erhöhten Greenfee-Gebühren, ist ein Nachlass auf diese Gebühren nicht möglich.
6. Das Angebot allein berechtigt nicht zum Spiel gegen Greenfee. Die Erfüllung der Bestimmungen des jeweiligen Golfclubs zur Greenfee-Berechtigung (Mitgliedschaft in einem Golfclub, Mindesthandicap etc.) zum Zeitpunkt der Einlösung sind Voraussetzung.
7. Es ist untersagt, den Greenfee-Gutschein entgeltlich Dritten zu überlassen bzw. mit diesen Handel zu treiben. Insbesondere sind die teilnehmenden Golfclubs in diesem Falle berechtigt, die Einlösung der ausgeschriebenen Angebote zu verweigern.
8. Die teilnehmenden Golfclubs haben sich gegenüber dem Verlag unter den o.g. Bedingungen verpflichtet, die ausgeschriebenen Angebote einzulösen. Der Verlag übernimmt jedoch keine Gewähr und keine Haftung, wenn ein Angebot nicht eingelöst wird oder werden kann.

Bedingungen zur Einlösung des Discounts:

1. Das Angebot ist bis einschließlich 30.6.2023 gültig.
2. Der Golfspieler/Leser hat sich telefonisch eine Abschlagzeit geben zu lassen – dabei ist die Nutzung des Angebots anzugeben.
3. Eine Barauszahlung des Greenfee-Vorteils ist nicht möglich.
4. Das Kombinieren von Angeboten oder bestehenden Greenfee-Vorteilen ist nicht möglich. Der Vorteil bezieht sich jeweils ausschließlich auf die zum Zeitpunkt der Einlösung gültigen vollen Greenfee-Gebühren.
5. Gibt es Spielergruppen mit erhöhten Greenfee-Gebühren, ist ein Nachlass auf diese Gebühren nicht möglich.
6. Das Angebot allein berechtigt nicht zum Spiel gegen Greenfee. Die Erfüllung der Bestimmungen des jeweiligen Golfclubs zur Greenfee-Berechtigung (Mitgliedschaft in einem Golfclub, Mindesthandicap etc.) zum Zeitpunkt der Einlösung sind Voraussetzung.
7. Es ist untersagt, den Greenfee-Gutschein entgeltlich Dritten zu überlassen bzw. mit diesen Handel zu treiben. Insbesondere sind die teilnehmenden Golfclubs in diesem Falle berechtigt, die Einlösung der ausgeschriebenen Angebote zu verweigern.
8. Die teilnehmenden Golfclubs haben sich gegenüber dem Verlag unter den o.g. Bedingungen verpflichtet, die ausgeschriebenen Angebote einzulösen. Der Verlag übernimmt jedoch keine Gewähr und keine Haftung, wenn ein Angebot nicht eingelöst wird oder werden kann.

Bedingungen zur Einlösung des Discounts:

1. Das Angebot ist bis einschließlich 30.6.2023 gültig.
2. Der Golfspieler/Leser hat sich telefonisch eine Abschlagzeit geben zu lassen – dabei ist die Nutzung des Angebots anzugeben.
3. Eine Barauszahlung des Greenfee-Vorteils ist nicht möglich.
4. Das Kombinieren von Angeboten oder bestehenden Greenfee-Vorteilen ist nicht möglich. Der Vorteil bezieht sich jeweils ausschließlich auf die zum Zeitpunkt der Einlösung gültigen vollen Greenfee-Gebühren.
5. Gibt es Spielergruppen mit erhöhten Greenfee-Gebühren, ist ein Nachlass auf diese Gebühren nicht möglich.
6. Das Angebot allein berechtigt nicht zum Spiel gegen Greenfee. Die Erfüllung der Bestimmungen des jeweiligen Golfclubs zur Greenfee-Berechtigung (Mitgliedschaft in einem Golfclub, Mindesthandicap etc.) zum Zeitpunkt der Einlösung sind Voraussetzung.
7. Es ist untersagt, den Greenfee-Gutschein entgeltlich Dritten zu überlassen bzw. mit diesen Handel zu treiben. Insbesondere sind die teilnehmenden Golfclubs in diesem Falle berechtigt, die Einlösung der ausgeschriebenen Angebote zu verweigern.
8. Die teilnehmenden Golfclubs haben sich gegenüber dem Verlag unter den o.g. Bedingungen verpflichtet, die ausgeschriebenen Angebote einzulösen. Der Verlag übernimmt jedoch keine Gewähr und keine Haftung, wenn ein Angebot nicht eingelöst wird oder werden kann.

Bedingungen zur Einlösung des Discounts:

1. Das Angebot ist bis einschließlich 30.6.2023 gültig.
2. Der Golfspieler/Leser hat sich telefonisch eine Abschlagzeit geben zu lassen – dabei ist die Nutzung des Angebots anzugeben.
3. Eine Barauszahlung des Greenfee-Vorteils ist nicht möglich.
4. Das Kombinieren von Angeboten oder bestehenden Greenfee-Vorteilen ist nicht möglich. Der Vorteil bezieht sich jeweils ausschließlich auf die zum Zeitpunkt der Einlösung gültigen vollen Greenfee-Gebühren.
5. Gibt es Spielergruppen mit erhöhten Greenfee-Gebühren, ist ein Nachlass auf diese Gebühren nicht möglich.
6. Das Angebot allein berechtigt nicht zum Spiel gegen Greenfee. Die Erfüllung der Bestimmungen des jeweiligen Golfclubs zur Greenfee-Berechtigung (Mitgliedschaft in einem Golfclub, Mindesthandicap etc.) zum Zeitpunkt der Einlösung sind Voraussetzung.
7. Es ist untersagt, den Greenfee-Gutschein entgeltlich Dritten zu überlassen bzw. mit diesen Handel zu treiben. Insbesondere sind die teilnehmenden Golfclubs in diesem Falle berechtigt, die Einlösung der ausgeschriebenen Angebote zu verweigern.
8. Die teilnehmenden Golfclubs haben sich gegenüber dem Verlag unter den o.g. Bedingungen verpflichtet, die ausgeschriebenen Angebote einzulösen. Der Verlag übernimmt jedoch keine Gewähr und keine Haftung, wenn ein Angebot nicht eingelöst wird oder werden kann.

DER GOLF ALBRECHT

Royal Musselburgh Golf Club

Prestongrange House
EH32 9RP Prestonpans
✆ +44 1875 819000

117

2 for 1 2 GF zum Preis von 1 wochentags

DER GOLF ALBRECHT

Royal Musselburgh Golf Club

Prestongrange House
EH32 9RP Prestonpans
✆ +44 1875 819000

117

20% Greenfee-Ermäßigung wochentags

DER GOLF ALBRECHT

Royal Musselburgh Golf Club

Prestongrange House
EH32 9RP Prestonpans
✆ +44 1875 819000

117

20% Greenfee-Ermäßigung wochentags

DER GOLF ALBRECHT

Royal Musselburgh Golf Club

Prestongrange House
EH32 9RP Prestonpans
✆ +44 1875 819000

117

20% Greenfee-Ermäßigung wochentags

DER GOLF ALBRECHT

Ardeer Golf Club

Ardeer Golf Club, Greenhead
KA20 4LB Stevenston
✆ +44 1294 464542

118

2 for 1 2 GF zum Preis von 1 wochentags

DER GOLF ALBRECHT

Ardeer Golf Club

Ardeer Golf Club, Greenhead
KA20 4LB Stevenston
✆ +44 1294 464542

118

2 for 1 2 GF zum Preis von 1 wochentags

DER GOLF ALBRECHT

Ardeer Golf Club

Ardeer Golf Club, Greenhead
KA20 4LB Stevenston
✆ +44 1294 464542
Hinweis: 40% discount only on Tuesdays and Thursdays

118

40% Greenfee-Ermäßigung wochentags

DER GOLF ALBRECHT

Ardeer Golf Club

Ardeer Golf Club, Greenhead
KA20 4LB Stevenston
✆ +44 1294 464542

118

40% Greenfee-Ermäßigung wochentags

DER GOLF ALBRECHT

Torwoodlee Golf Club

Edinburgh Road
TD1 2NE Galashiels
✆ +44 1896 752260

119

2 for 1 2 GF zum Preis von 1

DER GOLF ALBRECHT

Torwoodlee Golf Club

Edinburgh Road
TD1 2NE Galashiels
✆ +44 1896 752260

119

2 for 1 2 GF zum Preis von 1

Diese Gutscheine gelten nur in Verbindung mit dem Buch/Albrecht Golf Card

Diese Gutscheine gelten nur in Verbindung mit dem Buch/Albrecht Golf Card

Bedingungen zur Einlösung des Discounts:
1. Das Angebot ist bis einschließlich 30.6.2023 gültig.
2. Der Golfspieler/Leser hat sich telefonisch eine Abschlagzeit geben zu lassen – dabei ist die Nutzung des Angebots anzugeben.
3. Eine Barauszahlung des Greenfee-Vorteils ist nicht möglich.
4. Das Kombinieren von Angeboten oder bestehenden Greenfee-Vorteilen ist nicht möglich. Der Vorteil bezieht sich jeweils ausschließlich auf die zum Zeitpunkt der Einlösung gültigen vollen Greenfee-Gebühren.
5. Gibt es Spielergruppen mit erhöhten Greenfee-Gebühren, ist ein Nachlass auf diese Gebühren nicht möglich.
6. Das Angebot allein berechtigt nicht zum Spiel gegen Greenfee. Die Erfüllung der Bestimmungen des jeweiligen Golfclubs zur Greenfee-Berechtigung (Mitgliedschaft in einem Golfclub, Mindesthandicap etc.) zum Zeitpunkt der Einlösung sind Voraussetzung.
7. Es ist untersagt, den Greenfee-Gutschein entgeltlich Dritten zu überlassen bzw. mit diesen Handel zu treiben. Insbesondere sind die teilnehmenden Golfclubs in diesem Falle berechtigt, die Einlösung der ausgeschriebenen Angebote zu verweigern.
8. Die teilnehmenden Golfclubs haben sich gegenüber dem Verlag unter den o.g. Bedingungen verpflichtet, die ausgeschriebenen Angebote einzulösen. Der Verlag übernimmt jedoch keine Gewähr und keine Haftung, wenn ein Angebot nicht eingelöst wird oder werden kann.

Bedingungen zur Einlösung des Discounts:
1. Das Angebot ist bis einschließlich 30.6.2023 gültig.
2. Der Golfspieler/Leser hat sich telefonisch eine Abschlagzeit geben zu lassen – dabei ist die Nutzung des Angebots anzugeben.
3. Eine Barauszahlung des Greenfee-Vorteils ist nicht möglich.
4. Das Kombinieren von Angeboten oder bestehenden Greenfee-Vorteilen ist nicht möglich. Der Vorteil bezieht sich jeweils ausschließlich auf die zum Zeitpunkt der Einlösung gültigen vollen Greenfee-Gebühren.
5. Gibt es Spielergruppen mit erhöhten Greenfee-Gebühren, ist ein Nachlass auf diese Gebühren nicht möglich.
6. Das Angebot allein berechtigt nicht zum Spiel gegen Greenfee. Die Erfüllung der Bestimmungen des jeweiligen Golfclubs zur Greenfee-Berechtigung (Mitgliedschaft in einem Golfclub, Mindesthandicap etc.) zum Zeitpunkt der Einlösung sind Voraussetzung.
7. Es ist untersagt, den Greenfee-Gutschein entgeltlich Dritten zu überlassen bzw. mit diesen Handel zu treiben. Insbesondere sind die teilnehmenden Golfclubs in diesem Falle berechtigt, die Einlösung der ausgeschriebenen Angebote zu verweigern.
8. Die teilnehmenden Golfclubs haben sich gegenüber dem Verlag unter den o.g. Bedingungen verpflichtet, die ausgeschriebenen Angebote einzulösen. Der Verlag übernimmt jedoch keine Gewähr und keine Haftung, wenn ein Angebot nicht eingelöst wird oder werden kann.

Bedingungen zur Einlösung des Discounts:
1. Das Angebot ist bis einschließlich 30.6.2023 gültig.
2. Der Golfspieler/Leser hat sich telefonisch eine Abschlagzeit geben zu lassen – dabei ist die Nutzung des Angebots anzugeben.
3. Eine Barauszahlung des Greenfee-Vorteils ist nicht möglich.
4. Das Kombinieren von Angeboten oder bestehenden Greenfee-Vorteilen ist nicht möglich. Der Vorteil bezieht sich jeweils ausschließlich auf die zum Zeitpunkt der Einlösung gültigen vollen Greenfee-Gebühren.
5. Gibt es Spielergruppen mit erhöhten Greenfee-Gebühren, ist ein Nachlass auf diese Gebühren nicht möglich.
6. Das Angebot allein berechtigt nicht zum Spiel gegen Greenfee. Die Erfüllung der Bestimmungen des jeweiligen Golfclubs zur Greenfee-Berechtigung (Mitgliedschaft in einem Golfclub, Mindesthandicap etc.) zum Zeitpunkt der Einlösung sind Voraussetzung.
7. Es ist untersagt, den Greenfee-Gutschein entgeltlich Dritten zu überlassen bzw. mit diesen Handel zu treiben. Insbesondere sind die teilnehmenden Golfclubs in diesem Falle berechtigt, die Einlösung der ausgeschriebenen Angebote zu verweigern.
8. Die teilnehmenden Golfclubs haben sich gegenüber dem Verlag unter den o.g. Bedingungen verpflichtet, die ausgeschriebenen Angebote einzulösen. Der Verlag übernimmt jedoch keine Gewähr und keine Haftung, wenn ein Angebot nicht eingelöst wird oder werden kann.

Bedingungen zur Einlösung des Discounts:
1. Das Angebot ist bis einschließlich 30.6.2023 gültig.
2. Der Golfspieler/Leser hat sich telefonisch eine Abschlagzeit geben zu lassen – dabei ist die Nutzung des Angebots anzugeben.
3. Eine Barauszahlung des Greenfee-Vorteils ist nicht möglich.
4. Das Kombinieren von Angeboten oder bestehenden Greenfee-Vorteilen ist nicht möglich. Der Vorteil bezieht sich jeweils ausschließlich auf die zum Zeitpunkt der Einlösung gültigen vollen Greenfee-Gebühren.
5. Gibt es Spielergruppen mit erhöhten Greenfee-Gebühren, ist ein Nachlass auf diese Gebühren nicht möglich.
6. Das Angebot allein berechtigt nicht zum Spiel gegen Greenfee. Die Erfüllung der Bestimmungen des jeweiligen Golfclubs zur Greenfee-Berechtigung (Mitgliedschaft in einem Golfclub, Mindesthandicap etc.) zum Zeitpunkt der Einlösung sind Voraussetzung.
7. Es ist untersagt, den Greenfee-Gutschein entgeltlich Dritten zu überlassen bzw. mit diesen Handel zu treiben. Insbesondere sind die teilnehmenden Golfclubs in diesem Falle berechtigt, die Einlösung der ausgeschriebenen Angebote zu verweigern.
8. Die teilnehmenden Golfclubs haben sich gegenüber dem Verlag unter den o.g. Bedingungen verpflichtet, die ausgeschriebenen Angebote einzulösen. Der Verlag übernimmt jedoch keine Gewähr und keine Haftung, wenn ein Angebot nicht eingelöst wird oder werden kann.

Bedingungen zur Einlösung des Discounts:
1. Das Angebot ist bis einschließlich 30.6.2023 gültig.
2. Der Golfspieler/Leser hat sich telefonisch eine Abschlagzeit geben zu lassen – dabei ist die Nutzung des Angebots anzugeben.
3. Eine Barauszahlung des Greenfee-Vorteils ist nicht möglich.
4. Das Kombinieren von Angeboten oder bestehenden Greenfee-Vorteilen ist nicht möglich. Der Vorteil bezieht sich jeweils ausschließlich auf die zum Zeitpunkt der Einlösung gültigen vollen Greenfee-Gebühren.
5. Gibt es Spielergruppen mit erhöhten Greenfee-Gebühren, ist ein Nachlass auf diese Gebühren nicht möglich.
6. Das Angebot allein berechtigt nicht zum Spiel gegen Greenfee. Die Erfüllung der Bestimmungen des jeweiligen Golfclubs zur Greenfee-Berechtigung (Mitgliedschaft in einem Golfclub, Mindesthandicap etc.) zum Zeitpunkt der Einlösung sind Voraussetzung.
7. Es ist untersagt, den Greenfee-Gutschein entgeltlich Dritten zu überlassen bzw. mit diesen Handel zu treiben. Insbesondere sind die teilnehmenden Golfclubs in diesem Falle berechtigt, die Einlösung der ausgeschriebenen Angebote zu verweigern.
8. Die teilnehmenden Golfclubs haben sich gegenüber dem Verlag unter den o.g. Bedingungen verpflichtet, die ausgeschriebenen Angebote einzulösen. Der Verlag übernimmt jedoch keine Gewähr und keine Haftung, wenn ein Angebot nicht eingelöst wird oder werden kann.

Bedingungen zur Einlösung des Discounts:
1. Das Angebot ist bis einschließlich 30.6.2023 gültig.
2. Der Golfspieler/Leser hat sich telefonisch eine Abschlagzeit geben zu lassen – dabei ist die Nutzung des Angebots anzugeben.
3. Eine Barauszahlung des Greenfee-Vorteils ist nicht möglich.
4. Das Kombinieren von Angeboten oder bestehenden Greenfee-Vorteilen ist nicht möglich. Der Vorteil bezieht sich jeweils ausschließlich auf die zum Zeitpunkt der Einlösung gültigen vollen Greenfee-Gebühren.
5. Gibt es Spielergruppen mit erhöhten Greenfee-Gebühren, ist ein Nachlass auf diese Gebühren nicht möglich.
6. Das Angebot allein berechtigt nicht zum Spiel gegen Greenfee. Die Erfüllung der Bestimmungen des jeweiligen Golfclubs zur Greenfee-Berechtigung (Mitgliedschaft in einem Golfclub, Mindesthandicap etc.) zum Zeitpunkt der Einlösung sind Voraussetzung.
7. Es ist untersagt, den Greenfee-Gutschein entgeltlich Dritten zu überlassen bzw. mit diesen Handel zu treiben. Insbesondere sind die teilnehmenden Golfclubs in diesem Falle berechtigt, die Einlösung der ausgeschriebenen Angebote zu verweigern.
8. Die teilnehmenden Golfclubs haben sich gegenüber dem Verlag unter den o.g. Bedingungen verpflichtet, die ausgeschriebenen Angebote einzulösen. Der Verlag übernimmt jedoch keine Gewähr und keine Haftung, wenn ein Angebot nicht eingelöst wird oder werden kann.

Bedingungen zur Einlösung des Discounts:
1. Das Angebot ist bis einschließlich 30.6.2023 gültig.
2. Der Golfspieler/Leser hat sich telefonisch eine Abschlagzeit geben zu lassen – dabei ist die Nutzung des Angebots anzugeben.
3. Eine Barauszahlung des Greenfee-Vorteils ist nicht möglich.
4. Das Kombinieren von Angeboten oder bestehenden Greenfee-Vorteilen ist nicht möglich. Der Vorteil bezieht sich jeweils ausschließlich auf die zum Zeitpunkt der Einlösung gültigen vollen Greenfee-Gebühren.
5. Gibt es Spielergruppen mit erhöhten Greenfee-Gebühren, ist ein Nachlass auf diese Gebühren nicht möglich.
6. Das Angebot allein berechtigt nicht zum Spiel gegen Greenfee. Die Erfüllung der Bestimmungen des jeweiligen Golfclubs zur Greenfee-Berechtigung (Mitgliedschaft in einem Golfclub, Mindesthandicap etc.) zum Zeitpunkt der Einlösung sind Voraussetzung.
7. Es ist untersagt, den Greenfee-Gutschein entgeltlich Dritten zu überlassen bzw. mit diesen Handel zu treiben. Insbesondere sind die teilnehmenden Golfclubs in diesem Falle berechtigt, die Einlösung der ausgeschriebenen Angebote zu verweigern.
8. Die teilnehmenden Golfclubs haben sich gegenüber dem Verlag unter den o.g. Bedingungen verpflichtet, die ausgeschriebenen Angebote einzulösen. Der Verlag übernimmt jedoch keine Gewähr und keine Haftung, wenn ein Angebot nicht eingelöst wird oder werden kann.

Bedingungen zur Einlösung des Discounts:
1. Das Angebot ist bis einschließlich 30.6.2023 gültig.
2. Der Golfspieler/Leser hat sich telefonisch eine Abschlagzeit geben zu lassen – dabei ist die Nutzung des Angebots anzugeben.
3. Eine Barauszahlung des Greenfee-Vorteils ist nicht möglich.
4. Das Kombinieren von Angeboten oder bestehenden Greenfee-Vorteilen ist nicht möglich. Der Vorteil bezieht sich jeweils ausschließlich auf die zum Zeitpunkt der Einlösung gültigen vollen Greenfee-Gebühren.
5. Gibt es Spielergruppen mit erhöhten Greenfee-Gebühren, ist ein Nachlass auf diese Gebühren nicht möglich.
6. Das Angebot allein berechtigt nicht zum Spiel gegen Greenfee. Die Erfüllung der Bestimmungen des jeweiligen Golfclubs zur Greenfee-Berechtigung (Mitgliedschaft in einem Golfclub, Mindesthandicap etc.) zum Zeitpunkt der Einlösung sind Voraussetzung.
7. Es ist untersagt, den Greenfee-Gutschein entgeltlich Dritten zu überlassen bzw. mit diesen Handel zu treiben. Insbesondere sind die teilnehmenden Golfclubs in diesem Falle berechtigt, die Einlösung der ausgeschriebenen Angebote zu verweigern.
8. Die teilnehmenden Golfclubs haben sich gegenüber dem Verlag unter den o.g. Bedingungen verpflichtet, die ausgeschriebenen Angebote einzulösen. Der Verlag übernimmt jedoch keine Gewähr und keine Haftung, wenn ein Angebot nicht eingelöst wird oder werden kann.

Bedingungen zur Einlösung des Discounts:
1. Das Angebot ist bis einschließlich 30.6.2023 gültig.
2. Der Golfspieler/Leser hat sich telefonisch eine Abschlagzeit geben zu lassen – dabei ist die Nutzung des Angebots anzugeben.
3. Eine Barauszahlung des Greenfee-Vorteils ist nicht möglich.
4. Das Kombinieren von Angeboten oder bestehenden Greenfee-Vorteilen ist nicht möglich. Der Vorteil bezieht sich jeweils ausschließlich auf die zum Zeitpunkt der Einlösung gültigen vollen Greenfee-Gebühren.
5. Gibt es Spielergruppen mit erhöhten Greenfee-Gebühren, ist ein Nachlass auf diese Gebühren nicht möglich.
6. Das Angebot allein berechtigt nicht zum Spiel gegen Greenfee. Die Erfüllung der Bestimmungen des jeweiligen Golfclubs zur Greenfee-Berechtigung (Mitgliedschaft in einem Golfclub, Mindesthandicap etc.) zum Zeitpunkt der Einlösung sind Voraussetzung.
7. Es ist untersagt, den Greenfee-Gutschein entgeltlich Dritten zu überlassen bzw. mit diesen Handel zu treiben. Insbesondere sind die teilnehmenden Golfclubs in diesem Falle berechtigt, die Einlösung der ausgeschriebenen Angebote zu verweigern.
8. Die teilnehmenden Golfclubs haben sich gegenüber dem Verlag unter den o.g. Bedingungen verpflichtet, die ausgeschriebenen Angebote einzulösen. Der Verlag übernimmt jedoch keine Gewähr und keine Haftung, wenn ein Angebot nicht eingelöst wird oder werden kann.

Bedingungen zur Einlösung des Discounts:
1. Das Angebot ist bis einschließlich 30.6.2023 gültig.
2. Der Golfspieler/Leser hat sich telefonisch eine Abschlagzeit geben zu lassen – dabei ist die Nutzung des Angebots anzugeben.
3. Eine Barauszahlung des Greenfee-Vorteils ist nicht möglich.
4. Das Kombinieren von Angeboten oder bestehenden Greenfee-Vorteilen ist nicht möglich. Der Vorteil bezieht sich jeweils ausschließlich auf die zum Zeitpunkt der Einlösung gültigen vollen Greenfee-Gebühren.
5. Gibt es Spielergruppen mit erhöhten Greenfee-Gebühren, ist ein Nachlass auf diese Gebühren nicht möglich.
6. Das Angebot allein berechtigt nicht zum Spiel gegen Greenfee. Die Erfüllung der Bestimmungen des jeweiligen Golfclubs zur Greenfee-Berechtigung (Mitgliedschaft in einem Golfclub, Mindesthandicap etc.) zum Zeitpunkt der Einlösung sind Voraussetzung.
7. Es ist untersagt, den Greenfee-Gutschein entgeltlich Dritten zu überlassen bzw. mit diesen Handel zu treiben. Insbesondere sind die teilnehmenden Golfclubs in diesem Falle berechtigt, die Einlösung der ausgeschriebenen Angebote zu verweigern.
8. Die teilnehmenden Golfclubs haben sich gegenüber dem Verlag unter den o.g. Bedingungen verpflichtet, die ausgeschriebenen Angebote einzulösen. Der Verlag übernimmt jedoch keine Gewähr und keine Haftung, wenn ein Angebot nicht eingelöst wird oder werden kann.

DER GOLF ALBRECHT

Torwoodlee Golf Club

Edinburgh Road
TD1 2NE Galashiels
✆ +44 1896 752260

119

20% Greenfee-Ermäßigung

DER GOLF ALBRECHT

Torwoodlee Golf Club

Edinburgh Road
TD1 2NE Galashiels
✆ +44 1896 752260

119

20% Greenfee-Ermäßigung

DER GOLF ALBRECHT

Portpatrick Golf Club

Golf Course Road, Stranraer
DG9 8TB Portpatrick
✆ +44 1776 810273

120

20% Greenfee-Ermäßigung

DER GOLF ALBRECHT

Portpatrick Golf Club

Golf Course Road, Stranraer
DG9 8TB Portpatrick
✆ +44 1776 810273

120

20% Greenfee-Ermäßigung

DER GOLF ALBRECHT

Silver Birch Golf Course

MAES YR HAF,, BETWS YN RHOS,, ABERGELE.
LL22 8BZ Abergele
✆ +44 1492 680690

121

10% Greenfee-Ermäßigung

DER GOLF ALBRECHT

Penn Golf Club

Penn Common, Penn
WV4 5JN Wolverhampton
✆ +44 1902 341142

122

Hinweis: Subject to tee-time availability.Please call in

2 for 1 2 GF zum Preis von 1 wochentags

DER GOLF ALBRECHT

Penn Golf Club

Penn Common, Penn
WV4 5JN Wolverhampton
✆ +44 1902 341142
Hinweis: Subject to tee-time availability. Please call in advance to book. Current Rates-2 for £50

122

2 for 1 2 GF zum Preis von 1 wochentags

DER GOLF ALBRECHT

Penn Golf Club

Penn Common, Penn
WV4 5JN Wolverhampton
✆ +44 1902 341142
Hinweis: Subject to tee-time availability. Please call in advance to book. Current Rates-2 for £50

122

2 for 1 2 GF zum Preis von 1 wochentags

DER GOLF ALBRECHT

Woodlake Park Golf Club

Glascoed
NP4 0TE Usk
✆ +44 1291 673933

Hinweis: Golf fees based on day rates

2 for 1 2 GF zum Preis von 1

DER GOLF ALBRECHT

Woodlake Park Golf Club

GB

Glascoed
NP4 0TE Usk
✆ +44 1291 673933

123

Hinweis: Golf fees based on day rates

2 for 1 2 GF zum Preis von 1

Diese Gutscheine gelten nur in Verbindung mit dem Buch/Albrecht Golf Card

Diese Gutscheine gelten nur in Verbindung mit dem Buch/Albrecht Golf Card

Bedingungen zur Einlösung des Discounts:
1. Das Angebot ist bis einschließlich 30.6.2023 gültig.
2. Der Golfspieler/Leser hat sich telefonisch eine Abschlagzeit geben zu lassen – dabei ist die Nutzung des Angebots anzugeben.
3. Eine Barauszahlung des Greenfee-Vorteils ist nicht möglich.
4. Das Kombinieren von Angeboten oder bestehenden Greenfee-Vorteilen ist nicht möglich. Der Vorteil bezieht sich jeweils ausschließlich auf die zum Zeitpunkt der Einlösung gültigen vollen Greenfee-Gebühren.
5. Gibt es Spielergruppen mit erhöhten Greenfee-Gebühren, ist ein Nachlass auf diese Gebühren nicht möglich.
6. Das Angebot allein berechtigt nicht zum Spiel gegen Greenfee. Die Erfüllung der Bestimmungen des jeweiligen Golfclubs zur Greenfee-Berechtigung (Mitgliedschaft in einem Golfclub, Mindesthandicap etc.) zum Zeitpunkt der Einlösung sind Voraussetzung.
7. Es ist untersagt, den Greenfee-Gutschein entgeltlich Dritten zu überlassen bzw. mit diesen Handel zu treiben. Insbesondere sind die teilnehmenden Golfclubs in diesem Falle berechtigt, die Einlösung der ausgeschriebenen Angebote zu verweigern.
8. Die teilnehmenden Golfclubs haben sich gegenüber dem Verlag unter den o.g. Bedingungen verpflichtet, die ausgeschriebenen Angebote einzulösen. Der Verlag übernimmt jedoch keine Gewähr und keine Haftung, wenn ein Angebot nicht eingelöst wird oder werden kann.

Bedingungen zur Einlösung des Discounts:
1. Das Angebot ist bis einschließlich 30.6.2023 gültig.
2. Der Golfspieler/Leser hat sich telefonisch eine Abschlagzeit geben zu lassen – dabei ist die Nutzung des Angebots anzugeben.
3. Eine Barauszahlung des Greenfee-Vorteils ist nicht möglich.
4. Das Kombinieren von Angeboten oder bestehenden Greenfee-Vorteilen ist nicht möglich. Der Vorteil bezieht sich jeweils ausschließlich auf die zum Zeitpunkt der Einlösung gültigen vollen Greenfee-Gebühren.
5. Gibt es Spielergruppen mit erhöhten Greenfee-Gebühren, ist ein Nachlass auf diese Gebühren nicht möglich.
6. Das Angebot allein berechtigt nicht zum Spiel gegen Greenfee. Die Erfüllung der Bestimmungen des jeweiligen Golfclubs zur Greenfee-Berechtigung (Mitgliedschaft in einem Golfclub, Mindesthandicap etc.) zum Zeitpunkt der Einlösung sind Voraussetzung.
7. Es ist untersagt, den Greenfee-Gutschein entgeltlich Dritten zu überlassen bzw. mit diesen Handel zu treiben. Insbesondere sind die teilnehmenden Golfclubs in diesem Falle berechtigt, die Einlösung der ausgeschriebenen Angebote zu verweigern.
8. Die teilnehmenden Golfclubs haben sich gegenüber dem Verlag unter den o.g. Bedingungen verpflichtet, die ausgeschriebenen Angebote einzulösen. Der Verlag übernimmt jedoch keine Gewähr und keine Haftung, wenn ein Angebot nicht eingelöst wird oder werden kann.

Bedingungen zur Einlösung des Discounts:
1. Das Angebot ist bis einschließlich 30.6.2023 gültig.
2. Der Golfspieler/Leser hat sich telefonisch eine Abschlagzeit geben zu lassen – dabei ist die Nutzung des Angebots anzugeben.
3. Eine Barauszahlung des Greenfee-Vorteils ist nicht möglich.
4. Das Kombinieren von Angeboten oder bestehenden Greenfee-Vorteilen ist nicht möglich. Der Vorteil bezieht sich jeweils ausschließlich auf die zum Zeitpunkt der Einlösung gültigen vollen Greenfee-Gebühren.
5. Gibt es Spielergruppen mit erhöhten Greenfee-Gebühren, ist ein Nachlass auf diese Gebühren nicht möglich.
6. Das Angebot allein berechtigt nicht zum Spiel gegen Greenfee. Die Erfüllung der Bestimmungen des jeweiligen Golfclubs zur Greenfee-Berechtigung (Mitgliedschaft in einem Golfclub, Mindesthandicap etc.) zum Zeitpunkt der Einlösung sind Voraussetzung.
7. Es ist untersagt, den Greenfee-Gutschein entgeltlich Dritten zu überlassen bzw. mit diesen Handel zu treiben. Insbesondere sind die teilnehmenden Golfclubs in diesem Falle berechtigt, die Einlösung der ausgeschriebenen Angebote zu verweigern.
8. Die teilnehmenden Golfclubs haben sich gegenüber dem Verlag unter den o.g. Bedingungen verpflichtet, die ausgeschriebenen Angebote einzulösen. Der Verlag übernimmt jedoch keine Gewähr und keine Haftung, wenn ein Angebot nicht eingelöst wird oder werden kann.

Bedingungen zur Einlösung des Discounts:
1. Das Angebot ist bis einschließlich 30.6.2023 gültig.
2. Der Golfspieler/Leser hat sich telefonisch eine Abschlagzeit geben zu lassen – dabei ist die Nutzung des Angebots anzugeben.
3. Eine Barauszahlung des Greenfee-Vorteils ist nicht möglich.
4. Das Kombinieren von Angeboten oder bestehenden Greenfee-Vorteilen ist nicht möglich. Der Vorteil bezieht sich jeweils ausschließlich auf die zum Zeitpunkt der Einlösung gültigen vollen Greenfee-Gebühren.
5. Gibt es Spielergruppen mit erhöhten Greenfee-Gebühren, ist ein Nachlass auf diese Gebühren nicht möglich.
6. Das Angebot allein berechtigt nicht zum Spiel gegen Greenfee. Die Erfüllung der Bestimmungen des jeweiligen Golfclubs zur Greenfee-Berechtigung (Mitgliedschaft in einem Golfclub, Mindesthandicap etc.) zum Zeitpunkt der Einlösung sind Voraussetzung.
7. Es ist untersagt, den Greenfee-Gutschein entgeltlich Dritten zu überlassen bzw. mit diesen Handel zu treiben. Insbesondere sind die teilnehmenden Golfclubs in diesem Falle berechtigt, die Einlösung der ausgeschriebenen Angebote zu verweigern.
8. Die teilnehmenden Golfclubs haben sich gegenüber dem Verlag unter den o.g. Bedingungen verpflichtet, die ausgeschriebenen Angebote einzulösen. Der Verlag übernimmt jedoch keine Gewähr und keine Haftung, wenn ein Angebot nicht eingelöst wird oder werden kann.

Bedingungen zur Einlösung des Discounts:
1. Das Angebot ist bis einschließlich 30.6.2023 gültig.
2. Der Golfspieler/Leser hat sich telefonisch eine Abschlagzeit geben zu lassen – dabei ist die Nutzung des Angebots anzugeben.
3. Eine Barauszahlung des Greenfee-Vorteils ist nicht möglich.
4. Das Kombinieren von Angeboten oder bestehenden Greenfee-Vorteilen ist nicht möglich. Der Vorteil bezieht sich jeweils ausschließlich auf die zum Zeitpunkt der Einlösung gültigen vollen Greenfee-Gebühren.
5. Gibt es Spielergruppen mit erhöhten Greenfee-Gebühren, ist ein Nachlass auf diese Gebühren nicht möglich.
6. Das Angebot allein berechtigt nicht zum Spiel gegen Greenfee. Die Erfüllung der Bestimmungen des jeweiligen Golfclubs zur Greenfee-Berechtigung (Mitgliedschaft in einem Golfclub, Mindesthandicap etc.) zum Zeitpunkt der Einlösung sind Voraussetzung.
7. Es ist untersagt, den Greenfee-Gutschein entgeltlich Dritten zu überlassen bzw. mit diesen Handel zu treiben. Insbesondere sind die teilnehmenden Golfclubs in diesem Falle berechtigt, die Einlösung der ausgeschriebenen Angebote zu verweigern.
8. Die teilnehmenden Golfclubs haben sich gegenüber dem Verlag unter den o.g. Bedingungen verpflichtet, die ausgeschriebenen Angebote einzulösen. Der Verlag übernimmt jedoch keine Gewähr und keine Haftung, wenn ein Angebot nicht eingelöst wird oder werden kann.

Bedingungen zur Einlösung des Discounts:
1. Das Angebot ist bis einschließlich 30.6.2023 gültig.
2. Der Golfspieler/Leser hat sich telefonisch eine Abschlagzeit geben zu lassen – dabei ist die Nutzung des Angebots anzugeben.
3. Eine Barauszahlung des Greenfee-Vorteils ist nicht möglich.
4. Das Kombinieren von Angeboten oder bestehenden Greenfee-Vorteilen ist nicht möglich. Der Vorteil bezieht sich jeweils ausschließlich auf die zum Zeitpunkt der Einlösung gültigen vollen Greenfee-Gebühren.
5. Gibt es Spielergruppen mit erhöhten Greenfee-Gebühren, ist ein Nachlass auf diese Gebühren nicht möglich.
6. Das Angebot allein berechtigt nicht zum Spiel gegen Greenfee. Die Erfüllung der Bestimmungen des jeweiligen Golfclubs zur Greenfee-Berechtigung (Mitgliedschaft in einem Golfclub, Mindesthandicap etc.) zum Zeitpunkt der Einlösung sind Voraussetzung.
7. Es ist untersagt, den Greenfee-Gutschein entgeltlich Dritten zu überlassen bzw. mit diesen Handel zu treiben. Insbesondere sind die teilnehmenden Golfclubs in diesem Falle berechtigt, die Einlösung der ausgeschriebenen Angebote zu verweigern.
8. Die teilnehmenden Golfclubs haben sich gegenüber dem Verlag unter den o.g. Bedingungen verpflichtet, die ausgeschriebenen Angebote einzulösen. Der Verlag übernimmt jedoch keine Gewähr und keine Haftung, wenn ein Angebot nicht eingelöst wird oder werden kann.

Bedingungen zur Einlösung des Discounts:
1. Das Angebot ist bis einschließlich 30.6.2023 gültig.
2. Der Golfspieler/Leser hat sich telefonisch eine Abschlagzeit geben zu lassen – dabei ist die Nutzung des Angebots anzugeben.
3. Eine Barauszahlung des Greenfee-Vorteils ist nicht möglich.
4. Das Kombinieren von Angeboten oder bestehenden Greenfee-Vorteilen ist nicht möglich. Der Vorteil bezieht sich jeweils ausschließlich auf die zum Zeitpunkt der Einlösung gültigen vollen Greenfee-Gebühren.
5. Gibt es Spielergruppen mit erhöhten Greenfee-Gebühren, ist ein Nachlass auf diese Gebühren nicht möglich.
6. Das Angebot allein berechtigt nicht zum Spiel gegen Greenfee. Die Erfüllung der Bestimmungen des jeweiligen Golfclubs zur Greenfee-Berechtigung (Mitgliedschaft in einem Golfclub, Mindesthandicap etc.) zum Zeitpunkt der Einlösung sind Voraussetzung.
7. Es ist untersagt, den Greenfee-Gutschein entgeltlich Dritten zu überlassen bzw. mit diesen Handel zu treiben. Insbesondere sind die teilnehmenden Golfclubs in diesem Falle berechtigt, die Einlösung der ausgeschriebenen Angebote zu verweigern.
8. Die teilnehmenden Golfclubs haben sich gegenüber dem Verlag unter den o.g. Bedingungen verpflichtet, die ausgeschriebenen Angebote einzulösen. Der Verlag übernimmt jedoch keine Gewähr und keine Haftung, wenn ein Angebot nicht eingelöst wird oder werden kann.

Bedingungen zur Einlösung des Discounts:
1. Das Angebot ist bis einschließlich 30.6.2023 gültig.
2. Der Golfspieler/Leser hat sich telefonisch eine Abschlagzeit geben zu lassen – dabei ist die Nutzung des Angebots anzugeben.
3. Eine Barauszahlung des Greenfee-Vorteils ist nicht möglich.
4. Das Kombinieren von Angeboten oder bestehenden Greenfee-Vorteilen ist nicht möglich. Der Vorteil bezieht sich jeweils ausschließlich auf die zum Zeitpunkt der Einlösung gültigen vollen Greenfee-Gebühren.
5. Gibt es Spielergruppen mit erhöhten Greenfee-Gebühren, ist ein Nachlass auf diese Gebühren nicht möglich.
6. Das Angebot allein berechtigt nicht zum Spiel gegen Greenfee. Die Erfüllung der Bestimmungen des jeweiligen Golfclubs zur Greenfee-Berechtigung (Mitgliedschaft in einem Golfclub, Mindesthandicap etc.) zum Zeitpunkt der Einlösung sind Voraussetzung.
7. Es ist untersagt, den Greenfee-Gutschein entgeltlich Dritten zu überlassen bzw. mit diesen Handel zu treiben. Insbesondere sind die teilnehmenden Golfclubs in diesem Falle berechtigt, die Einlösung der ausgeschriebenen Angebote zu verweigern.
8. Die teilnehmenden Golfclubs haben sich gegenüber dem Verlag unter den o.g. Bedingungen verpflichtet, die ausgeschriebenen Angebote einzulösen. Der Verlag übernimmt jedoch keine Gewähr und keine Haftung, wenn ein Angebot nicht eingelöst wird oder werden kann.

Bedingungen zur Einlösung des Discounts:
1. Das Angebot ist bis einschließlich 30.6.2023 gültig.
2. Der Golfspieler/Leser hat sich telefonisch eine Abschlagzeit geben zu lassen – dabei ist die Nutzung des Angebots anzugeben.
3. Eine Barauszahlung des Greenfee-Vorteils ist nicht möglich.
4. Das Kombinieren von Angeboten oder bestehenden Greenfee-Vorteilen ist nicht möglich. Der Vorteil bezieht sich jeweils ausschließlich auf die zum Zeitpunkt der Einlösung gültigen vollen Greenfee-Gebühren.
5. Gibt es Spielergruppen mit erhöhten Greenfee-Gebühren, ist ein Nachlass auf diese Gebühren nicht möglich.
6. Das Angebot allein berechtigt nicht zum Spiel gegen Greenfee. Die Erfüllung der Bestimmungen des jeweiligen Golfclubs zur Greenfee-Berechtigung (Mitgliedschaft in einem Golfclub, Mindesthandicap etc.) zum Zeitpunkt der Einlösung sind Voraussetzung.
7. Es ist untersagt, den Greenfee-Gutschein entgeltlich Dritten zu überlassen bzw. mit diesen Handel zu treiben. Insbesondere sind die teilnehmenden Golfclubs in diesem Falle berechtigt, die Einlösung der ausgeschriebenen Angebote zu verweigern.
8. Die teilnehmenden Golfclubs haben sich gegenüber dem Verlag unter den o.g. Bedingungen verpflichtet, die ausgeschriebenen Angebote einzulösen. Der Verlag übernimmt jedoch keine Gewähr und keine Haftung, wenn ein Angebot nicht eingelöst wird oder werden kann.

Bedingungen zur Einlösung des Discounts:
1. Das Angebot ist bis einschließlich 30.6.2023 gültig.
2. Der Golfspieler/Leser hat sich telefonisch eine Abschlagzeit geben zu lassen – dabei ist die Nutzung des Angebots anzugeben.
3. Eine Barauszahlung des Greenfee-Vorteils ist nicht möglich.
4. Das Kombinieren von Angeboten oder bestehenden Greenfee-Vorteilen ist nicht möglich. Der Vorteil bezieht sich jeweils ausschließlich auf die zum Zeitpunkt der Einlösung gültigen vollen Greenfee-Gebühren.
5. Gibt es Spielergruppen mit erhöhten Greenfee-Gebühren, ist ein Nachlass auf diese Gebühren nicht möglich.
6. Das Angebot allein berechtigt nicht zum Spiel gegen Greenfee. Die Erfüllung der Bestimmungen des jeweiligen Golfclubs zur Greenfee-Berechtigung (Mitgliedschaft in einem Golfclub, Mindesthandicap etc.) zum Zeitpunkt der Einlösung sind Voraussetzung.
7. Es ist untersagt, den Greenfee-Gutschein entgeltlich Dritten zu überlassen bzw. mit diesen Handel zu treiben. Insbesondere sind die teilnehmenden Golfclubs in diesem Falle berechtigt, die Einlösung der ausgeschriebenen Angebote zu verweigern.
8. Die teilnehmenden Golfclubs haben sich gegenüber dem Verlag unter den o.g. Bedingungen verpflichtet, die ausgeschriebenen Angebote einzulösen. Der Verlag übernimmt jedoch keine Gewähr und keine Haftung, wenn ein Angebot nicht eingelöst wird oder werden kann.

DER GOLF ALBRECHT

Woodlake Park Golf Club

Glascoed
NP4 0TE Usk
+44 1291 673933

123

Hinweis: Golf fees based on day rates

20% Greenfee-Ermäßigung

DER GOLF ALBRECHT

Woodlake Park Golf Club

Glascoed
NP4 0TE Usk
+44 1291 673933

123

Hinweis: Golf fees based on day rates

20% Greenfee-Ermäßigung

DER GOLF ALBRECHT

Ilfracombe Golf Club

Hele Bay
EX34 9RT Ilfracombe
+44 1271 862176

124

2 for 1 2 GF zum Preis von 1

DER GOLF ALBRECHT

Ilfracombe Golf Club

Hele Bay
EX34 9RT Ilfracombe
+44 1271 862176

124

2 for 1 2 GF zum Preis von 1

DER GOLF ALBRECHT

Ilfracombe Golf Club

Hele Bay
EX34 9RT Ilfracombe
+44 1271 862176

124

20% Greenfee-Ermäßigung

DER GOLF ALBRECHT

Ilfracombe Golf Club

Hele Bay
EX34 9RT Ilfracombe
+44 1271 862176

124

20% Greenfee-Ermäßigung

DER GOLF ALBRECHT

Letterkenny Golf Club

Barnhill
Letterkenny
+353 74 912 1150

125

Hinweis: 20% of €75 green fee per player

20% Greenfee-Ermäßigung wochentags

DER GOLF ALBRECHT

Letterkenny Golf Club

Barnhill
Letterkenny
+353 74 912 1150

125

Hinweis: 20% of €75 green fee per player

20% Greenfee-Ermäßigung wochentags

DER GOLF ALBRECHT

Castlegregory Golf And Fishing Club

Stradbally, Castlegregory
Tralee
+353 66 713 9444

126

2 for 1 2 GF zum Preis von 1 wochentags

DER GOLF ALBRECHT

Castlegregory Golf And Fishing Club

Stradbally, Castlegregory
Tralee
+353 66 713 9444

126

20% Greenfee-Ermäßigung wochentags

Diese Gutscheine gelten nur in Verbindung mit dem Buch/Albrecht Golf Card

Diese Gutscheine gelten nur in Verbindung mit dem Buch/Albrecht Golf Card

Bedingungen zur Einlösung des Discounts:
1. Das Angebot ist bis einschließlich 30.6.2023 gültig.
2. Der Golfspieler/Leser hat sich telefonisch eine Abschlagzeit geben zu lassen – dabei ist die Nutzung des Angebots anzugeben.
3. Eine Barauszahlung des Greenfee-Vorteils ist nicht möglich.
4. Das Kombinieren von Angeboten oder bestehenden Greenfee-Vorteilen ist nicht möglich. Der Vorteil bezieht sich jeweils ausschließlich auf die zum Zeitpunkt der Einlösung gültigen vollen Greenfee-Gebühren.
5. Gibt es Spielergruppen mit erhöhten Greenfee-Gebühren, ist ein Nachlass auf diese Gebühren nicht möglich.
6. Das Angebot allein berechtigt nicht zum Spiel gegen Greenfee. Die Erfüllung der Bestimmungen des jeweiligen Golfclubs zur Greenfee-Berechtigung (Mitgliedschaft in einem Golfclub, Mindesthandicap etc.) zum Zeitpunkt der Einlösung sind Voraussetzung.
7. Es ist untersagt, den Greenfee-Gutschein entgeltlich Dritten zu überlassen bzw. mit diesen Handel zu treiben. Insbesondere sind die teilnehmenden Golfclubs in diesem Falle berechtigt, die Einlösung der ausgeschriebenen Angebote zu verweigern.
8. Die teilnehmenden Golfclubs haben sich gegenüber dem Verlag unter den o.g. Bedingungen verpflichtet, die ausgeschriebenen Angebote einzulösen. Der Verlag übernimmt jedoch keine Gewähr und keine Haftung, wenn ein Angebot nicht eingelöst wird oder werden kann.

Bedingungen zur Einlösung des Discounts:
1. Das Angebot ist bis einschließlich 30.6.2023 gültig.
2. Der Golfspieler/Leser hat sich telefonisch eine Abschlagzeit geben zu lassen – dabei ist die Nutzung des Angebots anzugeben.
3. Eine Barauszahlung des Greenfee-Vorteils ist nicht möglich.
4. Das Kombinieren von Angeboten oder bestehenden Greenfee-Vorteilen ist nicht möglich. Der Vorteil bezieht sich jeweils ausschließlich auf die zum Zeitpunkt der Einlösung gültigen vollen Greenfee-Gebühren.
5. Gibt es Spielergruppen mit erhöhten Greenfee-Gebühren, ist ein Nachlass auf diese Gebühren nicht möglich.
6. Das Angebot allein berechtigt nicht zum Spiel gegen Greenfee. Die Erfüllung der Bestimmungen des jeweiligen Golfclubs zur Greenfee-Berechtigung (Mitgliedschaft in einem Golfclub, Mindesthandicap etc.) zum Zeitpunkt der Einlösung sind Voraussetzung.
7. Es ist untersagt, den Greenfee-Gutschein entgeltlich Dritten zu überlassen bzw. mit diesen Handel zu treiben. Insbesondere sind die teilnehmenden Golfclubs in diesem Falle berechtigt, die Einlösung der ausgeschriebenen Angebote zu verweigern.
8. Die teilnehmenden Golfclubs haben sich gegenüber dem Verlag unter den o.g. Bedingungen verpflichtet, die ausgeschriebenen Angebote einzulösen. Der Verlag übernimmt jedoch keine Gewähr und keine Haftung, wenn ein Angebot nicht eingelöst wird oder werden kann.

Bedingungen zur Einlösung des Discounts:
1. Das Angebot ist bis einschließlich 30.6.2023 gültig.
2. Der Golfspieler/Leser hat sich telefonisch eine Abschlagzeit geben zu lassen – dabei ist die Nutzung des Angebots anzugeben.
3. Eine Barauszahlung des Greenfee-Vorteils ist nicht möglich.
4. Das Kombinieren von Angeboten oder bestehenden Greenfee-Vorteilen ist nicht möglich. Der Vorteil bezieht sich jeweils ausschließlich auf die zum Zeitpunkt der Einlösung gültigen vollen Greenfee-Gebühren.
5. Gibt es Spielergruppen mit erhöhten Greenfee-Gebühren, ist ein Nachlass auf diese Gebühren nicht möglich.
6. Das Angebot allein berechtigt nicht zum Spiel gegen Greenfee. Die Erfüllung der Bestimmungen des jeweiligen Golfclubs zur Greenfee-Berechtigung (Mitgliedschaft in einem Golfclub, Mindesthandicap etc.) zum Zeitpunkt der Einlösung sind Voraussetzung.
7. Es ist untersagt, den Greenfee-Gutschein entgeltlich Dritten zu überlassen bzw. mit diesen Handel zu treiben. Insbesondere sind die teilnehmenden Golfclubs in diesem Falle berechtigt, die Einlösung der ausgeschriebenen Angebote zu verweigern.
8. Die teilnehmenden Golfclubs haben sich gegenüber dem Verlag unter den o.g. Bedingungen verpflichtet, die ausgeschriebenen Angebote einzulösen. Der Verlag übernimmt jedoch keine Gewähr und keine Haftung, wenn ein Angebot nicht eingelöst wird oder werden kann.

Bedingungen zur Einlösung des Discounts:
1. Das Angebot ist bis einschließlich 30.6.2023 gültig.
2. Der Golfspieler/Leser hat sich telefonisch eine Abschlagzeit geben zu lassen – dabei ist die Nutzung des Angebots anzugeben.
3. Eine Barauszahlung des Greenfee-Vorteils ist nicht möglich.
4. Das Kombinieren von Angeboten oder bestehenden Greenfee-Vorteilen ist nicht möglich. Der Vorteil bezieht sich jeweils ausschließlich auf die zum Zeitpunkt der Einlösung gültigen vollen Greenfee-Gebühren.
5. Gibt es Spielergruppen mit erhöhten Greenfee-Gebühren, ist ein Nachlass auf diese Gebühren nicht möglich.
6. Das Angebot allein berechtigt nicht zum Spiel gegen Greenfee. Die Erfüllung der Bestimmungen des jeweiligen Golfclubs zur Greenfee-Berechtigung (Mitgliedschaft in einem Golfclub, Mindesthandicap etc.) zum Zeitpunkt der Einlösung sind Voraussetzung.
7. Es ist untersagt, den Greenfee-Gutschein entgeltlich Dritten zu überlassen bzw. mit diesen Handel zu treiben. Insbesondere sind die teilnehmenden Golfclubs in diesem Falle berechtigt, die Einlösung der ausgeschriebenen Angebote zu verweigern.
8. Die teilnehmenden Golfclubs haben sich gegenüber dem Verlag unter den o.g. Bedingungen verpflichtet, die ausgeschriebenen Angebote einzulösen. Der Verlag übernimmt jedoch keine Gewähr und keine Haftung, wenn ein Angebot nicht eingelöst wird oder werden kann.

Bedingungen zur Einlösung des Discounts:
1. Das Angebot ist bis einschließlich 30.6.2023 gültig.
2. Der Golfspieler/Leser hat sich telefonisch eine Abschlagzeit geben zu lassen – dabei ist die Nutzung des Angebots anzugeben.
3. Eine Barauszahlung des Greenfee-Vorteils ist nicht möglich.
4. Das Kombinieren von Angeboten oder bestehenden Greenfee-Vorteilen ist nicht möglich. Der Vorteil bezieht sich jeweils ausschließlich auf die zum Zeitpunkt der Einlösung gültigen vollen Greenfee-Gebühren.
5. Gibt es Spielergruppen mit erhöhten Greenfee-Gebühren, ist ein Nachlass auf diese Gebühren nicht möglich.
6. Das Angebot allein berechtigt nicht zum Spiel gegen Greenfee. Die Erfüllung der Bestimmungen des jeweiligen Golfclubs zur Greenfee-Berechtigung (Mitgliedschaft in einem Golfclub, Mindesthandicap etc.) zum Zeitpunkt der Einlösung sind Voraussetzung.
7. Es ist untersagt, den Greenfee-Gutschein entgeltlich Dritten zu überlassen bzw. mit diesen Handel zu treiben. Insbesondere sind die teilnehmenden Golfclubs in diesem Falle berechtigt, die Einlösung der ausgeschriebenen Angebote zu verweigern.
8. Die teilnehmenden Golfclubs haben sich gegenüber dem Verlag unter den o.g. Bedingungen verpflichtet, die ausgeschriebenen Angebote einzulösen. Der Verlag übernimmt jedoch keine Gewähr und keine Haftung, wenn ein Angebot nicht eingelöst wird oder werden kann.

Bedingungen zur Einlösung des Discounts:
1. Das Angebot ist bis einschließlich 30.6.2023 gültig.
2. Der Golfspieler/Leser hat sich telefonisch eine Abschlagzeit geben zu lassen – dabei ist die Nutzung des Angebots anzugeben.
3. Eine Barauszahlung des Greenfee-Vorteils ist nicht möglich.
4. Das Kombinieren von Angeboten oder bestehenden Greenfee-Vorteilen ist nicht möglich. Der Vorteil bezieht sich jeweils ausschließlich auf die zum Zeitpunkt der Einlösung gültigen vollen Greenfee-Gebühren.
5. Gibt es Spielergruppen mit erhöhten Greenfee-Gebühren, ist ein Nachlass auf diese Gebühren nicht möglich.
6. Das Angebot allein berechtigt nicht zum Spiel gegen Greenfee. Die Erfüllung der Bestimmungen des jeweiligen Golfclubs zur Greenfee-Berechtigung (Mitgliedschaft in einem Golfclub, Mindesthandicap etc.) zum Zeitpunkt der Einlösung sind Voraussetzung.
7. Es ist untersagt, den Greenfee-Gutschein entgeltlich Dritten zu überlassen bzw. mit diesen Handel zu treiben. Insbesondere sind die teilnehmenden Golfclubs in diesem Falle berechtigt, die Einlösung der ausgeschriebenen Angebote zu verweigern.
8. Die teilnehmenden Golfclubs haben sich gegenüber dem Verlag unter den o.g. Bedingungen verpflichtet, die ausgeschriebenen Angebote einzulösen. Der Verlag übernimmt jedoch keine Gewähr und keine Haftung, wenn ein Angebot nicht eingelöst wird oder werden kann.

Bedingungen zur Einlösung des Discounts:
1. Das Angebot ist bis einschließlich 30.6.2023 gültig.
2. Der Golfspieler/Leser hat sich telefonisch eine Abschlagzeit geben zu lassen – dabei ist die Nutzung des Angebots anzugeben.
3. Eine Barauszahlung des Greenfee-Vorteils ist nicht möglich.
4. Das Kombinieren von Angeboten oder bestehenden Greenfee-Vorteilen ist nicht möglich. Der Vorteil bezieht sich jeweils ausschließlich auf die zum Zeitpunkt der Einlösung gültigen vollen Greenfee-Gebühren.
5. Gibt es Spielergruppen mit erhöhten Greenfee-Gebühren, ist ein Nachlass auf diese Gebühren nicht möglich.
6. Das Angebot allein berechtigt nicht zum Spiel gegen Greenfee. Die Erfüllung der Bestimmungen des jeweiligen Golfclubs zur Greenfee-Berechtigung (Mitgliedschaft in einem Golfclub, Mindesthandicap etc.) zum Zeitpunkt der Einlösung sind Voraussetzung.
7. Es ist untersagt, den Greenfee-Gutschein entgeltlich Dritten zu überlassen bzw. mit diesen Handel zu treiben. Insbesondere sind die teilnehmenden Golfclubs in diesem Falle berechtigt, die Einlösung der ausgeschriebenen Angebote zu verweigern.
8. Die teilnehmenden Golfclubs haben sich gegenüber dem Verlag unter den o.g. Bedingungen verpflichtet, die ausgeschriebenen Angebote einzulösen. Der Verlag übernimmt jedoch keine Gewähr und keine Haftung, wenn ein Angebot nicht eingelöst wird oder werden kann.

Bedingungen zur Einlösung des Discounts:
1. Das Angebot ist bis einschließlich 30.6.2023 gültig.
2. Der Golfspieler/Leser hat sich telefonisch eine Abschlagzeit geben zu lassen – dabei ist die Nutzung des Angebots anzugeben.
3. Eine Barauszahlung des Greenfee-Vorteils ist nicht möglich.
4. Das Kombinieren von Angeboten oder bestehenden Greenfee-Vorteilen ist nicht möglich. Der Vorteil bezieht sich jeweils ausschließlich auf die zum Zeitpunkt der Einlösung gültigen vollen Greenfee-Gebühren.
5. Gibt es Spielergruppen mit erhöhten Greenfee-Gebühren, ist ein Nachlass auf diese Gebühren nicht möglich.
6. Das Angebot allein berechtigt nicht zum Spiel gegen Greenfee. Die Erfüllung der Bestimmungen des jeweiligen Golfclubs zur Greenfee-Berechtigung (Mitgliedschaft in einem Golfclub, Mindesthandicap etc.) zum Zeitpunkt der Einlösung sind Voraussetzung.
7. Es ist untersagt, den Greenfee-Gutschein entgeltlich Dritten zu überlassen bzw. mit diesen Handel zu treiben. Insbesondere sind die teilnehmenden Golfclubs in diesem Falle berechtigt, die Einlösung der ausgeschriebenen Angebote zu verweigern.
8. Die teilnehmenden Golfclubs haben sich gegenüber dem Verlag unter den o.g. Bedingungen verpflichtet, die ausgeschriebenen Angebote einzulösen. Der Verlag übernimmt jedoch keine Gewähr und keine Haftung, wenn ein Angebot nicht eingelöst wird oder werden kann.

Bedingungen zur Einlösung des Discounts:
1. Das Angebot ist bis einschließlich 30.6.2023 gültig.
2. Der Golfspieler/Leser hat sich telefonisch eine Abschlagzeit geben zu lassen – dabei ist die Nutzung des Angebots anzugeben.
3. Eine Barauszahlung des Greenfee-Vorteils ist nicht möglich.
4. Das Kombinieren von Angeboten oder bestehenden Greenfee-Vorteilen ist nicht möglich. Der Vorteil bezieht sich jeweils ausschließlich auf die zum Zeitpunkt der Einlösung gültigen vollen Greenfee-Gebühren.
5. Gibt es Spielergruppen mit erhöhten Greenfee-Gebühren, ist ein Nachlass auf diese Gebühren nicht möglich.
6. Das Angebot allein berechtigt nicht zum Spiel gegen Greenfee. Die Erfüllung der Bestimmungen des jeweiligen Golfclubs zur Greenfee-Berechtigung (Mitgliedschaft in einem Golfclub, Mindesthandicap etc.) zum Zeitpunkt der Einlösung sind Voraussetzung.
7. Es ist untersagt, den Greenfee-Gutschein entgeltlich Dritten zu überlassen bzw. mit diesen Handel zu treiben. Insbesondere sind die teilnehmenden Golfclubs in diesem Falle berechtigt, die Einlösung der ausgeschriebenen Angebote zu verweigern.
8. Die teilnehmenden Golfclubs haben sich gegenüber dem Verlag unter den o.g. Bedingungen verpflichtet, die ausgeschriebenen Angebote einzulösen. Der Verlag übernimmt jedoch keine Gewähr und keine Haftung, wenn ein Angebot nicht eingelöst wird oder werden kann.

Bedingungen zur Einlösung des Discounts:
1. Das Angebot ist bis einschließlich 30.6.2023 gültig.
2. Der Golfspieler/Leser hat sich telefonisch eine Abschlagzeit geben zu lassen – dabei ist die Nutzung des Angebots anzugeben.
3. Eine Barauszahlung des Greenfee-Vorteils ist nicht möglich.
4. Das Kombinieren von Angeboten oder bestehenden Greenfee-Vorteilen ist nicht möglich. Der Vorteil bezieht sich jeweils ausschließlich auf die zum Zeitpunkt der Einlösung gültigen vollen Greenfee-Gebühren.
5. Gibt es Spielergruppen mit erhöhten Greenfee-Gebühren, ist ein Nachlass auf diese Gebühren nicht möglich.
6. Das Angebot allein berechtigt nicht zum Spiel gegen Greenfee. Die Erfüllung der Bestimmungen des jeweiligen Golfclubs zur Greenfee-Berechtigung (Mitgliedschaft in einem Golfclub, Mindesthandicap etc.) zum Zeitpunkt der Einlösung sind Voraussetzung.
7. Es ist untersagt, den Greenfee-Gutschein entgeltlich Dritten zu überlassen bzw. mit diesen Handel zu treiben. Insbesondere sind die teilnehmenden Golfclubs in diesem Falle berechtigt, die Einlösung der ausgeschriebenen Angebote zu verweigern.
8. Die teilnehmenden Golfclubs haben sich gegenüber dem Verlag unter den o.g. Bedingungen verpflichtet, die ausgeschriebenen Angebote einzulösen. Der Verlag übernimmt jedoch keine Gewähr und keine Haftung, wenn ein Angebot nicht eingelöst wird oder werden kann.

DER GOLF ALBRECHT

Castlegregory Golf And Fishing Club

Stradbally, Castlegregory
Tralee
+353 66 713 9444

126

20% Greenfee-Ermäßigung wochentags

DER GOLF ALBRECHT

Ring of Kerry Golf Club

Templenoe
Killarney
+353 64 664 2000

127

20% Greenfee-Ermäßigung

DER GOLF ALBRECHT

Ring of Kerry Golf Club

Templenoe
Killarney
+353 64 664 2000

127

20% Greenfee-Ermäßigung

DER GOLF ALBRECHT

Ring of Kerry Golf Club

Templenoe
Killarney
+353 64 664 2000

127

20% Greenfee-Ermäßigung

DER GOLF ALBRECHT

Ile aux Cerfs Golf Club

Trou d'Eau Douce
+230 402 7720

Hinweis: Bernhard Langer Design Golf Course. Voucher nur gültig auf Rack Rate und nicht kombinierbar mit anderen Angeboten.

128

20% Greenfee-Ermäßigung

DER GOLF ALBRECHT

Ile aux Cerfs Golf Club

Trou d'Eau Douce
+230 402 7720

Hinweis: Bernhard Langer Design Golf Course. Voucher nur gültig auf Rack Rate und nicht kombinierbar mit anderen Angeboten.

128

20% Greenfee-Ermäßigung

Ile aux Cerfs Golf Club, Mauritius (©J. Sjoman)

Diese Gutscheine gelten nur in Verbindung mit dem Buch/Albrecht Golf Card

Diese Gutscheine gelten nur in Verbindung mit dem Buch/Albrecht Golf Card

Bedingungen zur Einlösung des Discounts:

1. Das Angebot ist bis einschließlich 30.6.2023 gültig.
2. Der Golfspieler/Leser hat sich telefonisch eine Abschlagzeit geben zu lassen – dabei ist die Nutzung des Angebots anzugeben.
3. Eine Barauszahlung des Greenfee-Vorteils ist nicht möglich.
4. Das Kombinieren von Angeboten oder bestehenden Greenfee-Vorteilen ist nicht möglich. Der Vorteil bezieht sich jeweils ausschließlich auf die zum Zeitpunkt der Einlösung gültigen vollen Greenfee-Gebühren.
5. Gibt es Spielergruppen mit erhöhten Greenfee-Gebühren, ist ein Nachlass auf diese Gebühren nicht möglich.
6. Das Angebot allein berechtigt nicht zum Spiel gegen Greenfee. Die Erfüllung der Bestimmungen des jeweiligen Golfclubs zur Greenfee-Berechtigung (Mitgliedschaft in einem Golfclub, Mindesthandicap etc.) zum Zeitpunkt der Einlösung sind Voraussetzung.
7. Es ist untersagt, den Greenfee-Gutschein entgeltlich Dritten zu überlassen bzw. mit diesen Handel zu treiben. Insbesondere sind die teilnehmenden Golfclubs in diesem Falle berechtigt, die Einlösung der ausgeschriebenen Angebote zu verweigern.
8. Die teilnehmenden Golfclubs haben sich gegenüber dem Verlag unter den o.g. Bedingungen verpflichtet, die ausgeschriebenen Angebote einzulösen. Der Verlag übernimmt jedoch keine Gewähr und keine Haftung, wenn ein Angebot nicht eingelöst wird oder werden kann.

Bedingungen zur Einlösung des Discounts:

1. Das Angebot ist bis einschließlich 30.6.2023 gültig.
2. Der Golfspieler/Leser hat sich telefonisch eine Abschlagzeit geben zu lassen – dabei ist die Nutzung des Angebots anzugeben.
3. Eine Barauszahlung des Greenfee-Vorteils ist nicht möglich.
4. Das Kombinieren von Angeboten oder bestehenden Greenfee-Vorteilen ist nicht möglich. Der Vorteil bezieht sich jeweils ausschließlich auf die zum Zeitpunkt der Einlösung gültigen vollen Greenfee-Gebühren.
5. Gibt es Spielergruppen mit erhöhten Greenfee-Gebühren, ist ein Nachlass auf diese Gebühren nicht möglich.
6. Das Angebot allein berechtigt nicht zum Spiel gegen Greenfee. Die Erfüllung der Bestimmungen des jeweiligen Golfclubs zur Greenfee-Berechtigung (Mitgliedschaft in einem Golfclub, Mindesthandicap etc.) zum Zeitpunkt der Einlösung sind Voraussetzung.
7. Es ist untersagt, den Greenfee-Gutschein entgeltlich Dritten zu überlassen bzw. mit diesen Handel zu treiben. Insbesondere sind die teilnehmenden Golfclubs in diesem Falle berechtigt, die Einlösung der ausgeschriebenen Angebote zu verweigern.
8. Die teilnehmenden Golfclubs haben sich gegenüber dem Verlag unter den o.g. Bedingungen verpflichtet, die ausgeschriebenen Angebote einzulösen. Der Verlag übernimmt jedoch keine Gewähr und keine Haftung, wenn ein Angebot nicht eingelöst wird oder werden kann.

Bedingungen zur Einlösung des Discounts:

1. Das Angebot ist bis einschließlich 30.6.2023 gültig.
2. Der Golfspieler/Leser hat sich telefonisch eine Abschlagzeit geben zu lassen – dabei ist die Nutzung des Angebots anzugeben.
3. Eine Barauszahlung des Greenfee-Vorteils ist nicht möglich.
4. Das Kombinieren von Angeboten oder bestehenden Greenfee-Vorteilen ist nicht möglich. Der Vorteil bezieht sich jeweils ausschließlich auf die zum Zeitpunkt der Einlösung gültigen vollen Greenfee-Gebühren.
5. Gibt es Spielergruppen mit erhöhten Greenfee-Gebühren, ist ein Nachlass auf diese Gebühren nicht möglich.
6. Das Angebot allein berechtigt nicht zum Spiel gegen Greenfee. Die Erfüllung der Bestimmungen des jeweiligen Golfclubs zur Greenfee-Berechtigung (Mitgliedschaft in einem Golfclub, Mindesthandicap etc.) zum Zeitpunkt der Einlösung sind Voraussetzung.
7. Es ist untersagt, den Greenfee-Gutschein entgeltlich Dritten zu überlassen bzw. mit diesen Handel zu treiben. Insbesondere sind die teilnehmenden Golfclubs in diesem Falle berechtigt, die Einlösung der ausgeschriebenen Angebote zu verweigern.
8. Die teilnehmenden Golfclubs haben sich gegenüber dem Verlag unter den o.g. Bedingungen verpflichtet, die ausgeschriebenen Angebote einzulösen. Der Verlag übernimmt jedoch keine Gewähr und keine Haftung, wenn ein Angebot nicht eingelöst wird oder werden kann.

Bedingungen zur Einlösung des Discounts:

1. Das Angebot ist bis einschließlich 30.6.2023 gültig.
2. Der Golfspieler/Leser hat sich telefonisch eine Abschlagzeit geben zu lassen – dabei ist die Nutzung des Angebots anzugeben.
3. Eine Barauszahlung des Greenfee-Vorteils ist nicht möglich.
4. Das Kombinieren von Angeboten oder bestehenden Greenfee-Vorteilen ist nicht möglich. Der Vorteil bezieht sich jeweils ausschließlich auf die zum Zeitpunkt der Einlösung gültigen vollen Greenfee-Gebühren.
5. Gibt es Spielergruppen mit erhöhten Greenfee-Gebühren, ist ein Nachlass auf diese Gebühren nicht möglich.
6. Das Angebot allein berechtigt nicht zum Spiel gegen Greenfee. Die Erfüllung der Bestimmungen des jeweiligen Golfclubs zur Greenfee-Berechtigung (Mitgliedschaft in einem Golfclub, Mindesthandicap etc.) zum Zeitpunkt der Einlösung sind Voraussetzung.
7. Es ist untersagt, den Greenfee-Gutschein entgeltlich Dritten zu überlassen bzw. mit diesen Handel zu treiben. Insbesondere sind die teilnehmenden Golfclubs in diesem Falle berechtigt, die Einlösung der ausgeschriebenen Angebote zu verweigern.
8. Die teilnehmenden Golfclubs haben sich gegenüber dem Verlag unter den o.g. Bedingungen verpflichtet, die ausgeschriebenen Angebote einzulösen. Der Verlag übernimmt jedoch keine Gewähr und keine Haftung, wenn ein Angebot nicht eingelöst wird oder werden kann.

Bedingungen zur Einlösung des Discounts:

1. Das Angebot ist bis einschließlich 30.6.2023 gültig.
2. Der Golfspieler/Leser hat sich telefonisch eine Abschlagzeit geben zu lassen – dabei ist die Nutzung des Angebots anzugeben.
3. Eine Barauszahlung des Greenfee-Vorteils ist nicht möglich.
4. Das Kombinieren von Angeboten oder bestehenden Greenfee-Vorteilen ist nicht möglich. Der Vorteil bezieht sich jeweils ausschließlich auf die zum Zeitpunkt der Einlösung gültigen vollen Greenfee-Gebühren.
5. Gibt es Spielergruppen mit erhöhten Greenfee-Gebühren, ist ein Nachlass auf diese Gebühren nicht möglich.
6. Das Angebot allein berechtigt nicht zum Spiel gegen Greenfee. Die Erfüllung der Bestimmungen des jeweiligen Golfclubs zur Greenfee-Berechtigung (Mitgliedschaft in einem Golfclub, Mindesthandicap etc.) zum Zeitpunkt der Einlösung sind Voraussetzung.
7. Es ist untersagt, den Greenfee-Gutschein entgeltlich Dritten zu überlassen bzw. mit diesen Handel zu treiben. Insbesondere sind die teilnehmenden Golfclubs in diesem Falle berechtigt, die Einlösung der ausgeschriebenen Angebote zu verweigern.
8. Die teilnehmenden Golfclubs haben sich gegenüber dem Verlag unter den o.g. Bedingungen verpflichtet, die ausgeschriebenen Angebote einzulösen. Der Verlag übernimmt jedoch keine Gewähr und keine Haftung, wenn ein Angebot nicht eingelöst wird oder werden kann.

Bedingungen zur Einlösung des Discounts:

1. Das Angebot ist bis einschließlich 30.6.2023 gültig.
2. Der Golfspieler/Leser hat sich telefonisch eine Abschlagzeit geben zu lassen – dabei ist die Nutzung des Angebots anzugeben.
3. Eine Barauszahlung des Greenfee-Vorteils ist nicht möglich.
4. Das Kombinieren von Angeboten oder bestehenden Greenfee-Vorteilen ist nicht möglich. Der Vorteil bezieht sich jeweils ausschließlich auf die zum Zeitpunkt der Einlösung gültigen vollen Greenfee-Gebühren.
5. Gibt es Spielergruppen mit erhöhten Greenfee-Gebühren, ist ein Nachlass auf diese Gebühren nicht möglich.
6. Das Angebot allein berechtigt nicht zum Spiel gegen Greenfee. Die Erfüllung der Bestimmungen des jeweiligen Golfclubs zur Greenfee-Berechtigung (Mitgliedschaft in einem Golfclub, Mindesthandicap etc.) zum Zeitpunkt der Einlösung sind Voraussetzung.
7. Es ist untersagt, den Greenfee-Gutschein entgeltlich Dritten zu überlassen bzw. mit diesen Handel zu treiben. Insbesondere sind die teilnehmenden Golfclubs in diesem Falle berechtigt, die Einlösung der ausgeschriebenen Angebote zu verweigern.
8. Die teilnehmenden Golfclubs haben sich gegenüber dem Verlag unter den o.g. Bedingungen verpflichtet, die ausgeschriebenen Angebote einzulösen. Der Verlag übernimmt jedoch keine Gewähr und keine Haftung, wenn ein Angebot nicht eingelöst wird oder werden kann.

- 18 Anzahl der Löcher
- Adresse Clubhaus
- Restaurant
- Bar
- Platzinfo
- PRO SHOP Proshop
- Greenfee
- Driving Range
- Flacher Platz
- Hügeliger Platz
- Sehr hügeliger Platz
- Wasserhindernisse
- Platz in den Bergen
- Platz am Meer/See
- Technisch leicht
- Technisch sportlich
- Technisch anspruchsvoll
- Leihschläger vohanden
- Trolley zu mieten
- Elektrotrolley zu mieten
- Elektrocart zu mieten
- Ladeschiene für Gästecarts
- Gästesanitär vorhanden
- Kinderspielplatz vorhanden
- Kinderbetreuung für Gäste
- GASTRO Gastro akzeptiert Kreditkarten
- CLUB Golfclub akzeptiert Kreditkarten
- Hunde nicht gestattet
- Hunde angeleint gestattet
- Swimmingpool vorhanden
- Wohnmobilstellplätze
- GPS GPS-Geräte zugelassen

Die Golfanlagen in diesem Golf Guide sind zur preislichen Orientierung in Greenfee-Kategorien eingeteilt. Grundlage für die Kategorisierung ist das Mittel aus fünf Wochentags- und zwei Wochenend- oder Feiertags-Greenfees.

unter 30 Euro	=	€
bis 40 Euro	=	€€
bis 60 Euro	=	€€€
bis 80 Euro	=	€€€€
über 80 Euro	=	€€€€€